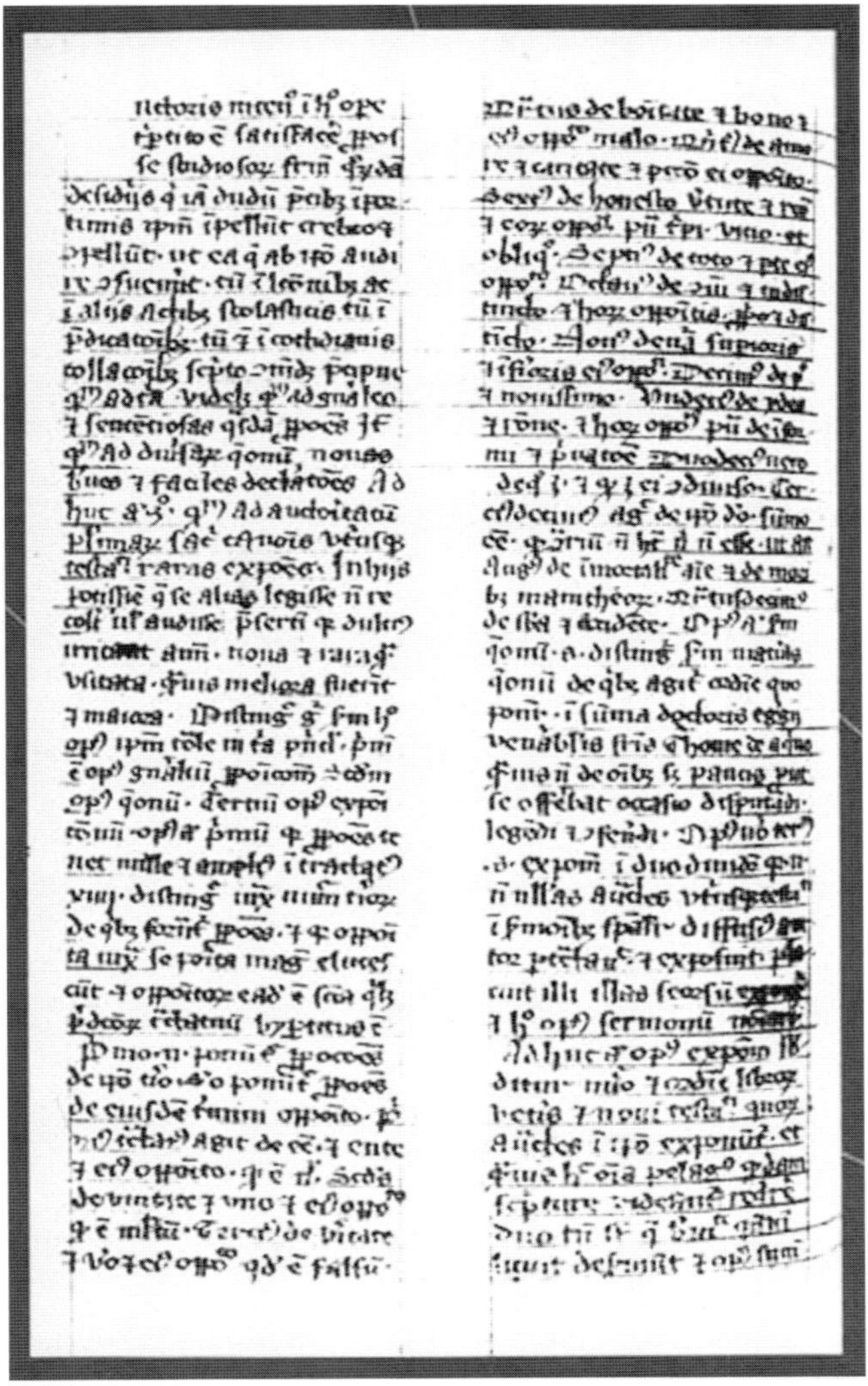

『三部作』冒頭部分の写本
（オックスフォード大学所蔵）

エックハルト ラテン語著作集

III

ヨハネ福音書註解

エックハルト著
中 山 善 樹訳

知泉書館

エックハルト　ラテン語著作集　III

ヨハネ福音書註解

凡　例

一、翻訳の底本としては、Meister Eckhart, Die deutschen und lateinischen Werke, herausgegeben im Auftrage der Deutschen Forschungsgemeinschaft, Die lateinischen Werke, Band II, Magistri Echardi Expositio sancti Evangelii secundum Iohannem, herausgegeben und übersetzt von Karl Christ, Bruno Decker, Josef Koch, Heribert Fischer, Loris Sturlese, Albert Zimmermann, stuttgart 1994 を用いた。

一、翻訳の基本方針としては、訳文の分かりやすさを第一に考え、場合によっては、思い切って意訳することにした。スコラ哲学の術語なども、既成のものに拘泥することなく、なしうるかぎり分かりやすい用語を採用した。

一、最低限、必要と思われる箇所には、訳語の後に原文のラテン語を記し、また原文にはないが、訳者の判断で原文の理解を助けるために、〔　〕内に言葉を補って訳出した。

一、聖書の翻訳については、エックハルトの用いた聖書が、当時のヴルガタ聖書であったため、現行の邦訳聖書とはその内容から章節の区切りに至るまで必ずしも一致せず、また時として独特の解釈が施されるので、文脈のなかですべて新たに訳出した。

一、その他の古典引用文献についても、事情は大同小異であり、現行の標準版テキストとは異なる場合が多いので、すべて新たに訳出した。

一、人名、書名等は、なしうるかぎり現在、日本で一般的に用いられているものを採用した。

一、訳註は、エックハルトの著作に関しては、紙幅の関係上、原則としてラテン語著作に限定した。

一、本文の上に記した欄外番号はテキストに準拠して付した。これは一まとまりの内容を表す節と見なすこともできる。

一、訳註で引用されている文献のうちミーニュ編「ギリシア教父集」（略号 PG）および「ラテン教父集」（略号 PL）に収録されているものについては、その収録箇所を表記することにした。

聖書略号

旧約聖書

創世記（創）　出エジプト記（出）　レビ記（レビ）　民数記（民）
申命記（申）　ヨシュア記（ヨシュ）　士師記（士）　ルツ記（ルツ）
サムエル記上（サム上）　サムエル記下（サム下）　列王記上（王上）　列王記下（王下）
歴代誌上（代上）　歴代誌下（代下）　エズラ記（エズ）　ネヘミヤ記（ネヘ）
エステル記（エス）　ヨブ記（ヨブ）　詩編（詩）　箴言（箴）
コヘレトの言葉（コヘ）　雅歌（雅）　イザヤ書（イザ）　エレミヤ書（エレ）
哀歌（哀）　エゼキエル書（エゼ）　ダニエル書（ダニ）　ホセア書（ホセ）
ヨエル書（ヨエ）　アモス書（アモ）　オバデヤ書（オバ）　ヨナ書（ヨナ）
ミカ書（ミカ）　ナホム書（ナホ）　ハバクク書（ハバ）　ゼファニヤ書（ゼファ）
ハガイ書（ハガ）　ゼカリヤ書（ゼカ）　マラキ書（マラ）

旧約聖書続編

トビト記（トビ）　ユディト記（ユディ）　エステル記（ギリシア語）（エス・ギ）
マカバイ記一（一マカ）　マカバイ記二（二マカ）　知恵の書（知）　シラ書（シラ）
バルク書（バル）　エレミヤの手紙（エレ・手）　ダニエル書補遺　アザルヤの祈りと三人の若者の賛歌（アザ）

スザンナ（スザ）　ベルと竜（ベル）　エズラ記（ギリシア語）（エズ・ギ）
エズラ記（ラテン語）（エズ・ラ）　マナセの祈り（マナ）

新約聖書

マタイによる福音書（マタ）　マルコによる福音書（マコ）　ルカによる福音書（ルカ）
ヨハネによる福音書（ヨハ）　使徒言行録（使）　ローマの信徒への手紙（ロマ）
コリントの信徒への手紙一（Ⅰコリ）　コリントの信徒への手紙二（Ⅱコリ）　ガラテヤの信徒への手紙（ガラ）
エフェソの信徒への手紙（エフェ）　フィリピの信徒への手紙（フィリ）　コロサイの信徒への手紙（コロ）
テサロニケの信徒への手紙一（Ⅰテサ）　テサロニケの信徒への手紙二（Ⅱテサ）　テモテへの手紙一（Ⅰテモ）
テモテへの手紙二（Ⅱテモ）　テトスへの手紙（テト）　フィレモンへの手紙（フィレ）
ヘブライ人への手紙（ヘブ）　ヤコブの手紙（ヤコ）　ペトロの手紙一（Ⅰペト）
ペトロの手紙二（Ⅱペト）　ヨハネの手紙一（Ⅰヨハ）　ヨハネの手紙二（Ⅱヨハ）
ヨハネの手紙三（Ⅲヨハ）　ユダの手紙（ユダ）　ヨハネの黙示録（黙）

はじめに

ここでとりあげる『ヨハネ福音書註解』は、エックハルトの全著作のなかで最も浩瀚にして完成度の高いものである。訳者はかつてこの難解をもってなる著作を訳出し、その試訳を公刊したことがある。しかし、それは訳者が若輩だったこともあり、きわめて不完全なものになってしまった。それゆえ、あらためて訳し直し、訳註も完備したものにすることが訳者の長年の希いであった。今回、著作集に収録するにあたり、この希いが実現し、訳者としては肩の荷が下りた思いである。ともあれ、当代のほとんど無数の引用で飾られた本書が今でも訳者の力量を超えるものであることには変わりはない。読者の方々のご教示を賜れば、幸いである。

エックハルトの聖書註解が通常のそれのように、連続的逐語的な字義的意味を重視するものではなく、「哲学者たちの自然的論証」によってその比喩的霊的意味を露わにすることを目指すものであることは、すでに他でも述べたとおりである。しかし、そのような行き方は本書において特に際だった仕方で遂行されている。ここでは、キリスト教の奥義とも言うべき「受肉」と「三位一体」の事態が、なしうるかぎり「哲学的に」解釈されることが試みられている。そのような試みは、かの知性主義者トマス・アクィナスでさえ拒絶したことであろう。トマスはそれらをもっぱら信仰の対象としているからである。

そのようなエックハルトの試みのうちには、これらのキリスト教の奥義があくまでも知解を拒むものであるならば、結局のところキリスト教信仰は盲信に留まるとの危惧があったことは疑うことができない。また信仰者にとっても、自分の信じる信仰内容を深く理解することは、或る意味で信仰を深めることであり、理性にかなったことでもあるだろう。

そして本書においては、エックハルトが言語表現の極限まで突き進みながら、いわば特有の弁証法を駆使してこれら二つの奥義を解釈した成果が、最も直裁に語られているのである。それは、それらの奥義の大胆な実存論的解釈であり、その結果到達したのが「霊魂のうちにおける神の（子）の誕生」という事態であった。エックハルトはこの根本事態を、本書においては他ではけっして見られない程度にまで委曲を尽くして論じている。ここに本書の優れた価値がある。

詳細な訳註があますところなく示すように、エックハルトは本論をけっして恣意的思いつきで展開しているのではない。そのような稠密な論の背後には、ギリシア以来の膨大な思想史の蓄積が横たわっているのである。読者はエックハルトの当代のあらゆる学問分野ついての該博な知識に驚かされることであろう。それらを目の当たりにして逡巡することなく本書を精読されるならば、読者は必ずやエックハルト思想の精髄に触れられることになろう。

中山善樹

目　次

第四章

第一六章

ヨハネ福音書註解

Expositio sancti Evangelii secundum Iohannem

梗　概（タブラ）

第一章

「初めに〔始原において〕言葉があった」等々（一・一）

この言葉はまず第一に自然的な意味において十とおりの仕方で解釈される。

第一の解釈においてまず第一に述べられていることは、ここで「始原において言葉があった」から「神から遣わされたひとりの人がいた。その人の名は」（一・六）に至るまでのすべてのことは、「創世記」第一章において「神は、光あれ、と言われた。すると光が生じた。神は光を見て、善しとされた。そして光と闇を区別された」と言われていることと同一のことであるということである。第二に、或るものから産み出されたものは、それが存在のうちへと産み出される以前には、つねにその或るもののうちにあるということが述べられている。さらにそれは、その或るもののうちにおいては、より卓越した、より高貴な仕方であるのであり、そのうちにおいては、ちょうど植物や動物における種子のようにあるということである。第三に、産み出されたものそのものは、その或るものの言葉である。第四に、その或るものは、産み出されたもののうちにおいては、似像にしてイデア的理念としてあるのであり、そのうちにおいて、かつそれに向けて産み出されたものそのものは、産み出されるのである。第五に、産み出されたものはつねに産み出すものから区別されている。第六に、産み出されたものは産み出すものの子である。第七に、産み出すものはそれ自体としては、産み出されたものと同一のものである。第八に、産み出されたものはそれ自体としては、産み出すものから発出するのであるが、その際に、産み出されたものはそれにもかかわらず、その産み出すもののうちに留まっているのである。第九に、産み出すものから産み出されたものはそれ自体としては、つねに産み出すものから生まれるのであり、つねに生まれたのである。第十に、知性と理性はつねに事物をその始原において把握するのであるが、意志はそれとは異なる。第十一に、産み出すものは、それが産み出すものであるかぎり、それから産み出されたものそのものを通してすべてのものに働きを及ぼすのである。第十二に、産み出されたものは、産み出すもののうちにおいては、つねに「生命」である。第十三に、生命は理性的ないし霊的光であり、「闇のうちで輝いている」のである。第十四に、被造的事物においては、それらの理念ないし何性のみが輝いているのである。第十五に、事物の理念そのものは、それらの事物の各々のうちに全体としてあるのであるが、それにもかかわらず、全体としてそれらの事物の各々の外側にあるのである。それゆえに、それらの事物が消滅したり、変化しても、その理念は消滅することも、変化することもないのであり、それは次の言葉によっている。「天と地は過ぎ行くであろう」（ルカ二一・三三）(1)。言葉は理念であり、さまざまな言葉は事物のさまざまな理念である。第三に、主要的にして詳細な仕方において述べられていることは、すでに述べられた十五のことがらとその他の多くのことがらの実例は、生み出された義人と、義人それ自身を生み出す、生まれざる義のうちにあるということである。第四に、その同じ箇所に続いて述べられていることは、どのようにしてすでに述べられたことから聖書の多くのことがら、特に、神の独り子について書かれていることが解釈され、独り子であるイエス・キリスト——彼は本来的意味において神的なものにおける像であるから——に係わることがらが主張されるのかということである。

第二の解釈においてまず第一に述べられていることは、どうして論理学は、理性的にして言葉に関わる学であり、またそう呼ばれるのかということである。それに次いで述べられていることは、どうしてすべての働くものは、一般的に、自分に似たものに働きを及ぼすのかということと、またこのことの様態についてとその注目すべき実例についてである。第三に述べられていることは、同名同義的に働くものと類比的に働くものの差異についてである。さらにこれらのことから第四に、「始原において言葉があった」と言われていることが簡潔にして明晰に解釈されている。

第三の解釈で述べられていることは、理念は、それが属するところの事物のすべての固有性と規定性の始原にして原因であるということである。さらに理念は、事物の何性にして定義であり、それはその基体についてその何と、その基体の規定性についてその何故とを指示するのである。

第四の解釈においては、神的本性における子らの持つ四つの固有性が述べられている。さらに神的ペルソナの流出と、それらのたんに概念的のみならず、実在的区別についても言及されている。第二に、内在と最も内奥に存在することが、神と神的なものに固有なことであるということが述べられている。

第五の解釈においては、まず第一に、神的なものにおける神の子は父と同じ実体であるということが述べられている。第二に、父と子の間にはペルソナ的区別があるということが述べられている。第三には、それらのうちには、一なる単一の一性があるということが述べられている。第四には、それらのうちには、同等の充実した永遠性があるということが述べられている。

第六の解釈においては、これらの四つのこと、すなわち「始原において言葉があった。言葉は神とともにあった。そして言葉は神であった。言葉は始原においては神とともにあった」は真であり、産み出すものと産み出されたもののそれ自体であるかぎりでの自然と技術のすべての業において見出されるということが述べられている。

第七の解釈においては、三つのことが述べられている。第一に、すべての本質的始原の持つ四つの本性的条件である。第二に、子はそれ自身としてはその全存在を父から受け取っているのだから、始原「から」、すなわち父からというよりもむしろ、なにゆえに言葉、子は「始原のうちに」、すなわち父のうちにあるというべきであるかということについての六つの理由が述べられている。さらに、その第六の証明において言われていることは、神は事物の作用因であるというよりはむしろ、目的因であると言われているのだから、第三に提示されていることは、このことに関する哲学者（アリストテレス）の二つの証明と金言であり、したがってこのことによって最後に言われることは、宇宙のすべての事物と宇宙そのものは、その力においては目的から、しかし形相的には作用するものから由来しているということである。しかし或るものが形相的にあるよりも力においてあることのほうが、よりいっそう高貴にして卓越している。

第八の解釈においては、二つのことが述べられている。第一に、すべての事物は第一原因、すなわち神からして、また神からしてのみ存在を有するのであって、神以下の他のさまざまな原因からは、事物は存在ではなく、これこれしかじかの存在を有するのである。第二に述べられていることは、子は言葉にして理念として父のうちにあり、それゆえに子は父を知っているのであるが（マタ一一・二七）、しかし世界のうちでは、子は本来的仕方では、理念としてではなく、存在にして被造的存在としてあるのであって、それゆえに「世は彼を認識しなかった」（一・一〇）ということである。

第九の解釈においては、[2] 二つのことが述べられている。第一に、宇宙のなかにあるさまざまな事物は、被造的世界以前には、端的な意味での無ではなかった。第二に述べられていることは、知性も自然も、或るものの始原であるということである。「というのは、自然の業」は「知性実体の業」[3] であるからであり、全自然はあたかもより高い原因によって命令されているかのように働くのであって、このことは、テミスティウスによって註釈者（アヴェロエス）が『形而上学』第十二巻において論じており、またアヴィケンナがその『スフィチエンチア』[4]において、蜘蛛と蟻と蜂の行為から証明しているとおりである。

第十の解釈において再び、しかし第六の解釈においてとは異なる仕方で述べられていることは、どのようにして自然と技術のすべての業において、これらの四つのこと、すなわち「始原において言葉があった。言葉は神とともにあった。そして言葉は神であった。言葉は始原においては神とともにあった」は見出されるのであるかということである。

そののちに、すでに述べられた言葉の道徳的解釈が述べられているのであり、どのような業が、内的なものであれ、外的なものであれ、善き業であり、すなわち神がその「始原にして終局」（黙一・八、二二・一三）であり、情念ではなく、理性にしたがって生じるのかということが簡潔に述べられている。

「すべてのものがそれ〔言葉〕によって生じた」（一・三）

ここでは、四つのことが述べられている。第一に、事物の存在は神に由来し、神にのみ由来する。第二に、罪や、一般的に、悪やすべての欠陥はそれ自体としては、存在者ではなく、したがって神に由来するものではない。第三に、数や分割は神的なもののうちにはなく、多もまたそうである。それゆえに、「三は一なるものである」（Ⅰヨハ五・七）。第四に、被造的事物の原因は多くあるといえども、それらのいかなるものも、事物が存在するための事物における原因ではなく、事物はこのことを直接的に神からのみ有する。

「それなくしては、いかなるものも生じなかった」（一・三）

ここでは、この上に述べられた言葉の四つの解釈が述べられている。

「すべてのものがそれによって生じた。そしてそれなくしては、いかなるものも生じなかった」（一・三）

それゆえに、総括的に再び、上に述べられた言葉が解釈されている。ここでは、明晰にして範例的な仕方で、どのようにして神的なものにおいても、被造物においても、すなわち、天においても、地においても、すべての働きは一般的に、子を通して、かつ子のうちで生じるのであり、「子なくしては、いかなるものも生じない」のであるかということが示されている。

「生じたものは、それのうちにおいては、生命であった」（一・三、四）

ここでは、上の命題の真理性を明らかにする五つの理由が述べられている。その際には、多くの注目すべきことが見出されるであろう。そののちに、上に述べられた命題と、さらにまたそれに続く「そして生命は人間の光であった」ということが道徳的に解釈されている。

「光は闇のなかで輝いているが、闇はそれを理解しなかった」（一・五）

ここでは、二つのことが述べられている。第一に、上に述べられた言葉が十とおりの仕方で、自然的にして字義的な仕方で解釈されている。第二に、それが七とおりの仕方で、道徳的に解釈されている。それらの両者において多くの注目すべきことが見出されるであろう。そののちに、「初めに言葉があった」と言われていることから次にあげる聖句までの簡潔な解釈が続く。

「神から遣わされたひとりの人がいたが、その名前はヨハネといった。この人は光について証言するために来た」（一・六―七）

ここでは、上に述べられた言葉が簡潔に、例を用いて解釈されている。

「彼は真なる光であった」（一・九）

ここでは、神のみが真の光であることが四つの理由によって明らかにされている。

「それは、この世に来るすべての人を照らしている」（一・九）

ここでは、二つのことが述べられている。第一に、上に述べられた聖句が三様の仕方で解釈されている。その際には、多くの注目すべきことと自然的なことが、例を用いて説明されている。第二に、われわれは多くの人が、例えば、罪人や目の見えない人が照らされていないのを見るのであるから――「彼らは盲人を案内する盲人である」（マタ一五・一四）、「彼らは闇のなかを歩んでいる」（詩八一・五）――、どのようにして神は「この世に来るすべての人を」照らしているのであるかについて、二様の誤った表象が多くの人を、どのような点で誤らせているのかについて述べられている。

「彼は自分のところに来た」（一・一一）

ここでは、二つのことが述べられている。まず第一に、上の言葉が自然的にして字義的な仕方で、三様の仕方で解釈されている。そこには、いくつかの注目すべきことがある。第二に、同じ言葉が道徳的に解釈されている。

「しかし彼は彼を受け入れた人すべてに、神の子となる権能を与えた、すなわち彼の名を信ずる人々に。彼らは血によるのでもなく、肉の意志によるのでもなく、男の意志によるのでもなく、神によって生まれた人々である」（一・一二―一三）

ここでは、四つの注目すべきことが述べられている。第一に、受肉の主要なる結実は、人が父なる神から生まれて、神の子になり、またそうあるということである。第二に、すべての受容するものはそれ自体として、裸でなくてはならない。第三に、受容的能力それ自体は、その全存在をその対象から受け取るのであって、他のいかなるものからもまったく受け取らない。さらにまた、その能力は対象と同一の存在を受け取るのであるが、その際には、それらの両者の存在は端的に一なるものである。さらに、このことによって、さまざまな能力は、それらの一なる形相的対象が存立しているならば、互いに区別することができるという人々の誤りが明らかになる。第四に、第三にすでに述べたことから道徳的にわれわれが教えられることは、どのようにして人は神の子となるかということである。そしてそれには四つの様態がある。さらにここでは、多くの注目すべきことが述べられている。

「言葉は肉になった。そしてわれわれのうちに住んだ」（一・一四）

ここでは、まず第一に、傲慢な人々を打ち砕くために、言葉は人となったと言われるよりもむしろ、「言葉は肉になった」と言われている。例として、父について尋ねられたラバは、立派な馬が彼の叔父であることを答えたことがあげられている。第二に、言葉のキリストにおける受肉の実と目的は、われわれが神の子であることであり、それは上に言われたとおりである。さらにまた、ここでは、多くのことが例を用いて述べられている。

「われわれは彼の栄光を見た。それは父から来た独り子としての栄光であった」（一・一四）

この言葉は二様の仕方で解釈されている。

「言葉は肉になった。そしてわれわれのうちに住んだ。そしてわれわれは彼の栄光を見た。それは父から来た独り子としての栄光であった。彼は恩寵と真理に満ちていた」。

ここでは、誰が「恩寵と真理」の言葉を見るのに値するのかということについて、多くの論証と例が述べられている。

それに続いて、「始原において言葉があった」等々。「最後に総括すると」等々。

ここでは、この言葉の全体、すなわち「始原において言葉があった」から「恩寵と真理に満ちていた」までが解釈されているが、それはミサの後で共通に述べられるのがつねとされているとおりである。ここでは、きわめて注目すべき多くのことが述べられている。特に、すべての始原と始原から生じたもの、産み出すものと産み出されたものの十五の固有性が述べられ、それらによってその福音書の十五の言葉が解釈されている。さらにそれらのうちの九つの命題においては、自然的なものにおける変化と生成の間に見られる七つの固有性ないし差異が述べられている。すべての上に述べられたことの最後において、自然的なものにおいても、神的なものにおいても、特に、すべての存在者のうち第一の存在者である神において、父と子と聖霊を、しかも「これらの三つのものは一なるものである」（Iヨハ五・七）ことを告白しなければならないことが示されている。

「（洗礼者）ヨハネは彼について証言する」（一・一五―一六）

ここでは、二つのことが述べられている。第一に、誰が真理であるキリストについて証言するのに値するのかということである。第二に述べられていることは、ヨハネはここではキリストについて五つのことについて証言しているということである。第一に、キリストは存在すること、第二に、彼はヨハネのちにも留まるであろうこと、第三に、彼はヨハネより前に存在していたこと、第四に、キリストから、そしてキリストからしてのみ、すべての義なる、神に気に入られる人々は、神に気に入られるのであること、第五に、神に気に入られるすべての人々はこのことを自分自身の功徳によってではなく、無償で、それに先行する恩寵によって有するのであることが述べられている。さらに上に述べられた五つのことが、特に、多くのきわめて注目すべきことが見出される第五番目のことが詳細に追求されている。それはすなわち、どのようにしてキリストとキリストの働きと言葉とは、われわれにとっては教化であるかということであるが、それについての聖書における二つの比喩の様態が追求されている。さらにまた、「恩寵のための恩寵」と言われていることが多くの仕方で解釈されており、そこでは、多くの注目すべきことが述べられている。さらにまた、「その者の充溢からわれわれはみな、恩寵のための恩寵を受け取る」と言われていることが、全体として詳細に解釈されている。さらにここでは、恩寵の本性について、上級のものと下級のものの本性とそれに類することについて多くのことが述べられている。

「法はモーセによって与えられたが、恩寵と真理はイエス・キリストによって生じた」（一・一七）

ここで述べられていることは、聖書においてであれ、自然においてであれ、不完全性を醸しだし、不完全性に適合するすべてのものは、モーセと旧約に属しているのであるが、完全性に属し、完全性に適合するものは、キリストに、子に、真理に属しているということである。

「かつて神を見た人はいない。父の胸におられる独り子が神について語った」（一・一八）

ここでは、上に述べられた言葉の三つの解釈が述べられている。その際には、始原と始原から生じたものについて、知性と霊魂のうちなる形象について、像について、上級のもの、ないし神的なものの本性について、下級のものと被造的なものの本性について、およびこれらに類することについてきわめて多くの自然的なことがらと神学的なことがらが、例を用いて明瞭に示されている。

「あなたはどこに住んでいるのか」（一・三八）

ここでは、「あなたはどこに住んでいるのか」と言われていることの二つの様態の把握の仕方が述べられている。それは第一には、問い質すような仕方であり、第二には、質問的な仕方である。

第一の様態においては、どのようにして神は、場所に適合する三つのことのゆえに、きわめて本来的な意味においてすべてのものの場所であるかということが示されている。そこでは、多くの注目すべきことが述べられている。

「あなたはどこに住んでいるのか」ということの第二の様態の読解の仕方、すなわち質問的な仕方においては、四つのことが述べられている。第一に、どこにおいて、かつどのようなもののうちで神は自然的にも、道徳的にも住まうことはないのかということであり、これについては、七つある。第二に、どこにおいて、かつどのようなもののうちで神は自然的にも、道徳的にも住まうのかということであり、これについては、八つある。さらに、これらの七つと八つのことから、神の本性の十五の固有性が説明されている。第三に、三つの問題が述べられている。

第一の問題は、神以外には何もなかったときに、神はどこにいたのかということである。第二の問題は、世界が存在していなかったときに、神は何をしていたのかということである。第三の問題は、そのときには、神のみが存在しているように思われるのであるから、どのような生命が神には属していたのかということである。これらの三つの問題の論証については、多くのきわめて注目すべきことが述べられている。最後に、「どこにあなたは住んでいるのか」ということをめぐって述べられていることは、どのようなもののうちにおいて、神は確かに、かつ本性的に住むのかということであるが、神は最も本来的には、自分自身のうちで住むのである。

「来て、見よ」（一・三九）

ここでは、なにゆえにまず最初に、「来て」と言われ、しかるのちに、「見よ」と言われているのかということについての十五の理由が述べられている。

「私に従え」（一・四三）

ここでは、まず第一に、どのようにしてすべての被造物は自然本性的に神に従うのであるかが述べられている。第二に、そのことについて説教の様態で三つのことが述べられている。第一に、或る人々は神に先行するのであり、別の人々は同伴するのであり、さらに別の人々は従うのである。第二に、すべてのものを放棄すると、人は直ちに神に近くから従わなくてはならないことが述べられている。そしてこれらすべてのことにおいて、多くのきわめて注目すべきことが見出されるであろう。第三に、六つの理由から、なにゆえに神に従うこととその命令に従うことはまったく容易なことであるかが述べられている。

「ナザレから、何らかの善いものが来る」（一・四六）

「フィリポがあなたを呼ぶ前に、私はあなたを見た」（一・四八）

ここでは、四つのことが述べられている。第一に、どのようにして神は、事物が生じる前に、事物を認識するのかということである。第二に、どのような点でこのことは、聖書と聖人たちと哲学者たちの言うことに合致しているのかということである。第三に、どのようにしてあらかじめ感じることやあらかじめ味わうことやあらかじめ知ることが、人間に属しているのかということである。第四に示されることは、すでに第三に述べられたことの様態と根拠である。

「まことに、まことに、私はあなたがたに言う」（一・五一）

ここでは、「アーメン」という語が、それがヘブライ語であれ、ギリシア語であれ、解釈されている。

「あなたがたは天が開けるのを見るであろう」等々（一・五一）

この言葉は二回解釈されている。第二の解釈においては、五つのことが述べられている。第一に、どうしてキリストはナタナエルひとりに語っているのに、「あなたがたに言う」と複数形で述べているのかということである。第二に、「天が開けて」と言われていることである。第三に、「天使たちが上っている」ということであり、それについては、五つの理由が述べられている。第四に、「下っている」と言われていることである。第五に、なにゆえに「上っている」ことが先に言われているのかということである。さらに、「人の子の上に」と言われていることが五つの様態において解釈されている。

第二章

「そして三日目に、ガリラヤのカナにおいて婚宴が行われた」（二・一）

ここでは、三つの婚宴について述べられている。第一の婚宴は、地上にその父と母を持っており、第二のは、地上にその母を持っているが、父は持っていないのであり、第三のは、地上にその父もその母も持っていない。第二の婚宴については、自然的かつ道徳的に注目すべきいくつかのことが述べられている。第三の婚宴については、どこで、かついつそれは祝われるのか、またそれは子のために準備されていることが簡潔に述べられている。

「味わう宴会の世話人のように」（二・九）

ここでは、奇跡において信仰に対して提示されていることがらを信じんがために或る種の説得が述べられている。

「すべての人は、最初に良い葡萄酒を出す」（二・一〇）

ここでは、九つの注目すべきこと、すなわち九つの命題が述べられている。そしてそののちに、ここで言われている「最初に良い葡萄酒を出す」ということが道徳的に解釈されている。

「〔イエスは〕最初の奇跡を行った」（二・一一）

「〔羊の〕商売人を」（二・一四）

ここでは、行為する人の意図において秩序づけられるべきことについてのいくつかの注目すべきことが述べられている。

「あなたの家に対する熱心が私を食い尽くす」（二・一七）
「彼は人のうちに何が存在するかということを知っていた」（二・二五）

第三章

「パリサイ人のうちにひとりの人がいた」等々（三・一）
ここにおいて述べられていることは、イエスのほうに来ようとする人はどのようであらねばならないか、あるいはむしろ、ならねばならないかということであり、それについて多くの注目すべきことが簡潔に言及されている。

「誰も行うことはできない」（三・二）
「人は、老人であるならば、どのようにして生まれることができようか」（三・四）
ここでは、事物の生成とそれらの存在とそれらの形相の一性について注目すべきことが述べられている。

「肉から生まれたものは肉である」（三・六）
ここでは、どのようにして悪や多はそれ自体としては、神に由来するものではなく、また神からはありえないものであり、むしろ神から発出するすべてのものは、まさにそのことによって、善であり、一であるかということについての多くの注目すべきことが述べられている。

「霊は欲するままに吹く」（三・八）

ここでは、風の本性について多くのことが述べられている。というのは、クリソストムスによれば、ここでキリストが語っている「霊」とは、字義どおりには、風であるからである。

「霊から生まれたすべての人はこのようである」（三・八）

ここでは、善き業の完全性についての注目すべきことと、事物の形相的流出と、事物がそれによって作用因と目的因から発出するところの流出とのそれの相違について多くの特に注目すべきことが述べられている。

「われわれは知っていることを語る」（三・一一）

「私が地上のことをあなたがたに話しても」（三・一二）

「天から下ってきたものでなければ、誰も天に上ったことはない」（三・一三）

ここでは、七つの注目すべきことが述べられているが、それらのうちの六番目のものにおいては、アウグスティヌスから、聖人たちのキリストとの一性について、美しい仕方で述べられている。

「地からある人は、地について語る」（三・三一）

この箇所を参照されたい。

「神が遣わした人は神の言葉を語る」（三・三四）

ここでは、八つのことが述べられており、それらは神的なものについてのキリスト教信仰が告白するものであって、それらの言葉に記されていることである。さらに、これらの八つのことののちに、なにゆえに生まれざることは父の第一の固有性ではありえないのかということが述べられている。さらに、これらの八つのことののちに、注目すべき、かつ善き四つの命題が述べられている。最後に、「神は限りなく霊を与えるからである」（三・三四）と言われていることが解釈されている。

第四章

「イエスは知ったときに」、さらに以下において、「この水を飲んだすべての人は再び渇くであろう」（四・一三）

ここでは、なにゆえに時間的事物についての喜びは満足することがないのに、霊的なものについてはそうではないのかということについての七つの理由が述べられている。

「神は霊である」等々（四・二四）

ここでは、三つのことが述べられている。第一に、「霊」という名称は五つの様態で把握される。第二に、これらの三つの言葉、「神は霊である」は三様の仕方で読解することができ、それらはそのすべての様態において、神に本来的な仕方で適合する。第三に、どのようにして真の崇拝する人々は「霊と真実において崇拝している」のかということが解釈されている。

「私は、刈り取るために、あなたがたを遣わした」等々（四・三八）

ここでは、どのようにして善き人は、すべての聖人たちのすべての功徳と報いを、完全に自分自身のものとして有しているのかということについて述べられており、このことが三様の仕方で、すなわち権威と例と理性によって証明されている。そしてこのことの結論が十の様態において述べられている。そしてそののちに、いくつかの注目すべきことが詳細に述べられている。

「彼らはその女に言った。私たちはもはやあなたの言葉のゆえに信じるのではない」等々（四・四二）

ここでは、二様の認識について——それらの一つは似像によるものであり、他のもう一つは同一性によるものであるが——、およびそれら相互の間の差異について注目すべきことと、このことについての多くのことがらが述べられている。

「主よ、私の息子が死ぬ前に、下って来て下さい」（四・四九）

このことについては、この書の最後にある説教[5]が扱っている。

第五章

「こののちに祭の日があった」、さらに以下において、「あなたは健康になりたいのか」（五・六）

ここで述べられていることは、存在はつねにすべてのものにとって愛すべきものであり、愛されているものであり、また実際にすべてのものにおいて愛されているものであるが、生成は存在そのものとは区別されるものとして、重荷であり、憎むべきものであるということである。

「もっと悪いことがあなたに起こることのないように、けっして罪を犯すことのないようにしなさい」（五・一四）

「私の父は今に至るまで働いておられる。私もまた働く」（五・一七）

「子は自分自身から何もすることができない」（五・一九）

「というのは、父は誰も裁かないのであり」（五・二二）

ここでは、裁き人に必要な三つのことが述べられており、それらのゆえに、ここでは、子が裁くと言われている。

「死者たちが神の子の声を聴く」（五・二五）[6]

ここでは、習慣以前の業と、徳の習慣の後の業との相違が述べられている。

「私は自分からは何も行うことができない」（五・三〇）[7]

ここでは四つの注目すべきことがある。

第六章

「このことの後、イエスは行った」（六・一九）

ここでは、スタディウムが何であり、ミリアレが何であり、レウカが何であり、パスゥス[8]が何であるかということが述べられている。

第七章

「この後、イエスはガリラヤを巡っておられた」（七・一六）
「私の教えは私のものではなく」等々（七・一六）
「私のもの」は「私のもの」ではない。これほど矛盾したことが何かあるだろうか。これに対して、十二の様態において答えられている。それらのうち最初のものと二番目のものと三番目のものは、トマスの註解からとられている。その解答のうちに、多くの注目すべきことが見出されるであろう。
「自分自身から語る者は自分自身の栄光を求めている」等々（七・一八）
この箇所を参照されたい。

第八章

「しかしイエスは山へ行かれた」等々（八・一七）
「二人の証言は真実である」（八・一七）
ここでは、真実の証言についてと、自然の三つの始原、すなわち質料と形相と欠如についての注目すべきことが簡潔な仕方で述べられている。
「あなたの父はどこにいるのか」（八・一九）
このことについては、上の第一章において詳細に述べられており、そこでは、「師よ、あなたはどこに住んでいるのか」(一・三八)と言われている。
「もしあなたがたが私を知っているのならば、あなたがたはおそらく私の父をも知っているであろう」(八・一九)
ここではこのことについての五つの論証が述べられている。
「あなたがたは下からのものであり、私は上からのものである」(八・二三)
「あなたがたはこの世からのものであるが、私はこの世からのものではない」(八・二三)
この言葉は、四様の仕方で解釈されている。
「私はこの世からのものではない」(八・二三)
ここではこの言葉は、五つの様態において解釈されている。
「始原である私はあなたがたに語る」(八・二五)
この箇所を参照されたい。
「私自身からは何もしない」(八・二八)
上に述べた言葉は、四つのことを教えている。この箇所を参照されたい。

「私を遣わした方はわたしとともにおられる」等々（八・二九）
「罪を犯す人はすべて罪の奴隷である」（八・三四）
ここでは、どのようにして義なる人は、打ち負かされえないのであり、打ち負かされることはありえず、三つのことのゆえに、つねに打ち負かすのであるということが述べられており、それらの三つのこととは、一つには、彼からは何ものも奪い去られることはできないからであり、また一つには、彼は心を騒がされることがないからであり、また一つには、彼は神のために、また義のために堪え忍ぶことによって益となすからである。「というのは、忍耐は完全な行為を生むからである」（ヤコ一・四）[9]。悪しき人については、事態はそれと反対になっている。このことについても、ここでは、さまざまな美しい金言が見出されるであろう。
「奴隷が永遠に家に留まることはない」等々（八・三五）
ここでは、二つのことが述べられている。第一に、何かを真に愛する人はつねにそのものを愛する。第二に述べられていることは、徳の習慣に先行する行為は、つねに奴隷的なもの、金銭ずくのものであって、生けるものではないが、その習慣に後続する行為は、自由で、子にふさわしいものであり、生けるものであるということである。
「あなたがたがアブラハムの子であるならば、アブラハムの業をなせ」（八・三九）
ここで述べられていることは、人は義人ではないか、あるいは、たえず義の業をなすということである。
さらにまた、それは、ここで言われている「罪を犯す人はすべて罪の奴隷である」等々ということを理解せんがためのものである。

ここにおいて述べられていることは、善においてであれ、悪においてであれ、すべての働きは、働きをなす人において、働きの始原であるところのものに仕えるものであるということである。さらにまた、そのような働きは、「そのようなもののみに」（マタ四・一〇）仕えるのであって、他のいかなるものにも仕えるものではないということである。さらにまた、第三に、すべての働きは、その始原に属するすべてのものに関しては、その始原に仕えるものであるということである。さらに、第四に、そのような働きは、それが働くものであり、ないしはそれ自身においてあるかぎり、その働くものそのものに仕えるものではないということである。さらにまた、自然的なものにおける、また道徳的なものにおける、さらにまた、そこで述べられている学的なものにおける多くのその他の注目すべきことをそこで見出すことであろう。

「あなたがたは父である悪魔から出ている」（八・四四）

「彼が虚偽を語っているときには、彼は自分自身のものによって語っている」等々（八・四四）

ここでは、二つのことが述べられている。第一に、どうして虚偽を語っている人は自分自身のものから語っているのか。第二に、どうして悪魔は「虚偽なる者であり、その父である」のか。それらのもののうち第一のことは、三様の仕方で証明されている。しかし第二のこと、すなわち誰が虚偽の父であるかということは四つの様態において述べられている。

「神から出た者は神の言葉を聴く」等々（八・四七）

ここでは、三つのことが述べられている。第一に、この言葉が感覚的事物の例と自然的理性との一致にしたがって解釈されている。第二に、神の言葉を聴く人のさまざまな条件が提示されている。第三に、神はどのような人々に、いつ、どこで、どのようにして、何を語るのかが明らかにされている。

「アブラハムが生まれる前に、私は存在している」（八・五八）

ここでは、二つのことが述べられている。第一に、どうして神がそれであるところの知恵は被造的と言われるのかと問う或る人の質問に対する解答である。それはすなわち、「世より前に私は造られていた」（シラ二四・一四）というものである。第二に述べられていることは、目に見える世界は「目に見えないものによって」（ヘブ一一・三）造られているということである。

第九章

「そしてイエスは通りすがりに、ひとりの人を見られた」（九・一）

ここで述べられているのは、キリストによって病人たちに対してなされた気遣いのうちに、自然のさまざまな始原、すなわち質料と形相と欠如の本性が美しく示唆されているということである。

「神の業が彼において明らかにならんがために」（九・三）

ここでは、二つのことが述べられている。第一に、現世における人間が罰せられる四つの原因が、グレゴリウスにしたがって述べられている。第二に述べられていることは、神と神的なもののすべての働きの目的は、それ自体としては、神の栄光を露わにすることであるということである。さらにその上に、それが悪であれ、罰であれ、罪であれ、すべての業において神の栄光が露わにされている。さらにまた、神を非難する人といえども、神を讃えているのであり、彼がより多く非難するほど、彼はより多く讃えているのである。このことが論証と例と権威によって説明されている。

「神は罪人の言うことを聴かない」（九・三一）

第一〇章

「まことに、まことに、私はあなたがたに言う、門から入らない者は」（一〇・一〇）
「私は、彼らが生命を持つように、豊かに持つように来た」（一〇・一〇）
この言葉は四とおりの仕方[10]で解釈されている。

「私は善き牧人である」（一〇・一一）
ここで述べられていることは、これらの四つの言葉、すなわち「私」、「ある」、「牧人」、「善き」は、本来的には、神に、かつ神にのみふさわしいということである。

「私は私の羊を知っており、私の羊は私を知っている」（一〇・一四）
ここでは、多くの鋭いこと、美しいこと、有益なことが詳細に述べられている。

「私と父とは一なるものである」（一〇・三〇）

ここでは、これらの互いに置換することのできる四つのこと、存在者、一、真、善について多くの美しいことが見出される。さらにまた、ここでは、そののちに五つのことが述べられている。第一に、神的なものにおいては、父と子は本質においては一つであるが、関係においては異なっていることが見出されるべきである。第二に、神的なものにおいては、本質は生むこともなければ、生まれることもない。第三に、本質は、一の固有性のもとにおいては、非被造的なものであれ、被造的なものであれ、すべての存在者のうちへと還帰する。第四に、神的なものにおいては、一なる父と一なる子とが存在する。第五に述べられていることは、非被造的なものであれ、被造的なものであれ、父から発出してくるさまざまなものの発出ないし起源の秩序である。そしてこれらの個々のことがここでは、自然的理性によって示されている。

「父は私のうちにあり、私は父のうちにある」（一〇・三八）

このことはすでに述べられたことから明らかである。

「ヨハネはたしかにいかなるしるしも行わなかった」（一〇・四一）

このことが三様の仕方で解釈されている。

第一一章

「ラザロという或る病人がいた」（一一・一）

「イエスはマルタを愛していた」(一一・五)
ここでは、神が愛する三種類の人間が見出される。
「主よ、あなたがここにおられたならば」等々(一一・二一)
ここで述べられていることは、或る疑問とそれの三様の解決である。
「イエスは彼女が泣いているのを見たとき」(一一・三三)
ここでは、どのようにして善き人も情念によって襲われるのかが述べられている。

第一二章

「イエスは過ぎ越しの祝いの六日前に」(一二・一)
「もし一粒の麦が」等々(一二・二四)
ここでは、或る説教のための材料が簡潔に記されている。
「この世における自分の霊魂を憎む人は」等々(一二・二五)
ここでは、永遠の命を得ようとする人にとって必要な三つのことが述べられている。
「もし人が私に仕えるならば」等々(一二・二六)

「私は地上から上げられるとき」等々（一二・三二）
ここでは、悪魔がそれを通って入り込んでくる二つの門について述べられている。さらにまた、いかなる悪も高所には入り込むことがなく、そこには、すべての善の充溢があることが述べられており、このことについてさまざまな美しい金言があげられている。

「イエスはこれらのことを語って」（一二・三六）
ここでは、或るものが隠されている七つの様態について述べられている。

「私は世を裁くために来たのではない」等々（一二・四七）
ここでは、実体的形相と付帯性、さらに生成と変化の相違について、さらにいくつかのその他のことについて美しい仕方で述べられている。

「私を遣わした父は」等々（一二・四九）

第一三章

「過ぎ越しの祝いの祭の日の前に」等々（一三・一）
「あなたがたは私のことを師と呼ぶ」等々（一三・一三）
ここでは、上に述べられた言葉についての疑いが述べられ、それについての四様の答えが述べられている。さらにまた、ここではいくつかの注目すべきことが述べられている。
「新しい掟を私はあなたがたに与える」等々（一三・三四）
ここでは、どのようにして天使や人間やすべての被造物がその自然本性的愛によって、自分自身よりもよりいっそう神を愛しているのかということについて、きわめて注目すべきことが述べられている。

第一四章

「あなたがたの心を騒がせることはない」（一四・一）
「私は道であり、真理である」等々（一四・六）
「主よ、われわれに父をお示し下さい」等々（一四・八）
この言葉は二様の仕方で解釈されている。第一に、「父を」という語を一として把握することによって、聖人たちや博士たちによると、一は父に帰属するということである。第二に、「父を」という語を、その名称が意味するとおりに、その本来的意味において把握することによっても、そうである。さらに、第一の様態においては、十六とおりの様態において解釈されている。さらに、第二の様態においては、十八とおりの様態において解釈されている。そしてそれら両者において、多くの鋭いことや注目すべきことが見出される。最後に、この言葉が道徳的に解釈されている。
「私は父のうちにあり、父は私のうちにある」等々（一四・一〇）

「私のうちに留まっている父が業をなすのである」等々（一四・一〇）

ここでは、十一の注目すべきこと、ないしは命題と多くの有益なことが詳細に述べられている。

「私を信じる人は、私がなす業をなすであろう。そして彼は〔それらよりももっと偉大なことを〕なすであろう」（一四・一二）

ここでは、二つのことが述べられている。第一に、どのようにして神を信じる人はキリストの業を行うのかであり、第二に、どのようにして彼は、キリストよりも偉大なことを行うのかであり、このことが七つの様態で述べられている。

「というのは、私は父のところに行くからである」等々（一四・一二）

「あなたがたが私の名において父に何を請い求めようとも、私はこれをなすであろう」（一四・一三）

ここでは、この命題の真理性について問われている。それというのも、信仰者は、手に入れることができるようには思われないものも、請い願うからである。このような問いに対して、ここでは、アウグスティヌスによって二様に解決が述べられている。第二に、さらに二つの別の解決が述べられており、それらのうちの二番目のものにおいては、主の祈りが、その最初から「私たちのパンを」に至るまで解釈されているのが見出されるであろう。さらにここでは、どうしてヒエロニムスによれば、時間的なものは請い求められるべきではないのかが述べられ、このことについて五つの理由があげられている。第二に、どうしてクリソストムスによれば、霊的なものを請い求める人も、悪しき仕方で請い求めているのであるかが述べられている。さらに、第三に、どうしていかなる仕方にせよ、これこれしかじかのものを請い求める人は、悪しき仕方で請い求めているのであるかが述べられている。これらのすべてにおいて、多くの神学的、哲学的に美しい注目すべきことが詳細に述べられているのが見出されるであろう。

「私を愛さない人は、私の言葉を守らない」（一四・二四）

「聖霊」、そしてさらに以下において、「聖霊はすべてのことをあなたがたに教えるであろう」（一四・二六）。ここでは、思い起こさせるとは、どのようなことであり、それは教えることからどのように区別されるのかということが述べられている。というのも、「聖霊はすべてのことをあなたがたに教え、思い起こさせるであろう」と言われているからである。さらにその上に、そこでは、どのようにして聖霊は「すべての真理を」教え、それを思い起こさせるのかということについて注目すべきことが述べられている。

「父は私より偉大な方である」（一四・二八）

第一五章

「私は真の葡萄の樹である」（一五・一）

「これが私の掟である」等々（一五・一二）

ここでは、多くの注目すべきことが述べられている。

「誰もそれよりも大きな愛を持たない」等々（一五・一三）

ここでは、いくつかの注目すべきことが見出される。

「私はもはやあなたがたを奴隷とは呼ばない」等々（一五・一五）

この言葉には、三つの疑わしい点があるように思われる。第一に、忠実な奴隷には、その主人がなすであろうことが時として知らされるからである。第二に、友人といえども、その友人が何をなすかということは、あらかじめ知らされることがなければ、知ることはできないからである。第三に、どのようにしてキリストは、彼が「父から」聴いた「すべてのことを」、弟子たちに知らせたのかということである。これらの問題の解決について、特に、第三の問題の解決について多くの注目すべきことがここでは見出されるであろう。

「あなたがたが私を選んだのではなく」等々（一五・一六）

個々の言葉が注目されるべきであり、この箇所を参照されたい。

「もし私が業を行わなかったならば」等々（一五・二四）

ここでは、多くの注目すべきことが述べられている。特に、もしキリストが奇跡を行わなかったならば、人々ははたして信ずべく保たれていたのかということに関して。

「彼らは私と私の父とを憎んだ」（一五・二四）

この箇所を参照されたい。

第一六章

「これらのことを私はあなたがたに語った」（一六・一）
「私が行くのは、あなたがたのためである」（一六・七）
ここでは、なにゆえにキリストが去るときにのみ、弁護者は遣わされると言われているのかということについての六つの理由と、他のいくつかの注目すべきことが述べられている。

「その方は世に対して、明らかにするであろう」等々（一六・八）
この言葉は、二様の仕方で論じられているのであり、一つは説教の様態においてであって、これはこの書の終わりにおいてなされるのであるが[11]、ここでは、註解の様態において論じられている。その際には、どのようにして聖霊は世に対して、罪について、裁きについて、義について明らかにすると言われているのかについて多くの注目すべきことが述べられている。

「真理の霊があなたがたにすべての真理を教えるであろう」（一六・一三）
ここでは、美しい仕方で、しかし簡潔に、どのようにして聖霊はすべての真理を教えるのかということが示されている。

「彼は私に栄光を与えるであろう。というのは、彼は私のものを受けるからである」（一六・一四）

この言葉が十分に美しい仕方で解釈されている。

「あなたがたの悲しみは喜びに変わるであろう」（一六・二〇）

「女は生むときには、苦しみを覚える」等々（一六・二一）

ここでは、どのように変化と生成の、さらには、徳の習慣に先行する行為とそれに後続する行為の本性と固有性がこれらの言葉によって示唆されているのかということが述べられている。

「私は父から出て、世のなかに来た」等々（一六・二八）

ここでは、この言葉が三つのことを言っているのが見出されるであろう。第一に、「私は父から出て」、第二に、「世を棄てて」、第三に、「父の下に行く」である。さらに、第一のことについて二つの注目すべきことが述べられている。第一に、物体的なものにおいては、何かがより力があるほど、よりいっそう外側のほうに出て行くのに対して、反対に、霊的なものにおいては、何かがより卓越したものであるほど、よりいっそう内側のほうへ、また一のほうへ働きを及ぼすのである。第二に述べられていることは、キリストは「父から出て、世のなかに来た」と言っているときに、そのすべての働きの目的と意図が神であるような人が、真にキリスト者であることを教えているのであるということである。さらに、第二に言われている「世を棄てて」ということによっては、その際に、世とは、二様の仕方で把握されているのであり、またどのようにして天におられる「父のほうへ」行こう、ないしは帰ろうとする人は、世を棄てなくてはならないのかということが述べられているのである。さらに、第三に言われている「父の下に行く」ということによっては、なにゆえに父のほうへ帰ることは善きことであるのかということについて、三つの理由が述べられている。

これらの三つのことについての説教[12]がこの書の終わりにおいて述べられている。「私は父から出て」等々。

第一七章

「これらのことをイエスは語った」（一七・一）

「彼らが唯一の真の神であるあなたを知ることが、永遠の命である」等々（一七・三）

ここでは、われわれの至福は認識に存することが、第一に、アウグスティヌスの六つの金言[13]によって、さらに、「われわれに父をお示し下さい。そうすればわれわれは満足です」（一四・八）、さらに、「われわれにあなたの御顔を示して下さい。そうすればわれわれは助かるでありましょう」（詩七九・四）という言葉によって証明されている。第二に、上に述べられた真理が七つの論証によって証明されている。そののちに、ここでは、なにゆえに神を認識することは「生命」と言われるのか、またどのようにしてそれは「永遠の生命」なのかが明らかにされている。最後に、それに付加されている「あなたが遣わしたイエス・キリストを〔知ることが〕」ということが解釈されている。

「父よ、人々が〔一つになるように〕保って下さい」（一七・一一）

ここでは、二つのことが再び取り上げられている。第一に、義と義人、父と子がどのような関係になっているかということである。第二に、どのようにしてすべての能力はそれが能力であるかぎり、その全存在と全体としてのそれ自身をその形相的対象から受け取っているのかということである。このことによってまた、一つの形相的対象が存立するならば、知性と意志は区別されうるということを言っている人々の誤りも明らかになる。

第一八章

「これらのことをイエスが言ったのちに」等々（一八・一）

ここでは、まず第一に、どうしてキリストは「豊かであったのに」「われわれのために貧しくなられた」（IIコリ八・九）のかということについての例が見出される。

「真理とは何か」（一八・三八）

ここでは、なにゆえにキリストは、「真理とは何か」と問うているピラトに答えていないのかということについての六つの理由が述べられている、とはいっても、ニコデモの福音書によれば、キリストは「真理は天からくる」と答えたと言われているのであるが。もしそれがそのとおりであるならば[14]、それは最良の答えである。その理由は、第一に、「真理」である「神」は天にましまし、天に住まわれているからである。第二に、真理はこの世の外的事物のうちにではなく、知性のうちに、霊魂のうちにあるからである。「天の極をそれは回っている」、さらにまた、「雲はそれの覆いである」（ヨブ二二・一四）、さらに、「あなたの真理は雲にまで届いている」（詩三五・五）と言われているが、これらは除外されている。

第一九章

「彼を十字架にかけよ、十字架にかけよ」（一九・六）

「イエスの十字架の側には彼女らが立っていた」（一九・二五）

ここでは、どうしてアンナは三人の夫と、マリアという名の三人の娘を持ったのであるかということ、さらにいくつかのそれに類似のことについて述べられている。

「ヨセフはピラトに願い出た」（一九・三八）

ここでは、秘跡においてイエスの身体をとろうとする人に要求される七つの条件が記されている。

第二〇章

「しかし、その週の最初の日に」（二〇・一）

「二人が同時に走っていった」等々（二〇・四）

この言葉は二様の仕方で、比喩的に解釈されている。第一に、それらによって創造者と被造物、存在者、一、真、善、それらと反対のものの固有性が記されているということである。第二に、それらの言葉によって知性と意志、認識と愛の固有性が記されているということである。第一のことに関しては、三つの注目すべきことが、第二のことに関しては、五つの注目すべきことが述べられている。

「マリアは墓の外に立っていた」等々（二〇・一一）

ここでは、彼女は立っていた、と言われていることにおいて、さらに、彼女は泣いていた、と言われていることについて、さらに、「彼女は外で立って泣いていた」、と言われていることについて多くのことが述べられている。

「晩になったときに」等々（二〇・一九）

ここで述べられていることは、イエス、すなわち救いを見ようとする霊魂は、どのようであらねばならないかということについての説教の材料であり、それについて五つの条件が述べられている。さらにまた、イエスが到来するとき、霊魂のうちに何が生じるのかということが述べられているのであり、それについて五つのことが見出される。

第二一章

「その後、イエスは再び現れた」（二一・一）

「私は漁に行く」（二一・三）。

ここでは、問題とそれに対する三様の答えが述べられている。第三の答えにおいて、苦痛を和らげることについての美しい多くの注目すべきことが述べられている。

「ヨハネの子、シモンよ、あなたはこれらの者よりもいっそう私を愛するか」等々（二一・一五）

ここでまず第一に述べられていることは、他の人々を導くべく先頭に立つ人はどのようでなくてはならないのかということであり、このことについてのアンブロシウス、ベルナルドゥス、アウグスティヌスの美しい金言と、自然における実例である。そしてそののちに、ここでは、隣人を自分自身と同じく愛することが、どれほど至福なことであるかが述べられている。しかるのちに、「これらの者よりもいっそう」と言われていることの三様の意味が述べられている。すなわち、「これらの者よりもいっそう私を愛するか」と言われている。このことののちに、「主よ、あなたは私があなたを愛しているのを知っておられます」とペテロが言ったことが解釈されている。最後に、キリストが三回、自分の羊を牧するように託したと言われていることが解釈されている。

「ペテロは振り向くと、かの弟子を見た」等々（二一・二〇）

ここでは、キリストがヨハネを特別に愛していたと言われているが、ペテロはよりいっそうキリストを愛していたと示唆されていることについての疑問が述べられており、それについての三様の解答が述べられている。さらにそこでは、活動的生活と観想的生活についてのいくつかの注目すべきことが見出されるであろう。

「このようにして私は彼が留まることを欲する」等々（二一・二三）

この箇所を参照されたい。

「あなたは私に従いなさい」（二一・二二）

この言葉は上の第一章において解釈されている。

「イエスが行ったことは、この他にも多くある」等々（二一・二五）

これをもって、ヨハネによる福音書のさまざまな聖句の註解を終わる。

序　言

1 **「初めに（始原において）言葉があった」**。「長く伸びた体と、多彩な羽毛に覆われた大きな翼を持った堂々とした鷲が、レバノンに飛来し、杉の芯を切り取った。さらにその若枝の先を裂き取り、それをカナンの地に運んだ」[15]。（エゼ一七・三）福音史家ヨハネその人は、その意図と考察と叙述において、「峻厳な地に巣をかけ」、「切り立った岩に」、「さらに近づきがたい絶壁に」（ヨブ三九・二七）住んでいる。彼は「レバノンに飛来し、杉の芯を切り取った。さらにその若枝の先を裂き取り、それをカナンの地に運んだ」のであるが、それは彼が言葉そのものを父の胸中にあって汲み尽くしながら、「始原において言葉があった」と言うことによって、この地上に住んでいる人々に明らかに示したことによるのである。すなわち彼は、アウグスティヌス[16]の言うように、「福音史家たちの間で、神的な奥義の深さにおいてぬき出ているのである」。さらに、「四つの生きものの比喩において」（エゼ一・五、黙四・六）、「彼は、他の鳥よりも高く飛ぶことを欲し、太陽の光を眩惑されることのない眼で眺める鷲に」「比較される」。彼は、「晩餐の席において主の胸に安らっていたのであり、天上的な知恵の飲みものを、他の人々よりも卓越した仕方で主の胸の泉から飲んだのであって」、「キリストの神性と三位一体の奥義を打ち明けるべく苦心したのであった」。そしてこれがここで「始原において言葉があった」と言われていることの意味である。

ヨハネ福音書註解　序　言

2 この言葉とそれに続く他の言葉の解釈にあたって、著者の意図[17]は、彼のその他のすべての著作におけるのと同様に、聖なるキリスト教信仰と両聖書の主張することがらを、哲学者たちの自然的論証によって解釈することである。「というのは、神に関する不可視的なことがらは、世の被造物において、造られたものどもによって知解され、明らかに見られているからである」。すなわち、「ローマ人への手紙」第一章（二十節）について註解[18]が言っているように、神の永遠の力も、「すなわち子も」、「神性も」、「すなわち聖霊も」そうなのである。そしてアウグスティヌスは『告白』の第七巻[19]において、自分はプラトンの著作のうちに、「始原において言葉があった」とこのヨハネの第一巻の大部分のことがらを読んだと言っている。さらに『神の国』第十巻[20]において、彼は或るプラトン主義者に言及して、その人はこの章の初めから、「神から遣わされた人がいた」（一・六）までは、「金の文字で書かれるべきであり」、「最も目立つ場所に公示されるべきである」と言っていると述べている。

3 さらに、この作品の意図は、どのようにして始原や帰結や自然的固有性の有するさまざまな真理が――「聴く耳を持つ人」（マタ一三・四三）に対して――、それらの自然的なことがらによって解釈される聖書の言葉そのもののうちに、明らかに示唆されているかということを示すことである。またときおり或る種の道徳的解釈もなされる。

第一章

4 それゆえに、このような仕方によって、ここで言われている「始原において言葉があった」は解釈されるべきである。第一に注目されるべきことは、ここで言われている「始原において言葉があった。そして言葉は神とともにあった」とそれに続く多くのことが、次のように言われている言葉のうちに含まれているということである。「そして神は言われた、光あれ、と。すると光が生じた。神は光を見て、善しとされた。そして光と闇を区別した」（創一・三）。

それゆえに、ここで言われている「始原において言葉があった」から、「神から遣わされた人がいた」までで言われていることを理解するために、第一に注目すべきことは、自然的にも、一般的にも、ここで話題になっている神的なものにおいては、さらに自然的なものと技術的なものにおいても、或るものから生み出されたもの、ないしは発出するものは、そのような或るもののうちに、より先に存在しているということである。というのは、もしいちじくがいちじくの樹そのもののうちに、先在しており、先に存在しているのでないならば、いちじくはいちじくの樹から、葡萄のつる、ないしは梨の樹よりも、より多く発出することはないであろうからである。

さらにその上に、第二に、ちょうど種がその始原のうちにあるように、或るものから産み出されたものはその或るもののうちに先在している。そしてこれがここで言われている「始原において言葉があった」と、「種は神の言葉である」（ルカ八・一一）の意味である。

第三に注目すべきことは、或るものから産み出されたものは、一般的にはそのものの言葉であるということである。すなわちその言葉は、そこからそのものが発出するかのものを言い表し、告げ知らせ、明言するのである。それゆえに、「始原において言葉があった」と言われているのである。

第四に注目すべきは、発出するものは産み出すもののうちに、ちょうど理念や似像のようにして存在するのであり[21]、その理念のうちで、またその理念にしたがって発出するものは産み出すものから産み出されるということである。そしてこのことはギリシア人が「始原において言葉があった」、すなわちロゴスがあったということの意味であるが、これはラテン語では言葉ないし理念ということである。

それゆえに、ここには四つのことがらがある。すなわち、発出するものは産み出すもののうちにあり、さらに発出するものは産み出すもののうちにおいては、種が始原のうちに、言葉が言う者のうちにあるようにあるのであり、さらに発出するものは産み出すもののうちにおいては、理念としてあり、その理念のうちでは、あるいはその理念によって、産み出すものから産み出されるものは発出するのである。

さらにその上に、第五に知るべきことは、或るものが別のものから発出するというまさにこのことによって、そのものは、その別のものから区別されるということである。そしてこのことがそれに続く「言葉は神とともにあった」ということの意味である。「言葉は神の下にあった」とは、言われておらず、それは神から下って来たとも言われていないのであって、「言葉は神とともにあった」と言われているのである。というのは、「神とともに」という言葉は、或る種の同等性を意味しているからである。その際に注目すべきことは、類比的なものにおいては、つねに、産み出されたものは産み出すものに比して、より劣った、より小なる、より不完全で、非同等的なものであるということである。同名同義的なものにおいては、しかしながら、つねにそれは同等なるものであるが、同一の本性を分有するのではなく、その全本性を端的に、総体的に、かつ同等に、その始原から受け取るのである。(22)

　そしてこれゆえに、第六は次のとおりである。発出するものは産み出すものの子である。というのは、子とは、本性において他なるものではなく、ペルソナにおいて他なる者になるものであるからである。(23)

6 そこからまた第七に、次のことが帰結する。子ないし言葉は、父ないし始原であるところのものと同一のものである。そしてこのことは、続いて「言葉は神であった」と言われていることの意味である。その際に、しかし注目すべきことは、類比的なものにおいては、産み出されたものは産み出すものから降下してくるものであるとはいえ、それはしかし始原の下にあるのであって、始原とともにあるのではないということである。さらに、それは本性において他なるものになるのであり、したがって始原そのものではない。それにもかかわらずしかし、その産み出されたものは、始原のうちにあるかぎり、本性において他なるものではなく、基体において他なるものでもない。というのは、職人の精神のなかにある箱は、箱ではなく、職人の生命であり、知性認識であって、その現勢的観念であるからである。(24)このことを私が言ったのは、次のことのためである。神的ペルソナの発出に関してここで書かれている言葉は、自然と技術のすべての存在者の発出と産出において、これと同一の事態が存在し、見出されることを教えているのである。

7 　第八に注目すべきことは、外部の存在へと発出する、ないしは産み出された箱は、それにもかかわらず、職人それ自身のうちに存在し、留まり続けているのであり、それはちょうどその箱が生成する以前に、たとえ外的にはそれが破壊されたとしても、その始原において存在していたのと同様である。そしてこれが続いて「この言葉は始原において神とともにあった」と言われていることの意味である。というのは、あらかじめ「始原において言葉があった」と言われているからである。

8 第九に知るべきことは、われわれがここで語っている発出ないし産出や流出は、本来的には、まず第一には、そして最大限には、生成に座を持つものであるということである。その際、生成とは、運動とともに起こるものでもなく、時間において起こるものでもなく、事物の実体と存在に関係しているのであるから、運動の目的であり、終局でもあるようなものである。それゆえに、したがって、その生成とは非存在に移りいくことのないものであり、過去へと沈降することのないものである。もしそれがそうであるならば、その生成はたえず「始原のうちに」あり——確かに、われわれの下においてもこれは妥当するのであり、すなわち、時間を取り去るならば、夕方は朝になるのであり——、そしてその生成がたえず「始原のうちに」あるならば、それはたえず生まれるのであり、たえず生成するのである。というのは、それはけっして生成しないか、ないしはたえず生成するかのどちらかであるからであり、それというのも始原ないし「始原のうちに」ということがたえず存在しているからである。ここから生じることは、子は神的なものにおいて、言葉は「始原のうちに」たえず生まれるのであり、またたえず生まれてしまっているということである。そしてこのことが続いて「あった」と言われていることの意味である。「始原において言葉があった」、と。というのは、「あった」という言葉は三つのことがらを意味しているからである。一つは実体であり、というのは、それは実体的な言葉であるからであり、さらに過去を意味しており、さらに未完了を意味している。[25] さらに、それが実体的なものであるがゆえに、「言葉」は始原の実体そのものであり、それが過去であるがゆえに、それはたえず生まれてしまっているのであり、それが未完了であるがゆえに、それはたえず生まれるのである。ここから生じることは、ヨハネが「言葉」について語っている最初の四つのすべての句において、彼はたえずこの「あった」という言葉を実体的に、過去的に、未完了的に用いているということである。

9 第十に注目すべきことは、知性の固有性は、自らの対象、すなわち知性認識されうるものを、それ自体において、つまりそれが或る種の全体、完全なるもの、善きものであるかぎりにおいて把握するということではなく、それらの始原において把握するということである。そしてこのことがここで言われている「始原において言葉があった」、さらにまた、「この言葉は始原においては神とともにあった」ということの意味である。

第十一に注目すべきことは、言葉ないし精神の懐く観念、ないし職人の精神のなかにある技術それ自体は、それによって職人がすべてを造るところのものであり、それがなければ、彼は職人としては、何ものも造ることのできないものであるということである。そしてこれがそれに続いて言われているところの「すべてのものはこれによって造られたのであり、これなしには、何ものも造られなかった」ということの意味である。

10 第十二に注目すべきことは、精神のうちと技術のうちにある箱そのものは、まだ箱ではなく、造られたものでもなく、技術そのものであり、生命であり、職人の懐く生命ある観念である。そしてこれがそれに続いて言われているところの「造られたものは彼のうちにおいては生命であった」ということの意味である。

第十三に、言葉は理念として、人間の固有性である理性的なものに係わる。というのは、人間は理性的動物であるからであり、『形而上学』第一巻(26)において言われているように、「人間という類は、技術と理性において」生きるからである。それゆえに、言葉は、たんに生命であるのみならず、生命は人間の光である。そしてこれが続いて言われているところの「そして生命は、人間の光であった」ということの意味である。

11 さらに、第十四に、言葉、理念そして技術それ自体は、昼においてと同様に夜においても光るのであり、外的に露になっているものと同様に内的に隠されているものも照明するのである。そしてこれがそれに続いて言われているところの「光は闇のうちで光る」ということの意味であるが、この光は物体的な光と区別されている。なぜならば、物体的な光は生命ではなく、本来的な意味での人間の光でもなく、夜光るのでもなく、内的に隠されているものも照明することもないからである。

さらにその上に、よりいっそう注目しなければならないことは、被造的な事物においては、それらの事物の理念以外の何ものも光ることはないということである。すなわち、哲学者（アリストテレス）[27]が言うように、「名辞が表示する事物の理念は〔その事物の〕定義である」。定義はしかし論証の手段であり、あるいはむしろ、知を産み出す論証の全体である。それゆえに確実なことは、被造的な事物においては、それらのものの理念のみが光るということである。そしてこれがここで言葉について言われていること、すなわち、言葉とは、「人間の光」、理念であるということである。そしてこれはまた、ここで言われている「光は闇のうちで光る」ということの意味であり、それはあたかも、被造的事物においては、それらの事物の何性、〔論証の媒介としての〕定義ないし理念以外の何ものも、光ることはないし、認識されることもなく、知を生み出すこともないと言っているかのようである。

12 第十五に知るべきことは、「言葉」、ロゴスないし事物の理念は、このようにしてそれらのうちに存在しており、その全体において個別的なもののうちに存在しているのであるが、それにもかかわらず、それは、その全体においてそれらのすべての個別的なものの外側にあり、しかもまったき仕方で内側にあり、まったき仕方で外側にあるということである。このことが明らかなのは、動物においてであり、しかもそのすべての種において、かつそれらの種に属するすべての個々のものにおいてである。そしてこれゆえに、事物は動いても、変化しても、消滅しても、それらの事物の理念そのものは不動に留まり、消滅することはない。というのは、いかなるものも、消滅する円の〔不変の〕理念ほどに、永遠的で変化しないものはないからである[28]。というのは、たとえ円が消滅したとしても、どのようにして全体として、消滅する円の外側にあるものは消滅するであろうか。

それゆえに、理念は「闇」における、すなわち被造的事物における「光」であるが、それらに囲まれたり、混合されたり、包含されたりはしていない。そしてこれがここで「光は闇のうちで輝いている」と言われたときに、さらに、「闇はそれを包含しなかった」と付加されたことの意味である。そしてこれは『原因論』[29]において次のように言われていることである。「第一原因がすべての事物を統べているが、その際、それはそれらの事物と混合されることがないのである」。すべての事物の第一の原因は理念であり、ロゴスであり、「始原における言葉」である。

13 それゆえに、どのようにして「始原において言葉があった」から「神から遣わされた人がいた」までが、自然的事物の理念と固有性によって解釈されるかは明らかである。さらにまた、その福音史家の言葉そのものが、よく観察されるならば、われわれに事物の本性と事物の固有性とを、その存在においてと同様にその働きにおいて教えるものであり、それらは信仰を強めることによって、われわれに事物の本性についても教えることは明らかである。というのは、神の子それ自身、「始原における言葉」、理念は、アウグスティヌスが『三位一体論』第六巻の最後の章[30]で言うように、「すべての生ける不可変的な諸理念によって満たされた」「或る種の知」であり、「その知のうちでは、すべての理念が一なるものとなっている」からである。

14 しかし、すべての前述のことと他のしばしば論じられるべき多くのことの一つの例は、もし或る人が、彼が義人であるかぎりにおいて、義人を産み出す義について考察するならば、どうであろうかということである。

というのは、第一に確実なことは、義人はそれ自身としては、義そのもののうちに存在しているということであるからである。というのは、どのようにして彼は、もし義の外に存在しているならば、つまり義から分けられて外側に立っているのならば、義人でありうるのであろうか。

さらにその上に、第二に、具体的なものは抽象的なものに、さらに、分有するものは分有されるものに先在しているように、義人は義そのもののうちに先在しているのである。

15 さらに、第三に、義人は義の言葉であり、その言葉によって義はそれ自らを言い表し、明らかにしているのである。というのは、義が義としなければ、だれも義を認識することはなく、自分自身にとってのみ義は認識されるであろうからである。それは次の箇所によっている。「いまだかつて神を見た者はいない。父の胸にいる独り子自身が父について明らかに語った」（一・一八）、「子以外の誰も父を知らない」（マタ一一・二七）、「受け入れる者以外の誰も知らない」（黙二・一七）。というのは、一般的には、「受け入れる者以外」の誰も神の完全性を知らない。例えば、義はそれ自らにとってと、義そのものによって受け入れられた義人に対してのみ知られるのである。そしてこれは権威(31)の言うところである。すなわち、三位一体、神は自らにとって、また神に受け入れられた人間(32)にとってのみ知られるものである。それゆえに、次にこう言われる。「あなたが選び、受け入れた人は、幸いなるかな」（詩六四・五）。

さらに、第四に確実なことは、義はそれ自身のうちに範型を持っているということであり、その範型は似像ないし理念であり、その似像ないし理念において、かつそれに即して、義はすべての義人とすべての義なるものを形づくり、形成するということである。

16 第五に、義から発出し、生まれた義人は、まさにこのことによって義から区別される。というのは、いかなるものも自分自身を生むことはできないからである。しかし義人は、その本性においては義とは別のものではない。というのは、一つには、義人は義それのみを表示しているからであり、それはちょうど白人がその性質のみを表示しているようなものである(33)。また一つには、もしその本性が前者と後者で異なるならば、義は誰か或る人を義なるものにすることはない。それはちょうど白色が黒くするのではなく、文法が音楽的にするのでないのと同様である。

ここから、第六に明らかになることは、義人は義の子孫であり、子であるということである。というのは、子はその本性においては他なるものではなく、そのペルソナにおいて他なる者になるのであるから、存在するのであり、またそのように言われるからである。「私と父とは一なるものである」（一〇・三〇）。「われわれは」ペルソナにおいて区別されている。というのは、いかなるものも自分自身を生むことはないからである。われわれは、本性においては、「一なるものである」。というのは、他の仕方では、義は義人を生むこともなく、父が父とは異なる者になるであろう子を生むこともなく、同名同義的な出生も存在しないからである。そしてこれがここで言われている「言葉は神であった」ということの意味である。

17 父と子、義と義人が本性において同じ一なるものであるならば、第七に帰結することは、義人は義と等しいものであり、義よりもより少ないということはなく、子は父よりもより少ないということもないということである。そしてこのことは、「言葉は神とともにあった」ということである。というのは、「ともに」という語は、先に言われたように[34]、同等性を表しているからである。

さらに、第八に、義は、義人を生み出す、ないし義なるものとすることによって、義であるのを止めるのではなく、義人の始原ないし理念であることを止めるわけではない。そしてこのことがここで言われている「この言葉は始原においては神とともにあった」と言われていることの意味である。

18 その上、第九に確実なことは、義は、また義人もそれ自身としては、運動と時間の下には陥らないということであり、それは生命と光がそうでないのと同様である。そしてこれゆえに、義人は、このようにしてたえず義そのものから生まれているのであり、それはちょうど義人がそれによって義人であるその始原から、義人は生まれたものであり、それはまたちょうど媒体における光の生成とその保持についても言われるようなことであって、すなわち、光は媒体のうちに恒常的に〔存在しているものではないので〕、媒体そのものにおいて恒常的に〔生成している〕ようなものである[35]。

さらに、第十に、義人はそれ自身として、それがそれであるところのものであり、それ自らの全体において、かつそれがそれであるすべてにおいて、義そのものから、かつ義において、すなわちそれ自らの始原においてそうなのである。そしてこれがここで言われている「始原において言葉があった」ということの意味である。さらにその上に、義人は義人であるかぎり、いかなるものも、自分自身ですら、義そのものにおいて以外のところでは認識することはない。というのは、どのようにして義人は、義そのものの外側で義人それ自身を認識するのであろうか。しかし義は義人の始原である。そして事物をその始原において認識することは、人間の、また理性の固有性である。

19 さらに再び、第十一に確実なことは、義はそのすべての業を生まれた義を媒介にして行うということである。というのは、すべての義なるものは義なしには生まれえないように、生まれた義なるものも生まれた義なしには存在しえないからである。しかし、生まれた義そのものはその始原における、すなわち生む者の義における義の言葉である。これがそれゆえに、ここで言われている「すべてのものはそれによって生じたのであり、それなしに生じたものは、何ものもなかった」ということの意味である。

さらに、第十二に、義人は義そのものにおいては、まだ生まれてはおらず、生まれた義でもなく、生まれざる義そのものである。そしてこのことがここで言われている次のことの意味である。「生じたもの」、ないしは何らかの仕方の産出において産み出されたものは、「そのものにおいては生命であった」のであり、すなわち「始原のない始原」であったのである。というのは、始原なしに存在するものこそが本来的意味において生きているからである。というのは、自らの働きの始原を他のものであるかぎりの他のものから有しているすべてのものは、本来的意味においては生きてはいないからである。

20 さらにその上に、第十三に、義人は義そのもの、その始原においては、それがまさに生まれざるもの、「始原のない始原[36]」、生命であることによって、光である。というのは、すべてのものは光であり、その始原においては光っているからである。というのは、事物のすべての認識はその始原を通して、その始原において成立しているからである。そしてその認識がその始原のうちに還元されるまでは、それはたえず覆われたものであり、暗いものであり、影のあるものである[37]。それというのも、それは別の立場が正しいのではないかという恐れのうちにあるからである。しかし恐れと臆見なしに知を生じせしめる論証、すなわち三段論法は、本来の始原から生じたものである。そしてこれがここで言われている「生命は人間の光であった」ということの意味である。しかし、「人間の」と言われているのは、おそらく人間は、推論することによって始原へと前進して行くのであるから、より後なるものから自らの認識を受け取るからである。知性的により高い被造物はそうではない。そしておそらくこのことが、それに続く「光は闇のうちで光る」ということの意味であろう。というのは、すべての被造的なものは無の影を宿しているからである。「神のみが光であり、そのうちにおいてはいかなる闇もない」（Iヨハ一・五）。それゆえに、「闇のうちなる光」とは、より後なるものからの認識のことであり、表象像における、表象像を通しての認識のことである。

21 あるいは他の表現では、一般的には始原は、その始原から生じたものの光であり、上級のものはその下にある下級のものの光である。反対に、始原から生じたもの、かつ下級のものは、他のものから存在を有するものとして下級のものであり、より後なるものであるというまさにこのことによって、それ自体において、欠如の、ないし否定の闇である。すなわち欠如の、とは、可滅的な物体的なものにおいてであり、否定の、とは、霊的なものにおいてである。それゆえに、これは「光が闇のうちで輝いている」と言われていることの意味である。しかし下級のものは、けっしてそれに属する上級のものに等しくならないから、続いて「そして闇はそれを把握しなかった」と言われている。

22 というのは、今、例を用いてそれについて話題にしている義人は、それ自身によっても、彼が彼自身においてあるところのそのものによっても、光ではないからである。それゆえに、義人たる洗礼者ヨハネその人についても、「彼は光ではなかった」（一・八）と続いて言われている。そして、第十四に、義人、ないしは義なるものは、それ自身においては、闇のようなものであり、輝くことはない。しかし義そのもの、その始原においては、義人ないし義なるものは輝いているのであり、そして義そのものが義なるもののうちで輝いているのであるが、義なるものは下級のものとして、義を把握することはないのである。

さらにその上に、第十五に明らかなことは、義はその全体においてすべての義人のうちに存在しているということである。というのは、半分の義とは義ではないからである。もし義がその全体においてすべての義人のうちに存在しているとしても、義はまた同時にその全体においてすべての義なるものとすべての義人の外側に存在しているのである。そしてこのことがここで言われている「闇はそれ〔光〕を認識しなかった」ということの意味である。

23 すでに述べたことから、聖書のなかに書かれている非常に多くのこと、特に神の独り子について書かれていること、例えば、彼が「神の像」（IIコリ四・四、コロ一・一五）であることを解釈することができる。

というのは、像はそれが像であるかぎり、自らのいかなるものも、それがそれにおいて存在している基体から受け取るのではなく、その全存在を、それがその像であるところの対象から受け取るからである。

再び、第二に、像はその存在をその対象からしてのみ受け取るのである。

さらにその上に、第三に、像はその全存在を、それによってその範型が存在するそのすべてのものにしたがって受け取る。というのは、もし像が或る他のものから何らかのものを受け取ったならば、もしくは自らの範型に属する何らかのものを受け取らないならば、そのときにはその像はもはやそのものの像ではなくなってしまい、或る別のものの像になってしまうであろう。

ここから、第四に明らかになることは、或る人の像はそれ自体としては、〔複数ではなく〕唯一的なものであり、〔複数のものではなく〕ただ一つのものに属するということである。それゆえに、神的なものにおいては、子はただただ唯一的なものであり、しかもただ一つのもの、すなわち父に属する。

24 さらに、第五に、すでに言われたことから明らかなことは、像はその範型のうちに存在しているということである。というのは、像はそこにその全存在を受け取るからである。そして反対に、範型は範型であるかぎり、その像のうちに存在しているのであり、それは像がそれ自身のうちに範型の全存在を有しているためである。「私は父のうちにあり、父も私のうちにある」（一四・一一）。

さらにその上に、第六に帰結することは、像と像がそれの像であるところのものとは、それ自体としては、一であるということである。「私と父とは一なるものである」（一〇・三〇）。「われわれは……である」〔複数〕と言われるのは、範型が形成するもの、ないし生むものであるのに対して、像は形成されたもの、ないし生まれたものであるかぎりにおいてであり、「一」であると言われるのは、一方の全存在が他方のうちにあり、そこにはいかなる異質なものも存在しないかぎりにおいてである。

25 さらに、第七に、像のそのような形成ないし出生は、或る種の形相的流出である。それゆえに、註釈者（アヴェロエス）は『霊魂論』第二巻[38]で次のように主張している。視覚における可視的形象の産出は、それ自身によってそれ自身を多様に伝達させる可視的なもののためにも、またそれ自身において可視的なものの形象を受け入れる視覚のためにも、外的光を必要としないが、ただそれらを担う媒体のためには、外的光を必要とするのである、と。

再びまた、第八に、像と範型とは同時的なものである――そしてこれがここで言われている「言葉」すなわち像は、「始原において神とともにあった」ということの意味である――したがってその結果、像のない範型も、範型のない像も考えることができない。「私を見る人は、私の父をも見る」（一四・九）。

26 さらにその上に、第九に、範型のみが像を知っており、像以外の誰も範型を知ってはいない。「父以外の誰も子を知ってはおらず、子以外の誰も父を知ってはいない」（マタ一一・二七）。その理由は、一なる存在が両者に属し、何らかの異質のものが両者に属するということはないからである。しかし、存在と認識の始原は同一であり[39]、何ものも異質のものによって認識されることはない。

しかし、上述のこととそれに似たより多くのことは、義人を義と、存在者をその存在と、善なるものを善性と、一般に具体的なものをその抽象的なものと比較することによって明らかになる。

27 しかし、上に像について述べられていることは、明らかに「知恵の書」第七章において集約的に述べられている。そこでは知恵ないし神の言葉について、それは「汚点のない鏡」、「神の純粋の」「流出」と言われている。さらにそれは「その善性の像」であり、「いかなる不純なものもそのなかには侵入しない」。さらに、それは「神の力の息吹」であり、「永遠の光の輝き」（七・二五、二六）である。

これらのことによってまた、上に述べられているように、子の神性について書かれているほぼすべてのことが解釈されている。

これらのことは、目下のところ、ここで言われている「始原において言葉があった」から「ひとりの人が神から遣わされた」までの一つの解釈としては十分であろう。

28 さらにその上に、第二に、ここで言われている「始原において言葉があった」ということを理解するために知るべきことは、アウグスティヌスが『八十三問題集』の「神の言葉について」の章[40]において、次のように言っていることである。「『始原において言葉があった』。ギリシア語でロゴスと言われているものは、ラテン語では、理念ないし言葉を意味している。しかしこの箇所では、われわれは言葉と翻訳したほうがよい。それは、ただたんに父への関係を表示するためだけではなく、言葉によって、〔神の〕作用的な力によって生じたものへの関係をも表示するためである。しかし理念は、それによって何ものも生じないとしても、正しく理念と言われるのである」。ここまでは、アウグスティヌスの言葉である。これと明らかに適合しているのは、個別的な学問において、個別的なものについて推論することを教える学問は、ロゴスないし理念から、論理学と呼ばれていることである。さらにまた、論理学そのものは、言葉についての学問と言われる。なぜならば、ロゴスは言葉であるからである。

29 第二に注目すべきことは、理念は二重の意味において受け取られるということである[41]。というのは、事物から知性によって受け取られた、ないし抽象された理念があり、この理念はそこからそれが抽象される事物よりも後なるものである。さらに、事物に先立つ理念もあり、それは事物の原因であり、定義が告知する理念であり、その理念を知性は、事物の内的な始原において把握するのである。そしてこれが今、問題にしている理念である。それゆえに、ロゴス、すなわち理念は始原のうちにあると言われる。つまり、「始原において言葉があった」と言われている。

30 これらの上に述べたことによって知るべきことは、すべての働くものは、自然においてであれ、技術においてであれ、自分と似たものに対して働きを及ぼすのであり、これゆえに、それはたえず自分自身のうちに、それが自らの働きをそれに対して同化させるようなものを有している。そしてそのようなものが、働くものがそれによって働きを及ぼす始原である。というのは、それは他の仕方では、偶然によって働きを及ぼすことになってしまうのであり、始原に基づいて働きを及ぼすことにはならないからである。例えば、大工は大工であるかぎりにおいて、それ自身のうちに、その精神において家の形相を有しており、大工はその家の形相に対して外部の家を同化させる。さらにその形相は、それによって大工が家を外部の質料のうちにおいて造り、産み出す始原であり、それによって彼が大工であるかぎりでの自分自身と自分に属するすべてのものを言い表し、告げ知らせる言葉である。同様にして自然においては、熱い物体は、例えば、火は、熱しうるものを自分に同化するのであり、熱は火がそれによって熱する始原であり、火が熱いものであるかぎり、それによって自分を言い表し、語り、ないし告げ知らせる言葉である。もし大工がそれ自らの実体そのものにおいて、彼が人間であり、この人間であるかぎりにおいて、家を造るならば、外部の家そのものは、すなわち彼のなした結果は、彼がそれによって自分自身を、その実体を、すなわち、人間であり、この人間であるその全体を言い表す言葉になるであろう。そして彼のなした結果は、すなわち外部の家は、彼の実体のうちに存在することになり、したがって彼の実体そのものになるであろう。このことはちょうど今や家という結果が精神ないし技術のうちにあり、技術そのものであるようなものであり、それは家の形相とは異質のすべてのもの、例えば、質料、場所、時間等々からのみ区別されるものである。そしてこれがここで言われている「始原において言葉があった。言葉は神であった。そして生じたものは神のうちにおいては生命であった」ということの意味である。

31 さらにその上に注目すべきことは、結果は、最も近い同名同義的な原因のうちに他の仕方で存するということである。それは、例えば、〔生まれた〕火は〔生む〕火のうちに存する場合であり、その場合は、始原すなわち生む火は、確かに生まれた火の形相を有しているが、火の理念は有していない。というのは、物体的自然は、それ自体としては、事物と理念を区別することはないからである。なぜならば、それは理念を知らないからであり、理念はただ理性的なもの、ないし知性的なもののみが把握し、知っているからである。そしてこれゆえに、知性においては、ただたんに知性の結果はその知性のうちにおいては言葉であるのみならず、言葉と理念であり、ロゴスとは、すでに言われたように[42]、それら両者を意味しているのである。そしてこのことはきわめて適切に次のように言われていることの意味である。「始原においてロゴスがあった」のであり、それは「神とともにあった」のであり、それは「神であった」のであり、さらに第四に、「これは始原においては神とともにあった」のである。というのは、第一の知性そのものの「うちには」、確かに本来的な意味において、理念が存在するからである。そしてそれは「神とともに」あり、すなわち、それ自身に最も近いすべての知性的なもののうちにあるのであるが、知性的なものとは、その像ないしはその像に即して造られたものであり、神の種族（使一七・二九）である。ないしは、ロゴスは神と「ともに」ある。それというのも、それはたえずその現実態において知性認識しており、そのように知性認識することにおいて、理念を生んでいるからである。そしてその知性認識そのものが生んでいる理念そのものは、神そのものである。「言葉は神であった」、そして「これは始原においては神とともにあった」。それというのも、神はたえず知性認識していたのであり、たえず子を生んでいたからである。アウグスティヌスはこう言っている。もし父がたえず存在していたならば、父はたえず子を持っていたのである、と[43]。ないしは、それは「始原から神とともにあった」、なぜならば、神は「あった」、すなわち「始原から」生んだように、神はその現実においてたえず生んでいるからである。すなわち、神は「たえず」か、あるいは「けっして何もしない」のであり、それは上で言われたように[44]、そこでは終局と始原とが同一であるからである。そしてそのような仕方で働くものは、すなわち、そのうちにおいてロゴスが、理念が存在している始原は、その結果をよりいっそう高貴な仕方であらかじめ有している本質的に働くものであり、その原因性がその結果のすべての種に及んでいるものである。[45]

32 「始原において言葉があった」。再びこれらの言葉の第三の解釈において注目すべきことは、被造的事物のうちには、それぞれの事物の理念が、一般にはその始原が、そしてそのもののうちに存在するすべての固有性と様態の原因が存する。それゆえに、『形而上学』第七巻について註釈者（アヴェロエス）[46]はこう言っている。事物の何性についての問いは、たえず昔の人によって知られるべく熱望されてきた。それというのも、何性そのものが知られるならば、すべてのものの、すなわち事物そのもののうちに存在するすべてのものの原因も知られるからである。というのは、定義の部分が示す実体の始原は、その基体のすべての固有性と様態の始原だからである。それゆえに、定義そのものは理念であるが[47]、それは基体についてそれが何であるかを、またさまざまな様態についてそれがなにゆえに存在するのかを示すものであり、したがってそれは論証の手段であり、知を生み出す論証の全体である。このような仕方でそれゆえにここで述べられている「始原においてロゴスが」、すなわち理念が「あった」ということは解釈されるのである。

33 さらにその上に、「始原において言葉があった」と言われていることの第四の解釈に際して注目すべきことは、言葉すなわち神的なものにおける子が四つの固有性を持っているということである。

第一の固有性は、子は最も内奥のものであるということである。「あなたがたのうちに植え付けられた言葉を受け入れなさい」（ヤコ一・二一）。

第二の固有性は、子はすべての被造物に先立って第一に生まれたものであるということである。すなわち、「神の目に見えない像であり、すべての被造物に先だって第一に生まれたものである」（コロ一・一五）。

第三の固有性は、子はたえず生まれており、たえず生まれたということであり、それは上に[48]解釈されたとおりである。

第四の固有性は、子は父から知性の固有性の下に発出するのであり、それはちょうど聖霊が愛の固有性にしたがって発出するようなものである。

そしてこれがここで言われている「始原において言葉があった」の意味である。「において」(in)は第一のことに関係しており、「始原」は第二のことに関係しており、「あった」は第三のことに関係している。というのは、それは未完了の実体的動詞であるからである。「言葉」は第四のことに関係している。それというのも、言葉は理念であるからである。理念は知性に関係しているのであり、その知性には、一つのものをさまざまな概念によって把握することや、本性においてかつ存在において一なるものを区別することや、一つのものが別のものに先立っている場合であれ、ひとりの人が別の人に由来する場合であれ、ともかく何らかの仕方でその秩序を把握することが属している。

34 その際、特に注目すべきことは、知性は神において最大限に、そしておそらくすべてのものの第一の始原としての神そのものにおいては、まったくその本質によって知性であり、まったく純粋の知性認識である。確かに神のうちにおいては、事物と知性とは同一である。それゆえに、「知性の働きの結果として生じる諸関係」は神的なものにおいては現実的なものである。したがって「言葉」、すなわち父から「知性的な仕方で発出してくる」子は、「ただたんに理念的な関係ではなく、実在的な関係である。というのは、知性そのものも理念も[50]」或る種の現実的なものであり、もしくは「或る種の事物だからである[49]」。それゆえに、アウグスティヌスもこう言っている。「われわれを至福にする現実は」、「父と子と聖霊である」。

「において」(in) という言葉、前置詞の表示する第一のことがらについて注目されたいのは、神と神的なるものであるかぎりでのすべての神的なものには、内在と最も内奥に存在することが属するということである。このことは『原因論』の第一命題において、特にその註釈[51]において明らかになっている。このことはまた、外に向かって神がもたらす第一の結果においても明らかになっている。それはアウグスティヌス[52]の次の言葉によれば、存在であり、すべてのもののうちで最も内奥のものである。「あなたは内におられたが、私は外にいた」。このことは、第三に、霊魂の諸能力そのものにおいて明らかになっている。それらの能力は、より神的で、より完全なものとなればなるほど、よりいっそう内的なものになるからである。

「始原において」(principio) という言葉の表示する第二の主要なことがらについては、上[53]にすでに述べられたことから明らかになっている。というのは、すべてのものの最も内奥のものにして第一のものは理念だからである。しかし、言葉はロゴスないし理念である。

「あった」(erat) という言葉の表示する第三のことと、「言葉」(verbum) という言葉の表示する第四のことについては、すでに述べられた。

これがそれゆえにここで言われている「始原において言葉があった」と言われていることの意味である。

35 さらに、第五に、「始原において言葉があった」。字義どおりには、福音史家は神的なものにおいては、父から子のペルソナ的流出と出生が存することを言おうとしているのである。この点において新約聖書は旧約聖書から区別される。旧約聖書には、ペルソナの流出についてはっきりと言及されていない。それに対して新約聖書は、子について、或る場合にはその神性について、或る場合にはその人性についていたるところで語っている。

しかしその神性に関しては、これらの言葉においては、父との関係における神の子について四つのことが注目されている。

第一に、子は父と同じ実体である。それはここに子は父のうちにある、すなわち、「始原において言葉があった」と言われているときに、表示されていることである。というのは、父のうちにあるすべてのものは、父と実体を同じくするものであるからである。

第二に、「言葉は神とともにあった」と言われているときには、それらの間にはペルソナ的区別が存するということである[54]。

第三は、それらの存在と本性における最も純粋の一性であり、その一性は論証ないし定義の部分、すなわち類と種差とを許容するものではないということである。「言葉は神であった」すなわち理念は、と言われている場合には、そのことが意味されているのである。というのは、一つの理念は別の理念に属するものではないからである。

第四は、子は父に対して等しく永遠であるということである。すなわち、「言葉は始原においては神とともにあった」。

それゆえに、これらの言葉においては、子の、ないし言葉の父からのペルソナ的流出が明らかにされている。ダマスケヌス[55]が言うように、「しかし、言葉は息[56]を有していなければならない。というのは、われわれの言葉もこの息を必要とするからである」。そしてこのようにしてここでは、神的なものにおける三つのものの間のペルソナ的な区別が表示されていることが明らかになる。

36 そして神のもたらす結果は、つねに表出的なものにして表現的なものであり、自らの始原の言葉であるので、ここからして先に述べた「始原において言葉があった。言葉は神とともにあった。言葉は神であった。言葉は始原においては神とともにあった」という言葉は、自然と技術のすべての業について六とおりの仕方で解釈することができるのである。

というのは、まず第一に確実なことは、画家においては、形の形相と彼が外側の壁に描くものの像が、その画家に内在する形相の様態によって存在するということである。そしてこれがここで言われている「始原において言葉があった」の意味である。

さらに第二に、画家においては、その像が範型の様態において存在していなければならないのであり、その範型にしたがって、かつその範型のほうを見ながら画家は働くのである。「画家が自分の外側に範型をもっていて、そのほうに彼の眼を向けているか、それとも自分の内部において彼がその範型を心に懐いているかは、どうでもよいことなのであって」、それはセネカが或る書簡[57]のなかで言っているとおりである。そしてこれがここで言われている「言葉は神とともにあった」ということの意味である。
37 さらに、第三に、画家の精神のなかに描かれた像は、芸術そのものであり、その芸術によって画家は描かれた像の始原であるのである。そしてこれがここで言われている「言葉は神であった」ということの意味であり、すなわち〔神がもたらす〕結果の始原ないし原因であり、註釈者（アヴェロエス）[58]が言うように、それはちょうど霊魂のうちにおける浴槽と質料のうちにおける浴槽の関係と同じであり、また精神のうちにおける形と壁における形の関係と同じである。
さらにまた、第四に確実なことは、ポリクレィトゥスは、哲学者（アリストテレス）[59]の言葉を用いると、彫像を造る技術を習得する以前には、彫像の始原ではなく、もし彼がその技術を持つことを止めてしまうならば、その彫像の始原ではありえないということである。それゆえに明らかなことは、芸術家が存在するやいなや、さらに芸術家が生まれさせる能力を持っている間は、その技術そのものは彼とともに留まっているということである。そしてこれがここで言われている「この言葉は始原においては神とともにあった」の意味であり、すなわち技術は芸術家とともにあり、彼と時を同じくしているのであって、それは神的なものにおいては、子が父に対してあるのと同様である。このことについては、〔『創世記註解』の〕第二版において[60]、「彼は三を見たが、一を懇願した[61]」という言葉について論じておいた。

38 さらに第七に、「始原において言葉があった」。注目すべきことは、すべての本質的始原の自然的条件には四つあるということである。

第一の条件は、そのうちには、結果が原因のうちに含まれているように、その始原から生じたものが含まれているということである。そして「始原においてそれはあった」と言われているときに、このことが述べられているのである。

第二の条件は、その始原から生じたものは、その始原のうちにただたんに存在しているのみならず、先在しているのであり、それ自身におけるよりも、より卓越した仕方で存在しているのである。

第三の条件は、その始原そのものはつねに純粋な知性であり、その知性のうちには、知性認識以外の何ものも存在しないのであり、その純粋の知性はいかなるものともいかなる共通のものも持たないということであって、それはアナクサゴラスが『霊魂論』第三巻で[62]言っているとおりである。

第四の条件は、始原そのものにおいては、また始原そのものの下においては、結果はその潜勢力において始原と同時的に存在している。

そして理念であるところの「言葉」が述べられているところでは、これらの最後の三つの条件が表示されているのである。というのは、理念は結果が形相的に有しているものをただたんに有しているのみならず、その潜勢力においては、それをあらかじめ有しているのであり、より卓越した仕方で有しているのである。さらにまた、理念は知性のうちにあり、知性認識することによって形成されており、知性認識そのものに他ならないのである。さらにまた、理念は知性と同時的である。それというのも、理念は知性認識そのものであり、知性そのものであるからである。そしてこのことがこれに続けて言われていることの意味である。「言葉は神とともにあった。言葉は神であった。言葉は始原においては神とともにあった」。

39 しかし注意すべきことは、上述の言葉はこの点に関しては、多くの仕方で解釈されているのであるが、それは読者が自分にとって益であると思われるのに応じて、好みにしたがって或る場合にはこのことを、別の場合には別のことを受け入れることができるようにである。同一のことがらを多くの仕方で解釈するというこの方法を、私もまた、われわれの多くの解釈において堅持したい。

40 さらにまた、「始原において言葉があった」と言われていることに関しては、まだ問題が残っている。というのは、言葉ないし神的なものにおける子の第一の固有性は、子が父から生まれたということであるように思われるから、ここでは「始原において言葉があった」と言われており、始原「から」と言われていないのは、一体どうしてであろうか。その理由は多様であるように思われる。

第一の理由は、言葉ないし芸術は芸術家のうちに留まっているからである、たとえそれが作品のうちで外側へと発出するとしても。

第二の理由は、内在と最も内奥に存在することが神的なものに固有なことであるということである。

第三の理由は、子はこのようにして始原から、父から生み出されたものであるが、それにもかかわらず、子はたえず〔今も〕生み出されているのである。

第四の理由は、事物をその始原において把握することが、理性には属するということである。以上でこれらのすべての四つの理由が示されたのである。

41 第五の理由は、言葉そのもの、被造的事物の範型は、ちょうどわれわれ人間において壁の上の像が、壁の範型のほうを顧みる画家に対する関係と同じく、神がそれを顧みなければならない何か外側に存在する或るものではなく、父それ自身のうちに存在するのである。そのことがすなわち、「始原において言葉があった」と言われていることである。そしてこれはボエティウスが『哲学の慰め』第三巻(63)において神についてこう言っていることである。

「外的な原因があなたを波うつものの質料から
作品を形成すべく追いやったのではなく、
内に備わっている最高善の形相によって、あなたはそのように
なしたのである」。

その際に、しかし注目すべきことは――そしてそのことは、より善いことなのであるが――たんに外側から眺められる範型は、もしそれが芸術家に内在する形相の理念を受け取るのでないならば、けっして芸術家の作品の始原とはなりえないということである。さもなければ、両者が同様の仕方で外部の範型を眺めているときには、未経験な者も熟練した者と同様に絵を描けるようになるはずだからである。したがってそれゆえに、〔芸術家の〕「そばにある」、「外側にある」、「上にある」作品は、芸術家の「内なる」作品にならなければならないのであり、すなわち、それは芸術家が芸術作品を造ることができるように芸術家を形成することによってそのようになるのであって、そのことは次の言葉によっている。「聖霊があなたの上に〔内に〕到来するであろう」(ルカ一・三五)、すなわち「上に」が「内に」になるように。そしてこれがここで言われている「〔言葉は〕始原においてあった」、またそれ

に続いて、「そして言葉は神とともにあった」と言われていることの意味である。第一のものは形相因を表しており、つまり父の「うちで」ということであり、第二のものは範型における形相ないし原因を表しており、つまり父と「ともに」ということである。

42 なにゆえに言葉ないし子が、父ないし始原「から」というよりも、むしろ父の「内に」存在していると言われるのかという第六の理由ないし原因は、「から」という言葉は作用因を表示し、作用するものの固有性を知らしめるのであるが、「内に」という言葉は目的因の本性を知らしめるからである。しかし神は、すべての被造的事物の作用因であるとともに目的因であるとはいえ、それよりもむしろはるかに真なる仕方で、より先なる仕方で、固有の仕方で、すべての原因より生じたものの目的因であるのであって、それは哲学者（アリストテレス）[64]が次のように言っていることによっている。「神は愛されるものとして動かすのである」。さらにまた哲学者（アリストテレス）は、目的はさまざまな原因のうちで第一の原因であると言っている[65]。このようにして、そのことは第一のもの、すなわち神に適合する、それというのも、端的な意味において第一の原因であるからである。さらにまた、作用するものはまさに目的への志向によって働くのであり、目的から、かつ目的のために動かされているのであり、したがって「動かされて動かすもの[66]」であり、第二のものであるから、それは神には本来的には適合しない。私はこれについては、「目的について」という論考[67]において詳細に論じておいた。それゆえにここでは、「始原において」すなわち父において、「言葉があった」と言われているのであり、始原「から」ないし父「から」とは言われていないのである。

43 上述のことから、それゆえに注目すべきことは、存在のうちへの事物の産出は、力においては目的に由来するのであり、それに対して形相的には、作用するものに由来するのであり、したがってより根本的には、より先なる仕方では、ないしより高貴な仕方では、作用するものよりも目的に由来するのであるということである。したがって自由もまた意志のうちに存するのであるが、理性に、そしてまた知性に由来するのである。このようにしてさらにまた、神的なものにおいて生む能力は、正しい仕方においては、またよりいっそう主要な仕方においては、父性である関係よりも、本質に適合するのである。

44 「始原において言葉があった」。注目すべきことは、すべての働きはより真なる、より高貴な存在をその原因のうちに有しているが、その第一の原因においてのみ、無条件的にして端的な意味での存在を有しているということである。そしてこれがここで言われている「始原においてあった」ということの意味である。というのは、此岸におけるすべての原因においては、その結果はこれこれの存在を有しているのであり、それはその原因もこれこれの存在者であるのと同様である。それに対して、端的な意味での存在である神のうちにおいてのみ、すべての結果はその存在を持つのであり、それは以下において[68]解釈されるように次の言葉によっている。「すべてのそれによって生じたものはある」。（一・三）

しかし注目すべきことは、子は父においては言葉すなわち理念であり、それは生じたものではないが、その同じ子が世のうちにおいては、もはや言葉ないし理念あるいは認識する知性の固有性の下においてではなく、存在の固有性の下においてあるということである。そしてこれゆえに、世界は子によって生じたのであるが、世界は子を認識しなかったのである。そしてこれがここで「始原において」、すなわち父において「言葉はあった」と言われていることの意味である。さらに以下において、次のように言われている。「言葉は世のうちにあった。世は言葉によって生じた。しかし世は言葉を認識しなかった」（一・一〇）、さらにのちにおいて、「義なる父よ、世はあなたを認識しなかったが、私はあなたを認識した」（一七・二五）。

45 「始原において言葉があった」。注目すべきことは、宇宙のすべての事物は、「世の創成以前には」（一七・二四）、無ではなかったのであり、或る種の潜勢的存在を有していたということであり、それは私が「神は光を見て、善しとされた」（創一・四）という聖句について述べておいたとおりである。(69) そしてこれがここで言われていることの意味である。つまり「始原において」、すなわち「世の創成以前には」、「言葉があった」、すなわち、結果はその原初的で、本質的で、本源的な原因においてあったということである。

さらにその上に、その言葉が言い、教えんとしていることは、自然よりもよりいっそう高い、事物の他の始原が存在するということであり、さらにこれは、個々の自然的事物を或る一定の目的に向けて秩序づけている知性であるということである。そしてこれがここで言われていることの意味である。つまり「始原において言葉があった」、すなわち知性と認識に属している理念があったということである。

46 「始原において言葉があった。そして言葉は神とともにあった。そして言葉は神であった。これは始原においては神とともにあった」。アウグスティヌスの『三位一体論』第八巻第六章(70)から注目すべきことは、義ないし義なる霊魂は、その霊魂のうちにおいては、あたかもその霊魂そのものの外側にある或る虚構されたもの、ないしはカルタゴやアレクサンドリアが〔心のなかで〕見られるように、あたかも或る不在のものとして見られるのではないということである。義は確かに霊魂のうちにおいては、霊魂に現前する何らかのものとして見られているのであるが、しかし霊魂は、義そのものの外側に立つものとして、義とともにあって、確かにどんな場合でも義そのものに似てはいるが、いまだそれに到達していないものとして見られているのである。しかし、霊魂が求めることは、どのようにかして義そのものに到達し、それを把握して、そのなかに入り込み、義そのものと一つになり、義が霊魂のうちにあることとである。「霊魂がこの同一の形相〔義〕に固着することによって」、このことは確かに生じるのであり、その結果、霊魂はそこから形成され、それ自身、義なる霊魂になるのである」。「しかしどこから霊魂はかの形相」、すなわち義に固着することになるのであろうか、もし義を「愛することによるのではないとしたならば(71)」。

47 詳細に吟味するならば、アウグスティヌスの上述の言葉から注目すべきことは、『分析論後書』第二巻(72)において言われているように、「疑問は、われわれが真に知っているものと数において同じだけ存在する」。さらに事物については、次のような疑問が存在する。すなわち、それらは存在するか、それらはどのようなものであるか、それらは何であるか、それらはなにゆえにあるか。そしてそれらにその順序にしたがって答えているのが、ここで述べられている四つのことである。「始原において言葉があった」。注意されたいのは、ここではそれが存在することをあなたは有するということである。というのは、「あった」と言われているからである。さらに、言葉がどのようなものであるかは、以下において明らかにされるように(73)、続いて「そして言葉は神とともにあった」と言われているときに記されている。さらに、言葉は何であるかが続いて言われている。すなわち、「言葉は神であった」のである。それに対して、「これは始原においては神とともにあった」と言われるときには、そのなにゆえが明らかにされているのである。

48 例をあげると、義は或る種の正しさであり、「それによってそれぞれの人には自分の分け前が与えられるのである(74)」ということが語られたとしても、その外側に立って、「はるかに遠く」「非類似性の領域において(75)」聴いている多くの人々は、「聴こえず、理解もしない」（マタ一三・一三）。彼らは亡霊であり、彼らについて「詩編」において言われている。「彼らは耳を持っているが、聴くことはないであろう」（詩一一三b・六）。それゆえに、「マタイによる福音書」の上に引用された箇所において言われている。「聴く耳を持つ者は聴きなさい」。（マタ一三・九）ところで聴いたものを精神のうちで熟慮し、義のほうに引きつけられる他の人は、自分自身の心のうちで快く感じるのである。彼はその言葉がどのようなものであるかをすでに知っている。というのは、その言葉は〔彼にとって〕善きものであり、甘きものであるからである。「私の愛する人はそのようであり、彼は私の友人である」。（雅五・一六）というのは、愛されるものは愛するものを引きつけるからである。アウグスティヌス(76)は言っている。「あなたの愛するものがあるように、そのようにあなたもある」。またこれは続いて、「そして言葉は神とともにあった」と言われていることの意味である。「ともに」と言われているのは、それは近くにあって引きつけるからである。「主よ、あなたは近くにおられ、あなたの道はすべて真理です」（詩一一八・一五一）。というのは、アウグスティヌスが説教(77)のなかで言っているように、「霊魂が真理よりも強く願望するものはない」。そして彼は『告白』第十巻(78)において言っている。「真理が愛されるのは、他のものを愛するすべての人が、彼らが愛するこのものが真理であることを欲するという仕方においてである」。このようにして真理である言葉によって引きつけられている人は、確かにその言葉がどのようなものであるかということは知っている。なぜならば、それは甘美なものであるからである。しかし、彼はそれが何であるかはまだ知らない。まだそれが何であるかを問うているのである。

49 アウグスティヌスは『告白』第十巻(79)においてこう言っている。「あなたは私を、心の内部で尋常ではない激しい感情のうちへと陥れるが、私はそれがどれほど甘美なものであるか分からないほどである」。そしてサン・ヴィクトルのフーゴ(80)は、霊魂になりかわって、問うている。「何か甘美なものが時として私に触れ、激しく、快い仕方で私の心を引きつけ、その結果私は間もなく或る仕方でまったく私自身から引き離され、しかも私はどこへ引き離されようとしているのかまったく分からないという事態が生じるが、そのように甘美なものとは一体何であるのか。というのは、突然私は新たにされ、まったく変えられるのを感じるからであり、言い表しうることをはるかに超えて、至福な感情が始まるからである。意識は晴れやかになり、過去の苦しみのすべての悲惨は忘却の彼方に去り、霊魂は躍動し、知性は盛んになり、心は照らし出され、願望は躍動する。すでに私は他のところにいるのを見るが、それがどこであるかは私には分からず、さらに、いわば或るものを愛の抱擁によって内的に保持するのであるが、それが何であるかは私には分からないのである」。

50 そしてそのものが何であるかというこの問いに、ここで第三番目に続いて言われている「そして言葉は神であった」ということが答えている。というのは、義人、義の言葉は、義そのものであるからである。「私と父とは一なるものである」（一〇・三〇）。というのは、義人は、上に[81]言われたように、義のみを表示しているからである。

しかし、なにゆえに言葉は存在するのかということについては、われわれは続いて「これは始原においては神とともにあった」と言われるとき教えられる。というのは、目的は一般的には始原と同一のものであるからである。かのものは何故ということを持たない。そうではなくそれがすべてのものの、またすべてのものにとっての何故なのである。「私は始原であり、目的である」。（黙一・八）そして技術と自然におけるすべての始原と始原から生じたものについても、事態は同じであり、ただ或るものが別のものよりもより真なる仕方で始原であるか否かのその程度に応じて、そのことにもさまざまな段階がある。

51 「始原において言葉があった」。道徳的な意味において、われわれはすべてのわれわれの意図と行為の始原は神でなくてはならないことを教えられるのである。それというのも、「始原において言葉があった。そして言葉は神であった」からである。さらに、もしあなたが自分のすべての内的行為と外的行為について、それが神的なものであるか否かを、あるいは神がその行為をあなたのうちで生じせしめているかどうかを、さらにその行為は神によって生じたものであるかどうかを知ろうと欲するならば、あなたの意図するところの目的が神であるかどうかを見極めよ。もしそうであるならば、あなたの行為は神的である。それというのも、始原と目的は同一のもの、すなわち神であるからである。

さらにその上に、われわれが教えられるのは、われわれの業は理性的なものでなければならないのであり、その業を生ぜしめる理性の命令と秩序に従わなくてはならないということである。というのは、次のように言われているからである。「始原において言葉があった」すなわち理性があった、と。「あなたがたの従順は理性的なものでなければならない」（ロマ一二・一）、「欺瞞のない理性的な人々」（Ⅰペテ二・二）。さらに、ディオニシウスが『神名論』第四章[82]において言っているのは、人間にとっての善は理性にしたがって存在することであり、悪は「理性に逆らって」あるものである。さらに、『形而上学』第一巻[83]においてこう言われている。「人間という類は技術と理性とによって」生きている。そしてこれが「詩編」において次のように言われていることである。「多くの人は、誰がわれわれに善きことを示してくれるのかと言う」。そしてそれに答えて、「主よ、あなたの御顔の光がわれわれの上に刻印されています」（詩四・六）と言われるが、それはあたかも神の御顔によってわれわれに刻印されている理性は、善きことを示すところのものであると言っているかのようである。というのは、理性にしたがって生じるものは、善き仕方で生じるのであり、正しき仕方で生じるのであり、善きものであり、神の御顔から発出してくるものであるが、それは次の言葉によっている。「あなたの御顔から、私の判断を生じさせよ」（詩一六・二）。アウグスティヌスが『自由意志論』[84]において教えているのは、すべての法は、まさにそれが神の御顔から発出しているということによって、正しい、善いものとなるのであり、それに対して、もしそれがそれから発出していなかったならば、悪しき不義なるものとなるということである。

「すべてのものがそれ〔言葉〕によって生じた」（三節）

52 以下のことに注目されたい。彼〔ヨハネ〕は、事物の他の原因が存在するのを否定しているのではなく、彼が言わんとしているのは、結果は他のいかなる原因からでもなく、神からのみ存在を有するものであるということである。それゆえに、アウグスティヌスは『告白』第一巻において[85]、神に対して述べている。「主よ、存在と生とがわれわれのうちに流れ込んでくるすべての脈管は、まさにあなたがわれわれを造っているところから引き込まれているのである」。「なぜならば、あなたは最高の存在であり、最高の生であるからである」。それゆえに、すべてのものは神から生じたとここで言われていることの理由は、それぞれのものが自分自身と似たものに働きを及ぼすということであり、或るものが自分の種を超えて働きを及ぼすことはないということである[86]。しかし神以外のすべてのものは、これこれしかじかの存在者であり、端的な意味での存在者でも存在でもなく、これは神である第一の原因のみに属することである。

第二に注目されるべきことは、「すべてのもの」という言葉は存在者に対して適用されるということである。それに対して、罪や一般的に悪は存在者ではない。それゆえに、それらはそれ〔言葉〕によって生じたのではなく、それなしに生じたのである。そしてこれが続いて言われていることの意味である。「それなくしては無が生じた」、すなわち、アウグスティヌスによれば[87]、罪ないし悪が。したがってここでは次のように言われている。「すべてのものがそれによって生じた」。というのは、悪しきものは存在しないのであり、生じたのでもないからである。というのは、それらは生じたもの、ないし結果ではなくして、何らかの存在の欠如であるからである。

第三に注目されたいのは、「すべてのもの」という語は、区別と数のことを意味しているということであり、したがって「すべてのもの」という語の下には、子も聖霊も何らかの神的なものも、それが神的なものであるかぎり、含意されないのである。

53 第四に注目されたいのは、これこれしかじかの事物は、これこれしかじかの第二次的原因によって生まれ、ないしは生じるといえども、すべてのものと個々のものは、それらが自然によるものであれ、ないしは技術によって生み出されたものであれ、直接的には神そのものからのみ、その存在を、ないしはそれらが存在するということを有するのであり、したがって〔聖句の〕文字の配列はこのようになされるべきである。「すべての生じたものは、それによって存在する」。それゆえに、それに続いて次のように言われている。「それなくしては、無が生じた」、すなわち、どんなものによっても生じたすべてのものは、それなくしては無である。というのは、存在なくしてあるすべてのものは無であることは確実であるからである。というのは、存在なしにそれはどのようにして存在するというのか。しかし、すべての存在、すべてのものの存在は、神にのみ由来するのであり、それは上で言われたとおりである。[88]

「それなくしては、いかなるものも生じなかった」(三節)

54 この言葉は、第一に、すでに上に述べられたことによって解釈されている。第二に、この意味は、根拠、知恵、知性なくしては、神によっては何ものも造られなかったということである。「あなたはすべてのものを知恵のうちで造った」(詩一〇三・二四)、さらに、「彼は天を知性のうちで造った」(詩一三五・五)、「地上におけるいかなるものも原因なしには生じない」(ヨブ五・六)。さらにプラトンは言っている。「その出現に、正当な原因が先んじることのないいかなるものも存在しない」[89]。というのは、ロゴスは根拠ないし原因であるからである。これはそれゆえに、次のように言われている意味である。「それなくしては」、すなわち言葉なくしては、根拠なくしては、と。

55

第三に、「それなくしては、いかなるものも生じなかった」。というのは、事物の理念は神のうちにおいては永遠であり、神のうちにある、ないしは生じたすべてのものの存在もそうであるからである。「というのは、最高の支配者の内的で非可視的な超感性的な宮殿から命令されるか、許容されるかしないものは、可視的な仕方では、かつ感覚的な仕方では何も生じないからであり」、それはアウグスティヌスが『三位一体論』第三巻第四章(90)で言っているとおりである。そしてこれは「詩編」において次のように言われていることの意味である。理念である「主の言葉によって」、「天は確立された」（詩三二・六）。「天と地は過ぎ去るであろう。しかし私の言葉は過ぎ去らないであろう」（マタ二四・三五）。というのは、「天と地」で表示されているすべての被造的事物は変化するものであるが、「言葉はしかし」、すなわち神のうちにおける事物の理念は変化しないからである。「あなたがそれらのものを変化させるならば、それらのものは変化するでありましょう。しかしあなた自身は同一のものです。そしてあなたの年月は」、すなわち年月と時間の理念は「衰えることはないし、過ぎ去ることもありえない」（詩一〇一・二七）。というのは、それらの年月は「年月のない年月」だからであり、それはアウグスティヌスが(91)「詩編」における「私の日々の数」（詩三八・五）という言葉について言っているとおりである。

第四に、「それなくしては」、すなわち理性なくしては、「無が生じた」。というのは、すべての理性に反して生じるものは、罪にして無であり、空虚にして無為であるからである。それに対して、理性にしたがって生じるものは、たとえそれがわれわれにおいてであれ、〔われわれとは異なる〕すべてのものにおいてであれ、神によって生じたものである。アウグスティヌスは『自由意志論』第三巻(92)においてこう言っている。「たとえどんなものであれ、あなたにとって真なる理性によって善いものとして思われるものは、神がすべての善の創始者としてそれをなしたということをあなたは知るべきである」。

「すべてのものがそれによって生じた。そしてそれなくしては、いかなるものも生じなかった」。

56 さらにまた、上述の言葉を総括して、次のことに注目すべきである。福音史家はあらかじめ四つの句を述べており、そのうちでは、神的ペルソナの流出とそれらの区別が記されていたが、それに続いて直ちに彼〔福音史家ヨハネ〕は無条件的なものであるかぎりでの神的本質に帰属するものへと目を転ずるのである。彼は、モーセが旧法の冒頭において、次のように書いていることと同一のことがらから始める。「初めに〔始原において〕神は天と地とを造った」（創一・一）。それゆえに、福音史家がすでにあらかじめ、神的ペルソナの区別について明瞭に述べているように、そこでも確かにその同じことが述べられているのであるが、旧法とその状態にふさわしく、ヴェールに包まれた仕方で述べられているのである。[93] というのは、父のペルソナをモーセは神の名によって、子のペルソナを始原の名によって記しているからである。すなわち、「始原において」「神は造った」と言われている。聖霊については、同じ箇所で続けて次のように言われている。「神の霊が水の上を漂っていた」（創一・二）。それゆえに、ここでは非常に正確にして適切に次のように言われていることを知らなくてはならない。「すべてのものはそれによって」、すなわち子によって「生じた。そしてそれなくしては、いかなるものも生じなかった」。それと同様の仕方で、「始原において」、すなわち子において、「神は天と地とを造った」。というのは、自然においてであれ、技術においてであれ、すべてのものにおいては、すなわちその存在と認識においては、子の出生がすべての働きに必然的に先行しているからである。その結果、「それによって」、すなわち子によって「すべてのものは生じた」、すなわち天と地とは。「そしてそれなくしては、いかなるものも生じなかった」、「というのは、無から神はそれらのものを造ったからである」（IIマカ七・二八）。そしてこのことをモーセは創造という名によって表示している。すなわち、「始原において神は天と地とを造った」。というのは、創造は無からの産出であるからである。そしてこれがここで言われている「それなくしては、いかなるものも生じなかった」と言われていることの意味である。

57 どのようにして子の出生がすべての働きに先行しているかということ、「そしてそれなくしては、いかなるものも生じなかった」ということの例は、われわれのすべての感覚的ないし理性的能力においては、まず第一に形象、すなわち対象の子が生み出されなくてはならないということである。その結果、現実態における視覚は〔対象とは〕別のものであるが、現実態における可視的なものとは別のものではなく、むしろ哲学者（アリストテレス）[94]が言うように、生む可視的なものと視覚におけるその子、父と子、その像そのものと、像がそれの像であるところのものは一であり、同時的であり、それ自体としては、すなわちその現実態において存在するものである。技術においても同様である。すなわち、画家ないし筆記者がその技術によって描き、書くためには、その職人の精神のうちに、家を描くためには、外部の家から、すなわちその範型から子、像が生み出され、形成されなくてはならない。同様にして、霊魂のうちの家によって外部の家は質料のうちに形成されるのである。前者と後者において何ものも異なるわけではなく同一であり、それら両者の他の異なった性質においても、両者は同一である。というのは、註釈者（アヴェロエス）[95]が言っているように、質料が存在しないならば、霊魂のうちにおける浴槽と霊魂の外における浴槽は同一のものであろうからである。

58 さらにまた、このことは天において、かつ地において生じる、ないし生じた他のすべてのものにおいて、同一の仕方で容易に見出すことができる。それゆえに、あなたは、どれほど本来的に、明瞭に、かつ繊細に、次のように言われているかがわかるであろう。「神は天と地とを造った」、「始原のうちにおいて」、すなわち子のうちにおいて。さらに、子によって「すべては生じた。そしてそれなくしては、いかなるものも生じなかった」、と。

59 さらにまた、これらの言葉によって、神的なものにおける実体の一性とペルソナの区別と固有性が表示されているのが明らかになる。或る場合には、生むものないし父が、別の場合には、子孫ないし像ないし子のことが言われているのである。そして同様のことが神の外に造られ、ないしは生じた事物においても、妥当するのであり、そのことは次の言葉によっている。「そこから天にある、また地にあるすべての父性は名づけられている」（エフェ三・一五）。

それゆえに、子がすべての働きの始原であることを否定する人は、アナクサゴラスによって『生成論』第一巻[96]において言われているような独自の言葉を無視している。さらに時間を否定するものは、時間を措定していることになるのである。というのは、彼は語ることなくしては時間を否定することはできないからである。語ることは、しかし時間なくしては存在しえない。当該のことがらにおいても、事態は同様である。すべての働きが子を通して、子のうちに存在することを否定する人は、その働きが子のうちにおいて存在することを措定しているのである。というのは、彼は子、子孫、そして自分自身のうちに生まれ、すなわち、あらかじめ懐かれた語られるものの形象なしには、否定することにおいて語ることはできないからである。さらにまた、語るもの自身によって聴く者のうちに子孫、形象、ないし子が生まれなかったならば、彼は聴く者によって理解されえないのである。

60 この際、また注目しなければならないことは、これこれの働くものが〔その子において〕、これこれのものに働きを及ぼし、これこれの働きを受けるものが、これこれの働くものの子のうちで、これこれのものによって、形成され生み出されるように、宇宙そのものも、天と地も、第一に働くものの、すなわちこれこれのものではなく、存在者または神であるところの存在そのものの子のうちで産み出されたということである。[97] そしてこのことは次の言葉の意味するところのことである。「始原において」、すなわち子において「神は天と地とを造った」ということであり、これはボエティウスの次の言葉によっている。

「地と天の創造者よ」
「あなたは天上の範型によって
　すべてのものを導き出す」、
「あなたは世界を似像によって形成しながら、精神のうちで担っている」、

以上は『哲学の慰め』第三巻[98]からである。

「生じたものは、それのうちにおいては、生命であった」（三、四節）

61 この命題の真理性は五つの理由から明らかになる。

第一に、すべての受容されたものは、受容するもののうちに、受容するものがそのうちにおいてあるところのその本性にしたがって存在している。というのは、能動的なものの働きは、〔その働きのほうに〕向けられた受動的なもののうちに存在しているからである[99]。基体が許容する様態において、命題の様態も決定される[100]。

第二の理由は、『原因論』[101]において言われているように、「すべての第一のもののうちの或るものは、それらのうちの別のもののうちに、一つのものが別のもののうちに存在しうるような仕方で、存在している」。さらに同じ箇所の註釈において次のように言われている。存在と生は、知性実体においては、まさにこの知性実体であり、単一の知性認識である。存在と知性認識とは、生命においては、単一の生であり、生命である。神はしかし生命である。「私は道であり、真理であり、生命である」（一四・六）。それゆえに、これはここで次のように言われていることの意味である。「生じたものは、そのうちにおいては、生命であった」。

62 第三の理由は次のとおりである。そのことを明確にするために知らなければならないことは、自分自身から、ないしは内的な始原から、かつその始原において動かされているすべてのものは、生けるもの、ないし生きているものと言われる。しかし、他ならぬ外部の或るものによってのみ動かされるものは、生けるものではなく、生けるものとは言わないのである。ここから明らかになることは、作用者を自分に先立って、自分の上に、ないしは目的を自分の外に、ないしは自分とは別に持っているすべてのものは、本来的な意味では生きているのではないということである。しかし、すべての被造的なものはそのようなものである。神のみが、究極の目的にして第一の動かすものとして、生きているのであり、生命であるのである。それゆえに、これがここで言われている「生じたものは、そのうちにおいては、生命であった」ということの意味である。

63 第四の理由は次のとおりである。そのことを明確にするために、まず第一に知らなければならないことは、これらの三つのもの、生、存在、知性認識は、全存在者を汲み尽くし、ないしは満たしているということである。

第二に知らなければならないのは[102]、例えば、われわれが存在、生、知性認識と言う場合のように、それらの秩序が抽象的な場合と、また例えば、われわれが存在者、生けるもの、知性認識するものと言う場合のように、具体的な場合とでは異なるということである。というのは、抽象的な意味では、存在は三つのなかで最も完全なものであるからである。というのは、存在そのものには、いかなる様態の存在も、存在の完全性も欠如しえないからである。さらに、どのようにして或るものが存在によって欠如するようなことになろうか。そうではなく、むしろ或るものは、非存在ないし離存在によって欠如することになるのである。同じ理由によって、生は知性認識よりもよりいっそう高貴なものである。それに対して、具体的には、事態はそれと反対になっている。すなわち、存在者は最低の場所を占めており、生けるものは、第二番目の、知性認識するものは、第三の最高の場所を占めている。そしてその理由は以下のとおりである。なぜならば、具体的には、それらは分有するものであるからである。しかし、すべての分有するものはそれ自身としては裸のものであり、それ自身からしては不完全なものである。それゆえに、そのようなものは、第一に、自分の不完全性から、不完全な段階の分有において分有するのであり、より多く不完全なものの本性の味がするのである。ここからして、被造的なものはまず存在的であり、より完全な仕方では生命的であり、最後の最高の段階では知性認識的である。それゆえに、知性認識するものは、存在者よりもより完全なものである。というのは、それは存在者を含んでいるからである。同様に、生けるものは存在者よりもより完全なものである。というのは、それは存在者を含んでいるからである。それゆえに、生けるものは存在者よりもいっそうより完全なるものである。それは、それが生けるものであるからではなく、それが含んでいる存在のゆえにである。[103]

第三に注目しなければならないのは、下級のものは、本質的な秩序において、それに属するより上級のものにおいては、より高貴にして、より完全な様態において存在するということである。

64 それゆえに、これらの三つのことから明らかなのは、存在者はその最も近くにある上級のものである生けるものにおいては、生命であり、そして生けるものは、その上級のもの、すなわち知性認識するものにおいては、知性であるということである。そしてこれがここで次のように最上の仕方で述べられていることである。「生じたものは」、ないしは存在者は、「そのうちでは生命であったのであり、そして生命は」、すなわち生けるものは、「人間の光であった」。すなわち、〔存在者の〕最も近くにある生けるものは、存在者よりも上級のものであり、それに対して〔生けるものの〕最も近くにある知性は、生けるものよりも上級のものである。そしておそらくこのことが、なにゆえにヨハネが「人間の光」と言っているかということの理由である。というのは、すなわち、人間の知性は〔生けるものの〕最も近くにある上級の知性的なものであり、またそれは最も下級の知性的なものであるからである。[104]

65 しかしヨハネが、なにゆえに「人間の光」と言っているのかということについては、上に他の二つの理由があげられている。クリソストムス[105]はこのように言う。「人間の光」と言われているのは、ヨハネは人々に対して書き、語ったのであるが、それは「肉」、すなわち人間に「なった」（一・一四）言葉についてであり、それゆえに、ヨハネは「人間の光」と言ったのである。オリゲネス[106]はそれに対して、「人間の」という言葉によって、一般的に理性的本性が理解されていると言っている。ポルフュリウス[107]が言っているように、「というのは、われわれと神々とは理性的なものである」からであり、人間の定義は理性的動物であることだからである。そして注目すべきことは、すでに言われたように[108]、存在者は被造物のなかにおいて最低の段階を占めているということである。ここから明らかになることは、創造の第一の目的は、『原因論』[109]において書かれているように、存在者ないし存在であるということである。

66 第五の理由は次のとおりである。その際に知らなければならないのは、一般的に結果は、その結果の始原のうちに、存在しているのであるが、それはその始原の様態においてであり、またそれによって形相的に、かつそれ自身からして働くものが、その結果の原因であるところのものの様態においてである。このようにして、われわれ人間の下における芸術においては、芸術そのものがそれによって芸術家が形相的に芸術作品を産み出し、芸術作品を生じせしめるところのものである。それゆえに、哲学者（アリストテレス）[110]が言うように、ポリクレイトゥスは付帯的な仕方で彫像の原因であるが、しかし彼が彫刻家、すなわち彫像の技術を持っているものであるかぎりにおいては、それ自体において彫像の原因である。それゆえに、その人がペトルスであるか、マルティヌスであるか、あるいは彼が人間であるか、馬であるかということは重要ではなく、その働く技術をもってさえすればよいのである。

もし芸術家の実体がその芸術そのものであるならば、芸術家のうちにおける彫像はいかなる場合でも、それがその芸術家のうちにあるように、その芸術家の実体そのものであろう。というのは、一のうちにあるものは、一であり、生命のうちにあるものは、生命であり、一般的に何か単一なもののうちにあるものは、単一なものそのものであるからである。そしてこれがそれゆえに、ここで次のように言われていることの意味である。「生じたものは、そのうちにおいては、生命であった」――というのは、彼は生命であるからである。「私は生命である」(一四・六)――「そして生命は人間の光であった」――というのは、彼は「真の光であった」(一・九)からである。[111]

67 これゆえに、自然的なものにおいては、カリアスがソクラテスを生んだように、形相そのものは生むものがそれによって生むところのものであるから、ソクラテスは、哲学者(アリストテレス)[112]が言うように、質料の点においてのみ、カリアスとは別のものなのである。そしてすべての働くものは、可能なかぎり、自分と似たものに働きを及ぼすのであり、別の自分自身に、すなわち他のものからなった別の自分自身に働きを及ぼすのである。そのようなものは他のものから始まり、他のものから離れ去り、自分自身のうちへと帰ってくるのである。「他のもの」は出発点であり、「自分自身」が目標点である。それゆえに、類似のものは性質において一であり、等しいものは、量において一である。形相的なものはどの点でも一である。自然はつねに一から始まり、一へと還帰する。[113] 神的なものにおいても、ペルソナ的な働きにおいて同様のことが言える。それらの根は一つの本質であり、それらの三つのペルソナは一つの本質である。

さらに注目すべきことは、それ自体として把握されたこれらの五つの理由のどの一つによっても、ここで言われている「生じたものは、それ自身のうちにおいては、生命であった」ということが解釈されているということである。註解[114]はここで言っている。「精神のうちにあるものは、職人とともに生きており、生じるものは時間とともに変化する」。

68 **「生じたものは、そのうちにおいては、生命であった。そして生命は人間の光であった」。**

道徳的に注目すべきことは、徳の業はたえず徳のうちに存在しているのであり、徳のうちで生じているのであるということである。というのは、義の外側では、誰も義に適った仕方で行為することはないからである。したがって神において以外は、いかなる人も神的で善き業をなしえない。「私のうちで働く人は、罪を犯すことはないであろう」（シラ二四・三〇）、「神のうちでは、われわれは徳業をなすであろう」（詩五九・一四）。義なる人については、「その人の業は」、「神のうちにある」（三・二一）と言われる。「もし葡萄のつるに留まらなかったならば」、「葡萄の若枝はその実をもたらすことはできないように、あなたがたも、もし私のうちに留まらないならば、同様であろう」（一五・四）。それゆえに、あなたの業が徳業であり、神の業であることを知ろうとするならば、それが神のうちで行われたかどうかを見よ。もしあなたが神の愛のうちにあるならば、それは神のうちで行われたのである。「神の愛のうちに留まるものは、神のうちに留まるのである」（Ⅰヨハ四・一六）。

さらに、第二に、もしあなたの業が神のうちで行われたものであるかどうかを知ろうとするならば、あなたの業が生きているものであるかどうかを見よ。というのは、ここでは、「生じたものは、そのうちにおいては、生命であった」と言われているからである。また神の外側には、かつ神以外には動機も目的も持たないような業が生きているのである。

さらに、第三に、もしあなたの業が神のうちで行われたものであるかどうかを知ろうとするならば、あなたの業があなたの生命であるかどうかを見よ。「義のために、あなたの霊魂のために戦いなさい。そして死ぬまで義のために戦いなさい」（シラ四・三三）、「神の子の信仰のうちで私は生きる」（ガラ二・二〇）、「私にとって、キリストは生である」（フィリ一・二一）。私の言わんとすることは、もしあなたが正しく、かつよく働こうとするならば、そのことがあなたにとってあたかもあなたの生命であるかのようにしなさい。またそのことがあなたにとってあなたの生よりも、より高価な甘美なものとしなさい。そしてこのことは上の言葉によっている。「そして死ぬまで義のために戦いなさい」。もしそれがそのようであるならば、それは神のうちにおける業であり、神的な正しい業である。これにしたがって次の言葉は解釈されるであろう。「私の軛を負いなさい」、「そうすれば、あなたがたは平安を得るでしょう」（マタ一一・二九）。神の命令を自分自身よりも愛している人は、神の軛を自分自身に負うのであり、このことは次の言葉によっている。「彼は自分自身を拒絶する」（マタ一六・二四）。ここからしてまた、聖なる殉教者たちは、義よりも、神への愛によって自らの生命を放棄することを選んだのであった。

69 しかし、それに続いて言われている「生命は人間の光であった」は、道徳的には、そのような生命は、隣人を言葉よりも教化するのであり、照らし出すのであるということを言わんとしているのである。「彼らはあなたがたの善き行いを見て、あなたがたの父を讃美するであろう」（マタ五・一六）。というのは、聖なる生活は言葉よりも、より多くの人々をより強力な仕方で教化するからである。それゆえに、「サムエル記上」において次のように言われている。すなわち、サウルは千人を倒したが、ダビデは「力強い手」と立派な体格によって「一万人」を倒した。ヒエロニムスはファビオラへの書簡(115)においてこう言っている。すなわち、「耳によって把捉されるよりも、目でもって見られるものははるかによく理解される」。またホラティウス(116)は言っている。

「信頼すべき眼に入るものよりも、
耳に由来するものは、霊魂をより鈍い仕方でしか刺激しない」。

セネカは『書簡』[117]のなかで言っている。「規則による道は長いが、模範による道は短く効果的である」。

「光は闇のなかで輝いているが、闇はそれを理解しなかった」（五節）

70 これらの言葉は上には[118]三様の仕方で解釈された。ところで今や注目すべきことは、光は確かに媒体を照らし出しはするが、その媒体に対して基礎を与えることはないということである。それゆえに、全媒体は光を直接に光る物体から受け取るのであるが、その出現が消滅よりもより早いということはなく、消滅が出現に続くわけでもなく、両者は同時であり、さらに両者は直接に光る物体に依存しているのである。そしてその理由は、光はその出現においても、あるいは何らかの媒体の部分のうちに、その基礎を与えるわけではないからである。それゆえに、光は媒体に付着しているわけではなく、媒体は光の相続人になるわけではなく、光る物体は媒体を、照らし出すというその働きの相続人にするわけではない。光る物体は確かに、いわば借りたものとしての媒体そのものに、受動の、過ぎ行くものの、そして生成の様態において、その経過において光を与えるのであり、その結果、媒体は照らし出されたものとなり、またそう言われるのであるが、しかしその光る物体は、その媒体そのものに、その光を、受動的な性質の基礎となる付着的な様態においてその光を与えるのではなく、したがってその光る物体がなくても、その光がそのうちに留まり、付着し、能動的に照り出るようなことはないのである[119]。

71 媒体のうちに光と同時に生み出される熱については、事態はまったく異なる。というのは、熱は媒体に対してその基礎を与えるものであるからである。さらに熱は、光る物体がなくとも、そのうちに付着し、留まるのである。さらに、第三に、熱は後から、その出現においてよりも消滅において、急激にでもなく、瞬間的にでもなく、継起的に時間のうちで生じるのである。再び、第四に、ただたんに〔媒体の〕或る部分は別の部分ののちに熱くなるのではなく、別の部分を通して、かつ別の部分によって熱くなるのである。それゆえに、第五に、必ずしもすべての部分が直接に光る物体から熱くなるわけではないということである。ここから第六において、媒体は熱をただたんに生成の、通過するものの、受動の、借りられたものの、あるいは客の様態において受け取り、その結果、それは熱いものと言われ、あるいは熱いものとなるが、たんにそれだけではなく付着するものの、〔正当な〕相続権を有する相続人である子の様態においてそのように言われるのであり、その結果、それは熱するもの、あるいは、能動的に熱するという熱するものの働きの相続人と言われ、またそうなるのである。

72 媒体のうちにおける光については、上に言われたように[120]、事態はそのようになっていない。そしてこのことが、ここで言われている「光は闇のなかで輝いているが、闇はそれを理解しなかった」ということの意味である。「光」とは、神とすべての神的にして完全であるものを意味する。「闇」とは、上に言われたように[121]、すべての造られたものを意味する。「光」とは、それゆえに、神的な完全性を意味するのであるが、「闇のなかで輝いているのである」。しかし、「闇はそれを理解しなかった」、闇は本来の意味において能動的に照り出るもの、創造ないし統率あるいはそれに類するものである神の働きの相続人となるために。このことについて私は、「神はアダムに眠りを送られた」（創二・二一）という聖句について『創世記註解』の第二版『創世記比喩解』[122]において論じておいた。

73 すでに述べられたことから明らかなことは、どうして神は一回語るのに、人は二つのことを聴くか（詩六一・一二）ということである。「神は一回語る。しかし神は二回目は同じことを繰り返さない」（ヨブ三三・一四）。それというのも、神は一つの働きによって子を生み出すのであるが、その際、子とは相続人であり、光の光であるが、また神は被造物を創造するが、その際、被造物は闇であり、創造されたもの、生じたものであって、子でもなく、光の、照明の、創造の相続人ではない。また聖書における非常に多くの類似の箇所が、「光は闇のなかで輝いているが、闇はそれを理解しなかった」という言葉のこの最後の解釈によって説明できるのである。

さらにその上に、第五に、「光は闇のなかで輝いているが、闇はそれを理解しなかった」、それというのも、始原はたえず始原から生じたものに影響を及ぼすが、始原から生じたものは、そのいかなる部分においても、その始原に影響を及ぼすことはないからである。

第六に、「光は闇のなかで輝いている」、それというのも、アウグスティヌス[123]によれば、パウロは、他のいかなるものも見なかったあの三日間において(使九・九)、神を見たからである。このことについて私は次の聖句について詳しく記しておいた[124]。「モーセは神がそのうちにおられた暗闇へと近づいていった」(出二〇・二一)。

74 第七に、「光は闇のなかで輝いているが、闇はそれを理解しなかった」、それというのも、始原はその始原から生じたものを規定するが、その反対ではないからである。そしてこれがここで明瞭に次のように言われていることの意味である。「光は闇のなかで輝いている」。というのは、媒体は明かりないし光によって照明されると言われるが、光は照明されている、ないし明かりを分有するとは言われないからである。

第八に、「光は闇のなかで輝いている」。注目すべきことは、透明なものは光の本性からして、けっして見られることはなく、それに何か暗いもの、例えば、瀝青とか鉛とかそれに類するものが付加されないかぎり、光り輝き現れ出ることはないということである。しかし、「神は光であり、いかなる闇も神のうちには存在しない」(Iヨハ一・五)。それゆえに、これがここで言われている「光が闇のなかで輝いている」、すなわち何か暗いもの、すなわち無なるものを付加されたものとして持っている被造物のなかで、ということの意味である。そしてこれがディオニシウス[125]が次のように言っていることの意味である。「神の光は、多様なヴェールで周りを覆われた仕方によってのみ、われわれに対して光ることができる」。こうしてまた、火は、それ自身においては、つまりそれ自身の天球においては、光ることがない。それゆえに、火は「創世記」（一・二）においては、闇によって表示されている。「闇は深淵の面の上にあった」、すなわち、博士たちによれば、火が、ということである。火は、火とは異質の質料のうちで、例えば、土のようなもの、すなわち炭ないしは空気中の炎のうちで光っている。

75 第九に、「光は闇のなかで輝いている」、それというのも、始原は一般的には、それ自身のうちに隠れて潜んでいるのであるが、それ自身の言葉としての始原から生じたものにおいて光り、明らかになっているからである。そしてこれが次に言われていることの意味である。「真にあなたは隠れたる神である」（イザ四五・一五）、「神は近づきがたい光のうちで住んでいる」（Iテモ六・一六）。さらに、この第一章においてのちに次のように言われる。「だれもかつて神を見た者はいない。父の胸におられる独り子が〔父について〕語ったのである」（一・一八）。

第十に、「光は闇のなかで輝いている」等々、それというのも、悪はつねに善のうちにあり[126]、善の形象において以外は、見られることも、認識されることも、輝くこともないからである。このように偽は真理においてのみ認識され、欠如は所有において、否定は肯定においてのみ認識されるのである[127]。それゆえに、このようにして善は悪のうちで、真は偽のうちで、所有は欠如のうちで輝くのである。そしてこれがここで言われている「光は闇のなかで輝いている」ということの意味である。さらにそれに続いて、「闇はそれを理解しなかった」。というのは、いかなるものも純粋の悪ではなく、純粋に偽でもないからである。ベーダが『説教』[128]で言っているように、「というのは、何らかの真なるものを含まないいかなる偽なる教えも存在しないからである」。このようにしてまた、このことは他のことについても、例えば、所有と肯定とそれに類することについても妥当する。さらにまた、「闇はそれを理解しなかった」、それというのも、悪は、悪がそのうちに存在するところの善に対立したり、それを損なったり、それに働きを及ぼしたり、それを指示したりすることはないからである。このことはその他のものについても同様である。

76 さらにその上に、道徳的意味において、「光は闇のなかで輝いている」、それというのも、徳は逆境やそれと反対のものにおいて輝き、現れるからである。「力は弱さにおいて完遂される」（IIコリ一二・九）、「火によってあなたは私を試した。しかし私のうちには、悪しきものは見出されなかった」（詩一六・三）。グレゴリウス[129]の言うように、「或る人がその内奥においてどのようにあるかということは、その人に加えられた恥辱が明らかにする」。アンセルムス[130]は『類似について』において、外側を銀メッキされた銅貨の例をあげている。すなわち、そのような銅貨は、火のなかに投げ入れられるならば、火がそれを銅にするのを火の責任にすることはできない。というのは、火は次のように答えるであろうからである。私があなたをそのようなものにしたのではなく、あなたがあなたの内奥においてどのようなものであるかを露にしたのにすぎないのである、と。それは次の言葉によっている。「陶工の容器はかまどが吟味する」（シラ二七・六）。一般的に言えば、すべての能力は、それが能力であるかぎり、その基体からではなく、その対象ないし反対のものから、輝き出るのであり、その存在を受け取るのである。徳もまた、このようにしてその反対のものから輝き出るのである。それゆえに、次のように言われている。「あなたがたの敵を愛せよ」（マタ五・四四）、さらに、「人の敵はその同族の者である」（マタ一〇・三六）。というのは、或る人がわれわれに敵対するほど、われわれの同族である、われわれのうちにおける徳、すなわち忍耐と神への愛がよりいっそう現れ出るからである。これにしたがって、次の言葉は解釈することができるであろう。「あなたは涙のパンをもってわれわれを養うであろう」（詩七九・六）、さらに、「私には、私の涙がパンであった」（詩四一・四）。というのは、善人は、涙によって表されている逆境のうちで、養われ、育てられ、牧され、進歩し、喜ばされるからである。ここからまた次のように言われている。「迫害を被る者は幸いなるかな」（マタ五・一〇）。ここでは、「被る」と言われているのであって、「被るであろう」とか「被った」と言われているのではない。というのは、忍耐は、誰かが実際に苦しんでいるときに、本来的に輝くからである。アウグスティヌスは『忍耐について』[131]のなかでこう言っている。「〔楽園の〕茂みのなかのアダムよりも、苦しみのなかのヨブのほうがよりいっそう用心深かった。アダムは快楽のなかで打ち負かされたが、ヨブは罰のなかで打ち勝った。アダムは慰安に身を任せたが、ヨブは責苦に打ち負かされることはなかった」。さらにアウグスティヌスは『マルケルリヌスへの書簡』[132]において次のように言っている。忍耐の徳は、人からその意志に反して、奪い去ることのできるすべてのものよりも、よりいっそう偉大である、と。

77 さらにまた、「光は闇のなかで輝いている」と言われるときには、それが道徳的に言わんとしていることは、神自身が逆境と苦悩に耐えている人々を慰め、そのような人々に対して輝くということである。「主は苦しんでいる心の人々の近くにいる」（詩三三・一九）、さらにまた、「彼とともに私は苦難のうちにある」（詩九〇・一五）。しかし「闇はそれを理解しなかった」、それというのも、「現在の苦しみは将来の栄光に比べると取るに足らない」（ロマ八・一八）からである。それゆえに、このように言われている。「私は」「あなたの極めて大きな報いである」（創一五・一）。というのは、神はつねに自分に値する以上に報いを施し、自分に値する以下に罰するからである。

78 第三に、道徳的意味において、例えば、泥棒や強盗のように、もし或る人が何らかの悪しきことを、義のゆえにではなく、不正のゆえに耐え忍ぶ場合ですら、さらにその上に、もし彼が、例えば、そのような死は正しいものであるからという理由で、義のゆえにその死を引き受けることによって、自ら進んでその死を受容するならば、そのような人は確実に救われるのであり、それはクリソストムスが「マタイによる福音書」第五章について言っているとおりである。[133]そのことの明らかな論証は、「ルカによる福音書」（二三・四一）において見られるが、そこで強盗はこう言っている。「このようなことがわれわれに行われるのは確かに義に適っている。というのは、われわれは自分の行為にふさわしいものを受け取っているからである」。彼には次のように言われた。「今日、あなたは私とともに天国にいるであろう」。そしてこのことがここで言われている「光は闇のなかで輝いている」ということの意味である。

第四に、たいていの場合、人は逆境から解放されることを望み、祈るのであるが、その逆境のうちでより大なる悪から守られており、より善いものを与えられるように配慮されていることを知らない。こうしてまた、理解されることもなく、知られることもないものの、「光は闇のなかで輝いている」のである。またこのようにして、クリソストムス[134]は次の言葉を解釈する。「もし彼がパンを請い求めるならば」、「主は彼に石を与えるであろうか」（マタ七・九）。

79 第五に、「光は闇のなかで輝いている」、それというのも、神は与えない場合ですら、与えるからである。例えば、人が手に入れようと望んでいるものを神のために断念することができるような場合であり、それは次の言葉によっている。「私自身、私の兄弟たちのために、キリストから排斥されることすら望んだ」（ロマ九・三）、それは私が同じ箇所についてより詳しく記しておいたとおりである[135]。そしておそらくこれは次の言葉において言われていることの意味であろう。「天においてと同様に、地においても、あなたの御旨が行われますように」（マタ六・一〇）。地によっては、闇が理解され、天によっては、光が理解されているのであり、すなわち、「光と闇よ、主を讃えよ」（ダニ三・七二）。

第六に、「光は闇のなかで輝いている」、それというのも、「神は存在しないものを、あたかも存在するもののように、呼ぶからである」（ロマ四・一七）、「神は戸の前に立って、たたいている」（黙三・二〇）、「父は太陽を善人にも悪人にも上らせる」（マタ五・四五）。このようにして生物とは、同名同義的な意味で、理性的なものにおけるのと同様に、非理性的なものにおける類である。神はすべての人々にすべてのことを語るが、必ずしもすべての人々がすべてのことを聴かない。それはアウグスティヌスが『告白』[136]において次の言葉について論じているとおりである。「私は始原であり、その始原である私がまたあなたがたに語る」（八・二五）。それゆえに、『原因論』[137]において言われている。「第一の原因はすべての事物のうちに一なる様態で存在しているが、すべての事物が第一の原因のうちに一なる様態で存在しているわけではない」。

80 第七に、「それは闇のなかで輝いている」、すなわちさまざまな被造物の喧噪の沈黙と静けさのなかで、ということである。というのは、創造主は「耳の聴こえない人々を聴こえるようにする」（マル七・三七）からである。アウグスティヌスは『告白』第四巻[138]で言っている。「私の霊魂よ、お前の虚しい喧噪から、心の耳を閉ざせ、そして言葉を聴け」。さらに彼は第九巻[139]で神に向かってこう言っている。「何があなたの言葉に似ているだろうか」、「もし或る人にとって肉の喧噪が沈黙するならば、幻像が沈黙するならば」、「そして霊魂それ自身が自分自身に対して沈黙し、自分自身を忘れて、自分自身を超えて行くならば」。「沈黙の静けさをすべてのものが包んでいるときに」等々（知一八・一四）。これについては、別の箇所[140]に記しておいた。

81 最後に、「光は闇のなかで輝いている」と言われていることは、ただたんに並列的に置かれるならば、反対のものは、上に[141]言われているように、より強く輝き出るということによってのみならず、さまざまな闇、欠如、欠陥、悪ですら神を褒めたたえ、祝福することによっても証明されるのである。

第一に、例をあげると、呪われたユダ[142]は神の義を讃えているのであり、救われたペテロは神の慈悲ぶかいことを讃えているのである。これらの二つのこと、すなわち義と慈悲ぶかいことは、しかし結局のところ一つのことである。

第二は次のとおりである。創造においては、光、神、力、権能は、存在というその目標点から輝き出ると同様に、その出発点である無からも輝き出るのである。というのは、創造は、もしそれが無からのものでないならば、神の働きと光ではありえないからである。

第三は次のとおりである。「光は闇のなかで輝いている」、それというのも、悪に対する嫌悪や憎しみは、つねに善への愛に由来し、それから生まれるからである[143]。それゆえに、アウグスティヌス[144]は次のように言っている。自分自身の義なることが人を喜ばせるほど、それだけ他人の、ないしは敵の不義なることがその人に不快の念を与えることになるのであり、それは次の言葉によっている。「草が育ったときに」、「毒麦が現れた」（マタ一三・二六）。それゆえにこのようにして、闇は神に栄光を帰するのであり、光は闇のうちに輝いているのであるが、それはいわばそれ自身に並んで置かれた反対のものからではなく、むしろそれ自身のうちに置かれた反対のものからそうなっているのである。というのは、悪への憎しみですら、まさに善への、神への愛であるからである。すなわち、それは一つの状態、一つの現実であるからである。

「始原において言葉があった」、そして〔今のところ〕次の言葉まで解釈されたのである。「神から遣われたひとりの人がいた」。

82 最後に、われわれが総括的に述べたいことは、この章の冒頭は、被造的なものであれ、非被造的なものであれ、すべての存在者の一般的特徴について教えているのであるということである。というのは、非被造的な存在者に関して言えば、それは第一に、神においては、ペルソナの流出が存在することを教えているのであり、さらに、三つのペルソナが存在すること、さらに、「始原において言葉があった」と言うことによって、ペルソナ相互の間の起源の秩序について教えているからである。というのは、「始原に」という名で父が理解されており、「言葉」という名で子が理解されており、言葉は息なしには存在しないから、したがってそれによって聖霊も〔同時に〕理解されているからである。愛がなければ、出生も存在しないのであるが、出生は子に属し、愛は聖霊に属するのである。

第二に、それは、発出するペルソナの、特に子の――その受肉について、ここでは注意を向けているのであるが――しかも子が神であるかぎりでの固有性について教えているのであり、その際、「言葉は神とともにあった」は、ペルソナの区別に関して、「そして言葉は神であった」は、本質の一性に関して、「これ〔言葉〕は始原においては神とともにあった」は、言葉が父と同じく永遠であることに関して教えているのである。

第三に、それは三位一体全体の一般的原因を教えているのであるが、その際に「すべてのものはそれによって生じた」は、すべての事物の創造に関して、「そしてそれなくしては、何ものも生じなかった」は、被造的事物の存在のうちにおける保持に関して教えているのである。

83
それに対して、被造的存在者に関しては、それは宇宙のなかのさまざまな存在者の四つの段階を区別している。すなわち、第一の段階の存在者においては、存在者のみであるものが存在しており、第二の段階においては、さまざまな生けるものが存在しており、第三の段階においては、人間の知性が存在しており、第四の段階においては、天使の知性が存在しており、そしてもし何か他の質料と表象から自由で分離された知性であるならば、そのようなものも存在しているのである。そしてこのことが次に言われていることの意味である。すなわち、「生じたもの」とは、第一の段階に関係しており、「そのうちにおいては、生命であった」とは、第二の段階に関係しており、「そして生命は人間の光であった」とは、第三の段階に対して言われており、「そして光は闇のうちで輝いていた」とは、第四の段階に関係しているのである。

注目すべきなのは、さまざまな元素のうちで至高のもの、最も繊細なもの、例えば、火は、それに固有の質料とその天球においては、目に見えないものであり、したがって「創世記」第一章においては、闇によって理解されているように――「闇が深淵の面の上にあった」（一・二）――、「光が闇のうちで輝いている」と言われるときには、さまざまな知性的なものにおける至高のものや最も繊細なものは、われわれにはいわば見えないもの、知られざるものとして、闇によって表示されるのは、適当であるということである。さらに、光は「輝いている」と言われている、それというのも、感覚に起源を持つ知性は、さまざまな表象の影によって暗くされるからであり、知性はそれらによって、またそれらのうちで〔他のものを〕理解しているのである。

さらにまた、「人間の光」とは、下級の理性として受け取られているのであり、しかもその理性はヴェールをかぶった頭を持つ女性〔の表象〕によって理解されている（Ｉコリ一一・六）と言われるのはきわめて適当であろう。しかし、そのような物をかぶった頭を持たない男性は、神の像にして、上級の理性であり、「光が闇のうちで輝いている」と言われるときには、その闇によって理解されている。

これらの二重の理性とそれらの固有性について、アウグスティヌスは特に『三位一体論』第十二巻第十四章、第十五章とそれに続く三巻の多くの箇所(145)において教えている。

しかし続いて、「そして闇はそれを理解しなかった」と言われているのは、適当である。というのは、闇によって表示されている最高の知性が、神である光を理解しないとするならば、神は端的な仕方では、「思惟によっては捉えがたいもの」（エレ三二・一九）であることは確実であるからである。

「神から遣わされたひとりの人がいたが、その名は〔洗礼者〕ヨハネといった。この人は光について証言するために来た」（六－七節）

85 アウグスティヌスが『告白』第七巻[146]で引用しているプラトンの語句は次のように言っている。「人間の霊魂は、光について証言しているといえども、それ自身は、光ではない」。

注目すべきことは、義人は義人であるかぎりにおいて、確かに義そのものを分有しており、そして彼はそのような者として義から遣わされる、ないし遣わされた者であり、彼は義そのものについて、一つにはそれが存在すること、また一つにはそれがどのようなものであるかということを証言する者であるが、彼は義ではなく、義から遣わされた者、生まれた者であるということである。というのは、義人以外の誰も義を知らない、すなわち「子以外の誰も父を知らない」（マタ一一・二七）からである。「受け入れる者以外の誰も知らない」（黙二・一七）。したがってそれゆえに、義人すなわち義より生み出された子以外の誰も義について証言することはない。すなわち、「知恵はその子らによって義なるものにされる」（マタ一一・一九）。そしてこれが以下の第三章において言われていることの意味である。すなわち、「天から来るもの」、さらに以下において、「彼の証言を誰も受け入れない。しかし、彼の証言を受け入れた人は、神が誠実であることを告げ知らせた。というのは、神が遣した人は、神の言葉を語るからである」（三・三一－三四）。彼が言わんとしているのは、義なるものではないいかなる人も、義とその固有性について知ることはなく、証言することはできないということである。しかし「天」と、義の頂上から「来る」義人は、義を見、聴き、ないしは認識しているのであり、その結果、「彼が見、聴き」、義から受け取ったものについて証言するのであるが、その義は、義人そのもののうちで、その義が述べていることは真であることと、またその義を刻印し、注ぎ込んでいる神は誠実であることを教え、輝かせ、知らせ、ないしは印刻しているのである。

「彼は真なる光であった」（九節）

86 第一に注目すべきことは、神が「真なる光」と言われているのは、アウグスティヌスが『創世記について』第四巻[147]において言っているように、物体的なものが、例えば、石やライオンやそれに類するものが受け取られるように、光は神においては、転喩的ないし比喩的な意味において受け取られているからではないからである。しかし、アンブロシウス[148]は輝きを、神について転喩的に言われる名の一つに数えている。それゆえに知らなければならないことは、実際、これらの名がわれわれ人間の下で表示する、それ自体としての完全性そのものに関しては、これらの名は本来的にして真なる仕方で神に適合するのであり、それどころかそれらは、何らかの被造物よりも、よりいっそう本来的な仕方で、かつよりいっそう先んじて神に適合するということである。とはいえ、これらの名の表示の様態に関しては、ないしはこれらの名が〔その際に〕ともに規定し、ないしはともに表示する〔他の不完全な〕何らかのものに関しては、事態はまったく異なる。というのは、すべての完全性は「上方から」、「光の父から」（ヤコ一・一七）到来してくるのであるが、その際、わずかなものであれ、不完全性を何らかの仕方で含意しているすべてのものは取り除かなければならないのである。

87 第二に注目しなければならないものは、すべてのものは、二つの理由から真なるものであると言われるということである。第一は、それがその本性の実体的な形相[149]を獲得している場合であり、第二は、それにいかなる異質のものも混合されていない場合である。それらの両者が神のうちには存在する。「神は光であり、いかなる闇もそのうちには存在しない」（Ⅰヨハ一・五）。

第三に、「真なる光」とはすなわち、外来のものではないということであり、上[150]に述べられたように、被造物のように照らし出されたものではなく、照らし出す光であるということである。

第四に注目すべきことは、一般的に本質的秩序において上級のものは、それ自体として光であり、下級のものはそれとは反対にそれ自体としては、つねに闇であるということであって、それは上に[151]述べられたとおりである。それゆえに、神は存在者のなかで至高のものとして、端的にしてそれ自体で充実した真なる光であり、いかなるものよりもより下級のものではなく、すべてのものよりもより上級のものとして存在しているのであり、したがって「真なる光」であり、「いかなる闇もそのうちには存在していない」（Ⅰヨハ一・五）。すべての被造的なものについては、事態は異なる。というのは、それらはより上級のもの、すなわち神を持っているからである。それゆえに、上において[152]次のように言われたのである。「光は闇のうちで輝いている」（一・五）、すなわち、神は被造物のうちで輝いているのである。そしてこれがここで次のように言われていることの意味である。

「それは、この世に来るすべての人を照らしている」（九節）

88

注目すべきことは、この言葉はトマスの連続註解[153]において、さまざまな聖人たちによって、さまざまな仕方で、的確に解釈されているということである。その理由はとりわけ、多くの人々がこの世においては〔神の光によって〕照らされているようには思われないからである。

それゆえに、上述のことから手短に言って、神は必然的に光である。なぜならば、神はすべてのもののうちで至高のものにして第一のものであるからである。神は自分の下に存在するすべてのものを「照らし」、人間、しかもこの世に到来するすべての人間を照らしているからである。というのは、世は「彼によって生じた」のであり（一・一〇）、「すべてのものは彼によって生じた」（一・三）からであって、それは上で[154]言われているとおりである。もし誰かが、あるいはもし何かが神によって照らされていないとするならば、それはもはや神の下には存在しないことになり、神の下に属するものではなくなり、神もすべてのものの上に存在するものではなくなり、第一のものでもなくなる。というのは、「第一のもの」は、「それ自身において豊かなもの」[155]であり、すべてのものに影響を及ぼしているからである。もしそれが影響を及ぼさないならば、それはもはや第一のものではない。というのは、それはそれ自体としては存在するのではないからである[156]。それというのも、第一のものには、それ自身で影響を及ぼすということが属するからである。そして一般的にすべてのものは、それが他のものの原因であるかぎりにおいて、それらのものに影響を及ぼすのである。もしそれが影響を及ぼさないならば、それはもはやそれらの原因ではない。さらに、「第一のものは、すべての点においてそれに続くものの原因である」[157]。それゆえに明らかなのは、神はすべての人間と、生じて、この世に到来して、この世のうちに、すなわち全宇宙のうちに存在するものとを照らしていることである。

89
確かに真なのは、神はさまざまな人々とさまざまなものを、さまざまな仕方で照らし、それらに影響を与えるということである。彼は或るものを存在の固有性の下に光によって照らすのであり、このようにしてそれは世の、ないしは宇宙のすべての存在者を照らすのであるが、それに対して神は、神が生命であるかぎりにおいて、他のよりいっそう少ないものを、すなわち生きているものを、光によって照らすのである。さらにその上に、神は「人間の光」（一・四）であるかぎりにおいて、他のより完全にしてより少ないものを照らすのであり、それは次の言葉によっている。「主よ、われわれの上にはあなたの御顔の光が刻印されている」（詩四・七）、すなわち、何が善であるかを知らせ、明らかにする理性が。さらに、第四に、神は人間よりも完全なものを、表象の影なくして、それ自身において輝かせることによって照らすのである。さらにその上に第五に、神は他の人々を恩寵によって、超自然的な光によって照らすのである。

90 上述のことから明らかなことは、罪人である人は、義人たちの間では、恩寵なくしては無であり、恩寵の光である神の下には、存在しないものであるということである。さらに、神はそのような人々に影響を及ぼしたり、照らしたりはしないのであり、どのような原因も、その下にあるものだけに影響を及ぼすのである。

ここからまた、人間を神の下に従属させることとしての謙遜は、キリスト自身によって特に推奨されているのである。「私から学びなさい。というのは、私は柔和で心において謙遜であるからである」（マタ一一・二九）、「自らへりくだるすべての人は、高められるであろう」（ルカ一四・一一）。そしてこのことは聖人たちや博士たちによっても共通に言われていることである。あの乙女（マリア）でさえ、この徳によって神の子を宿し、生むに値するものとなったのである。「神は自分の卑女の謙遜を顧みられた」（ルカ一・四八）。アウグスティヌスは『聖母の被昇天についての説教』[158]において言っている。謙遜は、それによって神が人間のほうに到来し、人間が神のほうに行くところの階段であるということである。ベルナルドゥスは『省察録』第三巻[159]において、こう言っている。「謙遜は善き土台であって、その土台のうえに建てられるすべての霊的な建物は、主における聖なる神殿にまで成長するのである」、「ここには、『力づよい塔が敵の面前に建てられている』（詩六〇・四）」、「いかなる宝石もよりいっそう輝いているということはない」。謙遜なくしては、アウグスティヌスが言っている[160]ように、いかなる徳も所有されえない。というのは、謙遜だけが人間を神に従順なものにし、下級のものが上級のものに対するように、神を顧みるからである。

91 そしてそれと類似の仕方で、神がさまざまなものをさまざまな様態において照らすその他の様態についても語らなくてはならない。というのは、神は生命であるかぎりにおいて、たとえ存在者ではありうるにしても、生きていない人々や生けるものではない人々は照らすことはできないからである。そしてそのような人々自身を、神はその存在の光によって照らしている。神が存在であるかぎりにおいて、もし彼らが神に従属しないならば、彼らはもはや存在者ではなく、いかなる存在者でもない。そしてすべての欠如的なもの、悪、消滅、欠陥はそのようなものである。これらすべてのものは、そしてそれに類似するものは、存在者ではなく、すべての存在を欠くものであり、〔神の産み出した〕結果ではなくて欠陥である。それゆえに、これらのものは神を原因として持っていない。(161) というのは、原因と結果は自然的な仕方においては、相互に上級のものと下級のもののように関係しあっているからである。もしこの関係がなければ、上級のものは照らすことはなく、下級のものは照らされることがないが、この関係があれば、上級のものは自らの秩序を持ったこの世のなかへと到来するすべてのものを照らすのである。それゆえに、このことがここで次のように言われていることの意味である。「彼はこの世のなかに到来するすべての人間を照らす真の光であった」。しかしこの世のなかへは、存在者ではなく、すべての存在を欠くもの、例えば、悪、悪徳、欠如、さらにまた否定などは、それ自体としては、すでに言われたように、到来しない。

92 「それはこの世のなかに到来するすべての人間を照らす」。このことを手短には次のように言われたい。すべての流入は流入するものによる或る種の照明であり、流入するものは、それがそれに対して流入するところのものの光である。(162) そこで次のようになる。神、光、すべてのものの第一の原因は、すべてのものとすべてのもののそれぞれに対して、何か或るものを流入するか、それぞれのものとすべてのものに対して、何も流入しないかのどちらかである。もし何も流入しないのならば、それはもはや原因ではなく、すべてのものの、かつ個別的なものの第一の原因でもない。それに対して、もし神が何か或るものを個別的なものに流入するならば、私が上に提示したことは妥当する。というのは、すべての流入するものは、すでに言われたように、光であり、特に流入する原因かつ始原がまったくの光である場合には、このことは最大限に妥当する。そしてこれがここで次のように言われていることの意味である。「彼はこの世のなかに到来するすべての人間を照らす真の光であった」。

93 さらにその上に、第三に、私はこのように言う。神、すなわち真の純粋の光はすべての人々を照らしているか、いかなる人も照らしていないかどちらかである。しかし、いかなる人も照らしていないということはありえないから、すべての人を照らしているのである。この推論は明らかである。というのは、神はすべての人々に等しく、一様に、直接的に関係しており、それらの人々に臨在しており、しかも他のすべてのものに先立って臨在しているからである。

上で言われたことの例と意味は、霊魂において明らかになる。霊魂は身体の実体的形相として直接的にその全体において、個々の肢体に臨在しており、それゆえに、すべての肢体に存在と生を与えている(163)。霊魂が個々の肢体に与えない他のさまざまな完全性、例えば、見ることや聴くことや語ることやそれに類するものについては、事態はまったく異なる。しかし、生と存在は光であるから、確実なのは、霊魂はその本質によって照らすのであり、その本質によって或る種の形相にして光であるのだが、そのような霊魂は身体のすべての部分を、さらには、この形相の下へと、かつこの身体のうちへと、つまり霊魂を備えた身体というこの世のうちへと到来してくるすべてのものをも照らすということである。

さらにまた他の例は、同質の〔部分からなる〕物体において見出される。というのは、火の実体的形相は、その大きさやすべての延長や区別――それらは大きさと付帯的なものの類に属しているのであるが――に先立って、第一に、かつ最も直接的には質料に臨在しているのであるから、それゆえに、それは火の光によって必然的に質料のすべての部分を形成し照らすか、あるいはいかなる部分も形成し照らすことはないのである。しかし、それがいかなる部分も形成し照らすことはないということはありえない。それゆえに、それはすべての部分を形成し照らすのである。神はしかし、第一原因として何らかの第二の原因よりも〔事物に対して〕先に臨在しており、そしてそれらから最後に離れるのであり、それは『原因論』の第一命題[164]とその註釈者[165]が言うとおりである。それゆえにこのことが、ここで次のように言われていることの意味である。「彼はこの世のなかに到来するすべての人間を照らす真の光であった」。

94 さらに注目すべきことは、二重の誤った表象が多くの人々に、神が「この世のなかに到来するすべての人間を」照らすと言われていることが困難であると思わせるし、また思わせてきたということである。

第一の誤った表象は、事物は同時に等しく、直接的に神そのものに現前しているのではないと思われていることであり、彼らは灯心草に節を見出そうとし〔困難のないところに困難を見出そうとし〕、直接的なもののうちに媒介を見出そうとし、大きさのないもののうちに距離を見出そうとするのである。

第二の原因と誤った表象は、すべての完全性は、特に存在そのものは光であり、すべての輝く完全性の根源であるにもかかわらず、彼らは恩寵だけを光であると思っていることである。哲学者（アリストテレス）も『霊魂論』の第三巻[166]において能動知性を光であると呼んでいる。そして多くのこれに類似のことが聖書において、また哲学者たちの書物において見出される。「天と地とを私は満たすと主は言われる」（エレ二三・二四）。そして「詩編」において言われている。「太陽は天の一方の端から出、天のもう一方の端まで廻る。そしてその太陽の熱から身を隠せる人は誰もいない」（詩一八・七）。そしてこのことがここで神が「この世のなかに到来するすべての人間を」照らすと言われていることの意味である。

95 あるいは手短に言うならば、神は確かに「この世のなかに到来するすべての人間を照らす」のであるが、しかし謙遜（humilis）ではない、つまり大地（humus）に由来しない人は人間ではないということである。人間は大地に由来すると言われているからである。

さらにまた、理性にしたがって生きていない人は人間ではない。というのは、人間は理性的動物であるからである。さらにその上に、神は「すべての人間を照らしている」のであるが、必ずしもすべての人間が照らされることを欲しないのであり、それはアウグスティヌスが、「始原である私があなたがたに語る」（八・二五）という言葉を論じて言ったように[167]、神はすべての人間に語っているのであるが、必ずしもすべての人々はそれを聴いてはいないのと同様である。

さらに、すべての下級なものを自分自身の下に従属せしめていない人は人間ではない。「詩編」はこう言っている。「人間とは何か」（詩八・五）、そして続いて、「すべてのものをあなたは彼の足の下に置いた」（詩八・八）。足とは、すなわち人間の意向のことである。それゆえに、最初の人間が創造され、形成されたときに、このように言われたのである。「地に満ちよ、そしてそれを従属させよ」、「地の上にうごめいているすべての生き物を支配せよ」（創一・二八）。

「彼は自分のところに来た」（一一節[168]）

第一に注目すべきことは、神はいたるところに、またすべてのもののうちに存在としてあり、その存在は確かにいたるところに、またすべてのもののうちにその本質によってあるとはいっても、何らかの新しい働きによって神の現存が知られるときに、神は到来すると言われることである。

第二に注目すべきことは、アウグスティヌスは『告白』第七巻[169]において、自分は「彼は自分のところに来た」というこの言葉から「彼の名を信ずる人」（一・一二）までは、プラトンの作品のうちには発見しなかったと言っていることである。

しかし、おそらく言うことができるのは、「彼は自分のところに来た」というこの言葉と、それに続く言葉の正当性は、自然的事物において自然的論証が範例的に、明らかに確証しているということである。それゆえに注目すべきことは、存在者が存在そのものに、さらに被造物が創造者に属しているようには、いかなるものもそれほど固有なものはないということである。神はしかし存在であり、神はまた創造者である。それゆえに、このことがここで言われている「彼は自分のところに来た」ということの意味である。

97 第二はこのように解釈されたい。神が自分のところに来たこの自分のものとは、存在ないし存在者、一、真、善である。というのは、神はこれら四つのものを固有のものとして持っているからである。それというのも、神は「第一のもの」であり、第一のものは「それ自身として豊かなものである[170]」からである。神はそれらを有している。というのは、神は「豊か」であるからである。神はそれらを自分のものとして有している。というのは、神は「それ自身において」存在しているからである。それというのも、上に述べた四つのものは、第一のものの下にあるすべてのものにとっては、「客であり、見知らぬ人々」（エフェ二・一九）であるが、神にとっては家人であるからである。それゆえに、われわれが第一に教えられるのは、神はすべてのもののうちに存在し、働くということであり、すべての人々のところへ、またすべてのもののところへ、それらが存在するかぎり、それらが一であるかぎり、それらが真であるかぎり、それらが善であるかぎりにおいて到来するということである。第二に教えられることは、到来する神とその現存は、直接的に、いかなる助力も必要とせずに、すべてのもののうちに存在性、一性、真理性、善性を、類比的な仕方で生ぜしめるということである。

98 「彼は自分のところに来た」。第三に、より神学的に言うことができることとは、神すなわち言葉がそのうちへ到来してくるところのこの自分のところとは、慈しむということであり、それはグレゴリウス[171]の次の言葉によっている。「神よ、あなたに固有なことは、たえず慈しみ、赦すということである」。アウグスティヌス[172]によれば、それは救うということであり、彼はこのように言っている。「彼は世を救うために、世の救い主と言われている」（四・四二）、「あなたは救われることを欲しない。あなたはあなた自身によって裁かれるであろう」。確かにこれら二つのものを、神すなわち言葉は有しているのであり、それらは〔子なる〕神としての神にとって固有のものであるが、同時に父と聖霊に共通のものである。

さらに神は子であるということを、神はまた、まったく内的な仕方で固有なものとして所有している。それゆえに、このように言われている。神、言葉、子は、「自分のところに来た」、すなわち養子にするという恩寵によって神の子らであるところの人々のうちに。「あなたがたは子らであるから、神は自分の子の霊をあなたがたの心のうちに遣わされたのである」（ガラ四・六）。そしてこれがここで次のように言われていることの意味である。「神は彼らに、すなわち神の名を信じる人々に、神の子らとなる権能を与えた」（一・一二）。彼に固有の名は、彼が〔神の〕子であるということである。

99 さらに、それに続く「彼に属する人々は彼を受け入れなかった」は、「彼は自分のところに来た」と言われていることの上の三つの解釈に即して、解釈することができるだろう。すなわち、存在者であり、一、真、善であるものは、それ自身からしてそれらが存在することを、ないしはそれが一であり、真、善であることを有しているのではなく、——そしてこのことがここで「彼に属する人々は彼を受け入れなかった」と言われている意味であるが——、そうではなく、それらはこのことを言葉それ自身から、神の子から有しているのであり——、そしてこのことがそれに続いて言われている「しかし彼を受け入れたすべての人々に〔神の子となる〕権能を与えた」ということの意味である。というのは、彼を受け入れるという能力そのものが、彼に由来しており、そのことはアウグスティヌスが『告白』第十二巻[173]において、第一質料について、その受容能力そのものは神に由来すると言っているとおりである。さらに彼は、『三位一体論』第十五巻第十五章[174]において、言葉を考える能力そのものがすでに言葉と呼ばれるべきであると言っている。

このようにしてそれゆえに、次のように言われているのである。「彼に属する人々は彼を受け入れなかった」。第一に、彼らは自分自身からは何も持たず、自分自身に固有なものからは何も持っていないからである。第二に、彼らの受容能力そのものも神に由来するからである。第三に、すでに前に光について言われたように[175]、彼らによって受容されるものは、彼らのうちに根を張ることはないからである。第四に、神に固有なことは非区別的にあるということであり、神はその非区別性によってのみ区別されるからであり、それに対して、被造物にとって固有なことは区別的にあることである。区別的なものは本来はしかし、非区別的なものを受け入れない。それゆえに、アウグスティヌス[176]は神に対して、こう述べている。「あなたは私の側にいたもうたのであるが、私はあなたの側にはいなかった」。

100 上記のことと一致するのは、自然的なものにおいては、生成されたものの形相は、その受動的な生成によって「自分のところに来た」、すなわち自分自身に固有の質料のうちに、ということである。というのは、能動的なものの現実態は、それを受け入れる受動的なもののうちに存在するのであり[177]、自然においては、すべての能動的なものには、それに固有の受動的なものが対応しているからである。さらに質料が、〔何らかの〕現実態であれ、それに先立つ形相の固有性であれ、何らかの自分自身のものを有しており、純粋の可能態ではないかぎり、それはけっして実体的形相そのものを、すなわち、存在へと生み出すものの子を受容しないのであるが、――この存在は実体的形相が与えるのであり、ないしはむしろ実体的形相そのものである――とはいっても、この実体的形相は、生成においては、消滅する形相のさまざまな状態ないし固有性に抵抗するのである。そしてこのことが明らかにここで次のように言われていることの意味である。「彼は自分のところに来た」、そして続いて、「彼に属する人々は彼を受け入れなかった」、すなわち何らかの彼自身のものをもっているすべてのものは、ということである。

例えば、眼が何らかの色を、ないしは色の或る成分を持っているならば、眼はこれこれの色を、また何らかの色を見ることはできないであろう。さらにその上に、もし視覚が、たとえ自分自身のものであれ、何らかの働きを有するならば、そのことによって視覚はもはやそのようなものとして、可視的なものそれ自体を受容することはできないであろう[178]。というのは、能動的なものはそれ自体としては、いかなる様態においても、受動的であってはならないのであり、反対に、受動的なものはそれ自体としては、いかなる様態においても、能動的であってはならないからである。それゆえに、知性はすべてのものを知性認識するためには、いかなるものであってもならない[179]。しかし知性は、他のものと同様に自分自身をも知性認識する。それゆえに、知性は知性認識する前には、自分自身に属するいかなるものも、いかなる自分自身のものも有してはいない。というのは、知性認識とは、或る種の受動であるからである[180]。受動的なものの形相的固有性は裸であることである[181]。これらすべてのことは『霊魂論』第三巻から明らかである。

自然においては、質料と実体的形相についてもこのような事態になっている。というのは、質料それ自体は、自然の基礎であり、その基礎のうちにおいては、哲学者（アリストテレス）[182]が言うように、いかなるものもまだ区別されていないからである。しかし、すべての現実態には区別がある。

101 さらに、「彼は自分のところに来た」と言われていることについては、より適当な仕方では次のように言うことができるであろう。すなわち、これらの言葉においてまず第一に教えられているのは、「肉になった言葉」(一・一四)は純粋な〔人間の〕本性を、人が敵として蒔いた悪徳(マタ一三・二五)なしにとったということである。というのは、これらの悪徳は、神の種ではなく、それらは神が植えたものでもなく、神の業でもなく、神によってなされたものでもなく、神に固有なものでもなく、敵に固有なものであるからである。というのは、神は人間を正しい者として造ったからである(コヘ七・三〇)。それゆえに、こう言われている。「彼は自分のところに来た」、すなわち、自分自身によって生じた本性を、自分自身の固有の業を、彼は悪徳なしに、罪なしに引き受けたのである。「彼なくしては、無が生じた」(一・一二)、すなわち罪が。そしてこれがダマスケヌス[183]が言うところのことであり、すなわち言葉である神は、神が植えたものを引き受けたということである。

さらに、第二にこれらの言葉によって教えられることは、どのようにして「肉になった言葉」は、それに先行する何らかの自然の功徳によってではなく、恩寵によって、すなわち純粋の恩寵によって、人間の本性を引き受けたのかということである。そしてこのことが「彼は自分のところに来た」ということの意味である。というのは、それは自然に属する何らかの固有なものによるのではなく、神にのみ固有な恩寵によるからである。「神の慈悲と仁愛とは」、「義の業によるのではなく」、「その慈しみによって現れた」(テト三・四、五)。そしてこれが続いて次のように言われているところの意味である。「血によってではなく、神によって生まれた人々には」(一・一三)。

しかしさらにその上に、このように言うことができるであろう。「彼は自分のところに来た」とは、すなわち人間と、人間の本性に固有なところに、ということである。というのは、彼は死すべきことと苦難を受けることを引き受けたのであるが、それらは神にではなく、人間に固有なものであるからである。それゆえに、おそらくこのように言われている。「言葉は肉になった」のは、それが肉に伴う欠陥、すなわち罰を引き受けたことによってであ

103 って、罪と、霊魂に固有なものである欠陥を引き受けたことによってではない。[184]

再び、「彼は自分のところに来た」。注目すべきことは、すべての被造的なものは、これこれしかじかのものであり、何らかの区別されたものであるから、或る類、種、ないし個別的なものに固有なものであるということである。神はしかし何らかの区別されたものではなく、或る本性に固有なものでもなく、すべてのものに共通なものである。というのは、神はすべての類の外側にあり、それらを超えているからである。[185] このことを証明するのは、存在者そのもの、すなわち神の働きであり、それは類のうちにはなく、或る類に固有なものではなく、すべての類に共通なものである。それゆえに、神はこの世に到来し、被造物の姿をとり、人間になったのは、あたかも共通なものの頂上から固有なものへと到来したようなものである。そしてこのことがここで明らかに次のように言われていることの意味である。「彼はすべての人間を照らす真の光であった」(一・九)、それというのも、神はすべてのものに共通のものであり、すべてのものを超えているからである。そしてそれに続いて、「彼は世のなかにあった。そして世は」、すべての類を包括しているが、「彼によって造られた」(一・一〇)。そして彼は最後にこのように言って結ぶのである。「彼は自分のところに来た」、すなわち、「私は父から出て、世のうちに来た」(一六・二八)、「私は至高者の口から、すべての被造物に先立つ初子として生じた」(シラ二四・五)、さらに以下において、「私は天国から出てきた」、すなわち神性の宿る天国から。「私は言った。私は自分の庭に、植物に水をやろう」(二四・四一)、すなわち世界を創造することによって。

104 しかしこれらの言葉「彼は自分のところに来た、しかし彼に属する人々は彼を受け入れなかった」によって、字義どおりの意味で言わんとされていることは、言葉が選ばれたユダヤ民族のうちで肉をとった(申七・六)ということであり、その民族に「神の言葉が託され」(ロマ三・二)、法が与えられ(一・一七)、その法のうちでキリストとその受肉とそれに類することが形成されたということである。しかし、神自身の「民と神の牧場の羊たち」（詩九九・三）は彼を信仰によって受け入れなかった。

105 「彼は自分のところに来た、しかし、彼に属する人々は彼を受け入れなかった」。道徳的にこれによって言わんとされていることは、神は、自分自身のすべてを神に捧げ、自分自身のものを与えて、その結果もはや自分自身のために生きるのではなく、神のために生きるような人々の心のなかに到来するということである。そしてこのことが次に言われていることの意味である。「〔彼に属する〕人々は彼を受け入れなかった」、すなわち、自分自身のために生きる人々は、神のものではなく、自分自身のものを求める人々は、「彼を受け入れなかった」ということである。次に続いて言われていることの意味も、これと同一である。

106 **「しかし彼は彼を受け入れた人すべてに、神の子となる権能を与えた、すなわち彼の名を信ずる人々に。彼らは血によるのでもなく、肉の意志によるのでもなく、男の意志によるのでもなく、神によって生まれた人々である」（一二―一三節）**

聖書のこれらの言葉と他の多くの言葉を解釈するためには、四つのことがらが注目されるべきである。

第一に、キリストの、神の子の受肉の第一の果実は、人間は、〔神の〕養子にするという恩寵によって、人間が自然本性的にはそれであるところのものであるということであり、それはここで次のように言われていることによっている。「彼は彼らに神の子となるという権能を与えた」、さらに、「もしわれわれが覆いを取られた顔によって主の栄光を見るならば、われわれは栄光から栄光へと、主と同じ姿に変えられるのである」（IIコリ三・一八）。

第二に、受容し分有するすべてのものは、それ自体としては、裸のものであり、たんなる受動的能力のうちにあ

107

るのであって、それはここで次のように言われていることによっている。「彼を受け入れたすべての人々に」。

第三に、受動的ないし受容的能力は、一般的に、かつ自然本性的には、その能力の本質によって、その全存在を対象から、かつ対象からのみ受け取るのであって、他の何らかの異質な基体から受け取らないのと同様に、それ自身の基体からも受け取ることがない。さらにその上に、その能力は、〔受動的〕能力であるかぎりにおいて、対象に属する存在と同一の存在を受け取るのである。そしてこれは哲学者（アリストテレス）[186]が次のように言っているところの意味である。ただたんに質料から分離されているものにおいてのみならず、物体的なものにおいてもまた、感覚と感覚されうるものは現実態においては同一のものである、と。というのは、感覚されうるものは、眼に対して、それが眼であり、ないしは存在者であるかぎり、存在を与えないのであり、また眼は、感覚されうるものに対して、それが存在者であるかぎり、存在を与えないといえども――それというのも、存在者であるということにおいては、感覚と感覚されうるものは二つのものであるから――、しかし、それらが現実態において存在するかぎりにおいては、つまりこのものが見るものであり、かのものが見られるものであるかぎり、それらは一なるものであり、この見るものと、かの見られるものとは、一なる同一の現実態においてである。それゆえに、アウグスティヌスは『三位一体論』第九巻第十二章[187]において、こう言っている。「明白に把握しなければならないことは、われわれが認識するすべての事物は、われわれのうちにそれ自身についての知をともに生み出すということである」。これはアウグスティヌスの言葉である。それゆえに、眼から見ることを取り去れ。そうするならば、あなたは対象から見られることを取り去ることになる。そして反対に、対象から見られることを取り去れ。そうするならば、あなたは眼から見ることを取り去ることになる。見ることと見られることとは一なる同一のことであり、すなわち、それらは同時に始まり、存続し、衰え、再び活発になるのであり、つまりそれらは同時に生じ、消滅するのである。自然も知性も神もこれらのものを分離することはできない。

それゆえに、救い主は最良の仕方で、かつ明瞭に言っている。「彼らがあなたのみを知るということが永遠の命である」（一七・三）。また彼はわれわれにこのように祈ることを教えている。「あなたの名が聖とされますように」（マタ六・九）。神の名、知は、神のみが認識されるときに、聖とされる。というのは、人間は、すでに言われたように[188]、その全存在をまったく対象である神のみから受け取っているのであるから、人間にとって存在とは、彼自身にとっての存在でなく、神にとっての存在であり、この場合の私の言う神とは、存在を与える始原としての神にとって、ということであり、また人間がそのために存在し、そのために生きる目的としての神にとって、ということである。人間は自分自身については、さらにまたいかなるものについても――それが神のうちにあるかぎりにおいて、かつそれが神であるかぎりにおいて知りうるが――それが神であり神のうちになければ、知ることはない。アウグスティヌスは『告白』第五巻[189]において、神に向かって言っている。「すべての他のことについて知っていても、あなたを知らない人は不幸である。しかし、たとえそれらのことは知らないにしても、あなたを知っている人は幸いである。しかし、あなたと他のことを知っている人は、それらの他のことのゆえに、よりいっそう幸福なのではなく、あなたのゆえにのみ、幸福なのである」。

108 上述のことから、知性と意志とは、一なる形相的な対象を有するものであるとはいっても、異なった能力であるという人々[190]の誤りが明らかになる。さらにまたその上に、至福は確かに知性の働きにおいて成立するのであるが、その働きは、反省的な働き、すなわち、その働きによって人間は自分が神を知ることを知るようになるような働きにおいて成立するということを主張する人々[191]の誤りも明らかになる。それらについて私は「問題集[192]」においてより詳しく記しておいた。

109 第四に、すでに言われたことから帰結する注目すべきことは、対象、すなわち認識されるものは、それ自身を、ないしその形象を、認識する能力のうちに生むのであり、したがって生まれる形象は、上にアウグスティヌス『三位一体論』第九巻[193]より言われているように、認識される対象と認識する能力に共通な一なる子であるということである。そしてすでに言われたように[194]、認識する能力は、その存在を認識されるものから受け取り、したがって認識されるものの存在そのものを受け取るのであるから、それゆえに、真理はわれわれが神以外のいかなる父も持たず、また知ることのないように、警告し助言するのである。「あなたがたは、地上のものを父と呼んではならない。天におられるひとりの方のみがあなたがたの父であるからである」（マタ二三・九）。さらにまた言われている。「私は人を、その父から分かつために来た」（マタ一〇・三五）、すなわち、それは彼が神の他に父を持つことのないようにであり、神の他に、ないしは神以外の父を知ることのないようにである。というのは、もし彼が神の他の何ものかを父として持ち、その父が自分自身を人のうちに生み、人によって認識されるならば、彼はその父によって形成され、その父から存在を、しかもその父の存在を受け取ることになってしまい、その結果、完全なものではなくなり、真の意味で神のみの子ではなくなるであろうからである――「あなたがたの父が完全であるように、あなたがたも完全でありなさい」（マタ五・四八）――、そのときには彼は神の子ではありえないであろう。というのは、誰も二人の父を持つことはできないからである。それゆえに、明瞭に言われている。「あなたがたの父はひとりである」（マタ二三・九）。

110 それゆえに、これがここで次のように言われていることの意味である。「しかし、彼は彼を受け入れた人すべてに」、すなわち被造物によって生まれた、かつ刻まれたすべての形相を奪われた人に、「彼の名を信ずる人々に、神の子となる権能を与えた」、すなわち彼の知を信ずる人々に―― というのは、名（nomen）は知（notitia）に由来すると言われるからである——これは、上に言われているように[195]、「彼らが神のみを認識するように」（一七・三）である。しかし、ここでは「信ずる人々に」と言われている。というのは、知ることと知とは、「完成された義」であり、「不死性の根」（知一五・三）、「永遠の命」（一七・三）であるからである。「というのは、われわれは信仰によって歩むのであり」（IIコリ五・七）、「〔神に〕近づこうとする人は信じなければならない」（ヘブ一一・六）からである。これはそれゆえに、次のように言われていることの意味である。「彼の名を信ずる人々」。というのは、今われわれは「鏡をとおして謎のような仕方で見るが、そのときには、顔と顔を合わせて見る」からである。今われわれは部分をとおして認識するが、そのときにはしかし、われわれが認識されているように、認識する（Iコリ一三・一二）。

「彼らは血によるのでもなく、肉の意志によるのでもなく、男の意志によるのでもなく、神によって生まれた人々」、「というのは、肉から生まれたものは肉であり、霊から生まれたものは霊であるからである」（三・六）。このように、神から生まれたものは神であり、神の子である。「神から生まれたすべてのものは世に勝つ」（Iヨハ五・四）。さらに以下において、子は言う。「私は世に勝ったのである」（一六・三三）。

111 さらに人間のなかには、三つの〔能力が〕あるということに注目すべきである。第一の能力は非理性的なものであって、理性には従わないものである。第二の能力は、確かに非理性的なものではあるが、理性に従うという性質を持っており、それはすなわち、貪る欲求と怒る欲求である。「その欲求はあなたの下に従属していなければならない」（創四・七）。そしてこの能力を、哲学者（アリストテレス）は『倫理学』第一巻[196]において、分有による理性的なものと呼んでいる。第三の能力は、その本質によって理性的なものである。

それらのうちの第一のものは、「血によるのでもなく」と言われているときに、指示されており、第二のものは、

「肉の意志によるのでもなく」と言われているときに、第三のものは、「男の意志によるのでもなく」と続けて言われているときに、指示されているのである。それゆえに、ここで言わんとされていることは、人間的ないかなるものも、したがってこの世的ないかなるものも、被造的なものは、それ自身をわれわれのうちで生んではならないのであり、したがって、われわれはそのようなものから生まれてはならないのであって、「神からのみ生まれ」なくてはならないということである。そしてこれがここで次のように言われていることの意味である。「血によるのでもなく、肉の意志によるのでもなく、男の意志によるのでもなく、神によって生まれた人々」。

アウグスティヌス[197]はこれら三つのものを区別して言っている。ラテン人たちは「血」(sanguines)という言葉を持っていないが、ギリシア語ではしかしこのように複数で使われる。しかし〔聖書の〕翻訳者は、文法家たちと一致して語るよりも、真理に仕えることのほうを選んだのであった。「というのは、男性と女性の『血』(sanguines)から、人間は生まれるからである」。というのは、「肉の意志」によって、女性が理解されており、女性には従属することと奉仕することが属しているのであって、それは霊によって時として、男性が理解されており、男性には命令することが属しているのと同様である。というのは、「女性が男性を支配している」家は悪い家であり、「そのような家以上に悪いものは何もないからである」。

さらにその上に、ここで「彼は自分のところに来た」と言われていることの第一の解釈[198]においては、神がどこでも、かつすべてのもののうちに存在することが言われているのであるが、それが道徳的には、第二に教えていることは、人間は、神的に、かつ神に似た者であらんがためには、どこでも、かつすべてのもののうちで一様にふるまわなくてはならないということである。というのは、「神も一なる者であり」(ガラ三・二〇)、そこから「一様である」という名辞が由来しているからである。さらにまた、神自身は、『原因論』[199]において言われているように、

「すべての事物のうちに一なる様態で存在しているが、すべての事物が神のうちに一なる様態で存在しているわけではない」。それゆえに、そこから明らかになることは、「すべてのものにおいて一なる様態で」存在していない者は、一なる神に対して一様に存在しているのでもなければ、事物のうちで神に似た者として存在しているのでもなく、むしろそのような者は、事物のうちにおいて、さらにまた神自身のうちにおいてすら、神に似た者ではなく、被造的事物そのものの本性と固有性にしたがって存在しているということである。しかし、どこにおいても存在しないもの、すなわち私はあえて言うが、いかなる場所、祖国、家にも偏愛によってしばられていない者は、どこにおいても存在するのである。このようにして、いかなるこの或るもの、ないし被造的なものによって動かされない者は、すべてのもののうちに存在するのである。

113 さらに、「彼は自分のところに来た」と言われていることの第二の解釈[200]から、道徳的に第三に注目されたいことは、或る人が多様なものから遠ざかり、一なるものを志すほど、その人はよりいっそう完全で神的なものになるということである。「あなたは多くのことに思い患っている」、「必要なのは一つの事である」（ルカ一〇・四二）。さらに再び、「もしあなたの目が単一であったならば」、すなわち、あなたの志向がそうであったならば、「あなたの身体全体が明るくなるであろう」（ルカ一一・三四）。それゆえに、こう言われている。「私の息子たちよ、あなたの行為が多くのもののうちに散逸しないようにしなさい」（シラ一一・一〇）。「一つのこと（unam）を私は主に願った」（詩二六・四）、すなわち、ヒエロニムスの言うように[201]、ヘブライ語の性質では、「一つのことを」（unum）ということである。アウグスティヌスは、『秩序について』第一巻において言っている[202]。「多くのことに向かって行く霊魂は、その貪欲さのために貧しさに従っているのであるが、多様なるものから離れることによってのみ、そのような貧しさを避けられることを知らない」、さらに以下において[203]、「霊魂はより多くのものを獲得するのを熱望するようになるほど、より多くの欠乏をこうむることになる。というのは、円においては、それがどれほど大きいものであっても、一つの中心があり、それに向かってすべてのものが集まるのであり」、「その中心は、すべてのものをあたかも等しい法でもって支配しているのであるが、しかし他方において、もしあなたが中心から離れてその何らかの部分に出ていこうとするならば、より多くのものへと向かうことによって、すべてのものが失われることになるのであるが、それと同様に自分自身から離れて広がった霊魂は、或る種の無限なるものによって切り刻まれ、真の赤貧によって引き裂かれるのである。というのは、その霊魂の本性はその霊魂をしていたるところに一を求めるように強いるのであるが、多なるものはそれを見出すことを許さないからである」。ここまではアウグスティヌスの言葉である。さらに『真の宗教について』[204]においてアウグスティヌスは言っている。「すべての一なるものの始原は、一のみであり、そのような一からすべての一なるものは生じるのである」、さらに以下において、[205]「それよりもいっそう単一なものは存在しないような一を、われわれは確かに求めている。それゆえに、『単一な心で』(知一・一)われわれはそのようなものを求めるべきである」、「興奮と貪欲から生じたさまざまな表象が不変の一性を見ることを許さない」。さらに以下において[206]アウグスティヌスは言っている。「本性的にわれわれは一性から離れ、それとは似つかないものに向かうすべてのものを否認する。そのことによって、われわれは何か或るものが存在することを理解せしめられるのであるが」、「それはすなわち、そこからして何らかの仕方で一であるすべてのものが一であるところのものであり」、「それは、始原における言葉であり、神とともにある言葉なる神である」。

上述のことの根拠は、一、存在者、真、善は互いに置換することができるということである[207]。それゆえに、一から遠ざかるものは、真から落下し、善から落下し、神から落下するのである。「というのは、神は一なる者であるからである」(ガラ三・二〇)。真から落下するものは、虚偽のうちへと落下する。「あなたがたは虚しさを愛し、虚偽を求める」(詩四・三)。善から落下するものは、悪意のうちに落下する。「あなたは善よりも悪を愛した」(詩五一・五)。神から遠ざかる者は、悪魔に近づく。「あなたがたは父である悪魔から出たものである」(八・四四)。これらによって次の言葉を解釈することができるであろう。「われわれは一なる者であるあなたのうちにすべてのものを持っているので」等々(トビ一〇・五)。というのは、一それ自身のうちに、存在するところのもの、真であるところのもの、善であるところのものは、すべて所有されているからである。さらに、このことにしたがって次に言われていることは明らかになる。「一を犯す者は、すべてのことに責任がある」(ヤコ二・一〇)。というのは、或る人が一から遠ざかり、一そのものを犯し、一そのものを見捨てることによって、その人はすべてのものに咎ある者となるからである。しかし、すべての罪とすべての汚点は虚しい。「すべては虚しい」(コヘ一・二)。すべてのものの罪は分割と数と多性である。「多なるものにおいてわれわれはみな誤っている」(ヤコ三・二)。というのは、多性すなわち一を侮辱する者と、反対者は、つねに自然と道徳に反する罪であるからである。「私の罪を許して下さい。というのはそれは多だからです」(詩二四・一一)。確かにすべての罪は、たとえそれが一度しか生じていないとしても、それ自身においては多である。というのは、多は一からの落下であり[208]、したがって一と置換することができる善からの落下であるからである。それゆえに、ヒエロニムスは『コヘレトの言葉について[209]』において、複数はつねに悪しき意味において理解されると言っている。私はこのことについて、『創世記について』第一章において、二日目の業について[210]詳細に記しておいた。

115 さらにその上に、「彼は自分のところに来た」と言われていることの第三の解釈[211]より、第四に道徳的に注目すべきことは、神を自分自身のうちに見出そうとする者は、神の子でなければならないということである。というのは、父と子とは同時に存在し、それらは相関的なものであるからである。聖霊は三位一体の子より発出する。われわれにおいても事態は同様であり、聖霊は〔神の〕子らからのみ発出するのであり、〔神の〕子らにのみ与えられるのである。「あなたがたは子らであるから、神は子の霊をあなたがたの心に遣わした」（ガラ四・六）。さらにもしわれわれが、善のみに対する愛によって、それが善であるかぎりにおいて、個々のことを行うならば、われわれは〔神の〕子らである。というのは、子（filius）とは、ギリシア語で愛を意味するphilosから由来しているからである。(212)

「言葉は肉になった。そしてわれわれのうちに住んだ」（一四節）

116 第一に注目すべきことは、「肉」とはここでは、比喩的に人間に対して用いられているということであり、それは次の言葉によっている。「すべての肉は救われないであろう」（マタ二四・二二）、さらに、「法の業によっては、いかなる肉も義とされえないであろう」（ロマ三・二〇）。しかし福音史家は、ただたんに人間の霊魂のみならず、肉をもとった神の慈愛を推奨するために、言葉は人間になったというよりも、肉になったと言うのを好んだのである。そしてこのことにおいて、神は、自分の親類について尋ねられて、高い地位を持っている或る人をあげることによってそれに答えるが、〔自分の〕出自については黙して語らない多くの人々の傲慢を打ち砕いているのである。すなわち、そのように尋ねられた人々は、〔例えば〕彼らはこれこれしかじかの司教ないし長官、司祭長ないし他のこれに類するものの甥であると言う。ラバについて物語られるのは、ラバは、誰がその父であるかと尋ねられて、立派な馬が彼の叔父であることを答えるものの、ロバが彼の父であることは赤面し、黙して語らないのである。(213)

117 第二に注目すべきことは、上で述べられたように、(214) 本性的に神の子である言葉の受肉の第一の結実は、われわれが神が養子とすることによって神の子らになるべきであるということである。人間のためにキリストのうちで、すなわち私とは異なったあの個体のうちで「肉になった言葉」は、もしも私も神の子となるために、私のうちでもペルソナ的に肉にならなかったならば、私にとっては僅かなものにすぎない。というのは、「もしも子であるならば、相続人である」（ガラ四・七）からである。そしておそらくこれは、われわれが主に促がされて祈るところのことである。「あなたの意志が天におけるのと同様に、地においてもおこなわれますように」（マタ六・一〇）、すなわちキリストにおいて、「天」において彼が子になるという父の意志が行われたように――というのは、父の意志は、父は本性的に子を生み、所有することであるから――、同様に「地においても」、すなわち地に住むわれわれのうちにおいても、われわれが神の子らになるという父の意志がおこなわれますように、ということである。「あなたがたは神の子らの有する〔神の〕養子にするという霊を受け取っている」（ロマ八・一五）、さらに以下において、「もしも子であるならば、相続人である。確かに神の相続人であり、またキリストの共同相続人である」（ロマ八・一七）、さらにまた以下において、「彼が自分自身、多くの兄弟のうちで長子となるために、神の子の像と等しい者となることをあらかじめ決めた人々を」（ロマ八・二九）。そしてこれがここで言われている「言葉が肉になった」、すなわち長子であるキリストにおいて、ということの意味であり、そしてわれわれが〔神の〕養子となることによって神の子らとして生まれるときに、〔言葉は〕「われわれのうちに住んだ」ということである。さらに以下において言われている。「私はあなたがたを再び見るであろう。そしてあなたがたの心は喜ぶであろう。しかし、あなたがたの喜びを誰もあなたがたから奪うことはできない」（一六・二二）。われわれのためにキリストにおいて人間となった神は、われわれを確かに見たのであるが、さらにまた再び、〔神の〕子として受け入れることによってわれわれを見るのであり、あたかも父のように子らのうちに住むのである。そしてこれが、「言葉は肉になった。そしてわれわれのうちに住んだ」ということの意味である。

118 というのは、キリストのうちで、われわれの外側で「肉となった言葉」は、それがわれわれの外側にあるというまさにこのことによって、われわれを完全にするのではなく、それが「われわれのうちに住んだ」のちに、またそのことによって、われわれに〔神の子という〕名を与えるのであり、われわれを完全にするからであり、それは「われわれが神の子と名づけられ、またそうであるためである」（Ⅰヨハ三・一）。というのは、そのとき神の子は、「肉になった言葉」はわれわれのうちに、すなわちわれわれ自身のうちに住むようになるからである。「見よ、人間とともにある神の幕屋を。神は人間とともに住むであろう」、「そして人間とともにある神自身は、人間の神になるであろう」（黙二一・三）、「彼の名はインマヌエルである」（イザ七・一四）、すなわち「神はわれらとともにある」ということである。「シオンの民よ、喜び踊れ、そして褒め讃えよ、それというのも、イスラエルの聖なる者はあなたのなかにあって大なるものであるからである」（イザ一二・六）。「〔言葉は〕われわれのうちに住んだ」と言われているが、それはすなわち、滞在したということである。さらに、それは「われわれのうちに住んだ」、というのは、われわれはそれをわれわれのうちに持つからである。しかし、事物はそれ自身のうちに持っているものから、その名と存在を受け取るのである。これは『雅歌』のなかで花嫁がこのように言って祈っていることの意味である。「彼がその口の接吻をもって私に接吻せんこと」（雅一・一）。彼女が彼を受け入れた後、「冬は去った」、「葡萄の樹は花を咲かせ、匂いを蒔き散らす」（雅二・一一－一三）、「というのは、その唇は滴る蜜のようだ」（雅四・一一）。それゆえに、こう言われている。「言葉は肉になった」、キリストにおいて、「そしてわれわれのうちに住んだ」、われわれのめいめいにおいて神の子が人間になり、人間の子が神の子になるときに。「どのような愛を神はわれわれに与えたかを見よ、われわれが神の子と名づけられ、またそうあるために」（Ⅰヨハ三・一）。

119 しかしここでは言われている。「言葉は肉になった。そしてわれわれのうちに住んだ」。さらに以下において言われている。「私は再びあなたがたを見るであろう」（一六・二二）。確かに彼は「肉になった」ときに、われわれを見たのであり、彼は、われわれのうちに住むことによってわれわれを再び見るのである。「神の国はあなたがたの内にある」（ルカ一七・二一）、「乙女が懐胎し、子を生むであろう」とは、キリストに関して言われており、「そして彼の名はインマヌエルと呼ばれるであろう」（イザ七・一四）、すなわち「神はわれらとともにある」とは、われわれのめいめいに関して言われており、人間の子である者が神の子になるということである。「われわれは、あたかも主の霊によるかのように、栄光から栄光へと〔主と〕同じ姿に変えられる」（IIコリ三・一八）。というのは、あたかも子、ないし像によってキリストが神の子になり、別の何ものかによって義なる、神の形をした人間が神の子になるなどと誤って表象してはならないからである。というのは、「われわれは、〔主と〕同じ姿に変えられる」と言われているからである。

さらにその上に、どれほど多くの鏡を人間のかんばせ、ないし顔に対置させても、数的には同一の顔から、〔多くの像が〕形成される。同様に、すべての義なる人々と個々の人々は、同一の義によって、完全にして端的に義なる者であり、彼らは〔その義によって〕同一の義のうちへと形成され、形づくられ、変えられるのである。というのは、さもなければ、彼らは同名同義的に義なる者ではなくなってしまうからであり、もし義がそれ自身においてと、義人において別のものであるならば、いかなる義人も真の意味で義なるものではなくなってしまうであろう[215]。

120 このことによって、次の言葉は正しく、かつ的確に解釈することができる。「彼はすべての点において兄弟たちに似ている者とならなくてはならなかった」（ヘブ二・一七）。さらに同じ箇所において、あらかじめ言われている。「聖とする者と聖とされる人々はすべて一なるものから存在している」。さらにそれに続いて言われる。「このことのゆえに、彼は彼らを兄弟と呼ぶのに恥じることはない」（ヘブ二・一一）。それゆえに、上の「コリント人への第二の手紙」において、パウロが「われわれは同じ姿に変えられる」と言ったとき、彼は「あたかも主の霊によってであるかのように」ということを付加しているが、それは彼が次のことを言わんとしているかのようである。われわれの上に到来する同じ聖霊によって、われわれはみな聖とされるように、同様にわれわれのうちに住んでいる、かつわれわれを恩寵によって自分と等しい形のものにするキリストのうちで、「肉になった言葉」である神の同じ子によって、われわれみな、義なる、神の形をした者は、神の子らと名づけられ、またそうあるのである（Ｉヨハ三・一）。というのは、ただたんに「われわれは名づけられる」と言われているのではなく、「われわれは名づけられ、またそうあるのである」――つまりわれわれがそうあることが――言われているのであるが、それは「彼〔キリスト〕自身が、多くの兄弟のうちで長子であらんがためである（ロマ八・二九）。さらに同じ箇所でそれより前に言われている。「神は、〔彼らを〕彼の子の姿と等しい形の者になるようにあらかじめ定めた」。そしてこれがここで次のように言われていることの意味である。「言葉は肉になった。そして」、この同じ言葉そのもの、子が「われわれのうちに住んだ」。

121 われわれのもとにおいても事態は同様である。見られうるものが視覚にどんなに接近したとしても、見られうるものの像そのものが、あるいは見られうるものに属するそれと同一のものが見る者そのものに刻印され、移されるか、あるいはそのうちに住むということがなければ、人間はけっして見る者にならない。というのは、もしここととそこにおいて別の像が存在しているとするならば、見る者は自分自身のうちに存在する像によって、見られうるものそのものをけっして見ることはないであろうし、見られうるもののそのものは、見る者のうちに存在する像によっても、またその像においても見られることはないであろう。またさらに、見られうるものと視覚はその現実態において、哲学者（アリストテレス）[216]の言うように、一つのものではないであろう。そして「言葉が」ただたんに「肉になった」のではなく、「肉になった言葉がわれわれのうちに住んだ」ということは、「恩寵の上に恩寵」（シラ二六・一九）、「恩寵につぐ恩寵」（一・一六）である。そしてこれが以下において子が言っていることの意味である。「私は来た」、すなわち肉をとって、「彼らが生命を持つように」（一一・一〇）、すなわち彼らのうちに住むことによって。そしてこれは続いて言われていることの意味である。「彼の充溢からわれわれはみな恩寵につぐ恩寵を受け取ったのである」（一・一六）。

「われわれは彼の栄光を見た。それは父から来た独り子としての栄光であった」（一四節）

122 字義どおりには以下のとおりである。クリソストムス[217]にしたがって福音史家は、「肉になった」「言葉の栄光」がその全体においても、その個々の部分においても、言い表しえないものであることを手短に提示しようとして、その栄光は、父から来た独り子にふさわしいような栄光であったと言っている。というのは、そのような人は本性的に父が持っているすべてを持っているからである。さらに以下において、「父が持っているすべてのものは、私のものである」（一六・一五）、さらに、「彼は、父が彼の手にすべてのものを与えたことを知っているので」（一三・三）、さらに、「私のすべてのものはあなたのものであり、あなたのものは私のものである」（一七・一〇）、「父が私に与えたものは、すべてのものよりも偉大なものである」（一〇・二九）、それというのも、「すべてのものは彼によって生じたが」（一・三）、しかし彼自身は生じたのでなく、〔すべてのものよりも〕より偉大なるものを父から受け取ったのであり、すなわち、父の非被造的な本性を受け取ったのであるが、それはすべてのものの創造者、始原、そして目的として、確かにすべてのものよりもよりいっそう偉大な或るものであるからである。

123 しかし、次のように言うことができるのは正しく適切であろう。福音史家がこれらの言葉によって明らかにしようとしていることは、神の子らになるという権能を与えられ、「神から生まれて」、肉になった言葉が彼らのうちに住んだ人々（一・一二―一三）は、私はあえて言うが、彼らは「栄光を」「あたかも独り子らとして」、すなわち、彼らはあたかも複数の主格の独り子ら（unigeniti）として、すなわち、独り子に似た者たちとして見るのである。すなわち、この「あたかも」という言葉は類似性を意味している。「われわれは彼に似た者になり、彼をあるがままに見るようになるであろう」（Iヨハ三・二）。というのは、似たものは似たものによってつねに認識されるからである。[218] それはあたかもこのように言われているようである。「彼の栄光、すなわち父からの独り子の栄光」を、われわれは「あたかも独り子ら」として〔見る〕のである。彼は独り子である、すなわち父にのみ由来するのであるが、われわれも確かに生まれたが、しかし唯一の父からではない。それゆえに、彼は出生によって〔子〕であり、その出生は存在へと、種と本性へと導くのであり、それゆえに、彼は自然的な意味での子であるが、それに対して、われわれは再生によって〔子〕であり、その再生は本性の同形性へと導くのである。彼は「父の像」（コロ一・一五）であり、われわれは三位一体全体の像にしたがって存在しているのである。「われわれは人間をわれわれの似像にしたがって造ろう」（創一・二六）。彼は証言される人であり（一・一五）、われわれは彼の証人である（使二・三二）。

「言葉は肉になった。そしてわれわれのうちに住んだ。そしてわれわれは彼の栄光を見た。それは父から来た独り子としての栄光であった。彼は恩寵と真理に満ちていた」

アウグスティヌスは『告白』第七巻[219]において言っている。彼は、〔『ヨハネ福音書』の〕この章の冒頭から、ここで「彼は恩寵と真理に満ちていた」と書かれていることまでは、プラトンの書物のなかにすべて読み、見出したが、上で言われたこと、すなわち、「彼は自分のところに来た」から、そこで言われている「彼の名を信ずる人々は」（一・一一、一二）に至るまでは、さらにまたここで言われている「言葉は肉になった。そしてわれわれのうちに住んだ」ということは述べられていなかった、と。

125 しかし、次のように言うことができるのはおそらく適切であろう。ここで言われている「言葉は肉になった」から「彼は恩寵と真理に満ちていた」までを含めてすべてのことが、歴史の持つ真理性をつねに前提にするならば、自然的、道徳的、技術的なもののさまざまな固有性を含んでいるのであり、教えているのである、と。それゆえに注目すべきことは、一般的かつ本性的には、自然と技術のすべての業において、言葉は肉になるのであり、生成するもののうちに、ないしは言葉がそのうちにおいて肉になるもののうちに住むということである。すなわち、このようにして霊魂、霊、言葉は肉になるのであるが、それは霊魂が人間とすべての生物において肉と結合されるときであり、こうして霊魂そのものが肉のうちに、ないしは霊魂と肉から複合された人間のうちに住むのである。そして人間それ自身は、霊魂そのものから、生物の父にして産出者から生まれた独り子として、栄光を、すなわちすべての完全性と霊魂そのもののさまざまな固有性を見るのであり、その結果、人間と肉と霊魂そのものの存在はすべての点において同一になるのである。

126 さらに再び、肉は霊魂の存在そのものを受け入れ、捉え、経験によって見るように、同様にそれはまた、霊魂のすべての固有性と働きをも見るのであるが、その際、すべての存在と働きは本来的には霊魂に属しているのではなく、それら両者が結合した全体に属しているのである。というのは、肉と霊魂とはそれらに特有な語法を、すなわちそのさまざまな固有性と呼びかけと言葉を互いに共有しているのであるから、霊魂は存在するとも、感覚するとも、知性認識するとも言うことができないのであり、霊魂と肉からなる複合体が全体として存在し、感覚し、知性認識すると言われるのであって、それは『霊魂論』第一巻[220]において言われているとおりである。

127 さらにまた、すべての実体的形相とその質料についても、付帯的なものとその基体についても、さらに職人の霊魂における技術の形相とその作品についても、同様の事態になっている。そしてこれがここで言われている「彼は恩寵と真理に満ちていた」、すなわち「恩寵と真理」のすべての完全性に、ということの意味である。すなわち、或る形相によって形成されたすべての人は、その形相の「充実した」存在を持つのであり、その存在を持つことによって、自分自身のうちにすべての「恩寵」とすべての「真理」、ないしはすべての完全性とその形相のすべての能力を見出すのであり、それは次の言葉によっている。「すべての善はそれと同時に私に到来した」（知七・一一[221]）、「それとともに彼はすべてのものをわれわれに与えた」（ロマ八・三二）。

128 すなわち、このようにしてわれわれが感覚的に見るように、よく十分に熱せられた鉄は、火のなす業をなすばかりか、むしろそれよりも偉大なことをなすのである。すなわち、アヴィケンナ[222]が言うように、溶けた鉛は、火よりも強く手を焼くのであるが、それは次の言葉によっている。「私がなす業は、彼もなすであろう。そしてこれらよりも偉大なことを彼はなすであろう」（一四・一二）。霊から、ないしは神から生まれたすべての人はこのようである（三・六）。すなわち、肉になった言葉は彼のうちに住み、その言葉によって形成されて彼は、あたかもその言葉から生まれた独り子のように、その栄光を見、恩寵と真理に、すなわちそのすべての完全性と栄光に満たされている。「あなたの顔は恩寵に満ちている」（エス一五・一七）。

それゆえに、これはここで次のように言われていることの意味である。「言葉は肉になった。そしてわれわれのうちに住んだ。そしてわれわれは彼の栄光を見た。それは父から来た独り子としての栄光であった。それは恩寵と真理に満ちていた」。

129 この充溢について救い主はさらに以下においてこう述べている。「請い求めよ、そうすればあなたがたは受け取るであろう、あなたがたの喜びが満つるように」（一六・二四）。すなわち、火が木材から生まれている間は、木材は熱についてけっして十分に喜ばない。[223] しかし、木材が火の形相を手に入れたのちには、木材は〔その火の〕形相によって、かつその形相において完全な仕方で十分な熱に達するとともに、それを受け取るのである。その際に、その十分な熱というのは、もはや火の形相に先行するものでもなく、それに向けて準備するものでもなく、むしろ火の形相そのものから結果として生じるものであり、それから発出して来るものである。このようにして、もはや変化と運動が生み出す苦悩は過ぎ去り、木材は火の形相の十分な熱を十分に喜び、楽しむのである。熱が十分な程度に達したとき、その熱には、もはやいかなるものも付加されえないのであり、その熱のうちにおいては木材は休らい、すべての苦悩や、変化と運動の抵抗は止むのである。そしてこれは以下において言われていることの意味である。「女は生むときには苦しむ」、「しかし彼女が子供を生んだときには、ひとりの人間が生まれたという喜びのゆえに、苦痛のことはもはや覚えていない。」（一六・二一）[224]。さらに以下において、「今は確かにあなたがたには苦悩がある。しかし再び、私はあなたがたを見るであろう。そしてあなたがたの心は喜ぶであろう」（一六・二二）。すなわち、事物が他のものになる途上では、その事物はつねに非類似性と不穏さに伴う苦悩を持つのである。しかし、事物が形相によって存在を受け取ったとき、それは休息し、喜ぶのである。確かに火は、熱し、変化させることによって火の形相へと準備するものとして、木材を見るのであるが、しかしそれは、それに抵抗する非類似性の苦悩を伴っている。しかしまた再び、火が木材を見るのは、非類似性が投げ出され、その木材が生成によって火の形相を受け取るときであり、その生成はすべての運動と時間と非類似性の沈黙のうちにある。その結果、〔火の〕

形相が留まっているときには、もはや熱と、熱に伴う自然的な喜びが取り除かれることはありえないのである。そしてこれが続いて言われていることの意味である。「あなたがたの喜びを誰もあなたがたから取り去ることはないであろう」、そしてそれには次の言葉が先行している。「再び私はあなたがたを見るであろう。そしてあなたがたの心は喜ぶであろう」（一六・二二）。

130

それゆえに、当面のところは以下のようになる。[225] われわれが神に似たものではなく、しかもその上に、われわれのうちにキリストが形成されるために（ガラ四・一九）、われわれが新たに生まれる間は、われわれは不穏であり、マルタとともに多くのことを顧慮して、心を騒がせられているのである（ルカ一〇・四一）。それに対して、すでにキリストが、神の子が、われわれのうちに形成されており、その結果、「われわれが彼の真の子のうちにあり」（Ⅰヨハ五・二〇）、われわれがすべての〔神との〕非類似性を投げ出して、神の子らであるならば――すなわち、「われわれが彼に似た者になり、彼をあるがままに見て」（Ⅰヨハ三・二）、彼において、彼によって一になるならば（一七・二一）――、そのときには、十分にして完全な喜びがわれわれのうちにあり、われわれは平穏であり、それはアウグスティヌスの『告白』第一巻[226]の次の言葉によっている。「あなたはわれわれをあなたに向けて造られた。したがってわれわれの心は、あなたのうちに休らうまでは、平安ではない」。それゆえに、彼はマルタが[227]多くのことを顧慮して心を騒がせられていると言ったときに、それに続いて言っている。「他方、一つのことが必要なのである」（ルカ一〇・四一）。というのは、生むことはつねに多くのことに係わっており、心を騒がすことにあるのであるが、生んでしまっていることと生まれていることは、つねに一であり、存続し留まっていることであり、〔神の〕相続人であることであるからである。それゆえに続いて言われている。「マリアは最上の部分を選んだ。それは彼女から取り去られないであろう」（ルカ一〇・四二）。そしてこれは上に引用されたことと同一である。

「あなたがたの喜びを誰もあなたがたから取り去ることはないであろう」（一六・二二）。さらに言われている。「もし子であるならば、相続人である」（ガラ四・七）。相続人（heres）とは、留まり、存続すること（haerere）から言われているのであり、さらに以下において、「子は家のうちに永遠に留まる」（八・三五）と言われており、それは次の言葉によっている。「あなたがたの喜びを誰もあなたがたから取り去ることはないであろう」（一六・二二）、さらに、「その最上の部分は取り去られないであろう」（ルカ一〇・四二）。それゆえに、救い主が以下において「あなたがたの喜びが十分なものとなることを請い求めよ」（一六・二四）と言っているときには、その意味は、「あなたがたが〔神の〕子らとなることを請い求めよ」ということである。彼はしかしそれに先立って言っている。「今までのところ、あなたがたは私の名によって何も請い求めていない」、子であるところの私の名によって。というのは、まだ子でない人は、子の名によって請い求めることはないからである。

131 そしてこれはここで次のように言われていることの意味である。「われわれはその栄光を見た」、すなわち、私はあえて言うが、われわれは「あたかも父からの独り子たちとして」、すなわち子らとしてその栄光を見たのである。そしてそれに続いて、「それは恩寵と真理に満ちていた」と言われている。というのは、子である者のみが恩寵と真理とに満ちているからである。私はこのことについて、以下に同一の章において、次の言葉についてさまざま詳細に記しておいた。「法はモーセによって与えられたが、恩寵と真理はイエス・キリストによって生じた」（一・一七）。

132
「始原において言葉があった」等々（一―一四節）

最後に、この章の初めから、ここで述べられた「それは恩寵と真理に満ちていた」までにおいて言われたことを手短に総括することによって[228]知るべきことは、何らかの言葉によって指示されているすべての事物は、言葉と呼ばれるのがつねであるということであり、それは次の聖句によっている。「神においては、いかなる言葉も不可能ではない」（ルカ一・三七）。その根拠は、すべての事物は、その始原、ないしはその原因を言い表しているのであり、明示しているのであるが、しかし言葉は、言葉を述べる人の精神によって考えられたことを明示する以外のものではなく、またそれ以外のためにあるものではないからである。

133 これによって、それゆえに注目すべきことは、すべての事物は一般的に、まさに存在のうちに産み出されたことにおいては、或る他のものによって存在へと産み出されなくてはならないのであり、それは外側へと発出すればするほど、それだけ多く他性と差異性の味がするということである[229]。それゆえに、神的なものにおいては、最初の発出はほとんど他性もいかなる差異性も有していない。すなわちこのようにして、われわれは物体的なものにおいて第一の可動的なものは、すなわち天は、運動の本性をほとんど有していないということを知るのである。というのは、天はさまざまな運動のうちで場所的に規定されるものの外側にある場所による運動のみを有しているからである。さらにその上に、この天の運動は、他のものを目指しているのではなく、同一のものから同一のものへと動いているのであり[230]、相対立するものを有しておらず、本来的な意味においては、差異性も有していない。ここから生ずることは、それゆえに、神的なものにおける、さまざまな第一の産出においては、発出するものは、中性的な意味での他のもの――それは本性と種と実体に関わっている――ではなく、男性的な意味での他の者であり、――それはたんに由来と出生を意味しているのにすぎない――、その際、その両方の始原は、すなわち男性と女性、能動的なものと受動的なものは、同一の種と本性の下にあるのである。しかしその後は、事物のその始原からの発出においては、産出するものと産出されるものの間に、すでにその本性と種における差異性が生じるのであるが、同様にまた、天である第一の物体を除く他の物体においてもまた、すなわちそれらの物体においても、それらの物体の運動においても、対立するものや差異のあるものが見出されるのである。このようにして、例えば、男性的な意味においてであれ、例えば、中性的な意味においてであれ、何が発出しようとも、次のことはつねに必然的なことなのである。

134 第一に、産み出されたものは、あらかじめ存在するのであり、何らかの様態であらかじめその始原のうちに存在しているのである。もしそうでないならば、すでに産み出されたものは偶然によって存在していることになるであろうし、産み出すものは、自分に似たものを産み出すことはないであろう。しかし、感覚はそれと反対のことを示しているのである。というのは、いばらから葡萄が、あるいはあざみからいちじくが集められることはないからである（マタ七・一六）。それゆえに、これはここで「始原において言葉があった」と言われていることの意味である。「言葉」とは、すなわち言葉によって指示された事物のことであり、事物の理念ないし似像であり、それはけっして事物そのものと別のものではなく、神的なものにおいても、被造物においてもそうである。

135 さらにその上に、第二に、始原と始原から生じたものとの間には、何らかの区別が存在しなくてはならない。さもなければ、或るものは自分自身を存在へと産み出すことになるからである。そしてこれはそれに続いて、「そして言葉は神とともにあった」すなわちその始原とともに、と言われていることの意味である。というのは、始原はつねにその始原から生じたものの〔いわば〕神であるからである。それというのも、始原から生じたものは、その存在を始原から、始原を通して、始原のうちに有しているからである。このことのゆえに、「詩編」(231)においては、「神々の神」（詩八三・八）と言われ、それと類似の多くのことが聖書において、また哲学者たちの書物のなかで言われている。

136
さらに第三に、始原から生じたものは、第一に言われたように[232]、始原のうちに存在しているのであるから、始原と同じものでなくてはならない。その理由は、一つには、或るもののうちにあるものは、その受容するものの様態に応じてその或るもののうちにあり、さらにまた一つには、或るもののうちにあるものは、この或るものそのものであるからである。というのは、『原因論』[233]において言われているように、生における存在は生であり、さらに『霊魂論』[234]においては、「生は生けるものにとって存在である」と言われているからである。そしてこれがここで、第三に、次のように言われていることの意味である。「そして言葉は神であった」、と。「言葉」、すなわち始原から生じたものは、「神」、すなわち始原「であった」。

137
さらにその上に、すでに言われたように、「言葉は神であった」のであり、始原から生じたものと始原とは同一のものであるから、第四に、一つのものが存在したその始まりから、つねに別のものも存在していなくてはならないということである。そしてこれがそれに続いて言われていることの意味である。「これは始原においては、神とともにあった」、「これは」、すなわち始原から生じたものは、その始まりから、すなわちつねに「神とともに」、すなわちその始原とともに「あった」、ということである。

このようにして、それゆえに、福音史家は歴史的真理の下に、神的ペルソナの固有性について語ることによって、同時に、すべての産み出されたものと産み出すものと産み出すことの本性と固有性について教えているのである。このことはけっして驚くべきことではない。というのは、つねに第一のものは、イデア的な仕方で第二のものの範例であるからである。

138
さらに、第五に、すべての始原そのものから生じたものは、始原から生じたものそのものによって生じ、かつ生じたのでなくてはならない。その根拠は、始原と始原から生じたものは一つであるからである。「言葉は神であった」。さらにその上に、始原から生じたものそのものは、それが始原から生じたものであるかぎり、明示するもの、ないしは、それ自身のうちに、それが始原であるかぎりでの始原の全体を担い、明示する言葉である。というのは、霊魂のうちにおける家の形相は、大工にして家の始原であるかぎりにおける、その大工全体が表現されたものであるからである。それゆえに、これが続いて次のように言われていることの意味である。「すべてのものはそれによって生じた。そしてそれなくしては、何ものも生じなかった」。

139

その上、第六に、すべての原因と本質的始原は、何らかの生けるものにして生命である。しかし生命のうちにあるものは、生命である。というのは、存在も、知性認識も、生命のうちにおいては生命であり、あるいはむしろ、『原因論』[235]から明らかなように、生命であると同時に生であるからである。そしてこれがここで続いて言われていることの意味である。「生じたものは、それのうちにおいては生命であった」。というのは、家の形相も、職人の精神のうちにおいては、生命であるからである。

さらにまた、存在者は生命のうちにおいては、生命であるように、生命も知性のうちにおいては、光にして知性認識である。そしてこれが、第七に、ここで続いて次のように言われていることの意味である。「そして生命は人間の光であった」。というのは、存在者は生命のうちにおいては、生命であるように、生命は知性のうちにおいては、知性は光であるから、知性認識であり、光であるからである。しかし、人間は知性的領域においては、最も低い段階を占めているのであり、それはちょうど註釈者（アヴェロエス）[236]が言うように、質料が物体的なものにおいて、最も低い段階を占めているのと同様である。しかし、上級のものの最も低いものは、本性的には下級のものの最も高いものを、したがって下級のものに属するすべてのものを包括している。[237]そしてこれがここで続いて次のように言われていることの意味である。「そして生命は人間の光であった」。

140 しかし最も高いものは、それに属する最も低いものによって、下級のものに属するすべてのものを包括しているとはいえ、しかし反対に、下級のものは、けっして上級のものを包括することはない。そしてこれがここで続いて次に言われる第八のことである。「そして光は闇のうちで輝いている」、すなわち闇を貫通し、包括することによって。「そして闇は」、すなわち下級のものは、「それを包括しなかった」。というのは、光より低いすべてのものは、光と比較するならば、闇であるからである。

141 さらにその上に、知性認識は人間の知性においては存在であるといえども——それは一つには、知性は、哲学者（アリストテレス）[238]が言うように、知性認識する前は、無であるからであり、また一つには、「生は生けるものにとっては存在である」[239]ように、知性認識は知性そのものにとっては存在であるからであるが——、確かに人間の知性は光であるが、しかし「真の光」（一・九）ではなく、それを分有するものであり、『原因論』[240]において神に比較して知性実体について言われているように、その真の光の後ろに留まっているものである。知性は確かに光である神の証人であり、「いかなる闇も、そのうちには存在しない」（Iヨハ一・五）のであり、光から照らされたものとして光の証人であり、光から遣わされた証人であり、その証人を通して信じられなくてはならないのであり、その証人の証する輝くものとしての光について信じられなくてはならないのである。そしてこれがここで次のように言われている第九番目のことである。「神から遣わされたひとりの人がいた。その名はヨハネであった。この人は証言するために来た。それは彼が光について証言するためであった。またそれはすべての人が彼を通じて信じるようになるためであった。彼は光ではなかったが、光についての証言を提示するために来たのであった」。そしてこれは以下において〔洗礼者〕ヨハネの言っていることの意味である。「私は叫ぶ者の声である」、「汝ら、主の道を整えよ」（一・二三）、さらに以下において、「私は水において洗礼を授ける。あなたがたのうちに、あなたがたの知らない人が立っていた。彼は私ののちに来るであろうが、私より前に存在していたのであって、私はその靴の紐を解くのにも値しない」（一・二六）、さらに以下において「彼がイスラエルに現れるために、私は水で洗礼を授けに来たのである」（一・三一）。

142 さらに注目すべきことは、今、ヨハネとキリストについて言われたこれらのすべてのことは、歴史的真理性において起こった或る出来事であるが、われわれはそれらのなかに自然的事物の真理とそれらの固有性を探究しなければならないということである。それゆえに知らなければならないことは、ヨハネについて言われている個々のことは、それによって、事物が生成して存在へと発出する変化の本性を指示している――それが自然的形相に関してであれ、道徳的習慣に関してであれ――ということである。それに対してヨハネがキリストについて証言していることは、質料における実体的形相と霊魂における道徳的習慣そのものの固有性を明らかにしているということである。

143 それゆえに、われわれが目下のところ言うべきことは、変化は、ここですでに引用された最後の言葉のうちに比喩的に表現されている七つの或る種の固有性を持っているということである。

第一の固有性は次のようなものである。変化と生成の関係[241]は、動かされることと動かされてしまっていること、ないしは生じることと生じてしまっていることとの関係と同様であり、形相のない不完全なものの、形相と完全なものへの関係と同様である。「というのは、運動は不完全なものの現実態であるからである[242]」。そしてこれがここでヨハネの人称によって言われていることの意味である。「私は声である」。というのは声と言葉の関係は、形相のない不完全なものが形相と完全なものに対する関係と同様であるからである。「声はヨハネであり、言葉はキリストである[243]」。

144 第二に、結果として次のことが生じる。これらの二つのこと、変化と生成、ヨハネとキリストの関係は、道と目標の関係と同様である。それゆえに、ヨハネについて言われる。「あなたはいと高き者の幼な子と呼ばれるであろう」（ルカ一・七六）。「幼な子」とは、道を、「いと高き者」とは、目標を意味している。それゆえに続いて言われる。「あなたは、主の御顔に先立って、主の道を準備するために来るであろう」。それゆえに、彼〔洗礼者ヨハネ〕は、当面の問題についても、「私は声である」とあらかじめ言っておいたのちに、「汝ら主の道を整えよ」（一・二三）と付加しているのである。変化は形相へと続く道であり、形相そのものを分有し、知らしめるものとしての道である。というのは、運動は流れ行く形相そのものであるからである。

145 第三に、変化はその本質からして、形相から、形相のために、生成のために存在するのである。それゆえに、生成が存在しないものにおいては、いかなる変化も存在せず、物理的な接触すら存在しない。さらに『形而上学』第九巻[244]において、このように言われる。〔何らかの仕方で〕動かされてしまっているのではないものは、動かされるということはありえない。変化はしかし生成と形相とに仕えるものである。すなわち、変化は形相から存在しているのであり、形相から到来し、遣わされるものである、形相と生成とが〔創造者の〕意図においてより先なるものであるかぎり。変化は形相と生成のために存在するのであり、それはこれらのものが実行においては最後のものであるかぎりにおいてである[245]。このようにヨハネはキリストからキリストのために、遣わされるのであり、到来するのである。そしてこれが上にヨハネについて言われたことの意味である。すなわち、「神から遣わされた人がいた」とは、第一のことに関してであるが、それに続いて次のように言われる。「この人は証言するために来た。それは彼が光について証言するためであった」。

146 第四に、変化は変化を受けるものに、それに属する付帯的なものに関して、かつ付帯的なものによってのみ影響を及ぼすのであるが、それに対して生成は生成されるものに、その実体的形相によって影響を及ぼすのである。ヨハネとキリストの関係も同様である。それゆえに、ヨハネはさらに以下において自分自身について言っている。「私は水で洗礼を授ける者として来た」（一・三一）、しかし、彼はキリストについては次のように付け加える。「この人は聖霊で洗礼を授ける人である」（一・三三）。

147 第五に、変化は質料のうちに隠れている実体的形相が、可能態から現実態へと導かれて、知られ、認識されるようになることに向けて、かつそのことのゆえに存在するのである。というのは、事物は『形而上学』第九巻[246]において言われているように、現実態において存在するかぎりにおいて認識されるからである。それゆえに、変化は、実体的形相が「イスラエル」のうちで、すなわち認識のうちで「明らかになるために」存在しているのである。そしてこれがここでヨハネが自分自身とキリストについて、比喩において語っていることの意味である。「彼が、すなわちキリストが、イスラエルにおいて現されるために」、「そのために私は来た」（一・三一）。そして同じ箇所のより前で、「私は水において洗礼を授ける。あなたがたの中には、あなたがたの知らない人が立っていた」（一・二六）。ここでは「あなたがたの中には」と言われている。それというのも、実体的形相は、いわば認識されないで隠れ場のうちに、中心のうちに、質料の芯のうちに、すなわち質料の本質そのもののうちに潜んでいるからである。というのは、質料の実体そのものはその可能性であるからである。付帯的なものについては、事態はそうではない。それというのも、付帯的なものは、むしろ外側から見られる基体のうちにあるのであり、明らかなものであり、隠されていないからである。このようにして、それゆえに、変化は自然の創造者から実体的形相とその生成のために遣わされたものであり、〔同様に〕ヨハネは自然の救済者からキリストとその世のうちへの到来のために遣わされたものである。

148 第六の固有性は次のとおりである。変化と生成の関係はさまざまな観点において、より先なるものとより後なるものとの関係と同様である。すなわち、生成は変化よりも、意図においてはより先なるものであり、本性においては、より後なるものであるからであり、それに対して変化は生成よりも時間においてのみ、より先なるものである。ヨハネとキリストについても同様のことが言える。そしてこれがここで次のように言われていることの意味である。「この人がそれについて私が次のように語った人である。私より優れた人が私ののちに来る。というのは、彼は私より先に存在していたからである」(一・三〇)。ヨハネが二つのことを言っているのに注目されたい。すなわち、「彼は私より優れた」と「彼は私より先に存在していた」と。それというのも、二重の意味において形相は変化に先んじているからである。第一に、形相が働くものの把握と意図のうちに存在するかぎりにおいてであり、第二に、形相が実行と変化の目標と終局と静謐であるかぎりにおいてである。

149 変化と生成の第七の固有性は、必然的に形相のほうに導く秩序づけは、変化に属するものではなく、むしろ生成に属するものであるということである。というのは、秩序づけは、変化によって消滅する形相よりも、生成する形相に関わるものであり、それに随伴するものであるからである。そしてそのような秩序づけは、形相を質料に、靴を足に結合する紐や靴紐のようなものである。そしてこれがここでヨハネが次のように言っている意味である。「彼は私より優れており、私はその靴の紐を解くのにも値しない」(一・二七)。というのは、変化は、それについて上で言われたような形相と質料とを結合するような秩序づけに触れ、それを導入し、ないしはそれを刻印することができるほど、完全なものでもなければ、偉大なものでもないからである。

150 しかし、自然的なものにおいて実体的形相に関して、変化と生成について言われたことは、道徳的なものにおけるさまざまな習慣と徳の生成についても同様のことが当てはまる。というのは、哲学者たちの間では、実体的形相と徳の生成については、同一の意見の相違があったからである。そしてアヴィケンナ[247]は、徳は事物の実体的形相と同様に、さまざまな形相を与える者から存在するのであるとし、実体的形相と徳を同一視している。

151 それに続いて第十の次のような主要な命題が述べられる。「彼はこの世のなかに到来するすべての人を照らす真の光であった」。注目すべきことは、他のものから光ないし光ることを有するいかなるものも真の光ではなく、むしろそれ自身において、かつそれ自身からしては闇であって、それは、すべての動かされて動くものは、それ自身からしては動かされたものであり、動くものではないのと同様であるということである。[248] しかしすべての第二次的なものは、光も光ることも第一次的なものから有しているのである。アウグスティヌスは『告白』第十巻[249]において、このことに言及している。「神的な光は一つであり、他の光は存在しない」。そしてこれが続いて次のように言われていることの意味である。「彼はこの世のなかに到来するすべての人を照らす」。すなわち彼は、すべての人を、かつまたすべてのものを、ということである——とはいっても、それはすべてのものが等しい仕方で照らされるのでもなければ、同一の様態で照らされるのでもないが、しかしすべての人とすべてのものは〔何らかの仕方で〕照らされるのである。というのは、それによって照らされないということは、存在しないことであり、その光は存在であるからである。「なにゆえに悲惨な者に光が与えられたのか」(ヨブ三・二〇)。「光」とは、すなわち存在のことであり、文字どおりには、彼は存在のことを光と呼んでいるのである。ここから帰結することは、すべての区別的なものに先立って、まず最初に「光が生じた」(創一・三)ということであり、その理由は、存在は光であって、すべての区別的なものに先立っており、共通なるものであるが、それ自身においては非区別的なものであるということである。「誰の上に彼の光は昇らないであろうか」(ヨブ二五・三)。彼はそれゆえに、すべての人とすべてのものを照らすか、何人をも、いかなるものも照らさないかのどちらかである。というのは、存在である光は、すべての人が区別される以前には、すべての人に直接に臨在しているからである。このようにして霊魂は、その身体のすべての部分を、その存在において、かつその存在によって照らしている。というのは、霊魂は、すべての区別化に先立って直接に質料に臨在しているからである。それというのも、すべての区別化は、形相によっているからである。[250]

152 そしてこれはここで続いて言われる第十一の命題の意味である。「そして世は彼によって生じたが、世は彼を知らなかった」。「世は彼によって生じた」と言われている。それというのも、世は彼によって照らされているからである。光はすでに言われたように、[251] 存在である。「世は」、それゆえに「彼によって生じた」、それというのも、世は彼によって照らされているからである。「彼はこの世のなかに到来するすべての人を照らす」と言われている。しかし「すべての人を」と言われているのであって、「すべてのものを」とは言われていない。おそらく、それというのも、上で彼は、「そして生命は人間の光であった」と言ったからである。しかしここで続いて、「そして世は彼を知らなかった」と言われているのは、字義どおりには、世は彼を把握しなかったということを言わんとしているのである。というのは、世とすべての生じたもの、ないし造られたものは、結果であって、それらの原因の力に匹敵するものではないからである。[252] それゆえに、ここで言われている「そして世は彼によって生じたが、世は彼を知らなかった」は、字義どおりには、彼が上で言ったこと、「光は闇のうちで輝いているが、闇は彼を把握しなかった」と同一のことを言っている。

そしてこれは、続いて言われる第十二の命題の意味である。「彼は自分のところに来たが、彼に属する人々は彼を受け入れなかった」。この命題は、すでに前に述べられた二つの命題と完全に同じ文字的意味を有している。というのは、被造物が創造者に属するように、何がそれほど固有な仕方で属しているであろうか、また何に対して或るものがそれほど固有なものであろうか。というのは、被造物は、それが造られている、ないしは被造物であることによって、そのすべての、かつ全存在を、創造者であるかぎりでの創造者から有しているのであり、反対に、創造者は、それが創造者であるかぎり、被造物以外のいかなる固有なものも持っていないのである。ここからして神は直ちに創造者であり、かつ主である。

153 そしてこれは続いて言われる第十三の命題の意味である。「しかし彼を受け入れた人にはみな、彼は神の子となる権能を与えた」。創造者の子はどんな場合でも、それが創造者であるかぎり、被造物であるかぎりでの被造物である。さらに存在者は、それが存在者であるかぎり、存在そのものの子であり、しかも極めて固有の仕方でそうなのであって、創造者は、創造者であるかぎり、被造物であるかぎりでの被造物以外の子を持たず、反対に被造物は、被造物であるかぎり、創造者以外の父を持たず、認めない。「私の父と私の母は私を見捨てた。主はしかし私を受け入れた」（詩二六・一〇）、「天にましますあなたがたの父は一なる者である」（マタ二三・九）。

154 そしてこれはそれに続いて言われていることの意味である。「彼は彼らに、神の子となる権能を与えた」と言われたときには、次のように付け加えられている。「血によるのではなく、肉の意志によるのでもなく、男の意志によるのでもなく、神から生まれた人々」。ヨハネは、われわれの下でのすべての出生が、それによって共通的に名づけられるのがつねとされる三つのことをあげている。というのは、一般的には生けるものが、例えば、草、苗、植物が生まれると言われるからである。さらにまた、感覚することができるものと理性的なものが生まれると言われる。そしてこれらの三つのことは、人間のうちに存在しており、人間には、よりいっそう本来的な意味において共通に、父と子という名称が帰せられるのである。聖書においては、「血」によって植物的なものが表示されており、それはわれわれのうちでは、理性に従属するものではなく、「肉の意志」によって感覚的なものが表示されており、それはわれわれのうちでは、確かに理性に従属するものの、あたかもぶつぶつ呟くことによってであり、

「男の意志」によってわれわれの理性的なものが表示されている。というのは、理性と知性とは、霊魂における男のことであり、それはアウグスティヌスによれば[253]、次の言葉によっている。「あなたの夫〔男〕を呼んで来なさい」（四・一六）。

155 そしてこれは第十四の命題の意味である。というのは、「彼は彼らに神の子となる権能を与えた」と言われたときには、「そして言葉は肉となって、われわれのうちに住んだ」と付加されているからである。言葉は、すなわち神は肉になり、われわれのうちに目に見え、感じられるような仕方で住んだのであり、その度ごとにわれわれは、神的なものに対して、したがって神に対して等しい形のものとして、それに型どって形成されるのであり、それは次の言葉によっている。「われわれは覆いを取り除かれた顔によって、主の栄光を見、同一の姿へと変化せしめられる」（IIコリ三・一八）。ここから或る哲学者たち[254]も次のように主張したのである。彼らが分離した実体であると言った能動知性は、さまざまな表象像のうちで、かの能動知性の光によって、われわれに結合されるのであり、その能動知性は、われわれの表象能力を照らし、照らすことによってそれに浸透しているのである、と。このことが反復されると、多数の知性認識によって、ついには能動知性は、われわれと結合され、形相になり、その結果、われわれは能動知性の実体に固有な働きをなすようになり、例えば、かの能動知性と同様に、〔身体から〕分離した存在者〔知性実体〕を知性認識するようになる。そしてこのような知性は、われわれのうちにおいては、かの哲学者たちによれば、獲得された知性である。さらにまた、このようなことをわれわれは感覚されうるような仕方では、火について見る。火は連続的に熱することによって、鉄に浸透し、あたかも鉄の形相になり、鉄のうちに住むようになる。というのは、熱は、火の形相から流出するものとして[255]、火の本性を醸し出すのであり、したがって火の力において働き、このようにして、鉄は火の業をなすようになるのである。そこからまた、燃焼している炭も、哲学者（アリストテレス）[256]によって或る種の火であると言われており、それは火の業をなすのである。それは火の存在そのものと形相において、輝き、光り、輝き返るのであり、それは次の言葉によっている。「あなたがたの光は、多くの人々の前で輝くが、それはそれらの人々があなたがたの善き業を見て、天にましますあなたがたの父を讃えるようになるためである」（マタ五・一六）。

156 すなわち、このようにして一般的に、すべての照らされるものは、それ自体として、上[257]に同じ章において言われたように、あたかも光から遣わされた使者として、光が存在すること、ならびに光がそれ自身に内属することを証言している。「神から遣わされたひとりの人間がいた。彼は光について証言するために来た」、「私がなす業が私について証言する」（五・三六、一〇・二五）、さらに同じ箇所の以下において、「父が私のうちにおられることをあなたがたが知るようになるために、〔私の〕業を信ぜよ」（一〇・三八）。すなわち、質料と結合されたすべての実体的形相についても事態はこのようになっている。実体的形相はその存在を質料に伝達し、存在そのものによって質料のうちに住み、住むことによってその業を質料に伝達する。そして外的な業から、実体的形相が質料のうちに住み、臨在し、内属するということが照り返るのであり、それは次の言葉によっている。「あなたがたはキリストが私のうちで語っておられることの証拠を求めている」（IIコリ一三・三）、「〔あなたがたの〕善き業から、彼らはあなたがたを知り、主を讃えるであろう」（Iペテ二・一二）。

157 そしてこれは続いて次のように言われている第十五の命題の意味である。「そしてわれわれは彼の栄光を、すなわち父から出た独り子の栄光を見たのである」。というのは、すなわちすべてのわれわれの善き業は、「神のうちでなされたものとして」（三・二一）、神がわれわれのうちに存在することを示しており、語っており、証しているからである。「私のうちに留まっておられる父自身が業をなしているのである」（一四・一〇）。「われわれは彼の栄光を見た」と言われている。すなわち言葉は肉になったのであり、「恩寵と真理に満ちて」、われわれのうちに住んでいるのである。というのは、われわれが神の子であるならば、神的存在がわれわれに伝達されるからである。したがってわれわれには、神から流出し、発出する恩寵と真理の充溢が伝達されるのであり、それは上で[258]火の形相の例において示されたとおりである。「すべての善きものは、それと同時に私に到来して来る」（知七・一一）。それゆえに、これは次のように言われていることの意味である。「彼は彼らに神の子となる権能を与えた。彼らは、血によるのではなく、肉の意志によるのでもなく、男の意志によるのでもなく、神から生まれた人々である」。

158

しかしその間に挿入されていること、すなわち「彼の名を信ずる人々」は、特別の意味を持っている。すなわち、知らなければならないことは、信ずることと見ること、ないし完全に知ることとの関係は、あたかも意見と論証、不完全なものと完全なものとの関係のようなものであるということである。それゆえに〔神の〕直観は、博士たち[259]によれば、信仰に対応する賜物である。「われわれは不完全に知り、不完全に預言する。しかし完全なものが到来するときには、不完全なものは廃れるであろう」（Ｉコリ一三・九）。これらのことから明らかになることは、信仰している者はまだ本来的な意味においては〔神の〕子ではないということである。というのは、子には、父を見ることと知ることが属するからである（マタ一一・二七）。しかし信仰している者は、完全に子であることを欠いているのではなく、準備として、かつ不完全なものとしてそれへと関わっているのである。「しかし信仰は、見えざるものの堅固な確信である」（ヘブ一一・一）。もし信仰が見えざるものの直視を何も持っていないとするならば、「信仰は見えざるものの堅固な確信ではありえないであろう[260]」。さらにまた、もし信仰が完全な直視であるならば、信仰は「見えざるものの」信仰ではありえないであろう。「というのは、人が見るものを、人はどのようにして希望するというのであろうか」（ロマ八・二四）、「しかし信仰は希望すべきものの保証である」（ヘブ一一・一）。それゆえに、信じることと信仰とは、あたかも子であることへの運動と生成のようである。しかしすべての動かされるものは、〔それ以前は〕動かされたのであり、〔それ以後は〕動かされるであろうのであり、両方の点〔出発点と目標点〕を醸し出しているのである。

159 そしてこれは明瞭に次のように言われていることの意味である。「彼は彼の名を信ずる人々に神の子となる権能を与えた」。「神の子となる」と言われているが、「なる」とは、不完全なことであり、動かされるということである。「子」とは、完全なものである。それゆえに、信仰を持っている者、すなわちすでに子になっているが、まだ子ではない者が、子の名を信ずるのである。「すべてのことが信ずる者にとっては可能である」（マコ九・二二）。そしてこれが次のように言われていることの意味である。「彼は信ずる人々に神の子となる権能を与えた」。しかしマルコにおいて、「主よ、私は信じます。私の不信仰を助けて下さい」（マコ九・二三）と言われていることは、明らかに信仰の不完全性を示している。「われわれは自分自身、霊の初穂を持つ者として」、「神の子として受け入れられることを期待しながら、呻いている」（ロマ八・二三）。

160 しかしすでに述べられたすべてのことにおいては、確かに父と言葉、ないし子については言及されているのであるが、聖霊については、ダマスケヌス[261]によって言われたように、言葉は霊〔息〕なしには存在しないということについてのみ言及されているに留まっていた。それゆえに、さまざまな自然的なものによって、それらを通して、それらにおいて明らかに示すべく残っているのは、神的なものにおいて、特に神において父と子と聖霊とを言い表し、告白するということが必要であるということ、かつまた、「これらの三つのものは一なるものである」（Ⅰヨハ五・七）が、一なる者ではなく、さらにそれに付け加えて、それらは同じく永遠であり、同じく等しく、同じ実体であり、自然に属するすべてのものにおいて一なるものであるが、生むことと生まれること、霊発することと霊発されることに係わり、それが含み、それがもたらすすべてのことに関してのみ、異なっているのであるということである。

161 このことが明瞭に理解されるためには、三つのことがらが注目されなくてはならない。第一に、確かに男性的な意味においては、他の者になるのであるが、中性的な意味においては、他のものになるのではない者が、子であり、子であると言われるのである。というのは、父と子とは、つねにその個体においては、異なっているからである。それというのも、いかなるものも自分自身を生み出すことはないからである。そしてこのことは、男性的なもの〔他の者〕に、さらには出生に関係している。それゆえに、生まれる者は、生む者とは異なる他の者になるのであるが、中性的な意味においての他のものになるのではない。というのは、もし彼が父の持っている本性そのものを持っていなかったならば、彼はもはや子ではないからである。すなわち、出生ないし産むことの二つの始原である男性でもなく、女性でもないものは、中性的なものと言われるからである。すなわち、働きも働くことも本性に属するのではなく、個体ないしさまざまな個体に属するからである[262]。そしてここで父と子について言われたことは、前に述べられたことから十分に明らかであろう。

162 第二に、それゆえに注目すべきことは、すべての産むものは自分と似たものを産むのであるから、そこから帰結することは、愛ないし愛情が出生の結果として生じるということである。「すべての動物は自分自身と似ているものを愛する」（シラ一三・一九）、「父は子を愛する」（三・三五、五・二〇）、「彼は私の気に入る私の愛する子である」（マタ三・一七）。というのは、神的なものにおいては、子はただたんに父に似ているのみならず、むしろ彼自身は他の父であるからである。というのは、生むものは、ただたんに自分自身に似ているもの、変化に属するものを生むのみならず、もうひとりの自分を生むのである[263]。「私と父とは一なるものである」（一〇・三〇）。しかしすべてのものは、確かに自分自身に似たものを愛するが、しかし自分自身をより多く愛する。というのは、哲学者（アリストテレス）[264]が言うように、他のものに対する愛は自分自身に対する愛から来るからである。

それゆえに、まず第一の点から、かつ上に言われたことから明らかなことは、神的なものにおいては、父と子とが存在するということである。第二の点から明らかなことは、父は、子を生むことによって、同時に愛を霊発するのであり、その際、愛とは父の子に対する愛であり、子の父に対する愛である。愛は確かにそれら両者の結合であり、それらの両者によって霊発される霊は、それらの二つのものが一つのものであるかぎりにおいて、それらの二つのものに由来しているのである。さらにこの愛は、他のところから、父と子以外の他の何らかのものから発出するものではなく、これらのものが本性と実体において一なるものであるかぎりでのこれらのものから発出するのであり、それらのものは、「私」という特定の代名詞のみが表示する純粋で混じりけのない実体に他ならないのであるから――「私と父とは一なるものである」（一〇・三〇）と言われている――、この愛は聖霊であり、また純粋で混じり気のない実体でなくてはならない。「神は霊である」（四・二四）。

163 それゆえに、第三に注目すべきことは、実体であるかぎりでの実体が産み出すすべてのものは、それ自体、実体であるということである。しかし実体から発出するものは、それが実体であるかぎりではなくて、或る種の始原から生じたもの、ないし〔始原とともに〕働くもの、例えば、付帯的なものが付加されるのであるが、それ自身は、そのようなものとして実体ではなく、付帯的なものであり、変化に関わり、ないしは変化を目指すものである。「肉から生まれたものは肉であり、霊から生まれたものは霊である」（三・六）、「というのは、流れはそこから出てきた場所へと還帰するからである」（コヘ一・七）。さらにいかなるものも、それ自身の種を超えて、ないしは、その外側で働くということはないからである。そこから第三に明らかなことは、神的なもののうちには、発出する愛が存在するのであり、それは聖霊であり、神であるところの霊であるということである。というのは、それは他ならぬ神であるかぎりでの神から発出するからである。「神は霊である」（四・二四）、「霊から生まれたものは霊である」（三・六）。それゆえに明らかなことは、神的なものにおいては、ないしは神においては、発出する愛が存在するということである。しかし、神的なものにおいて発出に係わるすべてのものは、一つのペルソナないし複数のペルソナに固有なものである。それに対してペルソナは、そのすべての本性において、それに固有のものを通して知られ、認識されるのであり、それゆえに、神学者たちは、かの愛を識標的なものと呼んでいる[265]。というのは、そのような愛は、父と子の出生の或る種の開花であり、花であり、しかも父の場合は、その能動的な意味においてであり、子の場合は、その受動的な意味においてであって、それは次の言葉によっている。「神は一回、語った」、すなわち父は一回語ったのであるが、「これらの二つのことを私は聴いたのである」（詩六一・一二）、すなわち出生と霊発とを。とはいってももちろん、中性的な意味での「これらの二つのこと」は、本来的な意味では神的なものにおいては語ることができないのである。

164

このことによって、次の言葉は以下のように解釈することができる。「若枝はエッサイの根[266]から出て生えてくるのであり、花がその根から生じてくる」（イザ一一・一）。「根」は父であり、「若枝」は子であり、「花」は聖霊である。というのは、それに続いて、「主の霊は、それの上に休らう」（イザ一一・二）、すなわち花の上に、と言われているからである。ヘルメス・トリスメギストゥス[267]が次のように言っていることは、このことに関係づけることができるであろう。「一性は一性を生み、自分自身のうちにそれ自身の輝きを照り返すのである[268]」。それゆえに明らかなことは、すべての存在者と存在性の第一の範型的原因としての神のうちにおいては、父と子とそれら両者が発出する愛、すなわち聖霊とが存在するのであり、「そしてこれらの三つは一つのものであり」（Ⅰヨハ五・七）、一つの実体、一つの存在、生、知性認識である。しかし神から生じているその他のすべてのものにおいては、それらがより多く神的なものを醸し出しているのに応じて、より完全な仕方で、あるいはより不完全な仕方で、一般的には、事物のうちで最後の最低のものに至るまで、それらすべての働きと産むことにおいて、父と子と愛ないし発出する霊が見出されるのである。

165 さらにまた注目すべきことは、技術と自然のすべての働きと産み出すことにおいて、二様の愛が見出されるということである。すなわち、一つの愛は、働きそのものを引き起こし、その始原となる愛であり、これは目的への愛である。というのは、働きを及ぼすものは、まさに目的によって動かされることによってのみ、働くからである。またそれに劣らず、働きそのものに随伴し、同時に起こり、経過する或る種の愛、例えば、働きそのものにおける快感や喜びが存在する。これゆえに、それゆえ神のうちにおいても、父と子から発出する愛が存在する。そしてこれは識標的愛であり、聖霊に固有なものであり、そしてそのような愛は父と子とは異なる聖霊である。さらにまた、〔聖霊の〕霊発そのものに随伴する愛も存在するのであり、そしてこれは、三つのもの、すなわち父と子と聖霊に共通する愛である。そしてこれにしたがって次の言葉は解釈することができる。「彼はわれわれを彼の愛する子の国に移された」（コロ一・一三）。もっともこれは同じ箇所について記しておいた他の解釈には関係しない[269]。というのは、聖なる三位一体における子は、父なる神の子であるように、同様にして彼はまた、父なる愛の子であるからである。それというのも、父なる愛は父そのものであり、父から区別されざるものであり、それは次のように言われているのと同一である。「父の子は愛である」。そしてこの愛情ないし愛を、われわれの神学者たち[270]は、本質的な愛ないし愛情[271]と呼んでいるのである。そしてこれはここで引用された言葉の意味である。「彼の愛する子の国に」。

166 神的なものと人間的なものにおいて一つの例が提示される。というのは、神はそれが神であることに伴う愛と意志によって愛し、欲する神であるからである。それというのも、神は、自分自身が神であることを欲し、愛しているからである。しかし神は、〔それが神であることの〕始原となる愛と意志によって神であるのではない。というのは、もしそうであるならば、愛と意志とが神の実体と存在そのものに先行することになるからである。さらにまた、人間的なものにおいても、一つの例が存在する。すなわち、愛と意志によって、人間としての父は、人間としての子を生むのであり、職人は家を形成するのである。それというのも、もし彼が欲しなかったならば、彼は形成しなかったであろうから。そしてこのような愛は、確かに業に随伴するものであるが、業の始原となるものではない。それというのも、彼は欲することによって家を造るのではなく、大工仕事をすることによって、切断することによって、建築することによって家を造るからである。

このようにして、さまざまな仕方で述べられたこれらのことは、「始原において言葉があった」から「恩寵と真理に満ちて」までに言われていることの理解のためには、十分であろう。続いてこのように言われる。

「〔洗礼者〕ヨハネ[272]は彼について証言する」（一五―一六節）、すなわち照らされる者は光について、外的業はそのうちに住む神について証言するのである。

それゆえに注目すべきことは、誰も神について適当な仕方で証言することはできないということである、もし神が恩寵によって彼とともに存在しなかったならば。「〔彼を〕受け入れる者以外の誰も〔彼を〕知らない」（黙二・一七）。ここでは、「そのうちにおいて恩寵が存在する」「ヨハネ[273]」が、彼について、すなわち神としてのキリストについて「証言する」と言われている。それゆえにアウグスティヌス[274]は、「神から遣わされたひとりの人がいた」

という言葉を解釈して言っている。ヨハネは、もし神から遣わされたのでなかったならば、神であるキリストについて証言することはできなかったであろう。しかし、〔神から〕遣わされた彼は人間であったので、それゆえに、〔神について〕十分に証言することができなかった。「人間は私を見ることはできないであろう」（出三三・二〇）、さらに以下において、「誰も神をかつて見た人はいない」（一・一八）。

168
しかしヨハネは目下のところ、五つの仕方でキリストについて証言する。第一に[275]、彼はこの人は私が語ったところの人であったと言うことによって、キリストが存在することを証言する。それというのも、義人以外の誰も、義について、それが存在することを、ないしはそれが存在するかどうかを知ってはいないからである。「〔彼を〕受け入れる者以外の誰も〔彼を〕知らない」（黙二・一七）。第二に、彼はこのように証言する。キリストはヨハネののちに来るであろう、すなわち留まるであろう、と。第三に、彼はこのように証言する。キリストはヨハネより優っており、彼に先立って存在していた、と。第四に、彼はこのように証言する。ヨハネとすべての義人ないし神に喜ばれる人は、キリストによって、キリストから義なる者である、と。第五に、彼はこのように証言する。彼はこのことを、自分自身の功徳なしに、ただ神の恩寵によってのみ、無償でキリストから受け取った、と。

彼が次のように言っているときには、第一のことを申し立てているのである。「この人は私が語ったところの人であった」。彼が次のように言っているときには、第二のことを申し立てているのである。「キリストは私ののちに来るであろう」、すなわち、私が死んでも、あるいは潰えても、彼は来るであろう、すなわち留まるであろう。彼が次のように言っているときには、第三のことを申し立てているのである。「私より先におられた方は、私に優っている」。彼が次のように言っているときには、第四のことを申し立てているのである。「彼の充溢から、われわれはみな、受け取った」。彼が次のように言っているときには、第五のことを申し立てているのである。「恩寵のための恩寵」、すなわち功徳に対する恩寵ではなく、恩寵からする、すなわち無償で、純粋の恩寵からなる恩寵という意味である。

169 このことがよりいっそう明らかになるために、われわれは上に[276]引用された例を用いて、すなわち義なる人と義そのものにおいて語ろうと思う。というのは、義人それ自身が証人であり、義人のみがそうであり、他のいかなる人も義が存在することの真の証人ではないからである。義人は語るのであり、すなわち外部にいる他の人々に語るのであり、義そのものについて、それが存在すること、それが何であるかということ、それがどのようなものであるかということについて証言するのである。私はあえて言うが、義人は、義のうちに、義の胸のうちに、すなわち義の最も内奥に立ち、留まる者として、そこでは義をそれ自身において、またそれから生まれた者として見るのである。そしてこれはここで少しのちに続いてこのように言われる意味である。「誰もかつて神を見た人はいない。父の胸のうちにおられる独り子のみが〔神について〕語ったのである」（一・一八）[277]。というのは、義人でない人は、どのようにして義を見、知ることができようか。というのは、このことは、欠如において所有[278]を、否定において肯定を、味覚において色を、鹿においてライオンを、さらにそれに類似のものを知ることであるからである。それゆえに、もし或る人が義人でなかったならば、義を見ることはないであろう。そしてもし義そのものが存在しなかったならば、義人も存在しないであろう。さらにまた、もし彼がその本質によって義そのもの、すなわち「その本質の」（ヘブ一・三）「像」であり、似像であり、こうしてその「胸のうちに」休らっていなかったならば、彼は義の本質そのものを知ることはないであろう。さらに、彼は義について外的な仕方で証言することも、義を語り出すこともないであろう、もし彼がそれから発出し、発出することにおいて輝き出、輝き出ることによって生まれることがなければ。それゆえに、これがここで次のように言われていることの意味である。「ヨハネは彼について証言し、叫んで言う」。

170 「彼が叫んだ」と言われているのは、また一つには、証言の明証性のためであり、一つには、遠く離れている人々のためであって、それは次の言葉によっている。「止まることなく叫べ。あたかも喇叭のように、あなたの声を高くあげよ」（イザ五八・一）、「天は神の栄光を語り」、さらにそれに続いて、「地上の全体に、その音は響き渡る」（詩一八・二、五）等々。

あるいは、ヨハネの叫びは、変化における受動的なものの不平や不一致を表示している。それというのも、出生は、先に「始原において言葉があった」（一・一）ということの第十二の解釈において言われたように、沈黙のうちに遂行されるからである。さらに以下において言われる。「女は生むとき、苦しみを感じる」（一六・二一）。それというのも、受動的なものは変化するものに対しては、奴隷が主人に仕えるように、奴隷的な仕方で従属するのであるが、生むものに対しては、子が父に仕えるように、市民的な仕方で従属するからである。[279]

171 「彼は叫んで、言う」と言われている。というのは、義人は義の言葉であり、それによって義そのものが語り、それを義そのものが語り、叫ぶところのものであるからである。それゆえに、子は、父の胸に留まりながら（一・一八）、その受動的な出生そのものによって父から発出しながら、父を世に対して語り出し、明らかにしているのである。さらに以下において、子は父に向かって言う。「私はあなたの名を人々に向かって明らかにした」（一七・六）、さらにのちに、「私は真理について証言するために、生まれたのであり、そのためにこの世に来たのである」（一八・三七）。彼があたかも言わんとしていることは、私は父から生まれ、発出する者として、父のことを語り出し、明らかにするという固有性を受け取っているということである。それゆえに、子自身が、神とわれわれとの間の媒介者と言われるのである。「神は一なるものであり、神と人間との一なる媒介者は、人間キリスト・イエス

172 である」（Ⅰテモ二・五）。

さらにまた、第二に、義人は義について、義が義人である自分の後方に留まり、止むことがないことを証言している。[280] それというのも、義人が義から落下したのちにも、アウグスティヌスが『三位一体論』第八巻第三章[281]において言っているように、義はたえず変わることなく留まるからである。

さらに、第三に、義人は義人であるかぎりにおいて、義についてそれが義人より優っていたこと、また義人に先立つものであることを証言している。というのは、もし義が義人より優っており、義人に先立って存在していなかったならば、どのようにして義人は義から存在するものとなるであろうか。というのは、白色そのものも、白いものに、それが白いものであるかぎり、先立つのであり、またあらかじめ白色が知性認識されていなかったならば、或る白い人は知性認識されえないからである。さらに、アウグスティヌスが『三位一体論』第八巻第三章[282]において言っているように、もし義人が義であることを止めてしまっていることによって、義そのものも義であることを止めてしまうならば、どのようにして義人は、義から落下して、義であることを止めてしまい、再び新たに義に還帰することができようか。それゆえに、このように言われる。「義は永遠にして不死のものである」（知一・一五）。

さらにその上に、第四に、義人は、義人自身や、すべての義人や、神に喜ばれる人々が、唯一の端的な意味での義そのものから、上に[283]示されたように、彼らが義人であることを受け取るということを証言している。そしてこれは次の言葉の意味である。「彼の充溢からわれわれはみな、受け取る」。

第五に、ヨハネはキリストについて証言しており、義人は義について次のことを証言している。義人とすべての義人たち、ないし神に喜ばれる人々は、自分自身の功徳なくして、神の恩寵によってのみ、無償で彼らが義人であることを受け取るのである、と。そしてこれは続いて言われる次の言葉の意味である。以下において[284]、より詳細に解釈されるように、「そして恩寵のための恩寵を」。

173 しかし注目すべきことは、これらのことから、またすでに言われ、触れられたことによれば、次のことが明白に解釈されうるであろうということである。すなわちそれらは、それに続いて、ヨハネについて、彼は誰であり、どうして洗礼を授けているのかというユダヤ人たちの問いにおいて、またヨハネ自身の答え、否定的にも、肯定的にも、において言われていること、さらにこの第一章の終わりまでに言われている他のこと、さらにまた一般に、敬虔で鋭敏な探求者が注意を向けるならば、気づくであろうようなこの福音書に書かれている多くのことがらである。というのは、すべてのキリストの行為と言葉、彼が行ったことと彼のまわりで生じたことは、アウグスティヌスが言うように、われわれにとっては教化であり、特に『真の宗教について』の第十六章[285]において、キリストについてこのように言われている。「彼の地上における全生活は、彼が身を低くして引き受けることを決心した人間の姿によって、〔われわれ人間にとっては〕道徳の教えであった」、さらに以下において[286]、「〔彼の復活もまた〕キリスト教徒にとっては、この自然的な教えである」、「それに対して彼の教えの全体の在り方は、或る部分はきわめてあからさまな仕方で、或る部分はさまざまな比喩によって、その言葉と行為と秘義において、霊魂のすべての教化と修練のために適合しているので、それが理性的学問の法則を満たさないことがあるであろうか[287]」。

174 しかし注目すべきことは、私が『創世記についての第二版』〔『創世記比喩解』〕の序文[288]において記しておいたように、比喩には、二つの様態があるということである。一つの様態は、すべての言葉が、ないしはいわばすべての比喩の言葉が、それ自体において個別的にして比喩的に、或ることを明示する場合である。第二の様態は、比喩がその全体において、比喩がそれの比喩であるところのことがら全体の似像にして表現である場合である。そして後者の場合には、それを認識することと教えることが意図されているところのことがらを教え認識することに、直接的には関わらない多くの言葉が挿入されており、多くの言葉が、似像と比喩の装飾のためにか、ないしはまた比喩がそれの比喩であるところのことがらの或る種の隠蔽のために置かれ、挿入されているのであり、しかもそれによって、このことが似像そのものと比喩、さらにまた比喩の下で扱われていることがらに対して適合しているのである。

175 第一の様態の例は、ヤコブが夢のなかで見た梯子のなかにある（創二八・一二）。ここではいわば、比喩のうちで表現されたすべてのことが、何らかの真理を、ないしはことがらを、さらにその固有性を表示するものである。例えば、その梯子は地上に置かれているように見えたとか、さらにその梯子の突端は天に到達していたと述べられていたとか、さらに天使たちが見られたことは何らかのことを意味しているとか、さらに上り行く天使たちが、さらに下り行く天使たちが見えたとか、さらにまた梯子そのものが見えたとか、さらにその上に、主が梯子に寄り掛かっていたとか、あるいはその上に立っていたとかいうことである。私が上[289]ですでにより詳細に記しておいたように、これらのすべてのことが同時に、比喩がそれの比喩であることがらの全体を表現し、表示しているということ以外に、これらのうちのそれぞれすべてのものが、それ自体において、個別的に何らかのことを表示しているのである。というのは、かの梯子は、比喩的に、ないしはたとえによって、一なる宇宙の全体とその主要なる部分を、――霊的なものにおいてであれ、天体においてであれ、元素においてであれ、自然や技術、すなわち霊魂におけるさまざまな存在者においてであれ――表示し表現しているからである。

176 比喩の第二の様態の例は、「箴言」第五章に見られる。そこでソロモンは第一質料を、次のように言って、不貞の妻のたとえで記述している。「女の奸計に心を奪われるな。それというのも、娼婦の唇は滴る蜜のようであるからである」等々（箴五・二）。このたとえは、同じ巻の同じ章においても、他の章においても見出される（箴六・

二〇以下、七・一〇以下）。というのは、不貞の妻は、その名に従えば、夫を持っており、それにもかかわらず、たえず他の男を求めるからである。それと同じく第一質料は、けっして形相なしに存在しているわけではないのであるが、しかしたえず他の形相を求めるのである。そしてこの種類の比喩は、ほとんどすべての旧約聖書の巻のうちに見出されるのであり、例えば、「箴言」や「コヘレトの言葉」や「雅歌」のうちに見出されるのである。さらにまた、この種の様態の比喩は、この福音書においても、また新約聖書の他の多くの巻においても見出されるのである。そこでは、それについて語られている出来事が生じたのであり、しかもそれが或る他のものを隠れた仕方で表示しているのである。

177 「恩寵のための恩寵を」。この言葉はトマスの連続注解[290]において、多様な仕方で、しかも適当な仕方で解釈されている。しかし字義どおりには、「恩寵のための恩寵を」とは、すでに上に[291]述べられたように、すなわち無償で恩寵を、というように解釈することができる。

あるいは、われわれは次のように言うべきであろう。すなわち、すべての神的なものには、とりわけ恩寵には、その恩寵がそれ自身のために存在すること、またそれ自身のゆえに存在することが属している、と。「神は自分自身のために、すべてのものを生ぜしめた」（箴一六・四）。それゆえに、ダニエル[292]は祈っている。「私の神よ、あなた自身のためにあなたの耳を傾けよ、そして聴け」（ダニ九・一七）、「私は、私のために悪業を絶やすところの者である」（イザ四三・二五）。というのは、終局と始原とが同一のところにおいては、つねに業はそれ自身のために存在するのであり、業は業のために存在するのであり、働きは働きのために存在するのである。しかしこれは、神に、神にのみ属するのであり、したがって神的なものであるかぎりでの神的なものに属するのである。それゆえに、それらのものにおいては、花と実が同一なのである。「私の花は実である」（シラ二四・二三）。

あるいはわれわれは、第三に、このように言うべきであろう。「恩寵のための恩寵を」。というのは、受肉の恩寵は、それについて「言葉が肉になった」（一・一四）と言われているものであるが、それは〔神が霊魂のうちに〕住むことの恩寵のために存在するのであり、それについては「彼はわれわれのうちに住んだ」と言われているのであり、その逆もまた妥当するのである。すなわち、われわれはこのようにして、われわれの下でも次のことを見るのである。散歩は健康のためであり、その逆も妥当する、と。

しかしその上に、第四に、「恩寵のための恩寵を」。それというのも、可視的なものは可視的なものであるかぎり、視覚のために存在し、反対に、視覚は可視的なもののために存在するのであり、それらの両者の現実態は一なる現実態であるからである。そこからこのように言われるのである。「恩寵のための恩寵を」。そして一般に、願望と願望されるもの、能動的なものと受動的なものについて、このようなことは妥当するのである。「彼はその口の接吻をもって私に接吻した」（雅一・一）。というのは、一般的には、能動的なものと受動的なものは、それ自身においてその本質によって相互に結合されることを求めるのであり、そのようなものとしてそれら自身のうちに一を求めるのである。「彼はその口の接吻をもって私に接吻した」と言われている。義人は義人であるかぎり、自分自身のうちにおいて義が完成されること、義そのものではないすべてのものが取り去られること、〔義に〕似たものも似ないものも投げ捨てられること、しかもその似たものが義そのものである一に移行するまで、あるいは不完全なものが完全なものが到来することによって無にされるまで（Ｉコリ一三・一〇）、そのようにされることのみを求め、熱望するのである。それゆえまた、すべての義人は、義に似たものでないかぎり、自分自身にとっても、重荷であり、それは次の言葉によっている。「あなたは私をあなたに敵対する者にした。そして私は私自身にとって重荷になった」（ヨブ七・二〇）[293]。

178 「恩寵のための恩寵を」。字義どおりにこれが言わんとしていることは、モーセによって与えられた旧法の恩寵のかわりに、キリストによる新法の恩寵が与えられたということである。[294] 旧法の恩寵は確かに神の認識であったが、曇った、しかも像による認識であった。それについてこのように言われる。「ユダヤ人が優れているのはどこか」(ロマ三・一)。さらにそれに続いて、「それはすべての点で多くある。第一に、彼らには神の言葉が託されているからである」(ロマ三・二)。また「詩編」においては言われている。「彼はその言葉をヤコブに告げ、その義と判断をイスラエルに告げる」。さらにそれに続いて、「彼はすべての国民にそのようにしたのではなかった」(詩一四七・一九)。そしてこれは、「恩寵のための恩寵を」と言われたときに、ただちにそれにこのように付加されたことの意味である。「というのは、法はモーセによって与えられたのであるが、恩寵と真理とはイエス・キリストによって生じたからである」(一・一七)。

179 あるいは、「恩寵のための恩寵を」とは、恩寵にはさまざまな段階が存在するがゆえに言われている。というのは、完全な愛ないし恩寵は、たえず成長するのであり、修練によってより大なるものになり、その寛厚さによってより豊かなものになるからであり、それはアウグスティヌスが『プロスペルの命題について』[295]のなかで言っているとおりである。さらに、彼は『ヨハネの手紙について』[296]において、愛は増大し、完成されるためには、当然成長しなくてはならないと言っている。さらに、彼は『恩寵と自由意志について』[297]のなかでこう言っている。「神は働くことによって始めたものを、ともに働きかけることによって、われわれのうちにおいて完成する。われわれが欲するように神は初めに働きかけ、欲する者たちにともに働きかけて完成する」、少しのちに続いて、「神はわれわれが欲するように、われわれ〔の意志〕なしに働きかけるのであるが、われわれが欲するときには、われわれとともに働くのである」。彼は『自然と恩寵について』[298]において同一のことを言っている。「われわれが救われるために、彼はわれわれに先んじて来る」、「われわれが賛美されんがために、彼はわれわれに随伴する。われわれが敬虔に生きるために、彼はわれわれに先んじて来る。われわれが彼とたえず生きんがために、彼はわれわれに随伴する」。「詩編」において次のように言われていることは、すでに述べられたことと一致する。「彼の慈しみは私に先んじて来る」（詩五八・一一）、さらに他の箇所において、「あなたの慈しみは私に随伴する」（詩二二・六）。そしてこれがわれわれが次の祈り[299]において言っていることの意味である。「主よ、願わくは、われわれの行為を助けながら、それに先んじて来んことを、またそれを鼓舞しながら随伴せんことを、それはわれわれのすべての働きがあなたによってたえず始められ、あなたを通して始められて、完成されんがためです」。上に述べられたことの根拠と証明を例において示してみよう。というのは、義の業は、義がその業そのものに先行しながら、引き起こしながら、始めるものであるとしか言われえないことは明らかであるからである。さらにその上に、義そのものはその業に従うことによって、随行し、それを完成するものでなければならない。

180 「彼の充溢からわれわれはみな、恩寵のための恩寵を受け取る」。これらの言葉を理解するためには、三つのことが注目されるべきである。

第一に、一般的に上級のもの[300]は、それがまさに上級のものであることによって、充実しており、それがよりいっそう上級のものであればあるほど、それはよりいっそう充実しているのである。これは『原因論』[301]においてこのように言われていることの意味である。「すべての知性実体は形相で満ちている」、そしてそれがより上級のものになるほど、それは「よりいっそう普遍的な形相を」含むことになる。マクロビウスはその『註釈』第一巻[302]において言っている。「充溢は本来的には、神的で天上的な事物にのみ適合しているのである」。さらにまた下級のものは、その存在を本性的に上級のものから受け取るのであるが、『原因論』の上の箇所[303]において書かれているように、上級のものにおいて「普遍的な様態で」、「より激しい力によって」存在しているものは、下級のものにおいては、「部分的な様態で」、「より弱い力によって」存在しているのである。

181 第二に注目すべきことは、下級のものを上級のものから有する、ないし受け取るすべてのものは、つねにこのことを上級のものの恩寵によって有しているのである(304)。というのは、哲学者（アリストテレス）(305)とアウグスティヌス(306)が言うように、働くものはつねに下級のものよりもより優れたものであるからである。さらにまた裸で欠乏していることは、受動的なものの本質と固有性に由来するのであり、それに対して現実態において豊かであることは、能動的なものの本質と固有性に由来するのである。

これらの二つのことから次のように結論したい。上級のものは充実しており、そのものには、そのもののちに、かつそのものの下に存在しているものの原因であること、かつそれらのものに影響を与えることが属している。しかし神すなわち言葉は、すべてのもののうちで最高のものである。それゆえに、万物は、その充実と恩寵とから受け取るのである。そしてこれがここで言われていることの意味である。「彼の充溢からわれわれはみな、恩寵のための恩寵を受け取る」。

182 第三に注目すべきことは、下級のものは上級のものから、しかもその恩寵によって有しているものを受け取るのであるが、このことは、類比的なものにおいてと同名同義的なものとにおいては事態が異なるということである。というのは、類比的なものにおいては、能動的なものと受動的なものが質料において、ないし類において一致しないのであるから、受動的なものそのものは、それが有するすべてのものを上級のものの純粋の恩寵から有しているのである。それというのも、このことは上級のものの本性そのものからそれに固有のものとして生じるからである。それゆえに、もし能動的な上級のものが不在の場合には、このようなことは受動的なものに留まることはなく、それに付着することもないのであって、それは媒体における光について明らかなことであり、受動的なものは、飲みながら渇くのであり、それは次の言葉について私が記しておいたとおりである。「私を飲む者はなお渇く」（シラ二四・二九）。しかし同名同義的なものにおいては、能動的なものと受動的なものは、質料と類と種において一致する。〔ここでは〕下級のものはそれが受け取るものを確かに上級のものの恩寵から有するのであるが、純粋の恩寵から有するのではない。その理由は、そのようなものにおいては、受動的なものは、働きを受けながら働くのであり、能動的なものは、働きながら働きを受けるからである。さらにまた、下級のものはまったく受動的なものでもなく、すべての現実態を欠いているのでもない。下級のものそのものは、能動的なものの似像と形相とを、確かに上級のものの恩寵から受け取っているのであるが、しかし自分の本性からそれらを得ているのではない。というのは、下級のものは働くものと種において同一の本性に属するからである。例えば、火は木材において熱を生じさせ、木材を熱において自分自身に同化するのであり、木材が熱くなるというのは、確かに恩寵によるのである。しかし〔熱を〕生む火は、そのように生むものとして、熱のうちに、ないしは木材を熱することのうちに留まるのではなく、この恩寵を、より大なる完全性であるその実体的形相の生成に向けて秩序づけるのである。このようにして火は、熱し同化する「恩寵」を、種的に形相づける「恩寵のために」与えるのであり、すなわち、それは木材が、熱し同化することによって、実体的形相を受容することができるようになるためである。それゆえに、熱するということは、生む火によって、付帯的な仕方でのみ意図されているのである。これゆえに、熱するという変化は、付帯的な仕方で、ないしは生むもの〔火〕の有する付帯的なものによって生じているのである。そしてこれはここで次のように言われていることの意味である。上級なものの「充溢」から、すべてのそれに属する下級なものは、「恩寵のための恩寵を」受け取る、と。しかし反対にまた、木材も、秩序づけと生成における同化の「恩寵のために」、火の〔実体的〕形相の「恩寵を」受け取るということも真である。このようにしてそれゆえに、同名同義的なものにおいては、下級のものは上級のものから、ただたんに恩寵によってのみならず、功徳によっても受け取るのである。それゆえに、プラトン(307)は、形相は質料の功徳に従って与えられると言っている。

183 しかし類比的なものにおいては、下級のものが上級のものから受け取るすべてのもの、その全体は、上級のものの純粋な恩寵に由来するのであり、下級のものの功徳なしに存在するのである。そしてこれは次に言われていることの意味である。「罪の俸給は死であり、神の恩寵は永遠の生命である」（ロマ六・二三）。アウグスティヌスはこれを解釈して、『恩寵と自由意志について(308)』のなかでこう言っている。「彼はあらかじめ『罪の俸給は死である』と言ったのちに」、「正当的な仕方で、しかし義の俸給は永遠の生命であると言うことができたであろう。しかし、彼は好んで『神の恩寵は永遠の生命である』と言わんとしたのである。それは、ここからわれわれが、われわれの功徳によってではなく、神が自分の慈しみの心のゆえに、われわれを永遠の生命に導くのであるということを、われわれが理解せんがためである」。そしてこれは次の言葉によっている。「彼はあなたを憐れみと慈しみで包む」（詩一〇二・四）。しかし、アウグスティヌスもまた〔上と〕同じ箇所で言っているように、俸給は、「あたかも負債のように支払われるのである」。これはそれゆえに、明瞭にここで言われていることの意味である。「彼の充溢からわれわれはみな、恩寵のための恩寵を受け取る」。

「法はモーセによって与えられたが、恩寵と真理はイエス・キリストによって生じた」（一七節）

184 注目すべきことは、聖書における、かつ被造物における不完全性に属するすべてのものは、モーセと彼によって与えられた法とに関係しているということであり、それは次の言葉によっている。「法はいかなるものも完全性へと導いたことはなかった」（ヘブ七・一九）。反対に、すべての完全なものと完全性に属しているものは、キリストに関係している。「すべての最良の贈り物とすべての完全な賜物は、上から下ってくるものである」（ヤコ一・一七）。そしてこれがここで次のように言われていることの意味である。「法はモーセによって与えられたが、恩寵と真理はイエス・キリストによって生じた」。「信仰が到来する前には、われわれは法の下に閉じ込められて守られていた」、そしてそれに続いて、「そのようにして、法はキリストに導くわれわれの指導者であった」（ガラ三・二三）、「法は将来の善きものの影のみを宿しているにすぎない」（ヘブ一〇・一）。モーセは奴隷であり、恐れであった。キリストは子であり、愛である。このようにして、簡潔に言えば、完全性に属するすべてのものと完全なるすべてのもの、例えば、生命の、義の、教えの恩寵と真理とは、キリストに関係しているのであり、それに対して不完全性に属するものと不完全性に合致するものは、モーセと法を指示している。それゆえに、何らかの完全性に到達するということは、キリストに到達すること、子に到達すること、父の胸に到達するということであり、子であること、キリストのうちに存在することである。それに対して何らかの仕方で何らかの完全性から遠ざかることは、キリストから、恩寵から、真理から、父の胸から遠ざかることであり、そのような父の胸には、子が、父から出た独り子が存在しているのである。それゆえに、キリストは本性的な、かつその本性による完全性、恩寵、真理である。というのは、何が「恩寵と真理」以上に、恩寵と真理に、よりいっそう本性的に、ふさわしいのであろうか。キリストはしかし真理である（一四・六）。しかし、われわれと「キリスト教によって承認されているすべての人々にとっては」[309]、完全性に、すなわち恩寵と真理に属するものは、神の養子となることによって、かつ恩寵によって存在するのである。そしてこれがここに明瞭に次のように言われていることの意味である。「恩寵と真理はイエス・キリストによって生じた」、「あなたがたは神の子とされる霊を受けた」（ロマ八・一五）。

185 さらに注目すべきことは以下のことである。「言葉は肉になった」のであり、それは、上で[310]解釈したように、言葉がわれわれのうちで住むようになるためであるから、さらにまた「神は女から生じた自らの子を遣わしたのであり」、それは「われわれが子らとして受け入れられるためであった」(ガラ四・四、五)のであるから、それゆえに、それに付加されるのが適当であると思われることは、神の知恵が肉になろうとしたのは、その受肉そのものが、神のペルソナの発出と被造物を産み出すこととの中間として、それら両者の本性を帯びており、その結果、受肉そのものは、永遠なる流出の模像であり、下級の自然全体の範型であるということである。それゆえに、聖書は次のように解釈されるならば、きわめて適切である。聖書のうちには、哲学者たちが自然的事物とそれらの固有性について書いていることがらが共鳴しているのであり、特に真理の一なる泉と一なる根から、聖書と自然において、存在することによってであれ、認識することによってであれ、真であるすべてのものが発出するからである。[311]そのこと〔を理解するの〕に役立つのは、私がすでに上において、次のように言われていることの最後の解釈[312]において記しておいたところのことである。「すべてのものはそれによって生じたのであり、それなくしては、何ものも生じなかった」(一・一三)。そのことに完全に一致しているのがこの言葉である。「始原において神は天と地とを造られた」(創一・一)。それゆえに、モーセとキリストと哲学者が教えていることは同一であって、それらは様態が異なっているだけであり、すなわち、一つは信じうるもの、一つは蓋然的なもの、ないしは真実らしいもの、一つは真理である。[313]

186 これらのことから明らかになることは、自然においても、不完全性に属するすべてのもの、例えば、生成、変化せしめられること、動かされること、時間、物体的なもの、分割、消滅、数、多、ないし多性やこれに類するものは、モーセに、かつ旧約に関係しているのであり――哲学者(アリストテレス)[314]が言うように、「それというのも、時間は古くするからであるが」——、いまだキリストに、子に、真理には関係していないということである。それらは、上のものと反対のもの、例えば、存在、生成、不可変性、永遠性、霊、単一性、不滅、無限性、一ないし一性である。しかしそれと同じ見解は、自然的事物において質料のうちで実体的形相に先行する働きについても、形相そのものに従属する働きにおいても、妥当するのである。さらにまたそれは、道徳的なものにおいて、徳に先行する働きにおいても、徳の習慣に従属する働きにおいても、妥当するのである。というのは、前者は重く、悲しく、苦しく、煩わしく、重荷であるのに対して、後者は完全なものとして、キリストに、子に、恩寵に、真理に関係しているのであるから、軽く、活気のあるものであり、喜ばしく、容易なるものであり、静かで、心地よく、甘美なものであるからである。それゆえに、このようにして、神の知恵は、肉の姿を取って、自分自身がわれわれの救済者であることを示そうとしたのであるが、それは自分自身が神的、自然的、道徳的なことがらにおいてわれわれの教師であることを忘れないようにするためであった。

「かつて神を見た人はいない。父の胸におられる独り子が神について語った」（一八節）

187 この命題の第一の部分、すなわち「かつて神を見た人はいない」については、トマスの連続注解[315]が十分に論じている。それに対して、「父の胸におられる独り子が神について語った」と言われている第二の部分については、三様の仕方で解釈されることに注目すべきである。

第一に、すべての神的な人は、例えば、義人は、三つのことによって完全なるものとされる。第一に、義人は、義そのものから生まれた者であり、義そのものから生まれる子であるということである[316]。第二に、義人は、義以外の何らかの他のものから生まれたのではないのであり、その一なる義そのものからのみ生まれたのであって、これらの二つのことが「独り子」ということにおいて言われているのである。第三に要請されるのは、彼はただたんに〔義から〕生まれて、独り子であるのではなく、義そのもののうちに立っているのであり、それは彼が義について語り、教え、明らかにすることができるためであったということである。そしてこれがここで言われている「父の胸におられる人が神について語った」と言うことの意味である。

これらのことの理由は、第一に、子以外の誰も父を知ってはいないからである（マタ一一・二七）。しかし義人は義の子である。

第二に、生まれた者、しかし義から生まれた独り子ではなく、他の何らかのものから生まれた者は、もはや真の意味において義の子ではなく、そもそもその子ではないであろう。というのは、誰も二人か、それ以上の父のひとりの子であることはありえないのであり、それは次の言葉によっている。「誰も二人の主人に仕えることはできない」（マタ六・二四）。ここから真理は言っている。「地上では、あなたがたは誰も父と呼ぶな。というのは、父はひとりだけであるからである」（マタ二三・九）、それはあたかも、人間の世界においても、子はひとりだけの父を持たなければならないと言わんとしているようである。

さらにその上に、もし義人そのものが義から生まれ、しかも何らかの他のものから生まれたとするならば、その義人はすでにそのようなものをそれ自体として語り出しているのであり、義を語り出しているのではない。というのは、そのような人はこれを語り出しているのであり、外部に語っているのであり、知らしめ、広めているのであり、彼が内に持ち、隠しているものを外部に広めているからである。

しかし、これもあれも十分ではない、もし第三のものが、すなわち彼が義そのもののうちに存在しているということがなければ。というのは、そこにおいて、すなわち義において、そこから義人は子であるからである。「私は父のうちにいる」（一四・一一）。そこで義人は生き、そこで義人は見る。すなわち、義のうちにおいて、義によって義人は義を見るからである。まず第一に、義人はそのような者として義を見るのであり、もし彼が他の何ものからでもなく、一なる義そのものから生まれたのである場合には、たえず義を眺めているのである。というのは、彼は彼がそれに対して似ているもの、それの子であるものを見るからである。それゆえに、もし彼が、まず第一に義を見る場合には、しかもこの者がたえず義を見るときには、その結果生じることは、独り子である義人は、義そのもののうちに、ないしは義人を生み、義人の父である義の胸のうちにある場合にのみ、自分自身を見るであろうということである。

189 しかし義人が、義人であるかぎりにおいて、まず義を見ることは、第一に明らかなことである。というのは、同一のものから、事物は存在と認識を有するからである。そのことが最大限に妥当するのは、単一で神的なものにおいてであり、そこでは、存在と認識が同一であり、同一のものから由来しているのである。第二は、存在と認識の始原は同一のものであるからである。第三は、すべての事物はその本源的な始原において認識されているからである。それゆえに、子とすべての生まれたものは、さしあたってその始原のうちにあるのと同様に、彼はまた第一に、さしあたって自分自身と、義人が認識しているものをすべて義そのもののうちにおいて認識しているからである。そしてこれがここで次のように言われていることの意味である。「父の胸におられる独り子が神について語った」。

190 そしてこれはここで次のように言われていることの意味である。「われわれに父をお示し下さい。そうすれば、満足です」（一四・八）。「お示し下さい」と言われている。というのは、父のうちにおいては、子が見るすべてのものが見られるからである。さらに以下において、「私のうちに留まっておられる父が業をなすのである」（一四・一〇）。ここでは「父が」と言われているが、「私が」とは言われていない。というのは、義人は義そのもののうちにあるように、義人は義人であるかぎり、義のうちで働くのであり、義の外側では働かないからである。「子は自分の父がなすのを見なかったならば、自分自身からは何ごともなすことはできない」（五・一九）、「私の父は働くのであり、私も働く」（五・一七）。まず第一に子は、その業を父に帰している。というのも、子は父から存在も働きも受け取っているからである。そしてこれが次に言われていることの意味である。「あなたは真実であり、真理において教える」（マタ二二・一六）。というのは、もし教える者が真理そのもののうちに存在しなかったならば、教える者が真実な者であるということだけでは十分ではないからである。それというのも、彼は彼が教える真理を、真理のうちにおいて知るのであり、その外側において知るのではないからである。

　さらにその上に、どのようにして或る人は真理を、真理の外側にいて教えるのであろうか、ないしはどのようにして聴く者は真理を、真理の外側で学ぶのであろうか。そしてこのことがまたここで次のように言われていることの意味である。「父の胸におられる独り子が神について語った」。

191 　さらにその上に知るべきことは、義人は義人であることによって、義を知り、認識するのであるが、それは、徳の習慣を有する者が有徳的であることによって、徳に属するものと何が徳にしたがって行為されるべきであるかということを知るようなものである。それゆえに、彼にとっては、有徳的であることと徳を知ることとは同一のことなのである。したがって、ディオニシウス[317]が言うように、ヒエロテウスは、神的なものを外側から学ぶことによってではなく、被ることによって知ったのであった。そしてこれが次のように言われていることの意味である。「義を保持する者は、義を捉えるであろう」（シラ一五・一）。それというのも、義を保持し、有するということは、義を捉え、すなわち認識するということであるからである。そしてこのことが上に言われたことである。「生命は人間の光であった」（一・四）、すなわち「生は生けるものにとって存在であり[318]」、存在は光、すなわち神的人間の認識ないし認識することである。そしてこれがここで次のように言われていることの意味である。「父の胸におられる人が神について語った」、それというのも、そこでは、存在とは、知ることと語ることであるからである。徳の習慣と存在とを有していない他の人々にとっては、事態はまったく異なる。それらの人々は、外側からの努力によって、聴くことによって徳の認識を受け取っているからである。このことによって、次の言葉は解釈できるであろう。「耳によって私はあなたのことを聴いていた。しかし今、私の目はあなたを見る」（ヨブ四二・五）。さらにここで以下において、「彼らはその女に言った。われわれはもはやあなたの言葉のゆえに信じるのではない。それというのも、われわれ自身、この人が真の意味において世の救い主であることを知ったからである」（四・四二）、「われわれの目で見たものを」等々、「われわれはあなたがたに知らせる」（Ⅰヨハ一・一）。

192 さらにまた、義人すなわち義の子は、自分自身とすべての義なるものを、義そのものにおいて、自分の父の、すなわち義の胸において知っているのである。というのは、事物の理念は、父、すなわちすべての事物の始原のうちに存在しているからであり、それは、外部の存在者の固有性によって秩序づけられるものではなく、それに由来するものでもなく、認識と知性の固有性に由来するものであるからである。というのは、『霊魂論』第三巻において[319]言われているように、知性は形象と理念の場所であるからである。

それゆえに、このようにして、義人は父の胸にいるかぎりにおいて、神を語り出している。それというのも、第一に、彼はそこで自分の存在を受け取るからである。「父の胸におられる人」と語られているが、しかし〔そこでは〕存在と認識とは同一なのである。第二に、父は子の始原であるからである。上に「始原において言葉があった」（一・一）と言われている。さらにすべての事物は〔そこでは〕、その始原において認識されている。第三に、知性である始原としての父のうちにおいて、事物の理念は存在するのであり、それらの理念はその固有性からして、認識に関係しているのである。以上のことで、ここで次のように述べられていることの理解のためには、十分であろう。「父の胸におられる独り子が神について語った」。

193 すでに述べられた言葉「父の胸におられる独り子が神について語った」を解釈する第二の様態は、私は次の言葉について記しておいた。「神は彼に名を与えた」（フィリ二・九）[320]。

それゆえに、第一に注目すべきことは、自然の生成は、一から多へと、〔内部から〕外部に向けて進んで行くものであり、それがより力があればあるほど、それはそれだけ多へと、より大きく、より広く外部へと働くのである。それに対して知性的生成は、反対に外部から内部に向かって進んで行く。それというのも、それは霊魂に向けての運動であるからである。そして何らかの知性がより完全に、上級になるほど、それだけそれは、より普遍的で、より少ない、すなわちより少なく分割された形象を持つことになる[321]。それゆえに、神である至高の第一の知性においては、必然的に、唯一の言葉が存在しなくてはならないのであり、それは上で述べられているように、父と一つなのである。「言葉は神とともにあった。言葉は神であった」（一・一）。そしてこれがここで言われている「独り子」、すなわち〔父と〕一なるものとして生まれたものの意味であり、さらに以下において、「私と父とは一なるものである」と言われている。

194 第二に注目すべきことは、もし事物がそれによって見られ、認識される形象ないし像がその事物そのものと別のものであるならば、それによって、ないしはそれにおいて、その事物はけっして認識されることはないであろうということである。さらに、形象ないし像が、完全に事物と区別されないならば、その像は認識のためには、無駄なものとなるであろう。それゆえに、形象ないし像は、〔事物と〕一であらねばならないが、一なる者であってはならない。一であるというのは、それによって事物が認識されるためであり、一なる者であってはならないというのは、それが認識のために無駄なものであり、無用なものとならないためである。そしてこれは、子、すなわち父の像が父を語り出し、明らかにする者として次のように言っていることとの意味である。「私と父とは一なるものである」（一〇・三〇）。「一なるもの」というのは、その本性の同一性のゆえにであり、「われわれが〔複数〕存在する」というのは、像と、像がそれの像であるもののペルソナ的区別のゆえにである。そしてこれはここで次のように言われていることとの意味である。「独り子」は、すなわち一なるものとして生まれたのであり、それゆえに、一なる者ではない、すなわち「父の胸におられる人が〔父を〕語り出した」のである。ここから帰結することは、似たものは似たものによって認識されるということであり、すなわち、類似性は二における一であるということである。

195　次に第三の様態について。ここで言われている「かつて神を見た人はいない。父の胸におられる独り子が〔父を〕語り出したのである」に関するすべてのことを解釈することによって、まず第一に、次のことに注目すべきである。その文字的意味と歴史的意味は度外視するとして、これらの言葉のうちでわれわれが教えられることは、すべての本質的原因、すなわちすべての上級なものとすべての神的なものは、それ自体としては、認識されざるものであり、隠れたものであり、隠されたものであり、とりわけ神、すなわち至高なるものであり、すべてのものの第一の本質的原因は、――「真にあなたは隠れたる神である」（イザ四五・一五）――私はあえて言うが、本性においてその至高なるものと異なり、それに疎遠なすべての者にとっては、隠されたものである。「疎遠な者はあなたに与かることはない」[322]（箴五・一七）。というのは、いかなるものもそれとは別のもの、ないし疎遠なものによって認識されることはなく、それはそれが他のものによってそれであるのではないのと同様である。しかしすべての上級のもの、すべての神的なものは、それ自体としては、自分自身に対してのみ、およびそれとは異なるもの、疎遠なるものではない、それから生まれたものに対してのみ、知られているのである。というのは、すべてのものは、もう一つの自分を生み出すのであって、自分とは異なるものを生み出すのではないからである。「あなたの泉を外側に引き、あなたの水を広場に蒔いて下さい」、さらにそれに続いて、「あなたは泉を自分でお持ち下さい」（箴五・一六）。これらの言葉によって、すでに述べられたことが比喩的に暗示されている。すなわち、すべての上級で神的なものは、それ自体として、すべての自分自身から疎遠なものにとって、また自分自身と異なるものにとって隠されているのであるが、しかし自分自身にとってのみは、さらに本性において非ペルソナ的に自分自身と異なるものではなく、ペルソナ的に根源において異なる者である、自分自身から生まれたものにとってのみ、知られているのである。これについて私は、「箴言」についての註解の第五章[323]において記しておいた。それゆえに、似たものは似たものによって認識されるのであり、似たものが一を、ないし一についてより多く醸し出すほど、それだけ多くそれはそれ自体としてつねに一であるそれの上級のものを認識するのである。そしてこれはここで次のように言われていることとの意味である。「かつて神を見た人はいない」。そしてこれは第一の部分に関するものであり、すなわち、すべての至高なるものは、非ペルソナ的にそれから疎遠なすべてのものにとって、隠されており、認識されざるものであるということである。そしてそれに続いて、「父の胸におられる独り子が〔父を〕語り出した」。これは第二の部分に関するものであり、すなわち、そこでは上級のものは、自分自身にとってのみと自分自身から生まれたもの、すなわち生む自分自身から疎遠なものでもなく、他なるものでもないものには知られるということが言われているのであり、それは次の言葉によっている。「肉から生まれたものは肉であり、霊から生まれたものは霊である」（三・六）。さらに上において、「彼は彼らに神の子となる権能を与えた」、「彼らは血によるのではなく、肉の意志によるのでもなく、男の意志によるのでもなく、神から生まれた人々である」（一・一二）。

196 第二に、このことは一つの例において注目されるべきである。義人は義人として、義の子であり、「その母の」、すなわち義の一にして「唯一の子」である。というのは、彼は、そのような者として、天にも、地にも、義以外の父も母も有していないからである。反対に、義もまた、義であるかぎり、義人以外の子も子孫も持たない。それゆえに、義人が「その母の唯一の子」（ルカ七・一二）と言われるのは適切である。そしてこれがここで「独り子」と言われていることの意味である。「私は私の父の子であった」、すなわち「私の母にとっては独り子であった」（箴四・三）。神的なものにおいては、男性と女性、等しいことと等しくないこと、父と母は同一であり、それはマクロビウス[324]が一なるものと一性について言っているのと同様である。それゆえに、次のように言われている。義人は、義の子であるから、義を語り出している。しかし、彼は独り子であり、すなわち一なる義から生まれた一なる者であり、義から生まれた唯一の者であるので、それゆえに、彼は義以外の何ものも語り出していないのであり、義の全体を、その最も内奥のものを語り出しているのである。そしてこれがここで「父の胸におられる独り子が〔父を〕語り出した」と言われていることの意味であり、それは上に言われたように「始原において言葉があった」（一・一）ということであり、それはここでは、「父の胸に」と言われているのである。

197 ここでまた、次のことが注目されるべきである。「〔父の〕胸に」おられる子は、父に属するすべてのものを、すなわち存在、生、知性認識、働き、知、愛、本質、能力、そして〔父と〕一なる、区別されざるすべてのもの、子と父における一性と非区別性に属するすべてのものを語り出しているのである。私はあえて言うが、子は「胸に」、すなわち最も内奥にあるかぎり、この全体を語り出しているのである。そして子は非ペルソナ的に父から異なるものでないので、子は、〔父と同じ〕何か或るものであり、〔父と〕一なるものであるかぎり、父を語り出しているのであり、そのような者として、〔父とは異なる〕何か或る者であるかぎり、父を語り出していないのであるが、〔父との〕区別に属する、あるいは父からの区別を醸し出す何らかのものを語り出すことはない。しかし子は、父から生まれた者として、義人が義から出たものであるように、ペルソナ的には、父から別の者であり、そのような者として、何か或る者であるかぎり、〔父から〕異なる者であるかぎり、父と、父における区別を醸し出すすべてのものとを、語り出しているのであるが、〔父との〕一性に属するいかなるものも語り出していないのである。というのは、父と子は関係的には対立しているからである。それらは対立しているかぎり、それらは区別されているのであるが、関係的な意味では、それらは相互に係わっているのである。父は子なくしては存在しないし、知性認識されないのであり、その反対も妥当するのであって、したがって子は〔父を〕排除するのではなく、沈黙するのでもなく、父が父であることを語り出すのである。というのは、もし子が存在するならば、父は存在するのであり、もし父が存在するならば、子は存在するからである。もし父がつねに存在していたならば、また存在しているならば、子はつねに存在していたのであり、存在しているのである。子はつねに生まれたのであり、つねに生まれているのである。[325]「あなたは私の子であり、私は今日あなたを生んだ」（詩二・七）。「私は生んだ」、というのは、彼は生まれたからであり、「今日」、というのは、彼は生まれるからである。それゆえにまた、「父の」、しかも「胸に」と言われているのであり、すなわち「父の胸に」と言われているのであって、それは二つのこと、すなわち本質と関係とを包括しているのである。そしてこのことが意味するのは、出生的能力は、二つのものに関係しているのであり、それらの二つのものとは、一性と区別、直接的には一性と本質であり、間接的には区別と関係である。

そしてこのことが明らかに注目されているのは、この子が「父の胸のうちに」存在していると言われているときである。というのは、「父の」という語は、「胸」と言われているものに依存しているからである。それゆえに、「いまだかつて神を見た人は誰もいない。父の胸のうちにおられる独り子が〔父を〕語り出したのである」と言われているのは、きわめて適切なことである。というのは、子は、神的なものにおける端的で一なるすべてのものと、区別と関係に属するすべてのものを語り出しているからであり、これらの二つの範疇は、すなわち実体と関係とは、神的なものにおいてのみ認容されるのである。

最後に注目すべきことは、ダマスケヌスが彼の書の冒頭[326]でこれらの言葉を論じていることである。「いまだかつて神を見た人は誰もいない。父の胸のうちにおられる独り子が〔父を〕語り出したのである」。しかしここで言われていることは、証明ないし宣言というよりも、むしろ真理の叙述である。

199

「あなたはどこに住んでいるのか」（三八節）

注目すべきことは、この命題はまた問い質すような仕方で読むことができ、その場合には、次のような意味になる。師よ、あなたはどこを住処としているのか、と。それはあたかも、あなたがすべてのものの何処であり、場所であると言わんとしているようである。というのは、このことが言われているのは、或る人は自分自身のものを、しかもその人がつねに見出されるところで、住処としているからである。それゆえに、神は「近づくことのできない光を住処としている」（Iテモ六・一六）と言われているのである。これにしたがって次の言葉は読むことができる。「あなたの神はどこにいるか」（詩四一・四）、すなわち、あなたの神は何処である。「生まれた人はどこにいるか」（マタ二・二）、それはあたかも、肉に従って生まれた人は、神性にしたがっては何処である、と言われているようである。さらに以下において、「あなたの父はどこにいるか」（八・一九）、すなわち、あなたの父は何処である。さらに以下において、「かの人はどこにいるか」（九・一二）、すなわち、かの人は何処であるか、と。そしてこれに類似のことは多くあり、それらは語る者の意図とは別に、聖霊が特にこれらの言葉に刻みつけたものであり、それは『創世記』についての第二版（『創世記比喩解』）の序文[327]において私が記しておいたとおりである。

200 このような意味で、ここで言われている「あなたはどこに住んでいるのか」を受け取ることによって注目されるべきことは、神は三つの理由のゆえに、本来的にはすべてのものの場所であり、何処であるということである。第一に、すべてのものは自分の場所の外側では不穏である。第二に、個々のものは自分の場所に向かい、還帰する。第三に、自分に固有な場所においてすべてのものは保護されており、安全な場所のうちに存在し、休らっているのである。これらの三つのことは、本来的には神に適合するのである。そしてこのことを私は、第一に、別々に、それぞれについて権威を用いて説明し、第二に、私はすべてのものを同時に、唯一の簡潔で明白な論証を用いて説明しようと思う。

201 それゆえに、第一については、すなわち神の外側ではすべてのものは不穏であるということに関しては、次の言葉が存在する。「あなたは私の神である。というのは、あなたなくしては、私は幸福ではないからである」（詩一五・二）。その際、われわれの翻訳では[328]、次のように述べられている。「というのは、あなたは私の善きものを必要としないからである」。さらに「詩編」の他の箇所では言われている。「私の涙は私にとっては日夜、私の糧であった。というのは、日々私に言われたからである、あなたの神はどこにいるのか、と」（詩四一・四）。アウグスティヌスは神に対して『告白』第一巻[329]において言っている。主よ、「あなたは私たちをあなたに向けてお造りになった。ですから私たちの心は、あなたのうちに休らうまでは、平安ではない」。さらに彼は第六巻[330]において言っている。「〔私の霊魂は〕背中の方や、横腹の方や、前の方に転げ回った。しかしすべてのものは煩わしかった。あなたのみが平安であった」。さらに、彼は第二巻[331]においてこのように言っている。「あなたなくしては、私は沈下した」、「私の神よ」、「そして私は私にとって乏しい場所となった」。この意味において次の言葉は解釈することができる

202 であろう。「あなたは私をあなたに敵対する者とした。そして私は私自身にとって重荷になった」（ヨブ七・二〇）。第二のこと、すなわち、すべてのものは神へ向かい、還帰するということについては、「詩編」のうちで次のように言われている。「私の霊魂はあなたを渇き求めたが、私の肉もどんなにしばしばあなたにそうしたことだろう」（詩六二・二）、「あなたのほうへ私を引き寄せて下さい」（雅一・三）。そしてアウグスティヌスは『告白』第一巻[332]において言っている。「あなたのうちで休らうように、誰が私にさせるのであろうか。あなたが私の心のうちに到来し、私の心を酔わせ、こうして私が私の悪を忘れ、私のただ一つの善であるあなたを抱くように、誰が私にさせるのであろうか」。さらに彼は第七巻[333]において言っている。「おお、永遠の真理、真なる愛、愛される永遠よ。あなたは私の神であり、私はあなたを昼に夜に喘ぎ求める」。さらに第十三巻[334]においては、「私の神よ、あなたを私に与えよ。あなたを私に送れ。見よ、私があなたを愛していることを」、「私の生命があなたの抱擁のうちへと駆け込むように」、「というのは、あなたがなければ、たんに私の外側においてのみならず、私自身のうちにおいて、私は不幸であり、私の神ではないすべての富は、私にとっては欠乏であるからである」。そしてこれは次に言われていることの意味である。「流れはそこから出てきた場所へと還帰する」（コヘ一・七）。さらに、ボエティウスは『哲学の慰め』第三巻[335]においてこう言っている。

「すべてのものはそれら自身の還帰を求めており、
　それらすべてのものはその還帰を喜んでいる」。

203 第三のこと、すなわち、自分に固有な場所においてすべてのものは保護されており、その安全な場所のうちに存在し、休らっているのであるということについて、ボエティウスは『哲学の慰め』第三巻[336]において神に対して言っている。

「あなたは敬虔な人々にとって静かな平安である。あなたを知ることは、目的、始原、運ぶ人、導く人、道、終局である」。

「私は始原にして終局である」（黙一・八、二二・一三）。しかし終局、善、平安は同一のものである。さらに、フーゴは『霊魂の手付け金』[337]において神について言っている。「霊魂はいわば喜んで格闘するが、それは霊魂がつねに抱擁するのを願っているものから遠ざかるためではない。そして霊魂がそのなかにすべての願望の結実を見出したときには、それ以上は何も求めず、それ以上は何も欲求せず、つねにそのようにあることを欲して、最高の言い表すことのできない仕方で踊り上がるのである。それは私の愛する人であろうか」。

これらの三つのことについて同時に、アウグスティヌスは『告白』第四巻[338]においてこのように祈っている。「力の源である神よ、われわれをあなたのほうに向けて、御顔を示して下さい。そうすればわれわれは救われるでありましょう」（詩七九・四）。そしてこれは、第二のこと、すなわち事物が自分の場所を熱望するように、霊魂は神を熱望するということに関してである。そして直接それに続いて、次のように言われる。「人間の霊魂はどこへ向こうとも、あなたのうち以外のところにおいては、苦悩に結び付けられている」。そしてこれは第一のこと、すなわち、霊魂は自分の場所である神の外では、つねに安らかでないということに関してである。そして二三の挿入句ののちに、彼はこう言っている。[339]「私の霊魂よ、空虚であってはならない」、「言葉そのものが叫んでいる、帰れ。そこには、乱されない静けさの場所がある、と」。これは第三のこと、すなわち、霊魂は自分の本性的場所のうちでのように、神のうちで休息するということに関してである。そしてこれはアウグスティヌスが『告白』第十巻[340]において、こう言っていることと同じである。「私がたずねまわるすべてのもののうちにおいて」、「私はあなた以外のどこにも、私の霊魂にとって安全な場所は見出さない。そこでは私のうちのいかなるものも、あなたから遠ざかることのないように、私の散らばっていたものが集められなくてはならない」。

それゆえに、権威によって明らかになることは、どのようにして神は何処であり、場所であるかということであり、神はそこを住処とし、その外においては、人間の霊魂は安らかではなく、それのほうへと霊魂は、本性的願望によって向かって行くのであり、そのうちにおいて霊魂は、それに到達したならば、休息するのであるということである。しかしすでに述べられた金言は、主として特に、神が霊魂の何処であり、場所であるかということを述べているので、第二に残されていることは、ただ一つの論証によって、神が一般的にすべての存在者の何処と場所であり、そればかりか「神は存在していないものですら、あたかも存在しているもののように」（ロマ四・一七）、場所としての自分自身のほうへ呼ぶということを明瞭に示すことである。

205 さらに、その論証は次のようなものである。神はそれ自身、すべてのものの存在にして始原であり、したがって此岸にあるすべてのものは神からその存在を受け取っており、しかも確かに直接に受け取っているのである。というのは、存在と存在者それ自体の間には、いかなる媒介も介在しないからである。そしてこれは論証の大前提である。しかし存在は、それの外にあっては、すべてのものが安らかでないものであり、それをすべてのものが求め、存在しないものすらが、存在するようになるために、求めるものである。さらに、第三に、そのうちに個々のものは休息するのである。これは小前提である。それゆえに、私はこう結論する。神それ自身がすべてのものの何処であり、場所である、と。大前提は明らかである。小前提は自然と技術に属するすべてのものにおいて明らかになる。すなわち、すべてのものは動かされており、非存在から存在へと向かっている。その存在に到達すると、すべてのものは、それが存在するかぎりにおいて、不動の仕方で休息するのである。例えば、家が家の存在を持ち、獲得しているかぎり、それには不動の状態が与えられている[341]。或るものから生成すること、動かされること、生み出されること、変化せしめられること、その結果、それが家になることは、可能ではない。それが色によって塗られていないかぎりにおいて、それは確かに動かせしめられうる。そしてこのことがそれに帰属するのは、それが色のあるものの存在をまだ持たないことによってであり、そのことへとそれは変化によって動かされ、向かうのである。それに対してその存在、すなわち色のあるものの存在が獲得されるならば、家の存在そのものについてすでに言われたように、変化とすべての先行する運動は休息するのである。それゆえに、ここで言われている「あなたは何処に住んでいるのか」がどうして真であるのかということが、〔今や〕明らかになったのである、その言葉が問い質すような仕方で捉えられ、読まれるかぎりにおいて。

206 今や残されているのは、「あなたはどこに住んでいるのか」というこれらの言葉が、一般的に字義どおりに質問的に受け取られるかぎりにおいて、求めている問いに答えることである。それゆえに、神はどこに存在するのか、ないしは住んでいるのか、そして神はどこに求められるべきであり、見出されるべきであるかと問われるときには、われわれは、第一に、神はどこに存在しないか、かつ住まないかということに、第二に、神はどこに存在するのであり、どこに住むのであるかということに答えるべきであろう。というのは、神に固有なことは、神については、それが何であり、どこに存在するかということが知られるよりも、それが何ではなく、どこに存在しないかということのほうが、より真なる仕方で知られるからである。

それゆえに、われわれは第一については、こう言うべきであろう。神は時間のうちには存在しない。第二に、神は区別のうちには存在しない。さらに、第三に、神は何らかの連続したもの、ないしは量のうちには存在しない。さらに、第四に、神はより以上とかより以下とかを持っている何らかのもののうちには存在しない。第五に、神はいかなる区別されるもののうちにも存在しない。第六に、神はいかなる被造的なもののうちにも存在しない、それがこのものとかあのものであるかぎり。第七に、神はいかなる固有のもののうちにも存在しない。確かに神はすべてのもののうちに、それが存在者であるかぎりにおいて、存在するのであるが、しかしそれがこの存在者であるかぎりにおいては、いかなるもののうちにも存在しない。確かに神はすべてのもののうちに、それらが存在者であるかぎりにおいて、存在するのであるが、それらがすでに述べられたうちの或るものを、すなわち時間、分割、量、連続的なもの、より以上、ないしはまたより大とより小、区別、このものとかあのもの、固有のものを感じさせるかぎりにおいては、すべてのものの外側に存在するのであり、いかなるそれらのもののうちにも存在しない。つまり手短に、一般的に言えば、神は欠陥、醜悪、悪、欠如ないし否定を含むいかなるもののうちにも存在しない。

207

これらのすべてのことの理由は次のとおりである。そのようなものはすべて、それ自体として何らかの存在を奪い、ないし否定するからである、たとえ、それらが取り去り、否定するものの他に、何らかの他の存在を措定するとしても。神はしかし充実した存在であり、上[342]に解釈されたように、その充溢からすべてのものは受け取り、借り、それを分有し、その部分をつかむのである。というのは、それらは宇宙の部分であり、それらが唯一の宇宙の部分であるこのことによって、それらは一なる存在でもなければ、普遍的存在でもなく、何らかの或る存在はそれらのものには否定されるのであり、多くの存在はすべての個別的なものには否定されるからである。さらに、神は存在であるから、神には、或る存在が欠如しているとか不在であるとかいうことはありえない。というのは、存在は欠如していることや不在であることに対立するものであるからである。それゆえに、神は宇宙の何らかの部分でなく、宇宙の外の、あるいはむしろ宇宙に先立つ、より上級の或るものである。そしてこれゆえに、神には、いかなる欠如ないし否定も帰属することなく、むしろ最も純粋の肯定の心髄であり王冠である否定の否定[343]が、神にとっては、そして神にとってのみ固有のものであり、それは次の言葉によっている。「私は存在するところの者である」（出三・一四）、これは同箇所について私が十分に解釈しておいたとおりである。[344]「彼は自分自身を否定することはできない」（Ⅱテモ二・一三）。しかし、もし存在に何かが欠けているとするならば、もし存在が或るものに欠けているとするならば、存在は自分自身を否定することになる。これで第一のこと、すなわち、何のうちに、そしてどこにおいて神は本性的に存在しないのであり、また住まないのであるかということに関しては十分であろう。

208 このことによってまた、道徳的には、そのうちにおいて神が住むことを欲しない人間はどのような人間であり、誰であるかということが明らかになりうるであろう。というのは、誰かが時間的なものを感じさせ、愛しているかぎりにおいて、あるいはその人が自分自身において分割しているかぎりにおいて、あるいはその人が連続的なものと物体的なものの表象とに結合されているかぎりにおいて、あるいはより多いとかより少ないとかがその人に関係するかぎりにおいて、そのような人のうちには、神はもはや住むことはないからである。「というのは、神は一なる者であるからである」（ガラ三・二〇）。一においては、しかしより多いとかより少ないとか、区別とかこれこれしかじかの被造的存在者とかは存在しない。さらにまた、いかなる固有のものも存在しない。というのは、一は存在者と同様に、すべてのものに共通であるからである。さらにその上に、一においては、それが一であるかぎり、悪、欠陥、醜悪、欠如、また否定も、否定の否定以外は存在しない。というのは、一は区別と数と多なる存在を否定するからである。それゆえに明らかなことは、自分自身に固有のものと自分自身のものであるものを愛する人々（フィリ二・二一）、さらに悪しきことを行い、被造物を愛する人々には、欠如とかこれこれしかじかのものとか多数性が入り込んでくるのであり、彼らはそれらのうちには神が住まないような人々であるということである。その論証はすでに述べられたことから明らかである。聖典から、あるいは聖人たちから金言を引用するのは容易であろうが、あまりに広大になりすぎるであろう。

209 それゆえにわれわれは、第一に、どのような人々のうちに神は住まないかを見たのちに、第二に見るべきことは、どのような人々のうちに神は本性的にも道徳的にも住むのかということである。神は、第一に、高所に住む。「彼は高所に住む」（詩一一二・五）、「私は至高なる所に住む」（シラ二四・七）。セネカは『書簡』[345]においてこう言っている。悪はけっして高所には存在せず、つねに低所に、下界に存在している。善は反対にけっして低所には存在せず、つねに高所に存在している。第二に、神は天に住んでいる。「あなたに向けて、私の眼をあげる、天に住みたもう者よ」（詩一二二・一）。第三に、〔被造物の〕ただ中において〔神は住んでいる〕。彼は「彼らのただ中に」（出二五・八）住んでいる。「私はイスラエルの子らのただ中に住もう」（王上六・一三）。第四に、神は闇のうちに、ないし霧のうちに住んでいる。「モーセは闇に近づいたが、そのうちに神は存在したのである」（出二〇・二一）、「主は、雲のなかに住みたいと言った」（王上八・一二）。第五に、聖人たちのうちに〔神は住んでいる〕。「イスラエルの誉れよ、あなたはしかし聖なるもののうちに住む」（詩二一・四）。第六に、「彼は近づきがたい光を住処としている」（Iテモ六・一六）。あなたは高所に、至高なる所に、天に、ただ中に、すなわち最も内奥に、闇と雲のなかに存在すべきである。というのも、「光」である神は、「闇のうちで輝く」（一・五）からである。「あなたの光は闇のうちで生じるのであり、あなたの闇は、真昼のようになる」（イザ五八・一〇）、というのも、「彼は真昼に休んでいる」（雅一・六）からである。あなたは聖なる者であり、地なしにあり、すなわち地上的なものへの愛着なしに存在すべきである。あなたはイスラエルの子であるべきである。というのも、「イスラエルの子らが住んだところではどこでも、光が存在したからである」（出一〇・二〇）。あなたは「闇の業」を投げ出すべきであり、「光の武器」を着るべきである（ロマ一三・一二）。

210 さらにその上に注目すべきことは、神はどこにでも存在し、どこにも存在しないということである。アウグステイヌスは『真の宗教について』[346]において、神がそれであるところの真理について述べて、このように言っている。「真理は場所によって包含されず、しかしどこにも現存している。真理は場所の持つ〔空間的な意味における〕大きさによってはどこにも存在しないが、力によっては存在しないところはない」。というのは、グレゴリウス[347]が言うように、神がそのうちにおいて存在しない場所はないからである。「私は天と地とを満たす」（エレ二三・二四）、〔知恵は〕「その純粋性のゆえにどこにも達している」（知七・二四）。それゆえに、あなたは地上的な愛着によって結び付けられてはならないし、落ち着いた心でどこにも存在すべきである。そうすれば、あなたのうちには神が住むであろう。

211 サン・ヴィクトルのフーゴは彼の『学習論』第四巻[348]において、こう言っている。「故郷が甘美な人はまだ甘やかされた人であり、すべてのところが故郷である人は強い人であり、さらに全世界が隠れ場である人は完全な人である」、「第一の人は愛を世界に結び付けたのであり、第二の人はそれを浪費したのであり、第三の人はそれを消し去ったのである」。キケロは『トゥスクルム問答集』第五巻[349]において言っている。「人にとって快適な所はどこでも故郷である」、「ソクラテスは、どこの国に属しているかを尋ねられたとき、言った、全世界である、と」、同じ箇所でキケロが言っているように、「というのも、彼は自分自身を全世界の住民ないし市民であると見なしていたからである」。

212 さらに注目すべきことは、すでに述べられた八つのこと、すなわち神は、高所に、天に、ただ中に、闇のなかに、聖人のなかに、近づきがたい光のなかに、至る所に住んでおり、どこにも住んでいないということ、同様に上に言われたように、神は時間のうちには、分割のうちには、連続的なもののうちには、多少を持ついかなるもののうちにも、さらにまた区別的ないかなるもののうちにも、これこれしかじかであるいかなるもののうちにおいても、さらにまた固有のいかなるものにおいても存在しないのであり、住まないということである。神がそのうちにおいては住まないこれらすべての七つのことは、神がそのうちにおいて住むところの他の八つのこととともに、自然的に、かつ字義どおりに理解されるならば、注目すべき神の本性の十五の固有性と、反対に被造的存在者の同数の固有性について教えるのである。道徳的にはそれに対して、そのように理解された十五の個々のことは、どのようにして、かつどこで人間は神を、またその神のうちに平安と救済とを問い求めるべきであり、見出すべきであるかを、美しく人間に教えているのである。しかしまた神は、羊飼いたちによって牧舎において（ルカ二・一六）、賢者たちによって家において（マタ二・一一）、両親によって神殿において（ルカ二・四六）、見出されるのである。これらのこともまた、そしてこれらに類することも、容易に道徳的に適用できるのである。

213 再び、われわれは〔今まで述べたことを〕初めからとり上げて、「あなたはどこに住んでいるか」と質問的に言われていることと、その問いの下で言われていることの露な意味について解釈してみたい。

この問いの解決のためには、二つのことが注目されるべきである。第一は、世界が創造される以前には、神はどこに住んでいたのかということであり[350]、第二は、そのとき神は何をしていたかということであり、第三は、神のみが存在しており、神に仕え助けるいかなる霊も、被造物も存在しなかったときに、神の生命はどのようであり、どんなに甘美なものでありえたかということである（ダニ七・一〇）。さらに、「あなたはどこに住んでいるか」という問いに対して、第二に主要的に言うべきことは、神は最も本来的には、自分自身のうちに住んでいるということである。

214 それゆえに、上の第一に関して知らなければならないことは、昔から神については、神の他に何もなかったときに神はどこに存在していたのかと言われ、問われてきたのであり、それに対して、神は自分自身に満足しているのであるから、神は今存在しているところに、すなわち自分自身のうちに当時も存在していたと答えられてきたのである。しかし注目すべきことは、上に述べられた問いは通俗的なものであり、次に述べる七つの理由のゆえに、誤った表象から出てきたものであるということである。

第一に、被造的世界以前には、何らかの何処は存在していなかったからである。それゆえに、或る生かじりの人が、世界の永遠性を証明しようとして、なにゆえに神は世界をより以前に造らなかったのか、そしてしかるべき時の後に造ったのかと問うならば、私はその人に向かって、神は世界をより以前に造ることができなかった。というのは世界と時間ができる以前には、それ以前ということもなかったからであると答えるべきだろう[351]。

第二に、被造的世界ができる以前には、神はどこに住んでいたのかと問われるときには、すでに言われたことから、世界ができる以前には、誤って表象されなければ、それ以前ということもなく、より以前ということもなかったと言うべきであろう。

215 第三に、霊は何処を持たないからである。しかし神は霊である（四・二四）。その際、注目すべきことは、天すなわち第一の物体も本来的には、場所のうちにはなく、何処のうちにもないということである。とはいっても、アヴィケンナ[352]は第一の物体には、場所は否定しているが、それに対して何処は認めている。

第四に、そのような人々に言うべきことは、神の外側においては、存在の外側であるので、〔神とは異なる〕他のものは存在しないし、何か或るものも存在しないということである。すなわち、存在の外側にあるものは、無であり、存在しないのである。

第五に、その問いは無意味である。というのは、今においても、すなわち被造的世界においても、いかなるものも神の外側では、ないしは神なくしては存在しないからである。というのは、どのようにして或るものは、存在なくして存在するのであろうか。

さらにその上に、第六に、これらの人々に言うべきことは、世界はつねに存在していたということである。というのは、そのうちで世界が存在しなかった、ないしはその時に世界が存在しなかった時間は存在しなかったからである。

216

さらに、第七に、世界は永遠から存在していたのであり、また神は世界をより以前に創造することはできなかったということは認めることができるであろう。というのは、神は世界を永遠の最初の今において創造したのであるが、その今において神自身が〔現在も〕存在し、神が神であるからである。しかしこれらのことは、あたかも永遠の最初の唯一の今と世界の創造との間に、時間と場所の或る間、ないし隔たりが存在するかのように、誤って表象されることもある。これはしかし誤りである。[353] そしてこれはボエティウスが『哲学の慰め』第三巻[354]において言っていることの意味である。

「地と天の創始者よ、あなたは時間に永劫に経過することを命じられる」。

これはあたかも次のことを言わんとしているかのようである。神は時間に、永遠そのものであり、ないしは永遠の今である永劫そのものから直接に降下することを命じるのであり、その結果、時間と永遠とはあたかも或る種の連続的なもの、かつ相互に隣接するもののように存在しているのである、と。すなわち、今日の日が昨日から、今日の天の回転が昨日の回転から連続的に流れるように、たえず永遠から、永劫から時間は流れてきたのであり、そのように神はいかなる変化もなく、中間に介在する休息もなく、――それは次の言葉によっている。「私の父は今に至るまで働いている」(五・一七)――唯一の、すなわち同一の単一の働きによって、しかも永遠においてと同時に時間において働いているのであり、このようにして神は永遠なるものと同様に時間的なものも、非時間的に生ぜしめるのである。これは、神の他に何も存在していなかったときに、神はどこに存在していたのかと問われている第一のことについてである。

217 さらに、第二に問われていること、神は世界が存在する前には、何をしていたのかということについては、その答えはすでに言われたことから明らかであろう。というのは、世界が存在していなかったときには、以前も存在していなかったのであり、時間も存在しなかったのであり、間も、永遠と時間との間に介在することはないからである。アウグスティヌスはしかし、『告白』第十一巻[355]においてこの問題を論じてこう言っている。「天と地とを造る前に、神は何をしていたのかとわれわれに言う人々は、自分自身の古い誤謬で満ちている。というのは、彼らの言っているように、もし神が暇で、いかなるものにも働きかけていなかったのならば、なにゆえ神はつねに、またそののちにもそうではなかったのか」、「というのは、もし以前には神が創造しなかった被造物を創造しようという新しい意志が神のうちに存在したならば、以前には存在しなかった意志が生じることになるのだから、どのようにして真の永遠が存在することができようか」、「このようなことを言う人々は、神よ、あなたをまだ理解していない。彼らはどのようにして、あなたによって、あなたのうちに生じるものが生じるのであるかということをまだ理解していない。しかも永遠なるものを味わうことを試みる[356]」。アウグスティヌスの言わんとしていることは、彼らは生じた、ないし造られたものを理解していないにもかかわらず、彼らは創造者とそれによってすべてのものが生じ、かつ造られた理念と技術を理解することをあえて試みるということである。「その上に、過去と未来のさまざまな事物の運動のうちを、彼らの心は飛びまわるのであるが、今なお空虚なのである」、彼らは、「いかなるものも永遠においては過ぎ去らないのであり、全存在が現在的であることを見ない。しかし、いかなる時間も全体としては現在的ではない[357]」。彼らは、どのようにして未来のものでもなく、過去のものでもなく、止まれる永遠が未来の時間と過去の時間を規定しているのかが判らない。

これらのことをあらかじめ述べておいて、アウグスティヌス[358]はこう語る。或る人が、「神が天と地とを造った以前には、何をしていたか」と問うならば、「この問題の激しさを笑いものにする人は」、冷笑的に答えて、「究めがたいことを探究する人々のために地獄を準備していたと言う」。さらに以下において、アウグスティヌス[359]は他の仕方で答えている。つまりそのように問う人を笑いものにするのではなく、この問題そのものを打ち砕いて、こう言っている。「もし天と地という名称によって、すべての被造物が理解されているならば、私はあえて大胆に言うが、神が天と地とを造った以前には、何も造らなかった。というのは、もし彼が造ったならば、被造物以外の何を彼は造ったのであろうか」。というのは明らかに、「何らかの被造物が生じる以前には、いかなる被造物も生じなかったからである」。さらに以下において、[360]彼は神に対して述べている。「あなたはすべての時間の創造者であるので」、「あなたが時間を造る以前には、いかなる時間も経過することはできない。それゆえに、もし天と地以前に、いかなる時間も存在していなかったならば、その時あなたは何をしていたのかと、なにゆえに問われるのか。というのは、時間が存在していなかったのであるから、『その時』もまた存在していなかったからである。あなたは時間的に時間に先行しているのではなく」、「つねに現前している永遠性の高みにおいて、すべての時間に先行しているのである」。「あなた自身は同一のものであり、あなたの年月は衰えることがない」(詩一〇一・二八)、「あなたの年月は一日のようであり(IIペテ三・八)、あなたの日は日々ではなく、今日である」、「あなたの今日は明日に従属しない。というのも、それは昨日に続くものではないからである。あなたの今日は永遠である。[361]それゆえに、あなたは、『今日、私はあなたを生んだ』(詩二・七)とあなたが言った、あなたと同じく永遠なる人を生んだのである。すべての時間をあなたは造ったのであり、すべての時間に先立ってあなたは存在しているのである。また或る時、時間が存在していなかったということもない。それゆえに、いかなる時間においてもあなたは何もしていなかったということはない。というのも、時間そのものをあなたは造ったのだから」。以上が第二の問題についてである。

219 さらに、第三に問われていること、すなわちどのような状態で、かつどんなに創造者の生は、それに従属するいかなる被造物にも仕えられず、助けられなかったときにも、甘美なものであったかということに対する答えは同様にして、上に言われたことから明らかである。というのは、この問題が誤って表象しているように、そのうちに被造物の存在しなかったいかなる時間も存在しなかったからである。

その上、このように質問する人に言うべきことは、一般的に、原因と上級のものそのものは、その原因から生じたものとその上級のものに属する下級のものからは、まったくいかなるものも受け取らないということである。それゆえに、どのようにして、ないしは何らかの甘美を、下級のものにして被造的なものは創造者に与えるのであろうか。というのも、それ、すなわち創造者なる神なくしては、いかなるものもまったく存在を有しないからである。しかし存在なくしては、いかなるものも甘美ではありえない。というのも、どのようにして存在しないものは、甘美でありうるであろうか。存在のないところで、どのようにして善くあることがありうるのであろうか。

220 私は或るとき、俗人たちの眼前で私にこの問題を問うた俗人に対して、次のような仕方で答えた。もしこの世界にいかなる蝿ないしは蚊も存在しなければ、われわれは何らかの点においてより悪い状態になるであろうか。すると、かの人は確信をもってこのように答えた。自分にとっては、事態はより悪くなることはなく、むしろより善くなるであろう、と。さらに私はその人に、どんなにすべての被造物は、全宇宙でさえ、神と比較されるならば、人間と比較された蚊よりも小さなものであることを説明し始めた。二十四人の哲学者の一人[362]が言っている。「神は存在者を媒介にして、無の反対のものになる」。その意味は、神と比較された全宇宙は、宇宙そのものと比較された無のようなものであり、このようにして、宇宙そのものは、すべての存在者は、神と無の間の中間のようなものであるということである。

221 それゆえに、これらの三つの問題を探究した後、われわれは前の問題に帰ろう。そこでは神について、すでに述べた言葉、「あなたはどこに住んでいるか」と問われているのである。それゆえに言わなければならないことは、神はすべての存在者のうちに、さらに上で[363]言われたように、特に高所のうちに、天のうちに、内奥のうちに、そしてそれに類するもののうちに住んでおり、存在しているといえども、しかし最も本来的な仕方では自分自身のうちに住んでいるのであり、存在しているのであるということである。その理由は次のとおりである。存在は、存在においてよりも、どこにおいてむしろ、より真なる仕方で存在するのであろうか。神はしかし存在そのものである。例えば、知恵によって、かつ知恵そのものにおいて以外に、何によって、あるいはむしろ何において、そしてどこで或る人は賢くあるのだろうか。「知恵のうちに止まる人は幸いなるかな」（シラ一四・二二）。そしてこれは、アウグスティヌスが『告白』第十巻で[364]神に対して述べていることである。「私を超えてあなたのうちでなければ、どこで私はあなたを見出し、あなたを知るようになったのか」。

222 さらに例えば、誰も義を、義そのもののうちにおいて以外では、さらに義とは別の他のもの、疎遠なもの、異なったものにおいては、見出さないことは明らかである。誰がAをBのうちに求め、見出し、知ろうとするだろうか、あるいは反対に、BをAのうちにそうするだろうか。誰が人間をライオンの形象のうちに見出し、知ろうとするだろうか。あるいはマルティヌスとしてのマルティヌスを、ペトルスの似像のうちにそうするだろうか。誰が葡萄をいばらのうちに、いちじくをあざみのうちに求め、ないしは見出そうとするだろうか。「彼らはいばらから葡萄を、あざみからいちじくを集めるのか」（マタ七・一六）。このようにして義は、それ自身においてのみ、見出され、知られるのである。それゆえに、神もまた、それ自身において以外は、どこにもより本来的な仕方で、あるいは本来的な仕方で見出され、知られることはない。眼が自分自身を見たり、知ったりしないのは、眼は自分自身に還帰することができないからである。さらにまた、『原因論』[365]においてこう言われている。「自らの本質を知るすべての知者は、完全な還帰によって自らの本質に帰ることができる」。しかし明瞭に、「完全な」と言われている。というのも、自分自身への還帰が止まるところではどこでも、認識もまた止まるのである。というのも、そこでは、直ちに異質のものが、したがって知られざるものが忍び込んでくるからである。それゆえに、これはアウグスティヌス[366]が次のように言ったことの意味である。「私はあなたをどこで見出し、知るようになったのか」、すなわち「私を超えてあなたのうちにおいて以外で、あなたを」ということは、すなわち私を超えているあなたのうちにおいてということであり、それはちょうど生む義が義人を超えて、ないしは生まれた義を超えているのと同様である。「義人の義は彼を超えていることであろう」（エゼ一八・二〇）、「父は私よりも大きい」（一四・二八）、すなわち、父は生まれざる生む者であるからであるが、しかし子は〔父よりも〕より小なる者ではない。というのも、子はちょうど父がそれであるところのものであるからである。それというのも、そのまさに同じものにおいては、いかなるより小なる者も存在しないからである。

「来て、見よ」（三九節）

223 最初に「来よ」と言われ、そののちに「見よ」と言われる。その理由は、〔神に〕近づこうとする人は、信じなければならないからである（ヘブ一一・六）。他の翻訳[367]によれば、「あなたがたは信じなければ、理解しないであろう」（イザ七・九）となる。

あるいは、われわれは、「来よ」とあらかじめ言われ、「見よ」とそれに続いて言われるのは、適当であると言わなければならない。というのも、誰も、もし子でなければ、そのうちに子が住んでいる父を見、知ることはないからである。「子以外の誰も父を知らない」(マタ一一・二七)。しかし父からの引きがなければ、誰も子であるかぎりでの子のほうに来ることはない。子は以下において次のように言っている。「私の父がその人を引き寄せなければ、誰も私のほうに来ることはない」(六・四四)。そしてこれが子がここで言っていることの意味である。すなわち、私のほうに「来よ」、そうすればあなたがたは見るであろう。すなわち、子であるかぎりでの子のほうに来るということは、そのように来る人が子になるということである。「子らよ、来よ、そして私の言うところを聴け」(詩三三・一二)。

224 あるいは、第三に、このように言われていると言うべきであろう。「来て、見よ」、というのは、神的人間においては、彼が神的であるかぎりにおいて、存在と認識、来ることと見ることとはまったく同一のことであるからである。すなわち、神の独り子もこのようである。彼にとっては、父を見ることは、父から存在することであり、父から遣わされ、生まれることであり、父から来ることである。そしてこれはここで続いて言われていることの意味である。「彼らは、彼が留まった所に来て、見た」。

さらに、第四は次のとおりである。愛は愛されるものへの或る種の運動であり[368]、愛されるものはただ愛することによってのみ所有される。それゆえに、或る人が愛する者であるか否かによって、彼は愛されるものを見るか、あるいは見ないのであり、したがって愛することは彼にとっては、愛されるものを知ることなのである。これは、それゆえに、ここであらかじめ言われている「来て」と、それに続く「見よ」の意味である。「来て、見よ。彼らは、彼が留まった所に来て、見た」と言われている。そしてこれは次のように言われていることの意味である。「主が甘美であることを味わい、見よ」（詩三三・九）。というのは、味覚はそれ自体としては、甘美なものに属するが、視覚はそれ自体としては、味覚とは異なる他のものに属するからである。

225 第五は次のとおりである。霊魂は、哲学者（アリストテレス）が『霊魂論』第二巻[369]において言っているように、それによってわれわれがまず第一に感覚し、知性認識するところのものである。しかしこの感覚的能力は、霊魂の存在ないし本質によって感覚されるのである。さらに、義の義人に対する関係は、霊魂がその身体に対する関係と同様である。それゆえに、義人が第一にそれによって見、認識するものは、義人の存在ないし義である。したがって義人にとっては、義人であることが見ることよりも先立つのである。ないしはむしろ、彼は存在するから、見るのである。ないしは、われわれがそれをより本来的に言うならば、義人がそれによってあるそれ自身の存在そのものによって、義人は見るのである。彼の存在そのものが彼にとっては見ることである。一例をあげるならば、重さの形相がある。その形相は重いものに対してまず第一に、重くあることを与えるのであり、次にそれにしたがって、下方に向かい、傾くことを、次いで現実に下方に動き、最後には下方において休止することを与えるのである。

しかし注目すべきことは、これらの最後にあげた四つの論証は、一つの根から発しているのであるが、しかし異なった様態において発しているということである。このことに注意深い読者は気づくであろう。そして、或る時には或る論証を、別の時には別の論証を、自分の好みにしたがって取り上げられたい。

「私に従え」（四三節）

226 この言葉とこの言葉の探究は、「説教集[370]」に属している。しかしこの言葉をここでは、当面のところは二様の仕方で追求しようと思う。第一に、自然的な意味に向けて解釈することによって、第二に、説教の様態によって。

それゆえに、第一のことに関して知るべきことは、神はすべての被造物を創造することによって、まさに神が創造するというこのことによって、すべての被造物が、その全存在の第一原因としての神のほうに従い、秩序づけられ、向きを変え、還帰することを、すべての被造物に語りかけ、課し、世話をし、指示するのであり、これは次の言葉によっている。「流れはそこから出てきた場所へと還帰する」（コヘ一・七）。ここから帰結することは、被造物は神自身を、自分自身よりもよりいっそう本性的に愛しているということである。ここからまた帰結することは、呪われた人々は、彼らが直接的に神から有している存在を本性的に熱望しているのであり、したがって、アウグスティヌスがとりわけ『自由意志論』第三巻[371]において言っているように、神を熱望しているのである。さらにその上に、『倫理学』第一巻[372]において言われているように、「すべてのものは善きものを求めているのである」。神はしかし、アウグスティヌスが『三位一体論』第八巻[373]において言っているように、「すべての善の善」である。というのは、存在は言葉であるからであり、上[374]に「初めに言葉があった」（一・一）について解釈されたように、その言葉によって神は語り、すべてのものに語りかけているからである。さらにまた、始原と目的は同一のものであり、善と目的は同一のものである。それゆえに、すべての被造的なものはその目的を追求し、追い求めるように、その始原をも追い求めるのである。

227 第二に、上にあげた言葉を説教の様態において解釈しよう。その際、一般的にあらかじめ注意すべきことは、説教においては饒舌を避けるために、さらにまた、そのような説教においては、多くの人々によって多くのことがはるかに優雅な仕方で解釈されているのを見出すのであるから、私は僅かなことに触れるのに留めておきたいということである。

それゆえに、われわれの言いたいことは、「私に従え」というこれらの言葉において、第一に、われわれは従属するという行為に向けて鼓舞されているのであり、「従え」ということは、第二に、目標ないし対象について教えるものであり、すなわち、「私に」、「私に従え」と言われているのである。それゆえに、第一に、われわれは或る人々が、彼らが完全なものであるかぎり、神に従うのを見るのであり、しかし別の人々は、彼らが不完全なものであるかぎり、神の側を通り過ぎて行くのであり、さらにまた別の人々は神を越えて行くのであり、これらの人々は悪人である。

228 自分の行為において、けっして神を眼前に思い浮かべることなく、何が善であり、ないしは悪であるかを、あるいは何が神に喜ばれるか、ないしは喜ばれないかを心配したり、考えたりしない人々がいる。すなわち彼らは、ちょうど老女が腐った卵や果実を投げ捨てるように、このようなすべてのことを背後に投げ捨てるのであり、ただどのようにして名誉や富や享楽が得られるかを考える。彼らは神の敵であり、悪魔であり、悪魔そのものであり、神の敵そのものであり、それはちょうどペテロに次のように言われたとおりである。「悪魔よ、私の後に退け」（マタ一六・二三）。「私の後に」と言われているのであって、「私の前に」と言われているのではない。

229 神の側を側面から通り過ぎていく別の人々がいるが、彼らは確かに悪人ではないが、不完全なものである。例えば、或る人が侮辱や貧困や身体の病弱に耐えていて、しかも神が欲しないのならば、ないしは神に喜ばれないのならば、彼はこの三重の苦痛なしで済ますことを欲しないのであるが、しかし彼は、彼が病弱でいるよりも健康でいることを神が欲することを好むとする。これらの人々は神に従っているのではなく、彼らは神によって導かれるよりも、むしろ神を導くことを欲しているのであり、彼は、自分が欲することを神もまた欲することを、欲しているのである。そのような人々は、神と同じ歩調で、しかもその側面を走っているのである。彼らは確かに、神が欲することを欲している。しかし彼らは、神が、彼らが欲するものを欲することを好むであろう。或る老女について語ろう[375]。彼女は自分の息子に、彼女がヨハンナと呼んでいた山羊を牧場に連れて行くように頼んだ。しかしとうとう、その山羊はいばらの藪の葉を見て、いばらの藪を通り抜けて、その息子を自分のほうに引っ張り込んだ。息子はいばらによって傷ついて、叫んだ。ヨハンナ、私の母は、私がお前たちを導かなくてはならないと言ったのに、お前たちが私を導いている。悪しき仕方で歩むならば、悪しき運命が待ち受けている。そのような人々は、神が神と同等の者を有していないということに注意を向けない。それゆえに、神とは、誰も同じ歩調でその側を走ってはならない。というのは、下級のものは本性的に上級のものによって導かれなくてはならないのであって、その反対ではないからである。海は、その上げ潮と引き潮において、月単位の、あるいは日単位の、天における月の運動に従うのであって、その反対ではない。これに類することは他にもある。

230 第三に、また別の者が存在する。これらの者は悪徳ある者のように、神に先行するのではなく、不完全な者のように、神に同伴するのではなく、神に従う者である。彼らについてこう言われている。「彼らは網と父とを残して、彼に従った」（マタ四・二二）。そしてこれがここで言われていることである。「私に従え」、と。これらの人々は、自分の背後に何も、自分の外側ないし側面に、ここかしこに、取り囲んでいる何ものも見ず、自分自身の前に、自分自身の上に神のみを見るのである。それゆえに、アウグスティヌスは『告白』第十巻[376]においてこう言っている。主よ、「自分が欲したことをあなたから聴くことよりも、あなたから聴いたことを欲することを顧みる人こそ、あなたの最善の僕です」。彼らについて言われている。「彼らは、子羊がどこへ行こうとも、子羊に従う」（黙一四・四）、「あなたがどこに行こうとも、私はあなたに従う」（マタ八・一九）。もしキリストが先頭に立って、健康、繁栄、豊かさ、ないし快楽へと導くならば、確かにキリストに従う多くの人々が存在する。しかし、もしキリストが苦悩へと、罰へと、あるいはこれに類するものへと先頭に立って導くならば、彼らは、「この話は煩わしい。誰がそれを聴くことができようか」と言って、逆のほうに立ち去ってしまう（六・六一）。しかしわれわれは、神の子羊、神そのものがわれわれの先頭に立っているならば、大いに安心しなければならない。「もし神がわれわれの味方をするならば、誰がわれわれに逆らうであろうか」（ロマ八・三一）、もしわれわれが「善を求める者であったならば、誰がわれわれに害を加えるであろうか」（Iペテ三・一三）。その際、「善」は単数において、従属的なものよりも並列的なものの側から把握されているのである。すなわち、もしわれわれが善そのものを客観的に追求し、求めるならば、それがどこに導こうとも、それに完全に従うことがわれわれにとっては、同じく好ましいことなのである（黙一四・四）。しかし、もしそうでないならば、われわれはもはや善そのものにそれ自身において、それ自身のために従い、求めているのではなく、それに付加された、われわれにとって有益な、ないしは喜ばしき何かに従っているのである。「あなたがたが私を探しているのは、あなたがたがパンを食べ、満腹したからである」（六・二六）。そのような人々は神に従っているのではなく、神から与えられた何かに従っているのであり、善を求めているのではなく、これこれしかじかの善きもの、すなわち有益な、ないしは喜ばしきものを求めているのである。

231 しかし、どのようにして神そのものが満足せしめない人々に、〔神の〕贈り物が満足せしめるのかということは、不可思議なことである。アウグスティヌス[377]が言うように、神が満足せしめない人はきわめて貪欲である。というのは、神の名であるsadayはsadosすなわち満足からとられているからである[378]。「われわれの満足は神に由来している」（IIコリ三・五）。聖人たちを愛し、賞賛して、聖人たちがそれゆえに愛されている聖性を愛さないのは、愚かなことであり、それはクリソストムスが「マタイによる福音書」第二三章について[379]、こう言っているとおりである。「敬虔の第一の段階は、聖性を愛することであり、次いで聖人たちを愛することである」。それはちょうど第一の段階が善を熱心に求めることであり、第二の段階がこれこれしかじかの善きものを求めることに似ている。というのは、善でなければ、これこれしかじかのものは愛されないからである。そのような人々は神に従うのであるが、それはちょうど鷹が内臓、ないし塩づけ肉を持った女に従うようなものであり、また狼が腐肉に、蠅が鍋に付きまとうようなものである。このような人々に対して、キリストはここでは「私に従え」と言っているのである。「私に」という言葉は、すべての付帯的なもののない純粋で裸の実体を表示しているのであり、〔そのような〕「私に従え」と言われているのである。「従え」とは、行為を命じているのであり、「私に」とは、対象を指示しているのである。

232 その際、注目すべきことは、作用的能力はそれ自体として、その全存在を、その対象から受け取るのであり、その対象そのものの存在を、そればかりかその対象を受け取るということである。それゆえに、その存在が神であるような、その存在が神の存在であるような、その存在が神のうちにあることであるような能力にとって、何が煩わしく、ないしは苦くありうるのであろうか。上に[380]すでに言われたように、「それゆえに、われわれを傷つけるものが誰かいるであろうか」（Ⅰペテ三・一三）、誰が、ないしは何がわれわれに逆らうであろうか（ロマ八・三一）。「彼は自分の幕屋内の隠れ場のうちに私を保護した」（詩二六・五）。それゆえに、同じ箇所においてあらかじめこう言われる。「主は私の生命の保護者である。誰を私は恐れようか」（詩二六・一）。

233 さらにそのような人々は、この世においてもまた、どんなに至福であるかということが注目されるべきである。というのは、彼らの欲することがつねに生じるからであり、彼らはすべてのことにおいて同等に喜ぶのであるから、彼らはつねに喜ぶからである。これは完全な喜びであり、それについてこう言われている。「求めよ、そうすればあなたがたは受けるであろう、あなたがたの喜びが完全なものとなるように」（一六・二四）。アウグスティヌスは

『告白』第十巻において[381]、この喜びについてこう言っている。「不信心な者には与えられず、報いを求めることなく、あなたを敬慕する人々にのみ与えられる喜びがある」、主よ、「彼らの喜びはあなた自身である。そしてあなたに向かって、あなたについて、あなたのために喜ぶことは、至福なる生である」、さらに以下において[382]、「これは真理であるあなたについての喜びである」、すなわち、「すべての人が欲する真理についての喜びである」。さらに再び以下において[383]、「真理は愛されるが、それは、他のものを愛するすべての人が、彼が愛するこのものが真理であることを欲するような仕方で、愛されるのである」。それゆえに、「私に従え」と言われている。というのも、私は真理であるからである（一四・六）。アウグスティヌスは『教会の道徳について』[384]においてこう言っている。神に、「もしわれわれが従うならば、われわれは善く生きるであろう。もしわれわれが到達するならば、われわれはたんに善く生きるのみならず、また至福に生きるであろう」、そしてその少し後で[385]言われている。「神の意志に従うことは、至福を熱望することである。さらにそれに到達することは、至福そのものである。しかし愛することによってわれわれは神に従う。さらに神の真理性と聖性によって内奥において照らされ、かつ包摂されて、驚くべき、しかし理解可能な仕方で神を捉えて」、「われわれは神に到達するのである」。

234 どのようにして或る人は神に先行し、或る人は神に同伴し、それに対して或る人は神に従うかを検討した後、注目すべきことは、神に従い、神を把握しようとする人々は、躊躇なく、即座に、神に従い、把握しなければならないということであり、さらに彼らは神の近くにあって神に従わなくてはならないということであり、さらに、第三に、すべてのものを放棄することによって神に従わなくてはならないということである。

第一に、使徒たちについて言われている。「即座に網を捨てて、彼らは彼に従った」（マタ四・二〇）。注目されたいのは、足を火のなかに入れている人は、熟考したりしないばかりか直ちに足を引き出すことである。このようにして投獄されている人は、牢番に、自分が牢から出ることについて相談したりはしない。しかしそれが可能なときには、即座に逃げる。このようにしてキリストに、真理に、救いに従うことを欲する人について、アウグスティヌスは『告白』第八巻[386]の終わりのほうにおいて、こう言っている。「直ちに」、「あたかも平安の光が私の心に注がれたようになって」、「私は哀れな声をあげた。どれだけ続くのだろうか。なぜ今ではないのか。なぜ私の醜悪の終わりがこの今の時に到来しないのか」。そしてそれより前に[387]、同じ巻で彼はこう言っている。「今に、さあ今に、もう少し待って。しかし『今に、今に』ということは、終わりを持っていなかった。そして『もう少し待って』ということは、長きにわたったのである」。これは遅らせている人々に対して言われているのである。それゆえに、アウグスティヌス自身もまた、それよりも前に[388]、同じ巻において言っている。「私は神に従うことに決心した。そしてこのことを、この時からこの場所において、私は始める。あなたがそれに倣うのが不快ならば、それに反対しようとするな」。

235 注目すべきことは、働くものがよりいっそう強力になるほど、またそれがより上級のものになるほど、それはよりいっそう急速に、躊躇なく、速やかに動かすということである。その実例は天球にある。天球は、より上級のものになるほど、第一の天球の運動によって、より速やかに動かされるようになるが、自分に固有の運動においてはより遅くなる。このようにして海は、重さの固有の運動によって下方に流れるよりも、月によって動かされて、よりいっそう速やかに、あたかもよりいっそう甘美に、上方に動かされるのである。それゆえに、神はすべてのものにおいて至高のものであるから、神によって動かされる人間は、即座に、躊躇なく、速やかに従わなくてはならない。「神のほうに向くことを躊躇してはならない」（シラ五・八）。

236 なぜ主に従う人々が即座に、躊躇なく、速やかに従うことができ、かつ従わなくてはならないかということには、他の理由もある。というのは、われわれは主に対して意志によってのみ従うからである。「私の後ろに続いて来ることを欲する人は」(マタ一六・二四)。「欲する」と言われている。というのは、われわれは欲することによって神に従うからである。そしてこれはアウグスティヌスが『告白』第八巻[389]で言っていることである。「ただたんに神のほうに行くのではなく、神に到達することは、神のほうに行くことを欲することであり、しかも半ば傷ついた仕方ではなく、力づよく完全に欲することに他ならなかった」、さらに以下において[390]、「そこでは能力は意志と同一であり、欲することそれ自体がすでになすことである」、さらに同一の巻において[391]、「もし私が神の友であることを欲するならば、見よ、今、私はそうなるのである」。さらに『三位一体論』第九巻[392]において、アウグスティヌスは言っている。「自分が愛する義を完全に知っている人は、すでに義人である、たとえ身体の手足によって外側に働きかけるいかなる必要性がなくとも」。というのは、義人になることを愛することと欲することとは、〔すでに〕義人になることであるからである。そこでは、意志は能力であり、そこでは受胎することは出産することであり、そこでは花は果実である。「私の花は果実である」(シラ二四・二三)。遅滞と困難と辛苦の唯一の理由は、われわれは神にのみ従っているのではなく、神とともにこれこれしかじかの別のものに従っているのであり、われわれのために、われわれの願望のために神に従っているということである。「われわれが神の言葉を偽造する」(IIコリ二・一七)。われわれは金銭で雇われた者であり、商人である。しかしキリストは商売人や両替人を神殿から、このように言って追い出した。「ここからこれらのものを運び去れ。私の父の家を商売の家にするな」(二・一六)。以上は第一の点についてであり、すなわち、われわれは躊躇なく、即座に神に従わなくてはならない。

237 第二に、われわれは神に遠くからではなく、近くから従わなくてはならない。すなわち、「マタイによる福音書」第十八章に、三回、主を否んだと書かれているペテロについて、そののちにこのように言われている。「ペテロは主に遠くから従っていた」（マタ二六・三四、五八）。さらにこう言われている。「救いは罪人たちから遠く離れている」（詩一一八・一五五）。われわれは、それゆえに、遠くからではなく主に従うべきである――「というのは、彼はわれわれすべての者から遠く離れて存在してはいないからである」（使一七・二七）――そうではなく、彼は近くにおられるのである。「主よ、あなたは近くにおられる」（詩一一八・一五一）、「私の義人は近くにいる」（イザ五一・五）、「近くにいる人々に平安を」（イザ五七・一九）。「神は近くにおられる」（フィリ四・五）、しかしそれは次のように書かれている人々にとってではない。「彼らは近くに寄ることを恐れた」（出三四・三〇）、「私は彼を見る。しかし近くにおいてではない」（民二四・一七）。

238 すでに述べられたことの根拠は、存在以外のいかなるものも、存在者にそれほど近くなく、存在以外のいかなるものも、それほど内奥のものではないということである。[393] 神はしかし存在であり、その神から、直接的にすべての存在は由来している。それゆえに、神のみが事物の本質のうちに落下するのである。存在そのものではないすべてのものは、外側に立っており、異質のものであり、すべてのものの本質からは区別される。しかしその上に存在は、それぞれのものにとってその本質そのものよりも、さらに内奥のものである。それゆえに、アウグスティヌス[394]によれば、事物の実体そのものは、本質というその名称そのものを存在から獲得しているのであり、事物の可能性そのものも、――それによって存在者はまだ存在しているわけではないのであるが――神に由来しているのであって、それはちょうど第一の質料について、アウグスティヌスが『告白』第八巻[395]において言っているのと同様であり、次の言葉によっている。「彼は存在しないものを、あたかも存在するものであるかのように呼び出す」（ロマ四・一七）。さらに、ディオニシウスが『神名論』[396]において言っているように、善は「存在しているものと存在していないものに対して」自らを伸長せしめている。しかし善は、すべてのものの目的と原因の第一の原因として、神であり、神のみである。以上が第二の点についてである。

239 第三に、神は、すべてのものを放棄することによって、従われるべきである。「われわれはすべてのものを放棄して、あなたに従いました」（マタ一九・二七）、「彼はすべてのものを放棄して、立ち上がって、彼〔主〕に従った」（ルカ五・二八）。なにゆえに神に従う人はすべてを放棄しなければならないかということには、三様の理由があるように思われる。第一には、神はすべてのもののうちの何かではなく、すべてのものの間にあるわけでもないからである。第二に、神はすべてのものを超えているからである。第三に、神のうちには、すべてのものが存在するからである。第四に、神は単一にして純粋の存在であるからである。

第一については、トマスが〔『神学大全』〕第一部第一〇三問第二項[397]において示しているように、宇宙の始原と終局は、宇宙に属する或る何かではない。その理由は、事物の本質的原因は、つねにその原因から生じたものの種と本性の外側に存在するからであり、しかもそのことは第一の原因について最大限に妥当することであるからである。しかし、神はすべてのものの「始原にして終局である」（黙一・八、二一・一三）。それゆえに、神に従おうとする人はすべてのものを放棄しなければならないのである。というのは、神はすべてのものの間には存在することはなく、住むこともないからである。

240 第二に、彼はすべてのものを放棄しなければならない。というのは、神はすべてのものを超えているからである。アウグスティヌスは『告白』[398]第七巻においてこう言っている。「私は内に入り、私の霊魂の眼を超えて、私の精神を超えて、主の光を見た。それはこれらすべてのものとはまったく異なるものであった」、「それは私の精神を超えていた」、「というのは、それは私を造ったからである」、「永遠を知っている人はそれを知っている」。そしてこれは「詩編一」においてこのように言われていることの意味である。「主よ、あなたの御顔の光がわれわれの上に刻印されている」（詩四・七）。アウグスティヌスは[399]同じ箇所について言っている。「この光は人間のまったき真なる善である」。それゆえに、他の「詩編」において言われている。「私は私を超えて私の霊魂を注ぎ出した」（詩四一・五）――これはアウグスティヌスの本文による。そしてアウグスティヌスは同じ箇所でこれを解釈して言っている。[400]「私は、私の神を可視的なもののうちに探すが、見出さないし、その実体を私自身のうちに探すが、ここにも見出さないのであり、私の霊魂を超えて私の神が存在するのを感じる。それゆえに、私が神に触れるためには、『私は私を超えて私の霊魂を注ぎ出した』。もし私の霊魂がそれ自身を超えて注ぎ出さないならば、一体いつ私の霊魂は、私の霊魂を超えて探されているものに到達するのであろうか。というのは、もし霊魂がそれ自身のうちに留まるならば、霊魂はそれ自身以外の他のものを何も見ないであろう。そして霊魂がそれ自身を見るときには、霊魂は確かに神を見ることはないのである」。「『私は私を超えて私の霊魂を注ぎ出した』。そうすれば、もはや私が私の神以外の何かに触れるということは残されていない」。さらに、「あなたの神はどこにいるか」（詩四一・四）について、同じ箇所でアウグスティヌスは[401]言っている。「私の神の家は私の霊魂を超えている。神はそこに住み、そこから私を眺めており、そこから私を造ったのであり、そこから私を支配し、そこから私のことを配慮し、そこから私を鼓舞し、そこから私を呼び、そこから私を整え、そこから私を導き、そこから私を案内する」。これらはすべてアウグスティヌスの言葉である。そこに留まれ、そうすればあなたは見るであろう。そこを探せ、そうすればあなたは見出すであろう。これは第二の点に関してである。

241 第三に、神に従おうとする人はすべてのものを放棄しなければならない。というのは、神のうちには、すべてのものが存在するからである。「われわれはすべてのものをあなたひとりのうちで持つ」（トビ一〇・五）、「彼から、彼を通して、彼のうちにすべてのものは存在する」（ロマ一一・三六）。

ここで注意しなくてはならないことは、一般的に感覚は、すべての感覚しうるものを受容するためには、すべての感覚しうるものなしに存在しなくてはならないということである。このように知性は、哲学者（アリストテレス）[402]が言うように、すべてのものを知性認識するためには、それが知性認識するところのいかなるものでもない。それゆえに、このようにしてすべてのものがそのうちに存在する神に従おうとする者は、すべてのものを放棄しなければならない。

242 第四に、神に従う人は、すべてのものを放棄しなければならない。というのは、神は単一で純粋の存在だからである。「私は存在するところの者である」（出三・一四）。ボエティウスは、『三位一体論』[403]において神の実体について述べている。「それは存在そのものであり、そこからして存在があるところのものである」。さらに彼が、『デ・ヘブドマディブス』[404]において言っているように、「しかし存在そのものは、それ自身の他にそれに混合されるいかなる他のものも持たない」。これはアウグスティヌスが『告白』第十巻[405]において、こう言っていることである。「私は私の貪欲によって、あなたを失うことを欲しなかった。しかしあなたとともに、虚偽を所有することを欲した」、「そのようにして私は、あなたを失った。というのは、あなたは虚偽とともに所有されるのを欲しないからである」。彼は次の言葉にしたがって、すべてのものを虚偽と呼んでいるのである。「空の空。すべては空である」（コへ一・二）。「すべてのものは空である」と言われている。そしてこれはここで言われていることである。「私たちはすべてを放棄してあなたに従った」（マタ一九・二七）。これは「イザヤ書」第二八章において、次のような比喩をもって言われていることである。「短い掛けぶとんは両人を包むことはできない」、すなわち真理と虚偽、神と被造物とを。「寝床は限られている。二人のうち一人が落ちるのは必然である」。

243 それゆえに、第一に、どのようにして或る人々は神に先行し、別の人々は同伴し、また別の人々は、ここで言われている「私に従え」によって神に従っているかを見たのであり、さらに第二に、どのようにしてわれわれは即座に、近くから、すべてのものを放棄して神に従わなくてはならないかを見たのであるが、さらに第三に注目しなくてはならないことは、神に従うことは、六つの理由からどんなに容易で快いことであるかということである。

第一に、神自身が次のことを遂行する者であるからである。「父が私のうちで留まりながら、業をなす」（一四・一〇）、さらに、「父はわれわれのうちで意志することと完成することを遂行する」（フィリ二・一三）、「あなたはわれわれのすべての業を、われわれのために遂行した」（イザ二六・一二）。そして注目すべきことは、ここでは、すべての善き業がそれをなす人にとって容易なものになる二つの理由が言及されていることである。一つには、神がそれを遂行するということであり、また一つには、神がわれわれのためにそれを遂行するということである。確かにこのように、もし他の非常に力のある人がその力によって、重荷そのものを担ってくれるならば、千ケンテナリウムの鉄ないし鉛を運ぶことは、一ケンテナリウムのそれを担うことと同様に、人にとって容易なことであろう。さらに、もしすべての業と業の成果が私に帰属するならば、もし畑ないし葡萄畑において、すべての葡萄酒と小麦が、働いている奴隷に帰属するならば、労働は彼にははるかに軽いものとなるであろう。しかしイザヤが次のように言っているときには、これらの両方のことがらに言及しているのである。「あなたはわれわれのすべての業を、われわれのために遂行した」（イザ二六・一二）。さらに以下において、「あなたがたが実をもたらし、あなたがたの実が留まるように」（一五・一六）。「あなたがたの」と言われているが、それはすなわち、それが「あなたがたのために留まる」ということである。

244 第二に、報酬の大きさが業を容易にする。「現在の一時的な容易に耐えられるわれわれの苦難は、永遠の重さを持つ栄光をわれわれのうちにもたらすのである」（IIコリ四・一七）、「あなたの報いは非常に大きい」（創一五・

一）。

第三に、善き業を愛することは、〔神への〕愛から生じるからである。しかし愛する人は苦労を知らない。そして彼がもし苦労するとしても、アウグスティヌスの言うように[406]、その苦労を愛する。

第四に、義なる人は、「右側と左側の義の武器によって」（IIコリ六・七）、すべてのものを軽蔑するからである。彼はすべてのことを塵のように見なす（フィリ三・八）。それゆえに、彼はすべてのものを軽蔑しているので、すべてのものは彼にとっては無のようなものである。しかし何も放棄しないこと、つまり無を放棄することは、いかなる人にとっても、困難なことではない。

245 第五に、義人それ自身にとっては、義なる仕方で行為することは生であり、そればかりか義は、彼が義人であるかぎり、その生命であり、その生であり、その存在である。このことの外側にあるものはすべて、上[407]で示したように、苦みであり、煩わしいものであり、重荷である。それゆえに、義の業は、彼にとっては容易なものである。「義の業は平安であろう」（イザ三二・一七）。しかし平安は、すべての人々にとって、甘美なものであり、喜ばしきものである。「彼らは死すべき者どもによって望まれる平安を享受しようとする」（エス一三・二）、「平安のうちで私は今や眠り、休らいたい」（詩四・九）。

246 第六に、神のために放棄されるすべてのものは、より豊かに、より純粋に、より充実して返報されるからである。「放棄したすべての人は」「百倍受けることになるであろう」（マタ一九・二九）。それは「創世記」第四二章において比喩で次のように語られているのと同様である。ヨセフの兄弟たちに、彼らが小麦を購入するために支払ったお金が、彼らの袋に返されたのである（創四二・二七、三五）。その実例をわれわれは自然において有している。そこでは、実体的形相に向けて準備していたすべての形相と付帯性は、その実体的形相が獲得されるならば、下級なものは投げ捨てられてよりいっそう高貴なものが、不完全なものにかわって完全なものとして還帰してくるのである。というのは、火の形相より生じる熱は、その火の形相に先行し、それに向けて準備していた熱よりも、はるかに完全であるからである。

247

さらにまた、人間はすべてのものをその心のなかで放棄することを命じられており、またそうしなければならないのである。というのは、神は「心を見るからである」（サム上一六・七）。しかし心のなかでお金を放棄することは、心にとって重荷であるはずはない。そればかりか、お金が自分の心のなかにあることを欲するいかなる人も存在しない。もし本当にお金が心のなかにあったならば、その心は確実に死ぬであろう。

さらにまた、われわれは次のことを見る。色を有している楯は、その色を認識しないし、その色について喜ぶこともないし、数と種において異なるすべての他の色を欠いている。しかし人間の感覚は、とりわけ例えば、視覚は色を持っておらず、その本性において色を排斥するものであるが、色を認識するのであり、色を喜ぶのであり、数においても種においても異なるすべての色を受容しうるのである。[408] このようにしてまた義なる人は、より多くのものを放棄し、より少なくなく持つほど、それだけ彼はより豊かになり、より多くのものを持つようになり、より喜ばしい仕方で持つようになるのである。「われわれは何も持たず、しかもすべてのものを所有する」（Ⅱコリ六・一〇）。それゆえに、このように言われる。「すべてはあなたがたのものである」（Ⅰコリ三・二二）。そしてこれは次の言葉によっている。「もし私が地上から高められたならば」、すなわち地上的なものを放棄することによって、「すべてのものを私は私自身のほうへ引き寄せるであろう」（一二・三二）。われわれは、霊魂のさまざまな能力のうちに、同様のことを見出すのである。すなわち、その能力が〔質料から〕分離すればするほど、それだけその能力はより多くのものを受容するようになり、より容易に、より速やかに、より喜ばしき仕方で、それは働くようになるのであり、そしてその能力がそれによって形成され、形づくられる対象のうちへと、よりいっそう高貴な仕方で向けられるのであり、しかもこのことは次の程度にまで及ぶのである。すなわち、何も持たない知性は対象としてその全存在者を持つのであるが、それというのも知性は存在者であるところの対象と同一の存在を有しているからである、と。[409]

248 すでに述べたことから明らかなことは、善き神的な業が重荷であり、煩わしい人は、自分自身のうちで働いている父なる神をまだ持っていないのであり、「主が甘美であること」(詩三三・九)をまだ味わっていないのであり、まだすべてのものを放棄したのではないのであり、地上的なものを味わっているのである。クリソストムスは「マタイによる福音書」第四章について、[410]言っている。「天上的なものを享受する人は、地上的なものによって喜ばされない」。さらに、彼は「マタイによる福音書」第二十章について[411]こう言っている。「天上的な善きものを真実に味わった人は、地上においては、彼が愛するものを真実には有していない」。アウグスティヌスは『真の宗教について』[412]において、こう言っている。「神の言葉によって養われている人は誰しも、この砂漠のうちに、快楽を求めない。唯一の神にのみ従っている人は」、「地上的な上昇のうちに誇りを求めない。不変の真理の永遠の光景に見惚れている人は誰しも」、「時間的なものや低級なものを認識すべく陥ることはない」。

「ナザレから何らかの善いものが来る」(四六節)

249 これらの言葉は質問として、あるいは肯定ないし主張として読むことができる。そして両方の読み方に、続いて言われている「来て、見よ」ということが適合している。アウグスティヌスはしかし、『ヨハネ福音書について』[413]においてこの箇所について、また「彼の名に栄光を与えよ」(詩六五・二)というかの言葉について、[414]質問的読み方は、「より慎重な人々には是認されていない」と言っている。さらに、ナタナエル[415]は上に述べた言葉を肯定的意味で捉えている。そして彼が肯定的意味で言ったことを、アウグスティヌスは五つの理由から証明している。

第一に、ナタナエルは法に精通していたのであるから、「ナザレ」と聴くと直ちに、彼の心には、このことが預言者たちの書と一致しているのが思い浮かんだからである[416]。

第二に、彼はこれらの言葉の真理性を、キリスト自身が次のように言ったことから認識したからである。「あなたがいちじくの樹の下にいたとき、私はあなたを見た」（一・四八）。しかし彼は、不在のものを知ることは、神に属するものであることを知っているのである。

第三に、キリストの証言からである。キリストは彼について次のように言っている。「見よ、真のイスラエル人である。彼のうちには偽りがない」（一・四七）。そのような証言は、キリストはペテロに対しても、アンデレ[417]に対しても、フィリポ[418]に対しても与えなかった。

第四に、特に次のことからである。ナタナエルは初めの召命においても、最後の召命においても、使徒に選ばれたことはなかった。この地位には、すなわち使徒職には、学のある者や賢者たちではなく、無学な者が絶対に選ばれるべきであったのであり、それは次の言葉によっている。「世の愚か者を神は選んだ、それは賢者たちを狼狽させるためであった」、「それは彼の眼前ですべての肉が自慢することのないようにであった」(Ⅰコリ一・二七、二九）、「あなたは賢者たちや聡明な者たちには隠した。そしてそれらを小さき者たちに明らかにした」（マタ一一・二五）。

第五に、ナタナエル自身がそれに続いて、直ちにこのように言っているからである。「あなたは神の子であり、あなたはイスラエルの王である」（一・四九）。この告白はペテロがはるかのちに公言したものであり、彼に対しては、このように言われたのである。「あなたは幸いなるかな、ヨナの子、シモンよ」等々（マタ一六・一七）。しかし注目すべきことは、この最後の理由と先に述べられた二番目の理由は、「ナザレから、何らかの善いものが来る」というかの言葉ののちに言われているということである。そしてこのことは妨げとはならない。というのは、後になって生じたことから、またナタナエルによって、かつ彼について言われたことから、彼が法に通じていたということは明らかであるからである。これらの五つの理由は、アウグスティヌスの上の言葉から理解することができるのである。

さらに第六の理由は、ナタナエル自身がキリストによって「真のイスラエル人」と言われていることからも、理解することができるであろう。というのは、この名は「神を見る人」を意味するからである[419]。しかし神を真に見る者は、確かに法に通じており、それに精通している者である。

クリソストムス[420]はしかし、上に述べた言葉を質問として理解している。

「フィリポがあなたを呼ぶ前に、あなたがいちじくの樹の下にいたときに、私はあなたを見た」（四八節）

251 上述の言葉に関しては、四つのことが注目されるべきである。

第一に、どのようにして神は事物を、それらが生じる以前に、認識するのかということである。というのは、イエスは言っているからである。「フィリポがあなたを呼ぶ前に、私はあなたを見た」。

第二に見るべきことは、どのようにしてこのことは正典と聖人と哲学者たちの書物と一致するかということである。

第三に実例を用いて明らかにすべきことは、予知すること、ないしあらかじめ感じることとあらかじめ知ることは人間にも属しているということである。

第四に、〔ここで〕実例において言われていることの様態と根拠とが明らかに示されなくてはならない。

252 それゆえに、第一のことに関しては、上に[421]述べられたことから第一に注目すべきことは、例をあげると、義はそれ自体としては、自分自身と義人以外の何ものも認識しないということであり、それは次の言葉によっている。「父以外の誰も子を知らないし、子以外の誰も父を知らない」（マタ一一・二七）。そればかりか、義人がそれ自身としてその全体において義のうちに存在し、義がそれであるものでなければ、義そのものも義人を認識しえないであろう。そしてそれは次の言葉によっている。「私は父のうちにあり」（一四・一〇）、「私と父は一なるものである」（一〇・三〇）。

その理由は、〔或るものに〕異質のものは、それ自体としては、〔そのものの認識に〕役立つのではなく、その認識から離反させるのであり、その認識から遠ざけるからである。というのは、事物の認識はその事物に固有のものによっているからである。このことは範例的には、さまざまな感覚されうるものにおいて明らかである。すなわち石は、木の形象によって、ないし形象において見られるのではなく、Aという石は、Bという石の形象によって見られるわけではない。しかしその反対に、義はそれ自身を認識することによって、すべての義人とすべての義なるものを認識するのである。というのは、すべての義なるものはそれ自体としては、義のうちにあり、すでに言われたように、また義でもあるからである。

253 第二に注目すべきことは、義は上に[422]述べたように、義人ないし義なるものよりも先なるものであるということであり、それは次の言葉によっている。「彼は私よりも先におられた」（一・三〇）。これらのことから直ちに結論されることは、神は義そのものとして、義人が存在する以前に、義人を認識し、ないしは見るのであり、同じ仕方で、また同一の理由で、神は存在そのものであるから、すべての存在者を認識し、ないしは見るのであるということである。そしてこれがここで次のように言われている意味である。「フィリポがあなたを呼ぶ前に、私はあなたを見た」。

254 第三に注目すべきことは、義は非区別的な仕方で、かつ完全に同等の仕方で、過去のもの、現在のもの、未来のものに関わっているということである。義のうちに過去のもの、ないし未来のものを考えることは、敬虔ではないであろう。というのは、義は、時間の、類の、ないしは種の或る種の境界には関与しないからであり、それ自体においてそれらを欠いており、すべての時間と存在者に対して現在的なものであるが、それは或る人々[423]が表象しているように、すべての存在するものと存在を分有するものとを排斥するという仕方によってではなく、むしろそれらを含有し、包含するという仕方によってであり[424]、このようにしてそれは現在のものと同様に、過去のものと未来のものとを所有しているのであり、いわんやそれは過去のもののみを所有しているのではなく、それをあらかじめ持ち、より卓越した仕方で持っているのである。というのは、それは過去のものを、現在のものとして所有しているのであり、現在のものにおいては、過去のものは現在のものそのものであるからである。以上が、上にあらかじめ述べられた四つのことのうちの第一の主要なことがらについてである。

255 第二に、すでに述べられたことを、第一に聖書から、第二に聖人たちの言説から、第三に自然からと哲学者たちの教説から明らかにすべきである。

「知恵の書」に次のように言われている。「〔知恵は〕過去のことを知り、未来のことを推し測る」、「〔知恵は〕しるしと奇跡を、それらが生じる前に知り、時代と年代のうちで起こる出来事を知る」（知八・八）。「神の眼はすべてを知る」、さらに以下において、「主なる神には、すべてのものが、造られる前に知られている」（シラ二三・二

七、二九）。そしてこれがここで言われていることの意味である。「フィリポがあなたを呼ぶ前に、私はあなたを見た」。このようにして職人は、その技術において、その技術によって生じるものを、それが生じる前に見る。

グレゴリウスは『祈り』[425]のうちで言っている。「主よ、あなたの独り子への道を準備するために、わたしたちの心を呼び覚まして下さい」、さらにまた、[426]「主よ、あなたの信者たちの意志を呼び覚まして下さい」。さらに他の『祈り』[427]において言われる。「主よ、わたしたちは、あなたが霊を吹き込むことによって、わたしたちの行為に先んじることを求めます」。というのは、義そのもの以外の何が或る人を義へと呼び覚ますであろうか。可視的なもの、すなわち色のついたもの以外の何が、視覚を見ることへと呼び覚ますであろうか。さらに、どのようにして生けるものでないものが、眠るものでないものが呼び覚まされるであろうか。石は呼び覚まされることがない。というのは、石は眠るもののように、生命を所有していないからである。それゆえに明らかなことは、イエス、救い、義は[428]、〔他の〕義人からその義人が呼ばれる前に、その義人を見るのである。その理由は、それ自身のうちに留まる義によってのみ、義人は或る人を義へと呼ぶからである。

このことは自然と哲学者たちの教説において明らかである。能動的性質、例えば、熱は、火の形相の力によってのみ、火の形相に向けて〔可燃物を〕準備するからである。というのは、火の形相の力は、生むものにおいて、かつ第一の天球の力によって火の形相自身に刻印されているからである。その刻印された力は、その潜勢態における火の形相そのものであり、それは種子が潜勢態における樹ないし植物であるのと同様である。それゆえに、〔種子を〕生み出す植物の形相は、植物の種子の力そのものよりも先に、生み出された植物を見るのである。というのは、つねに「完全なものは不完全なものに先立つからである」[429]。このことのしるしは、種子はそれ自体としてはそれ自身に似たものを、すなわち種子を生み出すのではなく、むしろ植物の形相を生み出すのであり、このことはすなわち、植物の形相はその目的であるということである。それゆえに、植物の形相それ自体は、植物の生成の作用ないし働きの全体に先行するものである。というのは、始原と終局はつねに合致するのであり、「流れはそこから出てきた場所へと還帰するのである」（コヘ一・七）。それゆえに、それと同じ形相によって、義は義とされるべき者と義とされた者を、その或る人を言葉と例によって義へと動かし、かつ警告する義人それ自身よりも、先に見るのである。「汚れたものによって何が清められるのであろうか」（シラ三四・四）。暗いものによって何が照らし出されるであろうか。以上が第二の主要なことがらに関してである。

257 第三に検討すべきことは、人間にとってもまた、未来のことをそれらが生じる前に、あらかじめ知るということがどうしてふさわしいものであるかということであり、しかもこのことを実例に即して示すということである。しかしこのことは、すべての預言者において明らかである。すなわち、ヤコブの息子のヨセフ（創三七・五－九、四〇、四一）、ダニエル[430]とバビロンの王において（ダニ二・二七－四五）、キリストの養父であるヨセフと三人の賢人（マタ二章）において、そして聖書が語るその他の多くの類似の人々について、そのことは当てはまる。しかしまた、今日に至るまで、そのしるし、すなわち未来のことの予兆が先行しないような何か注目すべきことが、この世界において起こることはほとんどなかったのであり、それは次の言葉によっている。「主なる神は、自分自身の秘密を自分の僕である預言者に啓示したのでなければ、何事もなさないであろう」（アモ三・七）、すなわち、あらかじめ見る者、ないし遠くから見る者に。というのは、或ることが生じる前に、遠くから見るすべての者は、預言者であるからである。

258 しかしここでは四つの例を引用したい。二つはアウグスティヌスから、二つはキケロから。

アウグスティヌスは『死者のための配慮』[431]において語っている。「クリナという名の或る人は、ヒッポの近くのトゥリエンスという小都市の市会議員であったのだが」、「病気であったときに」、すべての外的な感覚から遠ざけられて、「その後再び、いわば眼を覚ましたときに語った多くのことを、夢のなかで見たのである。彼は眼を開けた瞬間に、誰かが鍛冶屋のクリナの家に行き、そこで行われていることを見るようにと言った。そして、その人が行ったときには、彼は死んだのが見出されたのであるが、その瞬間に、かの人〔市会議員のクリナ〕は意識が戻り、ほとんど死から生き返ったのである。その後、その人が放免されたときに、その人は、かの人〔鍛冶屋のクリナ〕が引き渡されるのを見たということを、〔周りで〕緊張して見ていた居合わせた人々に対して述べて、彼がそこから帰ってきたその処において、彼は、市会議員のクリナではなく、鍛冶屋のクリナが、かの死者の国へと導かれるべく命じられていたのを聴いたと言った。

259 さらにその上に、アウグスティヌスは『創世記について』第十二巻[432]において、こう言っている。「われわれが疑いなく知っているのは、正気でない人が或る婦人の未来の死を」、「あたかも生じたこと、ないし過去のことのように考えながら、予言したということである。というのは、彼女のことが言及されたとき、彼女はすでに死んだ、と彼は言っているからである。さらに彼は、私は彼女が運び去られるのを見た、ここで人々が彼女の死体とともに通過していったと言ったのであるが、当時彼女は無傷で生きていたのである。しかし彼女は二三日のちに、突然死に、かの男が予言したその場所を通って運ばれたのである」。ここまではアウグスティヌスである。

260 キケロはそれに対して、『予言について』第一巻[433]において、こう言っている。「アリストテレスは卓越した、ほとんど神的な才能の持ち主であったが」、「次のように書いている。彼の友人であるエウデモスは、マケドニアへの旅の途上において」、「暴君アレクサンドロスによって過酷な支配の下に置かれていた」都市に到着したが、そこで重い病気になり、「すべての医者は彼を見捨てた。そして彼は、夢のなかで、立派な顔をした青年が、彼はしばらくして回復するであろう、そしてしばらくのちに、暴君アレクサンドロスは滅びるであろう、しかしエウデモス自身は、五年後に家に帰るであろうと語るのを見た。アリストテレスが書いているように、第一のことは直ちに生じた。すなわち、エウデモスは回復し、そして暴君はその妻の兄弟たちによって滅ぼされた。しかし五年が経過して、あの夢によって希望があったので、彼がシチリアからあのキプロスへと帰ろうとしたが、彼はシラクサの近郊で戦って倒れた。このような次第で、あの夢は次のように解釈されている。エウデモスの霊魂が身体を離れたときに、彼は帰ったように思われる、と」。ここまでは、キケロの言葉である。これらのことから明らかなことは、星によって、夢によって、幻視によって、しるしによって決定しようとする人は、控え目かつ慎重でなくてはならないということである。このことについて十分明らかなのは、プトレマイオスの『ケンティロギウム』についてのハリーの註釈[434]においてである。

261 キケロ[435]は他の例を、同じ箇所のさらに以下において語っている。「ロディウス某という人がまさに死なんとしていたが、彼は六人の同年輩の人々の名をあげ、誰が最初で、誰が二番目で、ついで誰が死ぬであろうということを語った」。

これらに類似の、美しい驚嘆に値する多くのことが存在するが、それらのさまざまな予言やそれらのさまざまな様態について、キケロは、『予言について』の二巻と『神々の本性について』の三巻において、さらに『運命について』のなかで語っている。アウグスティヌスもこの問題について上で述べた箇所で語っており、われわれに時代においてもいたるところで、私自身によって、さらには他の人々によって確認されている。

262 それゆえに、第四にわれわれの企てを満足せしめるかぎりにおいて、すでに述べられたことの根拠を指示することが残されている。それらのことを明らかにするために、三つのことがらがあらかじめ述べられるべきである。

第一に、「第一のもの」、すなわち神は、『原因論』[436]において言われているように、「それ自身において豊かなものである」。しかし豊かなものには、『政治学』第二巻[437]において言われているように、「確かに与えることは属しているが、受け取ることは属していない」。

さらに、第二に、プラトンが『ティマイオス』第一巻[438]において言っているように、「神はすなわち最善のものであり、その最善のものからは、嫉妬は、遠く離れている」。さらにアヴィケンナは『自然学』第六巻第四部第二章[439]において、こう言っている。「人間の霊魂は、感覚的身体よりも、天使的実体とより大なる一致ないし結合を有する。そこには、何らかの隠匿も、吝嗇も存在しない。隠匿は受容しうるものにおいて存在するのであるが、それは一つには、受容しうるものが身体に注ぎこまれるからであり、一つには、受容しうるものが、それらによって下方へと押し下げられるものによって、汚されるからである。しかしそれらの受容しうるものがこれらの作用から遠ざかっているときには、それらはそこに存在するものを見ることができるようになる。しかし第一に見られるものは、その人間に、ないしは自分の家族に、ないしは自分の土地に、ないしは自分の国に、ないしは自分の風土に関係するところのものである」。ここまでが、上にあげられた箇所におけるアヴィケンナの言葉である。もしそれらが詳細に吟味されるならば、先に述べられたことを明らかにするために、十分であろう。

263 しかしその上に把握しなければならないことは、同じアヴィケンナが『形而上学』第八巻第六章[440]において、こう言っていることである。「必然的な存在」、すなわち神は、「完全なるものより以上のものである。というのは、存在そのものは神に属するのであるが、たんに神に属するのではなく、むしろまたすべての存在は、神の存在から迸り出るものであり、それから存在し、流れ出るのであり、神の存在そのものは純粋の善性であるからである」。さらにまた、アヴィケブロンは『生命の泉について』第三巻[441]において、こう言っている。「質料が形相を受容する準備のあるときには、形相が質料に結合されるということは、形相の本性によっている」。さらに以下において、[442]「このことは形相が第一の創造者から到来しており、その第一の創造者に従属するものであることのきわめて明瞭なしるしである。それというのも、形相が自分を受容する質料を見出すときには、形相は、自らの本性において、自分を与えるべく、自分の形相を与えるべく駆り立てられるからである」、「そしてこの働きは、自分が受容しうる結果に至るまでは、すべてのものに浸透するものであることは」「必然的であったのである」。ここまでがアヴィケブロンの言葉である。博士たち[443]はまた次のように言っている。上級の天使たちは、下級の天使たちを、上級の天使たちの知っているすべてのことについて本性的に照らし出すのである、と。

264 すでに述べられたことから二つのことが明らかになる。第一に、上級のものは、本性的に、それに属する下級のものに自らをその全体において伝達し注ぎ出すのである。さらにそこには、アヴィケンナ[444]によれば、「何らかの隠匿」ということもなく、プラトン[445]によれば、控え目な嫉妬というものもないのであり、聖書の言葉によれば、「覆われたるもので、現れないものはない」（ルカ一二・二、マタ一〇・二六）。

第二に明らかなことは、そのような伝達は、下級のものによって、その受容能力ないし固有性にしたがって受容されるのであり、それは次の言葉によっている。「一人には、五タラントンが、別の人には、二タラントンが、もう一人の別の人には、一タラントンが、それぞれの人には、それぞれに固有の力にしたがって」（マタ二五・一五）。さらに博士たち[446]も、天使らには、恩寵はその本性的な受容能力にしたがって与えられていると言っている。というのは、能動的なものの働きは、その働きを受容しうる受動的なもののうちに存在するからである。[447]さらにプラトン[448]によれば、形相は質料の功徳にしたがって与えられるのである。

265 これらの二つのあらかじめ述べたことに対して、私は第三のことを付加する。すなわち、下級のものはその最高のものにおいて、上級のものの最低のものに到達している。というのは、『形而上学』第八巻[449]によれば、事物の種は数のようなものであり、ホメロス[450]によれば、黄金の鎖のようなものであって、その下の部分の把手は、その最高の部分においては、それよりもいっそう上の部分の最低の部分に組み合わされている。

その例は、第一に、元素のうちにある。これらの元素のうちで最高のもの、例えば、火は、天空に固有の天球の運動に与かっている。

さらに、第二に、磁石によって触れられた鉄の針は、その磁石の力によって完全に浸透せしめられ、その針がまた第二の針を、それがまた第三の針を、というように次々と引きつけるのである。つねに上級のものの最低の部分が下級のものの最高の部分を引きつけるのである。このようにして熱せられた鉄は、火の業をなすのである。

さらにまた、第三に、人間における感覚的能力は、分有によって理性的なものとなる。このようにして理性のない動物も、理性の或る部分を分有しており、例えば、犬、蜂、蜘蛛がそうであり、しかもアヴィケンナ[451]が言っているように、或る人々は、これらのものは、理性ないし知性を持っていると思っている。

そしてこれは、『原因論』第三命題とその註釈[452]において言われている第四のことである。「高貴な霊魂は三つの働きを持っている」、すなわち神的、知性的、感覚的働きである。

266

このようにして私はこれらのことから次のことを明らかにする。上級のものの固有性は下級のものに伝達されるのであり、下級のものそのものはその最高の部分において、その下級のものの力、すなわち受容能力にしたがって、上級のものの固有性を感知するのである。しかし存在するすべてのものを、第一の原因としての自分自身のうちにあらかじめ持つこと、未来のものが起こる前に、未来のものを知ることは、神に固有のことである。「彼は未来のことを考量する」（知八・八）、「未来において存在するであろうことを知らせよ。そうすれば、われわれはあなたがたが神々であることを知るであろう」（イザ四一・二三）。それゆえに、このことそのもの、すなわち未来のことを予言することは、神によって、すべてのよりいっそう下級なものに伝達されているのであるが、それぞれのものには異なった仕方で、それぞれのものの存在の段階と種差にしたがってなされているのである。「すべての人は彼を見ている。それぞれの人は遠くから眺めている」（ヨブ三六・二五）、「最高の天から、彼は出て来た」、「自分を彼の熱から隠せる人はいない」（詩一八・七）、「誰の上に、彼の光は上らないであろうか」（ヨブ二五・三）。しかし知性的なものと理性的なものと感覚的なものと生命的なものと身体的なものでは、それぞれ〔未来のものを見る仕方が〕異なるのであり、それは次の言葉によっている。「恩寵にはいろいろな区別があり」、「務めにはいろいろな区別がある」（Ⅰコリ一二・四）。さらに以下において、「これらすべてのことを一なる同一なる霊がなすのであって、それが欲するままに、個々のものに分配するのである」（Ⅰコリ一二・一一）、個々のものとは、すなわち個々の物と個々の人という意味である。というのは、或る人は、彼がそれを眺めるもの、彼がそれに自分の顔を向けるもの、彼がそれに振り向くもの、彼が熱望し、願望し、要求するものを欲するように思われるからである。「義人たちには、彼らが望むものを与えられるであろう」（箴一〇・二四）。

すなわち、「それが欲するままに、個々のものに分配するのである」と言われているときには、二重の知解〔の可能性〕がある、すなわち「神が欲するままに」、ないしは「個々のものが、ないしは個々の人が欲する、ないしは願望するままに」という。「彼は彼らの願望を達成された。彼らは自分らの願望について欺かれなかった」（詩七七・二九）。すなわち、キケロが『修辞学』[453]において言っているように、動詞が近くの名詞に関係づけられるのは、適当なことであるからである。例えば、もし私の遺産が自分の母に、その母が欲した（quae volet）、銀の十の器を与えるであろうと言われるならば、両方、すなわち遺産と母とが〔「欲する」（volet）に掛かることが〕理解可能であるとしても、遺産よりもむしろ母のほうが掛かっているのである。というのは、‘volet’という動詞に、母〔という名詞〕はより接近して関係しているからである。

267 というのは、神は一なる者として、いかなるものも区別せず、区別されたものを一つにするのである。このことは、『創世記』第一章において言われていること、すなわち神は「光と闇を区別した」(創一・四)、さらにまた神は「水を水から」(創一・六)区別した等々に反するものではない。というのは、その意味は、神が区別したということは、すなわち、区別されたものが生み出された、そして造られたということであるからである。というのは、或るものが造られたということ自身によって、そのものは区別されたものであり、分割されたものであるからである。それゆえに、「それが欲するままに、個々のものに分配する」ということの意味は、すなわち個々のものに、それぞれ個々のものの力に応じてということであり、それは次に言われているとおりである。「彼は一人には、五タラントンを、別の人には、二タラントンを、もう一人別の人には、一タラントンを、それぞれの人には、それぞれに固有の力にしたがって与えた」(マタ二五・一五)。

しかしすでに述べられた段階のそれぞれにおいても、さまざまな相違を受け入れなくてはならないが、それは、それぞれのものが多かれ少なかれ、非存在者の母である質料から遠ざかり、存在、かつ「純粋の善性」[454]である第一のものに接近する程度に応じてである。このことは、特に眠っている人々や外的感覚から遠ざかる人々において生じるのである。「夢を通して、夜の幻視のうちで、人々が熟睡に陥っているときに」、「そのとき彼は、人々の耳を開き、彼らを教え、〔聖なる〕知識によって教化する」(ヨブ三三・一五)。しかし彼は、「夢を通して、夜の幻視のうちで」と言っている。すなわち、昼間、目覚めているときには、霊魂は引き裂かれ、外的なものによって占められており、よりいっそう大きい多様な運動が駆り立て、霊魂が内的な運動を把握するのを許さないのであり、それは哲学者（アリストテレス）(455)が言っているとおりである。さらにアウグスティヌスは次のように言っている。外側にいる人は、精神の内奥の隠れた場所における三位一体の神の臨在を把握しないのであり、それは次の言葉によっている。(456)「あなたは私と一緒にいたが、私はあなたと一緒にいなかった」、「あなたは内側にいたが、私は外側にいた」。そこから彼は『真の宗教について』(457)において次のように言って熟慮している。「外側に出て行くな。あなた自身のうちへと帰れ。内的人間のうちに真理は住むのである」。ここからまた、哲学者（アリストテレス）によって「善き幸福について」の章(458)において言われていることが出てくるのである。「最も多くの知性と理性のあるところには、最もわずかな幸福しか存しない」、「というのは、幸福は理性の外側にあるもののうちに存在するからである」。というのは、理性は多くのものの間を走り回ることであり、いわば外側に向けて引きつける商売のようなものであるからである。「私は書き方を――他の訳では、(459)商売を――知らなかったので」、「私はなかに入ろう」等々（詩七〇・一五）。

268

これは賢者たちが自然的な予言と未来のことの予知をその上に基礎づけている根であり、さらにまたアヴィケンナは『自然学』第四巻の第四部(460)とアルガゼルはその『自然学』(461)の終わりにおいて、魔法について論じている。「誰が、あなたがたに真理に従わないように魔法をかけたのか」（ガラ三・一）。さらにまた、この根のうちには、或る人々によれば、火占いやそれに類する術、気占い、水占い、土占い、そしてまた観相術のような像についての学の或る部分も、基礎づけられているように思われている。〔それにおいては〕、天と星によって刻印された特徴が問題になっているのである。「天は神は栄光を語り、天空は神の御手の業を告げている」、さらに以下において、「全地上にそれらの音は、響き渡った」（詩一八・二、五）、「あなたは天の秩序を知っているか。そしてその法則を地上に移すことができるか」（ヨブ三八・三三）。というのは、字義どおりには、「天の秩序」と「その法則」、すなわちその力と固有性は、下級の世界のうちに刻印され、表現されるのであり、それはしかし地上においてより明白に、より充実して行われるのである。その理由は、一つには、地上においては、天の光は屈折するためであり、また一つには、〔宇宙の〕中心である地上においては、星々の力と天のさまざまな像の力が合流するからである。それゆえに、〔地上における〕存在者の種の数は、天の星の数に合致していると信じられているのである。(462)

269 最後に注目すべきことは、物体的事物においては、一つのものが別のものの予兆であるのには、三様の様態があるように思われるということである。(463)

第一に、それらの事物が同一の原因を有している場合である。それゆえに、鋭敏な人は一つのものが現存しているのを見たならば、たとえ別のものが場所的、時間的に不在であるにしても、それが存在することを知るのである。例えば、雲の分裂は、電光と雷鳴の原因であり、それゆえに、電光を見たならば、雷鳴が予知されるのである。このようにしてまた、樹木が裂ける、ないしは切断されるのが遠くにいる人々にあらかじめ見られるならば、その衝撃の音は、それが存在する前に、ないしは聴覚に届く前に予知されるのである。そしてこのような様態において、同じ箇所の上のアウグスティヌス(464)とキケロ(465)の二つの例は語られているのである。さらに同一の様態において、他の多くの場合も存在する。同時に生じる、ないしは同一の原因を持つもののうち、把握する感覚の相違によって、一つのものが別のものに先立って確定されるのであり、それはすでに視覚と聴覚について言われたのであるが、そのことはむしろはるかに表象能力と特に知性能力について妥当するのである。

270 第二の様態はすでに述べられたものに近い。事物はそれらの原因においては、それら自身におけるよりも、より先に存在している。これゆえに、事物をその原因において見る人は、それらの原因を通して、それらの事物が生じる前に、それらの事物について予言することができる。そしてこのような仕方で、医者は〔病気の進行を〕予知するのである。

雄鳥と鳥が直ちに天気の変化の始まりを感知するのも、このようなことに属するのであり、それらは身体を変化させて声に表すが、それはまた人間、特に病人が、身体が変化したならば、或る種の渇望や嘆きや声を表すのと同様である。さらにアヴィケンナが『動物について』(466)の書においてあげている例も、このようなことに属する。そこで彼は言っている。「針鼠は、北からの風と南からの風を、それらが生じる前に感じて、風に当たることのないように岩の間に入り込む。コンスタンチノープルの近郊に、或る人がいたが、彼は針鼠を持っており、その助けによって風を予言し、その針鼠によって豊かになった」。これはアヴィケンナの言葉である。彼が言わんとしているのは、風を予言することによって、水夫たちから受け取った財貨によって、その人は豊かになったということである。このようにして、すなわちわれわれは、われわれの下においても〔学校において〕、比較的聡明な者たちは、一般的な原因のうちに結論を把握し見るのであるが、比較的愚鈍な者たちは、それらを見ないのである。

271 第三の様態は自然の本能によるものである。このようにして羊は狼を、雲雀は人の死を、そして一般的には、すべての事物は、その敵を、ないしは迫る危険を感じるのである。ここからまた、次のようなことも生じる。旅に出かけるときに、ないしは何らかの商売を始めるときに、彼が乗っている馬が、あるいはその人自身が倒れるならば、ないしは大きくよろめくならば、ないしはどこかに打ち当たるならば、ないしはしばしば嘆息するならば、彼がその企てにおいて失敗したときには、彼は次のように言うのがつねである。私の心は私に、その企てにおいてうまく行くはずがないということを予言していた、と。そしてこれは、オヴィディウスが『転身物語』(467)第二巻において、冒頭近くにおいて次のように書いていることである。

「悲しみが予感されたならば、胸が締めつけられるようになって、嘆息を繰り返す」等々。
キケロもまた『予言について』第一巻[468]において、こう言っている。

「予言が完全に無意味であるならば」、誰もこのように言わないであろう、

「私が家を出たときに、私の霊魂は私が行くことは無駄であることを予言した」。

272

「まことに、まことに、私はあなたがたに言う」(Amen, amen dico vobis)(五一節)

注目すべきことは、アウグスティヌス[469]によれば、以下の第八章の註解において、amen という語は、ヘブライ語であり、「まことに」として解釈されているのであるが、ギリシア人の、ないしはラテン人のいかなる翻訳者も、「秘密の被いをとって、名誉を保持するために」とあえて解釈しようとはしなかったということである。というのは、これはいわば神の誓いであるからである。そしてこのことは、amen, amen すなわち、まことに、まことに、と言われている重複そのものが示している。以上のことは、アウグスティヌスによっている。このことのゆえに、おそらくヨハネは、主としてキリストの神性について書いているのであるが、福音史家のなかでただひとり、amen, amen と言って、amen という語を繰り返しているのである。

しかし次のことは恐らく可能であろう。その言葉の音にしたがうならば、amen という語は、ギリシア語であり、'a' によって、「なしに」ということが言われており、'mene' によって、欠如ということが言われており、したがっていわば「欠如なしに」ということが言われているように思われる。'Mene' は月を表すのであるが、それは月

が地上へのその近さのゆえに欠けて、地上に接近したときには、光を失うからである。このことの証拠は、‘neomenia’は「月が新しくなること〔新月〕」を意味することである。というのは、‘neos’は新しいことであり、‘mene’は月のことであると解釈されるからである。それというのも、ヘブライ人は何か月と言うかわりに新月を計算したからである。さらにまた、このことのしるしは、ギリシア人から派生した古代のザクセン人においては、新月は、‘neuwe mene’と言われているということである。というのは、‘neuwe’とは、新しいということを、‘mene’とは、月を彼らの間では意味しているからである(470)。

「あなたがたは天が開けて、神の天使たちが人の子の上を上ったり、下ったりするのを見るであろう」（五一節）

273 この聖句は二度解釈された。第一は次のような仕方においてである。上述の言葉は、上にさまざまな論証と例において述べられたことから、特に義人であるかぎりにおける義人の例において、明確に解釈される。というのは、義人は義そのものの子であり、義の胸において、義を語り出しているからである。

274 第二に注目すべきことは、ここで今あらかじめ述べられた言葉「あなたがたは天が開けて、……見るであろう」等々ということは、その意味においては、上に述べられていることと一致するということである。すなわち、「ヨハネはこのように言って証言している。私は、霊があたかも鳩のように天から下ってくるのを見た」等々、それはさらに同じ箇所において次のところまで続く。「別の日に、ヨハネは再び立っていた」（一・三二―三四）。再び、このことそれ自体は、「マタイによる福音書」においてこのように言われていることである。「天が彼に開かれ、彼は神の霊が下るのを見た」、そしてさらにその章の終わりまで、同じ箇所において言われているその他のことも（マタ三・一六、一七）それに含まれる。さらにその上に、これは「創世記」において、ヤコブ(471)は次のようなことを見たと言われていることの意味である。「梯子が地の上に立っており、その突端が天に届いており、神の天使たちがそれを用いて上ったり、下ったりしており、主がその梯子に寄り掛かっているのを」（創二八・一二、一三）。すなわち、これらの四つは、すべて同一のことを表すものである。すなわちこのようにして、エゼキエル[472]の幻視（エゼ一・四以下）もイザヤ[473]の幻視「私は主が高い玉座に座っているのを見た」等々（イザ六・一以下）も、ラビ・モイゼス[474]が言うように、同一のことを描写し、比喩的に述べているのである。

275 第三に注目すべきことは、ここで先に述べられたその他の個々のこと、すなわちどのように二人の弟子は〔洗礼者〕ヨハネの証言を受け入れ、イエスに従って、「あなたはどこに住んでいるのですか」（一・三七、三八）と言ったか、さらにどのようにその二人のうちの一人であるアンデレは、彼の兄弟をイエスのところへ連れて行ったところ、イエスは彼を見て、「あなたはシモンである」、「あなたはケファと呼ばれるであろう」（一・四一、四二）と言ったか、さらにまた、どのようにイエスは、「明日、ガリラヤに行くことを欲して」、「フィリポを見出し」、「私に従いなさい」（一・四三）と言ったかということ、さらにフィリポ、ナタナエル、そしてイエスについて、この章の終わりまで続いて述べられていることは、それぞれ自然的なことがらと道徳的なことがらの固有性を表すものであり、それは、それらの固有性について哲学者たちが述べたとおりであるということである。

276 さらに第二に、上に言われている「あなたがたは天が開けて、神の天使たちが上ったりするのを見るであろう」等々ということについて、五つのことが注目されるべきである。第一に、彼は、ひとりの人に語っていながら、「あなたがたは見るであろう」と複数形で言っているのは、どういうことであるか。第二に、彼が「天が開けて」と言っているのは、どういうことであるか。第三に、彼が「天使たちが」「上っている」と言っているのは、どういうことであるか。それには五つの理由があげられる。第四に、彼が天使たちは「下っている」と言っているのは、どういうことであるか。第五に、なにゆえに彼は「下っている」よりも、「上っている」を先に言っているのか、と。

それゆえに、第一に注目すべきことは、救い主はナタナエル一人に語っていながら、「私はあなたがたに言う、あなたがたは見るであろう」というように、複数形で言われていることである。その理由は、真なるものは、誰によって、かつ誰に対してそれが言われていようとも、すべての人に対して言われているのであるということである。「私があなたがたに言うことを、私はすべての人に言うのである」（マコ一三・三七）。そしてセネカは或る書簡[475]で言っている。「誰が語ったかということなどは、重要であろうか」。真実を語った人は、「すべての人に語ったのである」。さらにそれに続く他の書簡[476]において、彼は言っている。「或る人について正当にも言われたすべてのことは、私のことである」。その理由は、真理はすべての人に、どこにおいても現前しており、すべての人に語っており、「存在しないものを、あたかも存在するものであるかのように、呼び出すからである」（ロマ四・一七）。それゆえに、すべてのものを呼び出す人は、すべての人に語っているのである。彼は善人にも、悪人にも、聴く人にも、聴かない人にも、存在するものにも、存在しないものにも語る。というのは、彼は「存在しないものを、あたかも存在するものであるかのように、呼び出すからである」。vocat（彼は呼ぶ）は、声（vox）から言われているのである。vox（声）は語ることである。

277 それに対して偽なるものは、誰によってそれが言われようとも、いかなる人に対しても言われていない。その理由は第一に、すでに言われたことから生じる。すなわち、真なるものは、すべての人に、かつすべてのことを語っているのであるから、さらにまたその上に、真なるものは非存在者を呼び出すのであるから、偽なるものは、それが語ることも、それがそれに対して語る人も、持たないのである。というのは、真理はすべての人に対して、かつすべてのものを語っているからであり、非存在者すらも呼び出すからである。

さらにその上に、第二に、偽なるものを語る人は、彼が欺いているのであれ、欺かれているのであれ、彼が何らかの存在から背いており、落下しており、遠ざかっていることから、そうしているのである。というのは、無知そのものは、知である存在から遠ざかることであるからである。しかし非存在者について言われることは、それ自体としては確かに、非存在者であり、それは次の言葉によっている。「肉から生まれたものは肉であり、霊から生まれたものは霊である」（三・六）。そしてこれはアウグスティヌスが『告白』第一巻(477)において神について述べて、言っていることである。「あなたについて沈黙する人々に災いあれ。彼らは沈黙せる饒舌家であるから」。「〔彼らは〕欺かれ、欺く者たちである。彼らからはあなたの言葉は響いて来ないから」、これは『告白』第七巻(478)の言葉である。というのは、神の言葉は真理であるからである（一七・一七）。それゆえに、神についてではなく、しかも真理である神から語らない人は、何を語るのであろうか。その神から、神を通して、神のうちにすべての存在するものは存在し（ロマ一一・三六）、いかなる偽なるものも存在しないのであるから。アウグスティヌスは『告白』第一巻(479)において、神に対して述べている。「或る人は、もしあなたについて語らないならば、何を語るのか」。この点について通常は次のように言われている。「或る人は、もしあなたについて語るならば、何を語るのか」。しかし第一の文がよりいっそう真であり、よりよいものであると思われるのであり、それは直接それに続いて、次のように言われていることから明らかであろう。「あなたについて沈黙する人々に災いあれ」。それゆえに、これはここで「あなたがたは見るであろう」と複数形で言われていることの理由である。

278 第二に注目すべきことは、「天が開かれ」と言われていることである。そのことによって神の賜物の横溢が表されている。「彼はすべての人に豊かに与える」（ヤコ一・五）、「覆われたることで、現れないことはない」（ルカ一二・一二)、「主は自分の最良の宝である天を開くであろう」(申二八・一二)。

279 第三に注目すべきことは、彼は「天使たちは上っていく」と言っていることである。ベルナルドゥスは或る大修道院長たちに宛てた書簡[480]において、こう言っている。「あなたは上らなくてはならない。もしあなたが立ち止まろうとするならば、あなたは必ず滅びるであろう」、「そしてあなたがより善くなることを欲しなくなるや否や、あなたは善き者であることを止めることになる」。

さらに、彼らは「上っていく」と言われている。というのは、善きものはつねに高みにあり、悪しきものは低所にあるからであり、それは私が「上級のものの本性について」の論考[481]のなかで記しておいたとおりである。

さらにその上に、第三に、彼らが「上っていく」と言われている。というのは、「義人たちの小道は、輝く光のように明るさを増し、ついに真昼に至る」(箴四・一八)からである。「彼らは徳から徳へと進んでいくであろう。そして神々のなかの神がシオン[482]において見られることであろう」(詩八三・八)。

さらに、第四に、彼らが「上っていく」と言われているのは、それを通して上っていく謙遜を推奨するためである。というのは、低い者でなければ、上ることはないからである。「天から下って来た者でなければ、誰も天に上っていかない」(三・一三)。ザアカイ[483]に対して言われている。「下りて来なさい。私はあなたの家に滞在しなくてはならないからである」(ルカ一九・五)。「彼が上っていったということは、もし彼が最初に下ってきたのでなければ、何を意味するのであろうか」、さらに続いて、「下ってきた人は、他ならぬまた上ってきた人である」(エフェ四・九、一〇)。

280 その上、第五に注目すべきことは、人間のすべての嘆きは、一つには、人間は彼が欲しないものを、すなわち罪ないし罰の悪を持つことであり、また一つには、時間的なものであれ、永遠的なものであれ、彼が欲する善を欠い

281

ていることである。それらの両者とも、すなわちそれによって彼が圧迫されている悪と、それを彼が奪われており、欠いている善の欠乏は、彼が下級のものであって、自分より高いものを持っているところから生じている。というのは、或るものは、他ならぬ自分よりも下級のものを圧迫するからであり、他方、他ならぬ下級のものは或る点において善を欠いているからである。それというのも、下級のものは上級のものを把握することはなく、理解することもないからである。それゆえに、「〔彼らが〕上っていく」と言われているが、それはあたかも次のことを言わんとしているようである。人間は、上っていくことによって、彼がそれによって虜にされており、圧迫されているすべての悪からの自由を獲得するのであり、彼が願っているすべての善、ないしすべての神的賜物を獲得するのである。「彼は高みに上りながら、捕われ人を連れて行き、人間に賜物を与えたのである」（エフェ四・八、詩六七・一九）。それゆえに、高みにおいてあれ、すべてのものを超えてあれ、そうすれば、あなたはあなたを捕らえているものを捕らえるものになるであろう（イザ一四・二）。そしてこれは、ここで言われている「彼は捕われ人を連れて行った」ということの意味である。「あなたは至高者をあなたの逃れ場にした」、そしてそれに続いて、「悪はあなたに近づきえないであろう」等々（詩九〇・九、一〇）。さらにまた、あなたは人間にふさわしい神の賜物を受けるであろう。「すべての最善の贈り物とすべての完全な賜物は上のほうから来る」（ヤコ一・一七）。これは、それゆえに、「あなたがたは神の天使たちが上っていくのを見るであろう」と言われていることの意味である。

それに続いて、「そして彼らは下っていく」と言われる。それによって言われていることは、恩寵によって上っていき、高みにいる者たちは、より低いところにいる者たちのところへと下っていき、身を貶めなくてはならないということである。「各々の人は、彼が恩寵を受けたように、他の人にそれを分配すべきである」（Iペテ四・一〇）、「これを聴く人は、〔他の人に〕来よ、と言うべきである」（黙二二・一七）。アウグスティヌスは『真の宗教について[484]』において、こう言っている。「低いところにいる人々を純粋の愛情によって神の恩寵へと導かない人は誰も、上級のものによって神の恩寵を認識し、受けるように導かれることはないというのが神の摂理の法則である」。

しかし注目すべきことは、最初に「上っていく」と言われていることである。それというのも、人はまず第一に、神から神が注ぐものを汲むためには、敬虔と祈りによって神のほうへと上らなくてはならないのである。「あなたがたは救い主の泉から水を汲むであろう」(イザ一二・三)。そして以下において、救い主は言っている。「私が与えるであろう水は、彼のうちでは、滴る水の泉になるであろう」(四・一四)。そしてこれは以下において、第二章において言われていることである。「今や汲み取りなさい」、そしてそれに続いて、「それを宴会の世話人のところへ運びなさい」(二・八)。

282 「人の子の上に」ということは、五つの様態において解釈することができる。

第一に、天使たちは照らしながら、キリストが純粋の人間よりも、上級の何かであったということを教えているのである。というのは、彼は神であり、人間であったからである。そしてそれは次の言葉によっている。「渇き貧しい人について知る人は幸いなるかな」(詩四〇・二)。すなわち、別の「詩編」において言われているように、「しかし私は渇いていて、貧しい者である」(詩六九・六)――そのことは人間であるかぎりでのキリストについて妥当するのであるが――、彼が渇いていて、貧しいということ以上のよりいっそう高い何ものかがキリストのうちに存在することを知る人は幸いである。

第二は次のとおりである。人間は、人間としての自分自身よりもより高い或るものに恩寵によってなる。セネカ[485]は言っている。「人間は、もし人間を超えて自分自身を高めるのでなければ、軽蔑すべきものである」。

283 第三に、「人の子の上を」天使たちは下っている。というのは、最小の天使もその本性においては、人間としてのいかなる人間よりも、よりいっそう優れているからである。「人の子をあなたは見ており」、それに続いて、「あなたは彼を天使たちよりも少し劣ったものとした」（詩八・五、六）、そして続いて、「洗礼者ヨハネより偉大な人が現れたことはなかった」、「天の国において最も小さきものも、かの人〔洗礼者ヨハネ〕よりもいっそう偉大である」（マタ一一・一一）、すなわち天使は。「彼ら天使たちは天にいる」（マタ一八・一〇）。

第四に、神の賜物は人間の功徳よりもよりいっそう大なるものである。[486]「彼はすべてのものを、われわれが請い求めたり、理解したりする以上に豊かになすことができる」（エフェ三・二〇）、さらに以下において、「神は霊を限りなく与える」（三・三四）、「というのは、光は闇のなかで輝いているが、闇は光を知らなかったからである」（一・五）。

第五に、「人の子の上を」と言われているのは、恩寵による賜物は子において、子を通してのみ与えられるからである。「彼とともに」、すなわち子とともに、「彼はすべてのものをわれわれに与えた」（ロマ八・三二）、「彼は自分の子のために婚宴を開いた」等々（マタ二二・二）。

第二章

284

「そして三日目に、ガリラヤのカナにおいて婚宴が行われた」。

これについては、七つのことが解釈されるべきである。第一に、ここで「婚宴が行われた」（二・一）と言われていることである。第二に、「葡萄酒になった水」（二・九）と言われていることである。第三に、それに続いて、「すべての人は最初によい葡萄酒を出すが、あなたはしかしそれを取っておいた」（二・一〇）と言われていることであり、それとともに解釈を必要とする他のことどもである。第四に、「彼は自分の栄光を表した」（二・一一）と言われていることである。第五に、「彼はすべての人々を神殿から追い出した」（二・一五）と言われていることである。第六に、「あなたの家への熱情は私を食い尽くす」（二・一七）と言われていることである。第七に、「というのは、彼は人の心にあることを知っていたからである」（二・二五）と言われていることである。

しかし知らなければならないことは、以下においては、少数の箇所を除いては、われわれは手短に通過し、第一章において詳しく解釈されたものによって、解釈されるべきものとして生じたものを解釈するのであり、したがって第一章が詳しく解釈されたのは、けっして無駄ではなかったということである。まず次のように言われている。

「婚宴が行われた」（一節）

285
注目すべきことは、質料が形相のためにあり、身体が霊魂のためにあり、女性が男性のためにあるように――「すなわち女性の頭は男性である」（Ｉコリ一一・三）――、このように、「言葉は肉になった」のであるが、それは言葉がわれわれのうちに住むようになるためであった（一・一四）。それゆえに、アウグスティヌスは『三位一体論』第四巻第二十章[487]において言っている。「世は知恵を通して、神を神の知恵において、知ることができなかったので」、「言葉が肉になって、われわれのうちに住むようになったことは」、「神の気に入った（Ｉコリ一・二一）」。ここから生じることは、言葉についてまず言われるべきことを、第一章で概観したのちに、ここ第二章においては、直ちにヨハネは、神と霊魂の結婚について語り始めるのであり、「ガリラヤのカナにおいて婚宴が行われた」と言うことによって、どのようにして肉になった言葉が、われわれのうちに住むのかということを示すのである。

286
それゆえに知らなければならないことは、三様の結婚が区別されなくてはならないということである。第一は、身体的な結婚であり、これはこの世において父と母とを持つのである。これらの結婚についてここでは字義どおりに、「婚宴が行われた」と書かれている。第二に、神とわれわれの本性との間の結婚がある。そしてこれは、父は天に、母はこの世に持っている。これらについて「言葉は肉になった」と書かれている。第三に、神と霊魂との間の結婚がある。そしてそれらについて、「そしてそれはわれわれのうちに住むようになった」（一・一四）と書かれている。それらの結婚は父と母とをこの世に持っていないのであり、それは次の言葉によっている。「この世の長は私のうちには何も持っていない」（一四・三〇）、すなわち、それはこの世のうちに父も母も持っていないのであり、さらに以下において、使徒たちについて次のように言われている。「彼らは世の出ではない。それは私も世の出ではないのと同様である」（一七・一六）。アウグスティヌスは『教会の道徳について』[488]において言っている。「神にすがろうとする精神は、全世界よりも完全に崇高である」。さらに、『三位一体論』第四巻第二十章[489]において、アウグスティヌスはこう言っている。「言葉は肉になった」、「言葉は時間によって或る人の完全な精神において把握されるときにも」、「それは確かに遣わされていると言われるのであっても、この世のうちへではない」、「われわれもまた、精神によって何か永遠的なものを可能なかぎり把握するかぎりにおいては、この世のうちに存在しているのではない。そしてたとえこの肉のうちに生きているものであっても、すべての義人たちの霊は、神的なものを味わうかぎりにおいては、この世のうちに存在してはいないのである」。

287 第一の結婚については、ベーダが『説教』[490]において次のように言っていることのみが、目下のところはあげられるべきであろう。「夫婦の貞潔は善いものである。未亡人の自制はより善いものである。しかし乙女の完全性は最善のものである」。それは次の言葉によっている。「或る人は百倍の、或る人は六十倍の、或る人は三十倍の実を結ぶ」（マタ一三・二三）。

288 第二の結婚について、第一に注目すべきことは、神は、言葉は、子は、人間の本性を受け取ったが、それはわれわれが、上で示されているように、神の子となりうることを教えるためであったということである。「彼は、彼らに神の子となる権能を与えた」、そしてその同じ箇所ののちに、「言葉は肉になった。そしてわれわれのうちに住んだ」（一・一二、一四）。アウグスティヌスは『三位一体論』第十三巻第十四章[491]において、これらの結婚について言っている。「時間的に生じる出来事のなかでは、人間が神に結合されてペルソナの統一性をなしているということは、最高の恩寵である」。これは次の言葉によっている。「恩寵と真理とは、イエス・キリストによって生じた」（一・一七）。「われわれが神の子と呼ばれ、またそうあるためには、どのような愛を父は、われわれに与えたのかということを見なさい」（Iヨハ三・一）。たんに「われわれがそう呼ばれる」と言われているのみならず、「われわれがそうである」と言われているのである。「われわれが彼の真の子のうちに存在するように」（Iヨハ五・二〇）。

289 第二に注目すべきことは、神は、言葉は、人間のペルソナではなく、本性を受け取ったということである。このことに関して、五つのことが注目されるべきである。

第一には、〔人間としての〕本性は、われわれすべてにとって、キリストと同名同義的に、等しく共通なものであるということである。そこから信ずべきこととして、キリストにおいてと同様にわれわれ各自のうちにおいて、本来的な意味において、肉になった言葉がわれわれのうちに住むようになったということが与えられているのである。ベーダは「初めに言葉があった」についての『説教』[492]において、こう言っている。「私は神になったキリストを羨むことはない。というのは、もし私が欲するならば、私も第二の彼になることができるからである」。この言葉は、もし正しく理解されるならば、すでに述べられたことからすると、どんな場合でも真である、たとえ彼が同じ箇所においてこのことを、異端的な人々の理解によるかぎりにおいて排斥しているとしても。

第二に注目すべきことは、人間の本性はすべての人間にとって、その人自身よりもよりいっそう内的なものであるということである。このことにおいてわれわれが教えられるのは、外側ではなく、すべての人の内奥において、それらの結婚は祝われるということである。「聖霊は上からあなたのうちへと到来するであろう」（ルカ一・三五）。アウグスティヌスは『真の宗教について』[493]において言っている。「けっして外側に行くな。あなた自身のうちに帰れ。神は内的人間のうちに住んでいる」。上に言われている。「言葉が肉になった。そしてわれわれのうちに住んだ」（一・一四）。

290 第三に教えられることは、神の子になり、肉になった言葉が自分のうちに住むことを欲する者は、隣人を自分自身のように、しかも自分自身についてと同じだけ多く愛さなくてはならないのであり、個人的なものを拒絶し、自分自身のものを拒絶しなくてはならないということである。すなわち、愛を持つ者は、いかなる仕方においても、自分自身よりも隣人をより少なく愛するということはないのである。というのは、彼はすべてのもののうちに一なる神を、すべてのものを一なる神において愛しているからである。しかし一においては、いかなる区別もなく、ユダヤ人とギリシア人の区別もない。さらに一においては、より多いということも、より少ないということもない。

第四に、すべてのものの本性そのものは、すべてのものを超えて、自分自身よりもよりいっそう神を愛しているのである。それゆえに、われわれは、神をすべてのものを超えて、われわれ自身よりも多く愛することを教えられているのである。神以外の他のものを自分自身に対して目標として立てている人々は、このことをなしえない。

291 ここで第五に注目すべきことは、肉になった言葉がそのうちに住んでいる生は、どんなに甘美なものであり、喜ばしきものであるかということである。というのは、そのような人々は、神のみをすべてのものにおいて、すべてのものを神において愛するのであり、これゆえに彼らは、すべてのものにおいて、かつすべてのものについて、たえず等しく喜んでいるのである。[494] そのような人々は、神を自分自身よりも多く愛しているので、これゆえに神のすべての命令と掟は、彼らには軽いものである。それゆえに、適切に次のように言われている。「あなたがたの上に私の軛を担いなさい」、そして続いて、「私の軛は快く、私の重荷は軽い」（マタ一一・二九、三〇）。「あなたがたの上に担いなさい」と言われている。というのは、警告し働くものが、命令し影響を及ぼすものがより上級のものになるほど、それだけ彼が影響を及ぼすことによって命ずるものは、上に[495]明らかに示されているように、より軽く、より甘美になるからである。それゆえに、神の軛を自分自身の上に担う人にとっては、神が命じるすべてのことは、人間の欲求がそれへと傾くものよりも、より軽いものである。さらにその上に、神を自分の上に高めて、自分自身よりも多く愛する人――「〔あなたは〕女性たちの愛を超えてはるかに愛すべきものである」（王下一・二六）――、すなわちそのような人は、女性たちが愛されるよりも、多く愛されるのであり、さらに、「彼は水の上に地を堅固なものとして立てた」（詩一三五・六）、すなわち水以上に堅固なものとして――そのような人にとっては、私はあえて言うが、自分自身の自然的な生そのものよりも、神の命令に従うことのほうがより軽いのであり、それは次の言葉によっている。「あなたの霊魂のためにと同様に、義のために戦え、死に至るまで義のために戦え」（シラ四・三）。というのは、聖なる人々は、〔神の〕命令に背くよりも、自然的な生と自分の霊魂を与え、軽蔑するからである。それゆえに、こう言われている。「あなたがたの上に私の軛を担いなさい」、そして続いて、「私の重荷は軽い」、「彼の命令は困難ではない」（Iヨハ五・三）、「あなたは私をあなたの敵対する者にした。そして私は私自身にとって重荷になった」（ヨブ七・二〇）。それはあたかも私に属するすべてのものは、もしそれがあなたとあなたの命令に背くものであるならば、私にとって重荷となり、憎むべきものとなると言わんとしているようである。その理由は、人間は霊魂から生を有するが、それに対して神からは存在を有するからである。しかし存在は、生よりもより甘美なものであり、より喜ばしきものであって[496]、そればかりか「生は生けるものにとっては、存在である」[497]のだから、まさにこのことによってのみ、生は生けるものによって愛されているのである。

[292] 第三の結婚は神と霊魂との間に存在するのであり、それは「ガリラヤのカナにおいて」祝われる。「カナ」は熱心さとして、「ガリラヤ」は移動として解釈されている[498]。というのは、霊魂と神との結婚は、「カナにおいて」、すなわち熱心さにおいて、愛の炎において祝われるのであり、その愛の炎によって、人はその全体において神を、神のみを愛するのであり、自分の上に掲げるのであり、自分自身よりも多く愛するからである。「私は私によって愛

されている人に、また私によって愛されている人は、私に属するのである」（雅六・二）。注目されたいのは、「私は私によって愛される人に」、「私によって愛される人は、私に」と言われていることである。「彼は自分自身を捨てて、私に従う」（マタ一六・二四）。それゆえに、あなたは、どこでその結婚が祝われるかを、すなわち「カナにおいて」、愛の炎によってということを知るのである。

さらに「ガリラヤ」において、すなわち移動において、について。「雀のように、山のなかに移動して」（詩一〇・二）。というのは、人間はすべての変化しうるものと被造的なものを軽蔑することによって、この結婚に値するものとなるためには、超えて行かなくてはならないからである。「私はすべてのものを損失と見なし、キリストを獲得するためには、糞土のようなものであると思った」（フィリ三・八）、すなわちキリストが、肉になった言葉が、私のうちに住むようになるためには、すなわち「キリストがわれわれのうちで形成されるようになるまでは」（ガラ四・一九）。というのは、そのような結婚は神の子に対してのみ行われるからである。「彼は自分の息子のために婚宴を開いた」（マタ二二・二）。しかし神の子は、上[499]で言われたように、それ自身としては、この世のなかにその父もその母も持たない。それゆえに、彼はすべてのものを超えて行かなくてはならない。「ガリラヤ」とは、移動を意味する。「ガリラヤへと、そこであなたがたは彼を見るであろう」（マタ二八・七）。

293 第二に注目すべきことは、いつそれらの結婚は祝われるかということである。それについて次のように言われている。「時が満ちたときに、神は自分の子を遣わした」（ガラ四・四）。もはやいかなる時も存在しないときに、時が満ちる。すなわち、このようにして、一日の終わりが存在し、もはやその一日のいかなるものも残っていないときに、満たされた一日と言われる。さらにその上に時は、永遠のうちでは満たされている。というのは、永遠の今は、最も満たされた仕方ですべての時を包括しているからである[500]。

さらにその上にここでもまた、当面のところ、次のように言われている。「三日目に婚宴が行われた」、「或る昼は別の昼に言葉を告げる」（詩一八・三）。「昼」について、このように言われている。昼とは太陽の現存である。「三日目に」について、「創世記」第四十章において比喩をもってこのように言われている。酌人という任務が三日のちに再び制定された。さらにこれらの三つの日々は、初心者に、進歩した者に、そして完全なる者に属するのであり、ないしは、知性の自然的光、恩寵の光、そして栄光の光がそれに属しているのである。〔そのように〕このことは、あなたの気に入るように、追求してもらいたい。

「葡萄酒になった水を味わう宴会の世話人のように」（九節）[501]

ここで最初に、この福音書においてキリストによってなされた奇跡について言及される。すなわち続いて「このことをイエスは、初めての奇跡として行った」等々（二・一一）。これゆえに目下のところ注目すべきことは、能動的な力は強くなればなるほど、よりいっそう短い時間でそれは働き、その働きを成就するということである。それゆえに、動かすものの力が増大するほど、時間は減少し、それが動く空間は増大することになるのであって、それは『自然学』第六巻[502]より明らかなとおりである。さらにわれわれが、例えば、自然において見るように、或る時間ののちには、きわめて小さな形のない種子から、きわめて高く太い樹木が産み出され、多くの枝と葉と花と実によって一杯になる。それゆえに、もし神的な無限の力によって、水から突然にして、葡萄酒が、あるいはそれに類する何かが造られるとしても、それは何か驚くべきことであろうか、とりわけ神である第一のものの力がなければ、全自然のすべての力も働きも、まったく何も働くことができず、死んでしまうのであり、滅びてしまうのであるから。確かに、もし或る人が突然にしてわれわれの眼前で、すでに上で述べたような樹を、その種子から産み出すならば、全世界が驚くであろう。それゆえに、もし突然にしてキリストが水を葡萄酒に変えるとしても、それは何か驚くべきことであろうか、特にわれわれは皆信仰しており、神が天と地とを無から産み出したということを前提にしているのであるから。

295 さらに信仰箇条を否定する敵対的な人に対して、尊敬すべき人物か、無分別な人間か、どちらをより多く信ずべきか問うてみよ。尊敬すべき人物をより多く信ずべきであることに同意するであろう。第二に、多くの人々か、少ない人々か、どちらをそれ自体としては、より多く信ずべきか問うてみよ。彼は、多くの人々であると答えるであろう。それでは、提示されている〔信仰〕箇条を彼は疑っているか、否かを問うてみよ。彼は、然りであると答えるであろう。それでは、あなたはこのことに関して、彼の言うことを信じることができるか、ないしは信じなければならないかを問うてみよ。然りであると彼は同意するであろう。それゆえに、私はむしろ「証言をするものが三つある」等々（Ｉヨハ五・七）と言っている聖ヨハネを信じると結論せよ。もし彼が、〔このような奇跡に〕似たものは存在しない――というのは、彼の疑いは理性に共鳴しているから――と言うならば、この問題において彼があなたと、善き心において論じていたのかを問うてみよ。彼は然りであると答えるであろう。そうならば、この点についてあなたが彼の言うことを信じなければならないことは、疑いなくあなたにとって確実なものとして確証されないのであるから、あなたはむしろ聖ヨハネかパウロか、それに類する人々の言うことを信じるであろうと結論せよ。さらにその上に、どのような名で彼は呼ばれているか問うてみよ。もしその答えが与えられるならば、どのようにして彼はそれを知っているかを問うてみよ。そして彼の近隣の人々全体がこのことを証言していると答えるならば、次のように結論せよ。それでは、三位一体の一なる神、肉になった言葉とそれに類するものを信じなければならない。というのは、ただたんにあなたの村と近隣の人々のみならず、全教会がこのことを証言しているからである、と。

「すべての人は、最初に良い葡萄酒を出す。そして彼らが酔ったときに、より悪いものを出す。しかしあなたはよい葡萄酒を今まで取って置いた」（一〇節）

296 これらの言葉においては、八つのことが注目されるべきである。

第一に、この世界のうちで働くものは、それらの結果にとっては、存在の原因ではなく、たんに生成の原因であり、存在の原因ではなく、あるいは端的な意味での生成の原因ですらなく、これこれしかじかの生成の原因であるということである。これゆえに、原因が不在の場合でも、存在のうちに生み出された結果は持続する。しかし神は、無条件的な意味において被造的事物の存在の原因であるので――「神はすべてのものが存在せんがために、創造した」（知一・一四）――、神はそれらのものを存在へと産み出すのであるが、それらのものは、存在を保持するものなくしては、自存することができないのである。それは上において次のように言われているとおりである。「すべてのものはそれによって生じた。そしてそれなくしては、何ものも生じなかった」（一・三）。グレゴリウス[503]は言っている。「すべてのものは無のうちに落ち込むであろう、もし全能なる者の手がそれらを保持しなければ」。アウグスティヌスはそれの実例を『創世記について』第八巻[504]において、太陽の臨在によって空気のうちに保たれる光についてあげている。これは、それゆえに、ここで次のように言われていることの意味である。「人は、最初に良い葡萄酒を出す」。そしてのちに「より悪いものを出す」。というのは、葡萄酒も、それに最も近接した働きを及ぼすものの力によって保存されることができなければ、無に帰するからである。「しかしあなたはよい葡萄酒を今まで取って置いた」、「私の父は今に至るまで働いている」（五・一七）。

297 第二に注目すべきことは、すべての〔神的な〕慰めと善き、神的な、徳のある業は、初めは狭く、困難のものであるが、終わりには、甘く、広く、軽いものとなるということである。この世の慰めとすべての悪しき、悪徳の業については、事態は反対になっている。「滅びに至る道は広く」、「生命に至る道は狭い」（マタ七・一三、一四）。しかし進歩すれば、道は広くなり、軽く容易になる。「私はあなたを公正の小道より導こう。もしあなたがその道に入ったならば、あなたの歩みは窮屈になることはないであろう」（箴四・一一、一二）――小道（semita）とは、半分（semis）から言われているのであり、狭い半分の幅しかない道のことである――「義人たちの小道は、あたかも輝く光のように前進し、真昼に至るまで成長する」（箴四・一八）。

298 セネカは『自然の諸問題について』[505]において、こう言っている。徳は骨折って学ばれる。「悪徳は教師なくしても学ばれる」。ナツィアンツのグレゴリウスはその『弁護論』[506]において、こう言っている。「悪徳は容易に」、「いかなる支えがなくても、進歩する。そして誰も教えなくても、誰も駆り立てなくても、悪くなることほど容易なことはない。それに対して善くなることは稀であり、非常に困難なことであって、それはあたかも何らかの険しい絶壁をよじ登るようなものである、たとえ多くの人々が鼓舞し、多くの人々が招き、すべての人々が促したとしても」、さらに以下において[507]、「われわれは徳の火によって、或るときには熱せられ、或るときには熱くなりうるよりも、より早く悪徳のわずかな火花によって食い尽くされるのである」。ここから「詩編」（二七・二六、二七）において善人について三回、このように言われている。「あなたは聖人と一緒にいたならば、聖なるものに」、「罪のない人と一緒にいたならば、罪のないものに」、「選ばれた人と一緒にいたならば、選ばれたものになるであろう」。しかしそれに続いて、「あなたは不正な人と一緒にいたならば、無に帰するであろう」、そしてこのことは一回言われている。というのは、一人の悪人は、多くの善人が教化することができるよりも、より多く人を躓かせるからであり、それは次の言葉によっている。「わずかな酵母は塊全体を膨らませる」（Iコリ五・六）。

299 私はつねに言った。いかなるものも、滅びることほど甘く、快適なものはなく、いかなるものも滅びてしまっていることほど辛いものはない、と。さらに、いかなるものも、善人で、徳のある者になることほど負担になり、困難なことはなく、いかなるものも、善人で、徳のある者であることほど、快適で容易なことはない[508]。ここから救い主は以下において言っている。「あなたは健康になることを欲するか」（五・六）。というのは、一般に知られているように、すべての人は健康であることを欲するが、それによって人が健康になるところの傷つけられ、焼かれ、断食することを拒絶するのである。

300 ラビ・モイゼスは〔『迷える者の手引』〕第一巻第三十三章[509]において言っている。『形而上学』第一巻[510]において言われているように、すべての人は本性的に知恵と知ることを欲しているといえども、「しかし学ぶことを始めるのを妨げる五つの理由があるのであり」、それはそこで美しく詳細に描写されているとおりである。第一に、知りうるものの至高性、隠蔽性、ないし困難さである。第二に、知性の無力さである。第三に、身体的体制の不適格性である。第四に、彼が敷き藁と呼んでいる、獲得すべき知識のために前提されるものの多数性である。第五に、身体の必要性が要求するものについて従事することである。「それというのも、哲学することは、豊かになることよりも、より善いことであるが、困窮している人にとってはそうではないからである[511]」。

301 第三に先に述べられたことから注目すべきことは、徳とすべての神的な業は、自然本性にしたがっているが、すべての悪ないし悪徳は自然本性に反するものであるということである。アウグスティヌスは『自由意志論』第三巻[512]において、こう言っている。「もしそれが悪徳であり、正しく非難されうるためには、自然本性に反していなければならない。というのは、すべての悪徳は、まさにそれが悪徳であることによって、自然本性に反しているからである」。これについてトマスは、〔『神学大全』〕第二部の一第七十一問第二項[513]において根拠づけている。そしてこれがここですべての人は、最初によい葡萄酒を出し、次いでもっと悪い葡萄酒を出すと言われていることの意味である。というのは、自然本性的なものは最後に増大するのであるが、暴力的なものは自然本性に反するものとして、初めはより強力であるが、最後には衰えてしまうのである。セネカは『寛容について』第一巻[514]においてこう言っている。「真理に基づくものは」、「時間とともにより大きく、よりよくなる」。

302 第四に注目すべきことは、アウグスティヌスが『キリスト教の教え』第一巻[515]の最後で述べ、説明しているように、「時間的なものと永遠なるものとの違いは、時間的なものは、それが所有される前にはより多く愛され、それが到来したときにはその価値を減ずるのであるが」、「永遠なるものは、願望されるものとしてよりも、獲得されたものとしてより激しく愛されるのである」ということである。そしてこれがここで次のように言われていることの意味である。「すべての人は、最初によい葡萄酒を出す。しかしあなたはよい葡萄酒を今まで取って置いた」。

303 第五に注目すべきことは、被造的なものには、特に時間的なものにおいては、付帯的なもの、例えば、味覚、美しさや最初にわれわれに現れてくるそれに類するものによる善性が適合するということである。そしてこれらの付帯的なものから、すべてのわれわれの認識はわれわれに対して生じてくるのである。神はしかしその本質によって善であり、その神の直視は、われわれに対して、最後には、至福と目的として与えられるのである。そしてこれが次の言葉の意味である。「すべての人は、最初によい葡萄酒を出す。しかしあなたはそれを取って置いた」等々。

304 第六に、被造物は外側にあるが、神は最も内側にあり、最も内奥に存在する。このことは、神に固有の働きである存在において明らかになるのであり、その働きはすべてのものにとっては最も内側にあり、すべてのものの最も内奥にある。そしてこのことはアウグスティヌス[516]によれば、神のみが霊魂の内部に入り込むと言われるのであり、そればかりかまた、すべてのものの本質の内部に入り込むのである。それに対して、いかなる被造的なものの本質も、他のものの本質の内部に入り込むことはなく、外側に留まっているのであり、〔他のものから〕区別されているのである。そしてこれはここで次のように言われていることの意味である。すなわち、すべての人間は、最初は、すなわち最初の瞬間においては、外側に善を措定するのであるが、花婿である神は、善を、潜んだ隠されたものとして保持しているのである。「真にあなたは隠れた神である」（イザ四五・一五）、「モーセは、暗雲に近づいたが、そのうちに神は存在していたのである」（出二〇・二一）。

305 第七は、字義どおりに解釈して、「人は最初によい葡萄酒を出す」が、のちには、よりいっそう弱い葡萄酒を出す。というのは、或る液体の味覚を受け入れた舌は、さらにその上に到来するものについてよく判断することができないからである。そしてこれは、アナクサゴラス[517]が、知性は判断するためには裸で混合されざるものであると主張した理由である。というのは、われわれが見るように、視覚は「強い光を見たときには、それらによって苦痛を感じ、可視的なものを判断する際に障害を受けるであろうからであり」、それは『光学』[518]の冒頭に言われ、説明されているとおりである。ホラティウス[519]は言っている。

「新しい壷が一度、満たされると、
その匂いを長く保つ」。

306 第八に注目すべきことは、罪には二種類あるということである。〔一つは〕物質的な罪であり、すなわち可変的な善に心を向けることである。そしてこの可変的な善を最初に提示するのは、

「世、肉、悪魔[520]」

である。というのは、ディオニシウス[521]が言うように、悪を眺めて、ないしは意図して働く人はいないからである。

第二のこと、すなわち罪のうちで首尾一貫して振舞うことは、非可変的な善から背くことであり、これは罪の根にして形相的原因である。そしてこれは明瞭にここで次のように言われていることの意味である。「彼らが酔ったときに、より悪いものが出された」。というのは、罪のうちでより悪いのは、神、すなわち非可変的な善から背くことそれ自体であるからである。

307 第九に知るべきことは、善い業、ないしは有徳の業においては、二重の働きを、すなわち内的な働きと外的な働きを認めるべきであるということである。しかし善性は道徳的善性としては、主要的かつ形相的には、内的な働きにあるのであり、そのことは次の言葉によっている。「その王の娘のすべての栄光は内的なものである」等々（詩四四・一四）。それゆえに、福音史家がここで言おうとしていることは、外面的なものを見ている人々においては、外的な働きは、善きもの、かつ内的な働きよりもより善いものとして、ないしは悪しきもの、かつ〔内的な働きよりも〕より悪いものとして判断されているが、心と意図を見る神においては（サム上一六・七参照）、反対に、内的な働きは〔外的な働きよりも〕はるかに注目すべきものであり、ないしはただそれのみが、本来的な意味においては、善ないしは悪である。これについては、二重の理由があるだろう。第一に[522]、善と悪とは、人間的なるものの領域においては、理性に従って存在しているか、ないしは理性なしに、あるいは理性に反して存在しているか、ないしは生きているかということであり、これはディオニシウスの『神名論』第四章[523]によっている。しかし意志の内的な働きは理性に従っている。というのは、意志は理性のうちに存在するからである。第二の理由[524]は次のとおりである。すなわち目的は、本来的には内的働きの対象である。しかし目的のために存在するものは、外的働きの対象である。さらに目的であるところのものは、形相的なものとして、目的のために存在するものに関わっている。というのは、対象が道徳的なものの領域における働きに形象を与えるのであるが、それは自然的なものの領域においては、終局が運動に、形相が事物に形象を与えるのと同様である。[525]

さらにその上に、道徳的に第一に注目すべきことは、世とすべての被造物は、金ないし銀によって覆われた銅貨のようなものであるということである。すなわち、そのようなものは、それがそれ自体においてあるもの、隠れているものとしては銅である。しかしそれが外側からあるもの、ないし他のものからあるものとしては、すなわち現れているものとしては、銀ないし金である。そのようにすべての被造物は、それがそれ自体においてあるものとしては、無からあり、無である。「無からわれわれは生まれた」（知二・二）、「すべてのものはそれから生じた。そしてそれなくして、生じたものは無である」（一・三）。それゆえに、このようにして明らかになるのは、この世は、最初によい葡萄酒を置き、差し出し、提供するが、その内部にあり、隠れており、神から有しているところの存在に覆われているものは、より悪いものであり、それのより悪い部分であり、悪である。世は偽善的であり、詭弁的であり、外側には餌があり、内側には鉤針があるような罠である。「被造物は」「愚か者たちの足には、罠に」「なった」（知一四・一一）。それゆえに、アウグスティヌスは、『身体と霊魂の哀れな生について[526]』の書ないし説教のなかで言っている。「おお、空しい世よ、お前は、なぜそんなに多くのものをわれわれに約束し、なおも欺くのか」。そしてそれよりも前に同じ箇所において[527]、「おお生よ、お前はそんなに多くのものを欺き、そんなに多くのものを誘惑し、そんなに多くのものを眩惑した。お前が消え去るときには、お前は無である。お前が見えたときには、お前は影である。お前が高まるときには、お前は煙である。お前は愚かな者たちには甘く、賢い者たちには辛い。お前を愛する者たちは、お前を知らない」、「お前を信じる人々は災いなるかな。お前を軽蔑する人々は幸いなるかな」。さらにアウグスティヌスは他の説教[528]において言っている。「おお不潔な世よ、なぜお前は大きな音を立てるのか。なぜお前はわれわれを神から背かせるように試みるのか」、「お前は辛いものであるのに、なぜ甘いもののように偽るのか」。クリソストムスは「マタイによる福音書」第二十二章[529]についてこう言っている。「おお、世は最も惨めなものである。そして世に従う人々も惨めである。たえずこの世的なものは人々を生命から閉め出してしまっている」。

309 第二に、「すべての人は最初に」等々という先に述べられた言葉において、この世的な慰めの空しさが表されている。というのは、その終局は苦悩と悲しみであるからである。「笑いは苦悩と混ぜられている」、さらに以下において、「悲しみが最高の喜びを支配している」（箴一四・一三）、「豊かな人と貧しい人とが互いに出会った」（箴二二・二）。互いに出会う人々の特徴は、彼らのうちの一人が、別の人がそこから来る所へと行くというところにある。しかし豊かな人はどこから来るのか。それは確実にこの世の豊かさと喜びからである。それに対して彼に出会う貧しい人は、貧しさと悲惨さから来るのである。それゆえに、享楽のうちで喜び、笑っている豊かな人は、最後には悲嘆と悲惨になり、それに対して貧しさと悲惨さから来ている貧しい人は、最後には喜ぶことになる。これに対する明らかな例は、豊かな美食家と貧しい腫物のできたラザロ（ルカ一六・一九以下）において提示されている。「罪の報いは死であり、神の賜物は永遠の命である」（ロマ六・二三）。その理由は、運動はたえず対立するものの間で行われるということである。

第三に、われわれは外観にしたがって判断してはいけないと教えられている。「外観にしたがって判断してはならないのであって、正しい見解にもとづいて正しく判断しなくてはならない」（七・二四）。

310 **「イエスは最初の奇跡を行って、その栄光を示された。そして彼の弟子たちは彼を信じた」（一一節）**

これらの言葉において注目すべきことは、われわれはわれわれのすべての業において、神の栄光と隣人の教化を目指さなければならないということである。「すべてのことを神の栄光のためになせ」（Ｉコリ一〇・三一）、「唯一の神に、栄誉と栄光を」（Ｉテモ一・一七）。第二のことについては、次のように言われている。「向上に役立つものを、相互に守ろうではないか」（ロマ一四・一九）、さらに同じ箇所において、「すべての人が各自、向上のために、隣人に気に入られようではないか」（ロマ一五・二）。

311

「彼はそこに座っている商売人や両替商をみな神殿から追い払った」（一四、一五節）

注目すべきことは、神の神殿のうちで、すなわち教会において善いことを行いながらも、何か時間的なものを、ないしは神以外の何かを目指している人はすべて、ユダ（マタ二六・一四以下参照）やシモン（使八・一八以下参照）[530]であり――ここから聖職売買する者（simoniaci）という語が由来しているのであるが――、金銭づくの人（一〇・一二以下参照）であり、奴隷であるということである。「あなたがたは私に対して奴隷のなす業をなしてはならない」（レビ二三・七）。というのは、自分自身の利益、名誉、豊かさ、ないし享楽を求める人は、神のためではなく、自分自身のために業を行っているのであり、それはちょうど、グレゴリウスが言っているように[531]、「自分からちょうどよいときに遠ざけられるものを、貧しい人々に分け与えないで、自分の腹にのちに与えられるべきものとして貯蔵しておく人が、神のためではなく、自分のために断食するようなものである」。

さらにその上に、そのような業は死んでいるのであり、神のうちで生じるのではない。それというのも、神のうちで生じたもののみが生命であるからである（一・三、四）。というのは、運動を内部から、自分自身から持つもの、ないしは動かされるものが生きているからである[532]。さらに、それが自分自身からではなく、ないしは内部からではなく、外部の或るものからのみ動かされているとき、すべてのものは死んでいると言われる。そのようにして何か外部にあるものが始原として、ないしは終局としてその業に向けて動かすとき、その業は死んでいるのである。しかし神のみが、霊魂の内部に入り込み、その内部で存在しているのである。

312 さらにその上に、そのような業はただたんに神のためになされるのではなく、神には似ていないものであり、そればかりか反対のものである。第一に、神は自分のために、すなわち神のために、すべてのものに働きを及ぼすからである（箴一六・四）。しかし上であげたような人はそうではない。それというのも、彼は神のために働かないからである。

第二に、神はその善性ゆえに(533)、自分の利益のためではなく、われわれの利益のために働くからである。しかし上であげたような人は、善性ゆえにではなく、自分の利益のために働くのである。

313 さらに、第三に、キリストは、われわれが何を請い求めたとしてもそれを与えるであろうことを約束している（一四・一三参照）。それゆえに、神自身以外の或るものを祈り、請い求める人は、神とは異なる他のものを神であると見なしているのであり、神よりもいっそう善きものとして見なしているのであって、したがってそれを神であると見なしているのである。というのは、アウグスティヌスが『キリスト教の教え』第一巻(534)において言っているように、神とは、「それよりもよりいっそう善にしてよりいっそう崇高ないかなるものも」考えることのできないものであるからである。「それよりもより善い或るものが存在するところのこのものが神であると信じるようないかなる人も見出すことができない」。ベルナルドゥスは『省察録』第五巻(535)において言っている。「神とは何か」。そして答えている。「それよりもより善いものが考えられないもの」。

第四に、上であげたような人は、徳や善行や善性のためにではなく、自分自身の利益のために働くのである。〔そのような人にとっては〕、それゆえにそれが善であるから、目的であるのではなく、それが有益であるから、

314 目的であるのである。しかし運動はその名称と形象を、目標から獲得するのであり、目的は道徳的なものの領域においては、自然的なものの領域における形相である。

第五に、そのような業は意志的なものではないからである。というのは、もしそれが自分にとって有益なものでないならば、それはそれをなすことを欲することはないからである。しかし善とすべての功徳の根は意志である(536)。これゆえに、次のように言われている。「自発的に私はあなたの犠牲になりましょう」（詩五三・八）。「あなたの」と言われているのであって、「私の」と言われているのではない。そして続いて、「私はあなたの名を承認しましょう。というのは、それは善い名であるからです」。それはあたかも、「それは善い名であるからです」ということ以外の何ものによっても規定されないと言われているがごときである。

第六に注目すべきことは、神は本来的には無から働くように、また無のために働くのであるということである。「無のために〔すなわち純粋の恩寵によって〕、あなたは彼らを救われるであろう」（詩五五・八）。それに対して被造物は、或るものから働くように、また或るもののために働かねばならないのである。それゆえに、或る人が、善ないし神以外の或るもののために働くところの業は、神の業でもなければ、神的な業でもない。それは次に言われていることに背反している。「われわれのうちで、善きもののために欲し、かつ完遂することを御心のままになさしめるところの者は神である」（フィリ二・一三）。

「あなたの家に対する熱心が私を食い尽くす」（一七節）

315 クリソストムスは「サタンよ、退け」（マタ四・一〇）という言葉について言っている(537)。「自分自身に加えられた不正のうちに或る人が耐え忍んでいるということは、賞賛されるべきことであるが、神に加えられた不正を看過するということは、きわめて悪いことである」。そしてこれがここで次のように言われている意味である。「あなたの家に対する熱心が私を食い尽くす」。アウグスティヌスは、「人々が怒ろうとも、主は統治した」（詩九八・一）という言葉について、[538]こう言っている。「あなたの不正から遠ざかれば遠ざかるほど、他人の不正があなたを苦しめることになる」、「というのは、草が成長したときには」、「毒麦も現れた」（マタ一三・二六）からである。アウグスティヌスはさらに以下において言っている。「愛があなたのうちで溢れるならば、あなたは罪によりいっそう苦しむことになるであろう。あなたのうちで愛が大きくなればなるほど、そのためにあなたが苦しみを耐え忍んでいる彼はよりいっそう、あなたを苦しめることになるであろう。彼は彼に怒っている者としてのあなたを苦しめるのではなく、彼のために苦しんでいる者としてのあなたを苦しめるのであろう」。パウロの例によって、次のように言われている。「誰かが弱っているのに、私は弱らないではいられるであろうか。誰かが躓いているのに、私の心は焼けないでいられるであろうか。」（IIコリ一一・二九）。

316

「彼は人のうちに何が存在するかということを知っていた」（二五節）

「コリント人への第一の手紙」（二・一一）において言われている。「人間のなかにある人間の霊以外に、何が人間に属するのかということを、人間のうちで誰が知っていようか」。それゆえに明らかなことは、神は人のうちに何が存在するかということを知っていると言われているのであるから、神は人の本質の内部へと、またその霊魂の内部へと入り込むということである。というのは、このようにして、何が義に属するかということ、ないしは何が義であるかということは、上の第一章において明らかに示したように、[539]義そのもののうちにある人、すなわち義人以外の誰も知らないからである。そしてこれは次のように言われていることの意味である。「主は人々の考えを知っている」等々（詩九三・一一）。

第三章

「パリサイ人[540]のうちにひとりの人がいた」、そして以下において、「この人は夜にイエスのところに来た」等々（一、二節）

317 注目されるべきことは、われわれはこれらの言葉においては、神のもとへと到来するためには、人はどのように存在しなくてはならないかということを、あるいはむしろ、神のもとに到来する人はどのようにならなくてはならないのかということを教えられているということである。

というのは、〔上で〕「いた」（erat）と言われていることにおいては、そのような人は神的本性に与っているのであるということが述べられているからである。「彼はきわめて偉大で貴重な約束をわれわれにした。それはこれらの約束を通じて、われわれが神的本性に与る者とならんがためである」（IIペテ一・四）。というのは、「いた」（erat）という語が表している未完了の形は、上の第一章において言われたように、神的本性に固有なものであるからである。すなわち、「初めに言葉があった（erat）」（一・一）。第二に注目すべきことは、「いた」という語は、過去的なものと現在的なものとを表しているのであるから[541]、その語によって意味されていることは、人間は神のもとに到来するときには、確かにこの身体においては、この世に対して現前しているけれども、精神と願望においては、この世の外に存在しているということである。「彼らは世から出た者ではない。それは私も世から出た者ではないのと同様である」（一七・一六）。教会が聖人について讃えている言葉によれば、「聖人は、その身体においてのみは、この世の遍歴のうちにあるが、その思いと願いにおいては、かの永遠の祖国のうちに滞在しているのである」。グレゴリウスは祈り[542]において言っている。「この世のさまざまな変化のうちにあって、真の喜びがあるところに、われわれの心もつながれていますように」。

318
「人間」について。注目されたいのは、人間（homo）は大地（humus）から言われているのであり、謙遜（humilitas）も大地から言われていることである。それゆえに、神のほうへ来ようとする者は謙遜でなければならない。すなわち、アウグスティヌスが『聖母の被昇天について』という説教[543]において言っているように、謙遜は「天の梯子であり、それによって神は下って来るのであり」、ないしは人間のほうへと来るのであり、人間も神のほうへと行くのである。それゆえに、同じ箇所において彼はあらかじめ言っている。「真の謙遜は人間に対して神を生んだのであり、死すべき者に対して生命を与えたのであり、天を新たにしたのであり、この世を純粋にしたのであり、天国を開いたのであり、人間の霊魂を解放したのである」。その理由は、上級のものはその本性と固有性からして、それに属する下級のものに、かつそれのみに流入し、自分自身を伝達するからである。しかし真の謙遜は、それによって或る人が完全に神にのみ従属せしめられるところのものである。第二に、人間は知性と理性によって人間である。しかし知性は、ここと か今とかを度外視するのであり、それ自体としてはいかなるものとも共通のものを持たないのであり[544]、混合されざるものであり[545]、〔質料より〕分離したものであって[546]、そのことは『霊魂論』第三巻によっている。そしてこれが続いて言われていることの意味である。

「パリサイ人のうちに」について。すなわち‘phares’とは、分割であり（ダニ五・二八）[547]、分離である。その際、注目すべきことは、すべての形相は質料や連続せるものや時間から分離されるほど、それだけそれはよりいっそう高貴なものとなり、神的なものとなるということである。あなたもそのようなものになりなさい。謙遜ということは、すなわち神に従属していることであり、時間と連続せるものから分離していることであり、混合されざることであり、いかなるものとも共通のものを持たないことである。そうすれば、あなたは神のほうへと来ることになり、神もあなたのほうへと来ることになる。

319 「ニコデモ(548)という名であった」。ニコデモとは、地上的なものの横溢を意味する(549)。アウグスティヌスは『三位一体論』第二巻第十七章(550)において言っている。理性的霊魂は「よりいっそう霊的なものへと立ち上がるほど、より純粋になる。しかしそれがよりいっそう肉的なもの」、ないしは地上的なものにおいて「死ぬほど、よりいっそう霊的なものへと立ち上がることになる」。

すなわち、同様のことをわれわれは元素においても見る。その元素が質料から何かをより少なく持つほど、また形相からより多くを持つほど、それはよりいっそう上級のものになり、よりいっそう高貴なものとなる(551)。

さらにその上に、同様のことは惑星において見られる。或る惑星が地上から離れるほど、それはよりいっそう高貴なものになり、その力は遠くまで及ぶようになり、その影響は持続的なものになる。さらにその同じ惑星は、それが地上からよりいっそう離れたその遠点において、それが地上からより少なく離れているその遠点の反対のところにおいてよりも、より効果的に働くのである。このことは太陽と月において明瞭になる。すなわち、太陽が犬の日に〔土用に〕蟹座の回帰点の付近にあるときには、したがってそれがわれわれよりもよりいっそう離れたときには、それはわれわれが居住可能な領域の国々を、より多く熱の炎とそれに類するものによって注ぐのである。それに対して太陽が冬のしるしである射手座の回帰点の付近にあるときには、したがってそれがわれわれに対して最大限に近接したときには、事態は反対になる。さらに月についても同様である。すなわち、新月と満月においては、月が最大限に地上よりも遠ざかるときであり、月に二回、それはより強力な働きを及ぼすのである。しかし半月においては――それは同様に一か月に二回起こる――、それはより穏やかな仕方で働きを及ぼすのであり、そのことは、海の満潮において視覚に対して明らかになるとおりである。

同様のことをまたわれわれは、明らかに霊魂の能力において見る。それらはよりいっそう地上から、すなわち質料から解き放たれるほど、それだけいっそうそれらは高貴なものになり、それらの働きにおいてより強力になるのである。

320 「この人はイエスのところに来た」について。「マタイによる福音書」には言われている。「この人は救われるであろう」（マタ一〇・二二）。「この人」とは、非分割性、合一、一性を表しており、神の光はどこで光り輝き、神の甘美さはどこで味わわれるか、神の寛大さの泉はどこで溢れ出るか、すなわち霊魂の内奥と隠れ場においてであるということを霊魂に示しているのである。それは次の箇所についてアウグスティヌス(552)が教えているとおりである。「彼のうちでは、永遠の生命のうちへと滴る水の泉が生じるであろう」（四・一四）。

「彼はイエスのところに来た」について。さらに以下において、「私を遣わした父が引き寄せなければ、誰も私のところに来ることはできない」（六・四四）。注目されたいのは、子としての子のところへは、父以外の誰も引き寄せることはないのであり、父としての父は、子以外のところへは引き寄せることがないということであって、それは次の言葉によっている。「子以外の誰も父を知らないし、父以外の誰も子を知らない」（マタ一一・二七）。「イエスのところへ」について。「しかし私にとっては、神にすがるということは善いことである」（詩七二・二八）。注目されたいことは、単一のものにとっては、あるいは単一のものにおいては、それにすがることと内属することは同一のことであるということである。これゆえに、天球においては、隣接したものと連続したものとは同一である。

それゆえに、霊的なものに寄りすがることは、相互に完全に浸透することであり、一方のいかなるものも他方のいかなるものにおいても存在するのである。そしてこれが『原因論』[553]において次のように言われていることの意味である。「すべての第一のものにおいては、或るものは別のもののうちに存在する」等々。これに一致するのが、霊的なものにおいては、より大きいことはより善いことと同一のことであるということであり、それはアウグスティヌスの『三位一体論』第六巻第八章[554]によっている。

321 「夜に」について。「マリア・マグダレナ[555]はまだ闇が支配していたときに行った」（二〇・一）。

すべての被造物は暗くならなければならない、
神が光のように明るく輝くためには[556]。

「光は闇のなかで輝く」（一・五）。ここからパウロは、アウグスティヌス[557]が言うように、何も見なかったときに（使九・九）、神を見たのである。彼は三日間、盲目であったのであり、第三の天のうちに神を見たのであるが、それは次の言葉によっている。「彼らがあなたのみを知るということが、永遠の生命である」（一七・三）。

「もし神がともにいなかったならば、誰も、あなたが行うようなこのようなしるしを行うことはできない」（二節）

322 一般的に注目されたいのは、いかなるものも、もしそれがその形相を分有しており、その形相を自分のうちに有しているのでなければ、或る本性、ないしその形相に固有な働きをなすことはできないということであり、これは『形而上学』第九巻[558]の次の言葉によっている。或るものが別のものへと動かされるのは不可能である、もしそれがその別のものに属する或るものを、自分のうちに持っているのでなければ。すなわち、石ないし鉄は、自分のうちに留まる火を持っていなければ、燃えることもないし、焼失することもない。しかし、自分のうちに火を持っている熱せられている鉄は、すでに燃えており、火の働きをなすのであり、その火が強いほど、その働きも大きいのである。そしてこのことは他のすべてのものに、物質的なものであれ、霊的なものであれ、妥当することである。しかし自然とその進行、ないしその秩序とを変えることは、自然の創始者としての神に固有のことである。それゆえに、火が生まれること、さらには、火がそのうちにおいて生まれるものにおいて、火はその働きをなすように、神の子として生まれる者、そして神がそのうちにおいて子として生まれる者――「ひとりの子がわれわれに与えられた」（イザ九・六）――、そのような者がしるしをなし、自然を変えることができるのであって、他の誰もそのようなことをなすことはできない。したがって、神に対して言われている。「しるしを新たなものにして下さい。そして奇跡をおこして下さい」（シラ三六・六）。それゆえに、これがここで次のように言われていることの意味である。「もし神がともにいなかったならば、誰も、あなたが行うようなこのようなしるしを行うことはできない」。

323 さらに注目しなければならないことは、世の創造において、神はわれわれに対して主になったのであり、主として与えられたのであるように、受肉においては、神が子としてわれわれに対して与えられたのであるということであって、それはすでに述べた次の言葉によっている。「ひとりの子がわれわれに与えられた」（イザ九・六）。

さらにその上に、外的な創造は、哲学者（アリストテレス）[559]が言うように、〔すべてのものを〕古くする時間に従属しているのであるが、同様に子の出生は、時間に従属しない精神のうちで生じるのであるから、古くならず、〔いつも〕新しいのである。そしてこれはここで続いて次のように言われていることの意味である。「人は新たに生まれたのでなければ、神の国を見ることはできない」（三・三）。さらに以下において、「人は水と聖霊によって新たに生まれたのでなければ」（三・五）。

「人は、老人であるならば、どのようにして生まれることができようか。人は自分の母の胎のなかに再び入り、生まれ変わることができようか」（四節）

324 注目すべきことは、上に述べられた解答は、二様の仕方で可能であるということであり、すなわち一つは言葉の理解に即して、他は言葉の音に即しての解答が可能であるということである。第一のことに関しては、解答は簡潔である。すなわち、この問題は同名異義的なものから生じている。というのは、この問題は身体的かつ肉的な出生と誕生を念頭に置いているが、しかしキリストは上の第一章の言葉によれば、霊的な誕生について語っているからである。すなわち、「血ではなく、神から生まれた人々に、彼は神の子となる権能を与えた」（一・一二）。

それに対して、言葉の音に即して知らなければならないことは、事物に関しては、一般的に、それらの生成とそれらの存在に関しては、まったく異なった仕方で語らなくてはならないということである。それゆえに、上で言わ[560]れたように、いかなることも人間にとって、悲惨なる者になるほど容易なことはないが、いかなることも悲惨なる者であることほど辛いことはない。いかなることも善人になることほど煩わしいことはなく、いかなるものも善人であることほど甘美なことはない。その理由は、すべての甘美さの根拠は存在であり、すべての悲惨の根拠は何らかの存在の欠如ないし欠乏であるからである。それゆえに、生成は存在そのものに対立するかぎり、辛いものである。

325 ここから第二に生じることは、質料は、何らかの形相の下で生成するかぎり、〔質料と形相を〕媒介にする何らかの準備を必要とするということである。その理由の一つには、能動的なものの働きは、それへと準備された働きを被るもののうちに存在するからであり[561]、さらにまた、自然的な仕方で働きを及ぼすものは、〔まったくの形相を欠いた〕裸の質料には、働きを及ぼすことはできないし、それに触れることもできないからである。しかし存在に関しては、事態はこのようではない。そればかりか、存在はその本性からして第一の現実態であるので、存在と質料の実体との間には、いかなる媒介するものも、準備も介在する必要はない。しかし、存在は形相に属するものであり、そればかりか形相そのものである。これゆえに、生成に関しては、質料とその形相との間に、確かに媒介するものが介在するのであるが、それに対して存在に関しては、何らかの媒介するものが介在することは不可能である。というのは、すでに言われたように、自然におけるすべての事物は、その生成においてとその存在においてでは、異なった仕方であるからである。すなわち、生成は存在とは異なって、不完全性と不完全なるものに属しているが、しかし存在は完全性と完全なるものに属しており、それ自体において直接に、神がそれである第一原因そのものに属しているのであって、それは次の言葉によっている。「完全な業は神に属する」（申三二・四）。それゆえに、生成は不完全性に属し、それに対して存在は完全性に属する。[562]それゆえに、次のように言われるのは知恵あることである。さまざまな事物の生成は、天のさまざまな部分の運動によっているのであり、しかしそれらのさまざまな部分が安定していること、すなわち確固としていることは、その天そのもののさまざまな部分によっている。すなわち天はそのさまざまな部分にしたがって、さらにそれらの形相ないし準備にしたがって動かされているのであるが、しかしその基体にしたがっては、すなわち全体としては休息しているのである。

326　第三に、ここから生じることは、神はすべての事物と個々の事物に対して、作用因、形相因、目的因という三様の類にしたがって関わるのであって、質料の類にしたがって関わるのではないということである。これゆえに、われわれは次のように言うのである。聖霊は、与える者〔神〕の側からはその賜物よりも、より先に霊魂に対して与えられるが、その賜物そのものは、受ける者の側からは、より先に受容されるのである。上に述べたことと一致するのが、アウグスティヌスが『三位一体論』第一巻第二章[563]において言っていることである。「人間の精神の無力な眼差しは、信仰の義によって養われ、強められなくては、そのような卓越した光のうちにしっかりと向けられることはない」。さらにディオニシウス[564]は言っている。「神的光は、多種多様なものによって回りを覆われなければ、われわれに輝くということは不可能である」。そしてこのことにしたがって次の言葉は解釈することができよう。「ひとりの王女があなたの右側に金で覆われた衣服を着て立っている」、すなわち聖霊を着て。さらに続けて、「彼女は多種多様なものによって囲まれている」、さらに以下において、「彼女の栄光は」、「内側のものであり、金のレースで多種多様なものによって覆われている」（詩四四・一〇—一五）。そして一般的に、自然においてと技術においては、作用するものの意図からすると、形相と質料とが先に与えられるが、それに対して質料の側からすると、その不完全性のゆえに付帯的な準備が先に介在するのである。これゆえに、それはまた付帯的なものと呼ばれているのであり、その理由は一つには、それは付帯的に、すなわち働くものの意図なしに存在しているからであり、さらにまた一つには、それは存在者に先行するというよりもむしろ付加されるものであるからである。

327 第四に、ここから生じることは、自然におけるすべての存在者には、必然的にただ一つの実体的形相が属するということであり、それはまたそのような存在者が一なる存在であるのと同様である[565]。それに対して付帯的なものは多数あり、それらは生成そのものと出生のために必要なものであり、確かに能動と受動の始原であるが、しかし存在そのものの始原ではない。それに対して形相は、それ自体としては、能動と受動の始原ではなく、完全にその本質によって内側に、しかも最も内奥に、すなわち質料の裸の実体に関わっているのである。さらに注目すべきことは、事物の生成とそれらの存在の間のすでに述べたような差異を知らないことが、ないしはそれへと注意を向けないことが、同一の複合体において多くの実体的形相を措定するという誤謬へ導いたということである。そしてこのことは、ここで言葉の音に即するかぎり、ニコデモが次のように言っていることの意味である。「人は、老人であるならば、どのようにして生まれることができようか。人は自分の母の胎のなかに再び入り、生まれ変わることができようか」。すなわち、すでに生まれたその老人にとっては、自分の母の胎に入ることは不可能であるといえども、しかしその老人の生成に際しては、その母の胎のなかで形成されたのであり、生きていたのである。

すでに述べられたことについて、ラビ・モイゼスは〔『迷える者の手引』〕第二巻第十八章[566]において二つの例をあげている。第一の主要なる例は子供についてである。その子供は二三か月の間、母によって育てられ、その後、島で大きくなり、そこではかつていかなる種類の女性をも見たことがなかったので、成長したときに周りの人に尋ねた。どのようにしてわれわれは生じたのか、ないしは造られたのか、と。そこで彼は答えを得たが、それは以下のようなものであった。彼の形相は、或る人間の女性の胎のなかにあったのであり、彼は若干の月の間、それに閉じ込められて生きていたのであるが、ついに生まれて光のなかに出てきた、と。しかし、その人はこれが不可能であることを証明した。というのは、容器のなかに閉じ込められたすべての人は、そこで食べることも、飲むことも、息を吸うことも、吐くこともできなければ、どんな場合でも直ちに死んでしまうからである。第二の例は雀の例である。もしそれが誰かに呑みこまれるならば、直ちに胃のなかで葬り去られてしまう。さらにその上に、もし或る人が、どのようにして卵から鳥が生まれるのかを見たことがなかったならば、長い脚と嘴をした鷺ないしは鸛を見て、それが小さな卵のなかに含まれて生じたのであり、そのなかで生きていたのであり、そこから生まれて出てきたのであると言うのは不可能であろう。それゆえに、すでに述べられたことから明らかなことは、事物そのものについては、その生成に関してとその存在に関しては、異なった仕方で語らなくてはならないということである。そして事態が個々の事物についてそのようになっているように、全宇宙そのもの、すなわち世界についても事態はそのようになっているのである。すなわち、世界は、ラビ・モイゼス[567]が同じ箇所で説明しているように、時間とともに、無から産み出されたのである。

329

「肉から生まれたものは肉であり、霊から生まれたものは霊である」（六節）

注目すべきことは、キリスト、すなわち真理そのものは、これらの言葉においてきわめて本来的な仕方で語っているということである。というのは、つねに似たものは似たものから産み出されるからである。さらにその上に、産み出されたものは完全にそれ自体として産み出すもののうちにあり、反対に、産み出すものは完全にそれ自体としてその結果のうちに発出するのであり、下りて来るのである。これゆえに、もし結果ないし産み出されたものそのもののうちに霊以外の何ものもなければ、反対に、産み出すものそのもののうちに霊以外の他の形相が存在しなければ、霊そのものから生まれたものは、それ自体が霊でなくてはならない。さらに肉についても事態は同様である。そしてこれはここで次のように言われていることの意味である。「肉から生まれたものは肉である」等々。

　このようにしてまた、一そのものから生まれたもの、ないし生まれるすべてのものは必然的に一である。それというのも、一それ自体からは一のみが発出するのであり、それはオリーブからはオリーブのみが、葡萄の樹からは葡萄の樹が発出するようなものである。すなわち、一はそれ自体として完全に一であり、一以外の何かをそれ自身のうちには持たないのであって、そればかりか一のうちにあるすべてのものは一であり、一になるのである。それゆえに、一から発出するものは、何から一がそれによって一ではないもの、ないし多であるところのものを受け取るのであろうか。というのは、そのものがそれから多くの存在を受け取るものは多であり、したがってそれはそれ自体においては、一ではないからである。さらにまた、完全に一であるものは、他のものに多くの存在を与えることができない。それというのも、それが持っていないものをそれはどのようにして与えることができるのであろうか。その上に、或るものに多くの存在ないし一なる存在ではないものを与えることは、与えることでもなければ、何かを与えることでもない。というのは、一ではないものは存在しないからである。以上に述べられたことと合致するのは、いかなるものも二人の父を持つことができないということである。それというのも、二人の父がいるところでは、必然的に二人の子がいるであろうからである。すなわち、父と働くものとはたえず自分自身に似たものを産み出すからである。

330 すでに述べられたことから、ここで次のように言われていることを明らかに解釈することができよう。「肉から生まれたものは肉であり、霊から生まれたものは霊である」、さらにまた、「彼らはいばらから葡萄を、あざみからいちじくを集めることができようか」、さらにそれに続いて、「善い樹は善い実を結ぶが、悪い樹は悪い実を結ぶ」（マタ七・一六、一七）。ここからまた、同様にして明らかになることは、神からは、悪も欠如も、また何らかの欠如をいささかでも含むもの、例えば、数、多性、欠如ないし否定は存在しえないということである。その理由は一つには、神はこれらのものを自分自身のうちにいささかも持っていないからであり、また一つには、そのようなものを与えることは、与えないことであり、何も与えないこと、ないし無と非存在を与えることであるからである。というのは、そのようなものはすべてそれ自体としては、存在しないからであり、それらは存在者ではなく、存在者の欠如であるからである。

「霊は欲するままに吹く。あなたはその声を聴くが、あなたはそれがどこから来て、どこへ行くのかを知らない」

（八節）

331 〔「ヨハネによる福音書」の〕第三章の第四の聖句については三つのことが考察されるべきである。第一に、クリソストムス[568]によれば、字義どおりには、キリストは風について語っているが、それは他の箇所〔『創世記註解』〕で記しておいたように[569]、霊と言われている。「神の霊が水の上を漂っていた」（創一・二）。また同様の仕方で次の言葉は理解されるべきであろう。「あなたの霊が吹いた。すると海が彼らを覆った」（出一五・一〇）。そして「詩編」において「彼の霊が吹いた」、「すると水が流れた」（詩一四七・一八）と言われているときには、字義どおりには、雨は風に続いて降るということである。それゆえに、非難する調子で次のように言われている。「誇るのみにて約束を守らない人は、雲と風が起こり、それに雨が続かないようなものである」（箴二五・一四）。

それゆえに知らなければならないことは、隠れていて目に見えないすべてのものは、本来的な意味における霊と言われているということである。しかしこのようなことは、第一に空気において生じる。というのは、地と水とは、われわれにとっては目に見えるものであるが、風は動かされた空気であるからである。そしてこのことから、風はここでは霊と呼ばれている。そしてこのことが、すなわち風が霊と言われている理由が、第二に注目されるべきである。

332 第三に注目すべきことは、どのような仕方でここで霊について言われていることは、字義どおりには風に帰属するのかということである。このことに関しては、二つのことが注目されるべきである。第一に、天体の力によって、かつ変化の運動の根源それ自体として熱の原因である天体の運動によって、熱せられた微細で軽い蒸気が地の内奥の隠されたところにおいて解放されるのである。これゆえに、ここでは次のように言われている。「あなたはそれがどこから来るのか知らない」。さらに「詩編」においては言われている。「彼は風を自分の」すなわち自分自身にのみ知られている「貯蔵所から産み出す」（詩一三四・七）。さらに上に述べた蒸気は、熱くて微細で軽いから、上方に昇っていこうとするのであり、したがって地の開口部や穴を通して、まず最初に地と水に近接した空気の領域へと吹き上げるのである。そしてそれらと接触することによって、その空気は冷たくなり、その本来の本性よりも湿気を帯びるようになり、このようにして上に述べられたような乾いた蒸気と熱せられた蒸気に対して、二つの性質において対立するようになるのであって、上に述べられた蒸気に対して対立し、戦い、反乱し、相対立することになる。このように動かされて、ここかしこに不確実な仕方で突出した空気は、風を造り、むしろそれ自身が風なのである。そしてこれがここで再び次のように言われていることの意味である。「あなたは、それがどこから来て、どこへ行くのかを知らない」。というのは、それは不確実な仕方で、ここかしこで押されたり、押し返されたりして散乱し、来ては去るからである。

333 上に述べられたことの例としるしは次のとおりである。われわれはすべての大火災において見るように、もし〔風の吹いていない〕平穏なときに、火災の火が燃え上がり、熱が生じるならば、その火は、それに反対するものとしてその回りにある湿った冷たい空気を動かすのであり、反対に、それはそのような空気によって押し返され、排斥されるのであり、その結果、風が生じ、あちこちで風の活動が生じるが、その風の原因を知らない普通の人は、それも奇跡ないし悪魔に帰するのがつねである。

334 第二に注目すべきことは、上に述べた乾いた熱せられた蒸気においては、三様の相違に注目すべきであるということである。もしそれらの蒸気が、地の穴が何らかの偶然的なものによって閉じられているのを発見し、その結果、それらが吹き上げることができない場合には、それらは地震を引き起こすことになる。それに対して、もしそれらが地の穴を通して吹き上げたときには、すでに言われたように、低い空気の領域において風を引き起こすことになる。もしそれらの蒸気が上方へと駆り立てられ、湿気のある雲に含まれ、囲まれたとしたならば、それらは対立しているために、それを包む雲と争うことになるであろう。そして最後に、その雲に優った蒸気は強い躍動と音によってそれを引き裂き、そして他ならぬこの対立する雲との争いの運動によって火をつけられた蒸気は、同時に閃光と雷鳴を起こすのであり、それはこれらについて哲学者（アリストテレス）が『気象学』[570]において詳細に教えているとおりである。そしてこれはここで次のように言われていることの意味である。「あなたはその声を聴く」、すなわち、風が吹く、ないし衝撃の音が風の「声」と呼ばれているのであり、それは次の言葉によっている。「流れはその声を上げ、大水の声のなかで波をあげる」（詩九二・三、四）、さらに、「私はあたかも大水の声のように、また大きな雷鳴の声のように、その声を聴いた」（黙一四・二）。しかし、上に言われている「それは欲するままに吹く」ということは、或る種の選択を意味するのではなく、むしろ力づくで進んでいく自然の運動を指すのであり、それは阻止することはできないのである。というのは、他人によって阻止されえないほど力強く或る人が働くときには、その人は、彼が欲することを欲するようになしていると言われるからである。このようにしてまた、次のように言われるのがつねである。すなわち、火は熱くあることを欲するのであり、形相は「単一の変化しえない本質によって自存し、存立することを」欲するのであり(571)、すなわち、火の本性は熱いことであり、形相の本性は単一で変化しえないことである。

「霊から生まれたすべての人はこのようである」（八節）

335 上に述べられた言葉において二つのことが注目されるべきである。第一に、人間の、しかも霊から生まれた人間の霊魂と神との一致は偉大なものであるので、神と霊に属するものは人間に属するようになるのであるということである。すなわち、〔キリストは〕霊の或る種の働きをあらかじめ述べたのちに、次のように付け加えたのである。「霊から生まれたすべての人はこのようである」。

336 第二に知るべきことは、聖霊は、「それがどこから来て、どこへ行くのか」を知ることができないということである。というのは、神とすべての神的なものはそれ自体としては、それの始原もそれの終局も持たないからである。

それというのも、もし「数学的なものにおいては、善も」終局も存在しないのであり、哲学者（アリストテレス）[572]が言うように、形相的原因のみが存在するならば、形而上学的なものと神的なものにおいては、いっそうのことであろう。そしてこのことが、神的人間は地上に父も母も持つことを禁じられている（マタ二三・九）ということの意味である。さらにキリストは、「人をその父から離すために」（マタ一〇・三五）来たのである。さらに以下において、「人は父と母を見捨てるであろう。そして自分の妻につくであろう」（マタ一九・五、創二・二四）。これらの言葉において表されていることは、神の業はそれ自体としては、始原も終局も持たず、それらを配慮することはなく、考えることもなく、眺めることはないのであって、神のみをその形相的原因として持っているということである。「私は彼の形相を愛する者となった」（知八・二）。というのは、純粋の形相は純粋の本質に関わるからである。それが存在を与えるのであり[573]、それが存在であり、それがすべての神的な業の何故、終局、始原、静謐であるからである。神的な業はそれ以外の他の何ものにも関わらないのであり、「自分の妻につく」のであり、すなわち形相に、すなわち神的なものであるかぎりでのすべての神的なものの固有の形相である神につくのであって、それはちょうど白色がすべての白いものの形相であるようなものであり、「二つのものが一つの肉のうちに存在している」（マタ一九・五）のであり、すなわち一なる存在のうちにあるのである。

337 それゆえに、すでに言われたことから知るべきことは、もし霊である神のうちに、神がそこから存在している始原が存在しなければ――というのは、神は他のものによってあるのではないから――、また神のうちには、神がそれゆえに存在する目的因も存在しないということである。というのは、神はすべてのものがそれゆえに存在する目的であるからである。「主はすべてのものを自分自身のために造られた」（箴一六・四）、否それればかりか、その形相的存在そのものは自分自身にとっての始原であり、自分自身にとっての終局である。私は「始原であるとともに終局である」（黙一・八）。そしてこれゆえに、神のうちにおいては、作用するもの、形相、そして終局は、数において端的に一において一致しているのである。しかし神の下にある他のものにおいては、確かにそれらの三つの原因は、一において一致しているが、完全な仕方で数的に一において一致しているのではなく、あたかも半円形をなすように、種的に一において一致しているのである。私はあえて言うが、「霊から生まれたすべての人はこのようであり」、それはここで言われているとおりである。というのは、神から生まれた、霊から生まれたそのような人は、地上に父も母も持たないからである（マタ一九・五、二三・九参照）。そのような人は、どうして彼は働くのかについても、またその目的についても知らないし、そのようなことを顧慮しない。そしてこれがここで次のように言われていることの意味である。「彼は、彼がどこから来て、どこへ行くのかを知らない」。そこから彼が来るところのものは始原であり、そこへと彼が行くところのものは終局である。というのは、彼は神のみを自分自身のうちに形相的に眺めて愛しているからであり、それは次の言葉によっている。「私は彼の形相を愛する者となった」（知八・二）、さらに、「彼は自分の口による接吻によって私に接吻する」（雅一・一）。神の形相そのもの、神の実体そのものが彼にとっては終局であり、彼にとっては始原である。「これらの三つのものは一なるものである」（Iヨハ五・七）。そして「初めに言葉があった」（一・一）。その際、「に」（in）は目的因を示しており、「初め」（始原）（principium）は作用因を、「言葉」は形相因を示している。「彼から」、「彼を通して、彼のうちにすべてのものはある。彼に栄光あれ」（ロマ一一・三六）。

338 上に述べられたことと第一に一致するのは、数学的なものにおいては、働くものも終局もなく、ただ形相因のみが探究されるということであり、それゆえに、それよりもはるかに強く、神的なものと形而上学的なものにおいては、存在のみが考察されるということである。しかしすべての存在は形相から由来しており[574]、ないしは形相である。

形相において、かつ形相のみを通して事物は存在を持つのであり、形相は形相的に存在し、認識し、愛し、働くことの始原である。それゆえに、神的人間、すなわち神的形相を愛する者は、働くものと終局が神自身のうちでは形相そのものであり、神の存在であり、その存在と一なるものであるかぎりにおいてのみ、働くもの、ないし創造者としての、あるいは終局としての神自身を知り、愛するのである。

339 第二に、セネカ[575]が次のように言っていることは上に述べられたこととと調和する。徳以外のいかなるものも徳の報酬にふさわしいものではない、と。マクロビウスは『サトゥルナリア』[576]において言っている。善行の報酬はそれら自身のうちにある、と。さらにキケロ[577]によれば、徳はその力によってわれわれを引きつけるものである。それゆえに、それは甘美な神と同様に甘美なものであると言われている。「味わって見よ、主は甘美であるからである」(詩三三・九)。というのは、主は第一のものとして、その力によって引きつけるからである。

340 さらにまた、このことに合致することは、哲学者(アリストテレス)[578]によれば、業における喜びは徳と完全な習慣のしるしであるということである。それゆえに、神から生まれた、霊から生まれた有徳の人は、働くことそのことのために働くのであり、そのような人は神に似た人である[579]。「神はすべての業から休まれた」(創二・二)、ここからまた、「苦しんでいる人」、「渇いている人」、「空腹である人は、幸いかな」等々(マタ五・一〇、六)。そしてこれはここで次のように言われていることの意味である。「霊は欲するままに吹く」。というのは、人が自らの意志をもってなすと言われるものは、彼がいわば働きかける者としての他の者によって導かれ、説得されるのでもなく、またその働きの結果生じるものの本性の外側にある別のもののゆえにではなくなすところのものであるからである。それというのも、働くものと終局は外的原因であるからである。それゆえに、自分自身から動かされるものでないものは、内部からではなく、外部から動かされているのであって、したがって生きているのではない。というのは、自分自身から、かつ内部から生きているものとして動かされているものは生きているのであるが、外部から動かされているものは生きているのではなく、したがってそのような業は神のうちで生じたのではない。「生じたものは彼のうちでは生命であった」（一・三、四）。また、それは父なる神から生じたのでもない。「父が死人を起こして、生命を与えるように、子も彼が欲する人々に生命を与える」（五・二一）。さらに以下において、同じ箇所で言われている。「父は生命を自分自身のうちに持っているように、子にも生命を自分自身のうちに持つようにさせた」（五・二六）。このようにして不完全な徳、例えば、不完全な義の業に、義は到来して、義人を基体のうちに生むのであり、死せる業を生命のほうへと起こし、それに生命を与えるのである。義は「生命をそれ自身のうちに」持ち、子としての義人に対して業を生かすようにせしめ、「生命をそれ自身のうちに持つように」せしめる。というのは、義による以外には、そのようないかなるものも義人であるかぎりでの義人のうちには存在しないからである。そして実際、義の業は完全でもなく、本来的な意味で生きているのでもないであろう――「義人は信仰から生きる」（ロマ一・一七）――、もし生む義と父が子、すなわち義人のうちに存在するのでなければ。さらにまた、義人は生きることもないであろうし、その業も生けるものではないであろう、もし義人が内側から自分自身のうちで働くことがなければ。そしてこれは次に言われている意味である。「言葉は肉になった。そしてわれわれのうちに住んだ」（一・一四）。さらに、「私のうちに留まる父自身が業をなさっている」。それゆえに、父は、すなわち義は、彼が子のうちにあるかぎりにおいて、その業を生けるものにするのであり、これは子が次のように言っていることの意味である。「私と父とは一なるものである」（一〇・三〇）。そして哲学者（アリストテレス）[580]によれば、義人とは義のみを表示しているのである。

それゆえに次のことは明らかである。神としての霊がすべてのものに自分自身から、自分自身を通して、自分自

342 身のうちにおいて、自分自身のために働きを及ぼすように、霊的な人間は、霊から生まれて、そのような者、すなわち義人であるかぎりにおいて、自分自身から義なる仕方で働くのである。すなわち、そのような人は義人そのものと一なるものである義から、かつ自分自身から働くのである。それというのも、彼は義人として形相的に存在しており、かつ自分自身のために、すなわち自分と一なる義のために存在しているからである。働くことは彼自身にとっては、存在であり生である。「私にとって生きることはキリストである」（フィリ一・二一）、「生きることは生けるものにとって存在である」[581]。義人は働くことによって生み出され、生まれるのであり、神のために生きるのである。「私は生きている。しかしもはや私が生きているのではなくて、私のうちでキリストが生きているのである」（ガラ二・二〇）。オリゲネス[582]は「〔そこには〕共同の誓約が見出される」（エレ一一・九）という言葉について、こう言っている。「たえず神から生まれている人は」幸いである。「私が言いたいのは、義人は一度、神から生まれたのではなく、徳の個々の業を通してたえず神から生まれるのである」。というのは、神においても、子はたえず生まれたのであり、たえず生まれるからである。それゆえに、これがここで次のように言われていることの意味である。「霊はそれが欲するままに吹く。そしてあなたはその声を聴く」、このような仕方で神から霊感を受けるが、「あなたは、それがどこから来て、どこへ行くのかを知らない」。というのは、そのような人は霊から生まれているので、すなわち義人は義から生まれているので、そのような人はその始原もその終局も自分の外側に持っているのではなく、自分のなかに自分から持っているからである。というのは、そのような人はメルキセデク[583]であり、「義の王」、「父も母も持たない平和の王」であって、「その日々の始まりも持たず、その生命の終わりも持たない」（ヘブ七・三）からである。

　これゆえに、「初めから、造られた世より前に、私はある」（シラ二四・一四）という言葉は次のように解釈することができるであろう、すなわち世が造られる前にとは、働く始原が欠如しているためにであり、「未来の世まで私は止まることはない」とは、終局の欠如のためにであり、ないしは存在を与える、かつそれ自身が存在である形相のためにである。そしてその存在とは、すべてのその外側にあるもの、すなわち働くものと終局から純粋なもの、解き放たれたものである。すなわちこれらは、その類に関しては外的原因であり、その原因性は、かの存在に及ぶのではなく、本来的な意味での生成にのみ及ぶのである。これゆえに、それらは自分自身を産み出すのではなく、その類に関してそれらに似た形相を与える。しかし、一はそれ自体、始原として働くのであり、存在を与えるのであって、その内部においては始原としてある。そしてこれゆえに、一は本来的な意味においては、似たものを産み出さないのであり、一であり同一のものとして自分自身を産み出すのである。というのは、似たものは何らかの他性と数的な相違を含んでいるが、一においては、いかなる相違もまったく存在しないからである。ここから生じてくることは、神的ペルソナにおいては、形相の流出は或る種の噴出であり[584]、これゆえに三つのペルソナは端的な意味において、かつ無条件的な仕方において一であるということである。それに対して被造物を産み出すことは、形相因ではなく、作用因の、かつ目的因の様態における創造である。これゆえに、一は端的な仕方で一に留まっているのではなく、多くのもののうちに留まっているのである。例えば、色と熱とは媒体のうちで異なった仕方で多数化される。すなわち、色は変化なしに、時間なしに、静寂のうちで多数化されるのに対して、熱は変化、時間、騒音を伴って多数化されるのである。

343 さらに形相そのものは、その固有性からして全体としての自分を伝達し、産み出されたものにおける全存在の始原ないし原因である。そしてこれゆえに、形相の流出においてもまた、産み出すものと産み出されたものは端的にその実体において、すなわち存在、生、そして知性認識と働きにおいて一つである。被造物を産み出すことにおいては、それが神からのものであれ、それら相互のものであれ、事態は異なっている。

それゆえに、ここで次のように言われていることは明らかなことである。「霊は」、すなわち神は、「それが欲するままに吹く。あなたはそれがどこから来て、どこへ行くのか知らない」。すなわち、神は始原であって、始原は始原がどこから来るのかを知らないのであり、神は終局であって、終局はどこへ行くのかを知らないのであって、それゆえに、「霊から生まれたすべての人はこのようである」。というのは、そのような人は、自分の行為において、業に向けて作用因、目的因として動かす、神それ自身以外のいかなる他のものも、まったく知らないからである。それゆえに、彼は存在と形相の見地から神を知り、見るのである。すなわち、それは義の義人に対する関係のようなものであり、義は義人にとっては形相なのである。義は義人自身にとっては始原であるとともに終局であり、義は業へと動かすものであり、義は業の終局である。というのは、聖トマスが〔『神学大全』〕第二部の一第一〇〇問第九項[585]において言っているように、徳のある人は、自分のうちに留まっている習慣への合致からしてのみ働くからである。それゆえに、義そのものとその他の徳は、業へと動かすことはなく、それを目標にもしないのである、もし義そのものが、上で言われたように、義人そのものにおいて形相でなければ。

344 そしてこれゆえに明瞭に次のように言われている。「私はその形相を愛する者になった」（知八・二）、さらに、「すべての善きものはそれと同時に私のところに到来してきた」（知七・一一）。というのは、一つには、その形相はそれ自身にとって始原にして終局であるからであり、また一つには、始原と終局は、その形相のうちにおいてのみ、かつその形相を通してのみ到来し、知られるからである。すなわち、こうしてわれわれは自然的なものにおいてその形相に属するすべてのものは、その形相を受け入れることによって到来し、所有されるのを見るのである。さらにまた、その形相が知られるならば、その形相に属するすべてのものが知られるのである。[586] それはちょうど、文法に属するすべてのものを知らない人は、その文法の〔個々の〕事項を完全な仕方では所有しないのと同様である。それゆえにこれは、すでに上に述べられた「霊はそれが欲するままに吹く。あなたはそれがどこから来て、どこへ行くのかを知らない」という言葉に続いて、「霊から生まれたすべての人はこのようである」と言われていることの適切な理由である。「霊から生まれたものは霊であり」（三・六）、同一の様態によって神から生まれたものは神の子である。「しかし子であるならば、また神による相続人である」（ガラ四・七）。彼は確かに相続人として「すべてのものの主人」（ガラ四・一）である。「彼とともに彼はすべてのものをわれわれに与えた」（ロマ八・三二）。そして子は父に対して言う。「私のすべてのものはあなたのものであり、あなたのものは私のものである」（一七・一〇）。

「われわれは知っていることを語り、見たことを証言しているが、あなたがたはわれわれの証言を受け入れない」

（一一節）

345 ここから明らかになることは、すでに上で述べられたように[587]、神に一つにされるということは、どんなに至福なることかということである。というのは、そのような人は、神が知り、見、証言するすべてのことを、神と一緒に知り、働き、見、証言するからである。それというのも、キリストは複数形で次のように言っているからである。「われわれは知っていることを語り、見たことを証言する」。これについては、上に第一章において述べられたが[588]、ここで以下においてこの章でよりいっそう明らかになるであろう。

346 第二に注目すべきことは、いかなる人も自分自身において義人でなかったならば、徳ないし真理そして義について知ったり、見たり、証言したりすることができないということである。それゆえに、次のように言われている。

「われわれは、あなたが真実な方であり、真理における神の道を教えているということを知っている」（マタ二二・一六）、「誰も聖霊のうちにいなければ、『イエスは主である』と言うことはできない」（Ｉコリ一二・三）。確かに、人はこの言葉をかささぎのように、あるいは目の見えない人が色について語るように、質料的に語ることができるかもしれない。それゆえに、彼〔パリサイ人〕が「あなたは真実な方である」とあらかじめ言ったときには、彼はそれに適切にも「あなたは真理において教える」、すなわち真なる仕方で教えると付加している。「彼は彼らに権威を持っている者のように教えるが、それは律法学者のようにではない」（マタ七・二九、マコ一・二二）。ここから次のように言われている。「われわれが生命の言葉について」「聴き、見」、「われわれの手が触れたものを」、「あなたがたに知らせよう」（Ｉヨハ一・一以下）。確かに、悪人も嘘つきも言葉を告げることができる。しかしそれは生命の言葉ではない。というのは、どのようにして生命の言葉が死せる人から出てくるのであろうか。それゆえに、生命の言葉は死せるものからではなく、生けるものから出てくるのでなければならない。「肉から生まれたものは肉であり、霊から出たものは霊である」（三・六）[589]。

347 第三に注目すべきことは、「われわれが見た」と言われていることである。というのは、視覚による知識はよりいっそう確実であるからである。聴覚によっては事態はそうではない。むしろ〔聴覚からは〕信仰が生じるのである。「信仰は聴くことから生じる」（ロマ一〇・一七）。ヒエロニムスは或る書簡[590]で言っている。「目で見ることは、耳で聴くことよりも、よりよく認識される」。

第四に、〔その際の〕言葉の順序が注目されるべきである。というのは、第一に、「われわれが知る」と言われており、第二に、「われわれが見た」と言われているからである。それというのも、神についての知識と神的なものの認識は、外側から事物において受け取られるのではなく、啓示によっているからである。「肉と血とがあなたにそのことを啓示したのではなく、天におられる私の父が啓示したのである」（マタ一六・一七）、「私はそれを人から受け取ったのでも、学んだのでもなく、イエス・キリストの啓示によって知らされたのである」（ガラ一・一二）。それゆえにまず第一に、「われわれが知っている」と言われ、第二に、「われわれが見た」と言われ、第三に、「われわれは証言する」と言われているが、それは誰も自分の知らないことをあえて証言することのないようにである。

「私が地上のことをあなたがたに話しても、信じないのなら、私が天のことを話したとて、どうして信じるであろうか」（一二節）

348
「地上のこと」によって、アウグスティヌス[591]によれば、キリストが上で地上の「自分の身体の神殿」について語ったことが言われているのである。クリソストムス[592]はしかし「地上のこと」によって、キリストが上で洗礼の秘跡について言ったことを指していると言った（三・五参照）。その理由は一つには、洗礼は地上において、地上で生まれた人々に対して与えられるのであり、原罪のうちで生まれた罪人に対して与えられるからである。さらにその上に、彼が洗礼を地上のことと呼んでいるのは、恩寵による地上での誕生が永遠の栄光の誕生に比較されているからである。次のように言われている。「見よ、これらのことは彼の歩んだ道の一部について言われているのである。われわれは彼の言ったことの僅かな滴しか聴いていないのだから、誰が彼の偉大な雷鳴を見ることができようか」（ヨブ二六・一四）。この聖句をトマスは『対異教徒大全』[593]第四巻の序文において美しい仕方で詳細に解釈している。

「天から下ってきたもの、すなわち天にいる人の子でなければ、誰も天に上ったことはない」（一三節）

349 上に述べた言葉については、七つのことが注目されるべきである。第一に、これらの言葉はクリソストムス[594]によれば、すでに述べられたことと関係づけられるべきである。というのは、ニコデモはキリストを師と呼んでいたからである。それは彼がキリストを哲学者の一人として何らかの教師であると見なしていたからではなく、それよりもよりいっそう高い何かとしてキリストについて考えており、彼の言うところによれば、キリストは天から下ってきたが、同時に天におられるのである。

第二に注目すべきことは、これらの言葉から、異端者の教えにしたがって言葉が人間の身体ではなく、天上的な何らかの身体を受け取ったと考えてはならないということである。そうではなく、言葉が天から下ったと言われているのは、他の異端者たちが言うように、言葉が男性の種子から生まれたのではなく、神秘的な息によって神の言葉が肉になったということであり[595]、それは次の言葉によっている。「聖霊が上からあなたたちのうちに下るであろう」（ルカ一・三五）。

350 第三に注目すべきことは[596]、〔ここで〕人の子と言っている者は註解によれば、ただたんに肉のみを表しているのではないということである。そうではなく聖書の習慣は、或るときは人性から、或るときは神性からキリストの全体を表すのである。

第四に注目すべきことは、ベーダ[597]の次の例に示されている。「或る人が裸でひとりで山から谷のほうへと下って行き、衣服を着けて、再び山のほうへ上ったならば」、その下った人は彼のみで、彼以外には誰も山に上らなかったことは、確かに真実であろう。アウグスティヌス[598]もまた、このことを次のように言って論証している。「パウロが『われわれの交わりは天にある』（フィリ三・二〇）と言っているのを聴け。もし人間としてのパウロが地上を旅していたものの、天のうちに留まっていたならば、天と地の主は、同時に天のうちに、そして地のうちに存在しえなかったのではなかろうか」、「それゆえにそれによって」神と人が「一なるキリストであるところのペルソナの一性のゆえに、神の子は地上を旅したのであり、その同じ人の子が天に留まっているのである[599]」。

351 クリソストムス[600]によれば、第五に注目すべきことは、人の子が天にいると言われるときには、それは人の子がいたるところにいることを、そしてすべてのものを満たしていることを表しているのであって、それは次の言葉によっている。「天と地とを私は満たす」（エレ二三・二四）、および「主の霊は世界と万物を含んでいるものを」（知一・七）、すなわち天を満たしていたのである。というのは、天はすべてのものを含んでいるからであり、それは私が「知恵の書」第一章について書き記しておいたとおりである[601]。しかし、キリストがいたるところに存在し、すべてのものを満たしていることは、知力の弱い聴衆には異様なことのように思われるので、これゆえにそのような人を徐々に連れ戻そうとして[602]、隠さずに明らかにキリストはどこにでもいるとは言われなかったのであり、ただ天にいるとのみ言われたのである。というのは、このことは、すなわち神ないし人の子が天にいることは、より一般的に聴かれ、言われるからである。

そして注目すべきことは、上に述べた五つの註解はキリストの基体〔ペルソナ〕そのものについて、すなわち無条件的な意味でのキリスト自身について解釈されているのである。

352 さらに、第六に、頭としてのキリストとその肢体について解釈される。それゆえに、グレゴリウス[603]は言っている。「われわれは彼〔キリスト〕と一つにすでになったのであるから」、「いつも天にいるその人はわれわれのうちでは、日々天へと上って行くのである」。しかしアウグスティヌス[604]は、上に述べられた言葉の第一の様態の解釈から出発して、グレゴリウスが頭としてのキリストとその肢体について解釈している第二の様態の解釈に向けて論証しており、次のように論じている。「もし人間の本性からはるかに隔たった神的実体が人間の本性を受け入れることができ、その結果、一なるペルソナが生じたとしたならば、他の聖人たちが人間キリストとともに、一なるキリストになり、その結果、すべての人々が上って行くならば、天から下ってきた一なるキリスト自身も天に上っていくことは、よりいっそう信じやすいのではなかろうか」、「それゆえに信仰は、よりいっそう信じることのできないことが信じられていることによって、より信じられうるものとなる」。

353　この聖人たちとキリストとの統一性についてアウグスティヌスは、それを「キリストは自分の身体として、すなわち自分の教会として自分自身とは異なるものとは見なしていないのであるが[605]」、「栄光がわれわれの地に住むように」（詩八四・一〇）という言葉について、こう言っている[606]。キリストは「自分自身とわれわれを一なる人間に、すなわちその頭と身体にした。われわれは彼によって、彼に向けて、彼のうちで祈る。われわれは彼と語り、彼はわれわれと語る。われわれが彼のうちで語るときには、彼はわれわれのうちで語る」、「『キリストがこのことを言うのではない』とか『私が言うのではない』とか誰も言うべきではない。もし彼が自分をキリストの身体のうちで認識しているならば、彼はそれらの両者を言うべきである。『キリストも言う』、『私も言う』、と。けっしてキリストなしに何かを言ってはならない。そうすれば、キリストもあなたなしに何かを言うことはない」。「私の霊魂を守り給え。私は聖なる者であるから」（詩八五・二）という言葉について、アウグスティヌス[607]はこのように言っている。これは僕の形をしたキリストの言葉であるか、ないしは聖なる者であり、信徒たちを、すなわち自分の身体を聖なるものにするキリストとともに一なる身体を建てるすべての信徒の言葉である、と。それは次の言葉によっている。「あなたがたは聖なる者でありなさい。私が聖なる者であるから」（レビ一九・二）。さらに以下において、「キリストの身体の肢体になった人々で、自分が聖なる者ではないと言う人々は、その肢体に彼らがなったところの頭そのものに侮辱を加えているのである」。

354　上に述べられたことの理由は明らかである。というのは、例えば、熱せられた石は、それが熱せられているかぎり、火のすべての業を働くのは確実であるからである。すべての色のあるものは、それが色のあるものであるかぎり、かつ色がそのうちにあるかぎり、視覚を変化させるのであり、色のすべての業を、色を通して、色のうちで、色とともに働くのである。反対に色そのものは、その業を色のあるもののうちにおいて、色のあるものを通して働くのであり、そればかりか色のあるものは、それが色のあるものであるかぎり、他のものによって何らかのものに形相的に働きを及ぼすのではない。というのは、それは色以外の他のものによって存在しているのではないからである。「私のうちに留まっている父が業をなしているのである」（一四・一〇）、「神の恩寵によって私は私がそれであるものであり、神の恩寵は、私のうちにおいては無効ではなかった」（Iコリ一五・一〇）。というのは、霊魂のうちにおける恩寵も、石における火も、もしそれに固有の業をもたらさないならば、無駄であり、無益なものとなるからである。さらにその上に、両者には、すなわち色と色のあるものには、それが色のあるものであるかぎり、一なる働きが属する。そして一般的に、能力と対象の、能動的なものと受動的なものの、質料と形相の働きも一なる働きである。

355　ここからまた、足が踏まれたならば、舌は一般的には、かつ実際に、足を踏む人に対して、あなたは私を踏むと言う。すなわち、舌は足ではなく、両者は場所と形と任務においてきわめて異なっているとはいえ、肢体がそれによって一つの身体に属し、一つの存在と一つの生を、一つの霊魂から持っているところの統一性のゆえに、足が踏まれたならば、舌が自分が踏まれると言うのは正しいのである。しかし、義なる霊魂が義であるかぎりにおいて、それと義である神との結合は、一なる身体における身体的な肢体の結合よりも大なるものである。

356 第七に、そして最後に道徳的に注目すべきことは、「天から下ってきたもの以外、誰も天に上ったことはない」というこれらの言葉において、われわれが教えられるのは、誰も「高所に住んでいる」（詩一一二・五）神のところへは、謙遜による以外は、上ることができないということであり、それは次の言葉によっている。「自分を低くする人は、高められるであろう」（ルカ一四・一〇）。それゆえに、ザアカイに対して言われたのである。「急いで下りて来い」、キリストを彼の家で迎えるに値するものとならんがために（ルカ一九・五）、「下りて来た人はまた上っていく人である」（エフェ四・一〇）。アウグスティヌス[608]は言っている。「謙遜は栄光の報酬であり、栄光は謙遜の報酬である」。さらに彼によると[609]、天国への第一の道は謙遜であり、第二のも、第三のも、第四のも、さらにまたそれに続く道も謙遜である。つねに謙遜は道であり、それは他の道が存在しないためではなく、謙遜なくしては、いかなる道も価値がないからである。このようにして、人に対して非常に推奨されているこの謙遜は、しかし次に言われていることのうちで明らかに表されているのである。「天から下ってきたもの以外」。

357 「地からの人は」等々から、「というのは、神が遣わした人は」（三・三一―三四）までは、すでに先に「われわれが知ることを語る」（三・一一）等々の聖句について、および上の第一章において十分に解釈された[610]。しかし注目すべきことは、或る写本によれば、次のように書かれていることである。「地からある人は地からなり、地について語る」。そしてそれは次の言葉によっている。「あなたは真実な方であり、神への道を真実に教える」（マタ二二・一六）。というのは、それぞれの人はその人にふさわしいことを語るからである。「心にあふれていることから口は語る」（マタ一二・三四）。さらにセネカ[611]は言っている。「もしあなたが、或る人がどのような人であるか知ろうとするならば、どのような人を彼が推奨し、どのようなことについて彼がしばしば語るかを見よ」。これによって、次の言葉は正しく解釈されるであろう。「人のすべての骨折りはその口のためである」（コヘ六・七）、「鋤を持つ人の」「話は牛の子のことである」（シラ三八・二六）。すなわち、すべての人は一般的には、彼が営み、骨折り、働いているところのものごとについて語る。そしてこれが続いて言われていることの意味である。「神が遣わした人は神の言葉を語る」（三・三四）。

358

「神が遣わした人は神の言葉を語る。神は限りなく霊を与えるからである」（三四節）

聖人たちと博士たちが神への信仰について書いているさまざまな教えには、目下のところ八つのことが属する。

第一に、神のうちには、ペルソナの三性、すなわち父と子と聖霊が存在する。

第二に、「これらの三つは一なるものである」（Iヨハ五・七、八）ということであり、私が一なるもの（unum）であると中性形で言うのは、それが本質ないし実体を表しているからであり、それはしかし、男性形での一つの（unus）ペルソナでもなければ、女性形での一つの（una）ペルソナでもないのである。というのは、それらは起源と区別と流出に関わっているからである。男性と女性は同一の本性にあるけれども、性の区別と生殖を意味している。

さらにまた、第三に、この三性のうちには、一なる父が、一なる子が、一なる聖霊が存在しているのである。

第四に、父は父がそれであるところの全体を子に、その全体を聖霊に伝達するのである。

359 第五に、その伝達は、時間的ではなく永遠的であるので、「そこにはいかなる先のものもなく、後のものもないのであり、より大きいものも、より小さいものもない」。というのは、伝達するものは彼がそれであるところの全体を産み出されるものに伝達するからであり、アタナシウス[612]が言うように、「すべての三つのペルソナは、互いに同じく永遠で、同じく等しいものである」からである。

第六に、父は始原のない始原であり[613]、したがって生まれることもなく、発出することもない[614]。しかし子は始原から出てきた始原であり、これゆえにその始原そのものから生まれたものであり、しかし生まれたと言っても生じたのでもなく、造られたのでもない。というのは、子はその始原そのものであるからである。「しかし聖霊は、父と子とから生じたのでもなく、造られたのでもなく、生まれたのでもなく、発出するものである」。

360 第七に、これらの三つの業は被造物においては分かたれていない[615]。というのは、それらの三つは一つの始原に属するからである。これゆえに被造物においては、父に対応する存在者と、子に対応する真と、聖霊に固有の仕方で対応する善とは互いに置換することができるのであり、それらは一なるものであるが、概念によってのみ区別されているのであり、それは父と子と聖霊とは一つであるが、関係によってのみ区別されているようなものである。そしてこのことはおそらく次のことの理由である。一という語は、存在者、真、善と同様の仕方で置換されるのであるから、したがって或る一つのペルソナに固有の仕方で関係しているのではなく、一性を保持しているのであり、それはボエティウスの『三位一体論』[616]の言葉によっている。「実体は一性を保持しているが、関係は三性を産み出す」。あるいはこれゆえに、一なるものという語はペルソナに関係しているとは言われないのである。というのは、それは、真と善とが存在者の上に積極的な概念を付加するようには、いかなる概念も積極的な仕方で存在者の上に付加しないからである。しかしアウグスティヌス[617]によれば、一性は、それが先なるもの、ないし泉のように伝播するもの、かつその起源であるがゆえに、父に帰属するが、それはこのことに背反しない。というのは、一という語はこれらの積極的な概念、すなわち先なるものであるとかそれに類するものを表さないからである。

第八に、父なる神は遣わされるとは言われていない。しかし、子と聖霊は両者とも聖書のいたるところで遣わされたものとして読むことができる（一四・二六、一六・七、二八参照）。

361 これらの八つのことそれに類似することは、先に述べた言葉のうちに含まれているように思われる。「神が遣わした人は神の言葉を語る。神は限りなく霊を与えるからである」。そしてそれらのことは自然的理性と調和するように思われるのであり、技術のであれ、自然のであれ、それらが存在者であり、神的なものであるかぎりにおいて、すべての存在者のうちで見出されるように思われるのである。というのは、どうしてその〔神の〕本性は存在者のうちに輝き出ないことがあろうか。さらにどうして神の本性は、それが神的なものであるかぎり、すべての神的なもののうちに輝き出ないことがあろうか。このようにして、すなわち光は照らし出されるもののうちで、火は炭のうちで、また火の形相とその力は、火の力のうちで働く熱のうちで光るのである。「というのは、神についての目に見えないことがらは」、「神の永遠の力と神性も造られているものによって知解され、眺められている」（ローマ一・二〇）。ボエティウスは一なる本質におけるペルソナの三性についての問題において[618]、こう言っている。「注意深く眺めよ」。「そしてなしうるかぎり信仰と理性とを結合せよ」。すなわち、知解しなかったならば、信仰しようとしないことは傲慢と無思慮に属するように、同様にあなたが信仰によって信じているものを、自然的理性と比喩によって探究しないならば、それは怠惰に属し、無為になる、とりわけすべての被造物は、少なくとも創造者の足跡であり、一般的にその原因の結果であるとしたならば[619]。

362 それゆえに、すでに述べられたことを明らかにするために、四つのことが注目されるべきである。

第一に、自然的なものにおいては、すべての生むもの、ないし産み出すものそのものは、「始原のない始原[620]」であり、したがって生じたものでもなく、造られたものでもなく、生まれたものでもなく、発出するものでもない。というのは、それは始原なしに存在しているのであるから、どのようにして生じたもの、造られたもの、生まれたもの、発出するものでありうるのであろうか。しかし、いかなるものも自分自身を生む、ないし産み出すことはない。それゆえに、それはそれによって産み出されたものを生むものであり、その父であり、それに対してその産み出されたものはその子孫であり、子である。というのは、そこでは本性において他なるものが生じるのではなく、ペルソナにおいて他なる者が生じるからである。すなわち子とは、このことを意味しているのである。それというのも、そこでは他なる者が生じるのであって、父なる神自身、その始原とは異なる他のものではなく、「神から生じた神」[621]が生じるのであり、それは上の言葉によっている。「肉から生まれたものは肉であり、霊から生まれたものは霊である」（三・六）、とりわけ生むところの父なる神のうちには、唯一の純粋の裸の実体以外の何ものも存在しないからである。それゆえに、産み出されたものは産み出すものから異なる他のものではなく、子は父から異なる他のものではないが、ペルソナにおいて他の者である。というのは、いかなるものも自分自身を生み出すことはできないからである。そしてこれは子が次のように言っていることの意味である。「私と父とは一なるものである」（一〇・三〇）。「一なるもの」と言われているのは、実体の同一性のゆえにであり、「われわれは……である」(sumus) というのは、ペルソナの区別のゆえにである。

363 さらに、上に言われたこのこと、すなわち始原はそれ自体としては始原なしに存在しており、それゆえに、それは造られたものでも、生まれたものでも、発出するものでもないことの例をわれわれは技術のうちに見るのである。すなわち、職人の精神のなかにある家は、確かにその職人が外で見た家によって生み出されたものであり、そのような家から職人は作品を思い浮かべたのであるが、しかしそのような家それ自体は始原ではなく、家を生むものではなく、外にある家によって生まれたものである。しかし、その職人が技術によって造り、外に質料のうちに産み出すところの外の家に比較するならば、それ〔職人の精神のうちにある家〕は「始原のない始原であり」、家を生むもの、ないし父であり、家を生み出すのであるが、それ自体としては、造られたものでもなく、生まれたもので

364 もなく、発出するものでもない。
第二に[622]、あらかじめ述べておきたいことは、すべての生むもの、ないし産み出すものは愛によって産み出すのであり、生むのであって、それはその産み出されたものそのものを愛するのであり、その愛は産み出すものの本性に由来しているのであって、すなわち本性的、ないし選択的かつ意志的なものであるということである。というのは、誰も自分が産み出すことを欲し愛さなければ、技術ないし自然において或るものを生み、産み出すことはけっしてないであろうからである。そして、これこそが産み出すことそれ自体に同伴する愛なのである。さらにその上に、産み出すものは産み出されたものそのものを愛するのであるが、それは一つには、産み出されたものが自分に似たものであるからであり、また一つには、産み出すものは自分を産み出されたもののうちで愛しているからである。そしてこれはここで続いて次のように言われていることの意味である。「父は子を愛する」（三・三五）、さらに、「これは私の愛する子であり、その子は私の心に適っている」（マタ三・一七）。そしてこれは、愛するものから愛されるもののうちに発出する愛であり、その愛によって産み出すものは、産み出されたものそのものを自分のうちに愛するのであり、自分をその産み出されたもののうちで愛するのである。そして、これはそれらのものから発出する霊であり、それらのものと一なる本性に属するが、それは霊がそれらのものから発出するからであり、他のいかなるものから発出するのでもないからである。というのは、何か他のものから発出しないものは、どうして他の本性に属するのであろうか。さらにまた、どうして父と子とから産み出されるものが、それらが一なるものとして存在するかぎりにおいて、産み出すものと産み出されたもの、あるいは生むもの、ないし父と子と、一なる本性に属さないことがありうるだろうか。さらにその上に、生み、子へと愛を吹き込む人間は、石への、ないしは人間とは異なる何らかのものの愛を吹き込むのではないのであり、それはちょうど人間の形象によって、石ないし人間とは異なる或るものが認識されるのではないのと同様である。愛はしかし認識から生まれ、意志は知性から、霊は子から生まれる。父のように、そして子のように、そのように霊もあり、神的なものにおいても、被造物においてもそうである。さらにまた、父と子とは相関的なものであり、霊を霊発しているのであるから、父がつねにいるところでは、つねに子がいるのであり、つねに聖霊もいるのであって、それはアタナシウス[623]の次の言葉によっている。「父は永遠であり、子は永遠であり、聖霊は永遠である」。さらにまた[624]、「三つのペルソナ全体は互いに永遠であり、互いに等しい」。

365 第三に、私があらかじめ言っておきたいのは、産み出すものは、産み出すものであるかぎりにおいて、その全体を、かつその全体においてそれによって産み出されるものに注ぎ出し伝達するのであるが、それは上級のものがそれに属する下級のものに対するのと同様であり、それはまた生物（の本質）が、それであるところの全体においてすべての生物のうちに見出されるのと同様である。そしてこれがここで次のように言われていることの意味である。「父は子を愛し、すべてのものを子の手に与えた」（三・三五）。さらに以下において子は言っている。「父が持っているすべてのものは私のものである」（一六・一五）、さらに、「私のすべてのものはあなたのものであり、あなたのものは私のものである」（一七・一〇）。そしてこれはここで次のように言われていることの意味である。「神は限りなく霊を与える」。

366 第四に、私があらかじめ言っておきたいことは、その存在の始原を他のものから持つすべてのものは、その他のものから遣わされているのである。しかし始原を欠いており、他のものから存在するものでないものは（他のものから）遣わされるのではない。ここから子について次のように言われている。「神は自分の子を遣わした」、さらに、「神は自分の子の霊をあなたがたの心のなかに遣わした」（ガラ四・四、六）。そして産出そのものは、派遣そのものであり、いわばそこからそれが遣わされているものを知らせる使者のようなものである。それゆえに、もしその使者が人間から発出しており、生まれ、ないし遣わされているのならば、彼は人間に属するものを知らせるのであり、他のいかなるものも知らせない。他のものについても事態は同様である。そしてこれがここで次のように言われていることの意味である。「神が遣わした人は神の言葉を語る」。さらに以下において、「私を遣わした方は真実な方であり、私は彼から聴いたものを世のうちで語る」（八・二六）。しかし霊については次のように言われている。「霊は自分自身から語っているのではなく、それが聴いたところのものを語る」、さらに以下において、「霊は私のものを受け取り、あなたがたに知らせるであろう」（一六・一三、一四）。

[367] 最後に、先に述べられたすべてのことを明らかにするために、次の例に注目すべきである。甘くて赤い果実は、それが赤いものであり、その全体においてそれにおいて赤いすべてのものであるかぎりにおいて、視覚のうちへとその形象を生むのであり、遣わすのであり、入れ込むのである。そして子と子孫としてのそのもの〔形象〕のうちで、それは自分に属するすべてのものを語り、知らせ、教えるのであって、他のいかなるものをも、そのようにするのではない。さらに色のあるものから遣わされたかの形象は、色のあるものの言葉を語るのであって、しかもこれらのすべてのものを語るのであって、他のいかなる言葉も語るのではなく、他のいかなるものの言葉も語るのではないのであり、それは次の言葉によっている。「私が私の父から聴いたすべてのことをあなたがたに知らせた」（一五・一五）、さらに以下において、聖霊について言われている。「聖霊は聴くところのすべてのものを語るであろう」（一六・一三）。それゆえにこのようにして、赤いものから眼そのものに対して、ないしは視覚に対して発出し、生まれ、遣わされた形象は、自分を生み出す赤いものに属しているところの、かつ本性においてはその赤いものとは異なる他のものではないすべてのものを教えるのであり、自分のうちで表現しているのである。というのは、

もしそれが本性において赤いものから異なるものであるならば、それはその赤いものの認識には導かず、むしろそのものの認識から離反させるであろう。それゆえに、赤いものの形象はその本性においては同一のものであり、その存在様態においてのみ異なるものである、すなわち、こちらは生まれたものであり、あちらは生むものである。それゆえに、このことがここで次のように言われていることの意味である。「神が遣わした人は神の言葉を語る。神は限りなく霊を与えるからである」。というのは、すなわち神はすべてのものを与えるのであり、それが産み出すものであるかぎり、遣わすものに、かつ産み出すものに属するもののみを与えるからである。すなわち、このように言われている。「神が遣わした人は神の言葉を語る」。そのような人は、他の完全に異なるいかなるものの言葉も知らないのであり、欲することもないのであり、ないしは語ることもできないのである。このことは、上にあげた例において、甘くて赤い果実から遣わされた赤いものの形象が、甘いものについてはいかなることも教えず、またその形象によっては認識されることはなく、また赤色以外の他の色についても認識されることもないのと同様である。

　これらのことは目下のところでは、先に述べられた言葉については十分であろう。すなわち、「神が遣わした人は〔神の言葉を語る〕」。

368 　しかし、「神は霊を限りなく与える」と言われていることについて、註解[625]は言っている。このことは子であるキリストについて理解しなければならないのであり、その他の人間には、霊は制限つきで与えられるのである。しかし――ここで言われていることと註解とを一致せしめるならば――、与える神の側からは――「神はすべてのものにおいてすべてのものに働きを及ぼしている」（Ｉコリ一二・六）のであるから――、霊は限りなく与えられるのであるが、受け取る者の側からは霊は制限つきで与えられると言うことができるのであって、それは次の言葉によっている。「彼は一人には五タラントンを、別の人には二タラントンを、さらに別の人には一タラントンを、それぞれの人に、その固有の能力に応じて与えた」（マタ二五・一五）。さらに、『原因論』第二四命題[626]において言われている。「第一の原因はすべての事物において一つの様態にしたがって存在しているが、すべての事物は第一の原因において一つの様態にしたがって存在しているわけではない」。すなわち形相は、プラトン[627]が言っているように、質料の功徳にしたがって与えられるのであり、能動的なものの働きはあらかじめそれに向けて準備された受動的なもののうちに存在するのである[628]。基体が許すような仕方で陳述様態は決まるのである[629]。

369 さらにその上に、おそらくより美しい仕方で次のことを言うことができるであろう。霊とすべての神的な賜物は、それが神的なものであるかぎり、無限のものであり、無制限のものであり、様態を持たず、数を持たないのであって、それは次の言葉によっている。「彼の知恵は無限である」（詩一四六・五）。このことはどんな場合でも、知恵について真であり、たんに神がそれである知恵についてのみならず、神から由来している知恵についてもそうなのである。というのは、数は本来的には霊的なもののうちに存在するのではなく、連続的なもののうちに存在するからである。そしてこれゆえに、ベルナルドゥス[630]の言うところによれば、神を愛する様態は「様態のない様態」である。さらに博士たち[631]の言うところによれば、愛とその成長はけっして止まることなく、それがそれを超えて成長しえないような制限を持たない。さらに、アウグスティヌスは『プロスペルの命題について[632]』において言っている。完全な愛はたえず成長するのであり、修練によってより大きくなり、寛大さによってより豊かになる、と。

第四章

「イエスは知ったときに」、さらに以下において、「この水を飲んだすべての人は再び渇くであろう。しかし私が与える水を飲んだ人は永遠に渇くことはないであろう」（一三節）

370 これらの言葉においては、一方において肉的、この世的な喜びないし慰めと、他方において霊的かつ神的な喜びの違いが注目されているのである。というのは、この世的で肉的な慰めは渇きを消すこともなければ、静めることもないが、霊的で神的な慰めについては事態はまったく異なるからである。それゆえに、肉的な慰めについて言われている。「この水を飲んだすべての人は再び渇くであろう」。このことの理由は目下のところ、次のように四様になっている。

第一に、いかなる物体的なものも、いかなる時間的なものも、同時に全体として把握されることはないからである。というのは、物体とすべての時間的なものは、それらがその本性と固有性によってあるかぎりにおいて、部分を持つのであって、同時に到来するのではないからである。神的なものについては事態は異なる。その論証とするしは目下のところ熱、すなわちこの下級の世界の一つの性質に求められるのであるが、それは交互に或る時間的な持続において空気を熱するのであるが、光は、すなわち天の一つの性質は、媒体全体を同時にしかも瞬間的に照らし出すのである。

371 第二に、物体的なものはその全体において、そのすべての部分に存在するのではないからである。神的なものにおいては、事態は異なる。というのは、それらの本性は、それらが神的なものであるかぎり、「その全体がそのすべての部分に存在する」[633]からである。それゆえに、或る賢者[634]が言うように、神においては、「点が存在するのと同じだけの数の表面が存在する」。そしてこれは、マリアが最善のものを選択したと言われていること（ルカ一〇・四二）の意味である。というのも、全体的なものである最善のものは、そのすべての部分に存在しているからである。そしてこれがここで明らかに次のように言われていることの意味である。「この水を飲んだすべての人は再び渇くであろう」。というのは、「この」という語は部分を指しているからであり、しかし部分は物体的なものにおいては、欠陥と欠如とを意味しているのであり、したがって満足させることはないからである。ここからまた、肉欲はより多く飲めば飲むほど、より多く渇く水腫の人に譬えられているのである（ルカ一四・二）。すでに言われたように、神的なものについては事態は異なる。それゆえに、天のマナをより少なく集めた人はより多く集めた人よりも、より少なく得たのではなかったのであり（出一六・一八）、それは同箇所について私が記しておいたとおりである[635]。

372 第三に、この世の喜びは時間的なものであるからして、持続することはなく、時間とともに経過するのであるが、神的なものについてはそうではない。

第四に、この世の喜びは或る一定の均衡のうちに存立しているが、或る場合には、その均衡に到達しないことは、或る場合にはその均衡を超えることは、喜びとなることはなく、かえって煩わせるのである。このことは身体のための食物や飲酒においてまったく明らかである。さらにその上に、「光は喜びであり、太陽を見ることは目にとって喜ばしきことである」（コヘ一一・七）としても、可視的なものの横溢は視覚を喜ばせることはなく、かえって損害を与えるのである。[636] 神的にして霊的なものにおいては事態は異なる。というのは、霊的なものと上級のものは、それに属する下級のものの自然的な状態を凌駕することはなく、かえってそれを完成させるからである。というのは、上級の秩序において働くものとそれに属する下級のものの間には、一般的には均衡は存在せず、むしろ上級のものはたえず無限にそれに属する下級のものを凌駕しているのであって、それは『原因論』第十六命題[637]において言われているとおりである。ここから生じてくることは、知性は、繊細なものをたびたび知性認識することによって弱められるのではなく、かえって知性認識に向けて強められるのであり、それは『霊魂論』第三巻[638]において言われているとおりである。

373 さらにその上に、第五に、アウグスティヌスの『三位一体論』第十一巻第十一章[639]から次のことが明らかになる。この世の欲望に属するこの水を飲むものは再び渇くであろう。というのは、彼はその水によって刺激され、その水は彼にとってはその霊魂と願望において甘美なものであり、したがって彼はその水を飲むからである。しかし彼は本当に満たされるためには、なおも渇くのである。「貪欲にとっては、金を知り愛することは」、「あるいは食べることを知り愛することは」、「あるいは名誉や権力を知り愛することは、それらが現実に現れるのでなければ十分ではない。しかしそれらがすべて獲得されたとしても十分ではない」。というのは、それらは苦悩と危険をともなって所有されているからである。神的なものについては事態は異なる。「すなわち、義を完全に知り、完全に愛する人は、たとえ外で働くいかなる可能性が存在しなくても、すでに義人である」。ここから生じることは、そのようなもの、すなわち神的なものにおいては、「心に懐かれている言葉と生まれた言葉とは」、花と実とは同一であるということである。「私の花は実である」（シラ二四・二三）、「始原と終局」は同一である（黙一・八、二二・一三）。そしてこれゆえに、言葉はそのようなものにおいては、たえず生まれ、たえず生まれたのである。

374 そしてこれは、アウグスティヌスが『告白』第八巻[640]において言っていることである。もしわれわれが皇帝の宮殿で彼の友人であることを欲するならば、「そこには、危険に満ちた壊れやすくないものが何か存在するであろうか。さらにどれほど多くの危険を犯して、人はますます大きな危険に陥るであろうか。そしてそのようなことはいつ生じるのであろうか。しかし、もし私が神の友人であることを欲するならば、見よ、私は今そうなるのである」、そしてさらに以下において[641]、「ただたんに行くことではなく、しかしまたそこに到達することは行くことを欲することに、しかも力強く正しく欲することに他ならなかったのであり、半ば傷ついた人のように、ここかしこで意志を駆り立てることではないのである」、「というのは、そこでは、能力は意志であるところのものであり、欲することそのものがすでになすことであったからである」、さらにまた以下において[642]、「もし意志が満たされたならば、意志は何が善であるかを命じることはない。というのは、それはすでに存在するからである」。そこでは、欲しているということは、すでに存在していることである。そしてこれはキリストが次のように言っていることの意味である。「あなたがたすべて骨折って重荷を負っている人は私のところに来なさい。そうすれば、私はあなたがたを健やかにならしめるであろう」（マタ一一・二八）。「あなたがたが骨折る」と私が言うのは、あなたがたが愛するものを、業によって完成するということであり、あなたがたは飲むが再び渇くということである。「彼らは不正を行うために骨折った」（エレ九・五）、「私のところに来なさい。そうすれば、私はあなたがたを健やかにならしめるであろう」と私が言うのは、神的なものにおいては、欲することそのものと愛することとは所有することであるからである。そしてこれがここで次のように言われていることの意味である。「私が与える水を飲んだ人は永遠に渇くことはないであろう。彼のうちでは、それは永遠の命のなかへと流れる水の泉になるであろう」（四・一四）。

375 しかし次に言われていることはこのことと対立するように思われるであろう。「私を飲む人々はいっそう渇く」

（シラ二四・二九）。それゆえに知らなければならないことは、欲求はそれに属する欲求しうる対象への或る種の運動を有しており、その運動は本来的な意味においてはまだ獲得されていないものへの願望であって、このことに関してのみ、ここでは飲む者は「永遠に渇くことはないであろう」と言われているのである。しかしまた、そのような欲求しうるものへともはや向かわないで、至福と充溢した満足がそのうちにおいて存するようなものから到来する欲求の運動も確かに存在する。しかしまさにそのようなものによって、対象は自分自身を生み出すもの、さらには自分を欲求に注ぎ出すものとして、つまりたえず生むものであり、たえず生まれたものとして、間断なく欲求を動かすのであり、それは次の言葉によっている。「彼は自分の口によって私に接吻する」（雅一・一）。そしてこれについて言われている。「私を飲む人々はいっそう渇く」（シラ二四・二九）、と。私はこれについてこの箇所では詳細に論じた[643]。

「神は霊である。したがって神を崇拝する人は、霊と真実において崇拝しなくてはならない」（二四節）

376 「神は霊である」と言われている第一のことに関して、まず第一に注目すべきことは、アウグスティヌスの『三位一体論』第十四巻第十六章[644]と『創世記について』第二十二巻[645]によれば、霊は五つの様態において把握されなければならないということである。「すなわち神は霊である」とは、ここで言われているとおりである。さらに、「人間における霊」は表象的な見ることに関係しており、それは身体的な見ることと知性的な見ることの中間である。第三に、「人間の霊魂が霊と言われている。それは『彼は頭を傾けて霊を離した』（一九・三〇）と言われているとおりである[646]」。第四に、「家畜の霊が霊と言われているのである」、「人間の子らの霊が〔上るかどうか〕誰が知っているであろうか」（コヘ三・二一）、さらにそれに続く箇所において、そのことが言われている。第五に、「物体的な風」が霊と呼ばれている。『氷と嵐の風が〔主を讃える〕』（詩一四八・八）」。しかし本来的には、それ自体としては、かつ主要的には、霊はここで言われているように、神として把握されているのである。「神は霊である」。しかし他のすべてのものについては、霊という名称はそれらが神そのものに属する何らかのものに関係し、その固有性を分有することによって言われるのである。このことは『原因論』第二十四命題の註釈[647]において明らかである。そこではこれら三つのもの、すなわち霊、一ないし一性と永遠性は、同一のものとして把握されており、それらに対立するもの、すなわち物体、多性、時間とは切り離して把握されるのである。「神はしかし一なる者である」（ガラ三・二〇）、すなわち、神は永遠性であり、それゆえに霊である。

377 第二に注目すべきことは、これらの三つのこと、すなわち「神は霊である」ということは三様の仕方で規定され、解釈されうるということである。第一に、「霊」という語は主語であり、「神」という語は述語であり、「である」という語は主語と述語を結合するコプラであり、それは文字通りの意味であって、したがってそれは、霊であるすべてのものは、本来的な意味においては神であるということである。第二に、これらの言葉は反対に規定されるのであり、その結果、「神」という語は主語であり、「霊」という語は述語であり、「である」という語は先と同じくコプラであり、したがってそれは、あたかも神は善であるとわれわれが言うように、神は霊であるという意味であり、それは次の言葉によっている。「神のみ以外の誰も善きものではない」（ルカ一八・一九）。第三に、これらの言葉は次のように規定することができる。「霊」、「神」という語が主語であり、「である」という語が第二の隣接するものであり、述語であって、述語のコプラではなく、したがってそれは、神である霊が存在するという意味であり、それは次の言葉によっている。「存在する者が私を遣わした」、さらに同じ箇所において、霊である神自身が言っている。「私は存在するところの者である」（出三・一四）。しかし、その他のすべてのものは、それと比較するならば存在しない。「彼なくしては、いかなるものも存在しない」（一・三）。アウグスティヌスは『告白』第十一巻(648)において言っている。神と「比較されるならば、他のものは美しくもなく、善くもなく、存在してもいない」等々。ヒエロニムス(649)は言っている。「神は真に存在するのであり、それに比較されるならば、われわれの存在は存在しない」。

378 それに対して、それに続いて言われている第二のこと、すなわち「神を崇拝する人は霊と真実において崇拝しなくてはならない」ということに関して、第一に注目すべきことは、祈る際に、多くの言葉を用いるほうがよいと信じるような人々が、ここでは打ち滅ぼされているということである。「祈る際に、異教徒のように多くのことを語ってはならない。というのは、彼らは多くの言葉で祈ることが聴き入れられていると思っているからである。それゆえに、彼らに等しくなってはいけない」（マタ六・七以下）。そしてそのような者たちに対して言われている。「この民は唇で私を褒める。しかし彼らの心は私からはるかに遠ざかっている」（マタ一五・八、マコ七・六）。そのような人々は、神を葉を食む山羊に仕立てているのである。

第二に、「霊と真実において」と言われていることは次の言葉にしたがって解釈することができるであろう。「私は霊において祈り、知性において祈ろう。私は霊において歌い、知性において歌おう」（Ⅰコリ一四・一五）。

379 第三に、その言葉は聖霊そのものと子についてであると解釈することができるであろう。というのは、子は以下において、「私は真理である」（一四・六）と言っているからである。したがって神的ペルソナの起源の秩序にしたがえば、聖霊と子を通して父に至るという秩序は適当なものであるように思われる。

さらに、「真に崇拝する者は、父を霊と真実において崇拝するであろう」（四・二三）。注目されたいのは、法と立法者の意図は人々を真理に導くことであり、彼らがなすところのものを、彼らが真理から、真理への愛によって、奴隷や雇われ人としてではなく、子らとしてなすように導くことであって、それは次の言葉によっている。「掟の目標は愛である」（Ｉテモ一・五）。さらにアウグスティヌス(650)は言っている。「奴隷のように法の下に置かれるのではなく、自由人のように恩寵の下に置かれる」。「しかし主の霊のあるところには、自由がある」（IIコリ三・一七）。

380 さらに霊と真理とは、物体的なものを超えており、時間的なものを超えている。「神の霊は水の上を漂っていた」（創一・二）。真理は外部に存在者のうちにあるのではなく、知性のうちに内部にある(651)。

さらに、法と立法者の意図は、われわれが善い人間であることである。しかし外的な業は善い人間を造らない。これゆえに、掟の目的は愛情、徳、愛である。それゆえに、「彼らは霊と真実において崇拝するであろう」と言うことによって明らかにされていることは、時間的なもの、物体的なもの、外的なもののために、一般に被造的事物のために祈るのではなく、永遠で神的な事物のために祈るべきであるということである。というのは、先にこのように言われているからである。「神は霊である」。

381 **「私は、あなたがたが骨折って働いたのではないものを刈り取るために、あなたがたを遣わした。他の人々は骨折って働いたのであり、あなたがたは彼らの骨折ったものを受け継いだのである」（三八節）**

これらの言葉から注目すべきことは、神的人間は、そのようなものであるかぎり、あたかも自分自身によってなされたものであるかのように、すべての他の聖人たちによってなされたすべての善きもの、骨折り、功徳、報いを固有のものとして自分のために持つのであり、そればかりか悪人によってなされた善きものも、それが彼らによってではなく、彼らを通してなされたものであり、善きものの類に属するかぎりにおいて持つのであるということである。

このことは三様の仕方で証明される、金言によって、例によって、理性によって。

第一に、「誰も〔天に〕上らなかった」（三・一三）という言葉についての先に引用されたアウグスティヌスの金言[652]によってであり、彼はこう言っている[653]。キリストは「自分自身とわれわれを、ひとりの人間に、すなわち頭と体にするのである。われわれは彼を通して、彼に向けて、彼のうちで祈るのである。われわれは彼と語るのであり、彼はわれわれと語るのである。われわれが彼のうちで語るときには、彼はわれわれのうちで語るのである」、「誰も、『キリストはこのことを語っていない』とか『私はこのことを語っていない』とか言うべきではない。もし彼が自分をキリストの体のうちに認めるならば、彼はその両方のこと、すなわち『キリストも語る』そして『私も語る』と言うべきであろう。キリストなしには何も言ってはならない。またキリストもあなたなしには何も言わない」、「キリストの体の肢体になって、自分が聖なるものでないという人々は、彼らがその肢体になった他ならないその頭に対して、不正をなしているのである[654]」。

382 第二に、例によって証明してみよう。「言葉によって受容された人」は、博士たち[655]の言うように、初めから天を創造したのであり、しかもその人が「ごく最近」（ヘブ一・二）言葉によって受容されたのであるといえども、しかし博士たち[656]の言うところによれば、その人は天を創造したのである。というのは、その人は、天を創造した言葉そのものと一つのペルソナであるからである。それというのも、言葉と「言葉によって受容された人」は、相互にその特性を伝達しあっているのであって、その結果、言葉が初めからなしたものは、久しくのちに〔言葉によって〕受容された人自身がなしたと言われるべきであるからである。

383 さらに、昨日初めて受容された、ないしとられた栄養は、今日はマルティヌスにおける真の人間の本性に変わっているのであるが、——このように、かのマルティヌスの人格のなすすべての業は、かの人にすでに変わった栄養に真なる仕方で帰属せしめることができるのである。というのは、当時存在していた人格は、数において同一で、端的な仕方で今も存在しているからである。しかし、働きはその部分とともに基体全体に属する。それゆえに、このようにして神の恩寵によって今日キリストの体の肢体になった人は、キリストのすべての肢体に、したがってキリスト自身に属するすべてのものに加わるのである。そしてこれがここで次のように言われていることの意味である。「他の人々は骨折って働いたのであり、あなたがたは彼らの骨折りを受け継いだ」。それゆえに、賢者は言っている。「私は私自身のためにのみ骨折って働いたのではない」（シラ三三・一八）。さらに同じ箇所において、アブラハムとイサク[657]について言われている。「主はすべての種族の祝福を彼らに与えた」（シラ四四・二五）。そしてここでは、次のように先に言われている。「種を蒔く人は刈り取る人と同時に喜ぶべきである」（四・三六）。これゆえに、詩編作者は最善の仕方で言っている。「兄弟たちが一つのもののうちに住むことは喜ばしきことである」、「というのは、そこでは主は祝福を与えたからである」（詩一三二・一、三）、一つのものとは、すなわちわれわれがそこにおいて一つの体であるところのものにおいて、すなわちキリストにおいてということである。これゆえに、聖人たちや神的な人たちによってなされ、かつなされたすべての善きことは、確かにそれぞれの聖人や神的な人によってなされ、かつなされたことであるが、それらは、その人が神的な人、ないし聖人になる前になされたのであると私はあえて言う。それは次の言葉によっている。「アブラハムが生じた前に、私は存在している」（八・五八）。すなわち、すべての神的な人々がそのうちにおいて一なるものである神は一なる者であり、「すべての人においてすべてのことを働いているのである」（Ｉコリ一二・六、一五・二八）。これゆえに、われわれがそのうちにおいて、かつそれを通して一なるものであるところのキリストは、次のように父に祈っている。「父なるあなたが私のうちに、私があなたのうちにあるように、すべての人々が一であるように」（一七・二一）。

384 第三に、すでに述べられたこと、「あなたがたも彼らの骨折りを受け継いだのである」ということが理性によって証明される。次のように言われている。「われわれは多くの肢体を一つの体において持っているが、すべての肢体は同一の働きを持っているのではないように、われわれ多くの人々はキリスト・イエスにおいて一つの体であるが、個々の人はその肢体である」（ロマ一二・四以下）。これらのことから私は以下のことを論証する。すべての信徒と神的な人々は、それ自体としては、キリストと神のうちにおいては一なるものであり、それはちょうど肢体が一つの自然的身体であるようなものである。しかし、われわれ人間の身体、すなわち生命のある身体のすべての肢体は、どれほどそれらがその場所、形、任務において違っていても、数において一であり、その統一性を哲学者（アリストテレス）[658]は最大の統一性であると言っている。『霊魂論』第一巻[659]から知られるように、基体の働きは複合体全体において共通であるので、肢体はその存在と働きにおいて一なるものである。このことはたんに霊魂の働きのみならず、また身体の働きのみならず、ましてや一つの肢体ないし能力の働きにのみ妥当することではない。それゆえに、結果として生じることは、キリストと神の肢体であるそれぞれの信徒のすべての働きと苦しみは、キリストの肢体であるすべての信徒に共通のことであり、それは次の言葉によっている。「私はあなたを恐れ、あなたの戒めを守るすべての人々に係わっている」（詩一一八・六三）、さらに、「すべてはあなたがたのものである、パウロであれ、アポロであれ、ケファであれ、この世であれ、生命であれ、死であれ、現在であれ、未来であれ。すべてはあなたがたのものである。あなたがたはしかしキリストのものであり、キリストはしかし神のものである」（Iコリ三・二一―二三）。それゆえに、これはここで次のように言われていることの意味である。「他の人々は骨折って働いたのであり、あなたがたは彼らの骨折りを受け継いだのである」。そしてこれは聖徒の交わりであ

り、それについて使徒信条[660]には言われている。「私は聖なるカトリック教会、聖徒の交わりを信じる」。さらにまた
385 言われている。「エルサレムは」「その部分が互いに重なりあっている一つの都市のようである」（詩一二二・三）。

しかしまた、すでに述べられたことにおいて慎重に注目されるべきことは、それぞれの肢体は他の肢体よりも、自分自身にとってより多く役に立つということはないということである。例えば、眼は足よりもそれ自身においてより多く見ているわけではない。というのは、眼はそれ自身にも、足にも仕えてはいないのであり、人間ないし生きもの全体に仕えているのであり、その人間全体に対してのみ、眼は第一にそれ自体として直接的に仕えているのであって、その人間全体によって、かつその人間全体のうちですべての肢体は存在するのであり、一なるものであるのである。そのような人間全体によって、かつそれに対して、かつそのためにすべての肢体はそのような人間全体のゆえに自分自身のために、かつそれらの間で相互に働いているのである。ここからまた、次のような言い方は非本来的なものであることが明らかになる。「眼が見る」とか「耳が聴く」とか「舌が語る」とか、それに類するものである。しかし次のような言い方は本来的なものである、「人は眼によって見る」とか「人は耳によって聴く」とか「人は舌によって語る」とか、は。というのは、働きは基体に属するからであり、存在がそれに属するものに働きは属するからである[661]。

それゆえに、このようなことは、苦難においてであれ、功徳においてであれ、報いにおいてであれ、さまざまな善きものがすべての善人たちと聖人たちに共通なる唯一の様態である。そしてこれは次に言われていることの意味である。「身体に分裂があることはなく、肢体は相互に配慮し合っている。しかしもし何らかの一つの肢体が苦しめば、すべての肢体はともに苦しむのであり、一つの肢体が尊ばれるならば、すべての肢体はともに喜ぶのである。あなたがたはキリストの体であり、肢体の一部である」（Ⅰコリ一二・二五―二七）。すなわち、このようにしてわ

れわれは、食料をとる口と食料を消化する胃のように、栄養が等しい仕方ですべての肢体を養っているのを見るのである。

386 さらにしかし、すべての聖人たちと善人たちにとって、すべての人のすべての善が共通である第二の様態があり、それは次のようなものである。アウグスティヌスは(662)、「霊はまだ与えられていなかった」（七・三九）という言葉について次のように言っている。「もしあなたが真理（他の読み方では一性）を愛するならば、その真理のうちで何かを持っているすべての人は、またあなたのために持っているのである。嫉妬を取れ、そうすれば私の持っているものはあなたのものである」、「嫉妬は分離し、愛は結合する」、「もし愛を持つならば、あなたはすべてのものを持つことになるであろう」。さらに、『詩編について』において彼は、他人のうちにおける善を愛する人はすでに彼が愛している善を自分のうちに持っていると言っている。

すでに言われたことから私は次のように論を進める。知ることのできるものは、知ることのできるものとしては、知ることによって以外には所有されえないのであり、見ることのできるものは、見ることのできるものとしては、見ること以外には所有されえない。それゆえにまた、善は愛すべきものとしては、愛することによってのみ所有されるのである。このことから結論されることは、私が他人のうちに——その人が善人であろうとも、悪人であろうとも——愛するすべての善は、つまり彼の善そのものは私のものであり、私のうちに存在するのであるということである。もし私がそれを愛し、彼が愛さないならば、それは私のものであって、彼のものではない。私はそれを持つが、彼はそれを持たない。そしてこれゆえに、次のように言われていることは最善のことである。「持てる者に対しては与えられるであろう」、すなわち、善を愛する人には、善の報いが与えられるであろう。「そして持たざる者には、彼が持てるものも彼から奪われるであろう」（マコ四・二五）、すなわち、自分自身のうちにおける善を愛さない人は、その善を彼から奪うのである。なぜならば、その善はもはや彼にとっては善ではないからである。それゆえに言われる。「彼が持っているように思われるものは、彼から奪われるであろう」（マタ二五・二九、一三・一二参照）、「彼が自分で持っているように思っているものは、彼から奪われる」（ルカ八・一八）。さらにその上に、もし或る人がなし、愛している善を、それをなしていない私がより多く愛するならば、その善とその善の報いは彼のものというより、より多く私のものである。そしてこれはアウグスティヌス[663]がすでに上で述べていることの意味である。「それ〔真理〕のうちで何かを所有しているすべての人は、あなたのために所有しているのである」。そしてこの点に関しては、あらかじめ言われている。「刈り取る者が報いを受け取る」、「それはまた種を蒔く者も同時に喜ぶためである」（四・三六）。そしてこれは、すべての聖人がすべての善きものの骨折りに、功徳に、報いに係わっている第二の様態である。

387 さらに第三に、私はいわば同一のことからして次のように論を進める。善は愛することによって所有される。善はしかし自分のうちに、かつ自分の下にすべての善、これとかあれとかの善、さらに各々の善、ないし各々の様態の善を含んでいる。それゆえに、善を善として愛する人は、自分のうちにすでにすべての善を持つことになる。これゆえに、アウグスティヌスは『三位一体論』第八巻第三章[664]において、こう言っている。「〔善そのもの以外の〕すべての他のものは、それらが善なるものであるがゆえにのみ愛されるのであるから、それらの他のものにすがって、それらがそこから善なるものである善そのものを愛さないことは恥じるべきである」。そして『告白』[665]においても彼はこのように言っているが、これはアンブロシウスが『職務について』第一巻第八十二章[666]において言っていることである。「あなたの意欲があなたの業に名を刻む」、と。すなわち、或る人が各々の人の、ないしは各々の人によってなされた善によって動かされ、自分自身にとって多くの喜びを味わい、自分自身の気に入り、すでにそれを愛しているその限りにおいて、その善は自分のものであり、自分自身にとって有益なものとなるのであり、このことによって「すべての善なるものは、すべての善人に共通のものとなるのである」。

388 さらに第四は次のとおりである。人間は、すなわちキリストの肢体は他人の骨折りに加わるが、それはすなわち、隣人を自分自身と同様に愛することによってであり、「マルコによる福音書」第十二章（三三節）において言われているように、（自分自身と）「同様に」ということであり、すなわち同じだけの量をということである。なにゆえに私は、豊かさ、快楽、名誉や私のうちにある、私のものである、私にとって存在しているこれに類するすべてのものを、隣人に属するものよりもより多く愛するのかというその全原因は、「同様に」ということがないことであり、すなわち同様に等しく同じだけ私が隣人を愛することがないことであり、「同じように」ということがないことであり、すなわち私自身と同じように強くということがないことである。それゆえに、もし私が隣人を私自身と同様に、きわめて強くきわめて等しく同様に愛するならば、どんな場合でもその人のすべての名誉と栄光、功徳と報いは私のものであり、私にとっては彼の喜びは私自身の喜びと同様のものであり、彼のすべてのものはすべての分け隔てる区別なしに私のものであるであろう。これゆえに、おそらく彼が隣人（proximus）と言われているのは、彼が多くも少なくもなく、等しく（de pari）愛されるべきものであるからである。

389 さらにその上に、第五は次のとおりである。他人のすべての善は、功徳であれ、報いであれ、私のものであり、それはあたかも私によってなされ、ないしは私に与えられたものであるかのように、それだけ多く私に喜びをもたらすのである、もし私がしかるべき仕方で神を愛するならば、すなわち「心を尽くし、魂を尽くし、精神を尽くし、力を尽くして」（ルカ一〇・二七参照）そのようにするならば。すなわちこのようにして、もし私が全身をあげて神を愛するならば、私が神のうちで愛さない何ものも、また私がそのうちにおいて神を愛さない何ものも、私はどんな場合でも愛することはない。すなわち、一つのものが別のもののうちに、別のもののためにある場合には、それらの両者の側において一なるものがあるのである。さらにまた、一なるもののうちにあるものは、必然的に一なるものであるが[667]、一なるもののうちには、より多いとか、より少ないいかなるものもなく、より大きいとか、より小さいいかなるものもなく、アヴィケブロン[668]が言うように、「すべての区別は一なるものの下にあり」、一なるものの外側にある。ここからまた救い主が、隣人を自分自身と同じように、強く等しく愛するという戒律に対して、神を「心を尽くして」愛することを先行させているのは最善のことであった。

390 さらに、第六に、神的人間と神に似た人間は、そのようなものとしては、何ものも愛さず、何ものも自分自身のために味わわず、たとえ恩寵においてであれ、栄光においてであれ、それが神の意志であり、神の栄誉でなければ、何かを知るということはない。これゆえに必然的なことは、そのような人は他人における善を、それがどんな善であれ、至福なるものであれ、自分の善よりもより少なく喜ぶということはなく、他人におけるよりも、自分の善を自分自身においてより多く喜ぶということもなく、上に比喩的に天からのマナにおいて示されているように（出一六・一八参照）、より小さな賜物においてはより少なく喜び、より大きな賜物においてはより多く喜ぶということはないということである。そしてこれは、アウグスティヌス[669]の言うところによれば、天国においては、同じ喜びが「異なった明るさにおいて」あるであろうということの意味であり、この言葉を師（ペトルス・ロンバルドゥス）は、『命題集』第四巻の終わりにおいて解釈しており[670]、その言葉は強さにおいてよりも、拡がりにおいて理解されなくてはならないと言っている。しかし、もしこのことがより繊細にしてより怜悧に吟味されるならば、先に述べられたことから明らかになるのは、すべての聖人は聖人であるかぎりにおいて、ただたんに拡がりにおいて、かの師[671]が欲するように、すべての他の聖人もそれについて喜ぶようなすべてのものを喜ぶのではなく、また強さにおいてそうするのであるということである。というのは、そのような聖人は、自分の功徳と報いについてと、他のすべての聖人の功徳と報いについてを、こちらとあちらにおいて強さにおいて等しく喜ぶからである。

391 その理由は、そのような聖人は、すでに明らかにされたように[672]、愛することによってでなくては、自分の善も他人の善も喜ぶことはないのであり、そもそも何らかの善を有することも知ることもないからである。それゆえにすべての聖人は、よりいっそう強く、すべての人の善を愛し、またすべての人のうちにおいてすべての善を愛するほど、それだけその善はより多く自分のものになるのであり、すなわち愛する者の善になるのであって、それだけその人はそのような善をより強く喜ぶようになるのである。というのは、そのような人は、自分のものとしての、あるいは他の或る人のものとしてのそのような善を有しておらず、そのようなものを喜ばず、愛さないのであって、したがってその善が露で端的なものであり、すべてのこれとかあれとかから、これとかあれとかに属するものから解き放たれているがゆえに、その善を愛し、したがってそれを有するのであり、喜ぶからである。そしてこのことのうちに至福の本質が存するのであって、そのうちでひとりの人は別の人よりもよりいっそう至福なる者である。しかしこれこれしかじかの善を、あるいはこのものとかあのものに属する善を有すること、知ること、愛することによっては、誰も至福なる者になることはなく、他の人々よりよりいっそう至福なる者になることもない、端的な意味における善をより強く愛することが、多くの善を広く愛することの原因とならないかぎり。そしてこれはアウグスティヌスが『告白』第五巻[673]において、神に対して述べていることの意味である。「たとえ他のものは知らなくても、あなたを知っている人は至福である。それに対してあなたも他のものも知っている人は、他のもののゆえによりいっそう至福なのではなく、あなたのゆえにのみ至福なのである」。そしてこれはまた、なにゆえに救い主は「隣人を同じように愛せよ」(マタ一九・一九、二二・三九、ルカ一〇・二七)、ないしは「あなた自身と同じように」（マコ一二・三一）と言う前に、「主なるあなたの神をあなたの心を尽くして愛せよ」（マタ二二・三七、マコ一二・三〇、ルカ一〇・二七）等々とあらかじめ言ったのかということの別の理由である。

392 第七の様態は以下のとおりである。すべての聖人たちは、すべての人々における或る分割されざる一なるものによって聖人なのであり、このようにして神における三つのペルソナもまた、それらが一なるものであるかぎり、聖なるものにし、至福なるものにするのである。それゆえに、もしこの分割されざる一なるものによってすべての聖人が存在するのであり、他のいかなるものによってでもないとするならば――それは「天におられるあなたがたの父は一なる者である」（マタ二三・九）という言葉によっているのであるが――、ひとりの人の骨折り、功徳、恩寵やそれに類するものはすべての人々のものでなくてはならない。しかしこのことによっては、ひとりの人が別の人よりもより少なく至福であるということは取り去られることがない。というのは、『範疇論』[674]において言われているように、義は多少を受け容れることはないといえども、しかし義人はすでに上[675]に言われたように、多少受け容れるのであり、人がより義なる者になるほど、それだけその人は神そのものである義をよりいっそう強く愛するようになり、よりいっそう至福なる者となるのである。

393 感覚することのできるものの領域において例をあげるならば、画家は壁を白にするが、まさにその壁が白になることによって、一般的に、すべての白いものであるもの、すなわち白色そのものを形相的に多少なりとも分有するものに似たものになるのであり、それは次の言葉によっている。「彼はその人を聖人たちの栄光に似たものにした」（シラ四五・二）。似像は〔すべて〕その性質においては一なるものである。したがって、すべての聖人はその聖性において一なるものである。すなわち、白いものは白色のみを表しているのであり[676]、それはちょうど聖人が聖性を表しているようなものであるが、このことは白色についてよりも、聖性についてのほうがはるかに真である。すなわち、聖性はその存在を聖人から受け取っているのではなく、義もその存在を義人から受け取っているのではなく、上に第一章において明らかにされたように(677)、義は義人以前にあり、義人にしているものであり、義人のいなくなったのちにも留まるものであるが、白色の場合は事態は異なっている。そしてこれはここで次のように言われていることの意味である。「私はあなたがたを刈り取るために遣わした」。私があえて言いたいのは、「私は」ということであって、他の誰でもないということであり、「私は」ということであって、他のいかなるものでもないということである。というのは、義のみが義人を遣わすのであって、他のいかなるものもまったくそのことをなしえないからである。このことについては、さらにより十分な仕方で述べられなくてはならないであろう(678)。

394 さらにその上に、手短かに第八は次のとおりである。神的ないし神に似た人間は神の義のみを愛する。それゆえにパウロは、恩寵においてより多く恵まれていたのであるから、栄光においてより多く恵まれるのは正しいことなのであり、したがって神的人間は自分自身におけるよりも、パウロにおける神の栄光をより多く愛するのである。すでに言われたように(679)、それは愛することによって、自分自身に固有のものになるのである。

395 さらにその上に、第九は次のとおりである。すべての聖人はその賜物を、すなわち神の姿に似ていることを、神そのものから直接に受け取っているのであり、それはちょうど、すべての霊魂の能力と身体の肢体が、上に(680)すでに述べられたように、その存在を霊魂そのものから直接に受け取っているようなものである。それゆえに、このことに関しては、区別も多性も、したがって能力の間に位階もなく、それらは一なるものなのであり、一人に属するものはすべての人に属するのである。

396 さらにその上に、第十は次のとおりである。すべての霊魂とすべての被造物は、神に対してすべての完全性において純粋に受動的に係わっている。しかし露で区別のない仕方で存在することは、受動的なものの本性に由来する。

それゆえに、哲学者（アリストテレス）[681]は次のように言っている。「自然の基礎においては、いかなるものも区別されていない」、「貧しい人は幸いである」、すなわち何も持たない人は（マタ五・三）。「彼が持っているものは、彼から奪われるであろう」（マコ四・二五）。このことは霊魂の感覚的能力、とりわけ知性において明らかになる。知性はそれが知性認識するいかなるものでもなく、裸の板である。[682]これらのことから結論されることは、神の賜物は、すべてのものを、すなわち一なる神ではないすべてのものを放棄する人に与えられるということである。それゆえに、そのような心構えは、すなわちすべてのものを放棄し、貧しく裸であることは、すべてのものに対する唯一の心構えであるのだから、しかも与える者である神は一なる者であるのだから、そこから帰結することは、すべてのものはすべての人にとって共通のものであり（使四・三二）、ひとりの人が被造的な何かをより少なく所有し、愛するほど、その人は結果として、神と神的なものがそれであるものをより多く愛し、所有するようになるのであり、このことはまた自分自身においてであれ、他人においてであれ、妥当することなのであるということである。これと一致するのは、神学者たち[683]が上級の天使は、それらの上級の天使のうちに存在するすべてのものについて、下級の天使を照らし出すと言っていることである。プロクロス[684]と『原因論[685]』の著者は、すべての知性実体[686]はすべてのものの形相によって満たされている、とはいえ、より上級の知性実体のうちには、より普遍的な形象と形相が存在するのであるが、と言っている。

〔以上のことを〕感覚することのできるものの領域において語るためには、以下のことに注目すべきである。壁は色を持っており、色を持っているように見えるが、その色を認識せず、把握することもなく、喜ぶこともない。しかし視覚ないし眼は色を持っておらず、裸であり、色を持っているようには見えないが、このことのゆえに色を受け取り、すべての色を受容しうるのであり、色を感じ、認識し、喜ぶのである。

それゆえに、先に言われたことから第一に明らかなことは、神的で聖なるすべての人はそれ自身としては、純粋で受動的な仕方でふるまうのであり、露な仕方で神のすべての賜物を受け入れるのであるということである。〔彼らのうちにあっては〕、彼らの各々がそうであるように、すべての人々も個々の人々もそのようであり、したがってすべてのものはすべての人々にとって共通のものである。なぜならば、彼らは一つの泉から、唯一の泉から汲み取っているからである。しかしその人がその賜物そのものをより内的に愛するほど、その人はその賜物をより真なる仕方で所有するようになり、より甘美な仕方で喜ぶようになる。

第二に明らかなことは、人がより多くのものを放棄し、より貧しくなればなるほど、より多くのものを見出すということであり、彼が放棄したものをより高貴でより純粋な仕方で見出すようになるということである。すなわち、所有する者は所有しないのであり、所有しない者は所有するのであって、これは壁と視覚〔の例〕において明らかにしたとおりである。その例をわれわれはまた、すべての付帯的なものにおいて見ることができる(687)。それらの付帯的なものは、質料における実体的形相に先行するものであり、また後続するものである。またそれは現実態においても見ることができるが、それらの現実態は学識と徳の習慣に先行するものであり、また後続するものである。そしてこれにしたがって、次の言葉は適切な仕方で解釈することができるであろう。「彼が持っているものは彼から奪われるであろう」（マコ四・二五）、「彼が持っているように思っているものは、彼から奪われるであろう」（マタ二五・二九）、「それらのものをここから取り去れ」(688)（二・一六）。このことに対する例は、「創世記」第四十二章（二七節）においても見出されるのであり、そこではヨセフの兄弟たちが自分の袋のなかに金を見出したのであり、それをもって父のために食料品を買ったのである。これについて私は先に(689)したように、簡潔に次のように論じたい。すべての聖人は、神をすべてのもののうちにおいて、すべてのものを神のうちにおいて、一なるものをすべてのものにおいて、すべてのものを一なるものにおいて愛しているのであり、それは「神がすべてのものにおいてすべてのものにならんがためである」（Ｉコリ一五・二八）。それゆえに、すべての聖人は、愛しているかぎりにおいて、すべての他の人々のすべての善を有しているのである。そしてこれはここで次のように言われていることの意味である。「他の人々は骨折った。そしてあなたがたは彼らの骨折りを受け継いだ」。それについてアウグスティヌス[690]は、そこには同じ喜びがあるが、「異なった明るさ」においてであると言っている。

398 私はかつて或るとき、すでに述べられたことを次のような仕方で例を用いて解釈するのがつねであった[691]。すなわち、足は本性的に足自身のうちに眼があるよりも、頭のうちにある眼をより多く愛しているのであり、足にとっては、よりいっそう有益なのである。このようにしてそれと同じ様態において、パウロの栄光はパウロよりも劣る聖人においてよりも、パウロ自身においてのほうが、パウロよりも劣る聖人にとってよりいっそう輝き増し有益なのである。しかし、この議論は一見すると、何か不完全なものを含んでいるように思われる。すなわち、あたかも〔神の栄光は〕その人により多く益するがゆえに、より多く輝き増すのであり、したがってそのような栄光は賞賛されるべきものの数によるのではなく、有益なものの本性によるのであって、神はより下級の聖人にはその栄光において輝き出ることはなく、そのような下級の聖人はそのことのうちで自分自身を感じるのであり、したがって神の姿に似る者となることはない、しかも同様のことはすべての聖人に当てはまる、というように。それゆえにむしろ、上[692]ですでに言われたように、パウロの栄光はよりいっそう義なるものであり、神に気に入られるがゆえに、より多く喜ばしきものであり、より甘美なものであると言うべきであろう。

399 さらにその上に、最後に注目すべきことは以下のことである。火のすべての部分は火であり、したがって月球に隣接し、直接していることを欲するとはいえ、しかし火の最も下部の、ないしは中間の部分は月の下で休息しているのである。というのは、すなわちそのような部分も火の部分として、火の最高の部分と一なる存在を有しているからである。私はあえて言うが、全体としての火の存在は、等しくかつ直接的に、その全体において、かつその全体によってある。ここから生じることは、火球の最低の部分は、その最高の部分と同様に、月球に直接的に結合されているということである。このことは目下のところ、すべての聖人にも当てはまる。というのは、すべての聖人は教会ないし天上の祖国の肢体であり、部分であるからである。このようにしてすべての選ばれた者には、同じ喜びがあるが、「異なった明るさにおいて[693]」である。そしてこれがここで先に言われたことの意味である。「私はあなたがたを刈り取るために遣わした」。

400 このことに関して、第一に注目すべきことは、キリストがきわめて明瞭に次のように言っていることである。「私はあなたがたを刈り取るように遣わした」。そして彼はそののちに付加した。「他の人々は骨折って働いた。そしてあなたがたは彼らの骨折りを受け継いだ」。というのは、われわれがキリストから遣わされたものであることによってのみ、そしてわれわれがキリストの肢体であり、聖人たちの肢体であることによってのみ、われわれは聖人たちの骨折りを受け継ぐからである。すなわち、このようにして上に[694]すでに述べられたように、肢体ないし部分を有する各々の存在者のすべての肢体は、まさにこのことによってのみ一なる体であり、一なるものであり、そればかりか、それらが一なるものであるがゆえに、まさにこのことによってのみそれらは存在するのであるということをわれわれは見るのである。すなわち、もし部分が一なるものに属さないかぎり、部分には存在は属さない。すなわち、存在は全体に属しており、全体はしかし一なるものであるが、部分はつねに多数のものである。

401 第二に注目すべきことは、上に第三章において明らかにしておいたように[695]、すべての結果はそれ自体としては、すべてのものへと、かのすべてのもののなかへと、しかもそれがその原因であるかぎりでのその原因に属するもののなかへのみ遣わされているのであって、それは上に赤くて甘い果実について例示的に言われたとおりである。[696] それは赤いもの、ないし色のあるものであるかぎりにおいて、それが赤いものであるかぎり、その全体において視覚のうちへと遣わされてくるのであり、他のいかなるもののうちへも遣わされてくることはないのである。そしてそれは、形象の産出とそれが眼のうちへと遣わされてくることである。形象によって、かつ形象のうちで眼に対しては、かの色に属するすべてのものは与えられ、伝達され、遣わされ、ないし知らされるのであり、その形象そのもの、ないし可視的対象の子孫は眼に対して、それに属するものを、それが可視的なものであるかぎり、また現実態における可視的なものと現実態における視覚が、哲学者（アリストテレス）[697]の言うように一なるものであるかぎり、知らせるのである。

402 ここからまた、物体的なものにおける神の第一の結果としての天について、次のように言われている。「天は神の栄光を語り、蒼穹は神の御手の業を知らせる」、「そこには言葉や話もなく、それらの声は聴かれることがない」、それればかりか「それらの言葉の響きは全地に及び、それらの言葉は世界の果てまで届く」（詩一八・二、四、五）。これは次の言葉によっている。「主の霊が世界を満たし、すべてのものを含むこのものは」、すなわち天は、「すべての声を知っている」（知一・七）、すなわち世界全体の結果は声であり、すべてのものを含む言葉であり、天の響きである。

403 それゆえに、目下のところ事態はこのようである。或る人が自分自身に神から与えられた恩寵によって神から遣わされたものであるというまさにこのことによって、その人は神とキリストの使者となり、証人となるのであり、そのことは上の第一章の言葉によっている。「神から遣わされたひとりの人がいた。その名はヨハネといった」、「この人は証言するために来た、光について証言するために」、「この真の光はこの世に到来するすべての人々を照らし出す」(一・六、七、九)。それゆえに、次のように言われている。「私は、あなたがたが骨折ったのではないものを刈り取るために、あなたがたを遣わしたのである」。それはあたかも次のように言われているかのようである。「私はあなたがたを遣わした」と言われているが、その「私」とは、私はあえて言うが、すべての聖人たちを世の始まりから遣わした、また遣わしつつあるところの者自身のことである。さらに以下において、「父が私を遣わしたように、私もあなたがたを遣わす」(二〇・二一)と言われている。「遣わす」とは、すなわち、私はあえて言うが、同一のこと、かつすべてのことのためにということであり、すべての人を、かつ各々の人を、ということである。すなわち、すべての人を遣わすか、誰も遣わさないか、すべてのことのために遣わすか、何のためにも遣わさないかのどちらかである。そこから必然的に結果することは、彼らを遣わした私があなたがたを遣わすというまさにこのことによって、あなたがたは彼らの骨折りを受け継ぐということである。その理由は、すなわち、一なるものとしての一なるものからあるものは、必然的に一なるものであり、その一なるものに属する全体であり、すべてのものであるからである。それゆえに、これが次のように言われていることの意味である。「私は、あなたがたが骨折って刈り取ったのではないものを刈り取るために、あなたがたを遣わしたのである。他の人々は骨折って働いた。あなたがたは彼らの骨折りを受け継ぐのである」。

最後に注目すべきことは、「他の人々は働いた」と言われるときには、「他の人々」(alii)という語は、男性形での「他の人」(alius)から由来しているのであり、中性形での「他のもの」(aliud)から由来しているのではないということである。すなわち、聖人ないし義人はそれ自体としては、上に言われたように[698]、ペルソナ的には他の人々であるが、非ペルソナ的には、ないしは本性においては他のものではない。というのは、いかなる人も、本性において自分と異なる者の骨折りを受け継ぐことはないからであり、それは次の言葉によっている。「あなたと異なる者はあなたに関与すべきでない」（箴五・一七）。したがって、次のように言われている。「他人が私に反抗して立ち上がった」（五三・五）。

405 **「彼らはその女に言った。私たちはもはやあなたの言葉のゆえに信じるのではない。私たち自身が聴いて、この人は真に世の救い主であることを知ったからである」（四二節[699]）**

注目すべきことは、人間は徳の習慣を所有する以前には、すなわち人間が有徳的になり、徳の存在を有する者である以前には、人間は確かに他の人の証言にもとづいて、聴くことによって、信仰によって、教化によって、信じることによって知り、「鏡をとおして謎のような仕方で」（Ⅰコリ一三・一二）、「遠くから観ている」（ヨブ三六・二五）ということである。しかし、彼が有徳的になり、徳の存在を有する者になるならば、彼はすでに彼が自分自身がそれであるところのものによって、すなわち自分の存在によって、つまり私はあえて言うが、徳の存在によって、またそれと同一のものである有徳的な人の存在によって徳を認識するのである。このことが「顔と顔を合わせて」（Ⅰコリ一三・一二）認識するということである。「私は主を顔と顔を合わせて観た。そして私の霊魂は救われた」（創三二・三〇）。「雅歌」の冒頭で花嫁は祈っている。「彼は自分の口で私に接吻した」（雅一・一）。これはより先なるものによる、かつ固有なるものによる真なる完全な認識である。それは働きがその存在を通して、結果がその原因を通して認識されるときであり、そのときにはもはや人は、外的な他人の証言を必要としないのであり、人は内的に自分自身のうちに自分自身の存在と徳の証言を有するのであって、それは次の言葉によっている。「父が生命を自分自身のうちに有するように、父はまた子にも生命を自分自身のうちに有することを与えたのである」（五・二六）。

406 このことによって、次の言葉も解釈できるであろう。「誰かが人間について証言するということも、彼にとっては必要ではなかった。彼自身が人間の心のうちに何が存在しているかを知っていたからである」（二・二五）。「存在している」と言われている。それゆえに、彼は弟子たちをこのように叱っている。「光はなおしばらく、あなたがたのうちにある」（一二・三五）、さらに、「あなたがたは今信じている」（一六・三一）。さらにこれらの二重の認識は、上に次のように述べられているとき、最善の仕方で指示されている。「あなたが信じているのは、私があなたにいちじくの樹の下であなたを見たと言ったからであるが、あなたはこれよりも偉大なことを見るであろう」（一・五〇）。というのは、信じることは聴くことによって、外側から、自分とは異なるものから到来し、不在であるものに属しているからである。しかし、見ることは現前しているものに属しているのであり、知よりもより確実なものである。これゆえに、知性認識は見ることであると言われるのである。第一の認識は似像によるのであり、第二の認識は同一性によるのである。それゆえに、これはここで次のように言われていることの意味である。「彼らはその女に言った。私たちはもはやあなたの言葉のゆえに信じるのではない」等々。

407 感覚することができるものにおいて例をあげるならば[700]、壁は或るもの、すなわち白色によって、さらにまた他のもの、すなわち画家によって白くなっている。しかし、壁は白くなってしまったならば、壁は自分自身のうちに持っている白色の本性によって、すなわち白色の存在によって白いのであり、白色の働きをなしているのであり、すなわち視覚とそれに類するものを変化せしめているのである。そしてこれは以下において言われていることの意味である。「私がなす業は私について証言する」、「私を遣わした父自身が私について証言している」（五・三六、三七）。

さらにその上に、付帯的なものについて例をあげるならば、付帯的なものは質料における形相に先行するものであり、質料はその不完全性のゆえに、女と名づけられているのであるが、もしすでに形相がそれに付加されているならば、もはや形相そのものについて信じせしめることも、それについての信仰も生まないのであり、むしろ形相を持つ者は、自分自身から、自分自身を通して、自分自身の業を通して自分が形相を持つことを見、知り、認識するのである。というのは、そのようなものはもはや哀しみと骨折りによってあたかも重いものであるかのように働くのではなく、快活さによって軽いものとして働くからである。

「主よ、私の息子が死ぬ前に、下って来て下さい」（四九節）[701]

この書の最後にある説教がこの言葉について扱っている。

第五章

「こののちにユダヤ人たちの祭の日があった」。

408 ここで論じられている羊に水を飲ませる池[702]については、註解[703]が十分に詳細に、かつ適当な仕方で述べている。

「あなたは健康になりたいのか」（六節[704]）

409 注目されたいのは、「あなたは健康でありたいのか」と言われているのではないことである。というのは、存在は一般的にすべての人が欲するものであり、すべての人が欲求するものであり、そればかりか存在はすべてのものにおいて、すべての人によって欲求されるものであって、すべてのものがそれゆえにのみ欲求されるものであるからである。そして、これはアヴィケンナが『形而上学』第八巻第六章の冒頭の部分[705]で述べていることである。「すべての事物が願望しているところのものは存在であり、それが存在であるかぎりでの存在の完全性である。しかし欠如は、それが欠如であるかぎりにおいて、そこから存在と完全性が生じてこないかぎり、願望されることはない。それゆえに、真なる仕方で願望されるところのものは存在である」。ここまではアヴィケンナの言葉である。しかし、生成は存在から区別されるものとしては、その本性からして煩わしいものであり、一般的に何らかの存在の欠如ないし否定である。というのは、すべての否定においては、何らかの存在が否定されるからである。ここから生じることは、出生はその目標は存在であるが、運動ではなくして、その瞬間においては時間なしに存在する。しかし変化は、出生と存在に先行するものとしては、ぶつぶつ呟くこととともに、受動的なものと能動的なものの或る種の反乱によって時間のうちに存在するのであり、それは以下の言葉によっている。「女が生むときには、苦しみを感じる」、「しかし生んでしまったのちには、もはや苦痛を覚えていることはない」（一六・二一）。このことについては、次の言葉について上で十分に論じられている。「どのようにして人が生まれることができようか」等々（三・四）[706]。

410

「もっと悪いことがあなたに起こることのないように、けっして罪を犯さすことのないようにしなさい」（一四節）[707]

三つのことに注目されたい。第一に、アウグスティヌス[708]によれば、意志はそれによって人が罪を犯すか、またはそれによって人が正しく生きるところのものである。そしてこのことは次のように言われていることである。「……することのないようにしなさい」とは、すなわち、あなたが……することを欲することのないようにしなさい、ということである。第二に、再発はよりいっそう危険なものである。それゆえに、次のように言われている。「もっと悪いことがあなたに起こることのないように」。第三に、罪は何よりも罪を犯す人自身に害になる。というのは、このように言われているからである。「あなたに」。それは次の言葉によっている。「虚偽は自分自身に対する不正である」（詩二六・一二）。

「私の父は今に至るまで働いておられる。私もまた働く」（一七節）

411 注目すべきことは、註解[709]は上の言葉を共通して、〔神の〕統宰の業についてであると解釈しており、その業によって事物はたえまなく存在のうちに保たれているということである。

しかしこのことはまた、創造の業についてのみならず、一般的には、父なる神が今日までなしているすべての業について真であると言うことができるであろう。「というのは、彼は創造して、立ち去ったのではないからである[710]」。あるいは、神は中止したのではなく、今も創造するという仕方で創造したからである[711]。その理由は、神は「終局にして始原である」（黙一・八、二二・一三）からである。終局である場合には、神は創造したのであり、始原である場合には、神は創造するのである。そしてこれは次のように言われていることの意味である。「始原において神は創造した」（創一・一）。それゆえに、哲学者たち[712]は、天の運動は永遠であると仮定したのであり、それというのも球状の天においては、すべての点は終局にして始原であるからである。

412 さらに父は、すべてのものに子を通して、子のうちで働きを及ぼす。「すべてのものはそれ〔子〕によって生じた。そしてそれ〔子〕なくしては、何ものも生じなかった」（一・三）。しかし子はただたんに生まれたのみならず、たえず生まれているのである[713]。「初めから私は造られていたし、将来の世に至るまで絶えることがない」（シラ二四・一四）、すなわち生まれるのである。

413 さらに彼はたえず創造するか、あるいはけっして創造しないかのどちらかである。というのは、永遠の今はたえず同一であるからである。このことはそれゆえに、次のように言われている意味である。「私の父は今に至るまで働いておられる」。

しかしそれに続いて、「私もまた働く」と言われていることは、子が次のように言っていることによって明らかになる。「私と父は一なるものである」（一〇・三〇）。そしてこれは、ここで父について次のように言われていることと同じことである。「父がなすすべてのことは、子もまた同様の仕方でなす」（五・九）。それゆえに、上において「独り子は」「父の胸のうちにある」（一・一八）と言われており、さらに以下において、子は家のうちに留まる（八・三五）と言われているのである。前者において父の胸と言われているものは、後者において家と言われている。というのは、子は、すなわち義人は、本来的な意味においては義人のみが、生む義ないし義人の父のうちにあるからである。それゆえに、次のように言われているのは最善のことである。「私は父のうちにあり、父は私のうちにある」（一四・一〇）。というのは、義は生むものとしてのそれ自身のうちにおいて、さらに生まれたものとしての義人のうちにおいて以外のどこにおいても、父ではないからである。それゆえに、子は生むものとしての父のうちにあるのだから、「私の父は今に至るまで働いておられる」とあらかじめ言われたときに、続いてここで「私もまた働く」と言われていることは必然的である。

しかし注目すべきことは、先に述べられたことにおいては、「今に至るまで」という語は包括的に把握されているということである。しかし「今に至るまで」という語は、次の言葉によれば、排除的に把握することができる。
414
「今に至るまであなたがたは何も願わなかった」（一六・二四）。さらに「詩編」においては、「あなたの真理は雲にまで届いている」（詩三五・六）。そしてその意味は、「私の父は働いておられる、そして私もまた今に至るまで働く」ということであるが、排除的に把握されなくてはならないのである。というのは、「今」（modo）という語は神にも、その働きにも適合しないからである。というのは、神は制限なく（sine modo）、すなわち無限であるように、神はまた制限なしに働くからである。「神は限りなく霊を与える」（三・三四）。というのは、神的なものはそれ自体としては、様態（modus）を知らないからである。それゆえに、神を愛する様態は「様態のない様態」[714]

である。さらにその上に、神は「今に至るまで」排除的に働くのである。というのは、神の働きは時間の下にはないからである。しかし「今」という語は時間的意味での副詞であるからである。

それゆえにこのようにして、先に述べられた言葉は、父と子とについてその神性に関して解釈されているのである。

415 それらの言葉はしかし、子についてもその人性に関して解釈することができる。というのは、神性と人性との結合がキリストにおいてはきわめて緊密であるので、神性に属するものは、「〔神性に〕受容された人間」にもふさわしいものであるからである。すなわち、われわれは、かの子が星々を造ったし、造っていると言うからである。それというのも、ベルナルドゥスが『省察録』第五巻[715]において言っているように、「一なるものと言われるのが正しいすべてのもののなかで、三つのペルソナがそれによって一つの実体であるところの三位一体の一性が頂上をなしている。第二の場所には、反対に、三つの実体がそれによってキリストにおいて一つのペルソナになっているところのかのものが支配している」。

416

「子は自分自身から何もすることができない」(一九節)

その理由は以下のとおりである。すなわち確実なのは、義人は義人であるかぎり、すなわち義の子は、自分自身から何もなすことができないのであり、とりわけ人は義そのもののうちにおいてのみ義人であるのだから、彼のすべての業は彼に対して義から到来するということである。それゆえに、もし義がなければ、義人は存在しないのであり、存在を持たないのであるから、どのようにして義人は義なくして、自分自身から何かをなすことができようか。そしてこれは子自身が次のように言っていることの意味である。「私は自分自身から何もなすことができない」

（五・三〇）。さらに以下において、「私のうちに留まっている父自身が業をなしているのである」（一四・一〇）。というのは、義人すなわち子にとって、存在は義である父から到来するように、業をなすこともそれに類するすべてのこともそうであるからである。

さらに、石はその重さの本性によって抵抗し、拒絶するので、上方に動かされることができないように、徳のある人も、父が、すなわち義がなすのを見たのでなければ、何ごともなすことができない。すなわち、キケロ[716]が言っているように、習慣は本性の様態へと傾くからである。

さらに徳と恩寵の形相は、何らかの存在者の自然的形相よりも、より上級のものとして、よりいっそう強力なも
417 のである。この例は、海の満ち潮と引き潮において明らかになる。その際には、月によって引き起こされた運動が、水の自然的形相によって引き起こされた運動に勝っているのである。これについては、聖書の次の箇所について解釈しておいた。「駱駝が針の穴を通るほうがやさしい」等々（マタ一九・二四）。それゆえに自然的事物は、その形相が自分に与えることのみ、自分自身からなすことができるならば、義人もまた義がなすのを見たことのみをなすことができるのである。ここから明らかなことは、義人や徳のある人は嘘をついたり、罪を犯したり、一般に悪をなすことができないのであるが、それは徳の習慣がそれに反対するからであるということである。そして、これはアウグスティヌス[717]が言っていることの意味である。「愛を持て。しかるのちにあなたの欲することをなせ」。さらにボエティウスは『哲学の慰め』第一巻[718]において、哲学の人称で言っている。「われわれはあなたに武器をあげよう。それは、あなたがあらかじめ投げ出してしまわないならば、打ち負かされることのない確実さであなたを守るであろう」。というのは、義なる人は、義人であるかぎりにおいて、義それ自身さえも束縛するのであり、義それ自身は、彼が義人に反するものをなしえないように禁ずるのであり、それは次の言葉によっている。「私を解き離せ。

私の激怒が彼らに対して燃え上がるように」（出三二・一〇）。

「というのは、父は誰も裁かないのであり、すべての裁きを子に委ねたからである」（二二節）

418 この言葉は、すでに言われたこと[719]、すなわち父と子とはたえず、かつ同時に同じことをなすということに反しているように思われる。それゆえに知らなくてはならないことは、神学者たちの規則によれば、働きないし作用は〔事物の〕属性の固有性にしたがって神から発出するということである[720]。例えば、神においては、存在と知ることは同一であるといえども、われわれはしかし神は悪しきことを知ると言うが、神は悪であるとは言わないのであり、同様のことが、〔神における〕本質的なものやペルソナ的なもののようなそれと類似のものについても言えるのである。それゆえに、ベルナルドゥスは『省察録』第五巻[721]においてこう言っている。「神は愛として愛し、真理として認識し、公正として座を占め、威厳として支配し、始原として統治し、救済として護り、力として働き、光として露にし、寛大として側に立っている」。それゆえに、このようにして裁きは父ではなく、子に帰属せしめられるのであり、それはここで言われているように、裁く者が持っていなくてはならない三つの性質のためである。

第一に、彼は中立不偏の者でなければならないのであり、いかなる党派に傾いてもならない。したがって子は三位一体における中間のペルソナである。「イエスがやってきて」、弟子たちの「真ん中に立ち、彼らに言った、『あなたがたに平安あれ』、と」（二〇・一九）。

419 第二に、裁く者は父に帰属せしめられる力が意味する厳格な情熱より裁いてはならないし、聖霊に帰属せしめられる愛の感情より裁いてもならない。それゆえに、キケロは『義務について』第一巻[722]において言っている。裁く者の役割を引き受ける人は、友人の役割を放棄しなければならない、と。さらにそのような人は、子に帰属する分別ないし知恵によって、力と寛大さを和解させなければならないのであり、それは教会が子について次のように歌っていることによっている。「彼は自分自身において最低のものを最高のものと和解させるのである[723]」。さらに、「詩編」においては言われている。「憐れみと真理とが出会ったのであり、正義と平和とが接吻したのである」（詩八四・一一）。それゆえに、他の「詩編」において言われている。「彼は全地を公正に、民をその真理において裁くであろう」（詩九・九）。公平さはそれ自体として、また真理は神的なものにおいては子に帰属せしめられるのである。

420 第三に、裁く者は中庸を得ており、穏和であり、同情深くあらねばならない。「あなたがたは霊的な人々であるから、自分も誘惑されることのないように自分自身を省みて、柔和な精神において教えなければならない」（ガラ六・一）。さらに、「ヘブライ人への手紙」において言われていることは、「ともに苦しむことのできる者が」、大祭司に採用されるべきである。「というのは、彼自身も弱さに取り囲まれているからである」（ヘブ五・二）。このようにしてキリストもまた、「彼が苦しんだことによって従順を学んだのである」（ヘブ五・八）。そして前に同じ箇所において言われている。「われわれの弱さに同情することのできない大祭司はいない」（ヘブ四・一五）。そしてこのことは、子が人間になったかぎりにおいて、子にも帰属することなのである。そしてこれはここで少しのちに言われていることの意味である。「神はまた裁きを行う権能を彼に与えた。というのは、彼は人の子であるからである」（五・二七）。

第六章

「このことの後、イエスは湖を越えて〔対岸へ〕行った」等々、さらに以下において、「彼らが約二十五ないし三十スタディウムの距離を漕ぎ出したとき」（一九節）

421 スタディウム（stadium）、ミリアレ（miliare）、レウカ（leuca）が何であるかということは、次の詩句から明らかになる。[724]

「五足（pes）が一歩（passus）を成し、各々の百二十五歩によって一スタディウム（stadium）が成立するのであるが、八スタディウムが一ミリアレになるのである。その二倍は一レウカになる」。

第七章

「この後、イエスはガリラヤを巡っておられた」、さらに以下において、「私の教えは私のものではなく、私を遣わした方のものである」（一六節）

422 ここでは同一のことに関して矛盾することが言われているように思われる。というのは、私のものであり、かつ私のものでないということほど矛盾することが何かあるであろうか。トマスの註解[725]のうちには、三様の答えが見出される。一つはクリソストムス[726]に属するものであり、次のように言われている。彼〔イエス〕は彼が教えた自分の教えは自分のものではなく、かれがその教えをそこから受け取った父のものであることを言っているのであり、そのことのうちに、クリソストムスが言うように、父の子に対する最も完全な同一性が暗示されているのであって、すなわち、子が自分で言ったことですら自分のものではなく、父のものであるということである。さらにまた、これらの言葉においては、クリソストムスが言うように、ただたんに本質の同一性が暗示されているのではなく、ペルソナの区別もまた暗示されていると言うことができるであろう。というのは、子としての「私の教え」は「私のものではなく」、父のものであると言われているからである。

別の簡潔な解決は、アウグスティヌス[727]のものであって、彼は言っている。〔私の教えは〕、神の本性によれば、「私のものであり」、僕の形によれば、「私のものではない」。

第三の解決は、同一の人〔アウグスティヌス〕[728]に属するものであって、彼は言っている。「あなた自身ほど、あなたのものであるものが何かあるであろうか。もしあなたが、あなたがそれであるところのものとしては、別の或る人に」、ないしは別の者に属するならば、「あなた自身ほどあなたのものでないものが何かあるであろうか」。そしてこれがここで次のように言われていることの意味である。「私の教えは私のものではなく、私を遣わした方のものである」。

423 さらにその上に、第四に[729]、子は自分の教えは自分のものではなく、父のものであると言っている。というのは、彼は言葉であるから——上に「初めに言葉があった」と言われている——、その教えは確かに子に属するが、自分の教えではなく、父の教えであるからである。それというのも、彼は語る父の言葉であるからである。

さらに、第五は以下のとおりである。相互に秩序づけられている事物においては、発出するもの、ないし産み出されたものに属するすべてのものは、あたかも自分のもののように、自分からして自分に対してあるのではなく、産み出すものに、生むものに、すなわち〔子を〕遣わす父につねに固有のものである。そしてこのことがここで次のように言われていることの意味である。「〔私の教えは〕私のものではなく、私を遣わした方のものである」。

424 さらにその上に、第六は以下のとおりである。他のものに属し、他のもののうちに、他のものによってあるものは、本来的な意味では私のものではなく、それらの他のものに属する。しかし子の教えは、また父に属するのであり、父によるのであり、したがってペルソナ的には他のものによるのである。それゆえに、等々。そしてこれはここで次のように言われていることの意味である。「私のものではない」。

第七に、子としての固有性における子は、何らかの作用の始原ではない。それゆえに、彼が教えることは、子としての本質における彼自身に属することではない。そしてこれは上に言われたことの意味である。「子は自分の父がなしているのを見たもの以外は、自分からは何もなすことができない」（五・一九）。さらに、次のように言われている。「私の右側と左側に座ることは、私があなたがたに与えることではない」等々（マタ二〇・二三）。

425 さらにその上に、第八は以下のとおりである。先に述べられたことによれば、子は彼がそれであるところのものとしては、さらに自分自身に固有なものとしては、まったく父に係わっており、父によっており、父のうちにあるのである。そしてこれがここで次のように言われていることの意味である。「私の教えは私のものではなく、私を遣わした方のものである」。

さらに、第九に――そしてこれはほとんど同一のことに帰するのであるが――このように言うべきであろう。関係的なものは、自分にとって存在するのではなく、自分のために存在するのでもなく、自分にとっては存在しないのであり、他のものにとって存在するのであり、他のものに属するのであり、他のもののために存在するという固有性を有している[730]。それゆえに、それは自分のものでないほど、よりいっそう自分のものであり、自分のものであるほど、それだけいっそう自分のものではないのである。というのは、〔そのようなものにおいては〕、自分にとって存在することは、かつ自分が存在することは、自分にとって存在しないということであり、他のものに属しているということであるからである。子はしかし父に関係しているものである。そしてこのことはここで次のように言われていることから明らかである。「私の教えは私のものではなく、私を遣わした方のものである」。

そしてこれによって、次の言葉は最善の仕方で解釈できるであろう。「人の家族はその敵である」（マタ一〇・三六）。すなわち、何かがよりいっそう家のもの、近しいもの、自分のものになるほど、それはよりいっそう敵対的なもの、矛盾するもの、反対のもの、疎遠なものになり、自分のものではなくなるのである。そして反対に、それがよりいっそう敵対的なもの、疎遠なもの、反対のものになるほど、それだけいっそうそれは自分にとって家のもの、自分のものになるのである。なぜならば、そのようなものは自分の存在を自分において、あるいは自分から受け取っているのではなく、あるいは基体において、基体から受け取っているのでもなく、反対のものから、敵対的なもの、敵から受け取っているからである。そしてこのことがここで再び次のように言われていることの意味である。「〔私の教えは〕私のものではなく、私を遣わした方のものである」。

426 さらにその上に、第十は以下のとおりである。自然的なものにおいては、或るものが或る人にとってより多く自分自身のものになればなるほど、それだけ少なくそれは自分のものになるのであり、それだけ少なくそれは自分に近しいものになるのであって、その反対もまた妥当する。例えば、生きることは生けるものにとって固有のことにして自分のものであり[731]、知性認識することは知性認識するものにとってそうである[732]。しかし、存在は生きることや知性認識することよりも、より共通のものであり、存在はより少なく自分のものになるほど、それだけいっそう生けるものや知性認識するものにとって内的なもの、近しいもの、自分のものになるのである。それゆえに、これはここで次のように言われていることの意味である。「〔私の教えは〕私のものではない」。

さらにその上に、第十一に、われわれは例を用いて次のように言うべきであろう。石の形象によっては、石以外の何ものかが認識されるのではなく、したがって石以外の或るものがまったく愛されることはない。さらに、その形象そのものは石以外の或るものについて教えるのではなく、その形象によって人は石以外の或るものについて教えることはないのである。このようにして、すなわち外部の事物からなる自然においては、石の形象ないし形相によって、或るものは他でもない石であるのである。それゆえに、このことによって私は次のように論証する。義人であるかぎりにおいての義人の形相ないし形象は、義そのものであって、他のいかなるものでもない。それゆえに、いかなる複合体ないし質料も、形相が与えるところの、ないし形相そのものであるところの、したがって形相の結果生じるものであるところの存在がなければ、存在も、すべての存在の結果生じるところのものも持たないのであるが、それと同様に、義人は、義人であるかぎりにおいて、義が与えるところのものと、義によって、義を通して、かつ義そのものにおいて義人それ自身にとって存在するところのものがなければ、いかなる存在もいかなる作用も持たないのである。というのは、義の外側では、誰も義人ではありえないのであり、義なる仕方で働くことはないからである。これは大前提である。しかし義人は義の子であり、義から生まれるのであって、他のいかなるものから生まれるのでもない。これは小前提である。それゆえに、私は次のように結論する。義人の教えとすべての業とは、彼に属するものではなく、彼のもの、すなわち義人に属するものではなく、彼を遣わし、彼に義なる存在を与える彼の父に属するものである。このようなものはしかし義そのものである。それゆえに、これはここで次のように言われていることとの意味である。「私の教えは私のものではなく、私を遣わした方」、すなわち父のものである。

427 しかし、知らなくてはならないことは、すべての先に述べた十一の論証が目指していることは、子の教えと働きは、彼が子であるかぎりにおいて彼自身のものではなく、すなわち子に属するものではなく、彼を遣わしている父に属するものであるということである。

それゆえに、今や示さなくてはならないことは、一般的にすべてのものにおいてそれら自身のもの、ないし発出するものや産み出されたすべてのものに固有のものは、それら自身のものではなく、すなわちそれらに役に立つものではなく、それればかりか産み出されたものそのものにとっては害になるものであり、そのようなものを完全なものにするのではなく、かえって汚すものであり、何らかの存在と善の欠如であるということである。このことの根拠は次のようなものである。産み出されたもの、ないしは発出するものは、純粋に受動的なものとして、それを産み出す本質的原因からそれが受け取るもの以外は、まったく何も持たないのであり、それは、すでに言われたように[733]、質料が形相の存在以外のいかなる存在も持たないのと同様である。それゆえに、これ以外に産み出されたものに固有のものであり、自分自身からあり、すなわち自分のものであるすべてのものは、悪であり、欠如であり、虚偽である。そしてこれは以下において明瞭に言われていることの意味である。「彼が自分自身のものによって語っているときには、彼は虚偽を語っている」(八・四四)。しかしこれは当該箇所において、より十分な仕方で明らかになるであろう[734]。それゆえに、これはここで次のように言われていることの意味である。「私の教えは私のものではない」、すなわちそれが私の教えであるかぎり、それは私を完全にすることはないし、それは存在するものではなく、何らかの無である。以下において次のように言われている。「私自身からは、私は何もしない」(八・二八)。産み出されたものそれ自体が、産み出すものの外側で、産み出すものなしになすところのすべてのものは、無である。それゆえに上において、被造物を産み出すところの子について次のように言われているのである。「それ〔子〕なくしては、何も生じなかった」(一・三)。

428

さらにまた、第十二は道徳的に以下のとおりである。「私の教えは私のものではなく、私を遣わした方のものである」、すなわち、私は私の教えにおいて、私に属するいかなるものも、ないしは私のものも求めることなく、私を遣わした者の栄光のみを純粋に求めるのである。そしてこれはここで明瞭に続いて次のように言われていることの意味である。「自分自身から語る人は、自分の栄光を求めているのである。しかし彼を遣わした方の栄光を求める人は真実なる者であり、彼のうちには不義がない」(七・一八)。それゆえに、あなたの業が神的なものであるかどうか、あなたは知ろうと欲するのか。〔そうであるならば、〕それがあなた自身のものであるかどうか、それがあなたに固有のものであるかどうか、すなわち、あなたがあなた自身を、ないしはあなたに関係する或るものを目指している、ないし求めているのかどうか吟味されたい。というのは、もしそうであるならば、それはすでにあなた自身のものであって、またそれはあなたにとって益にならず、あなたの生にとって害になるから、まさにこのことによって、それはあなた自身のものではないのである。というのは、あなたの側にではなく、「神の側に生命の泉はある」（詩三五・一〇）からであり、「生じたものはそのうちにおいては生命であった」（一・三-四）からである。それゆえに、それがもしあなた自身のものであるならば、それはもはやあなた自身のものではないのである。次のように言われている。「私の教えは私のものではない」、「人の敵は彼の家族である」（マタ一〇・三六）。すなわち、或ることがより多く自分の家のものになり、その人にとって固有のものになり、自分のものになるほど、それだけいっそうそれはより少なく自分のものになり、より多く自分にとって敵対的なものになるのである。「あなたは私をあなたに敵対する者にし、私は私自身にとって重荷になった」（ヨブ七・二〇）。それゆえに、救い主は次のように言ってわれわれを励ましているのである。「あなたがたの敵を愛せよ」（マタ五・四四）。というのは、私からではなく、敵から私は善なるものを受け取るのであり、見出すからである。このようにして人間の能力は、自分自身のうちにではなく、その基体のうちにでもなく、その基体からではなく、反対のもののうちに、自分の完全性を受け取るのである。これによって次の言葉は解釈することができる。「あなたの敵と和解しなさい」（マタ五・二五）、「あなた自身のものを取り去れ」（マタ二〇・一四）。というのは、あなた自身のものは悪以外の何ものでもないからである。「イスラエルよ、それは汝の破滅である。私のみから汝の助けは来る」（ホセ一三・九）。それゆえに、このようにしてあなたがあなたに、あなたのものに近づくだけ、あなたは破滅に近づいているのである。これゆえに、キリストは次のように忠告している。「もし誰かが私の後に従って来ようとするならば、自分自身を拒みなさい」（マタ一六・二四）。このことについては、より十全な仕方で、詳細に次の言葉について記しておいた。「あなたがたの敵を愛せよ」（マタ五・四四）(735)。そして注目すべきことは、「私の教えは私のものではない」とここで言われていることは、以下において次のように言われていることと同一のことであるということである。「私を信じる人は私を信じるのではなく、私を遣わした方を信じるのである」（一二・四四）。

「自分自身から語る者は自分自身の栄光を求めているのである。しかし彼を遣わした方の栄光を求める人は誠実な人であり、彼のうちには不義がない」（一八節）

429 注目すべきことは、一般的には、終局は始原に対応しているということである。それゆえに、「詩編」においては次のように言われている。「最高の天から、その〔太陽の〕出現は生じ、それが没するのは、その」、すなわち最高の天の「最高のところまで及んでいる」（詩一八・七）。すなわち、哲学者（アリストテレス）[736]は根拠なしに、作用因と目的因は一致すると言っているのではないのである。それゆえに、われわれが見るように、もし熱の出現が火の形相によるときには、その熱は〔質料を〕火の形相に向けて変化せしめ、準備させるのであるが、それに対して、その熱の出現と遣わしが生命のあるものの形相、すなわち霊魂による場合には、その熱は〔質料を〕、その霊魂の生命に向けて変化せしめ、準備させるのであり、それはあたかもその出現と遣わしとがその霊魂から生じているかのようである。それはボエティウスが『哲学の慰め』第三巻[737]において言っているとおりである。

「すべてのものは自分に固有の還帰を求めており、或るものに与えられた秩序は、それが終局に始まりを結合するときにのみ保たれる」。

これは次の言葉によっている。「流れはそこから出て来た場所へと還帰する」（コヘ一・七）。そしてこれはここで以下において明瞭に言われていることの意味である。「自分自身から語る者は自分自身の栄光を求めているのである。」しかし他の者から遣わされて語り、「彼を遣わした方の栄光を求める人は」、このことにおいて、「誠実な人であり、彼のうちには不義がない」、たとえ彼が或る人を害し、欺くようなことになったとしても。それゆえに、アヴィケンナ[738]によれば、もし熱と火が貧しい人の衣服ないし家を焦がすようなことになっても、それは熱と火に帰することはできない。さらに、アウグスティヌスの『真の宗教について』[739]において言われている。「もし或る人が櫂が水の中で折れていると思い、水中から取り出されたときに、元どおりになると考えるならば、彼は悪い使者を持っているのではなく、彼の判断が誤っているのである。というのは、身体の感覚はその本性からして水のなかでは他の仕方で感覚しうるのではなく、また他の仕方で感覚すべきではないからである」、「それゆえに、眼は正しい仕方で見ているのである」。そしてこれがここで次のように言われていることの意味である。「この人は誠実な人であり、彼のうちには不義がない」、むしろ「彼を遣わした方」のうちにそれはある。われわれはそれを例を用いて示そう。豊かな人が虚しい虚栄心から貧しい人のために使者を通して施しをするとする。虚しい虚栄心の不義はその使者のうちにあるのではなく、彼を遣わしたその豊かな人のうちにあるのである。

「私は彼を知っている。そしてもし私は彼を知らないと言ったならば、私はあなたがたと似た嘘つきになるであろう」（七・二九、八・五五節）

430 しかしキリストは、はたして「私は彼を知らない」と言うことができたであろうか。そればかりかキリストはすでに「もし私は彼を知らないと言ったならば」と言うことによって、「私は彼を知らない」と言ったのであり、したがってキリストは嘘つきであるように見える。

それゆえに、言わなくてはならないことは、キリストはこれらの言葉「私は彼を知らない」ということを質料的に言うことはできても、形相的には、すなわち表示し、肯定することによっては、言うことができないということである。すなわちこのようにして、すべての否定のうちには、質料的には、肯定が含まれているのであり、しかしまさにこのことによって、肯定ではなく、否定が真なるものなのであり、肯定的な陳述ではなく、否定的な陳述が真なるものなのである。したがってさらにまた、教会のなかで「私はアブラハムの神、イサクの神、ヤコブの神である」（出三・六）と述べる聖職者は嘘つきではない[740]。というのは、彼は「彼を遣わした方である」神の人称で語っているのであり、したがってすでに上に[741]述べられているように、彼は誠実であり、彼のうちに不義がないからである。

431 しかし、キリストと神が嘘をついたり、罪を犯したりすることができないのは明らかである。その理由は一つには、真理は虚偽なるものではありえないからであり――それはちょうど白いものは黒くなりうるとしても、白色は黒くありえないのと同様であり、また病人が健康になるとしても、病気は健康ではありえないのであり、健康なものではないのと同様である――、さらにまた一つには、罪を犯すことや〔真理に〕背くことは能力でもなければ、力でもなく[742]、無能力と非力から生じ、起こってくるものであるからであり、それはちょうど打ち負かされることが、抵抗することができないことから起こってくるのと同様である。

432 さらにその上に、ここで述べられており、さらに以下の第八章（五五節）において同じ言葉において、さらに「ヘブライ人への手紙」において「神が嘘をつくことは不可能なことである」（ヘブ六・一八）と言われているように、ただたんに神は真理として嘘をつくことはできないのみならず、そればかりかすべての神的人間そのものにおいて、そのような人が嘘をついたり、罪を犯したりすることは不可能であることは真である。そして、これによってアウグスティヌス[743]が次のように言っていることは、的確に、かつ真なる仕方で理解されるのである。「誰も徳を悪しき仕方で用いることはできない」。これに対する論証と自然における明白な例は次のとおりである。すなわち、火が降下するということは本性的に不可能なことである。火の形相から生じる軽さそのもののために、そのようなことは妨げられるからである。さらに確実なことは、下方にあることが軽いものに抵抗するよりも、真理はよりいっそう現実的に、かつはるかに本性的に虚偽に対して抵抗するのであり、一般に善は悪に対して抵抗するのであるということである。それゆえに、誠実な人がそのような誠実な人として嘘をつくとか、徳のある人が罪を犯すとかいうようなことは不可能である。しかしこのことに関係しているのは、哲学者（アリストテレス）が『トピカ』第四巻[744]において言っていることである。「神と、〔真理を〕探究する者といえども不正なことを働くことができる」。それについては〔トマスの『神学大全』〕第一部第二五問第三項第二異論解答[745]を参照せよ。

第八章

「しかしイエスは山へ行かれた」、さらに以下において、「二人の証言は真実である」（一七節）

433 この言葉については、トマスの註解[746]においてさまざまな仕方で論じられている。すなわち、アウグスティヌス[747]の言うところによれば、これらの言葉は三位一体の神秘について語られているのである。「二人ないし三人の証人の口によってすべての言葉は立証される」（申一九・一五）。というのは、アウグスティヌスが言うように、聖三位一体は永遠なる真理の確実性であるからである。しかし、アウグスティヌスを動揺させたのは、スザンナは無罪であったのに、二人の証人の証言によって有罪の判決を下されたことである。さらにキリストは、律法学者やパリサイ人という同胞による証言によって、死に引き渡されたのである。他の註解[748]は次のように論じている。もし欺き、嘘をつくことのできる二人の人間を信じるならば、どうして私と父とを信じることができないのか、そこには確固たる真理が存在するのに。しかしクリソストムス[749]は言っている。もし第一の証人が信じるに値するときには、第二の証人は必要ではない。さらにまた、もし人が、他人のことではなく、自分自身のことについて自分自身で持っているものによって証人であるときには、第二の証人は必要ではない。これらの両者がキリストには当てはまるのであり、したがって彼の証言は真である。

しかし、これらの言葉においては、聖書の他の多くの言葉におけるのと同様に、とりわけ真理であるキリストの言葉においては（一四・六）、次に述べるような二重の意味に注目しなければならない。一つはそれらの語の持つ平面的で表面的な意味にしたがって明らかになるものであり、他の意味は皮の下に潜んでいるものである。というのは、キリスト自身においても、言葉は肉の下に潜んでいるものであり、われわれにおいても霊魂ないし霊は身体に潜んでいるものであるからである。

434 それゆえに、第一の意味に関して注目されるべきことは、すべての証言は、原告を入れて最低二人ないし三人の証人によって成立するということであり、これはその文字どおりの意味に関係している。これについてトマスは〔『神学大全』〕第二部の二第七〇問第二項[750]において十分に明晰な仕方で教えている。

それに対して、隠された意味に関して注目されるべきことは、すべての証言は、そこで言われていることの真相が明らかになり、知られるようになるためにのみ役立つということである。しかし正当なことと義なることは、『霊魂論』第一巻[751]において言われているように、それ自身と曲がったことを裁く者である。ここで裁く者と言われているのは、他の証人を必要としないからであり、それは次の言葉によっている。「主の判断は真理であり、それ自身において正当化されている」（詩一八・一〇）。さらに、アウグスティヌス[752]は言っている。「真理そのものが権威になるべきであり、もし真理がなければ、権威そのものも価値がない」。

435 以上によって、「二人の証言は真実である」とここで言われていることに関して注目すべきことは、一般的に神的なものにおいても、したがってすべてのものにおいては——というのは、すべてのものは神的なものを真似ているからであり、神的なものから由来しているからであるが——、いかなる証言も、二人が与えるものでなければ、さらに二人が、すなわち父と子とが与えることができなければ、真実なものではなく、確実なものでもないということである。そしてこれがそれに直接続いて、子によって次のように言われていることの意味である。「私は私自身について証言する者であり、私を遣わした父は私について証言する」(八・一八)。これらの二人の外側で言われているすべてのことは、確かに信ずべきことになるかも知れないが、真理を証明するものでもなく、確実なことでもない。それゆえに、クリソストムス[753]はここで言っている。人は自分自身のことにおいては、すなわち人がそれを自分自身によって有し、見ることにおいては証言を必要としない、と。例えば、学識そのものと徳が私のうちにあり、私がそれらを私のうちに持っていなければ、全世界はそれらの学識と徳の習慣が私のうちにあることを、私に対して証明することはできないであろう。これゆえに、それらはまた持つということ(habere)から習慣(habitus)であると言われているのである。それに対して、もし私のうちに徳が、例えば、義があるならば、私は義人であることのいかなる人の証言もまったく必要としない。というのは、私は義人であるというまさにこのことによって、私は義人であるかぎりにおいて、私は私自身から、私の存在において、かつ義の存在において証言を有しており、私は私が義人であることを知っているのであり、いかなる他人の証言をも必要としないからであって、それは次の言葉によっている。「彼らはその女に言った。私たちはもはやあなたの言葉のゆえに信じるのではない。というのは、私たち自身が聴き、知ったからである」(四・四二)、「私はヨハネの証言よりもより大きな証言を有している」(五・三六)。それゆえに、哲学者(アリストテレス)は『霊魂論』第一巻[754]において、霊魂についての知識はすべての他の知識よりもよりいっそう確実なものである、というのは、いかなるものも霊魂ほどわれわれのうちにあるものはなく、われわれのものであるものもないのだから、と言っている。「人間のうちにある、人間の霊以外の誰が、人間に属するものは何であるかということを知っているであろうか」(Ⅰコリ二・一一)。それゆえに霊魂については、それはわれわれのうちにあるのだから、われわれはいかなる他の人の証言も証明も必要としないのである。

それゆえに、すでに述べられたことから明らかなことは、すべての証言においては、子自身の証言が要求されるのであり、またそれで十分なのであるということである。というのは、子自身は、すなわち義人は、自分自身の証言によって自分が義人であることを知らせるからである。そしてこれはここで先に次のように述べられていることの意味である。「もし私が私自身について証言するならば、私の証言は真実である」（八・一四）。それはあたかも次のことを言わんとしているようである。子がそのすべての本性において証言することによって、まさにこのことそれ自体によって、かつこのことによってのみ、すべての証言は真実である、と。というのは、子すなわち義人は、他のいかなる人からでもなく、その全存在を、自分自身に義なる存在を生み、かつ与える義から受け取るからである。子は義から受け取った自分自身の存在によって、自分が義人であることを知り、かつ証言するのであり、まさにこのことによってそこから生じることは、父もまた、すなわち義も、子が義人であることを証言しているということである。それゆえに、以下においてペテロは神を愛しているかと尋ねられたときに、「私は愛しています」と言ったのであり、さらに同じ箇所の以下において、「主よ、あなたは私があなたを愛していることを知っておられます」（二一・一五―一七）と言ったのであった。ペテロ、すなわち愛する者は愛の子であり、神、すなわち愛は愛する者の父である。これらの二人が、或る人が愛しているかどうか知っているのであり、証言するのである。そしてこれがここで次のように言われていることの意味である。「二人の証言は真実である」。それはあたかも次のことを言わんとしているようである。すなわち、ただたんに神的なものにおいてのみならず、人間においても、二人の、すなわち父と子の証言は真実である、と。そしてこれは先に次のように言われていることの意味である。「私はひとりで存在しているのではなく、私と私を遣わした父が存在しているのである」（八・一六）。しかしこれらの二人は一つのものである。「私と父とは一なるものである」（一〇・三〇）。これゆえにまた、彼らは一つのことを言っているのであり、同じことを証言しているのである。アウグスティヌスは『キリスト教の教え』第四巻[755]と『再考録』の序文[756]において、次の言葉を引用している。「多くの者が教師になってはいけない」(ヤコ三・一)。そして彼は言っている。真実なことを言っている、一なることを言っている、同一なることを言っているすべての人は、多くの教師ではなく、一人の教師である、と。ここからまた、証人たちが一つのことを言っているときにのみ、すべての証言は積極的な正しさのうちにあるのであり[757]、それは次の言葉によっている。「二人は一緒に走った」(二〇・四)。それゆえに、ここで次のように言われていることは明らかである。「二人の証言は真実である」。

437 さらに「申命記」第十九章において、第三の証人について次のように言われていることが検討すべく残されている。「二人ないし三人の証人の口によってすべての言葉は立証される」(申一九・一五)。このことが言われているのは、父と子が、生むものと生まれるものが存在するところではどこにでも、必然的に、霊が、愛が、生むものと生まれるものとの結合が存在し、現存するからである[758]。上の第一章で明らかに示されたように[759]、「これらの三つのものは一なるものである」(Iヨハ五・八)。そして、それらは一なるものであるので、一つの同一のことを証言しているのである。それゆえに、われわれの下においても、すでに述べられたように、証人たちは一つのことにおいて一致しなければならないのである。したがって、これは次のように言われていることの意味である。「二人ないし三人の証人の口によってすべての言葉は立証される」(申一九・一五)。しかし〔ここでは〕「すべての言葉」と言われている。というのは、すべてのものにおいて、そのものの父と子と霊の証言は共通であるからである。そしてこれらの三人の証人の他には、いかなる人の証言も真なるものではなく、ただ信ずべきことのみを証明するものであり、真理を教えるものではないからである。それはヨハネ、すなわち先行者であり、先導者であるものの証言であり、「叫ぶものの声」(一・二三、マタ三・三)であり、言葉ではなく、サマリア人の女の証言である(四・三九参照)[760]。

438 最後に、すでに述べられたことを例を用いて明らかにするために注目すべきことは、われわれが義人、すなわち子とその父である義について、それらは一つのものであり、一なることを証言しており、一なることを働いていると言うように――「私の父は今に至るまで働いており、私も働く」(五・一七)――、われわれは、義人は義人であるかぎり、義そのものであり、義の業とそれに類することをなすと言うのであり、言うのがつねであるということである。しかし、「……であるかぎり」という語は重複である。重複とはしかし、その言葉そのものが証しているように、二つのものの結合と秩序を意味している。すなわち重複とは、二つのものの反復、つまり二つのものの重なりと結合とを意味している。このようにして霊、すなわち三位一体における第三のペルソナは、二つのもの、すなわち父と子の結合である。そしてこれがわれわれが言わんとするところのものであり、すなわちすべてのものにおいて、すべての言葉と証言は「二人ないし三人の証人の口によって」(申一九・一五)成立し、確実なものになるということである。このことのために次のように言われている。「天において証言するものは三つある。父と言葉と聖霊であり、これらの三つは一なるものである」(Iヨハ五・七)。またこのことに、アウグスティヌスがこれに関して次のように言っていることは一致する。すなわち、「二人の証言は真実である」というこれらの言葉は、三位一体の神秘に関して言われているのである、と[761]。

439 さらにその上に、自然的なものにおいて注目すべきことは、全自然において自然的事物の真理性についての証言は、「二人ないし三人の口によって」(申一九・一五)、すなわち『自然学』第一巻[762]において明らかなように、全自然の始原である形相と質料と欠如において成立するということである。例えば、真の金は、金の形相とその形相に固有の質料を持つところのすべてのものであり、またそれのみである。すべてのその他の証人は虚偽であり、不十分である。私がこのことを言っているのは付帯的なものについてであるが、哲学者（アリストテレス）[763]が言っているように、「それらのものは大部分は、それが何であるかということを認識するために役立つものである」。というのは、或るものがそのようなものであるということ、例えば、金であり、木であり、それに類するものであるということを、その始原、すなわち質料と形相よりも、何がよりよく証言するのであろうか。というのは、存在することと認識することの始原は同一であり、哲学者（アリストテレス）が言うように[764]、事態はその存在性においても、その真理性においても同一であるからである。「すなわち、事物が存在するかしないかによって、〔その事物に関する〕陳述は真なるものであるとか、ないしは偽なるものであるとか言われるのである[765]」。

440 すでに述べられたことを暗示するのは、さまざまな感覚、特に学ぶことに係わる二つの感覚[766]は、二つの部分に分かれていることであり、すなわち、二つの眼があり、二つの耳があるが、しかし一点においては、ないしは判断の基においては、それらは一致しているということである。すなわち、それらは二つのものとしてではなく、一つのものとして同時に判断するのである。二つの眼は、見るものに関してそうであり、二つの耳は、聴くものに関してそうである。

さらに注目すべきことは、これらの二人の証人、すなわち、質料と形相は直接的にしてそれ自体によって、事物の存在に寄与するのであるが、それと同様にまた、直接的に——そしてそれらの「証言は真実である」——事物の真理性について証言するのである。それに対して欠如は、そのように直接的な仕方では、事物の真理性について証言しないのであるが、それは欠如がまさに間接的な仕方で、事物の存在に寄与しているからであり、すなわち、その欠如が始原として生ぜしめる生成は、存在を目指しているからであり、存在の類に属しているのであるが、このことはおそらく「二人ないし三人の口によって」と言われていることにおいては、「ないし」という語によって表示されているのである。それゆえにまた、ここでは目下のところ、真理そのものは次のように語っているのである。「二人の証言は真実である」。第三の証人については真理は沈黙している。というのは、第三の証人、すなわち欠如は、事物の存在のために寄与することがなく、事物が存在することを証言するのでもなく、事物が存在しうることをのみ証言するものであるからである。それゆえに、これはここで次のように言われていることの意味である。「二人の証言は真実である」。

441 それゆえに注目されたいのは、哲学者（アリストテレス）[767]が質料と形相と欠如とは、自然的事物の三つの始原である言っていることは、それ自体、神学が次のように言っていることであるということである。「天において証言するものが三つある」（Ⅰヨハ五・七）。そしてこのことは信仰に係わることである。しかし道徳に関しては、次のように言われている。「二人ないし三人の証人の口によってすべての言葉は立証される」（申一九・一五）。そしてこのことは、ここで上に[768]学識と徳の習慣とそれらに与る人々に関して、それ自体として示されたことと同一のことである。そしてこれは福音においては、次のように言われている。「二人の証言は真実である」。

さらにまた、この二人とは、本質によって理性的なものと分有によって理性的なものであると言うことができるであろう。「互いに協調している男と女」（シラ二五・二）、すなわち、内的な徳と共鳴している外的な徳のある業。「あなたがたは彼らの実で彼らを知るであろう」（マタ七・一六）。これらの「二人の証言は真実である」。

442 そしてこのことは自然的なものや道徳的なものに関しても当てはまる。それらと完全に一致し、明瞭さによって際立っているのが次のことである。三段論法の技術において、すべての結論の真理性は二人の証人、すなわち二つの名辞と二つの命題を必要とするのであり、本来的にして主要的な仕方で知を産み出すところのそれらの第一の形態においては、小前提は大前提に従属するのであって、それはちょうど義人が義に、子が父に従属するようなものである。そしてこれが証人たちの一致ということである。

さらに、知を産み出す三段論法を媒介する定義は、類と種差、二つの始原、さらに主語と述語を含んでいるのであり、それと同じ様態において質料と形相が自然的なものにおいては存在するのであるが、それらのものは、基体の始原であるかぎりにおいて、その基体そのものについてそれが何であるかを、さらにその〔証明すべき〕様態についてその何故を証言するのである。これらの二人の証人の他には、ないしはそれらを除いては、ないしはまたそれらなくしては、何らかの真なる証言は存在しない。

443 このことに適合するのが、一つの事物には、真なるものを知らしめ、それについて証言する一つの論証が属するということであり、この論証は二人の証人のみを有するということである。しかし、事物の蓋然性と真実らしさを示す前提論的な三段論法には、多くのものが存在する。というのは、前提論者がそれによって論じ、証言するところのものや一つの事物に属する多くの付帯的なものや結果や産み出されたものが存在することを、何ものも妨げないからである。しかし、アウグスティヌスが『アカデミア派駁論』第三巻[769]において言っているように、真なるものと真実らしいものは、理性と感覚のように異なっているのである。知性はまた、その名称からしてその対象を把握して、それをその本質的始原において認識するが、その本質的始原は二つあるのみであり、それは類と種差である。このことを比喩で述べると、主は二人の弟子を、「自分自身の御顔に先立って、彼自身が行こうとされたすべての町と場所とに」（ルカ一〇・一）遣わされたのである。主の御顔とは真理の認識である。ここからまた、その主題が存在者としての存在者である形而上学は、二つの内的原因のみを考察する。[770] しかし、その主題が運動するものとしての運動する存在者である自然学は、たんに二つの内的原因のみならず、外的原因をも考察する。しかしすべての事物の証人とは、それに固有の原因のことである。

444 すでに述べたことから明らかになることは、福音と旧法は、論証論者と前提論者のように、あるいは形而上学者と自然学者のように相互に係わっているということである。福音は存在者であるかぎりでの存在者を考察する。さらにわれわれは、ボエティウスが『算術』第一巻と[771]『音楽』第二巻[772]において言っているように、存在とは、その本性において非物体的なものであり、変化しない実体に属するものであり、理性のうちにその力を有しているものであると言う。「われわれは見られるものではなく、見られないものを考察する。というのは、見られるものは時間的なものであるが、見られないものは永遠なるものだからである」（IIコリ四・一八）。福音は永遠なるものを約束し、旧法は時間的なものを約束する。[773] それゆえに明らかなことは、しばしばさまざまなわれわれの註解において言われているように、[774] 神学の真理と教えと自然哲学、道徳哲学のそれ、実践的技術と理論的技術のそれ、さらにまた実定法のそれすらも、同一の脈管に由来するのであり、[775] そのことは次の言葉によっている。「あなたのかんばせから私の判断は生じる」（詩一六・二）。

「あなたの父はどこにいるのか」（一九節[776]）

445 上の第一章において、[777]「師よ、あなたはどこに住んでいるのか」（一・三八）と言われていることを参照されたい。

「もしあなたがたが私を知っているのならば、あなたがたはおそらく私の父をも知っているであろう」（一九節）

446 その理由は〔第一に〕、「子以外の誰も父を知らず、父以外の誰も子を知らない」（マタ一一・二七）からである。さらにその上に、第二に、「私と父とは一なるものである」（一〇・三〇）からである。さらにその上に、第三に、「私は父のうちにあり、父は私のうちにある」（一四・一〇）からである。しかし、父のうちにあるものは父であり、子のうちにあるものは子である。というのは、或るもののうちにあるすべてのものは——単一のものにおいて最大限にそのことは当てはまるのであるが——、そのうちにおいてそれがあるところのものであるからである。それゆえに、以下において「私を見る人は、私の父をも見るのである」（一四・九）と言われたときに、「というのは、私は父のうちにあり、父は私のうちにあるからである」（一四・一〇）と付け加えられたのである。さらにその上に、第四に、父と子とは相互関係的にあり、それらのうちの一つは、別のものがなければ理解されえないからである。さらにまた、第五に、例を用いて言えば、義人は義人としては義なくしては理解されえない、義人はまさしく義の子であるからである。さらにその上に、義なるものが義を知っているのであるから、哲学者（アリストテレス）[778]によれば、義人は義のみを表示しているからである。

447 しかし、「おそらく」と言われているときには、それはわれわれがしばしば用いる言い方であり、しかも確実であることにおいても用いる言い方である。しかし、アウグスティヌス[779]はこう言っている。「おそらく」という語は譴責的な意味で言われている、例えば、主人が怒って奴隷に次のように言う場合のように。「おまえは私を軽蔑しているのか。よく考えてみるがよい。私はおそらく〔言うまでもなく〕おまえの主人なのだ」。さらにまた、「おそらく」という語は、父と子との間の起源の或る種の相違を示唆するために用いられていると言うことができるであろう。

「あなたがたは下からのものであり、私は上からのものである」（二三節）

448 まず字義どおりの意味について。キリストは人間によってではなく、聖霊によって能動的に〔マリアの胎のうちで〕受胎されたのである。「聖霊は上からあなたのうちに到来してくるのである」等々（ルカ一・三五）。キリストが語りかけたユダヤ人にとっては、事態はそうではなかった。さらにその上に、セネカ[780]が言っており、また上に[781]解釈されたように、高所には、かつ上には、たえず善きものが存在するのであり、下方には、かつ下には、たえず悪しきものがそれ自体として存在するのである。

「あなたがたはこの世からのものであるが、私はこの世からのものではない」（二三節）

449 この言葉はすぐ上にすでに言われたこと、「あなたがたは下からのものである」にしたがって解釈することができる。或る註解[782]はそれを次のように解釈している。この世のものを愛し、その生活態度がこの世的なものであり、その志向が何か時間的なものに向かっている人々は、この世からのものである、と。しかし、「その交わりが天にあり」（フィリ三・二〇）、いかなる地上的なものも味わうことのない人々は、この世からのものではない。「上方にあるものを求めよ。そこには、神の右にキリストが座っておられる。地上にあるものではなく、上方にあるものを味わいなさい」（コロ三・一―二）。あるいは、第三に言われるべきことは、神の子はこれこれしかじかのものではないので、このものによるのではなく、したがって「この世からのものではない」。さらにその上に、第四に注目すべきことは、アウグスティヌスが『アカデミア派駁論』第三巻[783]において、プラトンにしたがって言っていることである。「二つの世界が存在する。一つの世界は知性認識される世界であり、そのうちにおいては真理そのものが住んでおり」、「他の世界は感覚的な世界であり」、それをわれわれは「視覚と触覚によって」感覚するのであり、「前者の世界は真なる世界であり、後者の世界は蓋然的な世界であり、前者の像にしたがって造られた世界である。前者」、すなわち知性認識的な世界からは、修練された霊魂のうちへと「真理が生まれるのであり、後者」、すなわち感覚的な世界からは、「知ではなく、臆見が生まれるのである」。前者のうちにアウグスティヌスは、純粋な徳が存在することを、後者のうちに確かに真なる徳ではないが、「真なるものに似た」、「市民的な」徳が存在することを主張したのである。それゆえに、聖アウグスティヌス自身が『創世記について』第十二巻[784]において、こう言っている。知性的なものの、ないしは知性認識的なもののかの領域においては、誤った臆見のいかなる霧によっても暗くさせられていない透明な真理が認識されるのである。「そこにおいては、生命はその泉において飲まれるのであり、そこから或る何かがこの世の人間の生に注がれるのであるが、それはこの世のさまざまな試練において、節制して、力強く、正しく、慎重に生きるためである」。

「私はこの世からのものではない」（二三節）

450 注目すべきことは、その人は、すなわち神から生まれた神の子はこの世からのものではないということである。第一には、アウグスティヌスが『教会の道徳について』[785]において言っているように、神にすがる精神は、全世界よりもはるかに高いものであるからである。さらに、アウグスティヌスは『三位一体論』第四巻第二十章[786]において言っている。「われわれが精神によって何か永遠的なものを可能なかぎり把握している場合は、われわれはこの世のうちに存在しているのではない。そしてすべての義人の霊は、生けるものの有するこの肉のうちにある場合においてさえ、神的なものを味わっているかぎり、この世のうちに存在しているのではない」。それゆえに、これはここで言われている「私はこの世からのものではない」ということの意味である。第二に、「私」という代名詞は、すべての性質のない純粋な実体を表示している[787]。しかし、そのようなものはこの世のうちには存在しない。第三に、「私は真理である」（一四・六）からである。しかし、真理はこの世の事物のうちには存在せず、知性のうちにのみ存在する。第四に、子は出生によって子であるからである。しかし、出生は運動ではなく、時間と結合したものでもなく、したがってこの世のうちに存在するものではない。第五に、子（filius）は愛を意味するphilosから言われているからである。愛はしかし、すべての情念とこの世の運動の終局にして終点であり、それは次の言葉によっている。「あなたは海の力を支配し、さらに波の運動を静める」（詩八八・一〇）。

「始原である私はあなたがたに語る」（二五節）

451 アウグスティヌスは『告白』第十一巻[788]において、この言葉を論じて言っている。「あなたがたに教えるものがあなたがたに語りかけているのであって、あなたがたに教えないものは、たとえ語りかけていたとしても、あなたがたに語りかけているのではない。他方、不動の真理以外の誰がわれわれに教えるのであろうか」、「不動の真理がわれわれに教えるのである。というのは、それは始原であり、しかもわれわれに語りかけてくるものであるからである」。さらに、彼は同書第十巻[789]においてこう言っている。「真理よ、あなたはいたるところで主宰して、あなたに助言を求めるすべての人々に同時に答えるのであり、たとえすべての人々がさまざまなことについて助言を求めても、あなたは明瞭に答えるのであるが、すべての人々が必ずしも明瞭に聴くとはかぎらない」。さらに同じ第十巻の前の箇所において[790]彼は言っている。「同じ仕方で〔被造物の像は〕さまざまな人々に現れるのであるが、それらは或る人々には沈黙しており、別の人々には語りかける」、「外側で受け取ったその声を内側で真理と比較する人々は理解する」。これはアウグスティヌスからの引用である。

452 さらにその上に、「始原である私はあなたがたに語る」と言われていることは、パリサイ人たちがキリストに言った「あなたは誰であるか」（八・二五）という先に述べた質問に対して直接に答えているように思われる。そして彼は、「始原である私はあなたがたに語る」と答えているのであり、その際には、彼は彼がそれである全体を答えているのである。すなわち、キリストは言葉であり、肉であり、神であるとともに人間であるからである。すなわち、彼は神である。というのは、彼はまた人間としてわれわれに語りかける始原であるからである。それゆえに、彼は「あなたは誰であるか」と問う者に対して、最良の仕方で答えたのである。「始原である私はあなたがたに語る」、すなわち、彼は確かに始原である。というのは、「すべてのものは彼によって生じた」（一・三）からである。さらに、自然と技術のすべての業は、子を通じて、かつ子において生じるからであり、上の第一章において示したように(791)、「彼なくしては、何ものも生じなかった」（一・三）からである。さらに注目すべきことは、「来るべき人はあなたですか」（マタ一一・三）と尋ねた〔洗礼者〕ヨハネに対して、キリストは確かに隠された仕方で、しかし最良の、しかも直接的な仕方でこのように答えていることである。「目の見えない人々は見るようになり、足の不自由な人々は歩くようになり、癩病の人々は清められ、耳の聴こえない人々は聴くようになる」（マタ一一・五）。これらのすべてのあらかじめ言われたことは、キリストが肉のうちに存在するであろうかの時のために預言されているのである（イザ三五・四－六）。

「私自身からは何もしない」（二八節）

このことは、第一に、次の例において明らかになる。すなわち、義人は義人であるかぎり、そのようなものとしては、自分自身からはまったく何もなさないのであり、彼は義人としてなすすべてのものを義から、義を通してなすのであり、それは義人の父である義の業である。「私のうちに留まっている父自身が業をなすのである」（一四・一〇）。

第二にわれわれが教えられていることは、もしわれわれが神の子であろうとするならば、〔神以外の〕他のいかなるものも味わってはならないのであり、われわれに関係する或るものや、われわれによっては、いかなるものも志向してはならないということである。そしてこれがここで次のように言われていることの意味である。「私自身からは何もしない」。

454 第三に、このことによって明らかなのは、人が父なる神によって動かされるのではなく、自分自身からなすすべてのものは、罪であり、無であるということである。というのは、「彼なくしては、何ものも生じなかった」（一・三）からである。このことにしたがって詩編作者は祈っている。「主よ、私の唇を開きたまえ。そうすれば、私の口は〔あなたを讃えるであろう〕」等々（詩五〇・一七）。すなわち、神のみがわれわれの唇を開けるときに、口は神を讃えるのである。そしてこれはここで続いて次のように言われている意味である。「父が私に教えたように、私はこのことを語る」（八・二八）、「自分自身から語るものは、自分自身の栄光を求めているが、彼を遣わした方の栄光を求める人は誠実である」（七・一八）。これはその箇所において解釈されたとおりである(792)。

第四にわれわれが教えられていることは、われわれは神以外のいかなる他のものも味わうべきではなく、何らかの他のものをわれわれのうちで生むべきではなく、神以外にわれわれの父は存在しないということであり、それは次の言葉によっている。「地上においては、いかなる人もあなたがたの父と呼んではならない」（マタ二三・九）。それゆえに、あなたは、その業があなた自身から、ないしは神から、神においてなされたものであるかどうかを知ろうとするのか。そうであるならば、その業が生けるものであるかどうかを見よ。「というのは、生じたものは彼のうちにおいては生命であったからである」（一・三、四）(793)。しかし、外的なもののためにではなく、父である、内的に留まっている習慣との一致のためにのみ存在しているものは、生けるものであり、それは次の言葉によっている。「私のうちに留まっている父自身が業をなすのである」（一四・一〇）。このことについては先に次の言葉について述べられた。[794]「私は自分からは何もすることができない」（五・三〇）。

455 さらに注目すべきことは、ここで言われている「私はそれであり、私は自分自身からは何もしないのであり、父が私に教えたように、〔私はこのことを語る〕」というかの言葉は、本来的で特別な意味においては、そのペルソナとしてのキリスト自身に適合するということである。すなわち、キリストのうちには、神的な個体の存在以外のいかなる他の存在もなかったのである。これゆえに、彼は無条件的な意味において、いかなる仕方においても罪を犯すことができなかったのである。しかし、われわれのうちにおいては、義なる存在であるところのもの以外の他の存在があるのであるから、ここから生じることは、義なる人間は義人であるかぎりにおいて、罪を犯すことはできないといえども、義人の存在なしに存在しうるのであり、したがって義人でないこともありうるのであり、このようにして罪を犯すこともできるということである。

「私を遣わした方は私とともにおられ、私をひとりに見捨てておいたことはない。私がいつも御心に適うことをなすからである」（二九節）

456 これらの三つのことは次の例において明らかになる。すなわち、義そのものほど義なるものは何かあるであろうか。さらに確実なことは、義は義人を、彼が義人であるかぎりにおいて、見捨てることはないということである。このことは付加的には、その反対のこと、すなわち、義人は義によって見捨てられるということであろう。このことをアウグスティヌスは『三位一体論』第八巻第六章[795]において教えているのであり、『独語録』第一巻[796]において、神は人が神を見捨てなければ、誰も見捨てないと言っている。さらにその上に、第三に、義人が義人であるかぎりにおいてなすすべてのことは、つねに義に適うところのことである。もしそうでなければ、彼はもはや義人ではないであろう。それゆえに、アウグスティヌス(797)も言っている。「誰も徳を悪しき仕方で用いる人はない」、と。

「罪を犯す人はすべて罪の奴隷である」（三四節）

457 「ペテロの第二の手紙」においてこのように言われている。「人は彼がそれによって征服されているものの奴隷である」（IIペテ二・一九）。しかし、罪を犯す人は情熱と悪徳に打ち負かされているのである。おそらく悪徳（vitium）とは、罪を犯す人自身が打ち負かされている（vincitur）ということによって言われているのであろう。それゆえにこのようにして、ここで次のように言われているのは明らかである。「罪を犯す人は罪の奴隷である」。さらに注目すべきことは、われわれは人間によって打ち負かされることを欲しないのであるから、悪徳によって打ち負かされることがどれほどの恥辱であるかということである。後者のほうがはるかに恥じるべきことであるのに、前者についてわれわれは恥じるのである。それゆえに、アウグスティヌスは『真の宗教について』の後半において(798)こう言っている。「われわれは人によって打ち負かされるのは欲しないが、怒りを打ち負かすことはできない。何がそのような恥辱よりもよりいっそう呪うべきものであると言うことができるであろうか。われわれは、人がわれわれがそれであるところのものであることを認めるのであり、たとえその人が悪徳を犯していたとしても、その人自身は悪徳ではないのである。それゆえに、もし人が悪徳よりもわれわれを打ち負かしているとするならば、それはどんなに褒めるべきことであろうか。しかし、時間的なものによって打ち負かされることを欲しない人さえも、それによって必ず従属せしめられ、苦しめられるところの妬みが、途方もない悪徳であることを誰が疑うことができようか。それゆえに妬み、ないしは何らかの他の悪徳よりも、人がわれわれを打ち負かすほうがより善いことなのである。しかし、自分の悪徳を打つ負かす人は、人によって打ち負かされることはありえない。というのは、人が愛するものを、敵によって奪い去られる人以外のいかなる人も、打ち負かされることはないからである。それゆえに、愛する人から奪い去られることのありえないもののみを愛する人が、疑いなく打ち負かされないのであり、いかなる妬みによっても悩むことはないのである。というのは、その人が愛しているものを愛し享受するために、より多くの人がやって来るほど、それだけいっそう彼らは彼にとっては祝うべき人々であるからである」。

458
それゆえに、「ローマ人への手紙」において言われている。「けっして悪に打ち負かされるな。かえって善において悪を打ち負かせ」（ロマ一二・二一）。その際に、注目すべきことは、義なる人が別の人によって打ち負かされることはありえないのであり、むしろ彼は三つの理由によって別の人を打ち負かすということである。第一に、敵は時間的なもののみを奪い去ることができるが、それらのものを義人は無であると見なしているからである。第二に、敵は忍耐する人から善を奪い去り、悪を持ち込み、次のような二つの仕方で害を加えようと試みるからである。すなわち、敵はその忍耐する人を混乱させ、善を奪い去り、悪を持ち込み、悪によって打ち負かすことを試みるからである。しかし彼は反対に、自分自身を怒りの情念によって混乱させるのであり、自分自身から徳の善を奪い取るのであり、自分自身に罪の悪徳を持ち込むのであるが、その忍耐する人を混乱させることはできないのである。「義人に起こることはどんなことでも、彼を混乱させることはないであろう」（箴一二・二一）、「それゆえに善によって忍耐して悪を打ち負かす人」（ロマ一二・二一参照）は、打ち負かされることはなく、善を奪われることもなく、悪が持ち込まれることもなく、自分自身に害を加えられることもない。それというのも、アウグスティヌスが言うように、忍耐は、「敵が意に反して奪い去ることができるすべてのものよりも」、よりいっそう豊かなものであるからである。このことについてアウグスティヌスは、『マルケリヌスへの第一の書簡』[799]においてきわめて詳細に論じている。

それゆえに、神にのみ仕える義人が神に従属している場合には、その他のものは彼に従属しているのである。それゆえに、彼が骨折ることはないであろう。というのは、従属しているものは抵抗することはなく、そのようなものは仕えられることはなく、仕えるのであるからである。というのは、そのようなものは従者であり、従属の役割を演じているからである。しかし、この世を愛するものは必然的に仕えなくてはならなくなる。第一に、貪欲、傲慢あるいはそれに類するものに。次いで、彼が愛する「これらのすべてのものに」、「彼は欲しようが、欲しまいが、従属しなければならない」のである。というのは、それらがどこへ連れて行こうとも、彼はそれらに従うからである。そしてもし誰であれ、それらを取り除くことができるように見えたならば、それらを取り除くことは恐れられるのである。しかし、「小さな火花や或る種の小動物」であっても、「無数の敵対するものが」それらを取り除くことができるのである。それはアウグスティヌスが『真の宗教について』[800]において言っているとおりである。そして、彼はさらに以下においてこう言っている[801]。「彼が苦悩を伴って喪失するであろうようなものへと征服することによって到達する人は、打ち負かされているのであるが、打ち負かしているように見えるのである。それに対して、意に反して喪失することのないものへと、服従することによって到達する人は誰しも、打ち負かされているように見えるのであるが、打ち負かしているのである」。セネカは『自然についての諸問題』第九巻[802]において言っている。「人生を支配したことよりも、よりいっそう大きな勝利はない。町や人々を力で支配下に入れた人は無数にいるが、自分自身をそうした人はきわめて僅かである」。そして彼は或る書簡[803]において言っている。「多くの人々を格闘において打ち負かしても、短気によって打ち負かされるならば、何の役に立とうか」。私はこれに関することを「ローマ人への手紙」第十二章[804]と次の「詩編」[805]について書き記しておいた。「虚偽は自分自身に対する不正である」（詩二六・一二）。まことに、不正な敵は自分自身を欺いている。そして彼は忍耐する人から時間的な意味における善を奪い去ろうとして、自分自身から永遠なる善を奪い去っている。彼はそのような人に罰という悪を与えていると信じているが、〔実際には〕自分自身に対して罪という悪を与えている。さらにその上に彼は、そのような人を短気へと唆していると信じているが、そのような人は忍耐の善によって短気の悪を打ち負かしている。上に述べられたことから、ここで真理の口によって次のように言われていることが明らかになる。「罪を犯す人はすべて罪の奴隷である」。

「奴隷が永遠に家に留まることはないが、子は永遠に家に留まる」（三五節）

460 ここでは二つのことが注目されるべきである。第一に、或るものをそれがそれであるところのものにしたがって愛する人は、つねにそのものを愛するのである。というのは、それぞれのものは、つねにそれがそれであるところのものであり、それが自分自身からそれであるところのものであるからである。これは次のように言われていることの意味である。「友である人はいつも愛する」（箴一七・一七）。しかし、愛されるものにおいてそれがそれであるところのものを愛するのではなく、それに属するもの、その上に付加されるもの、例えば、愛らしさ、権力、名誉、富、それに類するものを愛する人は、愛のうちに堅く留まることはない。そしてこれがここで次のように言われていることの意味である。「奴隷が永遠に家に留まることはないが、子は永遠に家に留まる」。というのは、「奴隷」は報酬を顧みるが、主人の人格を顧みることはないからである〔したがって家に留まることはない〕。「子」は愛によって愛されるものに働きを及ぼすから、「永遠に留まる」のである、さまざまな付帯的なものにおいてどのような変化が生じようとも。

461 第二に注目すべきことは、習慣に先立つさまざまな働きは不完全なものであり、奴隷的なものであるということ

である。すなわち、それらは習慣を獲得する際に、教えるものと学ぶものに対して仕えるものである。それゆえに、 374
それらは徳のある人の家には留まっていない。しかし、完全な働きは仕えるものではなく、奴隷的なものでもなく、子ら、ないし子としてのすでに生まれた習慣の結果として生じるものであり、これゆえにそれらは、子すなわち習慣が存在する間は、「永遠に家に留まる」のである。しかしまた、実体的形相が質料のうちに生まれることに仕える能動的性質と変化についても、事態は同様である。それというのも、これらのものは基体のうちには留まっていないからである。しかし、形相と同時に生まれるさまざまな性質は、形相が留まっているかぎり、「永遠に」留まっている。そしてまた、これはここで次のように言われていることの意味である。「奴隷が永遠に家に留まることはないが、子は永遠に家に留まる」。このことによって、上に[806]同じ章において、二人、すなわち子と父の与える証言は真実であることが示されたのである。

462

「あなたがたがアブラハムの子であるならば、アブラハムの業をなせ」（三九節）

上に[807]同じ章において示されたのは、義人、すなわち義の子は義人ではないか、あるいはたえず義の業をなすかのどちらかであるということである。

さらにまた、次に言われていることの理解のために三つのことが注目されるべきである。**「罪を犯す人はすべて罪の奴隷である。奴隷が永遠に家に留まることはないが、子は永遠に家に留まる」**、これに続いて次のように言われている。**「それゆえに、子があなたがたを解放したならば、あなたがたは真に自由になるであろう」（三四―三六節）**

463 第一に、すべての働くものは自分に似たものに働きを及ぼすから、しかし神は神がそれであるところのものであり、神は存在であるから――「私は存在するところの者である」、さらに、「存在する者が私を遣わした」（出三・一四）――、神は神が造るすべてのものを、それが存在するために、かつ存在を受け取るために造るのである。[808]「神はすべてのものが存在するために創造した」（知一・一四）。さらに『原因論』[809]においては言われている。「造られた事物のうちで第一のものは存在である」。しかし、ボエティウスが『三位一体論』[810]において言っているように、すべての存在は形相から出たものであり、ないしは形相である。それゆえに明らかなことは、自然におけるすべての働きが目指していることは、働くものにおける働きの始原である形相が質料のうちに導かれるということである。したがってアヴィケブロンは『生命の泉について』第三巻第十四章[811]において、こう言っている。「質料が形相を受容すべく準備していたならば、質料に結合されることは形相の本質に由来する」、「それゆえに、形相は自らを質料に賦与し、自らの形相を伝達しなければならない」、「そしてこのことは、形相」が「創造者ないし第一の形成者から到来するものであることの明らかなしるしである。というのは、形相は自分を受容しうる質料を見出したときには、それ自らの本性において自分を与え、自分の形相を賦与するように強要されるからである」。

464 上に述べられたことから、明瞭に明らかになることは、自然における働きは、いわば働きを及ぼすものと働きを被るものとの間の媒介ないし仲介者として仕えるものであり、質料において形相が生まれるための奴隷であるということである。すなわち、そのような働きは、質料が形相を受容しうるものとなるように、質料を準備させることによって、質料に仕えるのである。というのは、働きを及ぼすものの働きは、哲学者（アリストテレス）が『霊魂論』第二巻[812]において言うように、働きを被り、〔形相を受容すべく〕準備されたもののうちに存在するからである。さらにまた、そのような働きはおそらく形相に対して、その形相が働くように仕えるのである。というのは、形相は質料のうちに受容されているかぎりにおいて、働きを及ぼすもの自身のうちにおいては、いわば質料の影響によって麻痺させられ、暗くさせられたもののように思われるからであり、したがって形相は強められなくてはならず、いわば目覚め、働きにいたるように完全なものにされなくてはならない。

465 その例は、アヴィケンナ[813]によれば、壁にある色である。その色は、〔壁のうちに〕受け入れられているので、外的な光によって助けられなくては、媒体のうちで増大することはできない。というのは、色は不完全な光であるからである。しかし、アヴェロエスは『霊魂論』第二巻[814]について次のように主張している。光は、光の働きによってのみ色の形象を受け入れる媒体のためにのみ、必要とされる、と。しかし、どのように言われようとも、つねに真実であることは、すべての働きは、働きが働くことの始原であるところのかの形相のために仕えるということである。

このことから、ここで第一の言葉において言われていることが直ちに明らかになる。「罪を犯す人はすべて罪の奴隷である」。すなわち、罪人であるかぎりにおいての罪人にとっては、その形相的な始原はそれ自身の様態においては、罪であって、他のいかなるものでもない。「すなわち善い樹は、悪い実を結ぶことはできない」（マタ七・一八）。

466 そこから第二に帰結することは、働きは、その働きの始原であるかの形相のみ以外は、いかなる他のものにも、まったく仕えることがないということである。「彼にのみあなたは仕えるべきである」（マタ四・一〇）。というのは、奴隷は自分の主人から利益を得ているからである。「誰も二人の主人に仕えることはできない」（マタ六・二四）。それはちょうど一つの運動は二つの目標を持つことができないのと、またひとりの人は二人の父を持つことができないのと同様である。例えば、照明の働きは、視覚と可視的なものにのみ仕えるのであるが、それは『霊魂論』第二巻[815]によれば、それらが現実態において一なるものであるかぎりにおいてである。さらにまた、その始原が火の形相である熱の働きは、その形相にのみ仕え、その形相にむけて質料を準備させるのである。それに対して、例えば、生ける身体におけるように、そのものの始原が霊魂であったならば、そのものは霊魂に仕えるのであり、〔さまざまなものを〕変化させることによって霊魂が生じるように、準備するのである。さらに熱いものもまた、それが熱いものであるかぎりにおいては、火にのみ仕え、火の業をなすのである。「私の食べ物は」、すなわち私の本性は、「私を遣わした者の業を全うすることである」（四・三四）。確かに働くものの形相そのものは、働くものをその働きへと遣わし、働くものに働くように命じるところのものである。というのは、火でないものは、火の業ないし働きをなすことはないのであって、それは次の言葉によっている。「私とともにいないものは、私に反対するものである」（マタ一二・三〇）。

さらにその上に、第三に、それぞれの事物の働きそのものは、そのものの形相に仕え、その質料を、そのものの形相に属するすべてのものを受容するように準備させるのである。というのは、そのものの形相とは、そのものの働きの始原にして父であるからであり、それは次の言葉によっている。「父が持っているすべてのものは私のものである」（一六・一五）。というのは、アヴィケブロン[816]も上にあげた箇所で言っているように、「形相は、それ自らの本性において、自分を与え、自分の形相を賦与するように強要されるからである」。もし形相が自分自身を与えるならば、それゆえにそれはまた、その形相に属するすべてのものを与える。「すべてのものがそれと同時に私のところへと来た」（知七・一一）、「どうして彼はそれとともにすべてのものをわれわれに与えないことがあろうか」（ロマ八・三二）。したがって、註釈者（アヴェロエス）が『形而上学』第七巻[817]において言っているように、事物が何であるかということが知られるならば、その事物に属するすべてのものが知られるということである。すなわち、また反対に、自分自身を拒絶する人はすべてのものを拒絶するのである。それゆえに、救い主は言っている。「私に従おうとする者は自分自身を拒絶せよ」（マタ一六・二四）。

それゆえに、われわれは三つのことを有している。第一に、すべての働きは、その働きの父にして始原であるもののために働き、仕えるのである。第二に、その働きはその主人としての父にのみ〔仕えるのである〕。第三に、その働きは、その父に属するすべてのもののために仕え、またそれに向けて準備するのである。「〔知恵は〕力強く端から端まで及んでおり、すべてのものを甘美な仕方で整える」（知八・一）、「そのものは最高の天から出て、天の最高点まで向かって行く」（詩一八・七）。すなわち水流は、それが最初にそこから出現し、降下してきたところへと再び帰って行くのである。「流れはそこから出てきた場所へと還帰する」（コヘ一・七）。

その上に、第四は以下のとおりである。働くものがそれ自身においてそれであるところのものにしたがって、働くものに対して仕えるのではない働きそのものは、その形相の外側で仕えているのであって、それは次の言葉によっている。「あなたは私をあなたに敵対する者にし、私は私自身にとって重荷になった」（ヨブ七・二〇）。それはここで上に次のように言われているとおりである。「私の教えは私のものではない」（七・一六）、さらに以下において、「私を離れては、あなたがたは何もすることができない」（一五・五）。そのことは「マタイによる福音書」第二十五章と「ルカによる福音書」第十九章において、次のように美しい仕方で表現されている。十を受け取った人は十を儲けたのであり、五を受け取った人は五を儲けたのであり、二を受け取った人は二を儲けたのである。すべての人は彼が受け取ったよりも、より多くもなく、より少なくもなく儲けたのであった。それゆえに明らかなことは、なにゆえに先に「罪を犯す人はすべて罪の奴隷である」と言われたのかということであり、そればかりか彼がなすすべてのことは、つまりその始原が罪であるところのすべての働きは罪であるということである。「信仰から出ているのではないすべてのことは罪である」（ロマ一四・二三）、さらに、ここで以下に同じ章において、「あなたがたは悪魔である父から出ているものであり、あなたがたの父の願望をなそうとしているのである」（八・四四）、「肉から生まれたものは肉であり、霊から生まれたものは霊である」（三・六）。

というのは、一般的に、神においても、被造物においても、形相的始原と出生の源泉があるように、そこから生まれたものと発出するものも、そのすべての条件と固有性においてあるからである。それゆえに、形相的にして根源的始原が造られたものではなく、無限なるもの、永遠なるもの、全能なるもの、神、主、さらにそれに類するものであるならば、そこから生まれ、発出するものもまたつねにそうである。

469 ここから第一に生じることは、博士たち[818]が言っているように、神的なものにおいては、その働きはさまざまな属性の固有性にしたがって、その本質から発出するということである。というのは、似たものはつねに本性的に、似たものから発出するからである。

ここから第二に生じることは、神的なものにおいては、その出生と霊発の根源的始原はその神的本質であるということである。それゆえに、父は父を生むのでも、父を霊発するのではなく[819]、神を生み、霊発するのである。

ここから第三に生じることは、アウグスティヌスが『教会の道徳について[820]』においてこう言っていることである。「神にすがるすべての精神は、全世界よりもより崇高である」。さらに、彼は『三位一体論』第四巻第二十章[821]においてこう言っている。「われわれが精神によって何か永遠なるものを可能なかぎり把握している場合は、われわれはこの世のうちに存在しているのではない。そしてすべての義人の霊は、生けるものの有する肉のうちにある場合においても、神的なものを味わっているかぎり、この世のうちに存在しているのではない」。そして彼は、『魂の不滅について[822]』の書のなかで、霊魂は永遠なる法と自らを密接に関係せしめることによって不滅性を獲得すると言っている。すなわち、このようにして一般的にわれわれが霊魂のさまざまな能力において見るのは、それらはそれらが能力であるかぎりにおいて、それであるところのものを、その全存在を対象から受け取るということであり、その存在は対象の存在と同じようなものであるということである。それゆえに、〔霊魂の〕さまざまな能力はその存在において、そのさまざまな対象の多様性によって区別される。すなわち、〔もしそうでなければ〕、視覚は視覚ではないことになり、存在しないことになるであろう。というのも、いかなる可視的なものも存在しなければ、視覚は無駄に存在することになるからである。したがって、これによってアウグスティヌス[823]は、霊魂はそれが生きているところにおいてよりも、それが愛しているところにおいてよりいっそう真なる仕方で存在していると最良の仕方で言っている。そしてまた、彼は次のように言っている[824]。善は愛の対象として、愛することによってのみ所有されるのであり、認識されうるものも同じ様態において〔認識することによってのみ所有される〕のである、と。

先に[825]述べられたことの根拠は、また一つには、似たものは、すでに言われたように、つねに自分自身に似たものを産み出すということであり、また一つには、子は子であるかぎり、彼がそれであるところのものの全体と彼自身のすべての存在とを、全体的に、父のみからして、父のうちにおいて受け取るということである。それゆえに、彼が永遠なるものから生まれているならば、彼は永遠なるものであり、彼が非被造的なものから生まれているならば、彼は非被造的なものであり、彼が無限なものから生まれているならば、彼は無限なものであり、アタナシウス[826]が次のように最良の仕方で述べているように、その他のものについても、これと同様である。「父があるように、子もあり、聖霊もある。父は非被造的であり」、「父は無限であり」、「父は永遠であり」、「父は全能であり」、「子は非被造的であり」、「父は神であり」、「父は主である」等々。しかし、確かに真であることは、範型としての神におけるのと同じく、神を範型としている被造物におけるすべての父と子においても、事態は同様になっているのであるが、それらのうちに、より真なる仕方で、あるいはより少なく本来の意味における父性と子性が見出されるのに応じて、その程度はより多くあるいはより少なく、完全にと不完全にということがあるのであり、それは次の言葉によっている。「彼から天と地におけるすべての父性は名づけられている」（エフェ三・一五）。

471 しかしまた、なにゆえに「父があるように子もあり」と言われるかということについては、第三の根拠が存在する。ダマスケヌス[827]が言うように、「すなわち、出生とは自然の業である」。それゆえに、もしわれわれの下において、不義なる父が義なる子を生むことがあり、ないしはその反対のことがあるとしても、それは先に述べたことと矛盾するものではない。すなわち、人間は人間を生むのであるが、父と子とは同一の本性に属するのではなく、父は義なるものとして、ないしは不義なるものとして生むのではない。というのは、義人としての義人の父は人間ではなく、義であるのみであり、それゆえに、父が、すなわち義があるように、そのように子もまたあるのであって、それらはまったく同一の本性に属するからである。すでに言われたように、「すなわち、出生とは自然の業である[828]」。それにしたがって、次の言葉は適切に解釈されるであろう。「地上において誰をもあなたがたの父と呼んではならない」（マタ二三・九）。そしてこれゆえに、上[829]で明瞭に言われたことは、働きは働くもの、ないし生むものそれ自身に仕えるものではなく、出生の形相的始原に仕えるものであるということである。そしてこれによって、次の言葉は適切にして本来的な仕方で解釈されるであろう。「人間の栄光は父の栄誉から来る」（シラ三・一三）、そして反対に、「子は父に栄誉を帰する」（マラ一・六）。すなわちその意味は、人間が栄誉、すなわち父から生まれたというのは、つまり栄誉が人間の父であるというのは、誇るに足るものであるということである。反対に、父の栄誉は、父から生まれたものが栄誉に値するのであり、〔それ自身〕栄誉であるということのうちに輝いている。男はどんな場合でも、生んだ自分自身が栄誉に値するもの、ないしは栄誉であり、あったのでなければ、そのような子を、すなわち栄誉に値するものを生むことはないであろう。そしてこれは次に言われていることの意味である。「彼は子を生み、自分の名前を彼に与えた」（トビ一・九）。それというのも、つねに父が、父のみが真実の仕方で子に名を与えるからである。例えば、義人の父は、彼が義人であるかぎりにおいて、義であり、彼が義から生まれたものであり、義の子でなければ、どんな人も真実の仕方では義人ではない。

472 そして、このことがとりわけ明らかになるのは、類比的なものにおいてであり[830]、そのような在り方において被造物は神に係わるのである。健康が尿について言われるのは、ただ生物の〔身体の〕健康のゆえにのみである[831]。「われわれが神の子と呼ばれ、またそうあるために、どれほどの愛を父はわれわれに与えたのかを見よ」（Ⅰヨハ三・一）。それと反対のことから次のように言われていることは、すでに述べられたことに対して信憑性を与えるものである。「夏にいびきをかく人は混乱の子である」（箴一〇・五）、さらに、「不正なことから生まれるすべての子らは、それらの両親の悪辣さの証人である」（知四・六）。さらにこれはここで以下において、悪人について言われていることと同一である。「あなたがたは父である悪魔から出ているものであり、あなたがたの父の願望をなそうとしている」（八・四四）。『トピカ』[832]において次のように言われている。「〔措定されたものと〕反対のものが反対のものにおいて妥当するならば、措定されたものは措定されたものにおいて妥当する」。

473 すでに述べられたことから明らかになることは、真の完全な父性は、本来的には、単一のもののうちにおいてのみ、すなわち、義、知恵、善性とそれに類するもののうちにおいてのみ存在するということである。すなわちそこには、全体的なもののみが全体的なものによって存在するのである。すなわち、義人は義のみを表示しているのである。それゆえに、このことはわれわれが言わんとすることであり、すなわち、すべての働きは、一般的に善においても悪においても、その形相的始原と根源が存在しているような仕方で存在しているということである。そしてこれゆえに、救い主が人間に救済のために促し、教えていることは、神である目標を志向することによって、自分自身の働きの善なる始原と根源とについて思いを巡らすということである。「あなたが断食するときには、あなたの頭に油を塗り、あなたの顔を洗え」（マタ六・一七）。さらに、彼は同じ箇所のより先において、天におられる父に、始原に、根源に、御顔にわれわれが祈るように教えて、その冒頭を次のように始めている。「天にましますわれらの父よ」（マタ六・九）等々。そして、これはアタナシウス(833)が最良の仕方で述べているとおりである。すなわち子は、彼がそれであるものを、彼の全存在を、彼は子であるのだから、完全に父から受け取っているのである。それゆえに、子の栄誉は父の栄誉によっている。「人の栄光は父の栄誉によっている」（シラ三・一三）。反対に、子の栄誉は父の栄誉である。「子は父に栄誉を帰する」（マラ一・六）、さらに以下において、「父よ、あなたの子に栄光を与えて下さい、あなたの子があなたの栄光を現すようになるために」（一七・一）。すなわち、子が父のうちにあり、父が子のうちにあるので（一四・一〇）、またそれらは一つのものであるので（一〇・三〇）、父があるように、子もまたすべてのものにおいてあるのである。それゆえに、救い主が最良の仕方で勧め、促しているのは、「あなたの頭に油を塗れ」（マタ六・一七）と言うことによって、人は自分の働きの始原、父、根源が恩寵と徳によって油を塗られているように気をつけるべきであるということである。

474 第二に注目すべきことは、自然におけるすべてのものの働きは、経過であり、生むものの形相と生まれたものの形相との中間であるので、父ではなく、また子でもなく、その本質からして、子が存在するために子に仕えるものであるということである。変化は運動と時間と骨折りとともに結合されているが、変化を受けつけない受動的なものの反対によって捉えられ、抑制されるのであり、したがってそのようなものは、いまだ自由な仕方では働きを及ぼすことはなく、働きを受けるのである。しかし、さまざまな受動は確固としたものとして基体のうちに留まることなく、奴隷的なもの、不完全なもの、時間に属するものが取り去られ、子が生まれるまでは、過ぎ去っていくのである。「時が満ちたときに、神は自分の子を遣わした」（ガラ四・四）、「生むための時が満ちたとき、彼女は子を生んだ」（ルカ二・六、七）。そのとき、基体のうちに留まっているのではない受動は消え失せるのであり、基体のうちに留まり、付着しており、相続人にして子である受動的性質がそれに続いて生じるのである（ガラ四・七参照）。というのは、重さは基体のうちに、例えば、石のうちに存在し、それが石であるかぎりは、「永遠に」下方に落ちるという傾向が存在するからである。ハガル[834]すなわち婢女は追い出されるのであり、それは「罰を伴い」、受動であり、「憂いを持つ」（一六・二一参照）ところの奴隷的な恐れである。そして、哲学者（アリストテレス[835]）によれば、すべての受動の終局にして始原である愛がそれに続くのである。そしてこれはヨハネが次のように言っていることの意味である。「完全な愛は恐れを外へ追い出す」（Ｉヨハ四・一八）。そしてそのことはここでは次のように言われているのである。「奴隷が永遠に家に留まることはない」。

475

すなわち、生むものの形相が受動的なもののうちに受容されるならば、能動的なものと形相と終局とは、哲学者（アリストテレス[836]）によれば、一致するのであるから、また父と子とは一なる者でないにしても、一なるものであるから（一〇・三〇、一七・二一参照）、そのとき運動、時間そしてすべての受動は沈黙し、静止するのであるが、その生むものの形相も、もはや憂いから、ないしは必然性からではなく、心の快活さをもって働くのである。女は「もはや苦痛を覚えていない、というのは、子が生まれたからである」（一六・二一）、「神はすべての涙を拭うであろう」、もはやそれ以上、「いかなる憂いや」、「いかなる苦しみもない」。「というのは、以前のことが消え去ってしまったからである」（黙二一・四）。南風が去ったのちには、北風が吹いてくる（雅四・一六）、「雨は止み、去った。花が咲き始めた」等々（雅二・一一－一三）。さらに、これは続いてここで次のように言われていることの意味である。「それゆえに、もし子があなたがたを自由にしたならば、あなたがたは真に自由になるであろう」（八・三六）。子（filius）とは、愛を意味するところのphilosから言われているからである。しかし、愛はすでに言われたように[837]、長く留まることのない、また「罰を伴っている」すべての受動の終局にして目標である（Ⅰヨハ四・一八）。それゆえに、愛はすべての受動の終局であり、それはまた点が大きさではなく、瞬間が時間ではないのと同様であるから、愛は本来的な意味においては、受動ではない。

476
あるいは、この第四の言葉「それゆえに、もし子があなたがたを自由にしたならば、あなたがたは真に自由になるであろう」については、手短に次のように言われたい。『形而上学』第一巻[838]によれば、自分自身のために存在するものは自由であり、キケロ[839]によれば、自分自身の力によってわれわれを引きつけるものは、讃えられるべきものである。それゆえに、人が善を行うために、善を行うたびごとに、したがって他の何ものも顧みず、完全に自分自身のためにのみ、いかなる有用なもののためではなく、喜びのためでもなく――喜びはすなわち働きの結果生じるものである――、善を行うことは善いことであるがゆえに、善を行うたびごとに、善を行うことは、自分自身のためにあるのであり、それ自身の力によってわれわれを引きつけるのである。そしてこれが「詩編」においてこのように言われていることの意味である。「私はあなたのためにすすんで犠牲になり、あなたの名を讃えよう。それは善いものであるから」（詩五三・八）。すなわち、その働きの外側にある或るもののために生じるすべてのものは、自発的に生じるものではない。というのは、もしそのようなものが存在しなければ、働く人は働こうとしなかったであろうからである。それに対して働くことのために働く人は、自発的に働くのである。というのは、このことは讃えられるべき善であるからである。すなわち、讃えられるべきものは、真なる仕方で、かつ無条件的な仕方で善であり、有用で喜ばしい善であるものとは区別されるものであり、それ自身の力で引きつけるのであって、有用な、ないしは喜ばしい善の力で引きつけるものではないのである。それゆえに、子は自由にすると言われる。というのは、讃えられるべきものである無条件的な仕方での善に対する愛によって働く者が子であるからである。それの明らかな例は、義人、すなわち義の子のうちにあり、そのような子はそれ自身として義のみ以外はいかなるものもまったく愛してはいないのである。すなわち、義人は義をそれ自身のために愛するのであり、義はそのような人をそれ自身の力で引きつけるのである。

477 第三に注目すべきことは、自然的なものにおける働きについてすでに言われたように[840]、すべてのものにおいても、すなわち、道徳的なものや、学識的なものにおける働きについても事態は同様になっているということである。それゆえに、昔の人たち[841]は同様の仕方で三様を区別しており、それらは自然的形相の産出と徳と学識の獲得に関してである。

道徳的なものにおいては、習慣に先行するさまざまな働きは奴隷的なものであり、情念ないし憂いと苦難と結合しており、それは徳、例えば、子すなわち義人を造る義が生まれるまで続くのである。というのは、義人は義の子であるからである。子は〔義とは〕異なる者（alius）になる（fit）のであって、そのことは子（filius）という語が意味しているのであるが、異なるもの（aliud）になるのではない。というのは、義人〔という語〕は義のみを表示しているのであり、それは白人〔という語〕が或る性質のみを表示しているのと同様である。「彼を受け入れたすべての人に、彼は神の子となる権能を与えた」等々（一・一二）。このことが生じたならば、それに続いて習慣に従属するさまざまな働きが起こるのであり、その働きは、哲学者（アリストテレス）[842]によれば、喜びを伴った容易なるものである。

478 このようにしてまた、学識的なものにおいても、確かに骨折りを伴って、また苦悩を伴って学ばれるが、しかし喜びと甘さを伴って知られるのである。そしてこれにしたがって、次の言葉は解釈することができる。「学識を増す者は、苦悩を増す」（コヘ一・一八）。というのは、増すことは獲得することであり、学ぶことであるからである。それゆえに、詩人たち(843)も次のように表現している。文献学の輿を担っているのは、前方には二人の青年である骨折りと愛であり、後方には二人の少女である配慮と目覚めていることである。「骨折りのうちにあるとは、あなたが働くということであり、愛のうちにあるとは、あなたが前進するということであり、配慮のうちにあるとは、あなたが用心するということであり、目覚めていることのうちにあるとは、あなたが気をつけているということである」。これらのことは、フーゴが『学習論』第四巻(844)において言っていることである。それゆえに、骨折りは獲得することのうちに、甘さは所有することのうちにあるのだから、知恵は言っている。「私の霊は蜂蜜よりもはるかに甘い」等々（シラ二四・二七）。

479

「あなたがたは悪魔である父から出ている」（四四節）

このことは上(845)の第七章において言われていることから明らかである。すなわち、すべての産み出されたものの始原は、それ自体において、かつそれに属するすべてのものにおいて、産み出されたものの父である。さらにまた、発出するものそのものは、産み出すものに属する、したがって子であるすべてのものにおいて、かつすべてのものに向けて遣わされるのであるが、その理由は一つには、例えば、義人が義から生まれるように、他のものではなく、他の者になるからであり、また一つには、それはその本性的愛によって、それがそのうちへと、かつそれに向けて遣わされているところのものを告げ知らせ、証言するからである。すなわち、それは子（filius）である。それというのも、それは他の者になる（fit alius）からであり、愛を意味するところのphilosからそのように言われているからである。それゆえに明らかなことは、「肉から生まれたものは肉であり」、「霊から生まれたものは霊であり」（三・六）、義から生まれたものは義人であり、真理から生まれたものは真であるように、すべての善は父である神から生まれたものであり、善性の業であり、――「私のうちに留まっている父が業をなしているのである」（一四・一〇）――、したがってまた、神ないし善と真から出たのではないすべての業は、悪魔である父を持つのであり、それは以下の言葉によっている。「善い樹は善い実を結ぶが、悪い樹は悪い実を結ぶ」（マタ七・一七）。これはここで次のように言われていることの意味である。「あなたがたは悪魔である父から出ている」。それゆえに続いて、「あなたがたはあなたがたの父の願望をなそうとしている」（八・四四）。

「彼が虚偽を語っているときには、彼は自分自身のものによって語っている。というのは、彼は虚偽なる者であり、その父であるからである」（四四節）

480 ここでは、二つのことが注目されるべきである。第一に、虚偽を語る者はどうして自分自身のものから語っているのであり、第二に、悪魔はどうして虚偽なる者であり、彼の父であると言われているのであるかということである。誰がそうなのであり、誰の〔父が悪魔であるのか〕。

第一のことに関して注目すべきことは、虚偽を語るすべての者は自分自身のものから語っていると言われていることである。というのは、第一に、虚偽はすべての罪と同様に、語っている者自身の、さらに罪を犯している者自身の意志から生じるからである。というのは、自分自身の意志ほど人にとって固有なものは、あるいはその〔人の〕意志のうちにあるものは何かあるだろうか。

第二に注目すべきことは、哲学者（アリストテレス）[846]によれば、事物が存在するか否かによって、〔そのものについての語りが真であるか偽であるかが決まるということである」。それゆえに、語っている者が肯定したり、否定したりすることによって、その言葉を事物に一致させているときには、彼は真なることを語っているのである。それに対して、もしその言葉が事物に一致せず、述べる者が自分自身によって、自分自身から捏造するならば、彼は虚偽を語っているのである。というのは、彼は自分自身のものから受け取っているのであって、事物から受け取っているのではないからである。これはここで次のように言われていることの意味である。「彼が虚偽を語っているときには、彼は自分自身のものによって語っているのである」。

481 第三は以下のとおりである。アウグスティヌスが『告白』第一巻[847]において言うように、それによってわれわれのうちへと、さらにすべてのもののうちへと存在が流れ込んでくる唯一の脈管があるのであり、善と真理についても、事態はそれと似ている。そこから明らかになることは、善であることと真であることは、われわれにとっても、何らかの被造的なものにとっても固有のものではない。それというのも、固有のものは他のものによって存在するのではないものだからである。それゆえに、そこから帰結することは、上に述べたものと反対のもの、すなわち、非有、悪そして虚偽がわれわれに固有のものであるということである。それゆえに、このことはここで悪魔について次のように言われていることの意味である。「彼が虚偽を語っているときには、彼は自分自身のものによって語っているのである」。それゆえに、アンブロシウス[848]とアウグスティヌス[849]は言っている。「真なるものは、それが誰によって語られようとも、聖霊に由来している」、さらに以下において、「真理の霊があなたがたにすべての真理を教えるであろう」（一六・一三）、さらに、「聖霊において以外は誰もイエスが主であると言うことはできない」（Ｉコリ一二・三）。ここからまた、次のように言われている。「神は真実なる方であるが、すべての人間は虚偽なる者である」（ロマ三・四、詩一一五・一一参照）。それゆえに、グレゴリウス[850]は「詩編」のかの言葉「すべての人間は虚偽なる者である」（詩一一五・一一）を論じて言っている。ダビデは、この「すべての人間は虚偽なる者である」という言葉そのものを、人間として語ったのではなく、神から霊感を受けた者として語ったのである。そして彼はこのことを、それに先立って言われている「私は私の脱魂状態において、すべての人間は虚偽なる者であると語った」（詩一一五・一一）ということによって、証している、と。そして、オリゲネスはこの点について註解[851]において、こう言っている。人間は神から受け取らなかったならば、いかなる真なるものも語ることはないのであり、したがってそのような人はもはやたんなる人間ではないのであり、そのような人には、またそれに類する人には、「詩編」の他の箇所における次の言葉が適合している、と。「私は言った、あなたがたは神々である、と」（詩八一・六）。それゆえに、これはここで次のように言われていることの意味である。「彼が虚偽を語っているときには、彼は自分自身のものによって語っているのである。というのは、彼は虚偽なる者であるからである」。

482

第二に残されているのは、それに続いて「その父もそうであるからである」と言われていることを検討することである。〔父とは〕誰であり、それは誰の〔父であるのか〕。それゆえに知らなければならないことは、この点に関してはトマスの註解[852]から、この言葉についての三様の解釈がとってこられるということである。第一は以下のとおりである。悪魔が「虚偽なる者であり、その父」であると言われているのであり、すなわち、悪魔がそれに属するところの、彼のなす虚偽の「父」もそうなのであるということである。したがってあらかじめ、「彼が虚偽を語っているときには、彼は自分自身のものによって語っているのである」と言われているのであり、そしてまたこのような仕方で『教父たちの講話[853]』においても解釈されているのである。

第二は以下のとおりである。或る人が自分自身から捏造したことではなく、他人から受け取ったことを語る場合には、彼は確かに虚偽なる者と言うことができるが、しかし彼はその虚偽の案出者ないしは父ではない。それに対して、彼がもし他人から受け取ったのではなく、自分自身から捏造した場合には、彼自身は虚偽なる者であり、自分のなす虚偽の父である。さらに、このことは悪魔に適合するのである。というのは、悪魔は女に次のように言って、神に不正なる仕方で罪を帰したからである。「あなたがたはけっして死ぬことはないであろう。というのは、あなたがたの神は、あなたがたがそれを食べた日には」、「あなたがたが神々のようになるであろうことを知っているからである」（創三・四）。さらに、悪魔は神とともにいる人にも罪を帰している。「ヨブは利益もないのに神を恐れるだろうか」等々（ヨブ一・九）。

483 第三に、アウグスティヌス[854]は次のように解釈している。悪魔は存在するものの名称ではなく、働きの名称である、と。それゆえに、すべての悪しき仕方で働く者は悪魔である。そしてこのことによってアウグスティヌスが言わんとしているのは、カイン[855]、すなわちユダヤ人の父がここでは悪魔と言われていることである。その理由は、カインは最初の殺害者にして兄弟殺しの父であったからである。彼は自分の兄弟にして最初の義人であったアベルを殺したからである（創四・一―一三、マタ二三・三五、Iヨハ三・一二）。そのカインの例によって、ユダヤ人たちはその父の犯罪の子にして模倣者として、義人にして肉における兄弟であるキリストを殺したのである。それゆえに、その意味は、「あなたがたは父である悪魔から出ているものであり」、すなわちカインから出ているものであり、彼は「虚偽なる者」であり、「その父」、すなわちルチフェル[856]は虚偽なる者であるということである。神が真理の父であるように、このルチフェルは、虚偽の父である。これはアウグスティヌスの註解である。

484 しかし、字義どおりの意味においては、次のように言われるのがおそらく適切であろう。悪魔は「虚偽なる者であり、その父」は、すなわち虚偽をなす悪魔の父は、人がそれによって罪を犯すところの自分自身の意志であり、自分自身への愛であり、私的な善への愛である。これはすべての悪の根源である。「悪い実を結ぶ悪い樹」（マタ七・一七)。これはルチフェルを悪魔たらしめたのであり、悪魔の父であり、それは次の言葉によっている。「すべての罪の始まりは傲慢である」(シラ一〇・一五)。それゆえに、真理の父は存在であるように、悪魔の父は傲慢であり、悪意である。すなわち、事物が存在することによって、上に述べられたように[857]、真理は存在するからである。さらに、アウグスティヌスは『真の宗教について』[858]において、有るものが存在すると言われるときに、それは真であると言っている。「詩編」の次の箇所は、これによって解釈することができるであろう。「虚偽は自分自身に対する不正である」(詩二六・一二)。すなわち、不正そのもの、傲慢そのものは自分自身に対する、すなわち悪魔に対する虚偽であり、悪魔を虚偽なるものにしたのであり、悪魔の父である。さらに以下において[859]、次の言葉について言われているように、世もまた悪魔の父である。「私は世を捨てる」(一六・二八)。

485 それゆえに、すでに述べられていることから注目されたいことは、真理の父、キリストの父、したがって真理である者は存在であるように——すなわち事物は存在することによって真であるが——、虚偽の父、悪魔の父、したがって虚偽なる者であるものは非存在ないし無である——すなわち、事物は存在しないことによって虚偽なる事物であり、それは次の言葉によっている。「存在しないもの」、すなわち悪魔「の仲間は、彼の天幕に住むべきであろう」(ヨブ一八・一五)。さらに、以下において示されるように[860]、「その父」は世である。

486 **「神から出た者は神の言葉を聴く。それゆえに、あなたがたは聴かない。あなたがたは神から出た者ではないからである」(四七節)**

これらの言葉は三様の仕方で考察されるべきである。すなわち、第一に、これらの言葉はすでに述べられたことによって、自然的理性と感覚的事物の実例の調和において解釈されなくてはならない。第二に、神の言葉を聴く者の条件が示されなくてはならない。第三に、神がどのような場合に語るかが提示されなくてはならない。

第一のことに関して知るべきことは、上にすでに言われたように[861]、あらかじめ自分自身のうちに形象、ないし似像が形成されていなくては、或る人が語るということは不可能であり、そのような形象、ないし似像は、それが語る者であるかぎり、自分自身のすべてを表現する子孫ないし子であるということである。さらにその上に、あらかじめ聴く者自身のうちに形象と似像すなわち子孫自身が形成されていなくては、語っている或る人の言うことを聴き、理解することは不可能であり、それらの形象と似像は、すべての点において語る者のうちにあるものへと向けられているのであって、それは次の言葉によっている。「すべてのものは私の父から私に引き渡されている。父以外の誰も子を知らないし、子以外の誰も父を知らない」（マタ一一・二七）。そしてこれは明瞭にここで次のように言われていることの意味である。「神から出た者は」、すなわち神から生まれた者は、「神の言葉を聴く」等々。すなわち、神が語ることは生むことであり、神の語ることを聴くことは生まれることである。神はすべての人々にすべてのことを語る。しかし、必ずしもすべての人々がすべてのことを聴くとはかぎらないのであり、それは次の言葉によっている。「神は一度語った。私はこれらの二つのことを聴いた」（詩六一・一二）、すなわち多くのことを。すなわち、二は最初の数であり、多である。そしてこれはここで次のように言われていることの意味である。「これらの二つのこと」、それは本来的には被造物に属するものであり、すなわち、これこれしかじかのものであり、数と多である。それゆえに、神は一度に完全な仕方で、同時にすべてのものを語るのであるが、必ずしもすべての人々が、あるいはすべてのものがすべてのものを聴くのではなく、或るものはそれを聴くが、他のものは他の仕方で聴くのであり、それぞれ生命として、知性として、ないしは義として聴くのである。それゆえにクリソストムス[862]は、天使たちも神を讃えるが、或るものは或る仕方で、他のものは他の仕方で、それぞれ性質の相違と讃えるものの力に応じてそれをなすと言っている。すなわち、語る者がそれによって語り、聴く者がそれによって聴くところの子孫は、聴く者がそれによって語る者に応えるところのその観点において、またそれに注目して生まれるのであり、それは次の言葉によっている。「私は顔と顔とを合わせて主を見た」（創三二・三〇）、それは上に[863]見られるものと視覚について示されたとおりである。このようにして目下のところは、聴くことのできるものと聴覚、語る者と聴く者とについて事態は同様である。ここまでは第一のことについてである。

487 第二に注目すべきことは、聴く者はだれであるかということである。しかし、最初に聴くようになるのは、耳の聴こえない者たちである。「彼は耳の聴こえない者たちを聴けるようにした」（マコ七・三七）。さらに、アウグスティヌスは『告白』第四巻[864]において言っている。「私の霊魂よ、空虚になってはいけない。心の耳においておまえの虚栄心の喧騒には耳を閉じなさい。言葉自身が立ち帰るように叫んでいるのを聴きなさい」。第二に、死人たちが聴くようになる。「死人たちが神の子の声を聴く」（五・二五）。第三に、神の子らが神の声を聴くようになる。その際、「子ら」（filii）という語は複数形の第一格として把握されなければならない。「何度もさまざまな仕方で〔神は語った〕」、さらに以下において、「これらの日々に彼は子においてわれわれに語った」（ヘブ一・一、二）、すなわち、われわれを〔神の〕子らにすることによって。「彼は彼らに神の子となる権能を与えた」（一・一二）。すなわち、上に[865]すでに述べられたように、神は子においてのみ語り、子によってのみ聴かれるからである。しかし、聴く者はどのような実を結ぶであろうか。「すべての種類の」（ロマ三・二）多くの実を結ぶことは確実である。というのは、「聴いた者たちは生きるであろう」（五・二五）からである。「父が生命を自分自身のうちに持っているように、父は子に対して生命を自分自身のうちに持つようにせしめた」（五・二六）。さらにまた、聴く者たちの実は至福そのものである。「幸いなるかな、神の言葉を聴く者たちは」（ルカ一一・二八）。すなわち、永遠の生命は神のみを認識することであるように（一七・三参照）、神の言葉のみを聴き、すべての被造物に対して耳を閉ざすこともまたそうである。すなわち、見ることと聴くこととは、そこにおいては一つである。

488 第三に残されているのは、語る神について次のことを検討することである。いつ神は語るか、どこで語るか、何を語るか、どのようにして語るか。まず第一に、いつ神は語るか。「すべてが深い沈黙を保ち、夜がふけていくときに」（知一八・一四）、「夜寝ているときに幻視のうちで夢によって」「彼は男たちの耳を開く」（ヨブ三三・一五以下）。アウグスティヌスは『告白』第九巻[866]において神についてこう語っている。「何かあなたの言葉、つねに自分自身のうちに留まっているわれわれの主に似ているものがあろうか」、さらに以下において、「もし肉の喧騒が沈黙するならば、表象が沈黙するならば」、「そして霊魂それ自身が自分自身に対して沈黙し、自分を忘れて自分を超えていくとき」、「生じ過ぎ去るすべてのものが完全に沈黙するとき」。〔これらの引用から〕神について、いつ神が語るかについてあなたは知ったであろう。しかし、どこで神は語るのであろうか。「私はあなたを孤独のうちへと導き、あなたの心に語ろう」（ホセ二・一四）。しかし、何を神は語るのであろうか。「主なる神が私のうちで何を語ろうとしているかを、私は聴こう。というのは、神は自らの民に、自らの聖人たちに、心から回心している人々に平和を語るからである」（詩八四・九）。今や、あなたはいつ神が語り、何を神は語るのかということも知った。しかし、どのようにして神は語るのか。「神は一度語る。そして二度と同じことを繰り返さない」（ヨブ三三・一四）。さらに、あなたの知っているこれらの先に[867]言われたことを熟考されたい。

489 最後に、ここで言われている「神から出た者は神の言葉を聴く」ということについて注目すべきことは、好んで渇望して神の言葉を聴くことは、至福なる救霊予定の大いなる証拠である。というのは、すべての人は自分と似たものに向けて動かされるからである。しかし注目すべきことは、聖グレゴリウス[868]によれば、神の言葉は天の祖国を願望し、肉の願望を捨て去り、世の栄光を避け、他人のものを求めず、自分のものを施すことを命じているということである。

「アブラハムが生まれる前に、私は存在している」（五八節）

490 これは上に、「私の後に来られるであろう方は、私より優れた人である」（一・一五）と言われた際に、解釈された。すなわち、義は義人に先立つものであり、義人の後にも存在しているものである。

さらにまた、この言葉はそれ自身からして明らかになりうるであろう。すなわち、存在は生成よりもより先なるものであり、(869) それは完全なものが不完全なものよりより先なるものであるのと同様である。すなわち、次のように言われている。「アブラハムが生まれる前に、私は存在している」、「私は存在するところの者である」（出三・一四）。このようにして一般的に、永遠なるものは時間的なものに先立っており、非被造的なものは被造的なものに先立っている。これによって、次の言葉は適切に解釈することができるであろう。「世界より前に私は造られていた」（シラ二四・一四）、すなわち、造られた世界よりも前に、私はある、ないしは世界が造られるよりも前に私はある、すなわち、非被造的な知恵は、神は、神の言葉は。「信仰によってわれわれは、世界が整えられ、非可視的なものから可視的なものが生じたことを理解する」（ヘブ一一・三）。

491 すでに言われたことから、二つのことが注目されるべきである。第一に、『命題集』の師（ペトルス・ロンバルドゥス）が第二巻の第二節(870)において、さらに彼以後の多くの人々が疑った問題の解決である。彼らは、「世界より前に私は造られていた」（ante saecula creata sum）と言われている言葉全体を一つのものと見なし、一つの点によって把握しているが、それに対してむしろ〔私の意見では〕、その言葉は、saecula という語と sum という語の間で点によって区切られるべきである。そうするとその意味は、非被造的な知恵は被造的世界より以前にある、ということになり、それはここで次のように言われているとおりである。「アブラハムが生まれる前に、私は存在している」。第二に、注目すべきこととして明らかになるのは、世界は可視的なものになる以前には、確かにすでに存在していたが、非可視的なものであったのであり、まだ可視的なものではなかったということである。すなわち、使徒（パウロ）は次のように言っている。「世界が整えられ、目に見えないものから目に見えるものが生じた」（ヘブ一一・三）。

第九章

「そしてイエスは通りすがりに、ひとりの人を見られた」（一節）

492 注目すべきことは、目下の章で語られている盲人の照らしにおいても、第十章において語られている牧人と商人においても、さらに、第十一章において語られている蘇ったラザロにおいても[871]、おそらくキリストによってなされたすべての奇跡によって暗示され、教えられているのは、自然的事物の本性とそれらの始原、すなわち質料と形相と欠如、つまり質料の形相への適合性と可能性であり、それは上に第八章において、「二人の証言は真実である」（四・一七）というかの言葉について記しておいたとおりである。[872] すなわち、同様にして健やかな者にされた病人においては、質料が表示されており、健康においては、形相が表示されており、健康の類に属し、またその形相と共通の同じ基体を持つものとしての欠如そのものにおいては、形相に向かう質料そのものの有する可能性の固有性が指示されているのである。

さらにまた言うことができるのは、病人の嘆息と願望、その救い主に対する懇願と注目は欠如を表示しており、形相に対する質料の欲求と秩序づけを表示しているということである。しかし、キリストの側にいる、健やかにされるべき病人のために取りなしをする人々は、変化を通じて質料そのものを形相に向けて準備させる能動的働きと受動的働きとを表示している。

「神の業が彼において明らかにならんがために」（三節）

493 第一に注目すべきことは、グレゴリウス[873]がトマスによる註解[874]のなかでこの点について言っているように、人間は五つの原因によって罰せられており、打ち倒されているということである。「罪人がそれによって打ち倒される第一の打撃は、彼が二度と同じことをして罰せられないようになされるものである。罪人がそれによって打ち倒される第二の打撃は、彼がそれによって正しくされるようになされるものである。罪人がそれによって打ち倒される第三の打撃は、彼がそれによって過去のことを正すのではなく、将来犯すであろう罪を犯さないようにするためになされるものである。第四の打撃は、それによって過去の罪が正されるのでも、将来犯すであろう罪が妨げられるのでもなく、思いがけない救いが打撃に続いて起こるときに、救う者の力が認められ、より熱心に愛されるためである」。

494 第二に注目されたいのは、神と神的なものそれ自体のすべての働きの目的は、神の栄光を明らかにすることであり、それは次の言葉によっている。「神にのみ栄誉と栄光があらんことを」（Iテモ一・一七）。それゆえに、上に次のように言われている。「この病気は死に至るものではなく、神の栄光のためのものである」（一一・四）、さらに以下において、「あなたが信じるならば、あなたは神の栄光を見るであろう」（一一・四〇）、「私の名を呼ぶすべての人を、私は私の栄光のために造った」（イザ四三・七）。

さらにその上に、すべての業において、したがってまた悪しき業においても――悪しきと私が言うのは、罰の業であり、罪の業であるが――、神の栄光が明らかにされ、照り返され、また同様にして輝いているのであり、それは以下の言葉によっている。「光は闇のうちで輝いている」（一・五）、「光と闇よ、主を祝福せよ」（ダニ三・七二）、「彼は、存在していないものをあたかも存在しているもののように呼び出す」（ロマ四・一七）。それゆえにまた、或る人を非難する者も、その非難そのものによって、すなわち非難という罪によって神を讃えているのであり、さらに、その人がより多く非難するほど、より重大に罪を犯すほど、その人はより多く神を讃えているのであり、そればかりかその人は神を冒瀆することによって、神自身を讃えているのである。

495 すでに述べられたことの根拠は明白である。すなわち、まず第一に、善き業の目的は神の栄光であると言われたことは、次のことから明らかである。すなわち、働きと受動的なもの、ないし受容的なものは一般的に、それ自体としては、まったくいかなる善も、いかなる存在も有していないのであり、そればかりか露なこと、ないし欠如であること、ないしは欠けていることがその固有性である。しかし、善と善の有するすべての存在は、他のものに属するのであり、他のものに由来するのである。さらに以下において、「私のうちに留まっている父が業をなしておられる」（一四・一〇）、「われわれのすべての業は、あなたがなしておられる」（イザ二六・一二）。しかし、賞賛と栄光は、その業がそれに属するところの者に帰せられる。それゆえに、そこから帰結することは、すべての善き業の目的は、それにおいて神の栄光が明らかにされることであり、それは次の言葉によっている。「天は神の栄光を語っている」（詩一八・二）。さらに、「コリント人への第一の手紙」において、比喩によって言われている。「女は男の栄光である」（Ⅰコリ一一・七）、女とは受動的なものであり、男とは能動的なものである。(875)

496 しかし、第二に言われていること、すなわち、或る人を非難する者、ないし冒瀆する者も、そのように冒瀆し非難することによって神を讃えていることは、以下の例において明らかである。姦通を犯した男を非難する者は、姦通を悪徳として、かつ彼が非難する人の恥と見なしていなければ、その人を姦通によって非難することはないであろう。もしそれの欠如が姦通であるところの貞潔が善いものであり、讃えられるべきものでないならば、姦夫であることは或る人にとって恥じるべきことではないであろう。それゆえに、他人の姦通がよりいっそう非難され、軽蔑されるほど、さらに、それが或る人に対して別の人によってよりいっそう鋭く軽蔑されるほど、それだけいっそう貞潔、姦通の反対の善は讃えられるのである。このようにして自然的なものにおいても、或るものがよりいっそう自らの底、ないしより下級のものを撥ねつけ、嫌悪し、軽蔑するほど、それだけいっそうそのものは、このことによって、高いもの、ないしより上級のものを讃え、認め、薦めることになる。そして、これはアウグスティヌスが『自由意志論』第三巻[876]においてこう言っていることである。「いかなる事物の欠陥も、その本性が讃えられなくては、正当に非難されることはない」。というのは、本性において気に入っているものを害するのでなければ、その欠陥があなたに気に入らないということは正当なことではないからである。それゆえに、そこから明らかになることは、自分を罰する者としての神を冒瀆する人も、大切にする者、ないし慰める者としての神を讃えるということである。このようにして病人は、喉を苦しめる薬を忌避し、撥ねつけ、嫌悪するが、それが健康にするかぎりにおいては、それを愛するのである。

497

これと一致するのが、アウグスティヌスが『告白』第四巻[877]において神に対して言っていることである。「あなたを見捨てる人は、寛大なあなたから、怒ったあなたへと行くのでないとしたなら、どこへ行くのであり、どこへ逃げるのであろうか」。さらに彼は、第五巻の冒頭の少しのちにおいて[878]言っている。「不穏で邪悪な彼らはあなたから去り、逃げて行くがよい」、さらに以下において[879]、「彼らはあなたの御顔から逃げたとき、どこへ彼らは逃げたのであろうか」、「彼らは逃げたために、自分を見ているあなたを見失った」、「彼らはあなたの柔和さから遠ざかり」、「あなたの過酷さのうちに陥るのであるが、その彼らは、あなたはどこにでもましまし、あなたから遠く離れ去る人々に対しても臨在していることを知らない」。

498

「神は罪人の言うことを聴かない」（三一節）

注目すべきことは、セネカ(880)によれば、誰が言っているかということではなくて、何が言われているかということに注意が払われるべきであるということである。それゆえに、民衆の諺においても、よい葡萄酒についてはそれがどこで成長したかを、さらに善き人についてはそれがどこで生まれたかを、さらによい言葉についてはそれをだれが語ったかを考慮したり、尋ねたりしてはならないと言われている。

しかし、アウグスティヌス(881)は上に述べられた言葉を論じて、こう言っている。だれが語っているかということには、注意が払われるべきである。というのは、ここで言われている「神は罪人の言うことを聴かない」ということは、どこまでも真理であるということはないからである。それというのも、それはまだ十分に信仰によって照らされていない人の言葉であるからである、と。

さらにその上に、第三に、注意が払われるべきことは、どのような時に、どのような時のために、どのような場所で、どのような境遇ないし状況で或ることが言われているかということである。というのは、必ずしも同一の命令、同一の勧告、同一の薬がつねにすべての人々に与えられ、渡されるべきではないからである。それというのも、踵に有効であるものは眼には有効ではないからである。他のものについても同様である。

第一〇章

「まことに、まことに、私はあなたがたに言う、門から入らない者は」、さらに以下において、「私は、彼らが生命を持つように、豊かに持つように来た」（一〇節）

499 この言葉は註解[882]において次のように解釈されている。「彼らが生命を持つように」とは、ここでは恩寵によって、ということである。というのは、「義人は信仰によって生きる」（ロマ一・一七）からであり、「神の恩寵は永遠の生命である」（ロマ六・二三）からである。「そして〔彼らが〕生命を豊かに持つように」とは、将来において栄光によって、ということである。「詩編」において次のように言われていることは、このことと一致する。「主が恩寵と栄光を与えるであろう」（詩八三・一二）。

第二に、「彼らが生命を持つように」とは、次の言葉によって解釈することができるであろう。「言葉は肉になった」。「そして豊かに持つように」とは、次の言葉によって解釈することができるであろう。「そして〔言葉は〕われわれのうちに住んだ」。さらに同じ箇所に続いて、「われわれは彼の栄光を見た」、「恩寵と真理に満ちて」（一・一四）、さらに同じ箇所で続いて、「彼の充溢からわれわれはみな恩寵につぐ恩寵を受け取った」（一・一六）。これはその箇所において私がすでに解釈したとおりである[883]。

500 第三に、ここで言われている「彼らが生命を持つように、豊かに持つように」とは、次のように解釈することができるであろう。すなわち、神の賜物は横溢とともにある。「そしてその横溢はあなたの塔のなかにある」（詩一二一・七）、「恩寵も横溢していた」（ロマ五・二〇）。それゆえに、上において次のように言われたのである。「神は無制限に霊を与える」（三・三四）。すなわち一般的に、下級のものは上級のものの影響を受けることはない。「光は闇のなかで輝く、そして闇は光を理解しなかった」（一・五）。というのは、とりわけ恩寵は全自然よりも上級のものであるからである。それゆえに、神の気に入る者にする恩寵は知性のうちにのみあり、しかし知性はそれの類からすると、すべての自然よりもより上級のものであり、そのことは『原因論』[884]とプロクロス[885]において明らかなとおりである。

　さらにこれにしたがって、上に述べられた言葉「私は、彼らが生命を持つように、豊かに持つように来た」は、第四に、次のように解釈される。すなわち、知性的なものは生けるものよりもより横溢的であり、それは生けるものが存在者よりもより横溢的であるのと同様である。そしてそれは以下において、主自身が言っているとおりである。「私は真理であり、生命である」（一四・六）。真理は知性に属している。これにしたがって、次の言葉は解釈できるであろう。「〔知恵は〕すべての生けるものの目から隠されている」（ヨブ二八・二一）。ここでは「認識するものの〔目から〕」とは言われていない。というのは、主を知性認識することによって捉えることは、永遠の生命であり（一七・三参照）、「われわれは彼をありのままに見るであろう」（Ｉヨハ三・二）からである。

501　第五に、次のように言われている。「彼らが生命を持つように、豊かに持つように」。というのは、彼は知性を照らし、感情を燃え立たせるからである。「恩寵と真理とはイエス・キリストによって生じた」（一・一七）、さらにそれに先行して、「生命は光であった」（一・四）。それゆえに詩編作者は祈っている。「あなたの光とあなたの真理を送って下さい」（詩四二・三）。すなわち、これと一致しているのが、「言葉は肉になった。そしてわれわれのうちに住んだ」（一・一四）ということであり、すなわち、言葉はわれわれのうちに滞在地を造り、したがってわれわれを自分の住処にしたということである。「神は彼らとともに住むであろう。そして彼らはその民となるであろう。そして神自身は彼らとともに彼らの神になるであろう」（黙二一・三）。

502

「私は善き牧人である」（一一節）

これらの四つの言葉は、本来的な意味においては神に適合するということに注目すべきである。すなわち「私」とは、純粋の実体を表示しており、それをこの世界のうちで見出すことはできない。第二に、それが純粋の実体であるのは、それが他のものに依存するものではなく、それ自身によって、それ自身のうちに存立するものであるからであり、すべてのものはそれから、かつそれによって存立しているからである。第三に、それは性質のない、付帯的なもののない、種のない、類のない純粋の実体を、「無限の実体の海[886]」を意味している。これについては、私は先に次の言葉「私はこの世からのものではない」（八・二三）について記しておいた[887]。「詩編」においては言われている。「私は比類のない在り方で存在している」（詩一四〇・一〇）。神以外のいかなるものも純粋の実体ではない。それゆえに、これは神であるキリストがここで「私」と言っていることの意味である。

しかし続いて第二に、「である」と言われているのは、同様にして神に固有なことであり、それは次の言葉によっている。「私は存在するところの者である」、「存在する者が私を遣わした」（出三・一四）。そしてこれは、キリストが先に「詩編」のうちで、「私は比類のない在り方で存在している」（詩一四〇・一〇）と言っていることの意味である。

さらに第三に言われている「牧人」は、同様にして神に固有なことである。というのは、神自身が、そして神のみがすべての人々とすべてのものとを牧する者であるからである。「彼らはあなたの家の充溢によって酔わせられ、あなたの快の奔流によってあなたは彼らを潤すであろう」（詩三五・九）、さらに、「あなたの側には生命の泉がある」（詩三五・一〇）、さらに上において、「私は生命のパンである」（六・三五）、さらに以下において、「このパンを食べた者は永遠に生きるであろう」（六・五一）。

しかし第四に、それに続いて「善き」と言われているのは、神に固有なことであり、それは次のように言われていることから明らかである。「神のみ以外の誰も善きものではない」（ルカ一八・一九）。

「私は私の羊を知っており、私の羊は私を知っているが、それは父が私を知っており、私が父を知っているのと同様である」（一四、一五節）

503 第一に注目すべきことは、すでに述べられたすべての言葉は、一つの短い文章として把握されるべきであり、その意味は次のとおりである。「父が私を知っているように、私は私の羊を知っており、私が父を知っているように、私の羊は私を知っている」。さらに、それに続いて言われている「そして私は私の羊のために生命を捧げる」（一〇・一五）は、他の意味に、ないしは他の文章に属している。

これらの二つの言葉の意味を明らかにするために、二つの例が注目されるべきである。第一のことは、義は自分自身を見ており、したがって自分自身において認識しているということである。というのは、義が存在するところで、そこで義は認識し、そこで義は愛し、そこで義は働き、その外側ではいかなるものも働かないからである。アウグスティヌスはこのことについて、次の「詩編」の言葉によって論じている[888]。「あなたの神はどこにいるのか」（詩四一・四、一一）。というのは、われわれ〔人間〕においても、霊魂はそれ自身においてどこまでも霊魂であるからである。そこにおいて〔霊魂のうちで〕、霊魂は認識する。それというのも、われわれは〔霊魂の〕内奥において受容する者として見、認識するからである。[889] すべてのものは、それが存在するところにおいて、愛し、働くのである。というのは、〔もしそうでなければ、〕どのようにして義は存在するのであろうか、ないしは義の外側において、どのようにして義は義であるのであろうか。さらに義が存在しないところにおいて、どのようにして義は認識したのであり、愛したのであり、働いたのであろうか。

504 さらにまた、義そのものは、義人と義なるもの以外のものを認識することはなく、愛することもなく、働きを及ぼすこともないのであり、それは不義なるものについて、義である神が述べている次の言葉によっている。「私はあなたがたを知らない」(マタ二五・一二)。すなわち、このようにしてまた、白色の形象によっては、白いもの以外のいかなるものも認識されない。このことに則して、しかしまた反対に、義そのものは何らかのものを、それ自身すなわち義そのものにおいて以外のところで認識することがないように、義は自分自身において以外では、何らかのものによって認識されることはない。というのは、義が存在しないところでは、あるいはそれが義ではないところでは、義はどのようにして認識されるのであろうか。そしてこれはここで次のように言われていることの意味である。「父が私を知っているように、私は私の羊を知っており、私が父を知っているように、私の羊は私を知っている」。というのは、生まれた義人は、それ自身においては生まれざる生む義を知っているからであり、それは一つには、義そのものはそれ自身においてのみ存在するからであり、また一つには、義人そのものは、彼が義人であるかぎりにおいて、義よりして、義によって、かつ義においてのみ存在し、義人であるからであって、それは上の次の言葉によっている。「誰もかつて神を見た人はいない。父の胸にある独り子のみが告げている」、すなわち、彼は見たのである。「独り子」(unigenitus)、すなわち「父の胸のうちにあり」、すなわち最も内奥にある、一なるものから生まれた者と言われている。というのは、義人は〔自分自身からしては〕存在するのではなく、義を見ることもなく、子は父のうちにあるのでなかったならば、父を見ることはないからである。使徒（パウロ）が次のように言っていることは、すでに述べられたことと明らかに一致する。「今、私は部分的に知るが、その時には、私が知られているように知るであろう」（Ⅰコリ一三・一二）。

505
可視的なものと見る者、能力とその対象の第二の例は、より直接的に上に提示されたものに係わっている。というのは、アウグスティヌスが『三位一体論』第九巻第三章[890]において言っているように、次のことは確実なことであるからである。「われわれが認識するすべてのものは、われわれのうちにそれ自身についての知をともに生む。というのは、認識する者と認識されるものの両方のものによって、知は生まれるからである」。これはアウグスティヌスの言葉である。それゆえに、知識は子としては、完全に同一の形象ないし似像であり、それによって可視的対象が認識され、それによって見る者ないし能力としての視覚が現実に見るのである。そしてこれは哲学者（アリストテレス）[891]がこう言っていることの意味である。現実態における可視的なものと現実態における視覚は一なるものである、と。そしてさらに、註釈者（アヴェロエス）[892]が言うように、可能態と現実態、認識する者と認識されるものは、質料と形相よりもよりいっそう一なるものである。そして、これはここで以下において次のように言われていることの意味である。「私と父とは一なるものである」（一〇・三〇）、というのは、父すなわち対象と、子すなわち生まれた子ら、形象ないし現実態、すなわち見ることそのものは、視覚と見る者のうちにおいては一なるものであるからである。さらにまた、現実態における可視的なものは、それが対象であるかぎりにおいて、対象であるかぎりでの自己自身の全体を視覚に対して対立せしめるのであるから、確実なことは、視覚がそれによって見ているところの第一の形象ないし似像において、可視的なものそのものも、もしそれが認識するものならば、自己自身を見ているのであり、見る者をも、さらにそれが見ているすべてのものをも、それがそれによって見ているその同一の形象において見ていることになり、それはすべての人によって見られていることになるであろうということである。そしてこれは次のように言われていることの意味である。「われわれはみな覆いを取られた顔によって、神の栄光を見るのであり、〔主と〕同じ像のうちへと変化せしめられる」（IIコリ三・一八）。

506 さらにその上に、認識されうるものから生まれた子孫は、その言葉であり、アウグスティヌス[893]によれば、「愛を伴う知識」であって、愛なくしては存在することができないのである。というのは、気に入らないものの知識ですら、愛され、気に入るものであるからである。そこから生じることは、可視的なもの、ないし認識されうるものの形象ないし似像そのものにおいては、一般的に、認識されうるものは気に入るものであり、そのような似像においては、すべてのものが気に入るのであり、もしそのような似像がなければ、いかなるものも気に入らないのである。さらにまた、第三に、認識されうるものはその似像において、それが気に入っているすべての人に気に入っているのである。そして、これは次に言われていることの意味である。「これは私の愛する子であり、その子は私の気に入った」（マタ三・一七）。これは第一のことに関してである。さらに次のように言われている。「あなたは私の愛する子であり、あなたは私の気に入った」（ルカ三・二二）。これは第二のことに関してである。さらに次のように言われている。「あなたは私の愛する子であり、私はあなたを気に入った」（マコ一・一一）。これは第三のことに関してである。それゆえに、ここで次のように言われていることは、認識されうるものと認識する者とにおいて範例的に明らかである。「父が私を知っているように、私は私の羊を知っており、私が父を知っているように、私の羊は私を知っている」。そしてこれにしたがって次の言葉は解釈される。「われわれは今は鏡を通して謎のような仕方で見るが、その時には顔と顔を合わせて見る」（Iコリ一三・一二）。というのは、そのうちにおいて神がわれわれを見、われわれが神を見るところの顔と似像とは一つであるからであり、[894]それは次の言葉によっている。「あなたの光において、われわれは光を見るであろう」（詩三五・一〇）。すなわちこのようにして、その同一の愛は聖霊であり、それによって父は子を愛し、子は父を愛するのであり、それによって神はわれわれを愛し、われわれは神を愛するのである。すなわち、聖霊は子から発出し、愛は知識から発出する。以下においては次のように言われている。「聖霊を父は私の名において派遣するであろう」（一四・二六）。名（nomen）とは、知識（notitia）から言われているのである。[895]

507 すでに言われたことから二つのことが注目されたい。第一に、あなたが現実に思惟し、考察し、認識し、知性認識するものが存在するように、そのようにあなたはそれと一つであり、それと同一の似像のうちへと変化するのであり、「顔と顔を合わせて」（Ⅰコリ一三・一二）、その愛によって息を吹きかけられるのである。それゆえに、どこで神が求められ、思惟され、考察されようとも、神は見出されるのである。しかし、他の何かが求められ、思惟されるならば、けっして神は見出されることはなく、他のものが見出されるのである。したがって、次のように言われている。「求めよ、そうすれば見出すであろう」、さらに、「求めるすべての人は見出す」（マタ七・七、八、ルカ一一・九、一〇）。それゆえに、アウグスティヌスは『三位一体論』第十四巻第十二章[896]において言っている。神について「考えもせず、神を認識することもなく、愛することもない人と一緒には、神は存在しない」。そして彼は「詩編」の次の言葉によって、そのことを証明する。「神を忘れるすべての民は地獄のほうへ向かうべきである」（詩九・一八）。さらに「詩編」の他の箇所において、次のように言われている。「〔地の果てはすべて〕自らを弁え、主のほうへ向かうべきである」（詩二一・二八）。それゆえに、アウグスティヌスは次のように主張する。神を忘れるときには、人は神とともに存在しないのであるが、しかし神を思い出すときには、神のほうに向くようになり、こうして神とともに存在するようになる、と。そこから彼は次のように結論する。神を思い出すこと、神を思惟し、ないしは知性認識し、神を愛することは、神とともに神のうちで存在することであり、神を忘れること、神を思惟することなく、愛することもないことは、神とともに存在しないことであり、神のうちで存在しないことである、と。

さらに注目すべきことは、一般的にすべてのことにおいて事態はこのようになっているということである。人が思い出しているもの、人が思惟し、考察しているもの、それらのものとともに人はあり、人はそれらのもののうちにあり、それらのものは人のうちにある。

508 すでに述べられたことの理由は以下のとおりである。すなわち、現実に〔人間によって〕考察されているものや人間が現実に考察しているもののような在り方で、一体何が人間のうちには存在しているであろうか。さらに人間が現実に愛しているもののうちにおいてあるような仕方で、何のうちで人間はあるであろうか。すなわち、上に[897]明らかにされたように、認識されるものと現実に認識するもの、愛されるものと現実に愛するものは一なるものであり、質料と実体的形相からなる一なるものよりも、よりいっそう一なるものである。それゆえに、註釈者（アヴェロエス）[898]によれば、認識されるものと認識するものから第三のものが生じることはない。すなわち、それは実体において、可能態と現実態において、より先とより後において端的にして無条件的に同一のものであり、それは先には白いものが後には黒くなったとしても、基体においては同一であり、或るときは丸く或るときは四角であっても、どんなふうにそれがあったとしても、同一の地であるのと同様である。

509 さらにその上に注目すべきことは、すべての思惟ないし考察からは、つねに愛が結果として生じるのであり、思惟ないし考察そのものは、愛の火を呼吸しているのであって、それは次の言葉によっている。「私の考察には、火が燃え立っている」（詩三八・四）。それゆえに、ダマスケヌス[899]も言っている。「言葉は〔愛の〕息を免れていない」。さらに、アウグスティヌス[900]は言っている。考えられた「言葉は」、「愛を伴う知識」である。というのは、たとえ認識されるものが〔認識するものに〕気に入らないとしても、知識はつねに気に入るからである。しかしの愛は、それを霊発する始原とつねに同質のものであり、同じ実体であり、それは私が先に次の言葉について記しておいたとおりである[901]。「肉から生まれたものは肉である」等々（三・六）。

それゆえに、第一に注目すべきことは、上に言われたことから結果として生じることであり、すなわち、すべての神を求める人、神を思惟し愛する人は神とともにあり、神のうちにあり、神を見出すということである。それゆえに、いたるところで真理そのものである神は臨在し、主宰しているのである。したがって、次の言葉はいかに真実であり、救済に役立つものであるかということがあなたは分かるであろう。「求めよ、そうすればあなたがたは受け取るであろう」（一六・二四）、「求めよ、そうすればあなたがたは見出すであろう」、「というのは、求めるすべての人は受け取るのであり、求めるすべての人は見出すからである」（マタ七・七以下、ルカ一一・九以下）。そして、これは道徳的なものにおいて次のように言われていることの意味である。「義人には、その望むものが与えられる」（箴一〇・二四）。さらに、それは自然的なものにおいては、いかなる能力も無駄にあるのではないと言われている。それゆえに、神学も道徳哲学も自然哲学も一致するのであり、おそらく鋭敏な探究者はすべてのものにおいてそのことを見出すのである[902]。

この第一のことから第二に注目すべきこと、すなわち、どこで、いつ神は求められないのであり、神は眠ると言われているのかということが生じてくる。それゆえに、詩編作者は主に祈っている。「主よ、起き上がって下さい。なぜあなたは眠りこけるのですか。起き上がって下さい。そして追い出さないで下さい」（詩四三・二三）。さらに、次のように言われている。「しかし主は眠っておられた」、「そこで彼らは主を起こして言った。主よ、われわれを助けて下さい。われわれは滅んでしまいます」（マタ八・二四、二五）。同様にしてまた、神を求めない人々は眠っており、死んでいると言われている。「眠っている人は起きなさい。死者のうちから立ち上がりなさい。そうすればキリストがあなたを照らすでしょう」（エフェ五・一四、イザ六〇・一参照）。

「私と父とは一なるものである」（三〇節）

511 二つのことが言われている。「一なるもの」とは、単数形で言われているのであり、それは本質とそれに属するすべてのものの統一性のゆえに言われているのであって、「である」（sumus）（複数）とは、ペルソナとすべての関係の相違性のゆえに言われているのである。「一なるもの」とはスキュラ・アリウス（Scylla Arius）に反対して言われているのであり、「である」とは、カリブディス・サベリウス（Charybdis Sabellius）に反対して言われているのであって、それはアタナシウス[903]の次の言葉によっている。「われわれは」サベリウス[904]のように、「ペルソナを混同してはいけないのであり」、アリウス[905]のように、「実体を分離してはいけないのである」。アリウスは「カリブディスを避けようとして、スキュラに陥ったのである[906]」。

ここで言われている「私と父とは一なるものである」ということは、義と義人の例において明らかになるであろう。すなわち、義は父であり、まったき仕方で義人を、彼が義人であるかぎりにおいて、生むのである。義はまったき仕方で義人を生むのであるから、そこから帰結することは、生む義ないし父と、生まれた義人ないし生み出された子とは、一なるものであるということである。さらに、いかなるものも自分自身を生むことはできないのであるから、そこから帰結することは、義人は義人を生む義そのものとは別の者であるということである。そしてこれが子がここで次のように言っていることの意味である。「私と父とは一なるものである」。

512 さらにその上に、すでに述べられた言葉においては、いわばまず最初に明らかなものとして、父と子との統一性と相違性について言及がなされたのであるから、その際に注目すべきことは、存在、一、真、善というこれらの四つのものは、本来的には神に適合するものであり、互いに置換することができるものであり、すべてのものによって分有される共通のものであるということである。

しかし、存在は一つには、内奥と本質に係わるものであり、また一つには他のものと関係しないものであり、無限定なものであるので、その本質からすれば、いかなる産出の始原でもない。すなわち、非区別的で無限定なものからは、何ものも発出しない。それゆえに、註釈者（アヴェロエス）は『自然学』第二巻[907]において、アヴィケンナ[908]を非難している。というのは、彼は偶然と運命とを非必然的なものの、さらには非決定的なものの領域のものであり、そのことは、偶然と運命が作用因に関係しているからであると主張しているからである。しかし非必然的なもの、さらには非決定的なものは無限定的なものとして、質料の本性を醸し出すのであるが、いかなる産出的なものも働きをなすものも醸し出すことはない。ここからまた神学者たち[909]は、存在ないし本質は生むことも、生まれることもないと言っている。

513 それに対して一は、すでにあげた四つのもののなかでは、最も直接的に存在に係わるのであり、最初に、かつ最小限度において存在を規定するものである。それゆえに、『形而上学』第十巻[910]から明らかなように、一は最初に限定されるものとしてあり、多に対して存在を規定するものである。したがって一そのものには、その本質と固有性からして最初の産出するものであること、ならびにすべての神性と被造物の父であることが適合するのである。ここからまた、聖人たち[911]や博士たち[912]は、神的なものにおける父に一性を帰属せしめているのである。

しかし、「すべてのものにおける第一のもの」は起源であり、何らかの秩序において「その後にある[913]」すべてのものを生み出すものであるので、ここから帰結することは、一なるもの、かつ父としての一から、真ないし真理は、その一なるものとしての父からのみ生まれた子孫として産み出されるのである。

さらに、すでに上に[914]述べられたように、父と子とは一なるものであるがゆえに、そこから生じることは、一と真からは善が生み出されるということであり、善は、愛とそれらの二つのものを何らかの仕方で結合するものとに属するのであり、ないしはむしろその結合そのものであるということである。

それゆえに、このようにして、われわれは神的なものにおいては、生むものでも、生まれたものでもない存在ないし本質と、生まれざるものであるが生むものである父である一と、一のみから生まれる真と、それら両者、すなわち一と真、しかもそれらが一なるものであるかぎりにおいてのそれらから発出する善とを持つのである。それゆえに、神もまた一なるものそのものである。このようにしてわれわれは神的なものにおいては、一なる本質と三つのペルソナを、父と子と聖霊とを持つのである。「そしてこれらの三つのものは一なるものである」（Ｉヨハ五・八）。すなわち、それらは本質において一なるものであり、一なる存在である。

さらに検討すべく残されているのは、どのようにして存在は、一なるものの本質と固有性の下においては始原であり、すべての被造的存在者の総体性と全体性が、その存在から発出するのであるかということである。それゆえに知らなくてはならないことは、存在者はその全範囲にわたって考察されるならば、その最初の分割において十の範疇に分割される、霊魂の外なる実在的存在者と、霊魂の内なる存在者ないしは思惟的存在者とに分割されるということであり、それは『原因論[915]』とプロクロス[916]のさまざまな箇所から、さらにまた、『形而上学』第五巻と第六巻[917]からも明らかになることである。さらにその上に知らなくてはならないことは、『形而上学』第六巻[918]において言われているように、善と悪とは実在的自然における霊魂の外の事物において存在するのであるが、真と偽とは霊魂の内に存在するのであるということである。そこから明らかになることは、真と偽とは思惟的存在者に、つまり認識に属するのであるが、善は実在的存在者ないし自然的存在者に属するということである。

しかし、事物の理念とそれらの認識についてと、自然における外的諸事物については、まったく異なった仕方で語らなくてはならないのであり、それはちょうど実体についてと、付帯的なものについては、異なった仕方で語らなくてはならないのと同様である。[919] このことを考察しない人々はしばしば誤謬に陥るのである。

515 これらのすでに述べられたことから、私は上に[920]述べられたことを主張する。すなわち一、つまりすべてのもののうち第一のものからは真が発出し、真からは一そのものの力によって、善そのものが降下してくるのであって、すべての被造的存在者は、今言われたように、その全拡がりに関しては、その最初の分割によって思惟的存在者ないし真と、善であるところの、認識の外にある自然における外的な実在的存在者に分割されるのである。このことから結論されることは、一そのものはその固有の本質からして、非被造的であれ、被造的であれ、すべての存在者のうちへと溢れ、発芽し、咲き、呼吸し、ないしは注がれるということであり、それは次の言葉によっている。「私は父の前にひざまずく。その父からは天と地におけるすべての父性が名づけられている」（エフェ三・一四以下）。しかし父とは、上に[921]言われたように一そのものである。

さらに、次の言葉もこのことに属するものである。「父よ、天と地の主よ、私はあなたに告白します」（マタ一一・二五）。さらに、「ルカによる福音書」には、多くの写本において次のように言われている。「主よ、天と地の父よ、私はあなたに告白します」（ルカ一〇・二一）。そしてこれは使徒（パウロ）が次のように言っていることの意味である。「彼から天と地におけるすべての父性は出ている」（エフェ三・一五）。

516 したがって、ここで冒頭から「私と父とは一なるものである」という言葉について言われたことを総括するならば、次の五つのことが生じる。

第一に、神的なものにおいては、父と子とは本質において一なるものであるが、父は生むものであり、子は生まれるものであるというその点においてのみは異なっているということである。その例は、義と義人において見出される。

第二に、神的なものにおいては、存在ないし本質は生むものではなく、生まれるものでもないということである。

第三に、それにもかかわらず、本質そのもの、ないし存在は、一なるものと父性の本質ないし固有性の下においては、被造的なものであれ、非被造的なものであれ、すべての存在者のうちへと発芽しつつ、呼吸しつつ、創造しつつ溢れ出ているのである。

517 第四に、子は一人であり、多くではないということである。というのは、父はまったき仕方で子のうちにあるからである。同じ理由によって聖霊も一であり、それはアタナシウス[922]の次の言葉によっている。「一人の父がいるのであって、三人の父がいるのではない」、さらにそれに続いて、「一人の父がいるのであり」、一人であるがゆえに父であり、反対に父であるがゆえに一人であり、上に[923]言われたように、一性は父性である。さらにその上に、一なる父から由来しているすべての被造的なものは一なるものであり、したがってそれは宇宙（universum）という名称を受け取ることになったのであり、こうしてそれは uni-versum〔一なるものに向けられたもの〕と言われるのである。[924]というのは、神の存在ないし本質は、その父としての固有性、すなわち一性とともに、〔神から〕何らかの仕方で発出するすべてのもののうちへと降下してくるからである。

518 第五に、父から発出してくるものの発出と起源の秩序は、一つには、非被造的なものにあり、そこでは子が父からのみ、聖霊が父と子とから発出してくるのであり、また一つには、被造的なものにあり、そこでは第一に認識的存在者が発出してくるのであり、それから外部の自然的事物における存在者がその下にあるもの、ないしはその後なるものとして降下してくるのである。すなわち、このようにしてすでに述べたように[925]、真は一から直接に降下してくるのであり、善は真を媒介にして一から降下してくるのである。このことによって、プロクロス[926]と『原因論』[927]から明らかになることは、自然ないし自然的存在者は認識的存在者の下に、しかもそれを媒介にして存在のうちへと産み出されるということである。というのは、註釈者（アヴェロエス）[928]がテミスティウス[929]から引用しているように、全自然は、あたかもより高い原因によって導かれたもののように、働くからである。さらにその上に、非認識的存在者は、それ自身に目標を定める認識的なものによって導かれなくては、或る一定の手段によって確かな目標へと向かうことはないからであり、それはわれわれが矢と矢を射る人において見るとおりである。このことは次のことによって明らかである。真の理念は、善の理念よりもより先なるもので、より単一のものであり、そればかりか善の理念そのものは、事物のうちにではなく、知性のうちにあり、それは善なるものではなく、むしろ理念、ロゴス、すなわち言葉、始原、すなわち善の原因である。

「父は私のうちにあり、私は父のうちにある」（三八節）

519 これはすでに述べられたことから明らかである。すなわち、生まれた義人のうちにおいては、いかなるものも生む義ほど存在していない。さらに、義人が義から生まれた義人であるかぎりにおいて、いかなるものもその義人ほど義のうちには存在しない。

「ヨハネは確かにいかなるしるしも行わなかった」（四一節）

520
アウグスティヌス[930]はトマスの註解[931]のなかで、この言葉を次のように解釈している。ヨハネはいかなる奇跡も行わなかった。彼は悪霊を追い払わなかったし、盲人を見えるようにしなかったし、死人を蘇らさなかった。それゆえに、それはクリソストムス[932]によれば、次のことを言わんとしているのである。もし奇跡を行わなかったヨハネをユダヤ人たちが信じているならば、彼らはそれよりもはるかに多くキリストを信じなくてはならなかった。とりわけキリストについては、ヨハネ自身が証言していたのであるから。

さらにまた、ヨハネはその衣は駱駝の毛皮であり、その食料はいなごであり、その飲物は水であったのであり、その聖性と民衆の間でのその聖性についての憶測と評判が大変大きかったので、彼はいかなる奇跡も必要としなかったのであると言うことができるであろう。そのようにしてピタゴラスは、哲学者の間ではその評判によって非常に有名であったので、彼の言ったことにおいては、ピタゴラスが言ったということ以外の他の証明は必要ではなかったのである[933]。

521
さらにその上に、第三に、「ヨハネはいかなるしるしも行わなかった」ということが意味しているのは、優秀な博士たち[934]によれば、恩寵は、霊魂の能力のうちにあるのではなく、霊魂の本質のうちにあるのだから、本来的にも、直接的にも、それ自体としては奇跡や外的な業を働くのではなく、それ自体としては神的存在を与えるものであると言うことができるであろう。それは以下の言葉によっている。「神の恩寵によって私は私がそれであるところのものである」（Iコリ一五・一〇）、「神の恩寵は生命である」（ロマ六・二三）、「生きることは生けるものにとっては存在である[935]」。恩寵はそれゆえに、それ自体としては神的存在を与えるのである。ヨハネという名前はしかし、「そのうちに恩寵があるもの」という意味である[936]。恩寵はしかし、すでに言われたように、しるしを行うのではない。というのは、恩寵は霊魂の能力のうちにではなく、本質のうちにあるからである。すなわち、本質は存在に関係しており、能力は業に関係している。すなわち、このようにして火の形相は、それ自体としては直接的に熱するのではなく、それから流れ出した熱を媒介にしてのみ熱するのであり、同様にして能力は霊魂に、徳は恩寵によっているのである。それゆえに、使徒（パウロ）は「神の恩寵によって私は私がそれであるところのものである」と言ったときに、次のように付加したのである。「神の恩寵は私のうちでは虚しいものではなかった」（Ｉコリ一五・一〇）。

第一一章

「ラザロという或る病人がいた」。

522
このことについては、トマスの連続註解[937]が十分詳細に論じている。しかし、**「イエスはマルタとその姉妹マリアとラザロを愛していた」（五節）**と言われるとき、まず第一に、次の一事が注目されるべきである。すなわちここでは、神が愛する三種類の人間が表示されている。第一の類は、慈しみの業に励む人であり、第二の類は献身と祈りと観想に向かう人であり、第三の類は苦難と不幸のうちに耐えている人である。第一の類はマルタによって、第二の類はマリアによって、第三の類はラザロによって指示されている。

第二に注目されるべきことは、ここで以下のように言われていることである。**「主よ、あなたがここにおられたならば、私の弟は死ななかったでしょう」（二一節）、さらに以下において、「私はあなたが生ける神の子、キリストであることを信じていました」（二七節）**

523
すなわち、グレゴリウス[938]は「あなたがたはしるしと奇跡を見なかったならば信じない」（四・四八）という言葉について、次のことを証明している。すなわちその首領は、イエスのもとに下ってきて、彼の息子を癒すように懇願することによって、まさにイエスを信じていなかったのである。というのは、神がそのうちには存在しないような場所はないのに、その人は、〔神の〕自然的現前に対して優位を置いていたからである。それゆえに、ここでマルタが「あなたがここにおられたならば、私の弟は死ななかったでしょう」と言い、しかし「私は信じていました」と言っているのは、どういうわけであろうか。

第一に言うことができるのは、その首領もマルタも確かに信じていたが、しかし不完全な仕方においてであり、それは目が見えないまま生まれた人が次のように言っているのと同様である。「神は罪人の言うことを聴かれないということを知っています」（九・三一）。あるいは、彼女は苦悩するもの、情熱にかられたものとして語っているのであり、何を言うべきか、何をなすべきか十分に熟考するものとして語っているのではないと言うべきかも知れない。あるいは第三に、マルタが「主よ、あなたがここにおられたならば」と言うことによって言いたかったのは、私たちは病気の弟が癒されることをあなたに請い願っていました、そしてあなたはどこでも私たちの願いを聴き届けて下さると信じていました、しかしもしあなたが聴き届けて下さったならば、「私の弟は死ななかったでしょう」ということであると言うことができるかも知れない。そしてこれは次の言葉の意味である。「しかしあなたが神に要求することは何でも、主はあなたに与えて下さるであろうということを今や私は知った」（一一・二二）。この言葉は、すでに述べられた第一の解決を、すなわち、彼女は確かに信じていたが、不完全な仕方においてであったということを示唆するものである。

524

「しかしイエスは彼女が泣いているのを見たとき、心のなかで呟いて動転された」（三三節）

注目すべきことは、情念、すなわち怒りやそれに類するものは、それが理性に先行するときには、悪徳的なものであり、悪しきものであるということである。というのは、哲学者（アリストテレス）[939]によれば、「人間は理性的動物であり」、「人間という類は技術と理性とによって生きるのであり」、ディオニシウスの『神名論』第四章[940]によれば、人間にとって善は理性にあることであり、理性の外にあるものは悪しきものである。しかし情念が、支配するものとして理性に先行することなく、理性によって支配されたものとして理性に従うときには、それはつねにもはや悪しきものではなく、徳の働きになるのである。そしてこれはここで次のように言われていることの意味である。「心のなかで呟いて」、すなわち、その場合の心とは、呟きを支配するものなのである。それゆえに、続いて次のように言われる。「動転された」とは、すなわち他のもの、つまり情念によって動転されたという意味ではない。というのは、善を愛する人が悪によって動転させられるということは、正しく理に適ったことであるからであり、それは「詩編」の次の言葉によっている。「善を愛するあなたがたは、悪を憎め」(詩九六・一〇)。このようにしてすなわち、上方を愛する火は下方を忌避するのである。クリソストムス[941]は「自分の兄弟に怒るものは」(マタ五・二二)という言葉について、こう言っている。「もし怒りが存在しなければ、教えも役に立たず、審判も存立せず、罪も抑制されない。それゆえに、正しい怒りは訓育の母である」。これはクリソストムスの言葉である。さらに同じ箇所において[942]、次のように言われている。すなわち短気は、もし原因があるならば、短気ではなく審判である。というのは、原因があって怒っている人の怒りは、もはや情念から出ているのではなく、その原因から出ているからである。それゆえに、そのような人は審判を下していると言われるのであって、怒っているのであると言われるのではない。これはクリソストムスの言葉である。そしてこの言葉に一致するのが、「詩編」において言われていることである。「怒れ、しかしけっして罪を犯すな」(詩四・五)。アウグスティヌスは『神国論』第九巻[943]において、こう言っている。「ストア派の人々には、賢者に情念が入り込むのは気に入らなかった」、「ペリパトス派[944]の人々はそれに対してこれらの情念は賢者にも入り込むが、それらは節制され、理性に従属せしめられていると言っている[945]」。さらに以下において[946]、「キリスト教の教えにおいては、敬虔な心が怒るかが問われるのではなく、なにゆえに敬虔な心は怒るのであるかが問われる」。彼は『神国論』第十四巻[947]においてこう言っている。「兄弟を正すために、兄弟に怒ることは、いかなる健全な知性も非難することはない」、「善き愛情と聖なる愛から出ているそのような心の動きは、悪徳と呼ぶことはできない。というのは、それらは正しい理性に従っているからである[948]」。これらはアウグスティヌスの言葉である。クリソストムスも上と同じ箇所において[949]言っている。「人が怒って、しかもその怒りが駆り立てることを行わなかったとするならば、彼の肉は確かに怒っているが、彼の心は怒っていない」。

第一二章

「イエスは過ぎ越しの祝い[950]の六日前に〔ベタニアに来られた〕」。

525 この章の物語と内容は、その文字的意味においても、霊的意味においても、美しいものであるが、トマスの連続註解[951]は十分にそれを解釈している。続いてまた、この書の終わりに至るまで、注目すべきものとして生じてくることがらが、詳細な追求はなされることなく手短に追求され、その際には、これまで詳細に書かれたことがらから読者に対して、探究するための素材のみが与えられなくてはならない。

「もし一粒の麦が地に落ちて死ななければ、そのままに留まる。しかしもし死ねば、多くの実を結ぶ」（二四節）

526 注目すべきことは、実を結ぼうとするものは、まず第一に、単数形における「一粒」でなくてはならないのであり、多に散逸したものであってはならないということである。というのは、多はつねにその本質からして一からの落下であるからである。「神はしかし一なる者である」（ガラ三・二〇）。さらに、多は善からの落下である。というのは、一と善とは置換することができるからである。第三に、それは真からの落下である。というのは、真は一と置換することができるからである。第四に、それは存在からの落下である[952]。というのは、存在者と一とは置換することができるからである。これらのことから明らかになるのは、多に散逸したものは、そのようなものとしては、真から落下しており、存在から落下しており、したがって神の反対である悪魔へと落下しており、善の反対である悪へと落下しており、真の反対である偽と虚偽へと落下しており、存在そのものの反対である無へと落下しているということである。「悪人は彼の面前で無になった」（詩一四・四）。それゆえに、永遠の生命の実を結ぼうとするものは、多に散逸したものではなく、単数形における一粒でなくてはならない。多は罪であるからである。「私の罪を許して下さい。それは多いからです」（詩二四・一一）、「すべての人々は多くのことにあやまつ」（ヤコ三・二）。さらに、「詩編」において言われている。「多くの人々が私に敵対している。そして多くの人々が私の霊魂に対して言った。その神によっては、私の霊魂の救いはない、と」、すなわち一なるものにおいては（詩三・二以下）。「というのは、神は一なるものであるからである」（申六・四、ガラ三・二〇）。一ではないすべてのものは神ではない。それゆえに一を害する人は、神を害するのであり、すべてのものに咎があり（ヤコ二・一〇参照）、すなわち、多ないしすべてのものの罪と汚点に陥るのである。アウグスティヌスは『秩序について』第一巻の冒頭において[953]言っている。「人間は自分自身を認識するためには、自分自身のうちに留まるよりも、自分自身のうちに心を集中する習慣を持たなくてはならない」。さらに以下において、[954]「多くのものへと出ていく霊魂は、貪欲に貧しさを求めるが、そのような貧しさは多からの離脱によってのみ避けられるものであることを知らない」。しかし、私の言う多とは、人間の多数性のことではなく、感覚が触れるすべてのものの多数性を指しているのである。それゆえに、「一粒」と言われたのである。

527 第二に「麦」が続いている。というのは、次のように言われているからである。「もし一粒の麦が」。そのことによって注目されているのは、生命の純粋さである。というのは、麦すなわち小麦はすべての穀物のなかで最も純粋なものであり、それはちょうど金が金属のなかで、人間が生物のなかでそうであるのと同様である。さらにまた、小麦そのものは本来の意味において人間の栄養である。〔第三に〕それに続いて、「地に落ちて」と言われている。そのことによって注目されているのは、謙遜（humilitas）である。というのは、大地（humus）とは地であり、したがって大地から謙遜は言われているからである。それゆえに、人間（homo）もまた大地から言われている。[955]というのは、それは地から造られたからである（創二・七参照）。第四に、続いて「死ななければ」と言われている。「地上にあるあなたがたの肢体を殺しなさい」（コロ三・五）、「肉においては殺されて」（Ｉペテ三・一八）、「われわれは、イエスの生命がわれわれの心において明らかになるように、われわれの身体においてイエスの死を身にまとう」（IIコリ四・一〇）。そしてこれはここで続いて次のように言われていることの意味である。「しかしもし死ねば、多くの実を結ぶ」、「あなたが種を蒔くものは、あらかじめ死ぬことがなければ、生きることはないであろう」（Ｉコリ一五・三六）、「主は殺し、また生かす」（サム上二・六）。第一に「殺す」と言われており、第二に「生かす」と言われている。

「この世における自分の霊魂を憎む人は、永遠の生命のためにそれを護る」（二五節）

注目されたいのは、永遠の生命を手に入れようとする人は、〔自分の〕霊魂を憎まなければならないということである。すなわち霊魂とは、アヴィケンナが『自然学』第六巻の冒頭[956]で言っているように、自然的存在者の名称ではなく、職務、すなわち、それが身体に生命を与えているかぎりにおいての職務の名称であり、それは、例えば、或る人が芸術家、すなわち建築家、画家やそれに類するものと言われる場合のようなものである。しかしこの魂とこの霊魂の外側にあり、下級のものに係わるすべてのものを、上方に向けて働きかけようとする人は軽蔑しなくてはならない。「あなたがたは地上にあるものではなく、上方にあるものを味わえ」（コロ三・二）。さらに、第二に、そのような人は、自分に固有のすべてのものを憎まなければならない。というのは、神的なものはそれ自体としては、つねに共通のものであり、(957)他のものに由来しているのであって、或る被造的なものに固有なものではないからである。それゆえに、自分に固有のものを軽蔑することによって〔人は上方へと向かわなくてはならないのであり〕、それは以下の言葉によっている。「私の後に来ようとする人は自分自身を否定しなくてはならない」（マタ一六・二四）。さらに、第三に、永遠の生命を得ようとする人は世を憎まなくてはならない。「世は彼を知らなかった」（一・一〇）、さらに以下において、「世は私を憎んだ」（一五・一八）、さらに以下において同じ箇所で、「私はあなたがたを世から選んだ」（一五・一九）、「世を愛するな」、さらに、「もし或る人が世を愛するならば、その人のうちには父の愛はない」（Ⅰヨハ二・一五）。

529

「もし人が私に仕えるならば、私に従うべきである。そして私のいるところには、私に仕える人もまたいるであろう」（二六節）

ここでは、「私に」と言われているのであり、自分自身にとか、他の何か、すなわち収益、快適さ、名誉ないしそれに類するものにではないのであり、それは次の言葉によっている。「あなたの神である主を崇拝すべきであり、彼にのみ仕えるべきである」（マタ四・一〇）。そしてこれは次のように付加されていることの意味である。「私に従うべきである」、さらにまた、「私のいるところには」、この場合の「私」とは、私のみがという意味である。あるいは、「私のいるところには、私に仕える人もまたいるであろう」と言われていることは、次のことを言わんとしている。神に仕える人の報酬は神以下の、あるいは神よりも少ない或るものではなく、その実体における神そのものである、と。というのは、「私」という語はこのことを、すなわち充溢した純粋の実体を表示しているからであり、それは最大限に区別する代名詞であるからである。[958]「私は」「あなたの報酬である」（創一五・一）。しかし注目すべきことは、アウグスティヌスが『告白』第十巻[959]において言っていることである。「主よ、自分自身が欲したことをあなたから聴くことよりも、あなたから聴いたことを欲することを願う人があなたに最もよく仕える人なのです」。

530 しかし続いて、「私の父は彼に栄誉を与えるであろう」と言われていることは、次のことを言わんとしているのである。彼は神の子になるであろう、と。「もし子であるならば、また相続人である」（ガラ四・七）。というのは、父としての父は子以外の誰も顧みないのであり、生むこと以外の何も働くことはないからである。

「私は地上から上げられるとき、すべてのものを私の下へと引き寄せるであろう」（三二節）

531 第一に注目すべきことは、セネカ[960]の言うように、「いかなる悪しきものも高所には存在しない」ということである。それゆえに、「詩編」（九〇・九、一〇）においては言われている。「あなたは至高者をあなたの隠れ場にした」、そして続いて、「悪があなたに近づくことはない」、そればかりか高所には、それが高いものであるかぎりにおいて、つねに善が存在するのである。というのは、高いものも上級のものも、下級のものによって捉えられることはなく、むしろすべての下級のものを捉えるのであり、捉えられているものそのものを捉えるからである。「彼らは自分を捉えてしまっているものたちを捉えるであろう」（イザ一四・二）。さらにその上に、高いものと上級のものとは、次の言葉によって言われているように、善によって溢れている。「彼は高所に上り、奴隷を引き連れ、人々に賜物を与えた」（詩六七・一九、エフェ四・八）。というのは、高いものと上級のものは、それよりも下級のすべてのもののすべての完全性をつねにあらかじめ持っているからである。そしてこれがここで言われている「すべてのものを私の下へと引き寄せるであろう」の意味である。また次のように言われている。「彼は自分のすべての善きものの上に彼を置いた」（マタ二四・四七）。というのは、高いものはそれ自身としてつねに第一のものであるからである。『原因論』[961]において言われているように、「しかし第一のものはそれ自体として豊かなものである」。

さらに次のように言われている。「私は地上から上げられるとき」。というのは、次のように言われているからである。「地上に住んでいることは霊を押さえつける」（知九・一五）。「悪魔に場所を与えるな」（エフェ四・二七）という言葉について註解[962]はこのように言っている。悪魔がそれを通って入り込んでくる二つの門がある。それはすなわち、欲望と恐怖である。もしあなたが何か地上的なものを請い求めるならば、この門から悪魔は入ってくるのであり、もしあなたが何か地上的なものを恐れるならば、この門からまた悪魔は入ってくる。クリソストムス[963]は言っている。「天上的なものを享受している人は地上的なものを喜ばない」、さらに[964]、「天上的な善きものを真実に味わった人は、彼が地上で愛しているものを真実には有していない」。そして、グレゴリウス[965]はその祈りにおいて言っている。「われわれは、地上の欲望を静めるならば、それだけ容易に天上的なものを捉えることができる」。さらに、アウグスティヌスは『三位一体論』第二巻第十七章[966]において神の霊について、ないしは神の御顔について述べている。「すべての理性的霊魂をそれ自身への願望によって魅了するのは、その美である。その霊魂が純粋なるほど、それだけより激しくそれは求めるのであり、それは霊的なものへと向かうほど、それだけそれはより純粋になるのであり、それは肉的なものにおいて死ぬほど、それは霊的なものによりいっそう向かうのである」。また同様のことは、われわれは自然において、元素において、惑星において、宇宙において見出すのである。或るものが地上から離れるほど、それだけそれは美しいものになり、より普遍的な影響を持つようになるのである。

「イエスはこれらのことを語って去られ、彼らから身を隠された」（三六節）

533
イエスとは、「救い」という意味である。[967] 注目すべきことは、救いは七つの種類の人間に対しては隠されているということである。第一に、恐れている人々に対して。「あなたの甘美さはどれほど大きなものであるか。しかし、それをあなたはあなたを恐れる人々に対して隠される」（詩三〇・二〇）。しかし、それは愛する人々に対しては露になる。第二に、救いはこの世とこの世的なものを愛する人々に対しては隠されている。「天の国は畑のなかに隠されている宝のようなものである」（マタ一三・四四）。同じ箇所において先に言われているように（マタ一三・三八）、「畑とはこの世のことである」。第三に、救いは傲慢な人々に対して、すなわち高いものを味わう人々とこの世的な知恵を求める人々に対して隠されている。「あなたはこれらのことを知恵ある人々や賢い人々に対しては隠して、それらを小さき人々に露にされた」（マタ一一・二五）。第四に、救いは神の他に他のものを得ようとする欲得ずくの人々に対して隠されている。「彼らは明かりを灯して、それを升の下に置くようなことはしない」（マタ五・一五）、「誰も明かりを灯して、隠れた場所に置くか、升の下に置くようなことはしない」（ルカ一一・三三）。というのは、時間的な報いや何らかの被造物的なもののために生じるものは、升の下に置かれるのであり、それ自体としてはもはや神的なものではないからである。第五に、救いはこの世に対して死んだ人々に対して露にされるが、この世のために生きている人々に対しては隠されている。「知恵はすべての生けるものの目には隠されている」（ヨブ二八・二一）。第六に、すべての上級のものはそれに属する下級のもののうちに、反対に、下級のものはそれに属する上級のもののうちに隠されている。[968] 例えば、色は光のうちに、光は色のうちに、熱は太陽のうちに、太陽は熱のうちに隠されている。確かに事物は、それがその潜勢力において存在しているものの、その名も定義も存在していないところでは、隠されているのである。というのは、太陽はそれ自体としては、形相的には熱ではなく、太陽には熱の定義は適合せず、太陽は実際に熱くはなく、ただその潜勢力においてそうであるからである。第七に、事物はその反対のもののうちに隠されている(969)。このように多は一のうちに、そしてまたその反対でもあり、善は悪のうちに、欠如は所有のうちに隠されている。

534

「私は世を裁くためにではなく、世を救うために来た」（四七節）

これは上の第三章において、次のように言われていることと同一のことである。「神が自らの子を遣わしたのは、世を裁くためではなく、世が彼によって救われるためである」（三・一七）。すなわち、自然的なものにおいて働くものは、つねに存在のために、善のために、ないしは生み保持するために働くのであり、それは、そのようなものがそれ自体によって、かつその意図によって救うためである。しかしまた、そのようなものは消滅と滅びを目指す場合もあるが、それは本来の意図ではなく、付帯的にである。そしてこのことがここで次のように言われていることの意味である。「私は世を裁くために来たのではなく、世を救うために来たのである」。それゆえに注目すべきことは、実体的形相は複合体に存在と自存とを与えるものであり、この点において神的なもの、ないし神を醸し出すものであるが、神は存在そのもの、すべての存在と救いの、ないし実体の泉にして根であり、いかなるものにも対立することなく、いかなるものにも敵対することなく、いかなるものにも重荷となることなく、いかなるものにも害を与えるものではないということである。それに対して付帯的なものは、例えば、性質は実体的形相から降下し、落下することによって、複合体に端的な意味における存在を与えるのではなく、変化し消滅する反対のものの本性のうちへと落ち込んで行くのである。しかしまさに変化は、消滅せしめることによって、性質そのもののうちにおいて付帯的に存在するのであり、性質は実体的形相の潜勢力と本性とを醸し出しているのであって、そのような実体的形相から性質は降下し、そのような実体的形相には、存在を与え、守ることが属しているのである。このような意味において、変化はそれ自体としては、生成に係わり、生成を目指すものであり、その目標は存在である。それゆえに、変化そのものの目標も生成であるが、消滅させることや或る人を害することは、変化そのものに完全に付帯的に属するのである。付帯的なものによっては、いかなるものも名づけられることはなく、付帯的なものはいかなるものにも帰属することがない。それはいかなる働きを及ぼすものによっても志向されることはなく、求められることもなく、愛されることもなく、むしろ憎まれるのであり、認識すらされないからである。しかし、すべての愛は同じ類のものの認識に由来するのであり、認識されざるものは愛されることがない。そしてこれは以下において、比喩的に言われているものである。「私はヤコブは愛したが、エサウは憎んだ」[970]（マラ一・二以下、ロマ九・一三）。さらに悪について言われている。「私はあなたがたを知らない」（マタ二五・一二）。

535

例えば、火の熱はそれ自体としては、その熱を生み出す火の形相から遣わされたものであるが、善きものであること、かつ有益なものであることを志向し、愛し、求めるのである。しかし、悪はそれらを志向することなく、愛することもなく、本性的な憎しみによって憎むのである。さらにすでに述べたように[971]、すべての愛は認識から生じるのであるから、愛は悪を知らず、それについては完全に無知である。それゆえに、熱は悪を愛してもいず、それについて知らないのであるから、それが破壊し、害を与えるからといって、悪しきものであると言うことはできない。というのは、われわれの下においても、悪は、それについて知らない人、それを欲しない人、それを愛さないで憎んでいるいかなる人にも、帰することはないからである。そしてこれは上の第七章において次のように言われ、解釈されたことの意味である。「彼を遣わした方の栄光を求める者は真実なる者であり、彼のうちには不義がない」（七・一八）。というのは、そのような人は自分自身から或ることをなさないのであり、実体的形相と彼を遣わした火が教えるとおりにするのであり、それは上に第八章において言われているとおりであって、そこで私が記しておいたとおりである（八・二八）[972]。

536 すべてのすでに述べられたことの根拠は次のとおりである。自然においては、働きは働きの始原である形相を超えることはけっしてない。さらに技術においても、ないしは理性と認識においても、証明手段ないしは真なるものの始原である形象を、働きが超えることはけっしてない。さらに、神的なものにおいては、「神は愛として愛するのであり、善性として輝くのであり、真理として認識するのであり」、それは上に[973]言われたとおりである。それゆえに、これはここで次のように言われていることの意味である。「私は世を裁くためにではなく、世を救うために来た」。

537

「私を遣わした父は、私が何を言うべきであり、何を語るべきであるかを私に命じた」（四九節）

ここで言われていることは、すでに上で[974]例を用いて、熱と火について言われたことから明らかになる。というのは、産み出す父はつねに産み出されたものが何を言うべきか、何を述べるべきか、一般的に、何をなすべきかを命じ、指示するからであり、それは次の言葉によっている。「あなたはそれらが超えることのできない限界を設けた」（詩一〇三・九）、さらに、「あなたは命令を出した。それは過ぎ去ることはないであろう」、さらに以下において、「火、雹、雪、氷、嵐の風、それらは彼の言葉を行う」（詩一四八・六、八）。しかし、「何を私は言うべきか、何を述べるべきか」と言われている際には、「言うこと」は内的な言葉、すなわち精神的な言葉に関係づけることができるのであるが[975]、「述べること」は外的な言葉、すなわち音声的なものに関係づけることができるのであって、それは次の言葉によっている。「明白に聴かれない」「言葉はなく」、「すべての地上の上に彼らの声は響き渡る」

（詩一八・四、五、ロマ一〇・一八参照）。

第一三章

「過ぎ越しの祝いの祭の日の前に」。

538 この章において含まれていることがらは、トマスの註解[976]において十分に解釈されている。しかし、ただ一つの注目すべきことは、ユダは「十二人の一人」(六・七一)であったが、裏切り者として明らかになったのであり、そのことは比喩的に次のことを教えているということである。すべての被造物には、どんなにそれらが崇高で完全なものであれ、変化と欠如の悪、ないしは少なくとも否定の悪が見出されるのであり、それは以下の言葉によっている。「天も彼の面前では純粋なものではない」(ヨブ一五・一八)、さらに、「彼に仕える人は確固たる者ではなく、彼の天使のうちにも彼は不正を見出す」(ヨブ四・一八)、さらに、「世界を担っている者たちも彼の下に膝を屈める」(ヨブ九・一三)。

「あなたがたは私のことを師とか主と呼ぶ。そしてあなたがたがそのように言うのは正しい。私はそれであるからである」(一三節)

539 上に述べた言葉は、キリスト自身がどこにおいても忌避している僭越であるように思われる。このことに対して、アウグスティヌス[977]はトマスの註解[978]においてこう答えている。もしすべてのものに優るものが自分自身を卓越した者であると言ったとしても、それは僭越であると把握すべきではない。われわれはこのことを例を用いて示そう。もし王が自分を戦士であると言うならば、それは僭越ではないであろう、と。オリゲネスは同じ箇所[979]でこう言っている。これらの言葉は弟子に対するほめ言葉である、と。それゆえに注目すべきことは、その人の教えを信じ、それに賛同している人がその人を主であると言ったとしても、その人は真なる仕方で、かつ的確な仕方でそのように言っているということである。同様にして、その人の命令に仕えている人がその人を師であると言ったとしても、その人はよい仕方で、かつ真なることを言っているのである。それに対して、その教えに賛同するのでもないその人を師と呼ぶ人は、ないしはその命令を軽蔑しているその人を主と呼ぶ人は、的確でない仕方で、かつ悪しき仕方で語っているのである。というのは、彼は嘘を言っているからであり、それは次の言葉によっている。「もし私が主であるならば、私に対する恐れはどこに見られるか」（マラ一・六）。それゆえに、これらの弟子たちは褒められているのである。というのは、彼らはキリストの教えを信じたのであり、キリストの命令に仕えたからであって、したがって彼を「師とか主とか」呼ぶことによって「正しく」語っていたからである。すなわち、彼らは彼に従い、仕えていたのであるから、彼は彼らの師であり、主であったからである。この点において彼らは褒められているのである。グレゴリウスは『道徳論[980]』において、この問いに答えている。「僭越さを避けようとして、虚偽の罠に捕らえられる人々は、誤った仕方で謙遜なのである」、「というのは、彼らは真理に抗して立ちあがるのであり、真理を放棄しているからである。それというのも、必然性に駆られて自分自身から真なることと善なることを語る人は、真理に結びつけられるほど、より多く謙遜さに結びつけられることになるからである」。それゆえに行間註解[981]は、「あなたがたがそのように言うのは正しい」というこの箇所について、こう言っている。「それは真実であるから」、と。

540 さらにその上に、われわれはこの言葉を他の仕方で解釈できるであろう。それゆえに注目しなくてはならないことは、すでに先に上に[982]述べられたように、存在者の全充溢は、造ることと創造に属する、霊魂の外なる実在的存在者と、さらには言葉と認識に属する、霊魂の内なる、ないしは霊魂に由来する存在者とに分割されるということである。しかし、すべてのものの第一原因と始原は存在そのものである。確かに存在そのものから、創造と被造物に係わる、霊魂の外なる実在的存在と、創造者と主とに係わる霊魂の内なる認識的存在者とが降下し、発出してくるのである。というのは、博士たち[983]が言っているように、神は「彼が天と地とを造った」（創一・一、二・四参照）とき以来、創造者にして主として呼ばれているからである。さらにまた、霊魂の内なるこの存在は、言葉と師とに係わっているのである。それゆえに、次のように言われている。「あなたがたは私のことを師とか主とか呼ぶ」。これは存在者の両方の様態に係わっているのであり、「そしてあなたがたがそのように言うのは正しく」真実である。私はそれであるからである。私は存在するところの者であり（出三・一四参照）、私は存在そのものであり、その存在から確かにすべての存在、存在者のすべての様態が出来してくるのであり、霊魂の内なる存在者の場合は、私は「師」であり、事物における外なる存在者の場合は、私は「主」である。そしてこれは次のように言われていることの意味である。「あなたがたの師はひとりである」、「天におられるあなたがたの父はひとりである」（マタ二三・八、九）。その際には、前者では「主」と呼ばれているものは、後者では「父」と呼ばれている。

「新しい掟を私はあなたがたに与える。私があなたがたを愛したように、あなたがたも互いに愛し合いなさい」

（三四節）

541 アウグスティヌス[984]は註解[985]において言っている。「彼が『新しい掟』と言っているのは、これが旧法のうちには存在しないからではない。〔旧法にも次のように言われている。〕『あなた自身と同じように、あなたの隣人をも愛しなさい』（レビ一九・一八）。また昔の聖人たちがそのように愛さなかったということでもなく、愛はどのような時代にあっても、古い人間から新しい人間を造るのであり、このことはしかし、夫婦や父と子やそれに類するものの間に見られるような自然的必然性による愛を生ぜしめるものではない」。さらに以下において、[986]「それゆえに彼は、次のように規定する。『私があなたがたを愛したように』。あなたがたが神の子であり、独り子の兄弟であるようなそのような愛をもって愛しなさい。その愛は世に対しては死なせしめるものである」。以上がアウグスティヌスの言葉である。

これらのアウグスティヌスの言葉から、第一に明らかになるのは、愛の掟が新しいのは、それが古い人間から新しい人間を造るゆえにであるが、旧法においてもそのことは書かれていたのであり、その時代の聖人たちによって守られていたということである。しかし旧法においては、それは命じられていたのではなく、むしろ勧められ、約束され、望まれていたのであると言うことができるであろう。というのは、「愛しなさい」と言われていたのではなく、「あなたは愛すべきである」と言われていたからである。その理由は、愛は新法に属するが、恐れは旧法に属するからである。

さらに、第二に、旧法は時間的なものについてであったがゆえに、それは太陽の下にある時間的なものを約束するものであった。しかし、次のように言われている。「太陽の下に新しいものはない」（コヘ一・一〇）。さらに、哲学者（アリストテレス）[987]によれば、時間は古くする。このことに関して、私は先に第一章において次の言葉について記しておいた。[988]「法はモーセによって与えられた」等（一・一七）。

第三に暗示されているように思われることは、自然的愛によっては、人は神を自分自身よりも多く愛することはないということであり、このことは今日まで多くの人々[989]が主張していることである。それに対して別の人々は[990]、結論において反対のことを主張しており、しかし不十分な論証によるものである。それは、被造物は本性的に自分自身よりも、神を愛することを証明しようとするものであり、つまりその理由は、その存在が始原としての、ないしは終局としての神に依存するものであるから、ということである。しかし、もしこの言句がよく吟味されるならば、それは主張されていることと反対のことを証明していることになる。すなわち、被造物は、まさにその存在が神に依存しているがゆえに、自分自身よりも神をより多く愛するのであるとしたならば、被造物はすでに神を自分自身のゆえに愛しているのであって、神を神自身のゆえに愛しているのではないからである。

543 それゆえに、簡潔に言うとするならば、すべての被造物は本性的に自分自身よりも、神をより多く愛しているのであり、そればかりか神のためでなくては、自分自身も何らかの或るものも愛してはいないのである。その理由は次のとおりである。アヴィケンナがその『形而上学』第八巻第六章[991]において言っているように、すべてのものによって求められるものは存在であり、存在のみであるからである。しかし、被造物はそれが憎んでいるすべてのものにおいて、非存在を憎んでいる[992]。存在はしかし神であり、神にのみ由来するものである。それゆえに、被造物は自分自身を愛していることによって、神を愛しているのであり、同時に自分自身を憎んでいるのである。というのは、存在は神に由来しており、被造物はそれ自身からしては、非存在ないし無であり、それは次の言葉によっている。「彼は自分自身を拒否し、私に従うべきである」（マタ一六・二四）。

544 このことにしたがって、目下のところ手短に注目されるべきことは、恩寵は自然を変化させるのではなく、完成するということである[993]。というのは、すでに言われたように[994]、すべての被造物の本性は自分を愛することではなく、自分自身において自分自身を憎むことであるが、自分自身のうちに神を愛することであり、自分自身を神のうちにおいて愛することであるからである。このようにしてそれらの両者の側においては、一つの愛されるものと一つの愛とが存在するのである。ここからまた、アウグスティヌスの言うように[995]、すべての悪の根源は自己への愛であるが、すべての善の根源は神への愛である。次に言われていることはこのことに反するものではない。「誰もいまだかつて自分の肉を憎んだ人はなく、誰しもそれを養い育てるのである」（エフェ五・二九）。さらに哲学者（アリストテレス）は『倫理学』第九巻[996]において言っている。「他人において愛すべきものは、自分自身において愛すべきものから由来する」。さらにまた言われている。「すべての生物は自分に似たものを愛する」（シラ一三・一九）。もしそれが「自分に似たもの」を愛するとしたならば、それはより多く、まず第一に自分を愛するのである。しかし自分を愛する者は、自分が存在すること、かつ自分を存在のうちに保持すること以外の何を愛しているのであろうか。そのような人は自分を愛することによって、自分の存在を愛しているのである。上に言われたことから、次に言われていることの意味が明らかになる。「新しい掟を私はあなたがたに与える」。しかし続いて、「あなたがたは互いに愛し合いなさい」と言われていることは、以下の第十五章において次の言葉について解釈されるであろう[997]。「私があなたがたを愛したように、あなたがたは互いに愛し合いなさいというのが私の掟である」（一五・一二）。

第一四章

「あなたがたの心を騒がせることはない」等々、さらに以下において、「私は道であり、真理であり、生命である」（一六節）

545 この言葉は聖人たち[998]によって、またさまざまな註解[999]において多様な仕方で解釈されている。或る註解[1000]はこの箇所についてこのように言っている。「道」とは、求める人々のために誤りなくということであり、「真理」とは、見出す人々のために偽りなくということであり、「生命」とは、持ちこたえる人々のために死ぬことなくということである。しかし手短に言うならば、キリストは現在においては、信仰による「道」であり、功徳に向けての善き業であるが、将来においては、報いに向けての「真理であり、生命であり」、それは次の言葉によっている。「彼らが真なる神であるあなたのみを認識することが永遠の生命である」（一七・三）。それゆえに、「真理であり、生命である」と言われている。というのは、認識することは認識する者にとっては生きることであり、それはちょうど哲学者（アリストテレス）[1001]が言うように、「生きることは生ける者にとっては、存在である」のと同様である。さらにまた、「真理」は見ることに関係しており、「生命」は情念に関係しているが、第一の解釈のほうがよいと言えるであろう。

「主よ、われわれに父をお示し下さい。そうすればわれわれは満足です」（八節）

546 この言葉は二様の仕方で解釈することができるであろう。第一は、「父」という語を一として把握することによってであり、その一は聖人たちによって[1002]、また博士たち[1003]によって父に帰属せしめられるのである。第二は、「父」という語をその語が意味するとおりに、また父がそれであるとおりに把握することによってである。

第一に、父を父に帰属せしめられる一として把握するならば、――それは多様な仕方で解釈することができるのであり、それらのそれぞれのものが何らかのことを教えており、次に言われていることの解釈のためには十分であろう。「主よ、われわれに父をお示し下さい。そうすればわれわれは満足です」。

547 第一は次のとおりである。父には一性が帰属せしめられる。しかし、すべての願望とその休止とは、神と一つになることである。さらに、一性によって、かつそれによってのみ、すべての一つになることは存在するのであり、それはちょうど白色によって、かつそれによってのみ、すべての白くなることは存在するようなものである。それゆえに、「われわれに父をお示し下さい。そうすればわれわれは満足です」と言われていることによって、われわれが神と一つになることを、またそのことによって十分であることが請い求められているのである。

第二に、次のように言われている。「われわれに父をお示し下さい。そうすればわれわれは満足です」。というのは、一性が父に帰属せしめられているからであり、しかもそれは、善性よりも、真理よりも、より直接的に存在に係わっているからであって、それは次の言葉によっている。「不滅は人をして神に近づける」（知六・二〇）。というのは、消滅はつねに一からの落下であるからである。それゆえに、反対に、消滅しないことは一のうちに存立しているのであり、一は神にきわめて近いものである。というのは、それはその概念内容からしても、存在の上に何も積極的なものを付加しないからである。すなわち、存在は第一のものであり、一はそれに次ぐものであり、真は

548 第三のものであり、善は四つのすべてのものに共通するもののうち最後のものである。それゆえに、等々。

第三は次のとおりである。一性は、すでに言われたように、父に帰属する。しかし、われわれの完成と至福とは、一のうちに存する。それゆえに、父と子と聖霊とは、それらが一なるものであるかぎりにおいて、至福にする。というのは、一においては、いかなる区別もまったく存在しないからである。これゆえに、ペルソナの有する関係そのものは、その本質においては、かつその本質によっては区別されていないのであり、それは「創世記」において比喩で次のように言われていることによっている。「彼は三を見た。そして一を崇拝した」（創一八・二参照）[1004]。それゆえに、フィリポ[1005]は言っているのである。「われわれに父をお示し下さい」、すなわち一性を。そして三が一であるかぎり、「そうすれば、われわれは満足です」。そしてこれが以下において言われているように、子が自分を信じるであろう人々のために祈っていることの意味である。「父よ、あなたが私のうちにあり、私があなたのうちにあるように、みなが一つになりますように、また彼らもわれわれのうちで一つになりますように」（一七・二一）。

549 第四は次のとおりである。一は、すでにしばしば言われたように[1006]、父に帰属せしめられる。それゆえに知るべきことは、人間以下のすべての被造物は神の似像にしたがって造られているのであり、或るもののイデアは神のうちにあるということである。しかし人間は、神の全実体の像に則して造られているのであり[1007]、したがって、神に似たものに則して造られているのではなく、一に則して造られているのである。「神はしかし一なる者である」（申六・四、ガラ三・二〇）。イデアはしかしより多く存在する。似たものもつねにより多くものに属する。したがって、次のように言われる。「流れはそこから出てきた場所へと還帰する」（コヘ一・七）。それはまた、ボエティウスが『哲学の慰め』第三巻[1008]において、こう言っているとおりである。「すべてのものはそれらの還帰に喜びを覚えている」。しかし、人間以下のすべての被造物は、〔神との〕類似性に基づいて存在のうちへと産み出されているのであり、それゆえに神を求めているのであって、神に似ていることがそれを満足させるのである。しかし人間は、神の一なる全的な実体の像に則して造られているのであり、また一なる全的なものに基づいて存在のうちへと産み出されているのであって、〔神に〕似たものに帰ることが人間を満足させるのではなく、人間は人間がそこから出てきた一へと帰るのであり、このことのみが人間を満足させるのである。そしてこれがここで次のように言われていることの意味である。「われわれに父をお示し下さい」、すなわち一を、「そうすれば、われわれは満足です」、さらに以下において、「私は父から出た者であり、父の下に行く」（一六・二八）、「〔太陽は〕天のこの涯から出て、かの涯へと廻りいく」（詩一八・七）。

550 第五は次のとおりである。すべての悪の原因は、もし悪が原因を持っているとするならば、事物がそれ自体において分割されていることである。「自ら分かれているすべての国は滅ぼされるであろう」（ルカ一一・一七、マタ一二・二五）、「彼らの心は割れた。彼らは今や滅びるであろう」（ホセ一〇・二）。あるいは、それは他のものによって分割されているのではないのである。というのは、銀ないし銅によって混ぜられている金は、よい金ではない。しかし、一はそれが一であることによって、それ自体においては分割されざるものであり、他のものによって分割されるものであるので、悪のすべての原因を排除するものである。それゆえに、次のように言われていることは正しいことである。一を「われわれにお示し下さい」、「そうすれば、われわれは満足です」。

第六は次のとおりである。哲学者（アリストテレス）が『倫理学』第一巻[1009]において言っているように、すべてのものは善を求めている。しかし、善は一のうちに存立しているのであり、一に還元されるのであって、それはボエティウスが『哲学の慰め』[1010]において明らかにしているとおりである。

551 第七は次のとおりである。可能態と質料は多のためにあるが、現実態と形相は一のためにある。しかし、すべての受動、欠如、欠陥と悪は、質料によって事物に帰属するのであり、それはラビ・モイゼスが『迷える者の手引』〕第三巻第九章[1011]において言っているとおりである。それに対して善と完全性は、形相によって事物に帰属するのである。それゆえに、これはここで次のように言われていることの意味である。一を「われわれにお示し下さい」、「そうすればわれわれは満足です」。

第八に、同様にして知るべきことは、すべての形相と本性は、質料から逃走し、いわば質料を忌避しているということである。その理由は一つには、悪はすでに言われたように、質料から生じているからであり、また一つには、質料はアウグスティヌス[1012]によれば、ほとんど無であり、ないしはプラトン[1013]によれば、無であるからであり、また一つには、質料は可能態ないし可能的にあることであるからである。しかしまた、可能態と現実態、可能的にあることと存在とは対立するものである。それに対して、存在はすべての人によって求められているものであり、したがって質料、可能態、そして可能的にあることは無としてすべての人によって、かつすべてのものにおいて逃走され、憎まれているものである。例えば、人は健康において、健康的にあること、ないし健康的な存在以外の何を愛しているのであろうか。人は病気において、健康的にあるのではないこと、健康ないし健康的にあることという或る種の存在が欠如、欠いていること、無以外の何を憎んでいるのであろうか。

552 すでに述べられたことに則して注目されるべきことは、質料と、数であるところの多は、一つの根から発出しているのであり、一つの泉の一つの脈管から流れ出ているのであって、その泉に一つの源を持っているということである。付帯的な仕方で、それらはこの世界のうちに、ないしはこの世界の事物のうちに存在しているのである。すなわち、より完全なもの、より上級のもの、より神に近いものは、それら自身において存在し、自存し、恒存することができるのであるが、それに対してその他のものは、神から離れたものとして、宇宙のさまざまな存在者の段階に応じて、その不完全性のゆえにそれ自身において存在することも、自存することも、持続することもできないのである。これゆえに、『霊魂論』第二巻[1014]において言われているように、他の残された仕方によって、神はそれらのものを完全なものにし、永続的なものにするのであり、それはすなわち、それらのものが数において生殖によって増えるようにするのであり、このことは、一つのものが他のものから生まれ、他のものの後にも存在するためである。生殖はしかし、質料を要求するのであり、しかもこれこれの大きさの質料を要求するのである。というのは、生む者の働きが前提にしている接触や、数であるところの分割は、大きさなくしては存在しないからである。このようにして存在者のうちで下級のものは、陰で覆われ、拡散した、分割された存在と自存のみをそれ自身のうちに受け取るのであるが、それと同様にして、われわれ感覚的なものの下においては、弱くなり、倒壊しかかった壁は、その不完全性のゆえに、それを支える支柱を必要とするのである。

553 そしてこれは、なにゆえにすべての存在者が質料から逃走し、質料を憎み、いわば恥じるのであるかという別の理由である。すなわち、すべての存在者は本性的に自らの欠陥と不完全性を恥じるのである。それに対して質料と数とは、すでに言われたように[1015]、同一の種の下にあるが、自らの形相の不完全性を示すものであり、形相の弱さの〔いわば〕薬であるが、より完全な形相はそのようなものを必要としないのであって、それは次の言葉によっている。「健康な人は医者が要らない」（マコ二・一七、ルカ五・三一）。このことは比喩によって、「創世記」においては次のように言われている。すなわち、始祖は罪を犯す前には、「恥じることがなかった」（創二・二五）。しかし罪を犯してからは、「いちじくの葉を集めて縫い、腰巻を造った」（創三・七）。

554 すでに述べられたことのしるしと証明は、すべての複合体の形相は質料を凌駕しており、いわば質料から遠ざかることである。というのは、形相は質料を凌駕する或る働きを持っているからであり、こうして磁石は鉄を引きつけるのであって、他の場合も同様である。そして形相がよりいっそう高く、よりいっそう完全な段階に属するほど、それだけそれは質料から分離し、質料を超出し、それだけ少なく質料によって浸されるのであって、それは人間の知性にまで至っている。さらにまた、霊魂のさまざまな能力においても、或る能力は完全なものになるほど、それだけ質料から分離され、解き放たれるのである。しかしまた、元素それ自体においても、より少なく質料を持つものは、例えば、火はより高く、より高貴であり、より能動的であるが、より多く質料を持つものは、例えば、地は最低のものであり、より卑賤なものであって、元素の滓と呼ばれる。それゆえに、次のように言われている。一を「われわれにお示し下さい」、「そうすれば、われわれは満足です」。というのは、一はすでに上に[1016]言われたように、多であって、悪ないしは無である質料に対立するからである。ここからまた、『生命の泉』の著者はその書の第二巻第九章と第十章において[1017]と第三巻第四章[1018]において、質料から複合されたすべての物体に対してその能動的働きを否定しているのであり、そのようなものは質料のゆえに受動的にのみ存在することを認めているのである。それについてトマスは〔『神学大全』〕第一部第一一五問第一項[1019]において取り扱っている。

555 第九は次のとおりである。本質において理性的なものは、われわれのうちにおいては一であるが、分有によって理性的なものは、二か、ないしはそれ以上の意味を持っている。さらにわれわれにおいて、善は理性にしたがってあることであり、悪は理性なしにあることであって、それはディオニシウスが『神名論』第七章[1020]において、次の言葉にしたがって言っているとおりである。「肉は霊に反抗して貪る」（ガラ五・一七）。それゆえに、一を「われわれにお示し下さい」と言うことによって、理性にしたがって生きることが自分に与えられることが請われているのである。

第十は次のとおりである。マクロビウスが言うように、「モナス（monas）、すなわち一性と呼ばれる一は」、「数ではなく、すべての数の泉にして、起源であり」、「それはすべてのものの始まりであるとともに終わりであり、始原と終局を知らず、最高の神に関係づけられているのであり」、「無数の種を或る場合には、自分から創り出し、或る場合には、自分のうちに含んでおり」、「それ自身を宇宙の無限性のなかへと注ぎ込むときには、その一性によっていかなる分離も持ち込まない」。ここまでがマクロビウス[1021]の言葉である。すなわち、上級のものはそれ自体としては、つねに一であり、つねに第一のものであり、すべてのそれに属する下級のものに対しては豊かなものであるが、下級のもののうちにおいては分割されず、下級のものを自分自身のうちに結合しており、それを駆り立てるが、それによって駆り立てられることはなく、それは次の言葉によっている。「光は闇のなかで輝く。しかし闇は光を理解しなかった」（一・五）。それゆえに、フィリポが次のように言っているのは適当である。「主よ、われわれに父をお示し下さい」、すなわち一を、「そうすればわれわれは満足です」。

556

第十一は次のとおりである。一そのものは、否定の否定であり、その際には、否定とは、一が対立しているところのすべての多が含んでいるものであると私は言う。しかし否定の否定は、肯定的存在の精髄、純粋性にして重複である。「私は存在するところの者である」（出三・一四）。それゆえに、これは適切に次のように言われるところの意味である。「われわれに父をお示し下さい」、すなわち一を、「そうすればわれわれは満足です」。すなわち、否定はつねに何らかの存在を否定し、取り去るのであり、したがって喜ばしきものではなく、不興をかうものであり、満足させるものではなく、欠如させるものであり、それがそのうちにあるものに害を与えるからである。

第十二は次のとおりである。第一に注目されるべきことは、ボエティウスが『算術』[1022]の末尾において言っているように、すべての不等性は同等性から生まれるように、同等性そのものも一性から生まれるということである。それゆえにここからまた、聖人たち[1023]や博士たち[1024]は父に一性を帰属せしめているように、子には同等性が帰属せしめられるのである。しかし喜悦と愛なくしては、すべての、かついかなる産出も考えることができない。というのは、喜悦と愛は、産むものと、それと同じ本性の産まれるものとの間の紐帯であるからであり、それは上[1025]に示したとおりである。このことから帰結することは、同等性が一性から発出するところでは、すなわち子が父から発出するところでは、このことによって必然的にして直接的に、聖霊が、すなわち父と子との間の紐帯が措定されるということである。

557 その際に、さらに第三に注目すべきことは、同等性はその本性からしてこのようにして一性から発出するのであり、しかも同等性が一性のうちに留まり、一性が同等性のうちに留まるという仕方においてそうなのであって、それはここで間もなく続いて言われている次の言葉によっている。「私が父のうちにあり、父が私のうちにある」（一四・一〇、一一）。それに対して不等性は、同等性を媒介にしなければ、一性から降下してくることもなければ、発出してくることもないのであって、それは父に等しい子について上に第一章において言われている次の言葉によっている。「すべてのものは彼によって生じた。彼によらずしては何ものも生じなかった」（一・三）。さらにその上に、不等性が同等性から発出してくるのは、同等性が形相的に不等性のうちに留まっているからではなく、不等性が同等性のうちに留まっているからでもない――というのは、不等的なものは同等的なものではないからである――、しかし同等性は不等性のうちに潜勢力において留まっている。同等性と一性については、事態が異なる。というのは、同等性そのものは或る種の一性であるからであり、それは次の言葉によっている。「私と父は一なるものである」（一〇・三〇）。ここから生じることは、不等性とすべての不等性を醸し出すもの、例えば、可変性と欠陥性とこれに類するものは、神的なものにおける子には適合しないのである。というのは、子は一性から直接に発出する同等性であるからである。それらはしかし、すべての被造的なものには適合するのである。というのは、被造的なものは同等性を媒介にして一性から降下してくるからであり、したがって不等的なものとして同等的なものに由来するからである。フィリポはそれゆえに、次のように言っている。「主よ、われわれに父をお示し下さい」、すなわち一を、「そうすればわれわれは満足です」。

558 第十三は、すでに言われたことから次のとおりである。同等性は一性のうちにのみ休らっている。というのは、もしそうでなければ、それは同等性ではないからである。同様に、義から生まれた義人も義人であるかぎりにおいて、義人の父である義そのもののうちにのみ休らっている。というのは、もしそうでなければ、それは義人ではないからである。そしてこれはここで次のように言われていることの意味である。「われわれに父をお示し下さい。そうすればわれわれは満足です」。

それに応じて、第十四に、次のことが注目されるべきである。或る人を、ないしは或るものを真に愛する者は、その人によって愛し返されることに思い患ったり、考えたりしないのであり、ただそのことだけを考え、それが愛するものを愛するだけで十分なのである。そしてこれがここで次のように言われていることの意味である。「われわれに父をお示し下さい。そうすればわれわれは満足です」。

559 さらにその上に、第十五に、すでに言われたことから次のことが生じる。同等性と一性から降下するものは、不等性へと、したがって可変性と欠陥性と多へと近づくのであり、そのうちに落ち込むのである。すなわち、これらのすべてのものは、一にも、造られざるものにも適合しない。このもの、すなわち一と、存在、真、善とは、置換することができるのであり、それらはそれら自身においてその本質において神のみを醸し出しているのであって、その神のみが霊魂を満足させるのである。アウグスティヌスは『告白』第一巻の冒頭において[1026]、神に対して言っている。主よ、「あなたは私たちをあなたに向けてお造りになった」、「したがって私たちの心はあなたのうちに休らうまでは、平安ではない」。さらに第二巻において[1027]、「私の神よ」、「私はあなたから落下した」、「すると私は私自身にとって欠乏の場となった」、さらに第十三巻において[1028]、「私が分かっているのは、あなたなくしては、たんに私の外側においてのみならず、私自身のうちにおいても、私は惨めであり、私の神ではないすべての豊かさは、私にとっては、欠乏にすぎないということのみである」。そしてこれはここで次のように言われていることの意味である。「われわれに父をお示し下さい。そうすればわれわれは満足です」、「われわれの満足は神によっている」（IIコリ三・五）。

560 第十六は次のとおりである。フィリポはわれわれに父、すなわち一が示されることを祈っている。それはすなわち、われわれがわれわれのすべての業において一のみを、すなわち神を端的な仕方において求めるためである。「単一なるものと彼は交わる」（箴三・三二）。それゆえに、上に述べたさまざまな固有性は一に属するのであるから、フィリポは「われわれに父をお示し下さい」と祈っているのである。というのは、一性は父に帰属するからである。そしてこれゆえに、使徒（パウロ）はおそらくわれわれを一に婚約させるのである。「私はあなたがたを一人の夫に婚約させた」（IIコリ一一・二）。

561 最後に、ここで述べられている「われわれに父をお示し下さい。そうすればわれわれは満足です」ということを知解するために、私は二つのことをあらかじめ述べておきたい。第一に、どのようにこれらの四つのすべてのものに共通するもの、また置換することができるもの、すなわち、存在者、一、真、善は相互に関係しているかということである。第二に、至福者たちの二重の喜びと報い、すなわち本質的なものと付帯的なものがそれによって示されているということである。

562 第一のことに関して知るべきことは、すでにあげたこれらの四つのものは、同一のものであり、その基体に関しては、実在的に置換することができるが、それに固有の意味内容、ないしはそれぞれの固有性によっては、相互に区別されるということである。すなわち、存在者の意味内容は、〔他のすべてのものから〕区別されるものであるとともに、〔それ自体においては〕非区別的なものであり、その非区別性によって他のものから区別されるものである。さらにまた、このような仕方で、神はその非区別性によって、他のすべての区別的なものから区別される。ここからして、神における本質そのもの、ないしは存在は、生まれざるものであり、生むものではない。しかし、一そのものはその固有性からして区別性を指示している。すなわち、一はそれ自身において非区別的なものであり、他のものから区別されたものであり、これゆえに、ペルソナ的なものであり、能動的に働くことがそれに属するところの基体に係わっている。それゆえに、聖人たち[1029]は神的なものにおける一ないし一性を、第一の基体ないしペルソナ、すなわち父に帰属せしめているのである。ここから明らかになることは、一ないしは一性は、存在者に次いで、すべての流出の第一の始原であり、否定の否定のみ以外は、存在者の上に何ものも付加しないということである。それゆえに、それは「始原のない始原[1030]」であり、またそう呼ばれる。われわれはそれゆえに、生まれざる、かつ生むことのない存在者ないし存在を、それに対して始原のない始原として、生まれざる、かつ生む一を持つのである。しかし真は、その固有性からして、事物と知性との或る種の一致であり[1031]、認識されたものと認識するものとの間に生まれた子孫であるがゆえに、生むことのない、生まれた子に属しているのである。それゆえに、聖人たちが神において、子に同等性を帰属せしめているのは適当である。子自身は、ロゴスないし理念および言葉である。「初めに言葉があった」(一・一)。というのは、理念ないし言葉は、知性が始原として生じせしめているから、事物の総体に先行しているのであり、真は『形而上学』第二巻[1032]によれば、霊魂のうちにある。しかし善は、その固有性からして、もはや内部に係わっているのではなく、外部に係わっている。すなわち善は、『形而上学』第六巻において言われているように、霊魂のうちにはなく、外部の事物のうちにあり、『形而上学』第四巻[1033]において言われているように、数学的なものにおいては、善は存在しない。それゆえに、このことによって善そのものは、本来的な意味において被造物の始原にして泉である。すなわち、或るものが被造的なものであることによって、そのものは善であり、またそれが善であることによって、それは被造的なものである。ここからして、被造的であるところの個々のものについて次のように言われる。「神はそれが善きものであることを見られた」（創一・一〇、一二、一八、二一、二五）。そしてこの意味において、昔の人々[1034]が次のように言ったのは正しかった。善は神のうちにはなく、〔神のうちにおいては〕数学的なものにおいてよりも、はるかに少なくしか存在せず、神は善の原因、理念、始原であるかぎりにおいて、善なる者と名づけられるのである、と。

563 第二に注目しなければならないことは、至福者たちの二重の報いが、すなわち本質的な報いと付帯的な報いが区別されなくてはならないということである。本質的な報いは神性の認識のうちに存するが、付帯的な報いは被造物の認識のうちに存するのであり、それは以下の次の言葉によっている。「彼らが唯一の真なる神であるあなたのみを認識するということが永遠の命である」というのは、第一のことに関してであり、「そしてあなたが遣わした方であるイエス・キリストを」（一七・三）というのは、第二のことに関してである。またそのことに関係づけられうるのは次の言葉である。「まず第一に、神の国を求めよ」、それに続いて、「これらのものはすべてあなたがたに与えられるであろう」（マタ六・三三）というのは、第二のことに関してである。この点に関して上においては次のように言われている。「人が私を通して入るならば、救われるであろう。そして入ったり、出たりして、牧草地を見出すであろう」（一〇・九）。「入ったり」とは、神性の認識と喜びに関してであり、「出たり」とは、被造物の認識と喜びに関してである[1035]。

564 すでに述べられたことから、二つのことが明らかになる。第一に、存在者ないし存在は生まれざるものであり、生むものでもなく、生まれたものでもなく、始原なしにあり、他のものに依存していない。それに対して、一は始原なしにあり、生まれざるものであるが、生むものである。真はしかし、生まれたものであり、生むものではなく、他のものに始原を持っている。善はしかし、他のものに依存しているのであり、したがって始原を持っているが、生まれたものではなく、生むものでもなく、創造するものであり、被造的なものを外部の存在へと産み出すものである。それゆえに、アウグスティヌスは『キリスト教の教えについて』第一巻[1036]において言っている。「神は善きものであるから、われわれは存在する」。

第二に、すでに言われたことから次のことが明らかになる。一は、まず第一に、第一の流出の泉であり、すなわち子と聖霊の父からの永遠の発出によるものである。しかし、善は第二の流出の泉であり、したがってわれわれは、善は被造物の時間的産出に属すると言うべきであろう。そしてその両方の泉から、至福者たちの報いと喜びとが汲み取られるのである。「あなたがたは救い主の泉から喜んで水を汲み取るであろう」（イザ一二・三）。

565 しかし至福の満足は、第一の泉、すなわち一性の泉によっている。「われわれの満足は神によっている」（IIコリ三・五）、「神はしかし一なる者である」（ガラ三・二〇）。これはそれゆえに、ここで次のように言われていることの意味である。「われわれに父をお示し下さい」、すなわち一を、「そうすればわれわれは満足です」。それゆえに、アウグスティヌスは『告白』[1037]において神に対して言っている。「あなたを知る人は幸いである、たとえその人がそれらのもの」、すなわち被造的なものについて「知らなくても。しかしあなたとそれらのものを知る人は、それらのもののゆえにより至福になるのではなく、あなたのゆえに至福になるのである」。さらにその上に、アウグスティヌスは『秩序について』の第一巻の冒頭近く[1038]で言っている。「多くのものに向かう霊魂は」、欠乏ないし「貧しさを熱心に追求しているのである」。「そして霊魂がより多くのものに向かうほど、霊魂はより多く欠乏を被ることになる。というのは、霊魂の本性は一なるものを尋ねるように強いるのであるが、多なるものが一を見出すことを許さないからである」。そしてアウグスティヌスは同じ箇所で、[1039]円とその中心の例を引合に出している。ここからまた、[1040]次のように言われている。「あなたの働きが多くのものに及ぶことのないように」（シラ一一・一〇）。ヒエロニムスは「手一杯の静けさは、家一杯の喧騒よりもより善いものである」（コヘ四・六）という言葉について言っている。「単数は善のうちに、複数は悪のうちに置かれる」。そしてこれはここで次のように言われていることの意味である。「われわれに父をお示し下さい」、すなわち一を、「そうすればわれわれは満足です」。それゆえに、それ自身に帰属せしめられているもの、すなわち、一として「父」という語を受け取るならば、これらのことで十分であろう。

566 さらに、父という語を本来的な仕方で把握するならば、それは前と同様に多くの仕方で解釈することができる。それゆえに注目すべきことは、フィリポはわれわれに父が示されるように願っているが、それには十八の理由があるということである。

第一に、神は主として、ないしは神としてあるかぎりにおいて被造物の始原であるが、父としては子の始原である。「父よ、天と地との主よ、私はあなたを賛美します」（マタ一一・二五）。

第二に、子はすべての点において父と同等であり、そこには、より大きいものも、より小さいものもないのであるが、しかし父性の意味内容は、子であることの意味内容よりも、より偉大なものであり、それは産み出すものの意味内容が産み出されたものの意味内容よりもより偉大なものであるのと同様であり、以下の同じ章において言われているとおりである。「父は私よりも偉大である」（一四・二八）。

567 第三に、彼が父が示されるのを願っているのは、すなわち神以外の何ものもわれわれにとって父となってはならないためであり、われわれが多からではなく、一なる神のみから生まれんがためであり、それは次の言葉に言われているとおりである。「父の胸にいる独り子自身が彼のことを告げたのである」（一・一八）。「独り子」とは、一から生まれたということである。「私は人をその父から引き離すために来た」（マタ一〇・三五）、「地上の何ものもあなたがたの父と呼んではならない。天におられる一なる者があなたがたの父である」（マタ二三・九）。それゆえに、以下において次のように言われる。「彼らがあなたのみを知るということが永遠の命である」（一七・三、一〇・二八以下参照）。

第四に、神は存在と本質の観点の下では、いわば眠っているものであり、隠れているものであり、それ自身においては隠されているのであって、上に[1041]言われているように、生むものでもなければ、生まれたものでもないのである。それに対して神は、父と父性の観点の下で、初めて豊饒さと芽と産出の固有性を受け取り、纏うことになるのである。

568 第五に、知性はその意味内容と固有性からしてintellectusというその名にふさわしく、事物をその始原において捉えるのであり——アウグスティヌス[1042]が言うように、「父は全神性の始原である」——、知性が事物をその始原において捉えるまでは、他の仕方では知性は満足せしめられないのである。そしてこれは比喩をもって次のように言われていることの意味である。「堂々とした鷲がレバノンに飛来し、杉の芯を切り取った。そしてその葉の先を裂き取った」（エゼ一七・三以下）。

第六に、父は「始原のない始原[1043]」であり、他のものによる存在者ではない。このことは存在の、すなわち第一のものの固有性である。というのは、「第一のものはそれ自身として豊かであり[1044]」、他のものからいかなるものも持たないからである。ここからまたルチフェルは、彼が他のものによって持っていたもの、ないしは持つことができたものを、自分自身から持つことを願ったのであるから、神と等しいものになることを願ったのであると言われる。しかし、神的なものにおける父は、中性的にも、男性的にも、他のものによる存在者ではなく、それゆえに、われわれに父が示されれば、十分なのである。

569 第七に、知性と意志とは、全体に、かつすべての存在者に向けられている。しかし、父としての父はすべてのものを与える。「すべてのものが私には、私の父から手渡されている」（マタ一一・二七）、「彼は父が彼にすべてのものを手渡したことを知っている」（一三・三）。そればかりか父が子に与えるものは、すべてのものよりもより偉大なものである。というのは、父は子に対して、子であることを与えるからであり、それはすべてのものよりも偉大なものである。「私の父が私に与えたものは、すべてのものよりも偉大なものである」（一〇・二九）。それゆえに、アウグスティヌス[1045]はこう言っている。彼の言葉、彼の独り子、彼の光の輝きはすべてのものよりもより偉大なものである、と。それゆえに、同じ箇所で続いて言われている。「私と父とは一なるものである」（一〇・三〇）。したがって、これは次のように言われていることの意味である。「われわれに父をお示し下さい。そうすればわれわれは満足です」、「彼は彼のすべての善きものの上に彼を置くであろう」（マタ二四・四七）。

第八に、詩人[1046]が言っているように、水は泉から飲まれるほうがより甘い。しかし、父はすべての、かつ全流出の泉であり、始原である。「主よ、あなたの側に生命の泉があり、またあなたの光によって」、それは上に[1047]解釈したように、あなた自身と同一のものであるが、「われわれは光を見るであろう」（詩三五・一〇）、「私の霊は蜂蜜よりもよりいっそう甘く、私を継ぐ者も蜂蜜や蜂巣よりも甘い」（シラ二四・二七）、それゆえに、同じ箇所において続いて言われる。「私を飲む者はさらに渇く」（シラ二四・二九）。

第九に、被造物を通じて示されることには、満足せしめられない。それゆえに、彼は〔父が〕自分自身において示されるように、子において示されるように願っているのである。「彼は自分の口の接吻によって私に接吻する」（雅一・二）。それは何らかの被造物の口の接吻によってということではない。「幾様にも彼は先祖に語った。しかし最後には、彼は子においてわれわれに語った」（ヘブ一・一以下）。このことから、主がモーセに「私はあなたにすべての善きものを示そう」（出三三・一九）と言われたときに、モーセは満足しないで、「私にあなたの御顔を示して下さい」（出三三・一三）と言ったのである。そしてこれはここで次のように言われていることの意味である。「われわれに父をお示し下さい。そうすればわれわれは満足です」。その実例をわれわれは自然的なもののうちに見出すのである。そこでは、質料は形相の疎遠な働きに満足することはなく、形相の実体そのものを求める。それはちょうど、上に[1048]言われたように、視覚が可視的なものであるかぎりにおいての可視的なものの存在そのものを求めるのと同様である。

第十に、父は生むことの始原である。しかし、われわれとともに生まれたものは、受動的性質としてわれわれの下に留まり、もしそれらが善いものであるならば、そのようなものについてわれわれは褒められる。しかし、情念のように後から付加されるものは留まることはなく、情念がそうであるように、経過するのであり、たとえそれらが善いものであったとしても、それらについてわれわれは褒められることはない。すなわち、情念によって赤く染まったとしても、誰も褒められることはない。それゆえに、〔フィリポは〕「われわれに父をお示し下さい」と言うことによって、われわれの業が情念からではなく、徳の習慣に発するものであることを請い求めているのであり、それは以下の言葉によっている。「われわれは彼のところに行き、彼のところに住まおう」（一四・二三）、さらに、「私のうちに留まる人は、また私がその人のうちに留まる人は、多くの実を結ぶであろう」（一五・五）。このことに関して注目されるべきことは、情念から出てくるものは神的なものではないということである。すなわち、神はすべてのものに情念なしに働きを及ぼすからである。アウグスティヌスは『告白』の冒頭のところ[1049]で神に対して言っている。「あなたは愛するが熱くなることはなく、あなたは後悔するが苦しむことはなく、あなたは怒るが平静である」。

571 第十一に、父には愛がふさわしく、主には恐れがふさわしい。さらに、愛は善から発しており、恐れは悪から発している。それゆえに、自分自身に父が示されることを祈る者は、悪への恐れからではなく、神への愛から働くことが自分に与えられることを祈っているのである。「あなたがたは恐れのうちにある奴隷であることの霊を受け取ったのではなく、神の子らとされることの霊を受け取ったのである」(ロマ八・一五)。アウグスティヌス[1050]は言っている。「愛が導く人々はより善い人々であるが、恐れが正す人々はより多い」。さらにセネカ[1051]は言っている。「善き意志によるよりも、罪を犯すことの恥によってより多くの人々が制せられ、抑制される」、「高貴な馬は笞の影によって統率されるが、悪しき馬は拍車によっても駆り立てられることがない[1052]」。それゆえに、父が示されるのは、奴隷としての恐れによってではなく、子としての愛によって、われわれが神的なことを働くときである。

第十二に、父が示されるのは、われわれのうちなるすべてのことが完全に神に係わっているときである。というのは、哲学者(アリストテレス)[1053]が言うように、父と子とは、その本性、種、概念において同時に存在するのであり、それは次の言葉によっている。「あなたはあなたの心を尽くして主であるあなたの神を愛さなければならない」等々(申六・五、マタ二二・三七、マコ一二・三〇、ルカ一〇・二七参照)。

572 第十三に、その始原が父であるところの生まれることの目標はそれ自体としては、存在である。存在はしかし本来的には、静止であり、時間を超えており、したがってその際に、いかなるものも古くならず、いかなるものも経過せず、いかなるものも変化しないのである。

第十四に、その始原が父であるところの生まれることによって、事物の本性そのもの、ないしは実体がそれ自体として伝達されるのであるが、他のいかなる疎遠なものも伝達されないのである。しかし何性は、事物のすべての固有性の泉にして原因であるので、したがってそれはすべてのものを伝達するのである。それゆえに、父が示されるのは、神がその本質によって明らかにされるときであり、それは次の言葉によっている。「私は彼に私自身を明らかにしよう」（一四・二一）、そしてそれとともにすべてのことを明らかにしよう。「それと同時にすべての善きものが私のところに到来した」（知七・一一）。すなわち、同時に（pariter）、父（pater）、誕生（partus）は、同一のことがらから言われているのである。「彼は彼と一緒にすべてのものをわれわれに贈った」（ロマ八・三二）、「露にならないいかなるものも〔いつまでも〕隠されていない」（マタ一〇・二六、ルカ一二・二参照）。

573 第十五に、父がわれわれに明らかに示されるのは、われわれが神と等しい父たちであるとき、すなわち、一なる似像の父たちであるときであり、それは認識する者と認識されるものについて上で[1054]言われたとおりである。そのことが明らかになるのは、こだまの生まれる場合であり、それは『霊魂論』第二巻[1055]とそれに類する箇所において言われているとおりである。すなわち、人が考察し、思惟し、愛するところのものは、それ自身のうちにおいては、かつそれ自身からしては、またかのものによっては、かのものにおいては、かのものからしては、形象、似像、それら両者に共通な一なる子孫である。それゆえに、〔フィリポは〕「われわれに父をお示し下さい」と言うことによって、彼にたえず神を思惟し、考察し、愛することが与えられることを請い求めているのである。

第十六に、父は神における第一のペルソナである。「第一のものはしかしそれ自身において豊かなものであり[1056]」、至高のもの、最善のもの、最も純粋なものである。というのは、それはすべてのものをそれ自身のうちにあらかじめ持っている理性であるからである。そしてこれゆえに、第一のものは霊魂を満足せしめるのであり、その怒りうる〔能力は〕至高のもの、ないし峻険なものを求めるのであり、その欲望的な〔能力は〕最善のものを求めるのであり、その理性的な〔能力は〕最も純粋のもの、すなわち事物の理念を求めるのである。

574 第十七に、存在の始原と認識の始原は同一である。[1057] 事物は真理においては、存在性においてと同じ様態においてある。[1058] すなわち、事物があることによって、概念ないし言表は真であると言われ、事物がないことによって、それらは偽であると言われる。[1059] それゆえに、他のものからあるものは、他のものによって認識されるのであり、他のものからあるのではないものは、それ自身によって本来的に認識されるのであり、かのものからあるものは、かのものによって認識されるのである。神においては、子は他のものからあるのであり、父は他のものからあるのではない。それゆえに、次のように言われているのである。「われわれに父をお示し下さい。そうすればわれわれは満足です」。

第十八に、父は父であるかぎり、生むことによってのみ示される。もし人が神の子でなかったならば、何らかの完全性が人を満足させることもないし、喜ばすこともなく、完全性の味がすることもなく、神自身を完全に人が味わうこともないのであり、それは私が次の言葉について記しておいたとおりである。「シオンのために、私は沈黙しない」（イザ六二・一）。すなわち、われわれは自然的なものにおいては、感覚的に次のことを見る。生む父、すなわち能動的なものが、その形相、すなわち生むことの始原を、受動的なものそのものに伝達し示すまでは、受動的なものはけっして満足することはなく、静止することもない。それゆえに変化、すなわち受動的なものを能動的なものの形相に向けて準備させるものは、運動と反乱の呟きを伴っており、平穏ではなく、始原にして生むことの父であるところの、それに適合した形相が受け入れられるまで続くのである。その形相が受け入れられるならば、それは満足し、静止する。したがってまた、徳の習慣に先行する働きは重荷であるが、有徳的な働きの父としての習慣が受け入れられるならば、それはすでに十分であり、その働きは喜ばしきものとなる。というのは、習慣が生まれたしるしは、哲学者（アリストテレス）[1060]が言うように、働きにおける喜びであるからである。それゆえに、これはここで次のように請い求められていることの意味である。「主よ、われわれに父をお示し下さい。そうすればわれわれは満足です」。

それゆえに、これらの十八の解釈は総体として、ここで次のように言われていることの知解のために十分であろう。「主よ、われわれに父をお示し下さい。そうすればわれわれは満足です」。

575 さらにその上に、道徳的には、「われわれに父をお示し下さい。そうすればわれわれは満足です」という言葉は次のことを意味している。次のように言われている。「われわれは神の子である。しかしそのことはまだ明らかになっていない」（Ⅰヨハ三・二）、「子供はいない」（創三七・三〇）。その例をわれわれが見るのは、像が木材から、ないしは石から何も変化させることなく、ただ浄化するのみで、目覚めさせるのみで導き出されることである。これらが芸術家の手によって導き出されるならば、像が現れ、輝き出る。このようにしてわれわれの下においても、表面を覆い、表面に書かれているものは、われわれがそれであるものが現れるのを妨げるのであり、われわれがそれを感じるのを妨げるのである。「われわれは神の子である」、しかしそのことは明らかになっていないと言われている。「像と銘は、誰のものであるか」（マタ二二・二〇）。像が神に属するのは、さらに銘が肉に、世に、悪魔に属するのは確かである。「敵がその上から毒麦を蒔いた」（マタ一三・二五）。われわれはそれゆえに、次のように神に祈る。父である者が生むことによって、つまり繰り返し生むことによって、上に書かれているものを、また「敵が上に蒔いた」ものを取り除くことによって、自分自身を父として示して下さるように、と。さらにまた、

「憐れみ、慈しむことが父に固有のことであり」[1061]、「憐れみとすべての慰めの父である」(IIコリ一・三)。それゆえに、われわれが神に祈るのは、神が業と働きにおいてわれわれを憐れむことによって、「憐れみの父」であることを示すことであり、本性によってわれわれがそれであるものが「像にしたがって」、恩寵によって、「似像にしたがって」(創一・二六)現れることである。[1062]そしてこれはヨハネがこのように言っていることである。「彼が現れたときには、われわれは彼に似た者になるであろう」。すなわち、〔神の〕似像によって「われわれは神の子らである」(Iヨハ三・二)。罪を犯すことによっても、「人は〔神の〕像に留まる」(詩三八・七)、「しかしそれは明らかになっていない」、というのは、それは罪によって覆われているからである。「しかし露になった顔とともに」、「彼が現れたときには」(IIコリ三・一八)、恩寵によって〔神の〕像が新たに形成されて、「われわれは彼に似た者となるであろう」(Iヨハ三・二)。すなわち、次のように言われているのは適当である。「われわれはわれわれの像と似像にしたがって人間を造ろう」等々(創一・二六)。〔神の〕像は、たとえ人が罪を犯したとしても、そのうちで「人が留まる」本性に係わっているのであり、似像は恩寵に係わっており、それによって像が新たに形成されるところのものであり、それは像が現れるためである。

576

アウグスティヌスはしかし『三位一体論』第一巻[1063]において、先の言葉を「詩編」の次の言葉によって解釈している。「『あなたはあなたの御顔とともに、私を喜びで満たした。あなたの右側には喜びがある』(詩一五・一一)。その喜び以上のものは何も求めることができない。というのは、それ以上求めることのできるものは何も存在しないであろうからである。すなわち、われわれに父が示されるならば、「そうすればわれわれは満足です」。これはアウグスティヌスの言葉である。そしてこの言葉はトマスの註解[1064]において手短に論じられている。

それゆえに、すでに述べられたことから次のことが注目されるべきである。もしあなたがあなたのすべての業について、それが善いものであるかどうか、それが永遠の命に値するものであるかどうか、父なる神があなたのうちで働いているかどうかを知りたいと思うならば、その業におけるあなたの意図の目的は何であるかを吟味せよ。それというのも、目的と善とは同一であるからである。目的は神である。神は始原であり、また終局である[1065]。「流れはそこから出てきた場所へと還帰する」(コヘ一・七)。働きの始原はその種を超えていかなるものにも働きを及ぼさない。それゆえに、もしあなたの意図の目的が神であって、神以外の何ものでもないならば、その業そのものは神的なものであり、善きものであって、永遠の命に値するものであろう。またそれは神に値するものであり、その報いは神のみであろう。「私はあなたにとって報いである」(創[1066]一五・一)。その業を父はあなたのうちで始め、また終わらせるのである。アンブロシウスの『職務について』第九巻のかの言葉は、すでに述べたことを暗示しているのである。「あなたの意欲はあなたの業にその名を刻む」。

「私は父のうちにあり、父は私のうちにある」(一〇節)

577 これらの言葉は上の第一〇章において、またその箇所で(一〇・三八)解釈された[1067]。しかし、ここでことさらに注目すべきことは、父を示すように請い求めたフィリポに対して、次のように答えられていることである。「私は父のうちにあり、父は私のうちにある」。このことからしてのみわれわれは本来的には、上で[1068]明らかに示されたように、父はわれわれのうちにおられるということを知るのである。

「私のうちに留まっている父が業をなすのである」(一〇節)

578 右の言葉については、いくつかのことが注目されるべきである。第一に、グレゴリウス[1069]が言うように、「神の愛はけっして無為なものではない。すなわち、神の愛はもしそれがあるならば、偉大な働きをなす。もしそれが働くことを拒むならば、それは愛ではない」、「神の恩寵によって私は私がそれであるものであるのである」、それに続いて、「神の恩寵は私においては無効なものではなかった」（Ⅰコリ一五・一〇）。すなわち、無効なもの、空虚なもの、無駄なものには、神も自然も耐えることがない。そしてこれがここで次のように言われていることの意味である。「〔父が〕業をなすのである」。すなわち、火が熱せられた鉄ないし石のうちにあり、熱することがないならば、あるいは色が物体のうちにあり、〔色の〕対象が視覚を動かさないならば、そのようなものは無効で、空虚で、無駄であろう。そしてこれがここですぐ後で続いて言われていることの意味である。「私を信じる人は、私がなす業を自らなすであろう」（一四・一二）。

第二に注目すべきことは、「私のうちに留まっている」と言われていることである。というのは、私のうちに留まっているものでなければ、いかなるものも私のうちで働くことはないからであり、それは次の言葉によっている。「愛のうちに留まる人は神のうちに留まり、神はその人のうちに留まる」（Ⅰヨハ四・一六）、さらに以下において、「私のうちに留まりなさい。そうすれば私もあなたがたのうちに留まる」（一五・四）。さらにその上に、「留まる」と言われているのは、われわれがつねに経過する情念に値する者となるのではなく、上に(1070)言われたように、習慣に値する者とならんがためである。

579 第三に、次のように言われている。「父が自らなすのである」。というのは、父は父がなすところのものと混同されてはならないからであり、それは次の言葉によっている。「光は闇のなかで輝いたが、闇は光を理解しなかった」（一・五）。すなわち、混同されているもの、ないしはそれらのうちで一つのものが形相的に別のものに付着しているものにおいては、『霊魂論』第一巻(1071)において明らかなように、働きは共通のものである。

第四に、「私のうちに留まっている父が自ら業をなすのである」と言われているのは、他の職人と同じ仕方で自分自身の外に神が何かを造ったと表象している人々に対抗して言われているのである。アウグスティヌスは『告白』第四巻[1072]において、そのような人々に対抗して言っている。「神はすべてを造った。神は造って立ち去ったのではなく、すべてのものは神から神のうちにあるのである」。私はこのことに関して、次の言葉について記しておいた。「初めに神は天と地とを造った」（創一・一）。

580 第五に注目すべきことは、「父がなすのである」と現在形で言われていることであり、それは次の言葉によっている。「私の父は今に至るまで働いておられる」（五・一七）。アウグスティヌスは『告白』第一巻[1073]において、神に対して、こう言っている。「あなたは同一の者であり、すべての明日のことより先のことを、すべての昨日のことより以前のことを、今日なすであろうし、今日なしたのである。誰かがこのことを理解できないとしても、私に何の係わりがあろうか」。これはアウグスティヌスの言葉である。

第六に、次のように言われている。「私のうちに留まっている父が業をなすのである」。というのは、上に[1074]示されたように、自然と技術のすべての業は、一般的に子のうちでなされるのであり、子なくしては何ものも生じないからである。

581 第七に、次のように言われている。「私のうちに」とは、神自身が霊魂の本質のうちに入り込むことを指示するために言われているのである。さらにまた、神自身は、霊魂自身の隠されたところ、その最も内奥にして至高のところに留まっているのである。アウグスティヌスは『真の宗教について』[1075]のなかで言っている。「外部に行くな。あなた自身のうちに帰れ。内的人間のうちに真理は住むのである」、「その真理を、外部に求める人はけっしてそれに到達することはない[1076]」。

第八に、父は業を子においてなすと言われている。というのは、子においては、存在と働きは完全に父に由来しているからであり、それは次の言葉によっている。「私自身からは、私は何もしない」（八・二八）、さらに、「私は私自身からしては、何ごともなすことができない」（五・一九参照）、「私の教えは私のものではなく、私を遣わした方のものである」（七・一六）。

582 第九に、父がなすと言われている。というのは、子としての子にとっては、受動的に生まれるということが固有なことであり、能動的に生むことはそうではないが、父にとっては、生むことと働くこととは同一であり、それは次の言葉によっている。「あなたがたに与えることではなく、私の父によって準備されている人々に与えることが私にふさわしいことである」（マタ二〇・二三）。すなわち、与えることは父に帰属し、受け取ることは子に帰属する。

さらに最後に、字義どおりの意味においてこのことは手短に次のことを意味する。ここで言われている「私のうちに留まっている父自らが業をなすのである」は、上に第一章において次のように言われていることと同一のことである。「すべてのものが彼によって生じた。彼なくしては、何ものも生じなかった」。「すなわち始原のない始原[1077]」、すなわち父は、すべての始原から生じたもの、ないし産み出されたものにおいて働いている。それゆえに、神はすべての働くもののうちにおいて働くと言われるのであり、それはトマスが『神学大全』第一部第十五問第五項[1078]において教えているとおりである。

さらにその上に、第十に注目されるべきことは、存在としての神のうちにおいては、いかなるものも過去のものではなく、未来のものでもなく、ただただ現在的なものであり、すなわち存在者に対峙しているということである[1079]。それゆえに、もし創造したということが創造するということではないならば、神は世界を創造したのではないのであり、それは次の言葉によっている。「私の父は今に至るまで働いておられる。そして私もまた働く」（五・一七）。さらに、生んだことが生むことではないならば、父はけっして子を生んだのではない。「あなたは私の子である。私は今日あなたを生んだ」（詩二・七、使一三・三三、ヘブ一・五）。彼はたえず生まれているのであり、たえず生まれたのである。そしてこれはここで次のように言われていることの意味である。「私のうちに留まっている父が」。というのは、父はたんに生んだのではなく、たえず生みつつあるからである。

583 さらに、第十一に注目されるべきことは、すべての善き業において二つのことが、すなわち内的働きと外的働きが考察されなければならないということである。内的働きそれ自体は霊魂のうちに、意志のうちにあり、それは本来的な意味において讃えられるべきものであり、功徳的、神的なものであって、神がそれをわれわれのうちで働くのである。そしてこれがここで次のように言われていることの意味である。「私のうちに留まっている父が自ら業をなすのである」。これは徳の働きであり、そのような働きは、それを有する人を善き人にするのであって、その人の外的な業をも善きものにするのである。それに対して外的働きは、人を善きものにしない。すなわち、『倫理学』第一巻[1080]において名誉について言われているように、どのようにして人間の外部にあって、人間の内部にはないもの、人間とは異なる他のものに依存しているものが、また人間の意に反して阻止され、奪い去られることができるものが、人間を善きものにするのであろうか。しかし、内的な働きは神的なものとして奪い去られたり、阻止されたりされることはできない。そのような内的な働きは、たえず働き、眠ることはなく、人を眠らせることもなく、それを有する人を見守るのであり、それは「詩編」（一二〇・三、四、五、七）において言われているとおりである。それに適当な例は、重いもの、例えば、石である。その際には、二つの働きが理解されるべきである。一つの内的な働きは下方へと傾くことであり、他の外的な働きは落下すること、ないし下方に横たわることである。第一の働きは、石の本性が留まるかぎりにおいて、つねに留まるのであり、その石の本性と同時に生成し、消滅し、同じ期間存続する。それは石の本性が留まるかぎり、いかなるものによってもいささかも阻止されえないのであり、神によってさえも阻止されえない。外的働きについては事情が異なり、しばしば阻止される。上に述べられたことによって、聖書の多くの箇所は解釈することができるのであり、例えば、「たえず祈らなければならない」（ルカ一八・一）、さらに、「絶え間なく祈れ」（Ⅰテサ五・一七）、さらに、「私の父は今に至るまで働いておられるのであり、私もまた働く」（五・一七）。すなわち、重さとその父である、重さがそれから生じる実体的形相は、石が存在するその初めから、継続的に下方への傾きを生ぜしめているのである。

584 さらに注目すべきことは、徳の内的働きは善へと傾き、悪を拒絶し、神的なものであるように、また父はわれわれのうちに留まりながら、そのような働きを生ぜしめているように、父は自分自身のうちにおいて働く神の本性を、すべてのものにおいて醸し出しているのである。例えば、神は時間、数、量、大きさによって善きものでもなければ、より善いものでもない。同様にして神的な業もわれわれのうちにおいて、時間、数、量、ないしは外的働きの大きさによって大きくなることはない。というのは、外的業は内的なそれに対して、いかなる道徳的善性も付加しないのであり、反対に内的な業からすべての善性を有するのであり、すべての仕方において受け取っているのであって、それはアンブロシウスの『職務について』[1081]の次の言葉によっている。「あなたの意欲があなたの業に名を刻む」。また「詩編」においては言われている。「王の娘のすべての栄光は内部からくる」（詩四四・一四）。すなわち、それは外的働きにおける道徳的な善性であり、それは大工の手と斧における家の形相のようなものである。

585 さらにその上に、内的業は時間の下には落下しないのであり、たえず生まれているのであり、奪い去られることはなく、それが内的なものであり、内的なものによっているということによって、生きているのであって、それは次の言葉によっている。「父は生命を自分自身において持っているように、子にもまた、生命を自分自身において持つように与えたのである」（五・二六）。すなわち、その運動が内的なものによっているものは生きているものであるが、外から動かされるものは生きているものではない。さらにまた、そのようなものは生きていることによって、生命を自分自身において持つのであり、他のものによって動かされることはなく、自由であり、自分のためにあり、神のように自分自身のために働くのである（箴一六・四参照）。すなわち、そのような人は善をなすために善をなすのであり、なされたことのためではなく、なすことそれ自体のためになすのである。それゆえに、そのような人は、内から傾かせる習慣と一致する場合には、たえず働こうとしたのであり、またするのである。ここからしてそのような人は、まさにこのことによって永遠の命にふさわしいものとなるのである。というのは、彼の業はすでに言われたように、生きているからである。すなわち、彼は自分の外側に動かすものを持っているのではなく、自分の内側に神のみを持っているのである。というのは、神のみが霊魂の内側に入り込んでくるのであり、すべての被造的なものは外側にあり、したがって疎遠なもの、他なるもの、区別的なものであるからである。彼は永遠のもの、すなわち不変のものに値するのである。というのは、彼はたえず働こうとするからであり、働いたのでもなければ、働かなくてはならないのでもないからである。それというのも、彼は過去のものも未来のものも知らず、たえず存在することを、たえず働くことを知っているからであり、それは上[1082]に示したとおりである。

さらにまた、そのような人は、永遠の命である神にのみふさわしい人である。その理由は、そのような人は神それ自身のみを愛しているからであり、神自身のためにのみ生きているのであって、それは以下の言葉によっている。「私は生きているが、もはや私ではなくて、キリストが私のうちで生きているのである」（ガラ二・二〇）、さらに、「キリストは私にとっては生命である」（フィリ一・二一）。そして今、例えば、義と義人について言われたように、すべての徳と徳のある人についても、神そのものと神的であるかぎりでの神的な人についても、火と火のようなものであるかぎりでの火のようなものについても事態は同様である。

「私を信じる人は、私がなす業をなすであろう。そして彼はそれらよりももっと偉大なことをなすであろう」（一二節）

587 ここで言われている第一のこと、すなわち「彼は私がなす業をなすであろう」は、すでに上で[1083]次の言葉において解釈された。「私のうちに留まっている父が」、「業をなすのである」（一四・一〇）。しかしそれに続いて、「そして彼はそれらよりももっと偉大なことをなすであろう」と言われていることは、一見すると疑わしいように思われる。それゆえに知らなくてはならないことは、アウグスティヌスの『ヨハネについて』[1084]において、この言葉は六とおりの仕方で解釈されており、それらはここではトマスの註解[1085]において論じられているということである。まず第一に、字義どおりの意味は次のとおりである。すなわち、救い主について「マタイによる福音書」には、彼の衣服の端が病気の婦人を治した（マタ九・二〇―二二、一四・三六）と書かれている。さらに「使徒言行録」には、ペテロが到着すると、彼の影が病気の人々を治したと書かれている。端くれが治すよりも、影が治すほうがより偉大なことである。前者は彼〔救い主〕自身によってであり、後者は使徒たちによってなされたのである。

588 第二に、キリストは彼が言ったこと、すなわち「彼はもっと偉大なことをなすであろう」ということによって、自分自身の言葉どおりに業をなすことを推奨したのである。というのは、それに先立ってこのように言われているからである。「私があなたがたに語る言葉は、私は私自身から語っているのではない。私のうちに留まっている父が業をなすのである」（一四・一〇）。さらに、これらの言葉の結実は彼らの信仰である。弟子たちが宣教しているときには、キリストが語った人々よりも、より少ない人々がいたというわけではない。むしろ多数の異教徒の人々がキリストを信じたのである。

589 第三に、その意味は次のとおりである。私は、私が私自身によってなすよりも、あなたがたのうちで、あなたがたによってより偉大なことをなすであろう。それゆえに、自分自身について彼は次のように語っている。彼は確かに自分自身によっては僅かなことしかなさないが、その同じ彼が、彼を信じる人々においては、またその人々によって、将来においてはより偉大なことをなすであろう、と。そしてこのことはここで次のように言われていることによって証明されているのである。「彼はそれらよりももっと偉大なことをなすであろう」、さらに続いて言われている、「あなたがたが何を請い求めようとも」、「私はこれをなすであろう」（一四・一三）。注意されたいのは、それについて彼は「なすであろう」と言ったことであり、自分自身から「なすであろう」と言っていることである。というのは、彼らがなすところのことを、彼らは彼の、すなわちキリストの力によってなすであろうからである。このことは「詩編」の次の箇所から証明されている。「主よ、私の力よ、私はあなたを愛する」（詩一七・二）、さらに以下において、「私がいなければ、あなたがたは何もできない」（一五・五）。すなわち、彼なくしては、彼らは罪以外の何をするであろうか。それゆえに彼が、彼らなくしてよりも、彼らによってより偉大なことをなすことは、欠如ではなく尊厳である。というのは、それはとりわけ、彼らなくしてよりも、彼らによってより偉大なことをなすことが、彼らに与えられることを彼が欲したときであるからである。

590 第四に、キリストは青年に言っている。「行って、あなたの持っているものをすべて売り払い、貧しい人々に与えよ」、「しかし彼はこの言葉を聴くと、悲しんで去って行った。というのは、彼は多くの財産を持つ者であったからである」（マタ一九・二一、二二）。注意されたいのは、この人は、キリストの口から永遠の命を得るための勧告を求めながら、自分の豊かな財産を放棄することを聴くと悲しんで立ち去り、勧告を拒んだことである。「しかし後には、彼がキリストから聴いたことは、ひとりの人がなしたのではなく、キリストが弟子たちを通じて語ったときには、多くの人々がそれをなしたのである」。彼が自分自身で警告したその豊かな人は軽蔑されるべきであり、彼が豊かな人から、貧しい人を通して貧しい人にした人々は愛されるべきである。注意されたいのは、彼は彼の言葉を聴いている人々に語ったときよりも、信仰している人々によって宣べ伝えられたときに、よりいっそう偉大なことをなしたのであるということである。

591 第五に、「彼はそれらよりももっと偉大なことをなすであろう」と言われている場合には、いかなる必然性もわれわれをして、キリストのすべての業についてそう考えることを強いるものではない。というのは、彼が「それらよりも」と言ったのは、おそらく彼がその瞬間になしたことであるからである。それというのも、そのとき彼の言葉は彼の業であり、そして義についての言葉を宣教するということ、すなわち彼がわれわれなしにできることは、罪人を義とすること、すなわち彼がわれわれのうちでそのようになし、こうしてわれわれもまたなすようになるところのものよりも、確かにより卑小なことであるからである。

592 第六に、「ローマ人への手紙」において次のように言われている。「罪人を義とする方を信じる者は、その信仰によって義とされている」（ロマ四・五）。これに則して先に次のように言われている。「アブラハムは神を信じた。そして彼は義とされた」（ロマ四・三）。アウグスティヌス[1086]が言うように、「この業において、われわれはキリストの業を行っているのである。というのは、キリストを信じるということ自体もキリストの業であるからである。このことをキリストは、確かにわれわれなしではないにしても、われわれのうちでなすのである」。まさにこれらの業によって罪人から義人が生じるということは、「天と地とがあるよりも、天のうちにおいてと地のうちにおいて見られるものよりも、完全によりいっそう偉大なことであると私は言いたい」。「天には、玉座、支配、首長、力、大天使、キリストの天使的な業がある。自らの永遠の救いと自らを義とすることを、自分自身のうちで働いているキリストとともになす人は、何かこれらの業よりも偉大なことをなしているのではないであろうか。この点に関しては、何らかの判断を急いで下そうとは私は思わない。なしうる人はそのことを理解して欲しい」、「はたして義人を造ることは、罪人を義とすることよりも、よりいっそう偉大なことであろうか」。これらはアウグスティヌスの言葉である。

593 これらの言葉から一般に看取されることは、天と地とを造るよりも、罪人を義とすることのほうがより偉大なことであるということであるが、この言葉を理解する際に、多くの人々が動揺し、骨折っているということである。しかし手短に言うべきことは、この言葉は文字どおりの意味において真であるということである。すなわち、恩寵はその本質からして超自然的なものであり、罪人を義とすることは恩寵の業であるから、まさにこのことによって天における、ないしは地における自然のすべての業よりもそれは偉大なものである。というのは、さもなければ、恩寵は超自然的なものではなく、またそう言うこともできないであろう。このことはわれわれの論文である「上級のものの本性について[1087]」において明瞭に明らかになるであろう。トマスは〔『神学大全』〕第二部の一第一一三問第一項[1088]においてこのことについて美しく、かつ十分に論じている。

594 しかし手短に言うことができることは、これらの言葉「彼はそれらよりももっと偉大なことをなすであろう」は、次のようにして証明されるということである。すなわち、より偉大な力に属していると思われるものは、身体が臨在しているときよりも不在のときに、或る人がなすところのものである。それゆえに、上において言われているのである。「主よ、もしあなたがここにおられたならば、私の兄弟は死ななかったでしょう」（一一・二一）、さらに上において、「私の息子が死ぬ前に、主よ、下って来て下さい」（四・四九）。さらに、よりいっそう偉大な力に属していると思われるのは、或る人が自分自身においてただ直接的に働くよりも、或る人がただたんに働くのみではなく、他のものをも働くものとなし、他のものに働く力を与える場合である。それゆえに、次のように言われている。エリシャ[1089]はその奴隷であるゲハジを通して杖を送り、それをシュネムの女の死せる息子の上に置いたが、エリシャが個人的にやって来て臨在するまでは、彼は生き返らなかった（王下四・二九―三七）。さらにまた、トリアの年代記[1090]に次のようなことが書かれている。聖ペテロは今日までトリアの教会に保存されているその杖によって、彼の弟子であるエウカリウスを通して、聖マテルヌスを生き返らせたのである。これは文字どおりの意味で一般に言われているように、ペテロの後継者である教皇が、今日に至るまで司牧のための杖を用いないことの一つの原因である。

595 さらにその上に、第七に、われわれが観察するように、溶かされた鉛は手の上に置かれると、火ないし炎それ自体よりも、より激しく、かつより強く焼くのであり、働きを及ぼすのである[1091]。しかしそれにもかかわらず、溶かされた鉛のすべての働きは火から由来しているのであり、その働きは、鉛がそれによって働くところのものに由来しているのである。このようにして当該の場合においても、奇跡は、それが或るとき聖人たちによって生じるならば、よりいっそう大なるものであり、しかもそれはそのうちで働いているキリスト自身の業なのである。

596 **「というのは、私は父のところに行くからである」（一二節）**

ここで言われているものは、クリソストムス[1092]によれば、先行する命題に連続するものであり、その意味は次のとおりである。「私を信じる人は、私がなす業をなすであろう。そして彼はそれらよりももっと偉大なことをなすであろう」、「というのは、私は父のところに行くからである」、すなわち私は昇ることによってそうするのである。私が私自身の形においてあるとき、すなわち人間の形においてあるときには、父の業を行わないであろう。かえってあなたがたを通して、「私を信じるであろう」（一七・二〇）あなたがたを通して、それを行うであろう。そして、まさにこのことによって、彼らはよりいっそう偉大なことをなすことになるのである。というのは、すでに上において記しておいたように[1093]、他の人に働く力を与えることは、自分自身においてのみそのようなものを持つよりも、よりいっそう偉大なことのように思われるからである。もし彼がその力を自分自身においてあらかじめ持ち、したがってより高貴な仕方で、かつより偉大な仕方で持つことがなければ、彼は他の人にそれを与えることはできないであろう。そしてこれはここで次のように言われていることの意味である。「彼はそれらよりももっと偉大なことをなすであろう」。他の仕方では、ここで言われている「というのは、私は父のところに行くからである」は、それに続いて言われている「あなたがたが私の名において父に何を請い求めようとも、私はこれをなすであろう」（一四・一三）に続くのである、「というのは、私は父のところに行くからである」。そしてその意味は次のとおりである。「あなたがたが何を請い求めようとも」、「私はこれをなすであろう」、「というのは、私は父のところに行くからである」。その父はすべての存在とすべての働きの第一の始原であり、その始原から私に対しても、存在と働きとが生じるのであり、このようにしてアウグスティヌスは[1094]〔これらの二つの言葉を〕結合しているのである。さらにまた、第三の様態においては、次のような仕方で結合されうるのが適当であろう。「彼はそれらよりももっと偉大なことをなすであろう」、「というのは、私は父のところに行くからである」、「父は私よりも偉大である」。そこから以下において次のように言われている。「というのは、私は父のところに行くからである」。それに続いて、「というのは、父は私よりも偉大であるからである」（四・二六）。

「あなたがたが私の名において父に何を請い求めようとも、私はこれをなすであろう」（一三節）

597 アウグスティヌス[1095]がこの点に関して問うているのは、どうしてキリストは、キリストを信じる者たちが請い求めるすべてのことをなすであろうと約束したのかということである。というのは、われわれはしばしば信仰者たちが請い求めて、手に入れないのを見ているからである。そしてアウグスティヌスはそれに対して或る解答を与えている。それによると、これは使徒だけに言われていることであると言うことができるであろうということである。しかし、彼はこの解答を二つの理由から拒絶している。第一に、先に一般的に次のように言われているからである。「私を信じる人は、私がなす業をなすであろう」（一四・一二）。使徒たちだけが彼を信じていたのであろうか。第二に、アウグスティヌスは次のことによってこの解答を拒絶している。使徒であるパウロ自身が、サタンの使いが彼から取り除かれるように、三回神に祈った。しかし彼が祈ったことは達成されなかった（IIコリ一二・七－九参照[1096]）。

598 それゆえに、アウグスティヌス[1097]は他の仕方で次のように解答している。「あなたがたが父に何を請い求めようとも」と言われているときには、「私の名において」ということが付加されており、その名とはイエス・キリストである。「キリストとは、王すなわち救い主であるイエスのことを表しているのである[1098]」。それゆえに、われわれは利益すなわち救いに反して何を請い求めても、われわれは救い主の名によって請い求めていることにならないのである。アウグスティヌス[1099]は一つの例をあげている。「医者は病人が自分の健康のために要求するもの、あるいは自分の健康に反して要求するものを知っている。それゆえに、医者は健康にするために、彼は要求する者の意志を行うのではない。したがって、もし誰か信仰者が無知から自分の救いに反することを請い求めたとしても、それは救い主の名において請い求めているのではない。というのは、もし彼の救いに障害になるようなことをするならば、そのような者は彼の救済者ではないからである」。そしてこれは次に言われていることの意味である。「あなたがたのうちで誰が、自分の子がパンを求めているときに、石を与えるであろうか」（マタ七・九）。このことはクリソストムス[1100]によれば、次のようなことを言わんとしている。しばしば人は自分にとってパンのように慰めだと見なして、或ることを請い求めるが、それが手に入ると、それは彼にとって足を打ち砕く石になる。もし請い求めている人にそれが与えられるならば、パンを請い求めている人に石が与えられることになり、そのようなものを与える人は父でもなければ、友でもない。

599 これと一致しているのが、アウグスティヌスが『三位一体論』第十三巻第五章[1101]においてキケロの命題[1102]から、次のように結論していることである。もしその人が或る悪を欲するとしたならば、欲するように生き、欲するものを有する人は至福ではない。そればかりか悪を欲する人は、欲するように生きれば生きるほど、欲するものを有すれば有するほど、よりいっそう不幸になる。それゆえに、ここでアウグスティヌス[1103]が言っているように、「主の祈りにおいて、われわれが神に対して『誘惑にわれわれを導くことのないように』と祈るときには、われわれは何か悪を、救いに対立するものを請い求めることのないように祈っているのである。というのは、あなたの要求があなたの関心に反するときには、それはけっして小さな誘惑ではないからである」。これらはアウグスティヌスの言葉であり、命題である。さらに、彼は同じ箇所においてより先に[1104]、次のように言っている。「悪しきものがわれわれを喜ばし、善きものがわれわれを喜ばさないときには、われわれはむしろ悪しきものが与えられるよりも、善きものが喜ばすように神に祈らなければならない」。それゆえに、アウグスティヌス[1105]は次のようなことを言わんとしているのである。救いに係わる或るものを請い求める人々は、すなわちイエスの名において請い求める人々は聞き届けられるのであるが、それに対して聞き届けられない人が生じるのは、確かに彼らが自分にとって有害なもの、かつ悪しきものを請い求めているからであり、それは次の言葉によっている。「あなたは請い求めるが受け取らない。というのはあなたは悪しき仕方で請い求めているからである」（ヤコ四・三）。

600 アウグスティヌス[1106]は、ここで言われている「あなたがたが何を請い求めようとも、私はこれをなすであろう」の他の解決を、次の言葉からとるのである。「われわれは善をなすに倦むことがあってはならない。というのは、時が来ればわれわれは収穫するからである」（ガラ六・九）。すなわち、われわれがイエスの名において請い求めるといっても、われわれが請い求めているときに、必ずしもいつも彼はそれを行うのではなく、〔しかるべき時に〕それを行うのである。すなわち、われわれが「あなたの御国が来ますように」（マタ六・一〇、ルカ一一・二）と請い求めるがゆえに、彼はわれわれが請い求めることを行うのではない。というのは、われわれは直ちに彼とともに永遠に支配するのではないからである。すなわち、われわれが請い求めるものは延期されるのであるが、否定されるのではない。以上はアウグスティヌスの言葉である。

601 すでに言われた「あなたがたが私の名によって父に何を請い求めようとも、私はこれをなすであろう」を総括すれば、われわれは、もし子でなかったならば、誰も子の名によって請い求めることはないと言うべきであろう。さらに、父であるかぎりでの父に対して、子以外の誰も請い求めない。さらにまた、父であるかぎりでの父は、子以外の誰の言うことも聞き届けることはないし、聞くこともない。子は言う。「父よ、私はあなたがたえず私の言うことを聞いて下さっていることを知っていました」（一一・四二）。もし父がたえず子の言うことを聞くのであるならば、父は子の言うことは聞くが、子でない者の言うことは聞かないことは確実である。その理由は次のとおりである。すなわち、どうして父を知らない人が父に祈るのであろうか。あるいは、どうして父は父が知らない人の言うことを聞き、聞き届けるであろうか。さらに、「マタイによる福音書」に次のように言われている。「父以外の誰も子を知らず、子以外の誰も父を知らない」（マタ一一・二七）。そしてこれは次の言葉の意味である。「義人には彼が望むものが与えられるであろう」（箴一〇・二四）。義人であるかぎりでの義人の望むものは義のみである。しかし、義は義人の父であり、義人は義の子である。さらに上に[1107]おいて示されたことは、義人はそれ自身としては、ないしは義人であるかぎりにおいては、義以外の何ものも知らず、何ものも望まず、何ものも愛さず、何ものも祈らず、求めないということである。反対に、義は〔義人以外の〕いかなるものも知らず、〔その言うことを〕聞かず、聞き届けることはないのであり、ただただ義人のほうへのみに傾き、しかもすべての義人のほうへと、すべての人とすべてのものへと傾いているのである。それゆえに、これはここで次のように言われていることの意味である。「あなたがたが私の名において父に何を請い求めようとも、私はこれをなすであろう」。

602 さらにその上に、われわれは次のように言うべきであろう。子であるイエスの名によって父に請い求めている人は、父に請い求めているのであり、ないしは父が教えた祈りによって祈っているのである。「天にましますわれわれの父よ、あなたの名が聖とされんことを」等々（マタ六・九―一三、ルカ一一・二―四）。この祈りについて私はすでに以前に特別の論考[1108]を書いておいた。しかし、目下のところ注目すべきことは、父から手に入れようと欲する人は、彼が何を請い求めるにしても、彼が神を真に父と言わんがためには、まず第一に子でなくてはならないということである。父には栄誉が帰せられる。「あなたの父を敬え」（出二〇・一二）。さらに、父には愛が帰せられる。というのは、子（filius）とは、愛を意味するphilosに由来しているからである。さらに第三に、子は神のみから生まれていなくてはならない。「彼は彼らに神の子らとなる権能を与えた」、「血によってではなく」、「神によって生まれた人々は」（一・一二、一三）、それに続いて、「〔天に〕あるところのあなたは」（マタ六・九）、「存在するところの者が私を遣わした」（出三・一四）、「ただあなたのみがある」（ヨブ一四・四）、「天に」（マタ六・九）、「あなたは天に住みたもう」（詩二・四）。天は物体のなかで純粋で最も高いものである。さらに、天は質料においてそれに属する下級のものと共通のものは持たず、触れることはあっても、触れられることはなく、球形をしており、角はなく、他からの圧迫や、それに類する多くのものは受けない。あなたもそのようであらなければならない。そうすれば、あなたのうちには神が存在し、住むのであり、それはあなたの父なのである。というのは、次のように言われているからである。「天にましますわれわれの父よ」（マタ六・九）。

603 それに続いて言われる。「あなたの名が聖とされんことを」（マタ六・九）。名（nomen）は認識（notitia）から言われている。名は愛を霊発するとき、聖なるものとされる。このようにして言葉は、神においては、愛であるところの聖霊を霊発する。それゆえに、人が神を愛し、味わうという仕方で、神を思惟し、認識するならば、神の名は聖とされるのである。さらに神のみが認識されているときには、神の名ないし認識は聖とされているのであり、それは次の言葉によっている。「彼らがあなたのみを認識するということが永遠の命なのである」（一七・三）。そしてこれがここで第三に次のように言われていることの意味である。「あなたの御国が到来しますように」。「あなたの〔御国〕」と言われている。「義人たちは彼らの父の御国において、太陽のように輝くであろう」（マタ一三・四三）、「あなたの御国はすべての時代にわたる国である」（詩一四四・一三）。あるいは、他の表現の仕方においては、「あなたの御国が到来しますように」、あなたのみが私のうちで支配するように、あなたのみが私を支配するように。「神の御国はあなたがたのうちにある」（ルカ一七・二一）。

さらにその上に注目すべきことは、「あなたの名が聖とされんことを」と言われていることである。神について三つのことが言われたのである。「天に――まします――われわれの父よ」、「あなたの名が聖とされんことを」。しかし父は、われわれを自分の子として生むことによって聖とされるのである。つねに何らかの存在の欠如であるところのすべての罪と悪から、われわれを解放することによって、「存在するところの者」（出三・一四）という彼の名は聖とされるのである。彼が「天において」聖とされるのは、「われわれの交わりが天にある」（フィリ三・二〇）ときであり、われわれがいかなる地上的なものも求めたり、請うたりしないときである。「上方にあるものを求めよ。そこにはキリストが神の右側に座しておられる。地上にあるものではなく、上方にあるものを味わえ」（コロ三・一以下）。

604 それに続いて言われる。「天においてと同様に、地においてもあなたの御旨が行われますように」（マタ六・一〇）。天によっては喜びと楽しみが、地によっては悲しみが表されているのである。さらに、物体のうちで最大のものである天によっては、賜物のうち最大のものが、最小のものである地によっては、賜物のうち最小のものが理解されているのである。それゆえに、われわれが祈るのは、楽しみと繁栄においてと同様に、逆境においても、悲しみにおいても、最大のものにおいてと同様に最小のものにおいても、神の御旨がこうしてわれわれに気に入り、味わわれるためであり、それはマナの譬え（出一六・一八参照[1109]）と次の言葉によっている。「マリアは最善の部分を選んだ」（ルカ一〇・四二）。最善の部分と言われている。というのは、部分のうちに全体的なものにして最善のものがあるからである。賢者[1110]が言うように、「すなわち神とは、その中心がどこにもあり、その表面がどこにもないような」、「さらにその上に点があるだけ、それだけ多く表面があるような知性的な球である」。「あなたの御旨が行われますように」（マタ六・一〇）と言われているのであって、私の意志が行われるようにとは言われていない。「父よ、あなたの御旨が行われますように」（マタ二六・四二）。さらに同じ箇所において先に、「父よ、私が欲するようにではなく、あなたが欲するようになさって下さい」（マタ二六・三九）。それについて、アウグスティヌスは『告白』第十巻[1111]において言っている。主よ、「自分が欲することをあなたから聴くことよりも、あなたから聴くことを欲しようとする人があなたの最善の従者なのです」。

605 この点において注目すべきことは、次のことは驚くべきこと、完全に誤ったこと、嘆かわしいことであるということである。終日、主に向かってその御旨が行われますようにと叫び、祈って、その御旨が行われたとなると、われわれは悲しみ嘆くのである。それというのも、神の御旨が今や行われたからである。

さらにその上に、神の意志をわれわれの意志と一致させ、われわれの意志のほうに曲げようとし、われわれの意志をむしろ神の意志のほうに曲げようとしないことは、人間の心の大いなる不条理である。特に、下級のものが上級のものによって統御されることは自然本性的なことであり、その反対でないのであるから、とりわけまた、神の欲するものはすべて、まさに神が欲するというそのことによって善になり、善なのであるから。それに対してわれわれの意志については、事態は反対になっている。それゆえに、われわれは次のように言う。われわれは「天においてと同様に、地においてもあなたの御旨が行われますように」と神に対して祈るときには、天上的なもの、霊的なもの、永遠的なるものにおいてであれ、時間的なもの、地上的なもの、この世的なものにおいてであれ、ただ神の御旨のみを熱望し、祈り、求めるのである、と。そのようなことを行った人は、何を彼が請い求めたとしても、それは彼に起こるであろう。というのは、彼は神の御旨のみを求め、意図し、味わっているのであるから。

606 その際に注目すべきことは、ヒエロニムス[1112]が「あなたがたが請い求めているものをあなたがたは知らない」（マタ二〇・二二）という言葉を論じて、時間的なものを請い求めているすべての人は、自分が何を請い求めているのかを知らないと言っていることである。その際に注目すべきことは、或る人が時間的なものを請い求めるほど、彼は彼が請い求めているものを受け取るのに値しないということである。その理由は、第一に、私が請い求めるところのその人に、私が気に入るほど、愛されるほど、それだけ多く私はそれを受け取るのにふさわしくなり、またそれだけ少なくその人から愛されるほど、それだけ少なく私はそれを手に入れるのにふさわしくなるからである。しかしそれだけ多く私が時間的なものを求めるほど、それだけ少なく神から愛されることになる。というのは、それだけ少なく神を愛しているからであって、それはアウグスティヌス(1113)の次の言葉によっている。「あなたとともに或るものを愛する者はそれだけ少なくあなたを愛しているのである」。それゆえに、私がそれだけ多く神に時間的なものを求め、請い求めるほど、それだけ少なく私は受け取るのにふさわしいものとなる。

第二に、他の人に、その人が軽蔑することを命じ、願い求めることを禁じている或るものを請い求める人は、実際彼が請い求めているものを受け取るのにふさわしくない。神はしかし、時間的なものを愛することを禁じ、諫めている。

607
第三に、神より以上に神以下の何かを愛する人は、神によって〔自らの請い求めるものを〕聞かれるのに、ないしは聞き届けられるのにふさわしくない。しかし、時間的なものを神に請い求める人は、神よりも時間的なものを愛しているのである。その証明は次のとおりである。キリストはここで言っている。「あなたがたが父に何を請い求めようとも、私はこれをなすであろう」、「もしあなたがたが父に何かを請い求めるならば、父はそれをあなたがたに与えるであろう」(一六・二三)。それゆえに、われわれが何を請い求めようとも与えられるのであるならば、もしわれわれが神以外の他のものを請い求めるならば、われわれは神以外の他のものをよりいっそう愛していることになるのである。というのは、われわれが与えられた自由な選択において、われわれにとってより愛すべきものを選ぶというのは、自然的なことであるからである。

第四に、神に時間的なものを請い求める人は、神に聞き届けられるのにふさわしくない。というのは、彼は主を信頼していないからである。それというのも、彼は神がそれ自身においては、自分を満足せしめることはできるとは見なしていないからであり、それは次の言葉に反する。「われわれはすべてのものを一なるあなたのうちにおいて持っている」（トビ一〇・五）。さらに、サダイという神の名は十分であるということである。[1114] それゆえに、アウグスティヌス[1115]は神のみで満足しない人は非常に貪欲であると言っている。したがって、時間的なものを請い求めている人は、神よりもむしろそれらを信頼しているのである。したがってそのような人は、神に聞き届けられるのにふさわしくない。

608 第五に、時間的に善きものは、人を至福なる者、ないしは善き者にするのではなく、より善きものにするのでもない。それらは本来的な意味においては善きものではないからである。というのは、たいていの場合悪しき人がそれを所有し、善き人はそれを欠いているからである。さらに注目すべきことは、もし時間的なものが本来的に善きものであるならば、それはつねに善きものであるということである。ところがしかし、それらはしばしば悪しき有害なものであり、それは次の言葉によっている。「蓄えられている富は、それの持主に害を及ぼす」（コヘ五・一二）、「富を所有することは、愚かな者にとって何の役に立つか」（箴一七・一六）。したがって食料や飲物は、確かに飢えた人にとっては善きものであるが、飽いた人にとっては悪しき、厭わしいものであり、それは次の言葉によっている。「蜂蜜を見つけたら、あなたが満足するまで食べよ。しかし満腹してそれを吐いてしまうようなことはするな」（箴二五・一六）、「豊かな人の満腹はその人が眠ることを許さない」（コヘ五・一一）。

609 それゆえに明らかなことは、そのような外的なものはそれ自体としては善きものではなく、われわれの弱さと欠乏とがそれらのものを善きものにするということである。それゆえに、明瞭に「詩編」においては言われている。「私の善きものをあなたは必要としない」（詩一五・二）。それはあたかも、これらの善きものが私にとって善きものであるのは、私の欠乏がそうしているのであり、しかしあなたは神であるから、あなたはそれらを必要としないのであると言わんしているようである。それゆえに、これらの善きものは私にとって善きものであり、あなたにとっては善きものではなく、端的な意味においても善きものではなく、欠乏している者にとって、しかもつねにではなく、欠乏の時にあたって善きものなのである。そしてこれはここで明瞭に次のように言われている意味である。「彼はすべてのものをそれにふさわしい時に善きものとして造った」（コヘ三・一一）。これはあたかも次のことを言っているかのようである。それらのものは、生じ、造られたということによって無条件的な意味においてつねに善きものでもなく、それにふさわしい時において、すなわち欠乏の時において善きものなのである、と。というのは、欠乏の時以外においては、それらはもはや善きもの、有用なもの、喜ばしきものではないからであり、それは上に[1116]言われたとおりである。それに対して霊的に善きものについては、事態は反対である。それらはつねに善きものであり、すべての人々にとって善きものであるからである。さらに、それらは偉大なものになるほど、それらはそれだけ善きものになり、それらを所有する人々を善き人々にする。誰もそれらを悪しき仕方で用いたり、排斥したりできないのであり、それはアウグスティヌス[1117]の次の言葉によっている。「誰も徳を悪用することはできない」。さらにその上に、したがって霊的な善きものは制限も持っていないし、尺度も持っていない。「神は無制限に霊を与える」（三・三四）。それゆえに、医者は、それを超えてはならない制限と尺度とをあらかじめ健康に対して決定するのではなく、薬はそれ自体において善きものではなく、病気と欠乏とがそれを善きものにするのであるが、その薬に対してのみ医者はその制限と尺度を決めるのである。

610 それゆえに、すでに述べられたことから明らかになることは、時間的な意味において善きものは、真の意味において善きものではなく、時間と欠乏がそれらを善きものにしているということである。したがってそれらは、上に[1118]言われたように、善きものにするのでもなく、より善きものにするのでもなく、必ずしもつねに役立つものではなく、しばしば害になるものであり、それらを所有する人々を完全なものにするのではなく、しばしば害になるのである。霊的な善きものについては、事態は異なる。哲学者（アリストテレス）[1119]が言うように、「徳は、すなわちそれを所有する人を善き人にするのであり、その業を善きものにする」。さらにまた、もし時間的に善きものがそれを所有する人を善きものにするならば、それはせいぜいのところその金庫を善きものにするのであって、その霊魂を善きものにするのではない。というのは、金庫はそれ自身のうちに財貨を有しているが、霊魂はそうではないからである。そして、これは次の言葉の意味である。「貪欲な人は財貨によって満たされることはない」、さらに、「自分の富を自分の眼で確かめる以外には、それはそれを所有する人に何の役に立とうか」（コヘ五・九、一〇）。ここで明瞭に言われている。「彼は財貨によって満たされることはない」。すなわち、外側に立っていて、けっして内側に立っておらず、けっして内部に入り込まないものは、どのようにして〔人の心を〕満たすのであろうか、すなわち内的な仕方で。さらに、霊魂よりも比較できないほど乏しいものが、どのようにして〔人の心を〕満たすのであろうか。すなわち、哲学者（アリストテレス）[1120]が言うように、「霊魂は或る意味においてすべてであり」、さらにアウグスティヌス[1121]が言うように、「それは神を受け入れることができるのであるから、神の像である」。一粒の種はどのようにして、一万粒の、さらには千万粒を受け入れることのできるものを満たすことができようか。クリソストムスは同じ箇所において[1122]、しかしこう言っている。たとえ霊的なものであれ、これこれしかじかのものを請い求める人は、自分が請い求めているものを知らないのである、と。彼はしかしこのことを、端的で無条件的な仕方で神の意志に委ねなくてはならないのである。というのは、われわれの父は、われわれが必要としているものと、何がわれわれにとって必要であるかということを知っているからである（マタ六・三二参照）。というのは、上に[1123]言われたように、われわれがパンであると信じるものは、しばしば躓きの石であるからである。

さらにその上に、われわれは他の仕方で、これこれしかじかのものを請い求めている人は、彼が請い求めているものを知らないのであると言うべきであろう。というのは、彼は悪しきものを悪しき仕方において請い求めているからである。すなわち、これこれしかじかのものは、その本性からして、否定の味がするのであり、多は実在的にその否定を包含しているのであるが、その否定の否定が一であり、一は存在者と置換することができると私は言うのである。したがってそれゆえに、これこれしかじかのものは一から落下したものである。「神はしかし一なる者である」（申六・四、ガラ三・二〇）。それゆえに、神から落下するものは、存在から落下するのである。というのは、神は存在であるからである。「存在する者が私を遣わした」（出三・一四）。さらに、それはまた真からも落下している。すなわち、「私は真理である」（一四・六）。それは善からも落下している。「神のみ以外のいかなる者も善なる者ではないからである」（ルカ一八・一九）、さらに、「善なる方はひとりのみであり、それは神である」（マタ一九・一七）。一においては、いかなる実在的な否定も存在しないのであり、そればかりか、そのうちにおいてはこれこれしかじかのものがその味がするところのすべての否定と多が否定され排斥されているのである。アウグスティヌスは『三位一体論』第八巻第三章[1124]において言っている。「この善やあの善から、このとかあのとかを取り去れ。そうするならば、あなたは神を見るであろう」。それゆえに明らかなことは、これこれしかじかのものを請い求める者は、悪しきものを悪しき仕方で請い求めているのである。というのは、そのような人は、善の否定を、かつ或る存在の否定を、かつ神の否定を請い求めており、祈っているからである。それゆえに、そのような人は神に祈って、請い求めているのではなく、神が否定されることを、あるいは存在が否定されることを、あるいは真にして善が否定されることを祈り、請い求めているのである。そしておそらくこのことは、われわれが主の祈りの終わりにおいて（マタ六・一三参照）、悪から解放されることを祈るということを意味する。すなわち、すべてのこれこれしかじかのものに含まれている悪を請い求めないことを意味するのである。というのは、これらのものはわれわれから奪い取り、善、一から遠ざけるのであるが、それらのものはすべて神であるからである。

612 それゆえに、上に述べられたことによって、ここで次のように言われていることが注目されるべきであろう。「あなたがたが私の名において父に何を請い求めようとも、私はこれをなすであろう」。すなわち今、最後に示されたように[1125]、主が請い求めるように教え、命じているように請い求めている人は、イエスの、すなわち子の名によって請い求めているのである。それればかりか、すでに述べられたことから明らかなことは、一般的に、「請い求めるすべての人は受け取るのであり、尋ねるすべての人は見出すのである」（マタ七・八、ルカ一一・一〇）ということである。すなわち、彼は神を請い求め、尋ね、願望するのであり、これを見出すのであるか、あるいは神以外の或るものを請い求め、尋ね、願望するのであり、これを確かに受け取るのである。自然においては、願望はけっして無駄に終わることはないからであり、それは次の言葉によっている。「義人の願望は実現されるであろう」（箴一〇・二四）。また自然においては、欲求は無駄に終わることはなく、本性的能力も無駄に終わることはない。それゆえにトマス[1126]は、人間がつねに存在することを欲求し、願望していることから、霊魂は不滅であることを論証しているのである。

613 さらにまた、すべての真に敬虔な人は、神に祈ることにおいて、このことのみを祈っているのである。つまり神の御旨が、あるいは神の欲することが行われるように、これかあれかではなく、これこれしかじかのことが非区別的に行われるように、つまりあれよりもこれがより多くということがないように、生じないことよりも生じることをより多くということがないように、受け取らないことよりも受け取ることがより多くということがないように、もし神がこれであれ、あれであれ、与えることであれ、与えないことであれ、それを欲するならば。それゆえに、そのような人は、手に入れないことによって手に入れるのであり、したがってつねに彼が請い求めるものをすべて手に入れるのである。それに対して、もし存在そのものであり、すべての存在と真と善をあらかじめ有している神以外の何かを祈り、請い求める人は、どんな場合でも悪を請い求め、探しているのであり、したがって悪を見出すのである。というのは、善と異なるものは、悪であるからである。さらにまた、彼は無を探しているのである。存在者ではないものは無である。それゆえに彼は、彼が請い求めているものを手に入れるのであり、彼が探しているものを見出すのである。すなわち、すでに上に言われたように、彼は無を請い求めているのであり、したがって無を手に入れ、無を見出すのである。

それゆえに注目すべきことは、真に祈る人は受け取らないことによって、肯定的に受け取っているのであり、同様に先に述べたような人は欠如的に無を受け取っているのである。前者の人は受け取らないことによって受け取っているのであり、後者の人は受け取ることによって受け取っていないのである。前者のような人はすべてのものにおいてすべてのものを受け取っているのであり、後者のような人はすべてのものにおいて無を受け取っているのである。

614 この実例は次のとおりである。私の祖国において、もし或る人が或る人、ないし或るものを探して発見しないならば、次のように言われるのがつねである。「彼は石を見出した」。すなわち、彼は彼が探していた人、ないしはものを見出さなかった。このことは固有の仕方で諺において次のように言われている。「石を探しているすべての人は、石を見出すであろう」。この諺の言わんとすることは次のとおりである。すなわち、もし彼が探していた石を彼が見出すならば、彼が石を見出したことは真である。それに対して、もし彼が彼が探していた石を見出さなかったならば、彼が石を見出したことは再び真である。というのは、彼が探していたものを彼は見出さなかったからである。事態は当該の場合においても同様である。「請い求めるすべての人は受け取るのであり、探し求めるすべての人は見出すのである」（マタ七・八、ルカ一一・一〇）。というのは、彼は、上で[1127]明らかにされているように、神を探し、これを見出すか、神以外の他のものを探すかのどちらかであるからである。もし彼がこれを見出すならば、彼は無を見出すのである。というのは、神以外には、存在以外には、存在とは異なる他のものとしては無があるからである。それに対して、もし彼が探しているものを見出さないならば、彼が無を見出したことは再び真である。というのは、彼は探していたものを見出さなかったからである。それゆえに、これらのことは、ここで次のように言われていることを理解するためには十分であろう。「あなたがたが私の名において父に何を請い求めようとも、私はこれをなすであろう」。

615 しかしその際に、さらに注目しなければならないことは、「あなたがたが私の名において父に何を請い求めようとも」、父はこれをなすと言われているのではなく、「私はこれをなすであろう」と言われていることである。このことのうちに明瞭に明らかにされていることは、父の業と子の業とは分割されていないということであり、あたかもそれらには、一つの本質、一つの存在が属しているということであって、それは次の言葉によっている。「私と父とは一なるものである」（一〇・三〇）。そして、それらには一つの働きが属するのであり、それは次の言葉によっている。「私の父は今に至るまで働いておられる。そして私もまた働く」（五・一七）、「すなわち、父が行うすべてのことは子も同様に行う。というのは、父は子を愛しており、彼が行うすべてのことを子に示すからである」（五・一九以下）、さらに、「すべてのものは彼によって生じた。彼によらずして生じたものは何もなかった」（一・三）。しかしこれらのすべてのことは、義と義人の例において明らかにされている。

「私を愛さない人は、私の言葉を守らない」（二四節）

616 このことの証明は、法の命じるところのものは、愛と恩寵なくしては満たされえないということである。それらの業が〔現実に〕行われるためには、それらの業はどのようにして、またどのような目標に向かって行われなくてはならないかという働きの様態に関しては、このことは確かに真である。というのは、業の本質的内容に関しては、それらの法の命じることは満たすことができるからであり、それは次の言葉によっている。「法を持たない異教徒たちは、法に属するものを自然になす」（ロマ二・一四）。トマスはこの問題について〔『神学大全』〕第二部の一第一〇〇問第九項と第一〇九問第一〇項[1128]において論じている。

「聖霊」、さらに以下において、「聖霊は私があなたがたに言ったすべてのことをあなたがたに教え、思い起こさせるであろう」（二六節）

617 注目すべきことは、ここでトマスの註解[1129]においてグレゴリウス[1130]が言っているように、思い起こさせることはつねに小さき者に属するということである。それゆえに彼は、どのようにして聖霊について思い起こすことが言われうるのかを問い、それに対して次のように答えている。聖霊は思い起こさせると言われているが、それはあたかも下側から、ないしは外側から、他の博士たちのように、知識を持ち込むのではなく、隠されたところから、眼に見えない仕方で精神を照らすという仕方によってである。というのは、グレゴリウス[1131]が言っているように、聖霊が聴く者の心に臨在していなくては、博士の言うことは饒舌なものにすぎなくなるからである。しかし、アウグスティヌス[1132]はそのことを次のように解釈している。「思い起こさせるであろう」とは、すなわち想起せしめるであろうということであり、忘れないようにしておくということであって、神のことをいつも思い浮かべ、記憶しておくということである。神を思い起こさない人とは、神はともに存在することはないのであり、それは上に明らかにされているとおりであって、次の言葉によっている。「あなたの考えを主に向かって投げよ。そうすれば、主はあなたを養って下さる」（詩五四・二三）。さらにその上に、第三に、トマスによる或る註解[1133]は次の二つを区分している。「聖霊があなたがたにすべてのことを教えるであろう」とは、私〔主〕があなたがたに語っていないことに関してであり、「聖霊は思い起こさせるであろう」等々とは、私があなたがたに語ったことは、一つにはあなたがたの愚鈍さのゆえに、また一つには言われていることの暗さのゆえに、「今はあなたがたはそれに耐えられない」（一六・一二）ことに関してである。そしてこの解釈に、次のように言われていることは字義どおりの意味においては、直接に調和するのである。「聖霊は私があなたがたに言ったすべてのことを教え、思い起こさせるであろう」。これについては、「創世記」第二章の第二の註解〔『創世記比喩解[1134]』〕を見よ。そこでは次のように言われている。「主は彼に命じて言った」等々（創二・一六）。その際に注目すべきことは、これは命令の最も本来的にして完全な様態であるということである。

618 しかし注目すべきことは、ここで或る註解[1135]が言っているように、聖霊は教えると言われているが、子は言うと言われているということであり、それはペルソナの区別を示唆するためのものであるということである。「しかし三位一体全体の業は分割されざるものであり[1136]」、それはわれわれが「父と子と聖霊」と言うときに、それらは同時にではなく存在することは不可能であるにもかかわらず、それらを同時に言わないのと同様である。

619 さらにその上に、われわれが他の仕方で第四の様態において解釈できることは、ここで「聖霊」が教え、思い起こさせると言われていることである。それゆえに知らなくてはならないことは、哲学者（アリストテレス）の共通の言葉である「事物が存在するか、存在しないかによって、〔その事物についての〕言説も真ないしは偽であると言われる[1137]」ということは、二様の仕方で理解されうるのみならず、されなくてはならないということである。第一に、外側の事物においてあるものによって真理は成立するのであり、したがってその言説が表示している認識も真なのであり、例えば、それは、存在するものが存在することを、私が把握し、理解し、言うときである。しかし、存在しないものを存在すると私が把握し、言うときには、その把握と言説は偽りである。そしてこの意味においては、哲学者（アリストテレス）は字義どおりに語っている。それゆえに、これにしたがって私は次のように論を進める。真理は事物の存在から生起し、成立する。というのは、存在するものによって、言われるものは真であり、同じ哲学者が他の箇所において言っているように[1138]、事物の存在性における状態は、それの真理における状態と同じであり、存在と認識との始原は同一であるからである。しかし霊すなわち神が、「神は霊である」（四・二四）から、すべての存在の原因である。それゆえに、神はすべての真理と真なる教えの原因である。そしてこれはここで次のように言われていることの意味である。「聖霊はあなたがたにすべてのことを教えるであろう」、さらに、「真理の霊があなたがたにすべての真理を教えるであろう」（一六・一三）。

620

さらに、人は哲学者（アリストテレス）[1139]の先に述べられた言葉「事物が存在するか、存在しないかによって、〔その事物についての〕言説も真ないしは偽であると言われる」を、第二の意味において把握することによって知るべきことは、義なる者であって、自分自身のうちに義そのものの存在を持つ者でなければ、誰も何が義であるかを真に知ることはできないし、認識することもできないということであり、それは次の言葉によっている。「受け取る人でなければ、誰も知らない」（シラ一五・一、黙二・一七）、さらに、「子以外の誰も父を知らない」（マタ一一・二七）。このことは先に述べられたことにおいて説明された[1140]。これらのことから私は次のように論証する。自分自身のうちに義の存在を持つ者でなければ、誰も義を知ることはないし、このことは聖霊の他の賜物ないし恩寵についても当てはまるのであり、それは自分自身のうちに白色の形象と子孫を持つ者でなければ、誰も白いものを認識できないのと同様である。さらに確実なのは、誰も、準備し自分自身のうちに住む（ロマ五・五参照）聖霊なくしては、義と他の恩寵を有することはないのであり、それは次の言葉によっている。「もし神が与えたのでなかったならば、私は何も有する者ではありえない」（知八・二一）。そしてこれはここで聖霊について言われていることである。「聖霊はあなたがたにすべてのことを思い起こさせるであろう」、つまりそれは内奥から、最も内奥から傾かせ、霊発し、教える者である。われわれが外側から見て、聴くことによって学ぶものはこのようではない。もし内在によって、存在によって、われわれがそのようなものでなければ、われわれはそのようなものについて、盲人が色について語るようにしか語れないのであり、けっしてそのようなものを知ることはできないのである。

621 このことは『士師記』第十二章におけるかのエフライム人において比喩的に美しく表現されている。彼は穀粒のない穂を意味する theboleth と言ったが、穀粒のある穂を意味する seboleth はあえて言い出すことができなかった。そして、これはイシドルスが『最高善について』第三巻第十章[1141]において言っていることである。「教えは、それを助ける恩寵がなければ、たとえ耳に届いたとしても、心にまではけっして入り込まない。それは確かに外側では大きな音を立てるかも知れないが、内側においては何の役にも立たない。しかし神の恩寵が内的に、精神が理解するように触れるときには、神の言葉は心の耳に届き、最も内奥へと到達するようになる」。

「父は私より偉大な方である」（二八節）

622 これは先に次の言葉について解釈された[1142]。「われわれに父をお示し下さい」（一四・八）。アウグスティヌスはしかし『三位一体論』第一巻第七章[1143]において、これを次のように解釈している。それによると、「僕の形」（フィリ二・七）においては、子は父よりも卑小であり、それはかりか自分自身よりも卑小であり、それはアタナシウス[1144]の次の言葉によっている。〔子は〕「神性によれば、父に等しく、人性によれば、父よりも卑小である」。

第一五章

「私は真の葡萄の樹である」等々。

623 注目されるべきことは、この章に含まれている多くの内容は、上に[1145]言われていることから明らかに証明されるし、ここで言われていることはそれらから解釈することができるということである。

「あなたがたが互いに愛し合うことが私の掟である」（一二節）

624 グレゴリウス[1146]はトマスの註解[1147]において、この箇所について次のように問うている。キリストが愛の掟について、これが彼の掟であると言っており、あたかも信仰と希望に関する、道徳に関する他の掟は彼自身の掟ではないかのようであるのは、どうしてであるか、と。そして彼は次のように答えている。その理由は、この掟には他のすべての掟が含まれているからである、と。この掟には、「すべての法と預言者たちがよっているのであり」（マタ二二・四〇）、そして、「法が満たされることは愛である」（ロマ一三・一〇）。さらに、アウグスティヌス[1148]はこの点に関して次のように答えている。その理由は、「愛のあるところでは、欠けるものが何もなく、愛のないところでは、益になりうるものは何もない」。

625 このことを前提にして注目すべきことは、次のことである。愛の掟についてここで言われていることは、上に述べられていることから解釈することができるとはいっても、ここで付加されている「私があなたがたを愛したように」ということに関しては、アウグスティヌス[1149]によって二様の仕方で解釈されている。第一に、私があなたがたのために私の命を棄てるように、あなたがたも兄弟たちのためにあなたがたの命を棄てるべきであり、それは「ヨハネの第一の手紙」第三章（十六節）において述べられていることによっている。第二に、キリストはわれわれを愛した。それは、われわれがキリストとともに、神を持つことができるようにであった。「このことのために、それゆえにわれわれも相互に愛すべきである。それはわれわれがわれわれの愛を他の人々の愛から区別するためである。他の人々はこのことのために互いに愛することがない。というのは彼らは愛し合ってはいないからである。しかし、神を持つために互いに愛している人々こそ、互いに真に愛しているのである」、「この愛はすべての人々のうちにあるのではない。一なる神がすべてのものにおいてすべてのものであるがゆえに（Ⅰコリ一五・二八）、互いに愛する人々は少ない」。これらはアウグスティヌスの言葉である。

626 さらにまた、「私があなたがたを愛したように」という言葉は、他の仕方でも多様な様態で解釈することができるであろう。第一に、神は神を刺激し動かす情念なしにわれわれを愛するが、それはまた、神が怒りの情念なしにわれわれに怒るようなものである。

第二に、神は自分自身の益のためではなく、われわれの益のためにわれわれを愛するのである。

627 第三に、〔神がわれわれを愛するのは〕、善なるものにおいて、かつ善なるものに向けて、つまり許されていないことではなく、許されていることにおいてのみである。キケロ[1150]が明らかにしているのは、同じものを欲し、欲しないということが友人たちには属しているのであり、「許されていることにおいて」ということは付加する必要がないということである。というのは、許されていないことにおいては、友情は存しないからであって、悪人の間でもそうである。それというのも、キケロも報告しているように、或る人が彼が友人だと見なしている別の人に、許されていないことを請い求め、それを否定する人に対して次のように言った。「私の請い求めていることをあなたがなさないならば、あなたの友情は私にとって何であろうか」。それに対して、その人は次のように言っている。「もしあなたのために許されていないことを私がしなければならないとしたならば、あなたの友情とは私にとって何であろうか」。

第四に、神がわれわれを愛するのは、神が自分自身を愛するようにであり、神が自分自身を、かつ自分自身において愛するその同じ愛によってである。このようにして、われわれも隣人を神に向けて、神を隣人に向けて愛さなくてはならない。というのは、われわれが一つのものを別のもののために愛しているところでは、われわれはそれらの両者において一つのものを愛しているのであり、二つのものを一つのものにおいて愛しているのであって、もはや二つのものではなく、一つのものを愛しているからである。このようにして、われわれはもはやただたんに、マタイ（二二・三九）とルカ（一〇・二七）が言うように、われわれ自身を愛する「ように」ではなく、マルコ（一二・三一）が言うように、「あたかも」われわれがわれわれ自身を愛するように、隣人を愛するのであり、その表現をアウグスティヌスはしばしば用いているのである[1151]。しかし〔この場合〕、「あたかも」（tamquam）とは、「それだけ多く」（tantum quantum）のように用いられているのである。

628 第五に、〔神がわれわれを愛するのは〕、われわれが神のために相互に愛し合うようになるためである。すなわち、このようにして神は、自分自身のためにすべてのものを愛するのであり、すべてのものに働きを及ぼすのである。「私は、あなたの不当な行為を私のために消す者である」（イザ四三・二五）、「あなた自身のために、わが神よ、あなたの耳を傾けよ。そして聴け」（ダニ九・一七以下）、「神はすべてのものを自分自身のために生じせしめた」

（箴一六・四）。

第六に、神はすべての人々とすべてのものを愛しているが、それは「同じ意図によってであり、しかも異なった働きによってである」。神は病気の子供と健康な子供に対しては異なった仕方で、子供と大人に対しては異なった仕方で配慮するのである。

629 第七に、神は聖霊である愛によって、われわれを愛する。それゆえに、われわれもまた相互に肉的ではなく、霊的な愛によって、地上的ではなく、聖なる愛によって愛し合わなくてはならない。というのは、聖なるものというのは、地なしにということであるからであり、聖なるとは、agyosを意味しているのであって、gyosとは地を意味するのであり、測量術（geometira）とは地を計ることを意味するのである[1152]。

第八に、「神は先にわれわれを愛した」（Iヨハ四・一九）、「神はわれわれを愛した」、「まだわれわれが敵であった時に」（ロマ五・一〇、八）。明瞭に「相互に」と言われている。それはすべての人がすべての人を愛さんがためであり、あたかもかの人が自分であり、自分がかの人であるかのようである。そして注目すべきことは、そのように他のすべての人を愛する人のみが、真なる仕方で自分自身とかの人を愛するのであり、他のいかなる人もそうではないということである。すなわちそのような人は、自分自身を神のうちにおいて、かの人を神のうちにおいて、神を自分自身のうちにおいて、かつかの人において愛するのであり、それらの両者において、かつすべてのものにおいて一なるものを愛するのである。他のあり方をしている人は、神を真なる仕方で愛しているのでもなければ、自分を真なる仕方で愛しているのでもなく、他の誰をも真なる仕方で愛しているのではない。

630 第九に、アウグスティヌスは『教えの家について』[1153]において言っている。「父と子、義父と婿は隣人と言われる。人と人ほど近いものはない」。さらに、アウグスティヌスが『真の宗教について』[1154]において教えていることは、どのようにして人は相互に愛し合うべきであるかということであり、自分自身と同様に他の人々をも愛すべきであるかということである。彼は次のように言っている。母、父、兄弟、姉妹、そしてこれに類する係累を自分自身のために愛する人は、それらの人々を自分自身と同じように愛してはいない。というのは、誰も自分自身にとっては父ではないからである。同様のことは、母、兄弟、姉妹、そしてその他の係累について当てはまる。それゆえに他人において、彼が人間であるところのもの、彼が神の像にしたがって存在しているところのもの以外の或るものを愛する人は、彼を愛すべき者であるようには、愛していないのであり、ここで言われている「互いに愛し合いなさい」ということを満たしてはいないのである。すでに述べられたことから、アウグスティヌスは『真の宗教について』において結論している。「隣人をあたかも自分自身であるかのように愛している人は、彼を妬むことはない。というのは、そのような人は自分自身のために愛しているのではないからである」、さらに、「彼は彼がなしうることをその人に与えるのである。というのは、彼はそれを自分自身にも与えるからである」、さらに、「彼はそのような人を必要としない。というのは、彼は自分自身をも必要としないからである。彼は神のみを必要とするのであり、神のみにすがることによって、至福なのである」。以上がアウグスティヌスの言葉である。

631 しかしながら、確かに言うことができるであろうことは、そのような人は自分自身を必要としないと同様に、神をも必要としないということである。すなわち、いかなるものもそれが自分自身のうちに有しているものを必要としない。というのは、われわれが本来的に必要としているものは、われわれが欠いているもの、われわれが所有していないものであるからである。さらにまた明らかなのは、そのような人は最も豊かな人であるということである。それというのも、そのような人はすべての人を自分自身と同じように愛しているからである。すなわち、すべての人を愛し、有し、あたかも自分自身のように有し、愛する人は、すべてのものを功徳において、かつまた報いにおいて有しているのであって、そのことが言えるのは、とりわけ善は、善としては、愛することによって所有され、愛することによって以外の他の仕方においては所有されないからである。このようにして可視的なものは、可視的なものとしては、見ることによって以外の他の仕方においては所有されないのである。

632 さらにその上に注目すべきことは、われわれが互いに愛し合うべきことが自分の掟であるとキリストが言っていることである。というのは、上[1155]のあの箇所「私はあなたがたに新しい掟を与える」（一三・三四）において言われているように、旧法の掟は恐れであるが、新法の掟は愛であるからである。さらにその上に、恐れは奴隷に対する主人の掟であり、それに対して愛は子に対する父の掟である（三・三五、五・二〇参照）。父は子を愛している。それゆえに、子（filius）はまた、しばしば言われたように[1156]、愛と言われているものと同じものであるphilosに由来する。そしてこれがここで子が言っているところのものである。すなわち、われわれが相互に愛し合うのが彼の掟である、と。すなわち、「あなたがたが互いに愛し合うことが私の掟である」と言われている。さらにこのことは、以下において次のように言われている。「女は生むときには、苦しみを感じる」、「しかし生んでしまってからは、もはや苦痛を覚えていない」、「というのは、ひとりの人間が生まれたからである」（一六・二一）。生まれることは子に属しており、その生まれるであろう子について旧法は語っている。さらに、すでに生まれた子については、新法が喜んでいる。すなわち、このようなことをわれわれは自然においても見る。形相が生まれ、存在のうちへと産み出されるときには、このことはそれを被るものの不満と反乱を伴って生じる。しかし徳も骨折りと苦悩を伴って学ばれる。しかし形相が導入され、徳が獲得され、生まれるならば、「それはもはや苦痛も覚えず」、苦しみも覚えず、愛がそれに属するところの善なるものを喜ぶのである。そしてこれは明瞭に次に述べられているところの意味である。「それと同時にすべての善きものが私に」「到来した」（知七・一一）。さらに、その後に同じ箇所において、

「それはすべての善きものの母である」（知七・一二）。その意味は、すべてのものは、たとえ苦しみであったものも、形相と徳とを受け入れれば、善きものにして、甘美なものになるということである。そしてこれがここで次のように言われていることの意味である。「あなたがたの苦しみは喜びに変わるであろう」（一六・二〇）、「それと係わることは苦みを含んでいない」（知八・一六）。

633

「人が自分の友人のために、自分の命を棄てるほど、誰もそれよりも大きな愛を持たない」（一三節）

この箇所についてトマスの註解[1157]においては、次のように問われている。キリストは敵のために命を棄てるべく来たのであるから、彼がこのことを、すなわち自分の命を友人のために棄てることを最大の愛であると言っているのは、どういうことであろうか、と。それに対してこのように答えられている。愛の力はきわめて大きいので、それは敵を得ることによって、その迫害さえも自分自身にとって有益なものにするので、敵すらわれわれにとって利益になることによって友人になるのである、と。自分に害を加えようとする人々は敵である。しかし、われわれはよりいっそう強いので打ち負かされることはなく、忍耐によって打ち負かすのであり、報いを手に入れるのである。彼らは確かに自分自身にとっては害になるが、われわれにとっては益になるのであり、それは次の言葉によっている。「不正は自分自身に対する虚偽である」（二六・一二）。このことは上[1158]に解釈したとおりであるが、これはまた註解[1159]において手短にここで論じられているところのものである。

上に「あなたがたは互いに愛し合いなさい」という言葉に即して言われていることから、しかしながら明白に答えられるであろうことは、われわれがそれによって相互に愛する愛は聖霊に他ならないのであるから、われわれがそれによって友人のために命を棄てる愛は、われわれがそれによって敵のために命を棄てるところのものであり、それと別のものではないということである。さらにその上に、最小の愛と恩寵は聖霊の道具として、このように友人に対してと同様に敵のために容易に何か外的なものに耐え、それをなすことを最小のことと見なすのである。というのは、とりわけそれは友人と同様に、敵をも愛しているからであり、そればかりか愛は敵を知らないからである。それというのも、上で[1160]言われているように、義は義人と義なるもの以外のものを知らないからであり、それは次の言葉によっている。「私はあなたがたを知らない」（マタ二五・一二）。これは義なる主が言われているのであり、それは上に[1161]解釈されているとおりである。そのようにまことに愛を持っている人は彼自身としては、愛すべき友人のみを知っているのである。

634　さらに、敵対的なもの、苦いもの、悲しみは、愛と聖霊とを持つ愛する者においては、すでに上に引用したように[1162]、甘さと喜びに変わる。「あなたがたの悲しみは喜びに変わる」（一六・二〇）、さらに、「それとの交わりはいかなる苦さも有していない」（知八・一六）。すなわち、このようにして反対に、われわれは病人の喉においては、甘いものが苦いものに変わるのを見る。さらに、哲学者（アリストテレス）[1163]によれば、死は終局、究極のもの、すべての恐ろしいもののうちで最大のものである。それゆえに、死が誰によって、誰のために引き受けられるかということはそのこととは関係ない。さらに、すべての働きは、たとえ能動的にして感覚的な性質の働きといえども、それがそこから流れ出てき、落下してきた実体的形相の現実態と固有性に係わるのである。このようにして「聖霊によってわれわれの心に」「注がれた」（ロマ五・五）愛は、命を敵のために棄てるのと友人のために棄てるのを区別せずに、同じ一つのこととして見るのである。そしてこれはここで次のように言われていることの意味である。「人が自分の友人のために、自分の命を棄てるほど、誰もそれよりも大きな愛を持たない」。というのは、すべての友人と敵は、そこにおいては一によっており、一を通して、一のうちに、一に向けて、一であるからである。

「私はもはやあなたがたを奴隷とは呼ばない。奴隷は主人が何をするかを知らないからである。さらに私はあなたがたを私の友人と呼ぶ。というのは、私の父から私が聴いたすべてのことを、私はあなたがたに知らせたからである」（一五節）

635 三つのことが先に述べられた言葉においては、疑わしいものであるように思われる。第一に、主はいくたびか自分の秘密を善良で忠実な僕に露にするのであり、それは次の言葉によっている。「主は、自分の秘密の言葉を自分の僕たちに対して露にすることなく」、「事をなすことはない」（アモ三・七）。第二に、友人といえどもその友人が何をなすかを、もし彼から露にされることがなければ、知ることはない。第三に、次のように言われていることについては疑われる。「私の父から私が聴いたすべてのことを、私はあなたがたに知らせた」。しかし以下においては、次のように言われている。「まだ私は多くのことをあなたがたに言わなくてはならない。しかし今はあなたがたはそれに耐えられないであろう」（一六・一二）。

636 第一のことについて、アウグスティヌス[1164]は次のように答えている。「二つの恐れがあるように、二つの隷従がある」。すなわち、「愛のうちにはなく」、外側に向けられている（Iヨハ四・一八）恐れがあり、これは奴隷的な恐れである。他の恐れは子供のような恐れであり、それについて次のように言われている。「主に対する恐れは聖なるものであり、それは世々に至るまで続く」（詩一八・一〇）。それについて上[1165]で言われている。「奴隷は家に永遠に留まることはないが、子は永遠に留まる」。それゆえに、アウグスティヌスは次のように言わんとしている。奴隷は奴隷的な恐れによっては、「自分の主人が何をするかということを知らない」。しかし、汚れのない恐れをもった奴隷は、善い忠実な奴隷であって（マタ二五・二一、二三参照）、もはや奴隷ではなく、友人にして子である。第一の奴隷にここで言われていることは当てはまる。「私はあなたがたをもはや奴隷とは呼ばない。奴隷はその主人が何をするかということを知らないからである」。

637 それに対して次の言葉は第二のことに関係している。「善き忠実な僕よ」、「多くのものの上に私はあなたを建てよう。あなたの主の喜びのなかへ入れ」（マタ二五・二一、二三）。さらにその上に、上に提示されたことについてアウグスティヌス[1166]はより詳しく、こう言っている。友人である善き奴隷は、彼が恐れから仕えているのではないことを神から受け取ったことを、またこのことを神がなしたことを知っている、したがって「その主人が何をなすか」を知っている、と。しかし、「何か善いことをなし、彼の主人ではなく、彼がこれをしたかのように高ぶる奴隷」については、ここで次のように言われている。「その奴隷はその主人が何をなしているかを知らない」。それゆえにこのようにして、上に言われた三つの疑問のうちの二つに関して解答が明らかになった。

638 それに対して、「私の父から私が聴いたすべてのことを、私はあなたがたに知らせた」と言われていることについての第三の疑いに関しては、クリソストムス[1167]はこう答えている。それは「彼らが知らなくてはならなかったすべてのこと」である、と。グレゴリウス[1168]はそれに対して言っている。内的な愛に属するすべてのものと天の祖国についての或る種の先取は、使徒たちの精神に吹き込まれている、と。アウグスティヌス[1169]はしかし言っている。キリストはここで、「彼がなすであろうものをなした」と言っているのであり、それは次の言葉のとおりである。「彼らは私の手と私の足とを貫いた」（詩二一・一七）――未来のことをあらかじめ言って、「彼らは貫くであろう」とは言われていない――彼は過去のことを言わんとしているのである、と。そして、聖書のなかのそれに類似する多くのその他のことをアウグスティヌスは引用しており、そこでは、未来のことがあたかも過去のことのように語られているのである。それは、一つには、未来の出来事が〔神にとっては〕確実であるからであり、誤ることはありえないからであるが、一つには、神はすべての明日のものを昨日のもののように今日なすであろうからであり、今日なしたからであって、それは『告白』第一巻[1170]において言われているとおりである。これらの三つの解釈をわれわれはトマスの註解[1171]のうちで見出すのである。

アウグスティヌスはまた、『創世記について、マニ教徒を駁す』第一巻[1172]においても、こう言っている。「『私はそれをあなたがたに知らせた』。というのは、それはすでになされたからではなく、きわめて確実な将来的なものであるからである」。その同じ箇所において[1173]、それよりも前に彼は実例をあげている。「同様にしてわれわれは樹木の種を見て、そこに根と枝と実と葉があると言うであろう。というのは、そこにそれらがあるからではなく、そこに将来あるであろうからである」。

639 しかし、これらの言葉「私はあなたがたにすべてのことを知らせた」は、字義どおりの意味において、真であると言うことができるであろう。第一に、それは次の言葉によっている。「それはすべての人間を照らしている」(一・九)、必ずしもすべての人間が照らされているのではないとしても。すなわち、このようにして、彼はすべてのことをすべての人々に語っているのである、たとえすべての人々が、アウグスティヌス[1174]が言うように、すべてのことを聴くのではないとしても。そしてそれは次の言葉によっている。「光は闇のうちで輝いている。しかし闇は光を理解しなかった」(一・五)。というのは、彼はすべてのものを知らせるか、何も知らせないかのどちらかであるからである。というのは、彼は一つのことを語るのであるが、同時にすべてのことと一つのことを語るからであり、それは次の言葉によっている。「一度で神は、二つのことを語った」(詩六一・一二)、すなわちすべてのことを。それというのも、二はすべてのものと多の根であるからであり、そしてこれらのものは確かに多数のものとして、分割されたものとして聴く者たちの差異性と同等性に応じて聴かれるのである。そしてこれは、アヴィケンナが『自然論』第六巻第四部第二章[1175]において、このように言っているところのものである。「そこには何らかの隠匿ないし吝嗇があるのではなく、その隠匿は受容しうるものに対応しているのであり、一つにはそれらは身体に注ぎこまれたものであり、また一つには、それらは身体がそれによって下方へ押さえこまれるものどもによって汚されているからである」。さらに、彼の『形而上学』第九巻の最後の章[1176]において、彼は言っている。「われわれがあらかじめわれわれの首から、貪欲と怒りとそれらの姉妹の軛を取り去らないかぎり」、われわれは隠されたものを感じたり、それらのほうに引きつけられたりはしない。それゆえに、プラトン[1177]もまた神についてこう語っている。「神は最善のものであり、しかしそのような最善のものからはすべての嫉妬は遠ざけられており」、それは次の言葉によっている。「露にされないいかなるものも〔いつまでも〕隠されてはいない」（ルカ一二・二）。すなわち、一般的には、上級のものは何ものも隠さないで、それ自身に関しては何ものも隠蔽しないで、それに属する下級のものにそれ自らの全体において伝達するのである。というのは、かの質料的な太陽ですら、このようにしてすべての人々を照らすからであり、その結果、たとえ彼らが自分自身を見ることがないとしても、その太陽を通してすべての人々が見るようになるのである。

640 さらにその上に、第二の様態において、先に述べられた言葉「私の父から私が聴いたすべてのことを私はあなたがたに知らせた」は、上に述べられたことから明白に、しかも例を用いて次のように証明される。すなわち、確実なことは、火を生むものは火の形相を与えることによって、生まれたものに、生むものに属するものを与え、教え、知らせるということである。「父は子を愛しており、父がなすところのすべてのことを子に示す」（五・二〇）。というのは、義人を生む義は、その自らの全体を義人に与えるのであり、さらに義は自らを与えることによって、義に属するすべてのものを与えるのであり、知らせるのである。すなわち、義人は多かれ少なかれ〔義を〕有するのであるが、義は『範疇論』[1178]において言われているように、多かれ少なかれということを受け入れることはない。というのは、半分の義を神に期待することは不敬虔なことであるからである。

641 それゆえに、どのようにして字義どおりの意味において、子が父から聴いたすべてのことを、神の子らであるすべての人々に知らせるかということは明らかである。というのは、人は子になることによって、まさにこのことによって人は父に属するすべてのことを聴き、知るからである。彼にとっては〔子に〕なることは、聴くことであり、彼にとっては、聴くことは、なることであり、生まれることである。すなわち、このようにして最初に生まれた独り子にとっては、生まれることは聴くことであり、父にとっては、言うことは生むことである。子自身は言葉そのものであり、その言葉は言われるところにおいて聴かれ、生むところにおいて生まれるのである。「私はもはやあなたがたを奴隷とは言わない」等々と言われている、上に置かれている三つのことに関する第三の疑問がこうして解決する。

すでに述べられたことと次の言葉は調和する。「彼とともに彼はわれわれにすべてのものを贈った」（ロマ八・三二）、「それと同時にすべての善きものが私のところに到来してきた」（知七・一一）、すなわち子であるところの非被造的な生まれた知恵と同時に。

642 さらにその上に、次のような論証がなされる。父は子にすべてのことを知らせる。この命題はすでに言われたことから明らかである。しかしすべての神の友は、神を愛する人は神の子である。それゆえに、子が聴くところの、また父が語るところのすべてのことを、神はここで言われているように、神の友に知らせたのである。そして、おそらくこれはここで次のように言われていることの意味である。「私はあなたがたを友人と言った」。というのは、言うことは神的なものにおいては、生むことであり、それは次の言葉によっている。「私はあなたがたに言った。あなたがたは神々であり、至高者の子らである」（詩八一・六）。そればかりかわれわれにおいても、言うことは子孫を生むことである。それは、すなわち心のうちで、ないしはわれわれが語るところの者の霊魂のうちで、われわれに対して生まれる言葉なのである。さらに、すでになされた論証の小前提において言われていることは、すなわち神を愛する人が神の子であるということは、三つのことから証明される。第一は、神的なものにおいては、愛は、聖霊は子から発出するものであり、子がそれであるところのものである。第二は、愛にはたえず認識が先行する。というのは、誰も知られざるものを愛することはできないからである。第三は、表記から明らかになる。すなわち、子（filius）と同様に、友人（amicus）も愛（amor）からその名称をとってきている。philosとは、すなわち愛であるからである。

643 これらのことによって、他の二つの問いに対しても、また答えることができる。すなわち、「奴隷はその主人が何をしているのか知らない」。しかし、友人はそのことを知っており、彼には、その友人がなしているすべてのことは明らかである。例えば、例を用いて言うとすると、義の友人は義を愛する人である。ここから、その人が義人であることが生じる。すなわち、義人でない人は義の友人ではなく、義を愛することもない。というのは、そのような人は義に似てもいないし、したがって義に背反する者にして敵であるのに、一体どのようにして義を愛することがあろうか。さらにまた、どのようにしてそのような人は、義を知らないのに、義を愛することがあろうか。というのは、われわれは知らないものを愛することはできないからである。しかし義人でない人は義を知らない。というのは、認識の始原と存在の始原とは同一であるからである。さらにその上に、義の外側に立っている人は、どのようにして義を知るであろうか。というのは、認識は内側に懐かれることによって完成されるのであり、認識されるものの始原の内部へと進んで行き、認識されるものの内側を読み取り、探究するからである[1179]。さらに、義人でない人は、義の子ではなく、義は〔その人にとっては〕父ではない。しかし子以外の誰も父を知らない（マタ一一・二七)。その上に義人ではない者は、彼が子でないということによって友人ではない。子(filius)とは、すなわち愛であるところのphilosから言われているのであって、友人(amicus)とは、愛(amor)から言われているのである。それゆえに、これらのことから明らかなことは、義の友人は内側に〔義を〕懐くことによって、義を自分自身のうちに持っているということである。さらにまた、そのような人は義のうちにあるのである。というのは、彼は義の外側に立っていないからであり、義の内部のうちへと、義の最も内奥の始原のうちへと入り来るのであり、それは次の言葉によっている。「私は父のうちにあり、父は私のうちにある」(一四・一〇)。

644 それゆえに、義人は義の子にして友人として、〔義を〕内側に懐くことによって自分自身のうちに義を持つのであり、また義人は義のうちにあり、義をその最も内奥の始原において知っているのであるから、そこから帰結することは、義に属するすべてのものを義人は知っているということである。というのは、義そのものをその始原において見る人が知らないものが、何か義に属するとでもいうのであろうか。グレゴリウス[1180]が言うように、そのような始原をすべての義なるものは見るのである。そして、その論証は次のようなものである。すなわち、義そのものは、何者によって義が認識されようとも、それによって義が自分自身とすべてのものを知り、それによって、かつそのうちにおいてのみ義が認識されるところの媒介である。しかし義の奴隷は、〔義の〕外側に立っているのであるから、雇われ人であって、友人ないし子ではないので、「その主人が何をしているかを知らない」。というのは、奴隷と主人の間には、哲学者(アリストテレス)[1181]が言うように、友情はないからである。そしてこれは次の言葉の意味である。「奴隷は永遠に家に留まることはないが、子は留まる」(八・三五)。というのは、奴隷は外側に立っているが、子は内側にいるからである。それゆえに、ここで次のように言われていることは明らかである。「私はもはやあなたがたを奴隷とは呼ばない。というのは、奴隷はその主人が何をしているかを知らないからである。しかし私はあなたがたを友人と言った。というのは、私の父から聴いたすべてのことを私はあなたがたに知らせたからである」。

「あなたがたが私を選んだのではなく、私があなたがたを選んだのである。それはあなたがたが行って、実を結び、あなたがたの実が留まるようにである」(一六節)

645 上の個々の言葉は注目すべきものであり、説教者と他人を教える教師はどのようにあらねばならないかを教えるものである。しかし、例を用いて注目しなければならないことは、義人である者が義を選択するのではなく、自分自身のほうへと義を呼び寄せるのでもなく、反対に義が義人を選ぶのであり、自分自身のほうへと義人を呼び寄せるのであるということである。というのは、どのようにして義人である者は自分自身のほうへ義を呼び寄せるのであろうか。それというのも、義人は自分自身からしては、すなわち彼がそれであるところのものからしては無であり、不義なる者であるからである。さらに、彼が義人であることは、まったく彼に先行する義に由来するのである。「彼は存在しないものを呼び出すのである」(ロマ四・一七)。それゆえに、これはここで次のように言われていることの意味である。「あなたがたが私を選んだのではなく、私があなたがたを選んだのである」、「私が」と言われているのは、子のことであり、「彼があなたがたを彼のうちにおいて選んだ」、すなわち子のうちにおいて、「世を建てる前に」(エフェ一・四)ということである。

646 第二に注目すべきことは、次のように言われていることである。「あなたがたの実が留まるように」。このことは三様の仕方で理解することができるであろう。第一に言わんとされているのは、われわれの意図は時間的な実をもたらすことではなく、永遠の実をもたらすことであるべきであるということである。「滅びる食物のためではなく、永遠の命のために留まる食物のために働け」（六・二七）。第二に言わんとされているのは、われわれは自分自身を善くすることのない外的な働きの実を結ぶべきではなく、上[1182]に解釈したように、父がわれわれのうちに留まり、なし、働いている内的な働きの実を結ぶべきであるということである。第三にそれが言わんとし、われわれを勇気づけているのは、われわれはよりいっそう喜んで実をもたらすべきであるということである。というのは、その実はわれわれの実であり、われわれのために留まるからであり、それは次の言葉によっている。「私の祈りは私の心のなかへと帰ってくる」（詩三四・一三）。

647 すなわち、注目すべきことは、すべてのわれわれの業の実と善性は、神がそれであるところの目的への、その業の秩序と関係から生じるということである。しかし次のことは神学の規則[1183]である。被造物と創造主の間のすべての関係は、言葉によると神のうちにあり、しかし存在によると被造物のうちにある、と。さらに、実とわれわれにとっての利益もまたそのようである。そしてこのことはアウグスティヌスが[1184]、こう言っていることの意味である。「神はわれわれを自分の善性とわれわれの利益のために用いる」。さらに、『真の無罪について』の第一の命題において、アウグスティヌス[1185]はこのように言っている。「神は自分自身に利益になる何ものも命じないのであり、神が命じる人にとって利益になるものを命じるのである」。さらに、「イザヤ書」（二六・一二）においては次のように言っている。「われわれのすべての業をあなたはわれわれのためになした」。その際に注目すべきことは、彼が三つのことを言っていることであり、それはすなわち、神がそれらの業を働いているにもかかわらず、それらの業はわれわれの業であるということであり、第三に、それらの業を神はわれわれのために働いているということである。確かに神はそれらの業を働いているのである。というのは、すでに言われたように[1186]、善性の第一の根は神への関係と秩序のうちにあるからである。それらの業はわれわれの業でもある。というのは、われわれと神の間の関係そのものは、二つの境界、すなわち神とわれわれを有しているからである。そのことはしかし、「われわれにとって」言われているのである。というのは、すでに上[1187]に述べられたように、われわれと神との間の関係は、言葉によれば神のうちにあり、存在によればわれわれのうちにあるからである。それゆえに、いくつかの写本はこのように言っている。「あなたはわれわれのうちで働いた」。さらにこれはまた、「詩編」から引用された次の言葉の意味でもある。「私の祈りは私の心のなかへと帰ってくる」（詩三四・一三）。「帰ってくる」と言われているが、それはすなわち、「還帰する」ということである。すなわち、それは最初、神のほうへと向き、運ばれ、そこで善性を受け取り、汲み尽くしたのちに、われわれの心のうちへと向きを変えて帰ってくるのである。「あなたがたは喜びのうちで救い主の泉から水を汲み取るであろう」（イザ一二・三）。

「もし私が、彼らの間で他の誰もなしたことのないような業を行わなかったならば、彼らに罪はなかったであろう」（二四節）

648 三つのことがここでは注目されるべきである。第一に、「他の誰もなしたことのないような」と言われていることである。というのは、死者を蘇らせるのは、奇跡のなかでも比較的偉大なもののように思われるからである。しかし、このことは他の人々もなしたのであり、旧法においてさえ行われているのである。アウグスティヌス[1188]はそれに対して、次のように適切な仕方で答えている。このようなことは、確かに一人か、ないしは少数の人々の間で他の人々によってなされたが、キリストについてはこのように言われている、と。「彼がどこへ入ろうとも、村であれ、農村であれ、町であれ、人々は病人を道路に置き、彼らが彼の衣服の端に触れることを懇願した。そして彼に触れた人は誰でも癒された」（マコ六・五六）。このことはしかし、他の誰もなさなかったことである。

649 第二に、「彼らには罪はなかったであろう」と言われていることである。というのは、彼はユダヤ人たちに語りかけているのであり、彼らのところへまず最初に来たが、それは彼らの間で住むためであったからである。それゆえに、他の人々、異教徒たちや受肉以前の他の人々には罪はなかったのであろうか。アウグスティヌス[1189]は次のように答えている。ここで主は不信仰の罪について語っているのであり、それは副次的な意味において罪と言われるのである。というのは、その罪が保持されていたならば、他の罪もまた保持されることになるからである。「信仰によるのでないものは罪である」（ロマ一四・二三）、「信仰がなければ、神に喜ばれるのは不可能である」（ヘブ一一・六）。さらに、信仰を保持する者には、他の罪は許されている。「彼を信じるすべての人は滅びることなく、永遠の命を得る」（三・一六）、さらに、同じ箇所においてそれより後に、「彼を信じる人は裁かれることがない」（三・一八）、さらにまた同じ箇所において、「子を信じる人は永遠の命を得る。しかし子を信じない人は生命を見ることもなく、神の怒りが彼の上に留まる」（三・三六）。

650 第三に、もしキリストが眼に見える奇跡を行わなかったならば、人々が〔キリスト〕を信ずべく保たれていたかどうかは疑わしい。というのは、ここで次のように言われていることからすると、そうではないように思われるからである。「もし私が彼らの間で他の誰もなしたことのないような業を行わなかったならば、彼らには罪はなかったであろう」。この問題に対して、トマスは『第二任意討論集』[1190]第六問において、このように答えている。「いかなる人も、自分自身にとって可能なその様態による以外に、自分の力を超えるものに向けて保たれることはない。信仰はしかし人間の自然的能力を超えている。それゆえに、信仰は神の賜物から到来してくるのであり、それは次の言葉によっている。『恩寵によって、あなたがたは信仰を通して救われているのであり、このことはあなたがたから出ているのではない。というのは、それは神の賜物であるからである』（エフェ二・八）、さらに、『あなたがたには、ただたんに彼をあなたがたが信じるということのみならず、彼のために苦しむということが与えられている』（フィリ一・二九）。それゆえに人間は、信ずべく神によって助けられているかぎりにおいて、信仰するように保たれているのである。さらに、或る人は神によって三とおりの仕方で信ずべく助けられている。第一は、内的な召し出しによるのであり、それについては次のように言われている。『父から聴いて学んだ人はすべて私のところへ来る』（六・四五）、さらに、『彼は彼があらかじめ決めておいた人々を召し出した』（ロマ八・三〇）。第二は、外的な教えと説教を通してであり、それは使徒（パウロ）の次の言葉によっている。『信仰は聴くことに由来しており、聴くことはしかしキリストの言葉によっている』（ロマ一〇・一七）。第三は、外的な奇跡を通してであり、それゆえに次のように言われている。不信仰者にはしるしが与えられたが、それは彼らがそのしるしによって信仰へと呼び出されるためであった（Ｉコリ一四・二二参照）。

651
しかし、もしキリストが目に見える奇跡を行わなかったとしても、その場合でも、信仰のほうへと引きつける他の様態は残っていることになり、それによって人々は安心すべく保たれることになろう。というのは、人々は法と預言者たちの創始者を信ずべく保たれていたからである。彼らはさらにまた、内的な召し出しに反抗しないように保たれていたのであり、それはイザヤが自分自身について次のように言ったとおりである。『主は私の耳を開いた。私はしかしそれに逆らうこともなく、引き下がることもなかった』（イザ五〇・五）。それは或る人々について次のように言われているようにである。『あなたがたはたえず聖霊に逆らってきた』（使七・五一）」。それゆえに、ここで言われている「もし私が業を行わなかったならば」ということについて「言うべきことは、キリストが人々のなかで行ったかの業のなかには、内的な召し出しも数え入れるべきであり、それによってキリストは或る人々を引き寄せたのであって、それはグレゴリウスが或る説教[1191]のなかで次のように言っているとおりである。キリストはマグダレナを内的に引き寄せたのであるが、外的には慈悲心によって彼女を引き受けたのである、と。〔キリストの〕教えもそれに数えられるのである。というのは、彼はまた同じ章において先に次のように言っているからである。『もし私が来て彼らに語らなかったならば、彼らに罪はなかったであろう』（一五・二二）」。これらの言葉はトマスのものであり、それは上の箇所で語られたものであった。

652 しかし、ここで内的な召し出しについて言われていることを理解するためには、トマス自身が〔『神学大全』〕第二部の二第二問第七項[1192]において、次のように語っていることが役に立つであろう。「ローマ人の歴史書のなかに次のようなことが見出される。コンスタンティヌス・アウグストゥス[1193]と彼の母であるヘレナの時代に、或る墓が開けられて、その胸に金の板をあてた人が発見された。その板にはこのように書かれていた。『キリストは乙女から生まれ、私は彼を信じる。おお太陽よ、あなたはヘレナとコンスタンティヌスの時代に私を再び見るであろう』」。さらに、注目すべきことは、第二番目に置かれている言葉である「おお太陽よ」等々によれば、彼は隠れているべきであったのであり、人に見られないように太陽の光から隠されているべきであったのである。しかし、ヘレナとコンスタンティヌスの時代に、その墓は開けられるべきであったのであり、こうして彼の身体も、太陽の光に晒されて発見されるべきであったのである。このように再び、その預言者的な精神の真実性が明らかになることによって、言葉の受肉についてと生まれるであろうキリストについての信仰は、より確かなものになったことであろう。

「彼らは私と私の父とを憎んだ」（二四節）

653 アウグスティヌスは『告白』第十巻[1194]においてこう言っている。「どうして真理は憎しみを生むのであろうか。というのは、至福なる生は愛されているのであり、そのうちには、真理の喜びのみが存するのであるが、その真理は次のような仕方で愛されているからである。すなわち、真理ではない他の或るものを愛しているすべての人は、彼らが愛するこのものが真理であることを欲しているのである。というのは、彼らは欺かれるのを欲しないからであり、誤っているのを確信させられるのを欲しないからである。このようにして彼らは真理であるとして愛しているもののために、真理を憎んでいるのである。真理が輝けば、彼らはそれを愛し、真理が咎めれば、彼らはそれを憎む」。

第一六章

「これらのことを私はあなたがたに語った」[1195]、さらに以下において、「私が行くのは、あなたがたのためである。というのは、もし私が去らなければ、弁護者はあなたがたのところに来ないからである。もし私が去るならば、私はその者をあなたがたに遣わそう」（七節）

654 偉大な人は、遠い国に向けて出発するときには（ルカ一九・一二）、彼の不在を嘆くその友人たちを慰めるのがつねであるが、それは習慣であり、しかも推奨されるべき習慣である。そして、自分が離れ去ることの利益と自分が離れ去ることが彼らのためであることを言って、彼らを霊的に慰めるのがつねである。このことからまた、われわれの救い主であるかの人は、すでに上において彼が「私はあなたがたを友人と言った」（一五・一五）と語ったその弟子たちに、彼らから去り、父の下に行こうとするときに、ここであらかじめ「私は私を遣わした者のところへ行く」、「しかしこれらのことを私があなたがたに言ったときには、悲しみがあなたがたの心を満たした」（一六・五、六）と言われているように、彼らが自分が離れて行くのを悲しんでいるのを知ったとき、次のように言って彼らを慰めるのである。「私が行くのは、あなたがたのためである」。

しかし、次のように言われているのはどういうことであろうか。「もし私が去らなければ、弁護者はあなたがたのところに来ないからである。もし私が去るならば、私はその者をあなたがたに遣わそう」。

655 その理由は、第一に、人間としてのキリストの愛もまた、彼が被造物であるかぎり、神の愛を阻害するということであり、それは次の言葉によっている。「しばらくすると、あなたがたはもはや私を見なくなるであろう」（一六・一六）。というのは、自然においても、認識においても、受容する能力は、感覚においてであれ、知性においてであれ、裸でなくてはならないのであり、その能力に対しては、唯一の形相的対象が存在しなくてはならないからである。しかしこのことが最大限に妥当するのは、愛する者についてである。というのは、愛は特別に、その本性からして合一的なものであるからである。それゆえに、或る詩人[1196]はこう言っている。

「或る者への愛は別の者に対する力を引き抜く」。

さらにまた、[1197]

「威厳と愛とはただたんに適合しないだけではなく、一つの座に共存することもない」。

それゆえにまた、法も福音も、神が心を尽くして愛されることを命じているのである（申六・五、一〇・一二、一一・一三、マタ二二・三七、マコ一二・三〇、ルカ一〇・二七）。それゆえに、これはここで次のように言われていることの意味である。「もし私が去らなければ、弁護者はあなたがたのところに来ないからである」。というのは、〔キリストの〕人性への愛とその身体的な現存が神性への愛の誠実さを損なったからであり、このことは眼から泥を拭い取り、「見える者として帰ってきた」（九・七）盲人のうちに示されている。アウグスティヌスは『告白』第十巻[1198]において神に向かって言っている。「何かをあなたとともに愛する人はあなたをより少なく愛する」。それに続いて次のように言われていることは、それに対立するものではない。「彼があなたのためではなく愛するものは」。というのは、一つのものが別のもののためにあるところでは、その両方においては、一つのもののみが存在するからである。このことと符合するのが、〔身体から〕分離した霊魂はそれが身体に対して持つ自然本性的傾向によって、アウグスティヌス[1199]によれば、蘇りの前に神の観想をまったき仕方で完全に享受することを妨げられているということである。

656 しかしその上に、「もし私が去らなければ、弁護者はあなたがたのところに来ないからである」と七つの理由から言われている。第一に、子の固有性は彼が子であるかぎり、たんに受動的な意味において生まれるということである。しかし、聖霊を霊発するということは、能動的固有性である。それゆえに子は、いわばそのような受動的な固有性を去らなければならないが、それは子が聖霊を遣わし、霊発するためである。さらに、第二に、子は始原の始原であり、父は「始原のない始原[1200]」である。それゆえに子は、すべての神性の泉である父のところへ行かなくてはならないのであり、そこで子は流れ出るものを汲み取るのであって、それは次の言葉によっている。「流れはそこから出てきた場所へ、再び流れ出すために還帰する」（コヘ一・七）。その上に、第三に、子は霊発するために、父のところへ行かなくてはならない。というのは、存在と同様に霊発するということは父によって子に帰属しているからである。さらに、第四に、子としての子は、子であることによって父から区別される。子は聖霊を霊発する者として父と一なる始原である。それゆえに子は、いわば差異性から去って一性のほうへ行かなくてはならない。さらに、第五に、弁護者すなわち慰める者であることは、終局と善性の固有性であり、それらはその発出の様態において聖霊に帰属する。それゆえに、子はいわば聖霊から区別される者として、弁護者すなわち慰める者[1201]が来るために去らなければならないのである。それゆえに、このことはここで次のように言われていることの意味である。「もし私が去らなければ、弁護者はあなたがたのところに来ないからである。もし私が去るならば、私はその者をあなたがたに遣わそう」。その上に、第六に、聖霊は〔神の〕子ら以外のところには来ることもないし、遣わされることもない。「あなたがたは神の子らであるから、神は自分の子の霊をわれわれの心のなかに遣わした」（ガラ四・六)。さらにまた聖霊は、それがどこで発出しようとも、愛が認識から発出するように、子から発出するのであり、子には、それが子であるかぎりにおいて、子らを生むということは属していないのであり、このことは父に固有なことなのである。それゆえに、聖霊が来るためには、子は父のところへ行かなくてはならないのであり、それはここで言われているとおりである。さらに、第七に、聖霊そのものが上にくると、子は懐胎されるのであり、それは「ルカによる福音書」から明らかである（ルカ一・三五、三一）。したがってこのようにして、子であるキリストが去るのはわれわれにとって益になるのであって、それは彼が、われわれを子らにする霊を遣わすためである。

「その方は世に対して、罪について、義について、裁きについて明らかにするであろう」（八節）

657 上に述べられた言葉は、説教の様態によって詳細に解釈されているが[1202]、そのことはこの書の最後で注意しておくつもりである。しかし、それらの言葉は字義的には、トマスの註解[1203]において十分に解釈されている。

しかし、ここで注目すべきことは、いたるところでこの「明らかにするであろう」(arguet) という語は、あたかも「責め非難するであろう」(redarguet et reprehendet) というように理解されているとはいえ、「明らかにする」(arguere) は、ここでは「照らす」ないし「教える」こととして把握されていると的確に言うことができるように思われるのであり、それは次の言葉によっている。「咎めるべきすべてのものは、光によって明らかにされる。というのは、明らかにされるすべてのものは光となるからである」（エフェ五・一三）、さらに、「信仰は希望することがらの確信であり、露になっていないことの確認である」（ヘブ一一・一）。それゆえに、論理学者[1204]の間でも、次のように言われている。「論証は疑わしいことの証明であり、信を生じせしめるものである」。それゆえに、このことにしたがって「明らかにするであろう」という語を「教え明らかにするであろう」というように理解するならば、次のことはここで聖霊について言われているのである。「その方は世に対して、罪について、義について、裁きについて明らかにするであろう」。

658 それゆえに、第一に注目すべきことは、人がそれらのうちで訓育され、教えられ、照らされなくてはならないものは三つあるということである。すなわち、人は避けるべき悪と行うべき善と、さらに悪しきことを罰し、善きことに報いる法の裁きを認識しなければならないのである。そしてこれはここで聖霊が明らかにすると言われていることの意味であり、すなわち、それは世に対して、罪、義、裁きについて照らし出すのである。

さらにその上に、われわれはより的確に、第二に次のように言うべきである。哲学者（アリストテレス）[1205]によれば、真っ直ぐなものは、それ自身と曲がったものを裁く者であり、それは次の言葉によっている。「霊的な人はすべてのものを裁くのであり、彼は誰からも裁かれることはない」（Ｉコリ二・一五）。このようにしてまた、われわれが見ることは、身体的な眼は自分自身を見るのではなく、他の人々によって見られるということである。これと同様のことが質料に付着し、浸されているすべての能力について言える。しかし霊的な眼である知性は、〔質料から〕分離されており[1206]、〔質料と〕混合されていないものである[1207]。「知性は他のものと同様に自分自身を見ている」[1208]。このことからして物体的で質料的な付帯性は、例えば、色とか味に類するものは、自分自身について判断することもなく、他のものについて判断することもなく、他のものによって判断されるのである。正直さや義や真理のような霊的なものについては、事態はまったく異なる。それらについてアンセルムス[1209]は言っている。それは「ただ精神によってのみ認知することのできる正直さである」。そして、これは哲学者（アリストテレス）が、すでに先に言われたように[1210]、次のように言っていることの意味である。真っ直ぐなものはそれ自身と曲がったものを裁く者である、と。

659 上に述べられたことから明らかなことは、義人と真っ直ぐな人以外のいかなる人も、曲がったものとしての罪について、あるいは真っ直ぐなものとしての義について判断してはならないということであり、それは次の言葉によっている。「主よ、あなたは義なる者であり、あなたの裁きは正しい」（詩一一八・一三七）、さらに、「あなたがた、地を裁く者たちよ、義を愛せよ」（知一・一）。というのは、上で示したように、義人のみが義を愛するのであり、義の友人であるからである。「義人はしかし信仰から生きる」（ロマ一・一七、ガラ三・一一）、さらに、「霊の実は」「信仰である」（ガラ五・二二）。そしてこれはここで霊について言われていることの意味である。「その方が来るときには、世に対して罪について明らかにするであろう。というのは、彼らは私を信じていないからである。またその方は義についても明らかにするであろう。というのは、私は父のところに行くからである」（一六・九、一〇）。義人の父は義であり、その義のところへは誰も行かない。というのは、義人のみがそれを知っているからである（マタ一一・二七参照）。さらに上において、次のように言われている。「私を遣わした父が引いたのでなければ、誰も私のところへ来ることはできない」（六・四四）。それゆえに、次のように言われている。「〔その方は世に対して〕義について明らかにするであろう。というのは、私は父のところに行くからである。そしてもはやあなたがたは私を見ないであろう」、すなわち外側にあなたがたに見える者としては。そして、それは次の言葉によっている。「私は父から出て、世のなかに来た。私は再び世を棄て、父のところへ行く」（一六・二八）、「さらに〔彼は世に対して〕裁きについて明らかにするであろう。というのは、この世の頭はすでに裁かれているからである」（六・一一）、上においては、次のように言われている。「彼を信じる者は裁かれることはなく、信じない者はすでに裁かれている」（三・一八）。

660 それゆえに、すでに言われたことを総括すると、次のようなことが明らかになる。「信仰から生きる」（ロマ一・

一七、ガラ三・一一、ヘブ一〇・三八、ハバ二・四）義人は自分自身からして真っ直ぐな者として、曲がったものとしての罪について、さらに、それ自身によって真っ直ぐなものとしての義について、さらに、不義なる人がそれによって裁かれ、義人から区別されるところの裁きについて世に対して明らかにし、教えるのである。さらに注目すべきことは、今、義人について言われたように、同様の様態において、また同じ理由によって、すべての徳のある人についても言うことができるということである。例えば、すべての信仰者は、彼のうちにある信仰と霊によって、不信仰者、信仰者、そして不信仰者がそれによってすでに裁かれている裁きについて明らかにするのであり、認識するのである。しかし、不信仰者と不義なる人は、真っ直ぐなものと善による以外には、罪についても、義についても、裁きについても、知ることがない。さらに、彼は義ないし善についても知らない。というのは、彼のうちにはそのものはなく、彼はそのもののうちにないからである。それゆえにそのような人は、その結果として罪についても知るところがない。というのは、罪は曲がったものとして、真っ直ぐなものによる以外には、認識されないからである。したがってそれゆえに、彼は裁きについて明らかにすることもなく、知ることもなく、教えることもない。というのは、どのようにして義も罪も知らない人が、義なるものと不義なるもの、義と罪とを裁くことができようか。哲学者（アリストテレス）[1211]が共通感覚[1212]について述べているように、二つのものを裁く人は、両者を知っていなくてはならない。それゆえにこのことは、ここで言われているように、霊は「世に対して、罪について、義について、裁きについて」、すなわちそれらの二つのものについて明らかにし、照らすということの意味である。そして、これは哲学者（アリストテレス）[1213]が次のように言っていることである。真っ直ぐなものは、それ自身と曲がったものを裁く者である、と。また使徒（パウロ）は言っている。「霊的な人はすべてのものを判断する」（Ｉコリ二・一五）。ここから義人について次のように言われる。彼は「生ける人と死せる人の審判者として神から定められている」（使一〇・四二）。

「真理の霊があなたがたにすべての真理を教えるであろう」（一三節）

661 これらの言葉はそれ自身によって明らかになりうるであろう。というのは、いかなるものもそれと疎遠なものによって、ないしはそれと異なるものによって知られることはないからである。すなわち、誰が石であるかぎりでの石において、石を通して、木であるかぎりでの木を知りうるであろうか。それはかりか誰がこの人を、例えば、このペテロを、パウロがそれであるものによって認識するであろうか。それゆえに、真理の霊でなければ、誰が真理を認識し、真理を区別し、教えるであろうか[1214]。「師よ、あなたは真実な方であり、真実に神の道を教える方である」（マタ二二・一六）。アンブロシウス[1215]は次の言葉について、以下のように言っている。「誰も、聖霊においてでなければ、主はイエスであると言うことができない」（Ｉコリ一二・三）、「すべての真なるものは、誰がそれを言うとも、聖霊によっている」。アウグスティヌスは『告白』第五巻[1216]において神に対して言っている。「どこで、どこからそれが輝いたとしても、あなた以外の他の人は真理の教師ではないのだから、それが真実であるということによって、まさにそのことによって、あなたが私に教えたのであるということを私は信じる」。というのは、真理によって、真理のうちで学び、教えるのでなければ、どのようにして人は真実な仕方で真なるものを学び、教えることができようか。

662 あるいは他の仕方においては、ここで言われている「真理の霊は」等々は、簡潔には次のような仕方で説明できるであろう。すべての能動的なもの、例えば、火は受動的なものに火の形相を与えることによって、それが熱くすることと、火に属するすべてのものを教えるのである。そして多かれ少なかれ、その受動的なものは火に近づくほど、ないしは変化することによってそれに向けて準備づけられるほど、それだけより完全に、ないしは不完全に熱くすることを習得するようになる。それゆえに、聖霊が父と子から、われわれのところに到来し、遣わされるならば、そのような霊が与えられるところではどこでも、それは、真理がそれであるすべてのものを教えるのである。というのは、聖霊は「真理の霊」であるからである。

ないしは、他の仕方で次のように言うことができるであろう。すべての知識はその始原からして、その始原によって教えられ、学ばれる。しかし確実なことは、第一の始原は、神がそれであるところの霊によって、霊魂とともに造られたということである。それゆえに、霊そのものである神は、人間にすべての真理と知識を教えるのであり、それは次の言葉によっている。「彼は人間に知識を教える」（詩九三・一〇）。このことに関しては、私は次の言葉についてあらかじめ記しておいた[1217]。「その方があなたがたにすべてのことを教えるであろう」（一四・二六）。

「彼は私に栄光を与えるであろう。というのは、彼は私のものを受け、あなたがたに知らせるからである」（一四節[1218]）

663 注目すべきことは、一般的に、他のものそのものからあるものは、それがそれであるところのものも、それのうちにおける完全性に属するすべてのものも、他のものからそれに属しており、こうしてそのものは他のものにまったき仕方で栄光を帰し、栄誉を与え、そのものを賛美し、褒め称えるのであって、それは次の言葉によっている。「女性は男性の栄誉である」（Ⅰコリ一一・七）。「女性」とは、他のものからある受動的なものであり、「男性」とは、他のものがそれによってあるところの能動的なものである。そしてこれは次の言葉の意味である。「彼は私に栄光を与えるであろう。というのは、彼は私のものを受けるからである」。

664 あるいは、次のように言うべきであろう。愛と意志とは、認識と知性から受け取るものである。というのは、いかなる知られざるものも愛されることはないからである。そして、これは明らかにここで言われていることの、さらには続いて次のように言われていることの意味である。

「父が持っているすべてのものは、私のものである」（一五節） もし彼がすべてのものを持っているとするならば、それゆえに、彼は私に栄光を与えるのである。「というのは、彼は私のものを受けるからである」。すなわち、このようにして私も父から受け取り、父に栄光を与えるのであり、それは次の言葉のとおりである。「父よ」、「あなたの子があなたに栄光を与えるために、あなたの子に栄光を与えて下さい」（一七・一）、さらにそれに続いて、「私は地上においてあなたに栄光を与えた」（一七・四）と言われている。

665 さらに、もし「父が持っているすべてのものは、私のものである」ならば、それゆえに、私が聖霊の始原であるということも私のものであり、それは父もこのことの始原であるのと同様であり、したがって聖霊が「私のものを受け」、私に栄光を与えるということも私のものである。というのは、先に言われたように[1219]、始原から生じたものは、たえずそれがそこから生じたその始原に栄光を与えているからである。それというのも、始原から生じたものは始原に属するのであり、始原に由来するのであるから、始原から生じたものは、いわば借りたものとして始原から受け取ったものを保っているからである。

その例は、火が遠ざけられたとしても、熱せられている水のなかに見出される。太陽が消え去った後も、照らされている空気においては、このことはよりいっそう大きく明瞭になるのであり、それは次の言葉によっている。「私の教えは私のものではなく、私を遣わした人のものである」（七・一六）。それゆえに、これはここで次のように言われていることの意味である。「彼は私に栄光を与えるであろう。というのは、彼は私のものを受け、あなたがたに知らせるからである」。

666 しかし、註解[1220]は上に述べられた言葉を、このように解釈している。「彼は私に栄光を与えるであろう」、というのは、「彼はあなたがたを霊的な人々にすることによって、どのようにして彼らが肉においては、人間として知っていたその子が父に等しいものであるのかを明らかにしているからである」。あるいは、彼は恐れを取り除くことによって、あなたがたを通して私の栄光が全世界に伝えられるようにするであろう。そしてそのことは私のためでなく、人々のために益になるのである。

「あなたがたの悲しみは喜びに変わるであろう」（二〇節）

667 次のことに注目すべきである。もし或る人に誠実で約束を果たす能力のある人から、彼の持っているすべての石を金に変えることを約束されたならば、確かにこの人は、このときから可能なかぎり多くのより大きな石を集めることであろう。ところで、このようにしてわれわれに対しては、真理であって存在するすべてのものに力のある人によって、われわれの「悲しみは喜びに変わるであろう」ことを約束されているのである。それゆえに、きわめて喜んでわれわれはこの世の悲しみや圧迫に耐えなくてはならないのである。

「女は生むときには、苦しみを覚える。しかし生んでしまったならば、もはや喜びのために苦痛を覚えることはない。というのは、ひとりの人間が生まれたからである」（二一節）

668 これらの言葉の下で暗示されているのは、変化と自然的事物の生成との本性と固有性、同様にして有徳的習慣の本性、ならびにそれらの習慣に先行する行為とそれらの習慣に後続する行為の相違である。しかし、このことについては、すでに述べられたことにおいて、特に第一章において[1221]十分に述べられた。そこでは洗礼者ヨハネとキリスト自身について論じられているのである。

しかし、ここで今注目すべきことは、苦しみから働くということは、まだ生まれていない徳の習慣のしるしであり、人が神の子としてまだ生まれていないということである。すなわち、父には一性が属するように、同等性は神的なものにおいては、子に帰属するのである。「偽善者のように、苦しそうにするな」（マタ六・一六）、さらに、「苦しみからではなく、強制からではなく、というのは、喜んで与える者を神は愛するからである」（IIコリ九・七）。そしてこれはここで次のように言われていることの意味である。「もはや喜びのために苦痛を覚えることはない。というのは、ひとりの人間が生まれたからである」。マクシムスは説教において[1222]、「あなたがたが断食するときには〔偽善者のように、苦しそうにするな〕」（マタ六・一六）という言葉について、こう言っている。「あなたが断食しているからといって、もし苦しそうに憂いに満ちた顔をするならば、あなたは神の下においていかなる恩寵も確保することができないであろう。というのは、たとえあなたが善き業を行ったとしても、あなたはそれを堕落した霊魂の歪みから行っているからである」。上に述べられたことに一致するのは、哲学者（アリストテレス）[1223]によれば、次のように言われていることである。習慣が生まれたしるしは働く際の喜びである、と。

669 **「私は父から出て、世のなかに来た。私は再び、世を棄てて父の下に行く」（二八節）**

三つのことが言われている。第一に、「私は父から出ている」こと、第二に、「私は世を棄てる」こと、第三に、「私は父のもとに行く」ことである。

第一のことに関しては、二つのことが注目されるべきである。第一に、物体的なものにおいては、或るものが力強くなるほど、それだけ多くそれは外部へと発出してくる。というのは、火は力強くなるほど、その火は外部へといっそう長い距離にわたって熱するからである。霊的なものにおいては、事態は反対である。或るものがより優勢になるほど、それはよりいっそう内部において一へと働きかけるのである。ここからして、知性がよりいっそう高貴になるほど、それだけいっそう知性認識されるものと知性とは一つになる。それゆえに、知性認識以外の存在を持たない、その全体が知性であるところの第一の知性においては、[1224] ただたんに父から出ている言葉が父のうちにあるのではなく――「私は父のうちにいる」(一四・一一)――、それは父と一つである――「私と父とは一なるものである」(一〇・三〇)。第二に、キリストが「私は父から出て、世のなかに来た」と言っているときには、その方はたんに名前だけではなく、事実においてキリストであることを教えているのである。すなわち、彼は神から生まれた子であり、そこから彼が出て来ており、生じているところの彼の業と意図の始原は、そしてまた彼が目指している終局は神であることを。「私の天の父が植えたのではないすべての樹は根こそぎにされるであろう」(マタ一五・一三)。それについては、上に第一四章において十分に言われた。

670 それに続いて次のように言われる。「私は世を棄てる」。その際に、あらかじめ注意しなくてはならないことは、世(mundus)は時としてその〔言葉の意味と〕反対の意味において、「最も少なく純粋」(minime mundus)であるかのように受け取られるということであり、このようにしてアウグスティヌスは、主の言葉についておそらく説教第二十九[1225]において次のように述べている。「おお不純な世よ、どうしてお前は大声で叫んでいるのか。どうしてお前はわれわれを背かせようとするのか。お前は滅び行く者であるが、それにもかかわらず力を保とうとしている。留まって何をしようというのか」。さらに、クリソストムス[1226]は「マタイによる福音書」第二十二章について言っている。「おお世は最も悲惨なものである。そして世に従う人々も悲惨である。つねに世の仕事は人々を生命から締め出してきた」。それに対して時として世（mundus）という言葉は、純粋さ（munditia）と美しさから理解されるのであり、このようにしてボエティウスは『哲学の慰め』第三巻[1227]において言っている。

「あなたはすべてのものを上方にある範型から導き出す。美しい世を最も美しい方それ自身が、
あなたはあなたの似像にしたがって世を形成しながら、精神において担っている」。

671 世を第一の様態において受け取るならば、われわれはここでキリストの模範によって世を棄てるように教えられている。というのは、キリストは「私は世を棄てる」と言っているからである。私とは真理である者であり（一四・六）――このようにして世は真理から棄てられたものとして偽りのものにして、虚偽のものに留まる。私は平安なる者である（エフェ二・一四）、「あなたがたに平安、私である」（ルカ二四・三六）、すなわち、私はあなたがたにとって平安である――このようにして世は凶暴なるものであり、口やかましいものであり続ける。私は「変化する者ではない」（マラ三・六）――このようにして世は、移ろいやすく倒れやすいものに留まる。私は「真の光」（一・九）にして「世の光」（八・一二）である者である――このようにして世は闇に留まる。私はただひとり善き者であり（ルカ一八・一九）、アウグスティヌスが『三位一体論』第八巻[1228]において言うように、「すべての善の善」である――このようにして世は悪意のあるもの、ないしは狡猾なものに留まる。ヨハネは言っている。「世は全体として悪のうちに置かれている」（Ⅰヨハ五・一九）。私は「知恵の泉」（シラ一・五）であるところの者である――このようにして世は愚かな憎むべきものに留まる。「すなわち、すべての人間は本性的に知ることを欲する[1229]」。私に対して「この世の頭は何ら関与しない」（一四・三〇）――このようにして世は悪魔の父であり、不名誉なるものである。悪魔について「悪魔は嘘つきであり、嘘つきの父である」（八・四四）と言われている。というのは、

世と世への愛はわれわれのうちに悪魔を生むのであり、世は悪魔の父であるからである。それについては、他の仕方で先に[1230]第八章において述べられた。さらに、私は「私の純粋性のゆえにいたるところに達している」（知七・二四）――このようにして世は不純なるものにして汚されたものに留まる。世のこれらの欠陥のゆえに救い主は言う。「私はあなたがたを世から選び出した」（一五・一九）。ここから浄化されること（emundari）は、あたかも世の外に出されることであると言われている。「私は彼らを彼らのすべての悪から浄化するであろう」（エレ三三・八）、さらに、「私は彼らを浄化し、彼らは私の民となり、私は彼らにとって神となるであろう」（エゼ三七・二三）。さらに次のように言われている。「もしもそれらが私を支配しないならば、その時には」「私は汚れなく、大いなる罪からも清められている」（詩一八・一四）。それゆえに、これらは「私は世を棄てる」という言葉について言われたのである。その際には、世とは、不純なるものの反対の意味において受け取られている。

672 第三に、それに続いて言われている。「私は父のもとに行く」。第一に、「私は父から出た」と言われており、今「私は父のもとに行く」と言われている。「流れはそこから出てきた場所へと還帰する」（コヘ一・七）。さらに、ボエティウスは『哲学の慰め』第三巻[1231]において言っている。

「すべてのものはそれに固有の還帰を求めている。
個々のものはその還帰を喜んでいる」。

しかし、われわれがこれらの言葉において教えられるのは、われわれは父である神に向かって、上方に心を向けなくてはならないということである。「私はわれわれの主であるイエス・キリストの父の前でひざまずく。というのは、その父から天におけるのと地におけるすべての父性は名づけられているからである」（エフェ三・一四以下）。その理由は、第一に、「すべての最善の与えられたものとすべての完全な賜物は、父から下方へと下ってきたものである」（ヤコ一・一七）からである。第二に、彼は「憐れみとすべての慰めの父」（IIコリ一・三）であるからである。「身を起こして、私の父のところへと行こう」（ルカ一五・一八）、さらに続いて、「しかし彼が遠く離れているときに、父は彼を認めて、憐れみの心によって動かされ、彼に走り寄って、彼の首のところに身を投げ出して彼に接吻した」（ルカ一五・二〇）。第三に、「彼〔神〕から出ていくことは死ぬことであり、彼に戻ることは再び生きることであり、彼のうちに住むことは生きることであり、彼から向きを変えることは落ちることであり、彼のほうに再び向きを変えることは蘇ることであり、彼のうちに留まることは恒存することであり、彼を見捨てることは滅びることであり、彼のほうに目を向けることは愛することであり、彼を見ることは所有することである」。これらは『独白録』の冒頭で[1232]アウグスティヌスが言っている言葉である。それゆえに、これはここで次のように言われていることの意味である。「私は父から出て、世のなかに来た。私は再び世を棄てて、父の下に行く」。この説教については、この書の最後を参照されたい[1233]。

第一七章

「これらのことをイエスは語った」、さらに以下において、「彼らが唯一の真の神であるあなたとあなたが遣わしたイエス・キリストを知ることが、永遠の命である」（三節）

673 至福が知性の働きに存するのか、ないしは意志の働きに存するのかということは、古くからの問いである。[1234] しかし、すでに述べられたことから明らかなことは、至福は実体的な仕方では、認識と知性のうちに存するということである。それゆえに、アウグスティヌスは『教会の道徳について』において、その冒頭[1235]でこう述べている。「永遠の命そのものは何であるかと問われることはおそらく適切であろう。しかしわれわれはむしろ永遠の命を与える者の言うことを聴くべきではないか。彼は言っている。『彼らが唯一の真の神であるあなたとあなたが遣わしたイエス・キリストを知ることが、永遠の命である』。それゆえに、永遠の命とは、真理の認識そのものである」。アウグスティヌスはこれらの言葉を語っている。さらに、第二に、同じアウグスティヌスはダルダヌス宛の書簡において第六章の終わり[1236]で言っている。「神を所有することが神を知ることに他ならない人々が最高に至福なる人々である。というのは、その認識は、きわめて充実した、きわめて真なる、かつきわめて幸福なるすべての認識を包括しているからである」。さらに、アウグスティヌスは『再考録』の第一巻第二章[1237]において、『至福なる生について』[1238]に言及してこう言っている。「この書において、一緒に探究してきたわれわれの間で、至福なる生は神の完全な認識以外には存在しないということが確定した」。さらにまた、彼は『三位一体論』第一巻の最後の章[1239]において多くのことを述べたのちに、こう言っている。「『彼らがあなたを唯一の真の神であると知るような』かの直視でなければ、永遠の命とは一体何であろうか」。

674 さらにその上に、アウグスティヌスは『教会の道徳について[1240]』の上に引用した箇所において、こう言っている。「もしわれわれが神に従うならば、われわれは善く生きるのである。もしわれわれが神に達するならば、われわれはただたんに善く生きるのみならず、至福に生きるのである」。続いて同書のはるか後に[1241]、こう言われている。「神に従うことは至福を欲求することである。さらに、神に達することは至福そのものである。しかしわれわれは神を愛することによって神に従うのである。さらに、われわれは神の真理性と聖性によって心の内奥で照らされ、把握されて、驚くべき仕方で知性のうちで神を把握することによって神に達するのである」。さらにまた、アウグスティヌスは『創世記についての諸問題の書』第二十三章[1242]においても、「あなたはもはやヤコブとは呼ばれないであろう。イスラエルがあなたの名となることであろう」（創三五・一〇）という言葉を論じて、次のように問うている。「あなたはもはやヤコブとは呼ばれないであろう」という言葉にかかわらず、どうして「彼は彼の全生涯を通じてまたその生涯の後も、ヤコブと呼ばれたのか」、例えば、アブラハムのように、他の人々の場合は違っているのに。そしてアウグスティヌスはこう答えている。「確かにこの名は」、すなわちイスラエルは、「以前に父祖たちによって神が見られていたのではないような仕方で、今後は神が見られるであろうというかの約束に関係していると正しく理解されているのである。すなわち、その際には古い名はもはや存在しないのである。というのは、最高の報いとしての神の直視以外の何ものも残らないのであり、ないしはその古い身体そのもののうちには残らないからである」。さらにまた、この言葉に適合しているのが、上の次の言葉である[1243]。「われわれに父をお示し下さい。そうすればわれわれは満足です」（一四・八）。さらに、次のように言われている。「われわれにあなたの御顔を示して下さい。そうすればわれわれは助かるでありましょう」（詩七九・四）。

675 理性もまたそのことを支援するように思われる。というのは、意志はいまだ所有されていない、したがってまだ至福ではない事物に属するものを欲するという働きのみを持つものであるからである。それに対して他の意志の働きは、すでに所有されている事物に属するものを愛するということである。それゆえに、欲求することによっては、意志はまだ至福ではないが、それに対して愛することによっては、意志はすでにあらかじめ至福である。それゆえに、意志は至福の実体そのものである神を見出してはいないのであり、それはすでに見出したものを喜んでいるのである。それゆえに愛は、すなわち聖霊は、神的なものにおいては、子ないしは生み出された者ないしは生まれた者と言われるのではなく、認識はそれに対して、子、生み出された者、生まれた者ないしは子孫であると言われるのであって、それはアウグスティヌスが『三位一体論』第九巻の最後の章において教えている[1244]とおりである。

その上に、意志はあたかも金銭で雇われた者のように思われる。というのは、意志は神の露な実体へと駆り立てられるのではなく、意志は神が善きものであるから、神を欲求し、神を享受するからである。

676 さらにその上に、第三に、意志は、善そのもののほうに駆り立てられ、善そのものを受け取る。知性はそれに対して善の理念そのものを受け取るのであり、その理念はどんな場合でも、善や善の原因よりもより卓越しており、しかもその程度は、消滅しうる事物の理念とはいえども永遠であるというほどのものであり、それはアウグスティヌス[1245]が教えているとおりである。

さらに、第四に、「意志は理性のうちにある[1246]」、すなわち意志は理性から下ってきた、理性に源を持つ欲求であり、それはちょうど神において聖霊が子から発出するようなものである。それゆえに、意志のうちにある自由は、形相的には知性によって意志に属するのであり、その知性のうちに、意志の自由は本源的にして潜勢的に先在しているのであり、それは次の言葉によっている。「もし子があなたがたを自由にしたならば、あなたがたは真に自由になるであろう」（八・三六）。そればかりか、意志と意志がそれであるところのものと意志のうちにおける完全性に属するすべてのものは、知性から派生しているのであり、それはちょうど聖霊が子に係わるのと同様である。「彼は自分自身からは語らないであろう。彼が聴いているすべてのことを彼は語るであろう」、「彼は私に栄光を与えるであろう。というのは、彼は私のものから受け取り、あなたがたに知らせるであろうからである」（一六・一三、一四）。

677 その上に、第五に、意志の形相的対象は善である。本源的な根としてのその形相的対象から、能力であるかぎりでの意志はその全存在を引き入れるのであり、それはちょうど存在者であるかぎりでの意志がその全存在を基体から引き入れるのと同様である[1247]。しかし、知性の対象は本来的には、端的にして無条件的な意味における露な存在者であり、それはただたんに善のみならず、真と一よりもより先なるもの、より単一なるもの、かつより卓越したものである。というのは、真は知性の対象ではなく、むしろ知性に従うものであるからである。それというのも、真は事物と知性との一致であるからである。それゆえに明らかなことは、神の露な実体、われわれの至福すなわち神であるところの存在の充溢は、知性によって存立し、見出され、受け取られ、到達され、汲み取られるということである。このことは次のように言われているときに、比喩によって示されている。「井戸は深く、あなたは汲み出すものを持っていない」。それゆえに、女に次のように言われている。「行って、あなたの夫を呼んできなさい」（四・一一、一六）、すなわち、アウグスティヌス[1248]が解釈しているように、知性を。

さらにその上に、第六に、功徳は行為のうちに存し、報いは把握のうちに存する。それゆえに意志は、行為を動かし、支配するものとして、人がそれによって罪を犯し、それによって正しく生きるところのものである。しかし、知性は報いがそれに対応する把握する力である。それゆえに明らかなことは、至福、すなわち報いはそれ自体としては、本来的には知性に係わるということである。

678 さらにその上に、このことから第七に明らかになることは、至福が、「永遠の命」が、知性のうちに、すなわち把握する力のうちに置かれていることは、どれほど適切であり、有益であるかということである。というのは、人はすべての様態において、与えるよりもより多く受け取ることができるのであり、それればかりか人はより多く受け取るほど、それだけ多くまた受け取ることができるようになるからである。そしてこのことは哲学者（アリストテレス[1249]）が知性について言っていることである。すなわち、知性はより多く知性認識するほど、またよりいっそう偉大なことを知性認識するほど、それだけそれは知性認識することによりいっそう適合した者になる、と。それゆえに、注釈者（アヴェロエス）は『天体の実体について』のなかで、その終わりのほうで[1250]こう言っている。有限の物体においては、無限の力は存在しえないとはいえ、他のものから受容することは無限定で無限でありうるのである、と。それゆえに、同じ箇所において[1251]、アリストテレス[1252]によって次のように言われている。地上における静止は天の力よりもよりいっそう強力なものである、と。しかし至福すなわち神自身は、第一のものであり、無限なものである。これについて私は詳細にわれわれの「問題集[1253]」において記しておいた。

679 しかし目下のところは、二つのことが注目されるべきである。第一に、神を認識することはここでは、「生命」であることだと言われている。その理由は、「生きることは生けるものにとっては存在である[1254]」ように、知性認識は知性そのものにとっては、生きることであるからである。しかしそれは「永遠の命」と言われている。というのは、アウグスティヌスの『三位一体論[1255]』によれば、精神の奥深い隠れた場所において、霊魂は不断に記憶し、不断

680

に知性認識し、不断に愛しているからである。さらに、アウグスティヌスは『魂の不死性について』[1256]において、次のように言っている。上級の理性、すなわち霊魂の最高にして最も内奥の部分と永遠の真理との結合からして、人間の霊魂はその不死性を得るのである、と。第二に注目すべきことは、「彼らが神のみを知ること」が「永遠の命」であると言われていることである。すなわち、もし神のみが認識されるのではないとしたならば、それは十分ではなく、永遠の命でもない。というのは、〔聖句の〕文字は次のように配置されるべきであるからである。「彼らが真なる神であるあなたのみを知ることが永遠の命である」、すなわち彼らがあなたとともに何ものも認識しないということが、そしてあなた以外には何ものも認識しないということが。その理由は次のとおりである。すなわち、霊魂がそこから出てくるところの働きと能力は、上で[1257]言われているように、それがそれであるところのものを完全にその対象から受け取っているからである。それゆえに、もし私が何ものかを対象として神とともに、ないしは神の他に認識するならば、私はもはや至福ではありえないであろう。それゆえに、キリストが命じているというよりも、勧めているのは、天にまします一なる者以外に父を持ってはいけない（マタ二三・九参照）ということであり、さらにまた、その神を心を尽くし、霊魂を尽くし、精神を尽くし、さらにまた力を尽くして愛さなくてはならない（マコ一二・三〇参照）ということである。

上に述べられたことから明らかなように、至福は反省的な働き、すなわち至福なる人がそれによって自分が神を認識していることを知性認識する、ないしは認識する働きのうちに存するのではない。

そして続いて言われている「あなたの遣わした人、イエス・キリストを」については、アウグスティヌス[1258]はその文字を次のように配置し、前に述べられたことと調和させる。「彼らがあなたとあなたが遣わしたイエス・キリストを、すなわち唯一の真なる神を知ることが永遠の命である」。さらにまた言うことができるのは、「彼らが唯一の真なる神であるあなたのみを知る」と言われていることとは、本質的に報いに関係しているということであり、しかしそれに続いて、「あなたが遣わしたイエス・キリストを」と言われていることは、付帯的な報いに関係していることであって、それは次の言葉によっている。「彼は救われるであろう。そして入ったり出たりして、牧草地を見出すであろう」（一〇・九）。あるいは、われわれは次のように言うべきであろう。「永遠の命」、「至福の満足」は父である神の認識のうちに存するのであり、それは次の言葉によっている。「われわれに父をお示し下さい。そうすればわれわれは満足です」（一四・八）。父はしかし、そのように遣わす者としては、もしその子が遣わされた者として認識されないならば、認識されないであろう。そしてこれはここで次のように言われていることの意味である。「彼らが唯一の真の神であるあなたとあなたが遣わしたイエス・キリストを知ることが永遠の命である」。あるいは、他の仕方では次のようになる。われわれが至福でありうるのは、われわれが子らのように神を認識するときのみであり、神が遣わした子、イエス・キリストが神を認識するような仕方で神を認識するときのみであって、それは次の言葉によっている。「父が私を知り、私も父を知っているように、私は私の羊を知っており、私の羊は私を知っている」（一〇・一四、一五）。

681 最後に、上に述べられた言葉を明確にするために、他の仕方で次のように言うべきであろう。しばしば言われているように[1259]、能力は能力であるかぎりにおいて、その全存在をその全体において形相的対象から受け取るのである、と。それゆえに、もし認識されるものが生命であるならば、認識することは生命である。もし永遠なるものが認識されるならば、認識することは永遠なるものになる。それゆえに、神が生命であり（一四・六参照）、永遠なるものであるならば、神のみを認識することは、ここで言われているように、永遠な生命であろう。というのは、認識されるものは一般的には父であり、認識はそれに対して子孫、ないしは子であるからである。しかし、父があるよ

682

うに、そのようにそこから発出する愛もあり、ここからそれらは実体を同じくするものであって、それは先に次の言葉について示されたとおりである。「肉から生まれたものは肉である」（三・六）。そして、これはアタナシウス[1260]が最善の仕方で次のように言っていることである。「父があるように、そのように子もあり、そのように聖霊もある」等々。そして、このようなことは一般にすべてのものについて述べることができる。父が持っているすべてのものは子が持っており、それは次の言葉のとおりである。「父が持っているすべてのものは私のものであり」（一六・一五）、彼は他の何らかのものは持っていない。さらに、「私の持っているすべてのものはあなたのものであり、あなたのものは私のものである」（一七・一〇）。そしてこのことは同様の仕方において、それらから発出する愛にも妥当する。それゆえに、これはここで次のように言われていることの意味である。「彼らが唯一の真の神であるあなたを知ることが永遠の命である」。しかし、ここで「唯一の」と言われていることによって、子は排除されているのではない。「私はひとりでいるのではない。私は私を遣わした父と一緒にいる」（八・一六）、さらに、「私を見る人は私の父をも見る」（一四・九）。さらに、同様のことが聖霊についても妥当する。というのは、「これらの三つのものは一なるものである」（Iヨハ五・八）からである。そしてこのことはここですでに示された[1261]。

「聖なる父よ、あなたが私に与えた人々が、われわれと同じく一つになるように保って下さい」（一一節）

これらの言葉とこの章全体で述べられていることを明らかにすることは、すでに前に述べられ、明らかにされた二つのことから可能になる。第一に、義と義人とが係わっているように、父と子とは係わっているということである。第二に、すべての能力はそれが能力であるかぎりにおいて、その全存在をその全体においてその形相的対象から受け取るのであり、他のいかなるものでもなく、それから、それを通して、そのうちにあるということである。それゆえに、能力であるかぎりでの能力にとっては、いかなるものもその現実態における対象ほど内的なものはなく、それ自身の基体ほどより外的なものはない。そのことに注目しないで、或る人々[1262]は次のように言ったり、書いたりしている。一なる形相的対象が成立しているならば、さまざまな能力は区別されうるのである。それというのも、彼らの言うところによれば、すべての区別は内的な原理によって把握されるべきであるからである、と。

第一八章

「これらのことをイエスが言ったのちに（イエスは弟子たちとキドロンの谷の向こうへ行かれた）」（一節）

683 第十八章と続く第十九章は、キリストの受難について語っている。注目すべきことは次のことである。一人の騎士について語られる。その人は美しく、有能で、力強かったが、一人の美しい妻を持っており、彼女を愛していた。ところがその妻が一つの眼を奪われ、醜くなるという事件が起こった。その妻はこのように醜くなったのでしばしば溜め息をつき、嘆息を繰り返しているので、その騎士は彼女の嘆息の原因は何であるのかと尋ねた。そこで彼女は答えた。こんなにも醜くなった彼女を彼が愛することができるということを理解することができないので、大変心を痛めている、と。そこで彼はしばしば自分が彼女を非常に愛していることを言ったが、彼女はそれにもかかわらず、それを信じないで嘆息することを止めなかった。そこで騎士はその妻を嘆息と嘆きから解放するために、自ら一つの眼をくり抜き、こうして彼女に醜さにおいて等しいものとなったのである。

　このようにキリストは、われわれが死すべき乏しい者であったときに、自らの愛をわれわれに勧めたのである。「彼は豊かであったにもかかわらず、われわれのために乏しい者となった。それはわれわれが彼の乏しさによって豊かな者となるためであった」（IIコリ八・九）、「彼は神の形においてあったときに、自分が神に等しいものであることに固執しようとは思わず、自分を空にして奴隷の形をとり、人に似たものとなられた」、「彼は死に至るまで、さらに十字架の死に至るまで」、「自分自身を卑しい者とされた」（フィリ二・六―八）。その際に嘆くべきことは、人がキリストの受難の衣服を担うことであるが、その衣服をキリストは地上において動いているときには、担っていたのである。しかし、人はわれわれの下においては、地上の王が着ていた衣服を着ることによって、自分自身に多くの栄誉が与えられると見なすのである。

「真理とは何か」（三八節）

684 さらにクリソストムス[1263]によれば、注目すべきことは、キリストが述べた真理の言葉である「真理から出て来た者は私の声を聴く」（一八・三七）によって、ピラト[1264]はとらわれ、引きつけられたので、直ちに「真理とは何か」と尋ねたということである。しかし、彼が答えなど期待しないで直ちに出ていったのは、どういうわけであろうか。それに対して、アウグスティヌス[1265]は次のように答えている。質問したのちに、ピラトの心に直ちに浮かんで来たことは、まず出ていって彼を解放しようということであった。というのは、過ぎ越しの祭りの際には、捕らわれている人々のうち一人を解放するというのがユダヤ人たちの習慣であったからである。しかし、彼は遅延すれば危険であると考えたので、キリストを解放するために直ちに出ていったのであって、それはピラトが「強く欲していたことであることは明らかなことであった」のであり、このことはアウグスティヌス[1266]がここで言っているとおりである。

685 それに対してクリソストムス[1267]は、なぜピラトが、真理とは何かという問いに対する答えを聴くことを期待しなかったのかというその他の理由をあげている。というのは、真理を、ないしは真理とは何かということを教え、学ぶことは、長い時と静謐な時とを要求するものであるからである。当時はしかし時間はなく、不穏であった。「無為の時間に知恵を記せ。そしてわずかしか活動しない人が知恵を把握するであろう」（シラ三八・二五）。さらに、哲学者（アリストテレス）[1268]も霊魂は座り、静止することによって聡明になると言っている。さらにサン・ヴィクトルのフーゴもその『学習論』[1269]において、こう言っている。

「謙遜な精神、探究することにおける熱心さ、静かな生活、
寡黙な探究、貧しさ、異国、
これらのことが多くの人々に読書の秘密を開示するのがつねである」。

これにしたがって詩人[1270]は言っている。

「歌は清澄な心から出てくる」。

さらに後に[1271]、

「歌はそれを書く人の隠棲と閑暇を求める」。

686 なぜピラトが真理とは何かと尋ねて、直ちに出て行ったかというその第三の理由について、ここではトマスの註解[1272]が述べている。「ピラトは真理とは何かを聴くのに値しなかったからである」。「聖なるものを犬に与えるな」（マタ七・六）。というのは、彼はキリストを解放することが気がかりであったといはいえ、皇帝ないしユダヤ人たちの好意を真理に優先させたので、彼は真理とは何かを聴くのに値しない者になったからである。

687 第四の様態において、われわれは次のように言うことができるであろう。ピラトはここでは真理とは何かと言ったが、それはいわば皮肉な調子においてであり、たんに自分自身の悪意のためならず、他人の悪意のため、その時代の悪意のためであった。またそれは、キリストの言葉「真理から出て来た者は私の声を聴く」（一八・三七）を聞いた後、その真理が当時はどこにもなかったこと、ユダヤ人たちが真理のために何かをなしたり、やめたりすることはなかったことを言わんとしているかのようであり、それはパロ[1273]の次の言葉によっている。「私がその声を聴

くであろう主とは誰か」（出五・二）。われわれの下においても、商人が何か買うときに神に請い求めたとしても、次のように言われるのがつねである。そのようなわずかなお金では、またそのようなものをもってしては何ものも買うことはできないし、報いを受けることもできず、ポケットを満たすこともできない、と。それゆえに、次のように言われている。「お金にはすべてのものが従う」（コヘ一〇・一九）。それゆえに市場では、神よりもお金のほうが有効であると言われるのがつねである。

さらにその上に、第五に、当時は教えるべき時ではなく、苦難を受けるべき時であったと〔言うことができるであろう〕。それは次の言葉によっている。「婦人よ、これは私とあなたにとっては何のかかわりがあるのか。私の時はまだ来ていない」（二・四）、「すべての」時は「それにふさわしい時を持つ」、つまり「語るべき時」とか「沈黙すべき時」（コヘ三・一、七）とかのように。

688

あるいは、第六に、われわれは問題そのものがそれ自身を解決するであろうと言うべきであろう。というのは、「真理とは何か」と言われたならば、その真の解決は、真理とは真理であると言われるべきであるからである。そして、これはアウグスティヌスが『三位一体論』第八巻第二章[1274]において、こう言っていることである。「もしあなたがこれが真理だと聴いたならば、真理とは何かと問うな」、「真理が述べられるときに、もしあなたが可能ならば、いわばその閃光によって打たれるその最初の瞬間のうちに留まれ、もし可能でないならば、あなたはそれらの通常の地上的なもののうちに滑り落ちるだろう」。さらに注目すべきことは、このようなことは、神に、真理に、さらに真理と置換することができるもの、例えば、存在、一、善に固有なことであり、それらについてそれらが何であるかと問う人々には、それらはそれらがそれであるところのものであると答えられるべきであろうということである。それゆえに、神について、神は誰であり、その名は何であるかと問うモーセに対して、神は「私は存在するところの者である」（出三・一四）と答えるのである。しかし他のすべてのもの、すなわち被造的なものについては、それが何であるかと問う人に、このような答えをすることは愚かなことであろう。例えば、もし天使とは何かと問われて、それは天使であると答えられるならば、また他のものについてもこのように答えられるならば、その答えは笑うべきものであろう。

第七に注目すべきことは、ニコデモの福音書[1275]のなかで言われているように、キリストは次のように答えているのである。「真理は天からくる」。

第一九章

「そのときピラトはイエスを捕らえた」。

「彼を十字架にかけよ、十字架にかけよ」（六節）

689 文字どおりの重複は、ユダヤ人たちの非常な悪意のしるしであり、それは詩人が[1276]〔『文法学』の〕小部の第一章[1277]において次のように言っているとおりである。

「きわめて陰険なマムシよ、一回の食事で二つのものを食べたのか」。

さらにその上に、二回言われているのである。「十字架にかけよ、十字架にかけよ」、と。それは不完全性のしるしであり、それ自体において愚かさである。私はこのことに関して次の言葉について記しておいた。「それは悪だ、それは悪だ、とすべての買い手が言う」（箴二〇・一四）、さらに以下において、「二人は同時に走った」（二〇・四）。しかし、神的なものにして完全な者には、一回語るということが属するのである。「神は一回語るのであり、二回と同じことを繰り返すことはない」（ヨブ三三・一四）、それゆえに、「あなたの祈りにおいて言葉を繰り返すな」（シラ七・一五）。

690
「イエスの十字架の側には、彼の母と彼の母の姉妹であるクロパのマリアが立っていた」（二五節）

知らなくてはならないことは、註解[1278]が「主の兄弟であるヤコブ」（ガラ一・一九）の言葉について言っているように、マリア、すなわち主の母はヨアヒムとアンナの娘であったのであり、彼女はヨセフと結婚し、こうしてヨセフがイエスのいわゆる父になったということである。しかし、ヨアヒムの死後、ヨセフの兄弟であるクロパは、その女〔アンナ〕を妻として受け入れ、彼女からマリアと呼ばれる娘を生んだのである。彼女はアルファイと結婚し、彼は彼女から息子たち、すなわちヤコブ、ヨセフ、シモン、ユダを生んだ。クロパの死後、サロメと呼ばれる人がその同じアンナと結婚し、彼女からマリアという名の娘を生んだ。このマリアはゼベダイと結婚し、ゼベダイは彼女から息子たち、すなわち大ヤコブと呼ばれるヤコブ、福音史家ヨハネをもうけた。アンナはそれゆえに、三人の夫と三人の娘を持った。

691
「ヨセフはピラトに願い出た」、さらに以下において、「それは彼がイエスの死体を引き取るためであった」（三八節）

ここで手短に注目しなくてはならないのは、秘跡においてイエスの身体を受け入れようとする人はどのようにあらねばならないかということである。すなわち、彼はヨセフ、すなわち「成長する子」でなくてはならないのである。アウグスティヌスは『プロスペルの命題について』[1279]のなかで、こう言っている。完全な愛はたえず増大する。それゆえ、子は philos、すなわち愛情、愛から出ているのであって、そのような子は成長しなくてはならないのである。それは鍛練によってより大なるものになり、寛大さによってより豊かなものとなる、と。第二に、彼は義人でなくてはならない。その意図がつねに正しい人は義人である。第三に、彼は「イエスの弟子」でなくてはならない。イエスの弟子は、彼の教えに従い、それを満たす人である。第四に、彼は意図して他人に見られることのないように、「隠れて」いなくてはならない。「人々の眼の前で、彼らから見られるために、あなたがたの義を行わないように注意せよ」（マタ六・一）、さらに、「あなたの施しは隠れたところで行わなくてはならない」（マタ六・四）、さらにまた、「戸を閉めてあなたの父に隠れたところで祈れ。そうすれば隠れたところで見るあなたの父は報いることであろう」（マタ六・六）。第五に、このイエスの身体は、グレゴリウスの言うように[1280]、心の純粋さによって徳の匂いを蒔く「香料を用いて」、「亜麻布によって」包まれなくてはならない。第六に、彼は庭のなかに葬られなくてはならない。「閉じられた庭は私の姉妹である」（雅四・一二）、さらに、「庭の泉であり、活ける水の泉である」（雅四・一五）、さらに、「私の愛する人が彼の庭のなかにやって来る」（雅五・一）。第七に、彼は「まだ誰もそのなかに葬られたことのない」墓のなかに葬られなくてはならない。「日の下に新しいものはない」（コヘ一・一〇）。そして哲学者（アリストテレス）[1281]は言っている。「時間は古くする」。「私はあなたがたに新しい心を与える」（エゼ三六・二六）、「彼らは新しい葡萄酒を新しい革袋に入れる」（マタ九・一七）。上のそれぞれのことを、あなたが好むように追求せよ。

第二〇章

「しかし、その週の最初の日に」、さらに以下において、「二人が同時に走っていった」等々から「彼は墓のなかに入って行った」(四―六節)

692 上にあげた言葉は比喩的な仕方で二様に解釈することができるであろう。第一に、それらの言葉で示されているのは、創造者と被造物の、存在者と非存在者の、一と多の、真と偽の、善と悪の、可能態と現実態の固有性である。第二に、これらの同一の言葉によって示されているのは、とりわけ知性と意志の、認識と愛の固有性である。

それゆえに、第一のことに関しては、まず第一に知るべきことは、神的で非被造的な存在の固有性は一性であり、したがって不動性、不可変性そして静謐であるということである。そこには、いかなる否定もなければ、したがっていかなる多もなく、そればかりかそのうちには、すべての否定の否定[1282]、したがっていかなる不完全性も、欠陥もなく、存在と真理と善性の充溢があるのである。それに対して被造物においては、それが造られたものであり、第一の存在者ではなく、第一のものにして一なるものから落下するものであるというまさにこのことによって、第一の落下において二へと落下するのであり、したがって動性、可変性のうちへと落下するのである。そしてこれはここで次のように言われていることの意味である。「二人が同時に走っていった」。

さらにその上に、第二に注目すべきことは、すべての走り、運動そして可変性は、不動のものに由来しているということである。さらにまた、すべての他のものから降下してくるものは、そのような他のものの本性の味がするのであり、その他のものの力によって建てられているのであって、それはプロクロス[1283]の次の言葉によっている。「すべての多は一を分有している」。そしてこれはここで「同時に」と言われていることの意味である。すなわち、「二人が同時に走っていった」と言われているのである。というのは、もしそれらが一から、一を通して同時に担われていないならば、二があることも、それらが走ったこともないであろう。

693 すでに述べられたことから、われわれは第三に次のことを述べたい。存在者のすべてのものは、一から遠くに落下するほど、それはすべての完全性から、ならびに一性ないし第一のもの、すなわち不動性、不可変性そして他の上で述べたものとそれに類似するものに適合する固有性から、より多く落下する。そしてこれは次のことの意味である。哲学者（アリストテレス）[1284]が言うように、存在者のなかで或るものは、「第一のものからはるかに離れているために[1285]」、消滅しうるものである、と。そして昔の人が言っているように、マナとネクタルを味わったかの存在者は、消滅することのないものになったのであり、それに対してそれらを味わわなかった存在者は、消滅しうるものになったのであるが、それは哲学者（アリストテレス）[1286]自身が言っているように、それらの両方の側における始原の同一性には抵触することはないのである。しかし一について、ないしは二について、さらに不可変性について言われているのと同様に、それと同一の様態にあるのは、存在者と非存在者について、真と偽について、善と悪について、さらにそれらと反対のさまざまな固有性についてであるが、それらはしかし「同時に」走るのである。すなわち、もしいかなる存在者もなければ、存在者の欠如もないであろう。そして、もしいかなるものも真でないならば[1287]、いかなるものも偽であることはないであろう。もし善がなければ、悪もないであろう。すなわち、『自然学』第二巻において言われているように、もし目標がなければ、いかなるものも罪ないし目標から外れたものであることはないであろう。これらのことによって、第一のことについては目下のところでは十分であろう。

694 それに対して第二のこと、すなわち、上に述べられた言葉によって知性と意志、認識と愛の本性が正確に示唆されていることに関しては、五つのことが注目されるべきである。

第一に、アヴィケンナの『自然学』第六巻第四部[1288]によると、人間には五つの内的感覚があり、これらの内的感覚には、五つの外的感覚が加算されるのであり、こうして感覚的霊魂の十の能力が生じる。それらに知性と意志とを付加すると、人間のなかには十二の認識能力があることになり、それは十二人の使徒の数に合致することになる。しかし、これらの十二の能力のうちの二つのみが、すなわち知性と意志、認識と愛が墓のなかに葬られ、隠されたキリストを捜し求めるのである。すなわち、他の十の感覚的能力は、事物の隠された実体へと到達することはなく、外側にある付帯性のみを把握するのにすぎないのである。さらにまた、知性と意志の対象は、無条件的な仕方で存在者と善である。そしてこれはここで次のように言われていることの意味である。「二人が同時に走っていった」、すなわち当時は十二人のうちの。しかし二人は「同時に」走る。というのは、『霊魂論』第三巻[1289]において言われているように、「意志は理性のうちにあるから」であり、意志は理性の本性を担っているからである。

695 さらにその上に、それらは「同時に」走る。というのは、それらは一つの対象、神を持っているからであるが、とはいっても、それぞれ別々の観点においてである。そして、このことは五つのうちの二番目に注目すべきことである。

696 第三に注目すべきことは、意志と愛とは知性に先行するということである。というのは、神はこの世の生においては、それ自身によって愛されるのであるが、それ自身によって認識されることはできないからである。そしてこれはここで次のように言われていることの意味である。「かの別の弟子はペテロよりも早く走り、先に墓に着いた」。

697 第四に注目すべきことは次のとおりである。意志は神を愛することによって墓に到達するといえども、しかしなかに入ることはない。ペテロがなかに入るのである。というのは、知性は認識される事物を内的にその始原において、また子を「父の胸のうちにおいて」(一・一八)受け取るからである。というのは、認識されないいかなるものも、愛されることはないのであり、認識は愛を導き入れるのであり、子は聖霊を霊発するのであって、輝きは灼熱を生むからである。そしてこれはここで次のように言われていることの意味である。「ペテロが来て墓に入った」(二〇・六)。さらに次のように言われている。「それから先に墓に着いていたかの弟子も入った」(二〇・八)。

698 第五に注目すべきことは次のとおりである。かの二つの能力、すなわち「認識する者」[1290]として解釈されているペテロによって比喩的に述べられる知性と、愛する者であるヨハネによって述べられる意志と愛は、それらが質料から、つまりこのものと今から、それればかりかこれこれしかじかの真と善からの分離によって、対象として神そのものを持っているのであるが、それは無条件的な意味における存在者と善の観点においてである。そしてこれゆえに、それらはこの種の能力であるかぎりにおいて、その全存在を神性の泉そのものから受け取り、汲み取るのである。そして、これゆえに父があるように、すなわち対象を生み出すように、そのように子もあり、すなわち認識するのである。もし父の対象が生命であるならば、〔その対象を〕認識するものそれ自体〔子〕も生命であり、それは次の言葉のとおりである。「父は自分自身のうちに生命を持つように、父は子にも自分自身のうちに生命を持つようにした」(五・二六)。私はこのことに関して次の言葉について詳細に記しておいた。[1291]「彼らがあなたのみを知ることが永遠の生命である」(一七・三)。

「マリアは墓の外に立って泣いていた」（一一節[1292]）

699 グレゴリウス[1293]と特にオリゲネス[1294]は、これらの言葉を、「そのようにして遅くなったときに」（二〇・一九）までをその説教において美しく詳細に、かつ非常に敬虔に解釈している。

700 しかし目下のところ、ここでは三つのことが注目されるべきである。第一に、「マリアは立っていた」と言われていることである。字義的にはそれは次のことを意味する。立つことは、顧み、求める人に属するのである。それは彼がよりよく、より遠くを眺めることができるようにである。というのは、高所からはより遠くが見られるからである。それゆえに、アヴィケンナは『自然学』第六巻第二部第六章[1295]において、このように物語っている。まだらの鳥たちが虎のように、ギリシアで行われた大きな殺戮のあと、五〇〇レウカ離れた所からも殺された人々の死体の所へやって来た。というのは、かの鳥たちは非常に高所を飛んでおり、極めて鋭い視覚を有しているからである、と。それゆえに、次のようなことがありえたかも知れない。このようにして鳥たちは遠く離れた所から、殺された人々の死体を見たのであり、あるいはまた強い風が空気を動かして死体の匂いをかの鳥たちの近くの場所へ運んでいった、と。さらに、註釈者アヴェロエス[1296]が言わんとしているのは、かの鳥たちは自分が飛ぶ際には嗅覚以外のものを手引きとして持っていないということである。それゆえに、このことによって彼が証明していることは、匂いの拡散は非物体的なものが注がれることによって行われるのであって、物体的な蒸気が分解することによって起こるのではないということである。

701 ないしはまた、「彼女は立っていた」と言われているのは、彼女の精神の平常さと彼女の徳の強さを記すためである。というのは、彼女はそのような苦悩のうちにあっても、その情念によって打ち砕かれることはなく、「立っていた」からである。それに対して嘆き泣く者には、座ることがふさわしいのであるが、それは力が苦しみによって萎えてしまい、心臓のほうに帰ってくる生命の霊が、外部の手足を見捨ててしまうからであって、そのことは次の言葉によっている。「バビロンの流れのほとりにわれわれは座り、泣いていた」（詩一三六・一）。

702 しかし、次のことは上のことに反しているように思われる。その至福なる乙女は確かに徳において完全であるが、しばしばその乙女について描かれるのは、彼女が自分の髪をかきむしっており、ないしは倒れそうになって支えられていることである。ホラティウス[1297]が言うように、次のように言うことができよう。

「画家と詩人には、
　すべてのことをなしうる等しい能力がつねに与えられている」。

しかし、そのような描写は虚しいものでもなく、偽りのものでもない。というのは、そのような苦悩はその本性からして、そのように手足を伸ばすことと倒れることを引き起こすのであり、このことにその絵は対応しているからである。しかし徳の強さはそのような激情を制している。それゆえに、それら両者のことは、ここではマグダレナについて次のように言われている。「彼女は泣きながら立っていた」。困難で難しいことに関係している徳についても類似のことが存する。しかし、同時に言うことができることは、徳のしるしは業を行う際の喜びと容易さであり、それは次の言葉によっている。「私の軛は甘美であり、私の重荷は軽い」（マタ一一・三〇）。すなわち、徳の第一の段階は情念を弱めることにあり、第二の段階は情念を打ち砕き、除去することにあり、第三の段階は情念を忘れることである。マクロビウス[1298]が言うように、「第四の段階においては」、情念に「言及することは不正なことである」。それゆえに、「〔洗礼者〕ヨハネは立っていた」（一・三五、一九・二六参照）というかの箇所について、ベーダ[1299]はこう言っている。彼は立っていた。というのは、彼は徳のかの頂きに登りつめ、そこからは、いかなる誘惑の邪悪さによっても倒されることがないからである。

703 さらにその上に、第二に、マグダレナは「立っていた」。というのは、彼女は大胆不敵にも恐れることはなかったからである。というのは、彼女は何を恐れたというのであろうか。というのは、彼女は何も失うものを持っていなかったからであり、彼女はキリスト以外の何も愛していなかったからであって、そのキリストを彼女はここですでに失ったからである。それゆえに、彼女はむしろユダヤ人たちによって殺されることを願ったのであった。それは、生きている人の間では、彼〔キリスト〕を見出すことはないことを知っていたので、少なくともすでに死せる人の間で、その死せる人〔キリスト〕を見出すためであった。

さらに、第三に、「彼女は泣きながら立っていた」。それは彼女が泣きながら死ぬためであり、死ぬことによって死者に同化され、等しい形の者とされるためであった。あるいは、確かにキリストのために死ぬことによって自らの愛を完成するためであった。「誰も自分の命を自分の友人のために捧げることよりも大きな愛を持たない」（一五・一三）。

さらにまた、第四に、「彼女は立っていた」。というのは、彼女はどこに向いたらいいか分からなかったのであり、彼女は自分がどこにいるか知らなかったのであって、それればかりか彼女がいるところに、彼女はいなかったからである。というのは、彼女は完全に自分の師がいるところにいたからであり、その師について彼がどこにいるか知らなかったからである。

704 第二の主要なこととして注目すべきことは、「彼女が外側で泣いている」と言われているが、それは第一に、あたかも次のことを言わんとしているかのようであった。彼女は外側で泣いていたが、内側、すなわち内なる人間においてではなかった。そこでは彼女はむしろ喜んでいたのである、と。「私の兄弟たちよ、あなたがたがさまざまな誘惑に落ち込むときには、それを最も喜ぶべきことと思いなさい」（ヤコ一・二）、さらに、「使徒たちは喜んで衆議所を去った。というのは、彼らはイエスの名のために恥辱を受けるにふさわしい者となったからである」（使五・四一）。それゆえに言われている。「力は弱さにおいて完成される」、さらに続いて、「私は好んで私の弱さを誇るであろう。それはキリストの力が私のうちに住むようになるためである」（IIコリ一二・九）。

あるいは、第二に、「彼女が外側で泣いている」と言われているが、それはあたかも次のことを言わんとしているかのようである。彼女は泣いていた。というのは、彼女は自分を外側において見出したからであり、外側に立っていたからである。神を愛する者であるマグダレナは、神を愛し、求める霊魂の原型を表している。というのは、そのような霊魂は外側にあるのを感じ、十分に神の内側にあるのではない間は、つねに泣きながら立っているからである。確かに彼女は立っているのである。というのは、彼女は何らかの仕方で神のなかにあるからである。彼女はしかし泣いている。というのは、彼女は神のなかに不完全な仕方であるからである。「昼に夜に私の涙は私のパンであった。というのは、あなたの神はどこにいるのかと私は毎日問われたからである」（詩四一・四）。さらに、アウグスティヌスは『告白』第一巻[1300]において言っている。「私の心はあなたのうちに休らうまでは、平安ではない」。

あるいはわれわれは、第三に、「彼女は外側に立って泣いていた」と言うべきであろう。すなわち、それは彼女が泣くことによって、彼女のために死んだ人のために死し、愛には愛をもって報い、死には死をもって償うためである。

705 第三に主要なこととして注目されるべきことは、なにゆえに彼女は泣いているのかということである。彼女は三日後に蘇ると言ったキリストを信じていなかったのか（マタ一六・二一、一七・二二、二〇・一九、マコ九・三一、一〇・三四、ルカ九・二二、一八・三三、二四・七、四六）。それについては、三とおりの仕方で答えることができるであろう。第一に、オリゲネス[1301]によれば、「霊魂を通して思い出さなくてはならないのならば、その霊魂がすでにキリストとともに死んでしまっている彼女は、キリストと愛によって一つになっているのであるから、どのようにしてそのことを思い出すことができようか」。あるいは、第二に、われわれは次のように言うべきであろう。文字どおり、苦しみと泣くこととが自然な仕方で感覚的記憶を取り除いてしまうのである、と。その上に、第三に、たとえ三日間がどれほどわずかなものであったとしても、愛の大きさが一時間の猶予にも耐えられないのである。さらにまた、彼女には激しい愛によって、三日以上がすでに過ぎ去ったように思われたのであった。

706 さらに、その求める人の願望は十分に満たされると思われるのに、彼女が慰められる術もなく泣いているのはどうしたことか。すなわち、彼女は一人の死せる人を求めていたのであるが、その一人のかわりに二人を、人間のかわりに天使たちを、死せる人のかわりに生ける者たちを見出したのである。オリゲネス[1302]は次のように述べて、その問いにきわめて適切に答えている。神を求める人には、被造物を見、ないしはそれについて考えることすら苦痛である、と。あるいは文字どおりに、われわれは次のように言うべきであろう。一を求め、真なる仕方で愛する人には、すべての数は見るのに重荷である、と。人間を求め、真なる仕方で愛する人には、人間ではないすべてのものは憎むべきものである。したがって、天使も蟻のように憎むべきものなのである。同様にして死せる人を求め、真なる仕方で愛する人には、すべての死せるものではないものは負担であり、苦痛である。それゆえに、ヨブはこのように言うことができたのである。「あなたがたはみな、煩わしい慰める者である」（ヨブ一六・二）。

707

「一週の初めのその日が晩になったときに」（一九―二九節）

これに続いて、「多くのその他のしるし」までのすべてのことは、特別の意味において道徳的な教えであり、説教の素材である。それゆえに注目されるべきことは、イエスを、すなわち救いを[1303]受け入れようとする霊魂はどのようであらねばならないか、さらにまた、イエスはその霊魂のうちでどのように働くかということが、ここで言及されている言葉においては、教えられているということである。それゆえに、第一に、次のように言われている。「晩になったときに」、すなわち時間的事物の太陽の没落したのちに、すなわち無知とこの世的な事物の愛好の闇においてということである。「光は闇のうちで輝く」（一・五）。さらに、アウグスティヌスは聖パウロについての説教において[1304]言っている。「彼は他のものを見なかったので、神を見たのである」。それゆえに、ヤコブについてこのように言われている。太陽が没した後、彼が眠ったときに、〔夢のなかで〕彼は梯子を見たが、「その梯子には主が寄りかかっていた」（創二八・一二、一三）。「その者は没落を超えて上昇してくる。主とはその者の名である」（詩六七・五）。それは次のような意味である。没落を超えて上昇してくるすべての者は、没落と欠陥を被るすべてのものを高く超えており、その者は真に主であり、主と名づけられるのである。というのは、彼は神的な支配を有しているからである。彼は世界と情念を支配しており、それは次の言葉によっている。「あなたは海の力を支配しており、あなたは海の波の動きを和らげる」（詩八八・一〇）。それゆえに、この者はイエスが霊魂のうちに入ってくるように霊魂を準備する第一のものである。

708 第二に、それは日、すなわち理性と恩寵との光でなくてはならない。すなわち言われている。「その日には」。さらに、第三に、それは「週の最初の日」、すなわち、主日であって土曜日の後の最初の日、あるいは週日の次の日である。安息日とは休息を意味する。安息日には、「神はすべての業から休まれた」（創二・二）。それゆえに、霊魂はすべての時間的なものの騒ぎから静まらなくてはならない。

第四に、「戸」は「閉められていなくては」ならない。「あなたの部屋に入れ。そして戸を締めてあなたの父に祈れ」（マタ六・六）。

第五に、「弟子たちが集められた」。弟子たちとは、集められた情念と霊魂の力を意味するのであり、それはすべての力とすべての霊魂をあげて神が愛されるためである（マコ一二・三〇、ルカ一〇・二七参照）。

709 それゆえに、これらのことによって霊魂が準備され、飾られるならば、ここで言われているように、「イエスは到来するのである」。しかし彼が到来するならば、彼はどのような働きをなすのかということについては、われわれはこれに続く言葉のうちで教えられるのである。まず第一に、彼は弟子たちの「真ん中に立っている」。というのは、彼は恩寵によって霊魂の本質そのもののうちに住み、霊魂に神的存在を与えることによってそれを豊かにしているのであり、そのような霊魂の本質はすべての能力の真ん中にして、いわば中心としてあるのである。「神の恩寵によって私は私がそれであるところのものである」（Ⅰコリ一五・一〇）。

710 そのように霊魂の本質が肥沃にして至高なるものであるならば、そのときに、第二に、イエスは平和を告げるのである。そしてこれはここで次のように言われていることの意味である。「彼は彼らに言う、あなたがたに平和を」、「彼自身がわれわれの平和である」、さらに同じ箇所において、「彼はやって来て、遠くにいたあなたがたに平和を告げ、そして近くにいた人々にも平和を告げた」（エフェ二・一四、一七）。そしてこれはここで次のように言われていることの意味である。「イエスは到来する」、そしてそれに続いて、「彼は彼らに言う、あなたがたに平和を」、「彼は自分の民と自分の聖人たちと心のうちのほうに向かっている人々に対して、平和を語る」（詩八四・九）。彼が語っている人々に注目されたい。彼は弟子たちに語っており、そのことはここで言われているとおりである。弟子になりなさい。弟子たちはキリストの教えを受け入れるのであり、あなたはキリストの言うことを聴くのである。さらに彼は、今、「詩編」において言われたように、「自分の民に」語るのであり、「自分の聖人たちに」

語るのであり、「心の内のほうに向かっている」、すなわち理性のほうに向かっている人々に対して語るのである。そのような者になりなさい。そうすれば、あなたは聴くであろう。

711 さらに、第三に、イエスは到来して、聖なるかつ神的なる働きと感情とを伝えることによって、「彼らに手と脇腹を示した」。というのは、手によって働きが、それに対してそこに心が隠されている脇腹によって感情が指示されているからである。イエスは霊魂のうちにいるときに働くのである。もしイエスが働くことを拒むときには、イエスは霊魂のうちに存在しない。「彼の恩寵は私のうちでは虚しくはなかった」、そしてそれに続いて、「彼らのすべてよりもより多く私は働いた」（Ⅰコリ一五・一〇）。

712 第四に、イエスは聖霊における内的な喜びを与える。「霊の実は」「愛、喜びである」（ガラ五・二二）、「私の心と私の肉は生ける神に面して喜びおどった」（詩八三・三）。そしてこれはここで次のように言われていることの意味である。「弟子たちは、主を見たときに喜んだ」、さらにそれに続いて、「彼は彼らに再び言う、あなたがたに平和を」と言われていることがおそらく示していることは、人間は自分自身のうちで、かつ外側にいる人々の下で、また友人や敵の傍らにおいても平和を持つべきであるということである。そしてこれは上[1305]にすでに引用されたことの意味である。「遠くにいる人々に平和を、近くにいる人々に平和を」（エフェ二・一七）。ないしは、「再び平和を」と言われているのである。それはアウグスティヌス[1306]が以下の言葉を解釈しているように、われわれが現在においても、将来においても平和を持つようにということである。「私はあなたがたに平和を残し、私の平和をあなたがたに与える」（一四・二七）。

713 「これらすべてのことを一なる同一の霊が行うのであり、彼が欲するままに、個々の人々に分け与えるのである」（Ⅰコリ一二・一一）から、それゆえに、第五に、ここで彼らに次のように言われたのである。「聖霊を受けよ」。

しかし、それに続いて起こったのは、〔ディディモの〕トマス[1307]はその場にいあわせなかったのであり、このことから主を他の人々とともに見なかったのであって、信じなかったということである。しかし八日後に、トマスが他の人々とともに部屋の内側にいたとき、玄関の戸は閉まっていたのにもかかわらず、イエスが入ってきて彼らの真ん中に立ち、平和を告げ、トマスに不信仰を咎めて、トマスを信仰において堅固にした。もし人が熱心に考察することを欲し、またそれができるならば、これらの個々のことは道徳的教えに満ちており、おそらくはそれに劣らず自然的教えにも満ちているであろう。

第二一章

「その後、イエスは再び現れた」、さらに以下において、「私は漁に行く」（三節）

714 ペテロが再び漁をするということはどういうことなのであろうか。というのは、キリストは次のように言っているからである。「自分の手を鋤につけてから、後ろを振り返る人は神の国にふさわしくない」（ルカ九・六二）。グレゴリウス[1308]はこれに対して答えている。「回心以前には、罪なくして存在していた仕事を、回心後に再開することは罪ではなかった」。アウグスティヌス[1309]は次のように答えている。もしペテロがキリストの死後、すぐにこのことを持ち出したのならば、このようなことは絶望から起こったように見えるであろう。ところが、こんなにも多くのキリストの復活のしるしののちに、さらにすでに聖霊も与えられたのちに、ペテロはそのように言い、なしているのであるから、彼が「私は漁に行く」と言ったことは、霊的な漁の比喩において言われているのであり、それによると彼はもはや魚ではなく、人間を救済のために捕まえることになることは明らかである。すなわち、このようにして次のように言われているのである。「イエスはガリラヤの湖に沿って歩いていたとき、二人の兄弟、すなわちペテロと呼ばれるシモンと、彼の兄弟であるアンデレが、湖に網を投げているのを見た」、「そして彼は彼らに言った。私についてきなさい。私はあなたがたを人間を漁る者にしよう」（マタ四・一八以下）。

715 私は覚えている、キリストが死んで葬られた後、使徒たちは何をしていたのかと問う或る敬虔な人に対して、或

716

るとき次のように答えたことを。彼らはここで書かれているように、漁をしていたのである、と。「シモン・ペテロは彼らに言う、私は漁に行く、と。彼らは彼に言う、われわれもあなたと一緒に行く、と」。さらにその人が、どうしてそんなに早く彼らはキリストとその苦しみを忘れたのかと言ったので、私は次のように答えた。彼らがこのことを行ったのは、キリストの死と苦しみを忘れたためではなく、その苦しみを和らげるためである、と。われわれの下においても事態は同様である。人が非常に苦しんでいるときに、もし彼が何らかの仕事をなすことに従事するならば、その苦しみは和らげられる。すなわち、もし苦しみ、ないし悲しみが心のなかで閉じ込められるならば、その苦しみに関する霊魂の注意力は増大される。それに対して悲しんでいる人が外的なものに従事するときには、霊魂の注意力は拡散され、いわば他のものに引きつけられ、このようにして内的な苦しみは軽減される。ここからまた次のことが生じる。自分の苦しみ、ないし悲しみを、泣いたり、語ったり、あるいはその他の何らかの外的な仕方で外側に示す人は、その悲しみがより少なくなるものである、と。上に述べられたことに、グレゴリウスが『道徳論』第五巻[1310]において次のように言っていることは一致する。「沈黙によって閉じ込められた怒りは、心のなかでより激しく燃える」。

さらに弟子たちが、漁をすることによって苦しみ、ないし悲しみを緩和した他の理由が存在する。すなわち、知るべきことは、習慣はいわば第二の本性なので[1311]、すべての人にとって慣れたことをすることは喜ばしきことであるということである。それゆえに、習慣は法の力を有するのであり、法を無効にするのであり、法を解釈するのである[1312]。というのは、習慣は繰り返される行為によって、生じるのであり、建てられるからであるが、それはまたキケロ[1313]の言うように、自然本性の様態へと傾く徳の習慣とすべての術が、繰り返される行為を通して獲得され、その経験によって、完全なものとなるのと同様である。「すなわち、経験は術を造り」、「未経験はポルウス[1314]が正しくも言うように、偶然を造る」。それゆえに、このようにして使徒たちにとっては、漁をすることは自然本性的に喜ばしきことであったのであり、それは一つには、慣れた行為であったからであり、また一つには、術から出てくるものであったからであり、また一つには、習慣から出てくるものであったからである。それらすべてのものは、その働きを喜ばしきものとする。しかしすべての喜びは、それがどこから出てくるにせよ、すべての悲しみを和らげるための薬を提供するものである。それゆえに、哲学者（アリストテレス）は『倫理学』第八巻[1315]において次のように言っている。喜びは悲しみと喜びに対立するもの、また悲しみに隣接するものを駆逐する、と。それゆえに明らかなことは、ここで言及されている使徒たちの漁は、苦しみを忘れることから出たものではなく、苦しみを緩和するためのものであるということである。

717 さらにその上に、第三に知るべきことは、悲しみはそれに固有の種と本性からして、人間の自然的状態と生とに敵対するものであるということである。というのは、悲しみの原因は、〔人間の自然的状態に〕敵対する何らかの悪しきものであり、それに対して喜びの原因は、それに適合する善きものであるからである。それゆえに、次のように言われている。「喜ぶ心は人生を花に満ちたものにし、悲しむ霊は骨を枯らす」（箴一七・二二）、さらに、「衣魚が衣服につき、虫が木につくように、悲しみは人の心を蝕む」（箴二五・二〇）、さらに、「悲しみからは、死が急いでやってくる」（シラ三八・一九）。

これらのことから私は次のように論証する。人間の生には死が対立しているのであるが、それは或る運動のうちに成立しているのであって、その運動は心から身体の個々の四肢に広がっているのである。しかし悲しみは、すでに言われたように[1316]、死へと導くものであり、「心の害になる」。さらに、心の膨張とその生命的な運動の原因は喜び[1317]である。それに対して習慣から、技術から出てくる働きは自然本性的なものとして、すでに第二の論証において言われたように、喜ばしきものである。それゆえに、使徒たちが漁をすることは、苦しみの緩和に有益なのである。

718 さらに注目すべきことは、これらの三つの論証の第一の論証は次のことから出てきているのであり、また次のことに基づいているということである。漁において、使徒たちの苦しみは拡散されたのであり、多くのものに注がれたのであって、したがってより少なく苦しめることになったのである、と。「というのは、一つに結集された力はより強いからである」。これは『原因論』[1318]からの言葉である。

第二の論証は次のことに基づいている。喜びはそれの固有の本質にしたがって、悲しみを駆逐するのであり、すなわち、すべての喜びはすべての悲しみを駆逐するのである、と。これは『倫理学』第八巻[1319]の言葉である。

それに対して、第三の論証は次のことに基づいている。悲しみは生命の霊を干からびたものにするのであり、心の自然的にして生命的な運動に対立するものである。喜びはしかし心を拡げるものであり、それは次の言葉によっている。「あなたは見、あなたの心は驚き、拡がることであろう」（イザ六〇・五）。

719 ここから生じることは、心の生命的にして自然的な運動に有益なもの、さらには、心を新たにし強くするのに有益なものはすべて、悲しみと苦しみを緩和するものであるということである。そのようなものはしかし主として、より下級のものにおいては、太陽の本性と固有性とを持っている。すなわち心は、人間においては、特別の仕方で惑星の間における太陽に相当する。すなわち、マクロビウス[1320]が言うように、太陽は惑星の中心、「天の心」、「世界の精神」、「指導者、頭目、統率者」、泉、天の火であり、そしてそれに付加して、彼はこう言っている。「天空における太陽は生けるものにおける心臓のようなものである」。ここからまた、アウグスティヌスが『告白』第九巻[1321]において言っているように、眠りと入浴とは不安を追い払うものである。ここからまた生じることは、光、火の熱、金を見ることは、自然本性的に苦しみと悲しみとを駆逐するものであり、同様にして葡萄酒もまたそうであるということである。「悲しんでいる人々に酒を、苦い心でいる人々に葡萄酒を与えよ。そうすれば、彼らはそれを飲んで自分の悲しみを忘れるであろう。そして苦しみをもはや思い浮かべることはないであろう」（箴三一・六以下）。同様にして、もし泣いて悲しんでいる人が火の側に座ると、火の熱と輝きによってその気分は変えられ、その悲しみは和らぐものである。

「ヨハネの子、シモンよ、あなたはこれらの者よりもいっそう私を愛するか」等々から、「まことに、まことに私はあなたに言う」（一五ー一八節）

720 三つのことが注目されるべきである。第一のことはキリストの質問であり、第二のことはペテロの答えであり、第三のことはキリストによるペテロへの教会の委任である。

第一について三つのことが注目されるべきである。第一に、高位の者には他の人々の世話が任されているのであるが、そのような高位の者は、従属している者のように、ただたんに神を愛さなくてはならないのみならず、彼らよりもより多く愛さなくてはならないのである。すなわち、次のように言われている。「あなたはこれらの者よりも私を愛するか」。その際に注目しなくてはならないことは、一般的に上級のものは下級のものの秩序において、ないしは数においてあるのではないということである。さらに始原と終局は、それらが属するところのもののつねに外側にあるのであり、そのようなものにとっては、始原と終局は、点として、すなわち量の始原と終局としてもはや量ではないのである。このようにして一性は数ではないのである。それゆえに、使徒たちに対して、教会の最初の高位の者たちに対して、先に次のように言われたのである。「あなたがたは世からあるのではなく、私があなたがたを世から選んだのである」（一五・一九）。それはすなわち、あなたがたがいかなるこの世的なものも、いか

721 なるものも世のうちに求めないためであり、名誉も富も享楽も求めないためである。アウグスティヌスは『オロシウスの問いに寄せて』[1322]において言っている。「先頭に立つようには見えないかの人を」、「神から遣わされた者として認識せよ」、さらに以下において[1323]、「彼は自分が先頭に立つことを願う司教ではないことを知るべきであり、役に立たないことを願うべきである」。アンブロシウスは彼の『司牧教書』[1324]においてこう言っている。司教の「名は」「彼の行いと一致していなくてはならない」。「誇大な名と戦慄すべき罪」、「至高の名誉と安直な生活」、「聖なる職業と不正な行為」、「神聖な衣服と神聖でない増長」、「至高の座と卑しい良心」、「鳩のような語り口と犬のような精神」、「これらが併存していてはならない」。「いかなるものも司教よりもより卓越したものがないように、もし聖なる生活から逸脱するならば」、「そして罪のうちに保たれるならば」、「いかなるものもそれよりも惨めなものはない」。すなわち、この世的な位階が高くなればなるほど、それだけその堕落も重大なものになり、それゆえに、「大いなる至高性は大いなる担保を持たなければならない」。眼の光が奪い去られた手足は何をするであろうか。というのは、ベルナルドゥスが『省察録』第二巻[1325]において、こう言っているからである。「王座の上の愚直な王は、屋根の上の猿である」、「次のことは法外なことである。最高の位階と弱い心、第一の座と最低の生活」、「多くの説教と無に等しい成果」、「並外れた権威と揺れ動く足元」。

そのような高位の者は人間の形はしているものの、その本性は欠いている影像に譬えることができる。「彼らは自分の偶像を家のなかに置き、その家のなかでは私の名が呼ばれている」（エレ三二・三四）、「群れを見捨てる牧者と偶像とに災いあれ」（ゼカ一一・一七）。そのような人は砥石に譬えることができるのであり、それについて詩人[1326]は言っている。

「私は砥石のように振舞う。

鉄を鋭くすることができるが、自分自身は切ることもできない」。

そればかりかそのような人は蛙に譬えられる。蛙は口を天のなかへ、清澄な空気のなかへ向けているが、全身を嫌悪すべき汚物のなかに浸しているのである。「彼らは自分の口は天に向けるけれども、その舌は」、すなわち情念は「地上を徘徊している」（詩七二・九）、すなわち地上的なもののまわりを。さらにまた、そのような人は零に譬えられる。それは他のものに意味を与えるが、自分自身においては何も意味しない。

722 高位の者は戦場において第一の者でなくてはならないのであり、働きにおいて第一のものでなくてはならない。ヴァレリウス[1327]は次のように報告している。ユリウス・カエサルはけっして兵士に、行けと言ったことはなかった。いつも来いと言った。というのは、彼は戦場において先頭であったからである、と。シモニデス[1328]の言うように、「もし人が自分自身を征服することができなくて、他の人々を征服しようとするならば、それは愚かなことである」。「もしあなたが徳によって不正なことを打ち負かすことができなければ、裁き人になることを求めるな」（シラ七・六）。すなわち、注目すべきことは、狩人は狩りの犬を励まそうとして、角笛をしっかりと自分の口にあて、身体を犬のほうに長く伸ばすということである。よい御者はただたんに自分の馬に大声で叱りつけ、それらを笞で打つだけではなく、自分自身の肩を車輪のほうへと寄せるのである。それゆえに、ヨセフ[1329]について次のように言われている。「彼は重荷から彼の肩を解放し、彼の手は籠を持って仕えていた」（詩八〇・七）。

723 「あなたは私を愛しているか」と言われていることについて、第二の主要なことは次のとおりである。アウグスティヌスは『三位一体論』第一四巻第一四章[1330]において言っている。「精神が神を正しく愛するときには、精神に自分の隣人を自分自身と同様に愛することが命じられる。というのは、精神はもはや自分自身を不正に愛しているのではなく、正しく愛しているからである」。さらに、『教えの家について』第一巻の冒頭近くにおいてこう言われている[1331]。「見極めなくてはならないことは、隣人たちが信用するその人が、自分と同じようにその隣人たちを愛するために、自分自身を愛しているかどうかということである」。確かに、「不正を愛する人は自分の霊魂を憎む」（詩一〇・六）。それゆえに、もしあなたが不正を愛するならば、あなたは自分を憎むのである。それゆえに、もしあなたが自分を滅ぼしているならば、あなたが隣人を自分と同じように愛するために、隣人があなたを信用することを、あなたはどうして欲することができようか。「すなわち、もしあなたが自分を滅ぼすために、あなた自身が自分を愛するのならば、あなたは自分と同じようには誰も愛すべきではない。ひとりで滅びよ。あるいは、あなたの愛を正しくせよ。あるいは、仲間と交わることを退けよ」、「あなたが自分自身を憎んでいるようにではなく、自分自身を愛しているように、あなたの隣人を愛しなさい」。

　われわれは自然において次のことを見る。生命のあるもののさまざまな部分や器官は、その全体を愛しているので、したがってそれらのそれぞれが自分と同じように他のものをも愛している。すなわち、眼は自分自身のためではなく、全体のために見ているのであり、それゆえに眼は、それに属するすべてのもののために、すなわち自分自身と同じく足のために見ているのである。というのは、眼は自分自身のためではなく、全体のために見ているからである。このようにして口は、眼や足よりも、よりいっそう自分自身のためにあるということはない。というのは、口は自分自身のためにあるのではなく、眼のためでもなく、足のためでもなく、全体のためにあるからである。というのは、先に述べられたことにおいて示されたように[1332]、全体そのものもそれぞれの肢体をまずそれ自身によって、かつ自分自身よりも多く愛しているのであり、したがってそれゆえに、すべての肢体を愛しているのである。というのは、それぞれの肢体はそれ自身によって全体を愛しているからである。全体は身体のすべての肢体を、マタイ[1333]（二二・三九）の言うように、自分自身と「同じく」愛しているのであり、マルコ（一二・三一）の言うように、

「同じだけ」、すなわち自分自身と同じだけ愛しているのである。

725 その際に注目すべきことは、自分自身と同じように隣人を愛することは、どれほど至福なることであるかということである。というのは、もし人が自分自身と同じだけ隣人をも愛するならば、自分自身のものであるすべてのものは、それが功徳のうちにあれ、報いのうちにあれ、それが自分のものであると同じくあなたのものであるからである。もしそうでないならば、あなたはもはやその人をあなたと同じく愛してはいない。例えば、何らかの威厳のある、ないし善行の何らかの名誉が、かの人に授けられるよりも、自分自身に授けられることをあなたがより多く愛するならば、もはやあなたはかの人をあなたと同じく愛してはいないのである。それゆえに、反対に、もしあなたが自分と同じだけかの人を愛するならば、かの人の名誉は、あなたの名誉と同じく、あなたに感じられるし、あなたを喜ばし、あなたの益になるのであって、かの人をあなたよりもよりいっそう喜ばしたり、かの人よりもあなたをより少なく喜ばしたりしない。そしてこれは次のように言われていることの意味である。「すべての善きものはそれと同時に私のところに到来した」（知七・一一）すなわち知恵と同時に。あるいは、「それと同時に」とは、すなわち知恵への愛と同時にということである。すなわち、それに先立って次のように言われている。「健康や美以上に私はそれを〔知恵〕を愛した」（知七・一〇）、「すべての種族の祝福を彼はそれに与えた」（シラ四四・二五）。

726 第三に注目すべきことは、「あなたはこれらの者よりも私を愛するか」という上に述べられた言葉は、三様の仕方で理解することができるということである。第一に、今言われたように、これは次のような意味である。「あなたはこれらの者よりも私を愛するか」とは、すなわちこれらの者が私を愛するよりもより多く、ということである。

727 第二に、これは次のような意味である。「あなたはこれらの者よりも私を愛するか」とは、すなわち、あなたがこれらの者を愛するよりも多く、ということであり、それは次の言葉によっている。「父や母を私よりも多く愛する者は、私に値しない」（マタ一〇・三七）。確かに、神よりも父を害することを誤った仕方ではるかに怖がり、自分たちに属する者たちを愛するあまり、罪を犯すことによって、神を害することを怖がらない人々が多く存在する。これらの者たちに対して、ここですでに言われた字義どおりの第二の意味において言われていること、すなわち「あなたはこれらの者よりも私を愛するか」は、すなわち、あなたがこれらの者を愛するよりも多くということに向けられているのである。それゆえに、次のように言われている。「父と母とを」、「息子と耕地を私の名のために」「棄てる人はみな」、「その百倍を受けるであろう。そして永遠の生命を得るであろう」（マタ一九・二九）。それゆえに、次のように明瞭に言われている。「あなたは主であるあなたの神を心を尽くして愛さなくてはならない」等々（マタ二二・三七）、そして続いて、「これは第一の最大の掟である。第二の掟もこれに似ている。隣人をあなた自身と同じように愛しなさい」（マタ二二・三八、三九）。それゆえに、第一の最大の掟は神を愛することであり、第二の掟も同じく隣人を愛することであって、それはここで次のように言われているとおりである。「あなたはこれらの者よりも私を愛するか」とは、すなわち、あなたがこれらの者を愛するよりも多く、ということである。それゆえに、アウグスティヌスは『キリスト教の教えについて』の冒頭近くにおいて[1334]、こう言っている。「あなたは、あなたがかの人を愛するように神を愛せよと自分に言うことができるような神に等しい人を見出すことはないであろう。あなたに適用される規則は隣人にもあてはまるのである。あなたはあなたの隣人に等しい者である」。

728 第三に、「あなたはこれらの者よりも私を愛するか」と言われているときに、その意味は次のとおりである。すなわち、あなたがこれらの者を、なるほどよい仕方ではあるが、けっして完全ではない仕方で愛しているよりも、よりいっそう私を愛するのであるか、と。すなわち、第一のものと第二のものにおいては、よりいっそう多いとよりいっそう少ないということが、つまり段階と秩序とが存する。しかし一においては、段階もなければ、秩序もない。それゆえに、神を隣人よりもよりいっそう愛している人は、確かによい仕方ではあるが、まだ完全な仕方で愛しているのではない。というのは、そのような人は神を隣人のうちにおいて愛しているのでもなければ、隣人を神のうちにおいて愛しているのでもないからである。それというのも、もし彼がそのような仕方で愛するならば、彼は確かに一にして同一なるものを愛しているからである。しかし、一においては、すでに言われたように[1335]、よりいっそう多いとかよりいっそう少ないということがない。「より多く」「愛する人は私に値しない」（マタ一〇・三七）。すなわち、銀を真なる本来的な仕方で愛する人は金に値しない。というのは、金はそのような人に値しないのであり、それは真なる仕方において死せるものを愛する人にとっては、すべての生けるもの、すべての死せるものではないものはふさわしくないからであって、それは私が次の言葉について記しておいたとおりである[1336]。「彼女は二人の天使を見た」（二〇・一二）。それゆえにこのようにして、より多くということ、ないしは多くのものを愛する人は一に値しないのである。というのは、一もそのような人には値しないからである。それゆえに、明瞭に次のように言われているのである。「より多く」「愛する人は私に値しない」（マタ一〇・三七）。というのは、「神は一なる者であるからである」（ガラ三・二〇）。以上は第一の主要なることに関して、すなわち、ペテロに対して言われた「あなたはこれらの者よりも私を愛するか」というキリストの問いについてである。

729 続いて、次のように述べているペテロの答えを検討しなくてはならない。「主よ、あなたは私があなたを愛しているのを知っておられます」。その際に、第一に注目すべきことは、ペテロが「あなたはこれらの者よりも私を愛するか」という問いに、第一の意味において、すなわち、無思慮にも他人よりも自分をより好むかということではなく、これらの人々が主を愛するよりも、よりいっそうあなたは愛するかという質問に対しては、答えていないということである。というのは、「主は心を測る」（箴一六・二）からである。さらに、誰も「人間のうちにある人間の霊以外には、人間のことを知らない」（Ⅰコリ二・一一）からである。それゆえに、彼は自分自身については、彼が愛しているかどうかを知ることができたかも知れないが、しかし他の人々については、彼らがより多くないしより少なく愛しているかどうかを決めることはできなかったのである。

730 それに対して、質問の第二と第三の意味に関しては、彼は直接的にして適切に「私はあなたを愛しています」と答えている。すなわち、もし彼が神以外の何か他のものを愛しているならば、彼は神を愛しているのではない。つまり愛には、一つの対象が属していなければならない。さらにその上に、彼が神以外の何らか他のものを愛しているならば、彼は神を純粋な仕方で愛しているのではない。しかし今、彼は次のように答えている。「私はあなたを愛しています」。「あなたを」という語は純粋の実体を表示しており、しかも単数形のそれを表示しているのである。[1337]

731 第二に注目すべきことは、次のように言われていることである。「主よ、あなたは私があなたを愛しているのを知っています」。すなわち、人が愛しているかどうかは、愛している人、ないしは愛を与えている人、ないしは愛そのもののみが知ることができる。というのは、人が義人であるかどうかは、義人それ自身、義そのもの、義人を生む者、生まれたる義そのもの以外の誰も知ることはできないからであり、それは、私が先に次の言葉について詳細に記しておいたとおりである。[1338]「二人の証言は真実である」（八・一七）。しかし、神のみが愛を「われわれの心のなかに」（ロマ五・五）注ぐ者である。さらにまた、「神は愛である」（Ⅰヨハ四・一六）。神自身が愛である。それゆえに、神を愛している人は、「完全にすでに彼が愛している者を所有しているのである」。というのは、グリゴリウス[1339]が言うように、彼が愛している者自身が愛であるからである。アウグスティヌスは『三位一体論』第四巻第一四章[1340]において言っている。「自分自身が愛していることを知っている人は神を愛しているのである」。アウグスティヌスが言わんとしていることは、神が愛であるということである。それゆえに、これはここで次のように言われていることの意味である。「主よ、あなたは私があなたを愛しているのを知っておられます」。すなわち、あなたは愛を与えているのであり、あなたは愛である。というのは、愛は愛せしめるのであり、愛する者を造り、生むのであり、愛する者を生む者であり、その父であるからである。それゆえに、ペテロは言っている。「主よ、あなたは私があなたを愛しているのを知っておられます」。「あなたは知っておられます」と私が言うのは、一つには、あなたが愛を与える者であるからであり、また一つには、あなたが愛であるからであり、さらにまた、第三には、愛する者はあなたの生んだ者であり、あなたの子であるからである。このことに対立することなく調和することは、上に言われていること、すなわち、「二人の」「証言は真実である」（八・一七）と「父以外の誰も子を知らない」（マタ一一・一七）ということである。神はすなわち愛であるからである。愛は愛を与えるのであり、愛する者を造り、生むのであり、その父であり、愛する者はその子である。

732
第二に注目すべきことは、ペテロは三回、愛について尋ねられ、三回、羊たちを牧することを命じられたが、それは「三回の告白が三回の否定に伴う」ためであり、「舌が恐れよりも愛により多く奉仕するように」である。さらに、牧者を否むのは恐れのしるしであったように、「神のために群れを牧するのは、愛の義務であり」、それは註解[1341]が言うとおりである。さらにまた、ここで第二に言われていることは、上に述べられた三つのことで表示されているのは、高位の者が主の群れを教えの言葉によって、生活の模範によって、その時々の援助によって牧するべきであるということである。それゆえに、明瞭にここでは次のように言われている。「私の羊を牧せよ」（二一・一七）。そして註解[1342]は次のように言っている。もしあなたが私を愛するならば、あなた自身を牧するのではなく、あなたのものではなく、私のものとしての「私の子羊を牧せよ」。あなたの栄光ではなく、私の栄光をそれらの子羊のうちに求めよ。というのは、主の群れではなく、自分たち自身を名誉によって、豊かさによって、享楽によって牧する牧者については、主は次のように嘆いているからである。「災いなるかな、自分自身を牧するイスラエルの牧者たちは」（エゼ三四・二）。そして多くのことがこれに関しては書かれている。

733 さらにまた言うことができるのは、愛についての三回の繰り返しが指示していることは、その繰り返しのうちには、必然的に三つのこと、すなわち愛するもの、愛されるもの、愛そのものが符合しているということである。さらにその上に、われわれが言わなければならないことは、それらの三つのことは、ここではまず「子を愛している」（三・三五、五・二〇）父を、次に愛される子（マタ三・一七参照）を、第三にそれらと実体をともにする愛であって、父と子がそれによって互いに愛し合っている聖霊を指示しているということである。それらについてはすでに言われたことにおいて十分に述べられた[1343]。クリソストムス[1344]は次のように言っている。キリストは「三回尋ね、同一のことを言っている。そのことによって彼は自分の羊たちを牧することをどんなに高く評価しているかを示している。というのは、このことは最大限において彼の愛のしるしであるからである」。

734 すなわち、その言葉を字義どおりの意味において理解するために知らなければならないのは次のことである。友人に対して、友人のために、その友人がいるところで、しかもその友人の人格になされるところのものは、彼に対して、彼のために、彼のいないところで彼に属する別の人の人格になされるときのように、純粋な愛のしるしではない、と。その理由は次のとおりである。そのようなことが友人の人格に対して、友人がいるところで行われることは、それを行う人が自分に益になる何かを、例えば、その友人に気に入られることとか、その友人に愛されることとか、それに類することを受け取り、感じるのでなければ、ほとんど起こりえないからである。しかし、このことは或る人を誠実に愛するということではない。すなわち、愛する人はそのような人としては、愛されることを求めるのではない。愛することではないすべてのことは、彼にとっては疎遠なことである。彼はこの愛することのみを知っており、この愛することのみが自由であり、それのみが自分自身のためにあるのである。彼は愛するために愛することを欲するのであり、それはマクロビウスの『サトゥルナリア』[1345]の次の言葉によっている。「徳のあることはそれ自身において報いをもたらす」。彼は愛するために愛するのであり、愛を愛するのである。それゆえに、おそらく神のみが愛すべきものである。というのは、神のうちにおいてのみ、愛されるものと愛とは同一のもの、すなわち聖霊であるからである。そしてこのことにしたがって、アウグスティヌス[1346]の次の言葉は本来的に理解されるのである。愛のために或る人になされることは、愛によってよりもよりよい仕方においては、けっして報われることがない、と。というのは、愛する者が愛されることではなく、愛することを求めるように、反対に、愛されるものも再び愛されることを求めるのではなく、愛し、再び愛することのみを欲するからである。

735 最後に注目すべきことは、トマスの或る註解[1347]が言っているように、これらのキリストとペテロの三つの質問と答えから、洗礼のために来る人は三回質問されるという習慣が生じたのであるということである。さらにまた注目すべきことは、まず二回、「子羊たちを牧せよ」と言われ、最後に一回、「私の羊たちを牧せよ」と言われていることである。というのは、まず第一に、しかもより豊かに、いっそう弱く、いっそう助けを必要としている人々が世話されなくてはならないからである。

「ペテロは振り向くと、イエスが愛していたかの弟子を見た」（二〇節）

736 注目すべきことは、ヨハネについてしばしば聖書に書かれているることは、イエスは彼を愛していたということであり（一三・二三、一九・二六、二〇・二、二一・七参照）、しかしペテロについて先にすでに書かれていたことは、彼が他の人々よりもより多くキリストを愛していたということである（二一・一五、一六・一七）。それゆえに註解[1348]においては、ここではこの点に関して次のような仕方で問われている。キリストをより多く愛して、キリストによってより少なく愛されることか、あるいは反対に、キリストによってより多く愛され、より少なくキリストを愛することか、どちらが優先されることか、よりいっそう好まれるべきであるか、と。さらに、その問いは次のように言われていることからして、よりいっそう重大なものになってくるかも知れない。「私は私を愛する人々を愛する」（箴八・一七）。すなわち、このことによって、キリストをよりいっそう愛することも、キリストによってよりいっそう愛されることも同一のことであるように思われる。

737 この問いについては、一つの答えが存在する。キリストはペテロを確かに非常に愛したのであり、それはすでに引用された次の言葉によっている。「私は私を愛する人々を愛する」（箴八・一七）。それに対して、キリストはヨハネを、とりわけその乙女のような純粋さのゆえに非常に親密に愛したのである。註解[1349]はまたこの点に関して次のように言っている。より多く愛するということはより善いことであるが、より多く愛されるということはより幸福なことである、と。さらに、自分自身をより少なく愛する人をより多く愛するということは、「露になった慈しみであるが、隠された義である」[1350]。さらにその上に、註解はこの点に関して次のように言っている。ペテロがより多く愛し、ヨハネがより多く愛されるということは、ペテロによって活動的生活の典型が、ヨハネによって観想的生活の典型が言われているのである、と。活動的生活は信仰によって身体がこの世のなかで遍歴することにおいて営まれるのであり、そこでは至福はたんに希望に留まっているのであり、悲惨が逆境と罪によって現前しているのである。それに対して、観想的生活は不死性のうちにあり、そこではいかなる悪もなく、善の完全性のみが現前しているのである。このことからペテロに対しては次のように言われた。「あなたは私に従いなさい（二一・二二）、時間的な悪しきものに堅忍することを見倣うことによって」[1351]。活動的生活はより多くキリストを愛している。それは活動的生活がキリストを愛し、キリストに従うことによって、悪から解放されるためである。しかし、キリストはこの活動的生活をそれが現在あるがままの姿では、より少なく愛するのであり、それがつねにそのようなものでないように解放するのである。キリストは活動的生活をより少なく愛しているのである。というのは、それはより悲惨なものであるからである。キリストは観想的生活をより多く愛しているのである。というのは、それはより幸福なものであるからである。というのは、つねに神によってより多く、より先に愛されるのは、より完全なものであり、不完全なものはしかし、より後に、より間接的に愛されるからである。というのは、所有がより先に認識されるのであり、それに対して、欠如は所有によって認識されるからである。

738 ここからヨハネについて次のように言われている。「このようにして私が来るまで、私は彼が留まることを欲する」（二一・二二）。それはあたかも次のことを意味しているようである。「知の充溢」が露になることを完遂させることによって、「始まったばかりの観想が、私の来るまで留まるように[1352]」、と。それゆえに、「主のすべての道は慈しみと真理である」（トビ三・二）から、義人はこの世の生においては、いたるところで悪を経験するので、慈しみをよりいっそう愛するようになるのであり、その慈しみによって義人は悪から解放されるようになるのである。そして聖なる人よりも悲惨なる人をより少なく愛する人は、慈しみの心を持った人によってより少なく愛されるのである。これはすなわち、より多く愛し、より少なく愛されるペテロである。それに対して、将来のものである真理を観想する者は、この世においてまだその真理を露に見るわけではないので、哀れなペテロが慈しみを愛するよりも、より少なくその真理を愛するのである。しかしヨハネは、「このようにして私が来るまで、私は彼が留まることを欲する」（二一・二二）と言うキリストが来たときには、その真理そのもののうちにおいて至福になり、完全にキリストに愛されているのである。それゆえに、この点においてヨハネは今やペテロよりも、より少なく愛する者にしてより多く愛される者である。というのは、ヨハネは悲惨なる者であるというよりは幸福な者であり、不完全な仕方でよりもむしろ完全な仕方で愛されているからである。

739 というのは、不完全なものは完全なものにおいて、完全なものそのものによって、本来的な意味においても認識されるのと同様に、愛されるからである。すなわち、このようにして、他のすべての数と比較しても不完全なものである十を完全な仕方で認識する人は、すべての数を認識するであろう。そして、このことによって神は一なる単一の瞬間に、このように多くの区別的なもの、分割されたもの、個別的なものを、区別的な仕方で、あるいはむしろ区別的な仕方においてと同時に非区別的な仕方において認識することができるのであるか、という多くの人々にとって疑わしい困難な問題が最良の仕方で明らかになるのである。

740 活動的なペテロと観想的なヨハネ、すなわち現世の状態と将来の状態について言われている、先に述べられたことをよく暗示しているのは、ペテロには、罪を結んだり、解いたりする鍵が渡されたのであるが、それに対して、ヨハネは「主の胸に寄り掛かり」（二一・二〇）、そこでは真理が飲まれているということである。さらにまた、乙女のようなヨハネは将来の生活のために選ばれたのであり、「そこでは彼らは娶りもせず、嫁ぎもせず、神の天使のようになる」（マタ二二・三〇）。

「このようにして私は彼が留まることを欲する」（二三節）

741 注目すべきことは、職人が作品を造ったが、それが彼の技術の理想と彼の意図によく一致することもなく、またそれを満たさない場合には、その作品を壊し、ないしは少なくともそれを拒絶し、彼の眼に、すなわちその技術と意図に適うような他の作品を造るのがつねであるということであり、それは「エレミヤ書」第一八章（第四節）において陶工について書かれているとおりである。[1353] それに対して、その職人が作品、例えば、王の肖像とか他の人の肖像とかを造り、それが彼の技術と意図と彼が描いている人の固有性によく相応しているときには、彼はそれを慶賀の念を込めて是認しつつ、私はそれがそのまま留まることを欲すると言うのがつねである。そして、これにしたがって、「私は彼が留まることを欲する」というこれらの言葉においては、ヨハネ自身の人格における完全性とその将来の生命の完全性が比喩的に表示されているのである。

「あなたは私に従いなさい」（二二節）

742 これらの言葉は、上に第一章においてフィリポに対して「私に従いなさい」（一・四三）と言われているところで、非常に詳細に解釈されている。[1354]

「イエスが行ったことは、この他にも多くある。もしそれらが個別的に書かれるならば、世界といえども、私は思うが、書かれるべきそれらの本を覆うことはできないであろう」（二五節）

743 ここで「世界といえども、書かれるべきそれらの本を覆うことはできないであろう」と言われていることは、若干の人々を動揺させると思われるので、知らなくてはならないことは、この言葉はトマスの註解[1355]においては、三様の仕方で解釈されているということである。まず第一に、アウグスティヌス[1356]によれば、次のように言われている。このことは、「空間的な場所に対してではなく」、「読む人々の能力に対して」言われているのである、と。しかし、ただたんに書かれるべきものについてのみならず、すでに書かれていることについても、それらがわれわれの能力を超えていることは真であるので——「われわれは確かに闇に包まれている」（ヨブ三七・一九）、「というのは、われわれは部分的にしか認識しないのであり、部分的にしか預言しないからである」、「われわれは今は鏡をとおして謎のような仕方で見ている」（Ⅰコリ一三・九、一二）——、これゆえに、アウグスティヌス[1357]はおそらくこれをさらに他の仕方で解釈して、こう言っている。しばしば「事実に対する信仰であるにもかかわらず、言葉は信仰を超えているように思われる」。しかしそれにもかかわらず、言葉は偽りのものでもなく、欺くものでもない。というのは、〔聖書において〕言われていることは、聴く者にとっては疑わしいことでもなく、曖昧なことでもなく、明白なことであるが、しかし或る種の飛躍を伴って提出されているからである。この種の語り方は文法学者の間では、誤りではなく、比喩であり、ギリシア語の名称では、hyperbole と言われているものであって、それはここにおいてのみならず、「若干の他の聖書の書においても見出されるものである[1358]」。これらはアウグスティヌスの言葉である。それに対してクリソストムス[1359]はこう言っている。「世界といえども、それらの本を覆うことはできないであろう」というこの言葉は、行為をなしたあの方の力に関係づけられるべきであって、その方にとっては行為をなすほうが、われわれに語るよりもはるかに容易であったのである。それゆえに、その意味するところは、キリストは無限の力を持った神としてこれらのことをなすことができたのであるが、もしこれらのことが個別的に書かれるとするならば、この世界といえども「それらの本を覆うことはできないであろう」ことは明らかである。というのは、この世は、彼によって造られているからである。これらはトマスの註解に書かれていることである。

744 さらに知るべきことは、文法学者[1360]が書いているように、ギリシア人たちが、synthesis と呼んでいるすべての〔文章の〕構成は、語られていることの意味に関係づけられるべきものであるということである。すなわち、事物が言葉に従属しているのではなく、ヒラリウス[1361]が言うように、言葉が事物に従属しているのである。それゆえに、誇張して言われている言葉においては、言葉の飛躍は、疑わしくもなく、曖昧でもなく、明らかなことに関係づけられるべきではなく、それは〔われわれの〕外側の事物がどのような事態になっているかということに関係づけられているのではなく、またそれを明らかにしようとするものでもなく、それを言わんとするものでもない。それはむしろ、語る者の意志がそれによって性向づけられているところの情念に関係しているのであり、それを示しているのであるが、そのような情念は〔しばしば〕語る者の意志を超えて表現しようとするのである。それゆえに、言葉が事物に従属させられているようなそのような語りにおいて表示されているものは、語る者の意志に属する情念であって、〔われわれの〕外側の事物ではない。そしてこのような様態の語り口は聖書においてしばしば用いられている。「彼らが、町の煙が天まで上って行くのを見たときには[1362]」（ヨシ八・二〇）、さらに、「その波は高まった。そして天にまで上って行った」（詩一〇六・二五）。さらに詩人は言っている。

「武器の音と騒ぎの喧騒は、天にまで届く」。

さらにまた、一般的にわれわれの下においても、或る人が事実や言説を、それを見ていない人々に報告するとき、次のように言うのがつねである。全世界はそれを信じることができないであろう、もし私がそれを見ていなかったとしたら、私もそれを信じることはできないであろう、と。すなわち、聖書が用いている比喩的な語り口においても事態は同様であって、確実なことは、それらは虚偽なるものではなく、それらの語り口においては、それを語っている人は騙しているのではなく、彼が語っている人々を欺いているのでもないということである。

745 さらにその上に注目すべきことは、そのような語り方、すなわち飛躍を伴う語り方は、本来的には神について書かれている書物のみにふさわしいものであるということである。というのは、すなわちすべての神的なものはそれ自体としては、計り知れないものであり、尺度にしたがって与えられているものではないからであり、それは上の

第三章において解釈されているとおりである。それゆえに、アウグスティヌスも「詩編」一一〇篇[1363]について、こう言っている。「神を讃えることとは、歴史について物語り、編纂する人の守らなくてはならない法則から解き放たれている。というのは、そのように讃えることの著者にして教師は、聖霊であるからである」。さらに（ガルランディアの）ヨハネ[1364]によれば、聖書は聖霊によって霊感を受けたものであるので、文法の法則と規則には縛られていない。さらにまた、卓越したことがわれわれに露な仕方で提示されるのではなく、感覚することのできる事物の像の下に隠されているということが神的なものには属するのであり、それは次の言葉によっている。「神に属する目に見えないものは、造られているものを通して、この世の被造物において理解され、眺められている」（ロマ一・二〇）、さらに、「われわれは今は、鏡を通して謎のような仕方で見る」（Iコリ一三・一二）。アウグスティヌスが『三位一体論』第一巻第二章[1365]において言うように、「というのは、人間の精神の無力な眼差しは信仰の義によって養われ、強められないかぎり、そのような卓越した光のうちに、しっかりと向けられることがないからである」。さらに、ディオニシウスは『天上位階論』第一章[1366]において言っている。「多様なヴェールによって覆われていなければ、他の仕方においては、神的な光りがわれわれに対して輝き出ることは不可能である」。

ヨハネによるきわめて神聖な福音書の解釈はこれをもって終わる。その際に多くの箇所においては、若干のことがらは解釈者の初めの意図よりも、よりいっそう詳細に解釈された。というのは、その際生じたさまざまなことがらの輝く、ないしは隠された真理の甘美さに刺激されたので、解釈者は時として霊を逃すことに耐えることができなかったからである。

解説

以下において『ヨハネ福音書註解』を読解するうえで参考になることを記したい。まずエックハルトのラテン語著作の全著作のうちにおけるこの著作の特有の位置について述べなければならない。この著作は独立したものとして書き下ろされたものではなく、『三部作』と呼ばれる未完の大作の一部に属するものとして執筆されたものであった。『三部作』は「序文」、「提題集」、「問題集」、「註解集」から成り立っていた。すなわち、千以上の根本語の提題からなる「提題集」と少数の問題をトマスの『神学大全』の形式にならって論じる「問題集」、さらに他では取り上げられることの少ない聖句が解釈される「註解集」という三つの作品群からこの『三部作』は成り立っていた。さらに、「註解集」は本来の「聖書註解集」と「説教集」に分かたれていた。

そのうち現在までのところ「序文」と「註解集」の一部ないし全体が伝承されてきている。すなわち、「序文」に属する「三部作全般的序文」、「提題集序文」、「註解集序文」と、「註解集」に属する『創世記註解』、『創世記比喩解』、『出エジプト記註解』、『知恵の書註解』、『ヨハネ福音書註解』、『雅歌註解』(断片)である。また「説教集」の少なくとも一部には現存の『ラテン語説教集』がおそらく含まれていると推定される。しかし、この著作は本来の説教の草稿であった可能性が強く、いずれにしても未完成のものである。このなかで最も高い完成度に達しており、かつ最も浩瀚な作品は『ヨハネ福音書註解』である。この作品はその思想と表現の豊かさにおいて、現存のドイツ語著作を含めた全著作のなかで主著といって差し支えない。

次に執筆年代であるが、いまだ最終的に確定していないものの、最近の研究によっていくらか事態は進捗した。現存する『三部作』、とりわけその中核部分をなす聖書註解は従来考えられていたよりも早く第一回パリ大学教授時代（一三〇二―〇三）に続くドミニコ会サクソニア（ザクセン）管区長時代、だいたい一三〇五年に執筆が開始されたのではないかと推定されている。最初に『創世記註解』が成立し、ついで『知恵の書註解』、そのあと『出エジプト記註解』が続き、『創世記比喩解』と『ヨハネ福音書註解』はこれらより後に着手されたとされている。興味ぶかいことに「序文」はそれらより早く、すでに第一回教授時代に成立していたようである。そしてそれらの作品が確定的な形をとったのは、第二回パリ大学教授時代（一三一一―一三）以降であったと推定されている。これでみると、『ヨハネ福音書註解』はこれらのなかで最も後期に属する作品であることが判る。事実その本文のなかには、「聖トマス」という表現がみられるが、トマスが列聖されたのは一三二三年のことであり、この年はエックハルトの晩年にあたり、かつて自分が学んだケルンのドミニコ会神学大学の学頭についた年であった。一三二八年にはエックハルトは当時教皇庁のあったアヴィニョンで亡くなっているから、もしこの推定が正しいとするならば、エックハルトは晩年に至るまで『ヨハネ福音書註解』の完成に勤しんでいたことになる。この作品の完成度の高さから推測してもこのことは説得的であるように思われる。

ところで、エックハルトの聖書註解は通常のそれのように連続的逐語的註解ではなく、少数の聖句を選んで、それを「哲学者の自然的論証」によって解釈したものであった。その際には、その聖句の字義的意味はほとんど顧慮されることなく、字義的意味の背後に隠されている比喩的霊的意味を露にすることが註解の課題であった。エックハルトは『ヨハネ福音書註解』においても、この彼独自の註解の原則を厳密に適用している。以下ではそこにおいて特に詳述されている始原論と受肉論をとりあげることにしたい。

『ヨハネ福音書註解』においては、その本文の三分の一が第一章の解釈にあてられており、そのまた三分の二が第一章の冒頭部分、すなわち第一節から第十八節の解釈に占められている。ここでの最も重要な議論は、ヨハネの冒頭の聖句「初めに言葉があった」（一・一）における「始め」すなわち「始原」の解釈である。エックハルトによれば、「始原」とは、まず第一に「理念」である。産み出されるものは理念を通して、産み出すものから発出するのであって、それは諸事物の原因であり、定義が告知するものであり、その理念を知性が把握するのである。例をあげると、職人の精神のなかにある箱はいまだ箱ではなく、職人の知性認識であって、その「現勢的観念」である。エックハルトが好んであげる例をあげると、「義人」は「義」によって義人なのであって、義はけっして義人から抽象されたものではなく、義人に対して先行するのである。また「始原」は、単独の個別的な理念を指すのではなく、アウグスティヌスも言うように、すべての活ける不可変的な諸理念によって満たされた、いわば或る種の根源的な知であり、その知のうちではすべての理念が一なるものとして現存しているのである。

ここからまた、エックハルトによれば、始原は「知性」ないし「知性認識」として捉えられる。知性の固有性は知性認識の対象をその始原において把握するところにある。エックハルトによれば、すべての認識はその始原において成立しているのであって、認識がその始原のうちに還元されるまでは、認識そのものはたえず覆われたものであり、暗いものに留まるのである。そのうちに諸理念が存在している始原は知性としてその結果をよりいっそう高貴な仕方であらかじめ有している「本質的に働くもの」である。

しかしながらエックハルトは、第三に、始原を「存在」として捉える。すべての働きはその真なる存在をその原因のうちに有しているが、第一原因としての始原、すなわち神のうちでのみ「無条件的にして端的な存在」を有しているのである。この世界のうちのすべての原因においては、結果は原因のうちに「これこれしかじかの存在」を有しているのであって、それらは「端的な意味における存在」としての神のうちでのみ、「無条件的にして端的な存在」を有しているのである。エックハルトによれば、神には最も内奥に存在するということが属するのであるが、世界に向かっての神の第一の働きは存在であり、存在はそれ自体としてはすべてのもののうちで最も内奥のものである。あるいは、最も内奥のものが世界との関係において現れるとき、存在として現れるのである。存在はそれ自体として理念よりも知性よりもより内奥のものであり、すべての存在者にとってより包括的で根源的なものである。

以上のようにしてエックハルトは『ヨハネ福音書註解』においては、「始原」をまず「理念」として、次に「知性」として、最後に「存在」として把握しているが、『創世記註解』においても、その冒頭の聖句「初めに神は天と地を造られた」（一・一）を解釈して、やはり同様に「始原」をその思索の深まりに応じて、第一に、「イデア的理念」として、第二に「知性的存在」として、第三に「永遠の第一の単一の今」として、第四に最終的に「存在」として把握している。このことからエックハルトは旧約と新約の異なる聖句をなしうるかぎり整合的に解釈し、それらの間に何の区別も認めていないことが判る。むしろエックハルトは聖書の全体が部分のうちに含まれており、一つの聖句のうちにも聖書全体の思想が反映していることを確信していたのである。したがって上の二つの聖句に依拠して得られた「始原」の思想は、エックハルトによれば聖書全体の思想の反映である。以上から明らかなように、このような「始原」への問いは「聖書の哲学」としてのエックハルト思想を貫くものであると言えるだろう。

次に『ヨハネ福音書註解』において注目しなくてはならないことは、その特異な受肉論である。エックハルトは「言葉は肉となった。そしてわれわれのうちに住んだ」（ヨハ一・一四）を解釈して、キリストのうちで、私とは異なったあの個体のうちで「肉になった言葉」は、もし私も神の子であるために、私のうちでもペルソナ的に肉にならなかったならば、私にとっては僅かなことにすぎないと言う。通常の把握では、言葉が肉となったのは、二千年前のナザレにおけるイエス・キリストのうちであって、これを「受肉」の出来事と呼んでいる。しかしエックハルトによれば、受肉の第一の結実は、われわれが神の養子となることによって神の子になるということのうちに存する。つまり、エックハルトは上の聖句の後半「われわれのうちに住んだ」という部分を重視する。すなわち、われわれが神の養子となることによって神の子として生まれるということが、肉になった言葉が「われわれのうちに住んだ」ということである。そしてそのように神の子として新たに生まれた人を、エックハルトは「義人」、「神的人間」と呼んでいる。またそれのみならず、そのような義人は義と「同名同義的に」義なるものであって、そうでなければ、それぞれの義人は真の意味での義人ではありえないとさえ言う。しかしこのことは、人間は受肉において神と同一の者になることを主張しているのではない。人間はその霊魂において「神の像」であって、神そのものになることは、けっしてない。それらの間には、プラトン的意味における範型と似像の区別が厳然としてある。したがってこのことは、人が一度義人として新たに生まれるならば、以後は恒常的に義人に留まるということではない。義人は「義人であるかぎりにおいて」義に等しいものであるが、義人はまた義人の存在なしに存在しうるのであり、したがって義人でない可能性も依然として残っているのである。さらにまた、このことは人間が自力で達成できることでもない。「あなたがたは神の子らの有する〔神の〕養子にするという霊を受け取っている」（ロマ八・一五）。われわれはただ神の「養子にする」という恩寵によってのみ、神の子になるという可能性を有しているのである。

このような事態をさらにエックハルトは、「父から子が生まれる。父と子から聖霊が霊発する」という定式で繰り返し説いている。これはまず言うまでもなく父なる神から子なる神、キリストが生まれることとして捉えられる。しかし、ここでもエックハルトは第一次的に霊魂のうちに子が生まれることとして、この事態を把握する。霊魂のうちに子が生まれることによって、パウロも言うように、われわれのうちではもはや「私」ではなく「神の子」が生きる。そのことによって人は神の子としてあることが可能になる。しかし、そのことは再び自力によってではなく、聖霊によって可能になるのである。そして人が神の子としてあるときにのみ、神をあるがままに認識することができる。人は人としては神を「鏡を通して謎のような仕方で」（Ⅰコリ一三・一二）、被造物を通して認識するにすぎない。しかも上に述べた事態は、人が神の子として新たに生まれることによって生じるのであって、人は一度神の子になれば、つねに神の子としてあるということではない。エックハルトはそれをオリゲネスに依拠して「個々の徳の業」によって神の子になると言っている。ここでは上で受肉論的に捉えられていた事態が父－子－聖霊という関係性において三位一体論的に把握し直されているのである。

このようにしてその同一の事態は、究極的には「霊魂のうちにおける神（の子）の誕生」と呼ばれるのであり、これこそが『ヨハネ福音書註解』の根本的モチーフであると言うことができるだろう。従来このモチーフはドイツ語説教の根本主題であるとされてきたが、『ヨハネ福音書註解』においてこそ、思弁的に委曲をつくしてその事態が説かれているのである。以上のような「受肉」と「三位一体」の把握のうちには、エックハルトの主体的実存的関心が強く現れていると言えよう。エックハルトはキリスト教の奥義である受肉と三位一体に対しても、トマスとは異なってどこまでも自然的理性によってその実存論的意味を探究したのである。

あとがき

本書の長きにわたった作成作業も間もなく終わろうとしている。今回はことのほか難渋し、何度も挫けそうになった。それを何とか越えられたのも、師友の方々のご支援の賜物である。

恩師山田晶先生は本年二月末日に帰天された。先生には若い頃、言葉に尽くせないほどお世話になった。先生の語られた言葉は、今なお私のなかで毎日のように蘇ってくる。今はただ先生の御霊の安らかならんことを祈るばかりである。

次に同志社大学大学院の中世哲学演習において難解な本テキストに長きにわたって取り組んでくれた院生諸君にお礼申し上げたい。彼らから啓発を受けることが多かった。

また知泉書館の小山光夫氏と髙野文子氏にも大変お世話になった。お二人の暖かい励ましがなければ、とっくに挫けていただろう。お二人には深く感謝したい。

さらに校正と索引の作成にあたっては、聖泉大学専任講師山口隆介氏と同志社大学院生（中世哲学専攻）の斉藤大樹、保井亮人氏に手伝って頂いた。これらの方々にはあらためてお礼申し上げたい。

中山善樹（なかやま・よしき）

1950年京都市に生まれる．1974年京都大学文学部哲学科卒業．1976年同大学院修士課程修了．1987-89年，94年アレクサンダー・フォン・フンボルト財団奨励研究員としてケルン大学トマス研究所に研究留学．現在，同志社大学文学部教授．文学博士．

（著訳書）『エックハルト ラテン語著作集』第1巻，第2巻（知泉書館，2005年，2004年），『エックハルト ラテン語説教集－研究と翻訳－』（創文社，1999年），『エックハルト研究序説』（創文社，1993年），その他．

〔エックハルト　ラテン語著作集　3〕 ISBN978-4-86285-036-2

2008年7月15日　第1刷印刷
2008年7月20日　第1刷発行

訳　者　中　山　善　樹
発行者　小　山　光　夫
印刷者　藤　原　愛　子

発行所　〒113-0033 東京都文京区本郷1-13-2
電話03(3814)6161　振替00120-6-117170
http://www.chisen.co.jp
株式会社　知泉書館

Printed in Japan　印刷・製本／藤原印刷

人 名 索 引

事 項 索 引

ア 行

カ行

サ　行

タ　行

ナ　行

ハ　行

マ・ヤ　行

ラ　行

聖書引用索引

旧約聖書続編

新約聖書

訳　　註

1） この聖句は本文のなかにはない.
2） アルベルトゥス，テミスティウス，アヴィケンナの金言については，本文のなかにはない.
3） アルベルトゥス『宇宙の原因と発出について』第1巻第2講第8章.
4） アヴィケンナ『スイフィチエンチア』第1巻第5章参照.
5） エックハルト『ラテン語説教集』第46第469-480節.
6） この聖句は本文のなかにはない.
7） この聖句は本文のなかにはない.
8） いずれも当時の長さの単位.
9） この聖句は本文のなかにはない.
10） 実際は，五とおりの仕方である.
11） この主題のラテン語説教は現在までのところ発見されていない.
12） この主題のラテン語説教は現在までのところ発見されていない.
13） 第673,674節参照.
14） これ以下の数節は本文のなかにはない.
15） パレスチナの古代の名称．イスラエル人はこの地を占領した.
16） トマス『ヨハネ福音書連続註解』序文.
17） 以下において，エックハルトの聖書解釈の意図が述べられている．それは「哲学者たちの自然的論証」による解釈である.
18） 『行間註解』当該箇所.
19） 第9章第13節.
20） 第29章.
21） トマス『ヨハネ福音書講解』第1章第1講676b参照．トマスによると，言葉はつねに理解される事物の理念にして似像である.
22） 同名同義的，同名異義的，類比的の区別については，トマス『命題集註解』第1巻第8区分第1問第2項参照.
23） 第16,161,362,477,479節参照.
24） アウグスティヌス『ヨハネ福音書講解』第1講第17節（PL35, 1387）参照.
25） トマス『ヨハネ福音書講解』第1章第1講680b参照．トマスによると，未完了とは，何かがあったことを示しているが，それがもはや不在ではなく，いまだ留まっていることを表す.
26） アリストテレス『形而上学』第1巻第1章980b27.
27） 前掲書第4巻第7章1012a24.
28） アウグスティヌス『霊魂の不滅』第4章第6節（PL32, 1024）参照.
29） 第20命題.
30） 第10章第11節（PL42, 931）.
31） トマス『命題集註解』第3巻第14区分第1問第2項異論1参照.
32） イエス・キリストの人性を表す.

33）　アリストテレス『範疇論』第５章（3b19）.
34）　第５節.
35）　アウグスティヌス『創世記逐語解』第８巻第12章参照．アウグスティヌスによると，空気は光が現前することによって明るくなったのではなく，明るくなるのである．もしなるのではなく，なったのならば，光が不在のときにも明るく留まっているであろう.
36）『二十四人の哲学者の書』第７命題.
37）　トマス『真理論』第14問第１項参照．トマスによると，学識において理性の運動は始原の理解から始まり，始原の理解において終わる.
38）　第67註釈．アヴェロエス（1126-1198）はスペイン・アンダルシア出身のイスラム哲学者．アリストテレスの著名な註解を残したことから，「註釈者」と呼ばれた.
39）　アリストテレス『自然学』第１巻第１章184a10-21参照.
40）　第63問（PL40, 54）.
41）　ここから第31節までは，トマス『神学大全』第１部第15問第１項参照.
42）　第28節参照.
43）　アウグスティヌス『三位一体論』第６巻第１章第１節（PL42, 923）参照.
44）　第８節参照.
45）　トマス『命題集註解』第１巻第12区分第１問第２項第２異論解答参照．エックハルトによると，「本質的に働くもの」とは「本質的原因」,「本質的始原」と呼ばれる．トマスによると，これは個別的なものの原因ではなく，太陽が生成消滅するものの原因であるように，すべての種に属するものの原因であるものをいう.
46）　第５註釈.
47）　アリストテレス『形而上学』第７巻第10章1034b20，第12章1037b11.
48）　第８節参照.
49）　トマス『神学大全』第１部第28問第１項第４異論解答.
50）　アウグスティヌス『キリスト教の教え』第１巻第3,5章（PL34, 20. 21）参照.
51）　そこでは，第一次的原因が第二次的原因よりも，原因から生じたものに対してより強力に影響を及ぼすことが述べられている.
52）『告白』第10巻第27章第38節.
53）　第32節参照.
54）　トマス『ヨハネ福音書講解』第１章第１講672b 参照．トマスによると，「ともに」という語が用いられていることによって，ここでは，父と子のペルソナの相違が示唆されている.
55）　ヨハネス・ダマスケヌス『正統信仰論』第１巻第７章（PG94, 803）．ヨハネス・ダマスケヌス（675-749頃）は東方教会の最後の教父.
56）　この場合，「息」とは「霊」のことである．「霊」（spiritus）というラテン語は「息」という意味も持つ.
57）『書簡』65,7.
58）　アヴェロエス『形而上学』第12巻第36註釈.

59） アリストテレス『形而上学』第５巻第２章1013b34-1014a6参照．
60） 第180節．
61） 『欄外註解』「創世記（18,2）について」．
62） アリストテレス『霊魂論』第３巻第４章429b22-24参照．
63） 第９韻文．ボエティウス（480-524）はイタリアの哲学者にして政治家．アリストテレスの論理学書をラテン語に訳した．
64） アリストテレス『形而上学』第12巻第７章1072b3．
65） アリストテレス『自然学』第２巻第３章194b32参照．
66） アリストテレス『霊魂論』第３巻第10章433b14．
67） エックハルトのこの論考は現在までのところ発見されていない．
68） 第52-53,60節参照．
69） エックハルト『創世記比喩解』第55,58-72節．
70） 第９節（PL42, 955）．
71） アウグスティヌス前掲箇所．
72） 第１章89b23．
73） 第48,49節．
74） ベルナルドゥス『さまざまな主題についての説教集』19（PL183, 591）．ベルナルドゥス（1090-1153）はフランスの聖人にして教会博士．神秘主義的傾向が強い．
75） アウグスティヌス『告白』第７巻第10章第16節参照．
76） アウグスティヌス『パルティア人に宛てたヨハネの手紙に関する10の講解説教』第２講第２章（PL35, 1997）．
77） 『ヨハネ福音書講解』第26講第５節（PL35, 1609）．
78） 第23章第34節．
79） 第40章第65節．
80） サン・ヴィクトルのフーゴ『魂の手付け金についての独語録』（PL176, 970）．サン・ヴィクトルのフーゴ（1096-1141）は中世の神秘主義的スコラ学者．
81） 第16節．
82） 第32節（PG3, 733）．ディオニシウス・アレオパギタは新約聖書に登場する１世紀頃のギリシア人．６世紀頃から彼の名を冠した一連の文書が出回るが，これらはいずれも偽作であって，今日その著者は「偽ディオニシウス」と呼ばれる．
83） アリストテレス『形而上学』第１巻第１章980b27．
84） 第１巻第６章第15節（PL32, 1229）参照．
85） 第６章第10節．
86） アリストテレス『形而上学』第７巻第７章1032a20,21参照．
87） 『ヨハネ福音書講解』第１講第13節（PL35, 1385）．
88） 第52節．
89） カルキディウス『ティマイオス註解』28A．カルキディウスは４世紀後半に活躍した哲学者．プラトンの『ティマイオス』のラテン語訳と註解で有名．

90)　第 9 節（PL42, 873).
91)『詩編講解』第38講第 7 節（PL36, 418).
92)　第 5 章第13節（PL32, 1277).
93)　第35節参照.
94)　アリストテレス『霊魂論』第 3 巻第 2 章425b26.
95)　アヴェロエス『形而上学』第12巻第36註釈.
96)　アリストテレス『生成消滅論』第 1 巻第 1 章314a15.
97)　エックハルトはしばしば被造物を「これこれのもの」として「存在そのもの」である神から区別する.
98)　第 9 韻文.
99)　アリストテレス『霊魂論』第 2 巻第 2 章414a11.
100)　ボエティウス『三位一体論』第 4 章.
101)　第12命題.『原因論』とはおそらく10-12世紀においてイスラム世界で成立した書であるが，実際はプロクロスの『神学綱要』の抜粋のようなものである.
102)　この箇所については，トマス『神学大全』第 1 部第 4 問第 2 項主文参照.
103)　トマス『対異教徒大全』第 1 巻第28章参照.
104)　トマス『神学大全』第 1 部第79問第 2 項参照．トマスによると，人間的知性はさまざまな知性の秩序においては最も下級のものである.
105)『ヨハネ福音書講話』第 5 講（PG59, 58)．ヨハネス・クリソストムス（344頃-407）はギリシア教父にして聖人．その説教は有名で「黄金の口」と讃えられた.
106)『ヨハネ福音書註解』第 2 巻第23章第148節．オリゲネス（185-254頃）はギリシアのキリスト教神学者.
107)　ポルフュリウス『イサゴーゲー』第 4 章．ポルフュリウス（232/3年頃生）はプロティヌスの最も重要な弟子.
108)　第63節.
109)　第 4 命題.『原因論』によると，被造的事物で第一のものは存在である．存在以前にはいかなる被造物もなかった.
110)　アリストテレス『形而上学』第 5 巻第 2 章1013b33.
111)　第86,87節参照.
112)　アリストテレス『形而上学』第 7 巻第 8 章1034a5-8.
113)　トマス『神学大全』第 2 部の 2 第95問第 5 項参照．トマスによれば，自然のすべての働きは一なる始原から発出し，何らかの一へと到達する.
114)『欄外註解』当該箇所.
115)『書簡』64第10章．ヒエロニムス（340-419頃）は教父にして聖人．聖書のラテン語訳を完成する．これはヴルガタと呼ばれる.
116)『詩法』第180節．ホラティウス（前65-前 8 ）はローマの詩人.
117)『書簡』1,6.
118)　第11-12,20-22節.

119) トマス『神学大全』第2部の2第171問第2項参照．トマスによると，光は二様の様態で或るものに内在することができる．一つは恒存する形相の様態においてであり，もう一つは何らかの経過する受動の様態においてである．
120) 第70節参照．
121) 第12節．
122) 第116-122節．
123) 『説教』279第1節（PL38, 1276）．
124) エックハルト『出エジプト記註解』第237節．
125) 『天上位階論』第1章第2節（PG3, 121）．
126) アウグスティヌス『エンキリディオン』第4章第14節（PL40, 238）参照．アウグスティヌスによれば，善なるものから悪なるものは生じたのであり，悪なるものは何らかの善なるものにおいてのみ存在する．
127) アリストテレス『霊魂論』第3巻第6章430b21-23参照．
128) ベーダ『ルカ福音書註解』第5巻（PL92, 542）．ベーダ・ヴェネラビリス（673頃-735）はイギリスの神学者にして聖人．
129) 『対話』第1巻第5章（PL77, 180）．グレゴリウス一世（540-604頃）は聖人にして教皇．大グレゴリウスと呼ばれた．
130) エアドメルス『類似についてというアンセルムスの書』第95章（PL159, 662）．エアドメルス（1060-1130頃）はイングランドの神学者．カンタベリーの大司教．アンセルムスの伝記作者．
131) 第12章第9節．
132) 『書簡』138第2章第12節．
133) クリソストムスの現存の著作にはこのような見解は見出されない．
134) クリソストムス『マタイ福音書未完註解』第18講（PG56, 732）．
135) エックハルトの『ローマ書註解』は現在までのところ発見されていない．
136) 第11巻第8章第10節．
137) 第24命題第23節．
138) 第11章第16節．
139) 第10章第24,25節．
140) エックハルト『知恵の書註解』第280節．
141) 第75,76節．
142) イスカリオテのユダはイエスの直弟子で十二人のうちの一人であったが，最後にイエスを裏切った．
143) トマス『神学大全』第2部の1第29問第2項参照．
144) 『詩編講解』第98講第12節（PL37, 1268）．
145) 例えば，『三位一体論』第14-15章第21-25節等々．
146) 第9章第13節．
147) 第28章．

148）『信仰について』第２巻序文第２節（PL16, 583）．アンブロシウス（333-397頃）は教会博士にして聖人．
149）「実体的形相」とは或るものを実体たらしめている形相．付帯的形相と対をなす．
150）第74節．
151）第21節．
152）第72節．
153）『ヨハネ福音書連続註解』第１章9；395b．
154）第87節参照．
155）『原因論』第21命題．
156）トマス『原因論註解』第21講26,557b 参照．トマスによると，すべての類のうちで第一のものはそれ自体においてあるものである．というのは，それ自体であるものは他のものによってあるものよりもより先なるものであるから．
157）トマス『分析論後書註解』第１巻第２章第４講第16節．
158）偽アウグスティヌス『説教』208第10節（PL39, 2133）．
159）第２巻第６章（PL182, 750）．
160）アウグスティヌス『神の国』第５巻第19章参照．
161）アウグスティヌス『八十三問題集』第21問（PL40, 16）参照．
162）『知性について』第７命題１参照．それによると，すべての他のものに流入する実体は光であるか，光の本性を有するものである．
163）トマス『神学大全』第１部第76問第８項参照．トマスによると，霊魂は身体のすべての部分にその完全性と本質の全体においてある．
164）『原因論』によると，すべての第一次的原因はその原因から生じたものに対してすべての第二次的原因よりもよりいっそう影響を及ぼす．
165）トマス『原因論註解』第１講26,516b 参照．
166）アリストテレス『霊魂論』第３巻第５章430a15．
167）『告白』第11巻第８章第10節．
168）この箇所については，エックハルト『知恵の書註解』第88節参照．エックハルトによると「自分のところ」とは人間の内的知性的力のことである．
169）第９章第13節．
170）『原因論』第21命題．
171）『グレゴリウス秘跡書』第201節12．
172）『ヨハネ福音書講解』第12講第12節（PL35, 1490）．
173）第6-7章，第８章第８節，第15章第19節，第17章第26節．
174）第25節（PL42, 1078）．
175）第70節．
176）『告白』第10巻第27章第38節．
177）アリストテレス『霊魂論』第２巻第２章414a11．
178）前掲書第２巻第５章417a6参照．

179) 前掲書第３巻第４章429a24.
180) 前掲箇所429b25.
181) 前掲箇所429b31.
182) アリストテレス『形而上学』第１巻第８章989b6.
183) ヨハネス・ダマスケヌス『正統信仰論』第３巻第６章（PG94, 1006).
184) トマス『神学大全』第３部第15問第１項参照.
185) 前掲書第１部第３問第５項.
186) アリストテレス『霊魂論』第３巻第２章425b26.
187) 第18節（PL42, 970).
188) 第105節.
189) 第４章第７節.
190) ヘルヴェウス・ナタリスを指す. ヘルヴェウス・ナタリス（1323没）はフランスの神学者にしてドミニコ会士. トマスの擁護者.
191) ドゥランドゥスを指す. サン・プルサンのドゥランドゥス（1275頃-1334.9.10）はドミニコ会士でありながら, 反トマス的立場をとった.
192) 「問題集」はエックハルトの『三部作』の一部であるが, 現在までのところ発見されていない.
193) 第12章第18節（PL42, 970).
194) 第107節.
195) 前掲箇所.
196) 第13章1102b28-31.
197) 『ヨハネ福音書講解』第２講第14節（PL35, 1394. 1395).
198) 第96節参照.
199) 第24命題.
200) 第97節参照.
201) 『詩編略解』「詩編26について」(PL26, 949).
202) 第２章第３節.
203) 同箇所.
204) 第34章第64節（PL34, 150).
205) 第35章第65節（PL34, 151).
206) 第36章第66節（PL34, 151).
207) トマス『真理論』第１問第１項. トマスによれば, これらは「超越範疇」と言われ, 存在者の類を超えて適用される範疇とされている.
208) 『知性について』第12命題註釈参照.
209) ヒエロニムス『コヘレトの言葉註解』4,6（PL23, 1099).
210) エックハルト『創世記比喩解』第73-74節.
211) 第98節参照.
212) エックハルトはしばしばこの言い回しを用いる.

213）　これはイソップ寓話からとられている．
214）　第106節．
215）　エックハルト『知恵の書註解』第44節参照．エックハルトによれば，すべての義人は数において一なる義によって義人なのである．
216）　アリストテレス『霊魂論』第３巻第２章425b26．
217）『ヨハネ福音書講話』第12講（PG59, 82）．
218）　アリストテレス『霊魂論』第１巻第２章404b17参照．エックハルトはしばしばこの言い回しを用いる．
219）　第９章第13節．
220）　アリストテレス『霊魂論』第１巻第１章403a5-10．
221）　エックハルト『知恵の書註解』第100-102節参照．エックハルトによれば，子は生む父が持っているすべてのものの相続人である．
222）　どこで彼がこのことを言っているのか判然としない．アヴィケンナ（980-1037頃）はアラビアの哲学者にして医学者．
223）　エックハルトはしばしばこの言い回しを用いる．
224）　エックハルトは，変化は苦しみのうちにあるが，生成は喜びのうちにあるという言い回しをしばしば用いる．
225）　これに類似の内容は，エックハルト『知恵の書註解』第281-283節参照．
226）　第１章第１節．
227）　イエスはある時マリアとマルタの姉妹の家に泊まられた．マルタはイエスをもてなすために忙しく働いたが，マリアはイエスの膝元でイエスの言葉に聞き入っていた．そこでマルタはマリアが自分を手伝うように言うようにイエスに頼んだ．それに対してイエスは以下のように言われた．
228）　この「総括」は第166節まで続く．
229）　アラヌス・デ・インスリス『神学の規則』第２規則（PL210, 623）参照．
230）　アリストテレス『自然学』第８巻第８章264b18．
231）　カルキディウス『ティマイオス註解』41A．
232）　第134節参照．
233）　第12命題註釈参照．
234）　アリストテレス『霊魂論』第２巻第４章415b13．
235）　第12命題註釈．
236）　アヴェロエス『霊魂論』第３巻第19註釈参照．
237）　エックハルト『出エジプト記註解』第167節参照．
238）　アリストテレス『霊魂論』第３巻第４章429a24．
239）　前掲書第２巻第４章415b13．エックハルトはしばしばこの言い回しを用いる．
240）　第６命題とその註釈参照．
241）　エックハルト『知恵の書註解』第27-31節参照．エックハルトによれば，存在に先行する変化においては，その存在が不在であるために，つねに骨折り，抵抗，運動，不

安が生じる．
242） アリストテレス『霊魂論』第３巻第７章431a6.
243） アウグスティヌス『説教』288第2.4節（PL38, 1304.1306）.
244） アリストテレス『形而上学』第９巻第８章1049b35.
245） 意図と実行との関係についてトマスはしばしば論じている．例えば，トマス『神学大全』第２部の１第１問第１項第１異論解答参照．
246） アリストテレス『形而上学』第９巻第９章1051a29.30参照．
247） アヴィケンナ『形而上学』第９巻第２章．
248） アリストテレス『自然学』第２巻第７章198a27-29.35-b3参照．
249） 第33章第52節．
250） 第100節参照．
251） 第151節．
252） トマス『神学大全』第１部第25問第２項第２異論解答参照．トマスによれば，同名同義的な働くものにおいては，その力の全体が結果のうちにあらわれるが，それ以外の働くものにおいては，その力の全体が結果のうちにあらわれるということはない．
253） 『ヨハネ福音書講解』第15講第19節（PL35, 1516.1517）.
254） 例えば，アフロディシアスのアレクサンドロスを指す．アフロディシアスのアレクサンドロスは２世紀から３世紀にかけてのアリストテレス学派の哲学者．
255） トマス『神学大全』第３部第７問第13項第２異論解答参照．トマスによれば，熱はすでに先在する火の形相から流れ出る結果である．
256） アリストテレス『トピカ』第５巻第５章134b27-30.
257） 第141節参照．
258） 第155節参照．
259） トマス『神学大全』第１部第12問第７項第１異論解答参照．
260） トマス『命題集註解』第３巻第23区分第２問第１項第４異論解答参照．
261） ヨハネス・ダマスケヌス『正統信仰論』第１巻第７章（PG94, 803）.
262） トマス『神学大全』第３部第７問第13項参照．
263） アラヌス・デ・インスリス『神学の規則』第１規則註釈（PL210, 623）参照．
264） アリストテレス『ニコマコス倫理学』第９巻第４章1166a1-2参照．
265） 「識標」とは一つの神的ペルソナの特徴を際だたせるしるしのことをいう．
266） キリストの家系をダビデの父であるエッサイから発する樹の形態で表す一種の図像．
267） 「ヘルメス文書」と称する宗教哲学書の匿名の著者．
268） 『二十四人の哲学者の書』第１命題．
269） エックハルトの『コロサイ書註解』は現在までのところ発見されていない．
270） ボナヴェントゥラとトマスを指す．
271） 第364節参照．「本質的愛」とは子が生まれることに必然的に随伴する愛を指し，「識標的愛」と対をなす．
272） 洗礼者ヨハネはイエスより少し年長で，当時ユダヤ地方において預言者として活躍

した．彼はメシアの到来をつげ，水で洗礼を授け，悔い改めることを人々に迫った．

273)　ヒエロニムス『ヘブライ語語義註解』69,16.

274)　『ヨハネ福音書講解』第2講第5節（PL35, 1391）.

275)　これらの五つの注目すべきことは，第169,172節においてより詳細に解釈されている．

276)　第14-22節参照.

277)　第187-193節参照.

278)　反対に，欠如は所有において知られる．第75節参照.

279)　この比喩はアリストテレスからとられている．アリストテレス『政治学』第1巻第5章1254b2-6参照.

280)　義が義人に先行し，義人の後にも留まることをエックハルトはしばしば説いている．第253,393,490節参照.

281)　第4節（PL42, 950）.

282)　前掲箇所.

283)　第119節参照.

284)　第182,183節参照.

285)　第32節（PL34, 135）.

286)　同箇所.

287)　前掲書第17章第33節（PL34, 136）.

288)　エックハルト『創世記比喩解』第5節.

289)　実際は，第274節参照.

290)　トマス『ヨハネ福音書連続註解』第1章16参照.

291)　第168節.

292)　旧約聖書のダニエル書の主人公．もともと聡明で敬虔な人物であった.

293)　第291節参照.

294)　クリソストムス『ヨハネ福音書講話』第14講（PG59, 94）参照.

295)　プロスペル・アクィタヌス『アウグスティヌスの著作からの命題』第95節（PL45, 1867）．プロスペル・アクィタヌスは5世紀に活躍したマルセイユの修道士．その多くの著作のなかでアウグスティヌスの恩恵論を擁護した.

296)　プロスペル・アクィタヌス『パルティア人に宛てたヨハネの手紙について』第5講第4節（PL35, 2014）参照.

297)　第17章第33節（PL44, 901）.

298)　第31章第35節.

299)　『グレゴリウス秘跡書』第44節7.

300)　エックハルトはしばしば上級のものと下級のものの相互関係について述べる.

301)　第10命題第9節.

302)　マクロビウス『スキピオの夢註解』第1巻第5章第3節．マクロビウス（400年頃）はローマの文法家.

303）　第10命題註釈．
304）　エックハルト『出エジプト記註解』第262節参照．エックハルトによれば，下級のものはそれがそれであるところのすべてのものをそれが属する上級のものから有している．
305）　アリストテレス『霊魂論』第３巻第５章430a18．
306）　アウグスティヌス『創世記逐語解』第12巻第16章．
307）　プラトンの著作にはこのような見解は見出されない．
308）　第９章第21節（PL44, 893）．
309）　『ローマ式ミサ典書』「御復活後の第二の主日の祈り」参照．
310）　第118節以下参照．
311）　この見解には特に注目する必要がある．ここでエックハルトは聖書が哲学を排するものではないこと，それらは一つの根に淵源することを主張している．
312）　第56-60節参照．
313）　この命題にも注目すべきである．ここでは，キリストと哲学者が教えていることは同一のことがらであり，その様態が異なるだけであることが主張されている．
314）　アリストテレス『自然学』第４巻第12章221a31．
315）　トマス『ヨハネ福音書連続註解』第１章18．
316）　エックハルト『知恵の書註解』第45節参照．エックハルトによれば，義人は義から生まれたのであるが，同時に不断に生まれているのである．
317）　ディオニシウス『神名論』第２章第９節（PG3, 674）．
318）　アリストテレス『霊魂論』第２巻第４章415b13．
319）　前掲書第３巻第４章429a27．
320）　この聖句についてのエックハルトの解釈は現在までのところ発見されていない．
321）　『原因論』第10命題およびその註釈参照．
322）　アヴィケンナ『形而上学』第５巻第１章参照．アヴィケンナによれば，事物はその本質ないし何性を他のものによって有しているのではない．
323）　エックハルトの『箴言註解』は現在までのところ発見されていない．
324）　『スキピオの夢註解』第１巻第６章第７節．
325）　この命題はエックハルトがしばしば好んで用いるものであり，十分に注目しなくてはならない．
326）　『正統信仰論』第１巻第１章（PG94, 789）．
327）　エックハルト『創世記比喩解』第２節．
328）　ヴルガタ聖書を指す．
329）　第１章第１節．
330）　第16章第26節．
331）　第10章第18節．
332）　第５章第５節．
333）　第10章第16節．

334）　第８章第９節.
335）　第２韻文.
336）　第９韻文.
337）　PL176, 970.
338）　第10章第15節.
339）　第11章第16節.
340）　第40章第65節.
341）　アリストテレス『自然学』第３巻第１章201b7-11.
342）　第180-183節参照.
343）　エックハルト『出エジプト記註解』第74節参照．エックハルトによれば，存在そのものには何らかの存在が否定されることはない.
344）　前掲書第15節参照.
345）『書簡』72,5.
346）　第32章第60節（PL34, 149）.
347）　グレゴリウス『福音書講話』第２巻第28講第１節（PL76, 1211）.
348）　第３巻第20章（PL176, 778）.
349）　第37章第108節.
350）　この問題についてアウグスティヌスは以下で論じている．『告白』第11巻第10-13章.
351）　エックハルト『ラテン語説教集』第45第458節参照．エックハルトによれば，神は世界をより以前に造ることができなかった．というのは，世界が存在していなかったときには，より以前もなかったからである.
352）『形而上学』第９巻第２章.
353）　トマス『対異教徒大全』第２巻第35章参照.
354）　第９韻文.
355）　第10章第12節.
356）　第11章第13節.
357）　同箇所.
358）　第12章第14節.
359）　同箇所.
360）　第13章第15,16節および第14章第17節.
361）　エックハルト『主の祈りの論考』第14節参照.
362）『二十四人の哲学者の書』第14命題．『二十四人の哲学者の書』とは12世紀に成立したと推測されている著者不詳の書．その序文によれば，かつて24人の哲学者が神の定義を求めて討論を重ね，24の定義を見出したという.
363）　第209節.
364）　第26章第37節.
365）　第15命題.
366）『告白』第10巻第26章第37節.

367）　他の版のラテン語訳聖書を指す．
368）　エックハルト『ラテン語説教集』第40第389節参照．エックハルトによれば，愛は愛されるものと一なるものとなることを欲する．
369）　アリストテレス『霊魂論』第２巻第２章414a12．
370）　エックハルトの『三部作』の一部「註解集」には，本来の「註解集」と「説教集」が属していた．現存の『ラテン語説教集』がその「註解集」にあたるものであるかということについては，研究者の間で見解が異なる．
371）　第６章第18-19節（PL32, 1280）．
372）　アリストテレス『ニコマコス倫理学』第１巻第１章1094a3．
373）　第３章第４節（PL42, 949）．
374）　第89,151節参照．
375）　この話の典拠については不詳．
376）　第26章第37節．
377）『詩編講解』第30講第３説教第４節（PL36, 250）．
378）　マイモニデス『迷える者の手引き』第１巻第62章参照．
379）　クリソストムス『マタイ福音書未完註解』第45講（PG56, 889）．
380）　第230節．
381）　第22章第32節．
382）　第23章第33節．
383）　第23章第34節．
384）　第１巻第６章第10節（PL32, 1315）．
385）　第11章第18節（PL32, 1319）．
386）　第12章第29,28節．
387）　第５章第12節．
388）　第６章第15節．
389）　第８章第19節．
390）　第20節．
391）　第６章第15節．
392）　第９章第14節（PL42, 968）．
393）　エックハルト『ラテン語説教集』第４の２第29節参照．エックハルトによれば，存在はすべての形相よりもいっそう内的なものである．
394）　アウグスティヌス『カトリック教会の道徳とマニ教徒の道徳』第２巻第２章第２節（PL32, 1346）．
395）　第6-7章，第８章第８節，第15章第19節，第17章第26節．
396）　第５章第１節（PG3, 816）．
397）　トマスによれば，すべての事物の普遍的目的は何らかの普遍的善である．そのような善はそれ自体によって，その本質によって善であるものである．しかし被造的世界のうちには，分有による善のみが見出される．したがって普遍的善は全宇宙の外側にある

ようなものでなくてはならない.

398)　第10章第16節.

399)　アウグスティヌス『詩編講解』第 4 講第 8 節（PL36, 81）.

400)　『詩編講解』第41講第 8 節（PL36, 469）.

401)　同箇所.

402)　アリストテレス『霊魂論』第 3 巻第 4 章429a24.18.

403)　第 2 章.

404)　同書169,34.

405)　第41章第66節.

406)　『寡婦の善』第21章第26節.

407)　第177節.

408)　アリストテレス『霊魂論』第 2 巻第 7 章418b26参照.

409)　前掲書第 3 巻第 4 章430a3.

410)　『マタイ福音書未完註解』第 5 講（PG56, 667）.

411)　前掲書第36講（PG56, 832）.

412)　第38章第71節（PL34, 153.154）.

413)　『ヨハネ福音書講解』第 7 講第15節（PL35, 1445）.

414)　『詩編講解』第65講第 4 節（PL36, 788）.

415)　ナタナエルはヨハネ福音書の二箇所に名前が出てくる．他の福音史家がバルトロマイと呼んでいる使徒と同一人物であると思われる.

416)　前掲箇所第17節（PL36, 1446）参照.

417)　イエスの十二人の弟子のうちでペテロとともに最初に召された人物．彼は漁師であった.

418)　十二使徒の一人.

419)　ヒエロニムス『ヘブライ語語義註解』76,8.

420)　『ヨハネ福音書講話』第20講（PG59, 125）.

421)　第15節.

422)　第16節.

423)　トマスを指すと思われる．トマス『分析論後書註解』第 1 巻第31章第42講第5,6節参照．トマスによれば，つねにどこにも存在しているものが普遍的なものと呼ばれるが，そのようなものは，時間的空間的なすべての規定を排斥する.

424)　これはアウグスティヌスの見解である．アウグスティヌス『三位一体論』第12巻第14章第23節（PL42,1010）参照.

425)　『グレゴリウス秘跡書』第186節 1 .

426)　前掲書第202節19.

427)　前掲書第44節 7 .

428)　ヒエロニムス『ヘブライ語語義註解』78,4.

429)　アリストテレス『天体・宇宙論』第 1 巻第 2 章269a19.

430)　ユダヤの民間伝承のなかの英雄.
431)　第12章第15節.
432)　アウグスティヌス『創世記逐語解』第12巻第17章.
433)　第25章第53節.
434)　『ケンティロクィウムとその註釈を含むプトレマイオスの四つの論考』ヴェネチア版，1484年．プトレマイオスは二世紀のギリシアの天文学者．天動説で有名.
435)　『予言について』第１巻第30章第64節.
436)　第21命題.
437)　アリストテレス『政治学』第２巻第７章1266b3.
438)　カルキディウス『ティマイオス註解』29E.
439)　『霊魂論』第４部第２章.
440)　同箇所.
441)　アヴィケブロン『生命の泉』第３巻第14章．アヴィケブロン（1021-58頃）はスペインのユダヤ人哲学者．新プラトン主義的傾向が強い.
442)　同箇所.
443)　ディオニシウス，ボナヴェントゥラ，トマスを指す.
444)　第262節参照.
445)　カルキディウス前掲箇所参照.
446)　サン・ヴィクトルのフーゴ，ボナヴェントゥラ，トマスを指す.
447)　アリストテレス『霊魂論』第２巻第２章414a11.
448)　プラトンの著作のうちにこのような見解は見出されない.
449)　アリストテレス『形而上学』第８巻第３章1044a9-11.
450)　マクロビウス『スキピオの夢註解』第１巻第14章第15節参照.
451)　アヴィケンナがこのようなことを言っていることは見出されない.
452)　同箇所.
453)　『創案について』第２巻第40章第116節.
454)　アヴィケンナ『形而上学』第８巻第６章.
455)　アリストテレス『夢占いについて』第１章.
456)　『告白』第10巻第27章第38節.
457)　第39章第72節（PL34, 154).
458)　アリストテレス『大道徳学』第２巻第８章1206b30-1207b19.
459)　アウグスティヌス『詩編講解』第70講第１説教第19節（PL36, 888).
460)　実際は，アヴィケンナ『霊魂論』第４部第４章.
461)　第５論考．アルガゼル（1059-1111）はイスラムの神学者．神秘主義的傾向が強い.
462)　マイモニデス『迷える者の手引き』第２巻第11章参照.
463)　これに関する以下の議論については，トマス『神学大全』第２部の２第95問第５項参照.
464)　第258,259節参照.

465）　第260,261節参照.
466）　第 8 巻第 4 章.
467）　第124,125詩句. オヴィディウス（前43－後17頃）はローマの詩人.
468）　第31章第65節.
469）　『ヨハネ福音書講解』第41講第 3 節（PL35, 1694）.
470）　エックハルトがこの見解をどこからとっているかについては不詳.
471）　ヤコブはイスラエル三代目の父祖. イサクとリベカの子. アブラハムの孫.
472）　エゼキエルはバビロニア捕囚期の預言者.
473）　イザヤは前 8 世紀, 南ユダに活躍した預言者.
474）　マイモニデス『迷える者の手引き』第 3 巻第 7 章. マイモニデス（1135-1204頃）はユダヤの哲学者. 否定神学的傾向が強く, エックハルトに多大の影響を与えた. ここでは「ラビ・モイゼス」と呼ばれている.
475）『書簡』14,18.
476）『書簡』16,7.
477）　第 4 章第 4 節.
478）　第 2 章第 3 節.
479）　第 4 章第 4 節.
480）『書簡』91第 4 節（PL182, 224）.
481）　エックハルトのこの論考は現在までのところ発見されていない.
482）　聖書では, シオンは聖なる山, 神の座を指すが, 元来はエルサレム南東部の丘を指した.
483）　ザアカイはエリコに住む金持ちの徴税人. 並外れて背が低かった.
484）　第28章第51節（PL34, 145）.
485）『自然探究』第 1 巻序文 5 .
486）　第179,183,500節参照.
487）　第28節（PL42, 907）.
488）　第 1 巻第11章第19節（PL32, 1319）.
489）　第28節（PL42, 907.908）.
490）『説教』13(PL94, 68).
491）　第19章第24節（PL42, 1033）.
492）『説教』7(PL94, 39).
493）　第39章第72節（PL34, 154）.
494）　第233節参照.
495）　第235節.
496）　アヴィケンナ『形而上学』第 8 巻第 6 章参照.
497）　アリストテレス『霊魂論』第 2 巻第 4 章415b13.
498）　ヒエロニムス『ヘブライ語語義註解』58,2参照.
499）　第286節.

500）　エックハルト『出エジプト記註解』第167節参照．エックハルトによれば，すべての時は等しく永遠の今のうちに含まれており，現在よりも過去や未来がより少なく含まれるということはない．

501）　イエスは葡萄酒が足りなくなった婚宴の席において水を葡萄酒に変えられた．これは彼が行った最初の奇跡であった．

502）　アリストテレス『自然学』第7巻第5章249b30-250a9．

503）　『道徳論』第16巻第37章第45節（PL75, 1143）．

504）　第12章．

505）　第3巻第30章8．

506）　第11節．ナツィアンツのグレゴリウス（329頃-389）は東方教会の教会博士にして聖人．

507）　第12節．

508）　第324節参照．

509）　同箇所．

510）　アリストテレス『形而上学』第1巻第1章980a21．

511）　アリストテレス『トピカ』第3巻第2章118a10．

512）　第13章第38節（PL32, 1290）．

513）　トマスによれば，人間の業を善きものにする人間の徳は，それが理性に適合するものであるかぎりにおいて，人間の本性に即したものであり，悪徳はそれが理性の秩序に反するものであるかぎりにおいて，人間の本性に反するものである．

514）　第1章第6節．

515）　第38章第42節（PL34, 35）．

516）　偽アウグスティヌス『教会の教義について』第50章（PL42, 1221）参照．

517）　アリストテレス『霊魂論』第3巻第4章429a18-20．アナクサゴラス（前500-428頃）は前ソクラテス時代のギリシアの哲学者．

518）　アルハゼン『光学』第1巻第1章．アルハゼン（965-1038頃）はアラビアの数学者．

519）　ホラティウス『書簡詩』第1巻2，69，70．

520）　サン・ヴィクトルのアダム『セクエンチア』34，9（PL196, 1527）．サン・ヴィクトルのアダム（1110頃-1180頃）はおそらくブリトン人でパリで教育を受けた．多くのセクエンチアを作った．

521）　『神名論』第4章第19節（PG3, 716）．

522）　トマス『神学大全』第2部の1第18問第5項．トマスによれば，人間の行為において善悪は理性との関係によって言われる．

523）　第32節（PG3, 733）．

524）　トマス前掲箇所第6項．トマスによれば，目的は本来的意味において意志の内的行為の対象であるが，意志の側においてあるものは，外的行為の側においてあるものに対して形相的なものとして関わる．

525）　トマス前掲箇所第2項．トマスによれば，自然的事物がその形象をその形相から有

するように，行為もその形象を対象から有する．
526)　偽アウグスティヌス『荒野にいる兄弟たちのための説教』第49講（PL40, 1332)．
527)　これらの言葉によって当該説教は始まっている．
528)　アウグスティヌス『説教』105第6章第8節（PL38, 622)．
529)　『マタイ福音書未完註解』第41講（PG56, 863)．
530)　シモンはサマリアの呪術師．使徒たちが病気を癒しているのを見て，その力を金で買おうとした．
531)　『福音書講話』第1巻第16講第6節（PL76, 1138)．
532)　アリストテレス『霊魂論』第2巻第1章412a14参照．
533)　トマス『神学大全』第1部第19問第3項参照．トマスによれば，神は自らの善性を必然的に欲するのであり，神が他のものを欲するのは，それらが目的としての自らの善性に秩序づけられているかぎりにおいてである．
534)　第7章第7節（PL34, 22)．
535)　第7章第15節（PL182, 797)．
536)　トマス『神学大全』第2部の1第114問第6項参照．トマスによれば，われわれの業が功徳の性質を持つのは，第一に，それが神の運動の力によるときであり，第二に，われわれが自発的に何らかのことをなすときに，それが自由意志から発するときである．
537)　『マタイ福音書未完註解』第5講（PG56, 668)．
538)　『詩編講解』第98講第12節（PL37, 1268)．
539)　第188-192節参照．
540)　キリスト教会成立時のユダヤ教の影響力の富んだ宗派．
541)　アルベルトゥス『ヨハネ福音書講解』第1章第1節，第24巻26b参照．
542)　『ローマ式ミサ典書』「御復活後の第三の主日の祈り」参照．
543)　偽アウグスティヌス『説教』208第10節（PL39, 2133)．
544)　アリストテレス『霊魂論』第3巻第4章429b23．
545)　前掲箇所429a18.24．
546)　前掲箇所429b5．
547)　ヒエロニムス『ヘブライ語語義註解』6,19；18,21；61,20．
548)　パリサイ派に属し，議会の議員．
549)　アルベルトゥス前掲書第3章第1節113b．
550)　第28節（PL42, 864)．
551)　第532,554参照．
552)　アウグスティヌス『ヨハネ福音書講解』第15講第19節（PL35, 1517)．
553)　第12命題．
554)　PL42, 929．
555)　マリア・マグダレナ（マグダラのマリア）は娼婦であったが更正した．イエスの復活の目撃者として重要な人物．
556)　誰がこれを言ったかということは不詳．

557）『説教』279第１節（PL38, 1276）.
558）アリストテレス『形而上学』第９巻第８章1049b29-1050a2.
559）アリストテレス『自然学』第４巻第12章221a31.
560）第299節.
561）アリストテレス『霊魂論』第２巻第２章414a11.
562）トマス『神学大全』第１部第４問第１項第３異論解答参照．トマスによれば，存在はすべてのもののうちで最も完全なものであり，すべてのものに対してその現実態として係わる.
563）第４節（PL42, 822）.
564）『天上位階論』第１章第２節（PG3, 121）.
565）アリストテレス『形而上学』第７巻第13章1039a3-6参照.
566）マイモニデス『迷える者の手引き』第２巻第18章.
567）前掲箇所.
568）『ヨハネ福音書講話』第26講第１節（PG59, 154）.
569）エックハルト『創世記註解』第46節.
570）第２巻第４章，第８章，第９章.
571）エックハルト『創世記註解』第164節.
572）アリストテレス『形而上学』第３巻第２章996a29-31.
573）トマス『形而上学註解』第７巻第７講641b 参照．トマスによれば，形相は本来的には存在ではなく，それによって或るものが存在を有するところのものである.
574）ボエティウス『三位一体論』第２章（PL64, 1250）参照.
575）『寛容について』第１巻第１章第１節.
576）マクロビウスの言葉ではなくセネカの言葉である．『恩恵について』第４巻第１章第３節.
577）キケロ『創案について』第２巻第52章第157,158節.
578）アリストテレス『ニコマコス倫理学』第２巻第２章1104b3-5.
579）第177節参照.
580）アリストテレス『範疇論』第５章3b19.
581）アリストテレス『霊魂論』第２巻第４章415b13.
582）『エレミヤ書講話』第６講（PL25, 637）.
583）サレムの祭司にして王．アブラハムを祝福する.
584）エックハルト『ラテン語説教集』第25の１第258節参照.
585）トマスによれば，確固として働くことは徳の一つの成立要件であるが，そのように確固としていることは本来的には習慣に属する.
586）第32節参照.
587）第291節参照.
588）第187,188節参照.
589）第329節参照.

590) 『書簡』64（PL22, 613).
591) 『ヨハネ福音書講解』第12講第7,8節（PL35, 1488).
592) 前掲書第27講第１節（PG59, 157).
593) トマス『対異教徒大全』第４巻第１章.
594) クリソストムス前掲箇所（PG59, 158).
595) ヒラリウス『三位一体論』第10巻第16章（PL10, 355).
596) クリソストムス前掲箇所.
597) ベーダのどの著作からこの例がとられているのか不詳.
598) 『ヨハネ福音書講解』第12講第８節（PL35, 1488).
599) アウグスティヌス『罪の報いと赦しおよび幼児洗礼について』第１巻第31章第60節.
600) クリソストムス前掲箇所.
601) エックハルト『知恵の書註解』第11節.
602) クリソストムス前掲箇所.
603) 『道徳論』第27巻第15章第30節（PL76, 416).
604) アウグスティヌス前掲箇所.
605) 前掲箇所.
606) 『詩編講解』第85講第１節（PL37, 1082).
607) 前掲箇所第４節（PL37, 1084).
608) 『ヨハネ福音書講解』第104講第３節（PL35, 1903).
609) アウグスティヌス『書簡』118第３章第22節.
610) 第85節参照.
611) 『書簡』52,12.
612) 『アタナシウス信条』. ４世紀後半までさかのぼる信仰宣言で聖アタナシウス（296-373）の作と信じられている. アタナシウス（295-373）はアレクサンドリアの司教. 反アリウス派の闘士で「キリスト教正統信仰の父」と称せられる.
613) アウグスティヌス『マクシミヌス駁論』第２巻第17章第４節（PL42, 784).
614) 『アタナシウス信条』.
615) アラヌス・デ・インスリス『神学の規則』第61規則（PL210, 650).
616) 第６章.
617) 『キリスト教の教え』第１巻第５章第５節.
618) 「父と子と聖霊は神性について実体的に述語されるか」.
619) トマス『神学大全』第１部第45問第７項参照.
620) 『24人の哲学者の書』第７命題.
621) アウグスティヌス『三位一体論』第７巻第３章第４節（PL42, 937).
622) 第162-166節参照.
623) 『アタナシウス信条』.
624) 前掲書.
625) 『欄外註解』当該箇所.

626） 同箇所．
627） プラトンの著作のうちにこのような見解は見出されない．
628） アリストテレス『霊魂論』第2巻第2章414a11．
629） ボエティウス『三位一体論』第4章．
630） ベルナルドゥス『神への愛について』第1章第1節．
631） トマス『命題集註解』第1巻第17区分第2問第4項．
632） プロスペル・アクィタヌス『アウグスティヌスの著作からの命題』第95節（PL45, 1867）．
633） アリストテレス『自然学』第1巻第4章187b1参照．
634） 『二十四人の哲学者の書』第3命題．
635） エックハルト『出エジプト記註解』第90-92節．
636） アリストテレス『霊魂論』第2巻第12章424b3．
637） 同箇所．
638） アリストテレス前掲書第3巻第4章429b3．
639） 第9巻第9章第14節（PL42, 968）．
640） 第6章第15節．
641） 前掲箇所第8章第19,20節．
642） 前掲箇所第9章第21節．
643） エックハルト『シラ書註解』第42-61節．
644） 第22節（PL42, 1053）．
645） アウグスティヌス『創世記逐語解』第12巻第7章．
646） イシドルス・ヒスパレンシス『語源』第11巻第1章第9節．
647） 同箇所．
648） 第4章第6節．
649） エックハルト『出エジプト記註解』第22,40節参照．
650） アウグスティヌス『神の僕のための規則』第12節（PL32, 1384）．
651） アリストテレス『形而上学』第6巻第4章1027b25-27参照．
652） 第353節．
653） アウグスティヌス『詩編講解』第85講第1節（PL37, 1082）．
654） 前掲箇所第4節（PL37, 1084）．
655） アルベルトゥス，トマスを指す．
656） 前註参照．
657） イサクはアブラハムの息子でイスラエルの族長の一人．
658） アリストテレス『トピカ』第1巻第7章103a23．
659） アリストテレス『霊魂論』第1巻第4章408b11-15．
660） 『使徒信条』はキリスト教の基本教義を12箇条にまとめた文．作者は使徒たちであると信じられている．
661） トマス『対異教徒大全』第3巻第79章参照．

662）『ヨハネ福音書講解』第32講第8節（PL35, 1646）.
663）前註参照.
664）第5節（PL42, 950）.
665）第13巻第31章第46節.
666）『教役者の職務について』第1巻第30章第147節（PL16, 66A）.
667）エックハルト『創世記比喩解』第11節参照．エックハルトによれば，一から発出するものはそれが一であるかぎりつねに一である.
668）『生命の泉』第5巻第23章.
669）プロスペル・アクィタヌス『アウグスティヌスの著作からの命題』第362節（PL45, 1892）.
670）ペトルス・ロンバルドゥス『命題集』第4巻第49区分第3章第438節．ペトルス・ロンバルドゥス（1164年没）はイタリアの神学者．その著『命題集』は中世においては神学の教科書として広く用いられた.
671）前掲箇所.
672）第386節.
673）第4章第7節.
674）アリストテレス『範疇論』第8章10b32-11a5.
675）第391節.
676）アリストテレス前掲書第5章3b19.
677）第172,253節.
678）第426節.
679）第386-392節.
680）第384節.
681）アリストテレス『形而上学』第1巻第8章989b6.
682）アリストテレス『霊魂論』第3巻第4章430a1.
683）トマス，ディオニシウスなどを指す.
684）プロクロス『神学綱要』第177命題．プロクロス（410-485頃）はギリシアの哲学者．新プラトン主義の最後の代表者.
685）第10命題.
686）知性実体とは非物体的非質料的実体．天使のこと.
687）第186節参照.
688）ヨセフはヤコブの十二人の息子の一人で父の偏愛のゆえに兄たちから怨まれ，奴隷としてエジプトに売られる.
689）第389節.
690）プロスペル・アクィタヌス前掲箇所.
691）エックハルト『ラテン語説教集』第30の1第312節参照．エックハルトによれば，もし私が隣人を私自身と同じく愛するならば，私は私のものについてと同じだけ彼の報い，功徳を享受し喜ぶことになる.

692） 第390節．
693） 第397節．
694） 第384,385節．
695） 第366節．
696） 第367節．
697） アリストテレス『霊魂論』第２巻第２章425b25．
698） 第195節．
699） 聖書によると，多くのサマリア人が「この方が，わたしの行ったことをすべて言い当てました」と証言した女の言葉によってイエスを信じた．イエスは二日間そこに滞在されて，さらに多くの人々がイエスの言葉を聞いて信じた．そして彼らは女にこのように言ったのである．
700） 第172節参照．
701） 一人の役人がいてその息子が病気であった．この人はイエスのもとに行き，カファルナウムまで下ってきて息子を癒してくださるように頼んだ．
702） エルサレムには羊の門の傍らに「ベトザタ」と呼ばれる池があり，イエスはそこで病人を癒された．
703） トマス『ヨハネ福音書連続註解』当該箇所17,468．
704） その池の傍らに38年間も病気で横たわっている人がいた．イエスはその人を見てこう言われた．
705） 同箇所．
706） 第324-327節．
707） イエスは癒されたこの人にその後出会ったときこう言われた．
708） 『再考録』第１巻第８章第４節．
709） 『欄外註解』当該箇所．
710） アウグスティヌス『告白』第４巻第12章第18節．
711） エックハルト『創世記註解』第20節参照．エックハルトによれば，神はたえず創造するという仕方で創造された．これを「連続的創造」と呼ぶ．
712） アリストテレス，アルベルトゥス，トマスを指す．
713） 第８節参照．この命題は繰り返し出てくるが，エックハルトの基本思想を理解するうえできわめて重要である．
714） ベルナルドゥス『神への愛について』第１章第１節．
715） 第８章第19節．
716） キケロ『創案について』第２巻第53章第159節．キケロによると，徳とは自然本性の様態と理性に一致した霊魂の習慣である．
717） アウグスティヌス『パルティア人に宛てたヨハネの手紙に関する10の講解説教』第７講第４章第８節（PL35, 2033）．
718） 第２散文．
719） 第416節．

720）トマス『神学大全』第1部第45問第6項第3異論解答参照．
721）第5章第12節．
722）第3巻第10章第43節．
723）ベルナルドゥス『説教』2第2節．
724）『ヨハネス・デ・サクロボスコ「球体論」についての註解』第1章．著者は不詳である．ヨハネス・デ・サクロボスコは13世紀前半に活躍したイギリスの天文学者．
725）トマス『ヨハネ福音書連続註解』第17講513a．
726）『ヨハネ福音書講話』第49講第2節（PG59, 275）．
727）『三位一体論』第1巻第12章第27節（PL42, 839）．
728）アウグスティヌス『ヨハネ福音書講解』第29講第3節（PL35, 1629）．
729）前掲箇所．
730）エックハルト『シラ書註解』第4節参照．エックハルトによれば，関係にとって固有の存在は，他のものに属するものである．
731）アリストテレス『霊魂論』第2巻第4章415b13．
732）第139, 141節．
733）第426節．
734）第480-485節．
735）第76節参照．
736）アリストテレス『自然学』第2巻第7章198a24-27．
737）第2韻文．
738）『形而上学』第9巻第6章．
739）第33章第62節．
740）グレゴリウス『道徳論』序文第1章第3節（PL75, 518A）．
741）第424節．
742）エックハルト『ラテン語説教集』第35第362節．
743）『自由意志論』第2巻第19章第50節．
744）アリストテレス『トピカ』第4巻第5章126a34．
745）同箇所．トマスによれば，今はよからぬことに見えるが，しかしそれを行えば善きことになるであろうようなものごとを神はなすことができる．
746）トマス『ヨハネ福音書連続註解』当該箇所第17講525b-526a．
747）アウグスティヌス『ヨハネ福音書講解』第36講第10節（PL35, 1669）．
748）トマス『ヨハネ福音書連続註解』当該箇所第17講526a．
749）『ヨハネ福音書講話』第52講第3節（PG59, 291）．
750）同箇所．
751）アリストテレス『霊魂論』第1巻第5章411a5-7．
752）偽アウグスティヌス『聖なる乙女マリアの被昇天について』第2章（PL40, 1144）．
753）『ヨハネ福音書講話』第52講第3節（PG59, 291）．
754）アリストテレス『霊魂論』第1巻第1章402a1-4．

755） 第29章第62節．
756） 序文第２節．
757） 『グラティアヌス教令』Ｃ第４問第２章．グラティアヌス（1158没）はイタリアの教会法学者．
758） 第162節参照．
759） 前掲箇所．
760） 第143節参照．
761） 『ヨハネ福音書講解』第36講第10節（PL35, 1669）．
762） アリストテレス『自然学』第１巻第6,7章189a11-191a22．
763） アリストテレス『霊魂論』第１巻第１章402b21．
764） アリストテレス『形而上学』第２巻第１章993b30．
765） アリストテレス『範疇論』第５章4b8．
766） アリストテレス『感覚と感覚されるものについて』第１章437a5-15．
767） アリストテレス『自然学』第１巻第７章190b17-191a22．
768） 第435節．
769） 第17章第37節．
770） アリストテレス『形而上学』第４巻第１章1003a21参照．
771） 『算術教程』第１巻第１章．
772） 『音楽教程』第２巻第２章．
773） エックハルト『出エジプト記註解』第224節参照．エックハルトによれば，新法は目に見える時間的なものではなく，永遠的な目に見えないものを約束する．
774） エックハルト『創世記比喩解』第2-4節参照．エックハルトによれば，すべての真なるものは真理そのもののうちに含まれており，それから由来している．
775） ここでもまた神学と哲学の真理が一つの根源に由来することが述べられている．
776） パリサイ人たちはイエスにこのように言って詰問している．
777） 第199-222節．
778） アリストテレス『範疇論』第５章3b19．
779） 『ヨハネ福音書講解』第37講第３節（PL35, 1671）．
780） 『書簡』72,5．
781） 第209節．
782） トマス『ヨハネ福音書連続註解』8,23第17講529b．
783） 第17章第37節．
784） 第26章．
785） 『カトリック教会の道徳とマニ教徒の道徳』第１巻第11章第19節（PL32, 1319）．
786） 第28節（PL42, 907, 908）．
787） プリスキアヌス『文法学綱要』第12巻第３章第15節； 第17巻第９章第56節参照．
788） 第８章第10節．
789） 第26章第37節．

790）　第 6 章第10節．
791）　第56,57節．
792）　第429節参照．
793）　第68節参照．
794）　第416,417節参照．
795）　第 9 節（PL42, 955.956）．
796）　第 1 章第 2 節（PL32, 869）．
797）『自由意志論』第 2 巻第19章第50節．
798）　第45章第85節以下．
799）『書簡』138第 2 章第11,12節．
800）　第38章第69節．
801）　第47章第92節．
802）『自然探究』第 3 巻序文第10節．
803）『書簡』88,19．
804）　第458節参照．
805）　第633節参照．
806）　第435節参照．
807）　第456節参照．
808）　エックハルト『知恵の書註解』第19節参照．エックハルトによれば，すべての事物の存在は，自然的なものであれ人工的なものであれ，第一のものである神自身に直接的に由来する．
809）　第 4 命題．
810）　第 2 章．
811）　同箇所．
812）　アリストテレス『霊魂論』第 2 巻第 2 章414a11．
813）『霊魂論』第 3 巻第 1 章．
814）　第67註釈．
815）　アリストテレス『霊魂論』第 3 巻第 2 章425b26．
816）『生命の泉』第 3 巻第14章．
817）　第 5 註釈．
818）　ペトルス・ロンバルドゥス，トマスを指す．
819）　トマス『神学大全』第 1 部第41問第 5 項参照．トマスによれば，父性はそれによって父が生むところのものとして理解することはできず，生む者のペルソナを構成するものとして理解される．父がそれによって生むところのものは神の本性である．
820）『カトリック教会の道徳とマニ教徒の道徳』第 1 巻第11章第19節（PL32, 1319）．
821）　第28節（PL42,907.908）．
822）　第4章 第6節，第6章 第10,11節，第11章 第18節，第15章 第24節（PL32, 1024.1026.1030.1033）．

823) 実際には，ベルナルドゥス『規定と免除について』第20章第60節．
824) アウグスティヌス『三位一体論』第８巻第３章第4,5節，第６章第９節（PL42, 950.955.956）．
825) 第468,469節．
826) 『アタナシウス信条』．
827) 『正統信仰論』第１巻第８章（PG94, 813A）．
828) 前註参照．
829) 第466節．
830) エックハルト『創世記註解』第128節参照．
831) 尿が健康であると言われるときその健康概念は，生物が健康であると言われるときの健康概念の「類比的意味」において言われている．
832) アリストテレス『トピカ』第２巻第８章114a5．
833) 『ニケア公会議の決定について』第31節（PG25, 473BC）．
834) ハガルはアブラハムの妻サラの側妻．エジプト人．サラは子供が生まれなかったので，ハガルをアブラハムに側妻として与えた．のちに一子をもうけるが，サラがイサクを生んだ後，追放される．
835) アリストテレス『ニコマコス倫理学』第７巻第15章1154b13．
836) アリストテレス『自然学』第２巻第７章198a24-27．
837) 第474節．
838) アリストテレス『形而上学』第１巻第２章982b26．
839) キケロ『創案について』第２巻第52章第157,158節．
840) 第474-476節．
841) 第150,186節参照．
842) アリストテレス『ニコマコス倫理学』第２巻第２章1104b3-5参照．
843) マルティアヌス・カペラ『メルクリウスと文献学との結婚』第２巻第143-145節．マルティアヌス・カペラは５世紀のラテン語著述家．カルタゴの人．
844) 第２巻第18章（PL176,776D）．
845) 第427節．
846) アリストテレス『範疇論』第５章4b8．
847) 第６章第10節．
848) アンブロシアステル『パウロ書簡註解』第１巻「１コリント人への手紙12,3」．
849) 偽アウグスティヌス『旧新約聖書の諸問題』第102章第27節．
850) 『道徳論』序文第１章第３節（PL75,518A）．
851) トマス『ヨハネ福音書連続註解』第８章44第17講539a．
852) 前掲箇所538b．
853) ヨハネス・カシアヌス『講話』第８巻第25章第４節．ヨハネス・カシアヌス（360頃-430/435頃）はマルセイユの修道士．
854) 『ヨハネ福音書講解』第42講第13節（PL35, 1705）．

855)　カインはアダムとエバの間に生まれた長男．アベルはその弟．神はアベルをよしとされ，カインを拒まれた．その結果，カインはアベルを殺し，神から呪われることとなった．
856)　教父たちは一般にルチフェルを堕落した天使たちの指導者であるサタンと同一視している．
857)　第439節．
858)　第36章第66節．
859)　第671節参照．
860)　前掲箇所．
861)　第59節参照．
862)　トマス『命題集註解』第1巻第2区分第1問第3項参照．
863)　第57節参照．
864)　第11章第16節．
865)　第486節参照．
866)　第10章第24,25節．
867)　第73節参照．
868)　『福音書講話』第1巻第11講第1節（PL76, 1115）．
869)　第186節，第324節，第325節参照．
870)　ペトルス・ロンバルドゥス『命題集』第2巻第2区分第1章第10,11節．
871)　ラザロはマルタとマリアの兄弟．一度亡くなったがイエスによって生き返った．
872)　第439-441節．
873)　『道徳論』序文第5章第12節（PL75, 523）．
874)　トマス『ヨハネ福音書連続註解』第9章第3節第17講545b．
875)　エックハルト『創世記比喩解』第25節参照．エックハルトによれば，受動的なものはつねにそれに属する能動的なものを渇望する．
876)　第13章第38節．
877)　第9章第14節．
878)　第2章第2節．
879)　前掲箇所．
880)　『書簡』12,11．
881)　『ヨハネ福音書講解』第44講第13節（PL35, 1718）．
882)　『欄外註解』当該箇所．
883)　第121節参照．
884)　第9命題註釈．
885)　『神学綱要』第171命題．
886)　ヨハネス・ダマスケヌス『正統信仰論』第1巻第9章（PG94, 836）．
887)　第450節．
888)　『詩編講解』第41講第7節（PL36,468）．

889) エックハルト『ラテン語説教集』第46第478節参照.
890) 第12章第18節（PL42, 970).
891) アリストテレス『霊魂論』第 3 巻第 2 章425b26.
892) アヴェロエス『形而上学』第12巻第39註釈.
893) 『三位一体論』第 9 巻第10章第15節（PL42, 969).
894) エックハルト『創世記註解』第185節参照. エックハルトによれば, 神が吹き込む知性はそれによってわれわれが神を見るところのものであると同時に, それによって神がわれわれを見るところのものである.
895) イシドルス・ヒスパレンシス『語源』第 1 巻第 7 章第 1 節参照.
896) 第16,17節（PL42, 1049).
897) 第507節.
898) アヴェロエス前掲箇所.
899) 『正統信仰論』第 1 巻第 7 章（PG94, 803).
900) 『三位一体論』第 9 巻第10章第15節（PL42, 969).
901) 第329節.
902) エックハルトによれば, 神的なことがら, 自然的なことがら, 道徳的なことがらはすべて一なる根から淵源しているのであり, それらについての学もしたがって同一の真理に基づいている.
903) 『アタナシウス信条』.
904) サベリウス（ 3 世紀前半）は神が父, 子, 聖霊という名称を持つ一つの本性, 自存者であると主張し異端とされた.
905) アリウス（256頃-336）はイエスは造られた最高の存在であり, 父なる神と同一の実体を共有しないと主張し異端とされた.
906) カリブディスもスキュラもギリシア神話の獰猛な妖怪の名前. ともにメッシーナ海峡に住んでいたので, 漁師たちは餌食にならないように用心して航行した.
907) 第48註釈.
908) 『スフィチエンチア』第 1 巻第13章.
909) エックハルト『シラ書註解』第11節参照. エックハルトによれば, 生む能力は神においては無条件的な意味での本質ではなく, 関係を伴う本質に備わっている.
910) アリストテレス『形而上学』第10巻第 2 章1053b9-10.1054a19.
911) アウグスティヌス等を指す.
912) トマス等を指す.
913) トマス『分析論後書註解』第 1 巻第 2 章第 4 講第16節.
914) 第511節.
915) 第 9 命題.
916) 『神学綱要』第21命題.
917) アリストテレス『形而上学』第 5 巻第 7 章1017a23-25; 第 6 巻第 2 章1026a33-61.
918) 前掲書第 6 巻第 4 章1027b25-27.

919)　エックハルト「三部作全般的序文」第８節参照．エックハルトによれば，付帯的なものは基体において存在を受け取っているが，存在そのものは他のすべてのものよりも先なるものである．
920)　第513節．
921)　前掲箇所．
922)　『アタナシウス信条』．
923)　第513節．
924)　エックハルト『創世記註解』第12節参照．
925)　第513節．
926)　『神学綱要』第12命題．
927)　第９命題．
928)　アヴェロエス『形而上学』第12巻第18註釈．
929)　テミスティウス（317頃-388頃）は後期ローマの哲学者．そのアリストテレス註釈は中世においてはよく読まれた．
930)　『ヨハネ福音書講解』第48講第12節（PL35, 1746）．
931)　トマス『ヨハネ福音書連続註解』第10章第17講564a．
932)　『ヨハネ福音書講話』第61講第３節（PG59,339）．
933)　キケロ『神々の本性について』第１巻第５章第10節．
934)　トマス『神学大全』第２部の１第110問第４項参照．
935)　アリストテレス『霊魂論』第２巻第４章415b13．
936)　ヒエロニムス『ヘブライ語語義註解』69,16；76,19参照．
937)　トマス『ヨハネ福音書連続註解』第11章第17講565．
938)　『福音書講話』第２巻第28講第１節（PL76, 1211）．
939)　アリストテレス『形而上学』第１巻第１章980b27．
940)　第32節（PG3,733A）．
941)　『マタイ福音書未完註解』第11講（PG56,690）．
942)　前掲箇所．
943)　第４章．
944)　ペリパトス派とはアリストテレスの学園リュケイオンの学派．アリストテレスの全集を編纂し，多くの註釈を残した．
945)　前掲箇所．
946)　第５章．
947)　実際は前掲箇所．
948)　前掲書第14巻第９章．
949)　『マタイ福音書未完註解』第11講（PG56, 690）．
950)　過越祭はユダヤ三大祭の一つ．エジプトの奴隷であったイスラエル人が神の奇跡によって解放された歴史を記念する祭り．
951)　トマス『ヨハネ福音書連続註解』第17講578-589．

952) エックハルト『知恵の書註解』第152節参照．エックハルトによれば，数は一からの落下であり，神のうちには数はない．
953) 第１章第３節．
954) 前掲書第２章．
955) 第95節参照．
956) 『霊魂論』第１巻第１章．
957) エックハルト『出エジプト記註解』第194節参照．
958) プリスキアヌス『文法学綱要』第17巻第９章第56節参照．
959) 第26章第37節．
960) 『書簡』72,5．
961) 第21命題．
962) 『欄外註解』「エフェソ人への手紙（4,27）について」．
963) 『マタイ福音書未完註解』第５講（PG56,667）．
964) 前掲書第36講（PG56,832）．
965) 『グレゴリウス秘跡書』第62節1,第63節1．
966) 第28節（PL42,864）．
967) ヒエロニムス『ヘブライ語語義註解』78，4．
968) エックハルト『知恵の書註解』第117節参照．エックハルトによれば，神の知恵は大きさを隠し，多を隠すのである．
969) 第75節参照．
970) エサウはイサクとリベカの間に生まれた子．ヤコブとは双子の兄弟．エサウは粗野な性格であった．ヤコブは抜け目ない性格であり，この性格の違いから二人の間は長い間不和が続いた．
971) 第534節．
972) 第463節．
973) 第418節．
974) 第535節．
975) エックハルト『創世記比喩解』第112節参照．エックハルトによれば，神はそれ自身の本質を内的言葉において告げ知らせている．
976) トマス『ヨハネ福音書連続註解』第13章第17講590-604．
977) 『ヨハネ福音書講解』第58講第３節（PL35, 1793）．
978) トマス『ヨハネ福音書連続註解』第13章13第17講594b．
979) 前掲箇所．
980) 第26巻第５章第５節（PL76, 351）．
981) アウグスティヌス『ヨハネ福音書講解』第58講第３節（PL35, 1793）参照．
982) 第514節．
983) アウグスティヌス，トマスを指す．
984) 『ヨハネ福音書講解』第65講第１節（PL35, 1808）．

985）『行間註解』当該箇所.
986）アウグスティヌス前掲箇所.
987）アリストテレス『自然学』第 4 巻第12章221a31.
988）第184-186節.
989）例えば，トマスを指す.
990）例えば，アルベルトゥスを指す.
991）同箇所.
992）エックハルト『ラテン語説教集』第18第180節参照．エックハルトによれば，神に由来する存在は第一の最大の惨めさ，すなわち非存在を取り去る.
993）トマス『神学大全』第 1 部第 1 問第 8 項第 2 異論解答参照．トマスによれば，恩寵は自然本性を廃棄するものではなく，かえってこれを完成するものである．また自然本性はつねに恩寵に対して開かれている.
994）第528節.
995）アウグスティヌス『神の国』第14巻第28章.
996）アリストテレス『ニコマコス倫理学』第 9 巻第 4 章1166a1.
997）第624-632節.
998）例えば，アウグスティヌスを指す.
999）例えば，トマスの註解を指す.
1000）アルベルトゥス『ヨハネ福音書註解』第24講531b．アルベルトゥス・マグヌス（1193-1280頃）はドイツの神学者にして聖人.
1001）アリストテレス『霊魂論』第 2 巻第 4 章415b13.
1002）アウグスティヌスを指す.
1003）トマスを指す.
1004）アンブロシウス『信仰について』第 1 巻第13章第80節.
1005）フィリポは十二使徒の一人.
1006）第546節.
1007）エックハルト『創世記註解』第119節参照.
1008）第 2 韻文.
1009）アリストテレス『ニコマコス倫理学』第 1 巻第 1 章1094a3.
1010）第 3 巻第11散文.
1011）マイモニデス『迷える者の手引き』第 3 巻第 9 章.
1012）『告白』第12巻第 7 章第 7 節.
1013）エックハルト『創世記比喩解』第72節参照.
1014）アリストテレス『霊魂論』第 2 巻第 4 章415b3-7.
1015）第552節.
1016）第551節.
1017）アヴィケブロン『生命の泉』第 2 巻第9,10章.
1018）前掲箇所第14章.

1019） 同箇所．トマスによれば，物体はそれが現実態にあるかぎりにおいて，可能態にある他の物体に対して働きをおよぼす．
1020） 第４章第32節（PG3, 733）．
1021）『スキピオの夢註解』第１巻第６章第7,8節．
1022）『算術教程』第２巻第１章．
1023） アウグスティヌスを指す．
1024） ペトルス・ロンバルドゥス，トマスを指す．
1025） 第162節参照．
1026） 第１章第１節．
1027） 第10章第18節．
1028） 第８章第９節．
1029） アウグスティヌス，ペトルス・ロンバルドゥスを指す．
1030） アウグスティヌス『マクシミヌス駁論』第２巻第17章第４節（PL42, 784）．
1031） トマス『神学大全』第１部第16問第１項参照．
1032） アリストテレス『形而上学』第６巻第４章1027b25-27．
1033） 前掲書第３巻第２章996a29．
1034） 前掲箇所996a23-33．
1035） トマス『神学大全』第１部第95問第４項．トマスによれば，功徳の量は被造的善についての喜びである付帯的報いに対応している．
1036） 第32章第35節．
1037） 第５巻第４章第７節．
1038） 第２章第３節．
1039） 前掲箇所．
1040） ヒエロニムス『コヘレトの言葉註解』（PL23, 1046）．
1041） 第564節．
1042）『三位一体論』第４巻第20章第29節（PL42, 908）．
1043） 第562節参照．
1044）『原因論』第21命題．
1045）『ヨハネ福音書講解』第48講第６節（PL35, 1744）．
1046） オヴィディウス『ポントゥス書簡集』第３巻5,18．
1047） 第506節．
1048） 第505節．
1049） 第１巻第４章第４節．
1050）『書簡』185第６章第21節．
1051）『書簡』83,19．
1052） クルトゥス・ルフス『物語』第７巻第４章第18節．
1053） アリストテレス『形而上学』第７巻第８章1033b30-33．
1054） 第505節．

1055）アリストテレス『霊魂論』第２巻第８章419b25.
1056）『原因論』第21命題.
1057）第26節参照.
1058）アリストテレス『形而上学』第２巻第２章993b30参照.
1059）アリストテレス『範疇論』第５章4b8参照.
1060）アリストテレス『ニコマコス倫理学』第２巻第２章1104b3-5.
1061）『グレゴリウス秘跡書』201第851節
1062）トマス『真理論』第22問第６項第２異論解答参照.
1063）第８章第17節（PL42, 831）.
1064）トマス『ヨハネ福音書連続註解』第17講607b.
1065）第51節参照.
1066）『教役者の職務について』第１巻第30章第147節（PL16, 66）.
1067）第519節参照.
1068）第435節参照.
1069）『福音書講話』第２巻第30講第２節（PL76, 1221）.
1070）第570節.
1071）アリストテレス『霊魂論』第１巻第1,4章403a5-10；408b11-15参照.
1072）第12章第18節.
1073）第６章第10節.
1074）第56節.
1075）第39章第72節.
1076）第49章第94節.
1077）第19節参照.
1078）第15問は３項までである．第５項は存在しない.
1079）エックハルト『知恵の書註解』第161節参照．エックハルトによれば，始原に現前し結合されているものはつねに新しい.
1080）アリストテレス『ニコマコス倫理学』第１巻第３章1095b24-26.
1081）『教役者の職務について』第１巻第30章第147節（PL16, 66）.
1082）第582節.
1083）第578-586節.
1084）『ヨハネ福音書講解』第71講第３節-第72講第1-3節（PL35, 1821-1824）.
1085）トマス『ヨハネ福音書連続註解』第17講609b-610a.
1086）『ヨハネ福音書講解』第72講第2,3節（PL35, 1823）.
1087）エックハルトのこの論考は現在までのところ発見されていない.
1088）トマス『神学大全』第２部の１第113問第９項．トマスによれば，ひとりの人間の恩寵の善は全世界の自然本性的善よりもより大いなるものである.
1089）エリシャは預言者で多くの奇跡を行った．シュネムの女の子が死んだときにもそれを生き返らせた.

1090)　『トリア人の事績』(PL154, 111.112).
1091)　アヴィケンナ『形而上学』第6巻第3章.
1092)　『ヨハネ福音書講話』第74講第2節（PG59, 402).
1093)　第594節.
1094)　『ヨハネ福音書講解』第73講第1節（PL35, 1824.1825).
1095)　前掲書第1-3節.
1096)　パウロが思い上がらないように神はとげを与えられた．一説によるとそれはマラリアであるという．
1097)　アウグスティヌス前掲書第3節.
1098)　イシドルス・ヒスパレンシス『語源』第7巻第2章第8節.
1099)　アウグスティヌス前掲箇所.
1100)　『マタイ福音書未完註解』第18講（PG56, 735).
1101)　第8節（PL42, 1020)．アウグスティヌスによれば，至福なる人とは彼が欲するすべてのものを持ち，しかもいかなるものも悪しき仕方では欲しない人のことである．
1102)　キケロの失われた著作『ホルテンシウス』の断片.
1103)　『ヨハネ福音書講解』第73講第4節（PL35, 1826).
1104)　前掲書第1節（PL35, 1824).
1105)　前掲書第2節（PL35, 1825).
1106)　前掲書第4節（PL35, 1826.1827).
1107)　第189節.
1108)　エックハルト『主の祈りの論考』第1-18節.
1109)　エジプトから脱出するときイスラエルの人々は砂漠で飢えた．その時神はマナと呼ばれる天からのパンによって彼らを養われた．マナを多く集めた人も余ることなく，少なく集めた人も足りないということはなかった．
1110)　『二十四人の哲学者の書』第2.18命題.
1111)　第26章第37節.
1112)　ヒエロニムス『マタイ福音書註解』20,22（PL26, 148B).
1113)　『告白』第10巻第29章第40節.
1114)　マイモニデス『迷える者の手引き』第1巻第62章.
1115)　『詩編講解』第30講第3説教第4節（PL36, 250）参照.
1116)　第608,609節.
1117)　『自由意志論』第2巻第19章第50節.
1118)　第608節.
1119)　アリストテレス『形而上学』第7巻第7章1032b6-9.
1120)　アリストテレス『霊魂論』第3巻第8章431b21.
1121)　『三位一体論』第14巻第8章第11節（PL42, 1044).
1122)　『マタイ福音書未完註解』第18講（PG56, 732).
1123)　第598節.

1124)　第３章第４節（PL42, 949）.
1125)　第610節.
1126)　『対異教徒大全』第２巻第79章参照.
1127)　第612節.
1128)　同箇所．トマスによれば，或る人が恩寵によって義とされたのちも，生涯の終わりまで悪から保護されるように，堅忍の賜物を神に祈願しなければならない.
1129)　『ヨハネ福音書連続註解』第14章26第17講616a.
1130)　『福音書講話』第２巻第30講（PL76, 1222A）.
1131)　前掲箇所.
1132)　『ヨハネ福音書講解』第77講第２節（PL35, 1833）.
1133)　『ヨハネ福音書連続註解』第14章26第17講616a.
1134)　エックハルト『創世記比喩解』第84-94節.
1135)　『欄外註解』当該箇所.
1136)　アラヌス・デ・インスリス『神学の規則』第61規則（PL210, 650）．アラヌス・デ・インスリス（1120-1202頃）はフランスのスコラ学者.
1137)　アリストテレス『範疇論』第５章4b8.
1138)　アリストテレス『形而上学』第２巻第１章993b30.
1139)　第619節.
1140)　第15節.
1141)　『命題集』第３巻第10章第１節（PL83, 682）．イシドルス・ヒスパレンシス（560-636頃）はスペインの教会博士にして聖人.
1142)　第546-576節.
1143)　第14節（PL42, 828.829）.
1144)　『アタナシウス信条』.
1145)　第172節参照.
1146)　『福音書講話』第２巻第27講第１節（PL76, 1205）.
1147)　『ヨハネ福音書連続註解』第15章12第17講622a.
1148)　『ヨハネ福音書講解』第83講第３節（PL35, 1846）.
1149)　前掲書第84講第１節（PL35, 1846）.
1150)　『友情について』第５章第18節.
1151)　『告白』第３巻第８章第15節.
1152)　イシドルス『語源』第３巻第10章第３節.
1153)　実際は，『キリスト教の掟についての説教』第３章第３節（PL40, 671）.
1154)　第46章第89節.
1155)　第541節.
1156)　例えば，第115,475,479,602節.
1157)　『ヨハネ福音書連続註解』第15章13第17講622b.
1158)　第457-459節.

1159） トマス前掲箇所622.
1160） 第504節.
1161） 第601節.
1162） 第632節.
1163） アリストテレス『ニコマコス倫理学』第3巻第9章1115a26.
1164） 『ヨハネ福音書講解』第85講第3節（PL35, 1849）.
1165） 第460,461節.
1166） アウグスティヌス前掲箇所.
1167） 『ヨハネ福音書講話』第77講第1節（PG59, 415）.
1168） 『福音書講話』第2巻第27講第4節（PL76, 1206.1207）.
1169） 『ヨハネ福音書講解』第86講第1節（PL35, 1850）.
1170） 第6章第10節.
1171） 『ヨハネ福音書連続註解』第15章15第17講623.
1172） 第7章第11節（PL34, 178）.
1173） 前掲箇所.
1174） 『告白』第10巻第6章第10節；第26章第37節.
1175） 『霊魂論』第4部第2章.
1176） 第7章.
1177） カルキディウス『ティマイオス註解』29E.
1178） アリストテレス『範疇論』第8章10b28；11a2-5.
1179） エックハルト『創世記比喩解』第80節参照．エックハルトによれば，知性は事物そのものをその本質的にして原因的な始原において把握する.
1180） 『対話』第4巻第33章（PL77, 376）.
1181） アリストテレス『ニコマコス倫理学』第8巻第13章1161b5.
1182） 第583節.
1183） トマス『神学大全』第1部第45問第3項第1異論解答参照．トマスによれば，神のうちにおける被造物の関係は実在的ではなく，理念的なものにすぎないが，被造物の神への関係は実在的関係である.
1184） 『キリスト教の教え』第1巻第32章第35節.
1185） プロスペル・アクィタヌス『アウグスティヌスの著作からの命題』第39節（PL45, 1862）.
1186） 第647節.
1187） 前掲箇所.
1188） 『ヨハネ福音書講解』第91講第3節（PL35, 1861）.
1189） 前掲書第89講第1節（PL35, 1856）.
1190） 第2巻第4問第1項第1異論解答.
1191） 『福音書講話』第2巻第33講第1節（PL76, 1240）.
1192） 同箇所.

1193）　コンスタンティヌス一世（250頃-306）はローマ皇帝．母はヘレナ．キリスト教を公認し，ニケアの宗教会議を開いて正統教理を定めた．
1194）　第23章第34節．
1195）　ヨハネ福音書は聖霊を弁護者（パラクレトス）と呼ぶ．
1196）　オヴィディウス『惚れた病の治療法』444．
1197）　オヴィディウス『変身物語』第２巻846.847．
1198）　第29章第40節．
1199）『創世記逐語解』第12巻第35章．
1200）　アウグスティヌス『マクシミヌス駁論』第２巻第17章第４節（PL42, 784）．
1201）　イシドルス『語源』第７巻第３章第10,12節．
1202）　この言葉についての説教は現在までのところ発見されていない．
1203）『ヨハネ福音書連続註解』第16章８第17講632a．
1204）　ボエティウス『異なったトピカについて』第１巻（PL64, 1174C）参照．
1205）　アリストテレス『霊魂論』第１巻第５章411a5-7．
1206）　前掲書第３巻第４章429b5．
1207）　前掲箇所 a18.24．
1208）　前掲箇所 b29．
1209）　アンセルムス『真理についての対話』第11章 I 191,19．
1210）　第658節．
1211）　アリストテレス前掲書第２巻第２章426b18．
1212）　アリストテレスのいう共通感覚とは，個々の感覚的知覚を統合するものである．
1213）　第658節参照．
1214）　エックハルト『創世記比喩解』第２節参照．エックハルトによれば，キリストが父から遣わす霊が弟子たちにすべての真理を教える．
1215）　アンブロシアステル『パウロ書簡註解』第１巻「１コリント人への手紙12,3」．
1216）　第６章第10節．
1217）　第617-620節．
1218）「彼」とは真理の霊，すなわち聖霊を意味する．
1219）　第4,75,138節参照．
1220）　アウグスティヌス『ヨハネ福音書講解』第100講第１節（PL35, 1890.1891）．
1221）　第142-150節
1222）　マクシムス・タウリネンシス『説教』36（PL57, 303A）．マクシムス・タウリネンシスは５世紀のイタリアの説教者．
1223）　アリストテレス『ニコマコス倫理学』第２巻第２章1104b3-5．
1224）　第34節．
1225）『説教』105第６章第８節（PL38, 622）．
1226）『マタイ福音書未完註解』第12講（PG56, 836）．
1227）　第９韻文．

1228）　第３章第４節（PL42, 949）．
1229）　アリストテレス『形而上学』第１巻第１章980a21．
1230）　第480-485節．
1231）　第２韻文．
1232）　第１章第３節（PL32, 870）．
1233）　これは現存のラテン語説教のうちにはない．
1234）　アリストテレス『ニコマコス倫理学』第10巻第6-8章1176a30-1178b32参照．
1235）　『カトリック教会の道徳とマニ教徒の道徳』第１巻第25章第47節（PL32, 1331）．
1236）　『書簡』187第６章第21節．
1237）　第１節．
1238）　第４章第35節．
1239）　第13章第30節（PL42, 843）．
1240）　『カトリック教会の道徳とマニ教徒の道徳』第１巻第６章第10節（PL32, 1315）．
1241）　前掲書第１巻第11章第18節（PL32, 1319）．
1242）　『モーセ七書の問題』第１巻第114問．
1243）　第546-576節参照．
1244）　第12章第17-18節（PL42, 970. 971）．
1245）　『魂の不滅』第４章第６節（PL32, 1024）．
1246）　アリストテレス『霊魂論』第３巻第９章432b5．
1247）　エックハルト『知恵の書註解』第266節参照．エックハルトによれば，すべての可能態はそれがそれであるところのものをそれが目指しているところの現実態から受け取る．
1248）　『ヨハネ福音書講解』第15講第18,19節（PL35, 1516.1517）．
1249）　アリストテレス『霊魂論』第３巻第４章429b3参照．
1250）　第４章．
1251）　第５章．
1252）　『天体・宇宙論』第２巻第13章293a15-296a23．
1253）　「問題集」はエックハルトの未完の大著『三部作』の一部．現在までのところその「序文」を除いて発見されていない．
1254）　アリストテレス『霊魂論』第２巻第４章415b13．
1255）　第14巻第７章第９節（PL42, 1043）．
1256）　第5,6章（PL32, 1024-1026）．
1257）　第677節．
1258）　『ヨハネ福音書講解』第105講第３節（PL35, 1904）．
1259）　第677節．
1260）　『アタナシウス信条』．
1261）　第681節．
1262）　第102節参照．

1263)　『ヨハネ福音書講話』第84講第1節（PG59, 455）.
1264)　ポンティオ・ピラトは紀元27年から36年にかけてのユダヤ総督だった人物.
1265)　『ヨハネ福音書講解』第115講第5節（PL35, 1941）.
1266)　前掲箇所.
1267)　『ヨハネ福音書講話』第84講第1節（PG59, 455）.
1268)　アリストテレス『自然学』第7巻第3章247b10.
1269)　第3巻第13章（PL176, 773B）.
1270)　オヴィディウス『悲しみの歌』第1巻1,39.
1271)　前掲書第1巻1,41.
1272)　『ヨハネ福音書連続註解』第18章38第18講664b.
1273)　エジプトの王を指す.
1274)　第3節（PL42,949）.
1275)　『ピラト行伝』第3章.『ニコデモ福音書』は聖書外典.『ピラト行伝』はその一部をなす.
1276)　ユヴェナリス『風刺詩集』第2巻6,641. ユヴェナリス（50頃-130頃）はローマの風刺詩人.
1277)　プリスキアヌス『文法学綱要』第7巻28；第17巻59.
1278)　『ヨハネ福音書連続註解』第19章25第20講337.
1279)　プロスペル・アクィタヌス『アウグスティヌスの著作からの命題』第95節（PL45, 1867）.
1280)　『福音書講話』第2巻第21講第2節（PL76, 1170）.
1281)　アリストテレス『自然学』第4巻第12章221a31.
1282)　第556節参照.
1283)　『神学綱要』第1命題.
1284)　アリストテレス『霊魂論』第2巻第4章415b3-5.
1285)　『生成消滅論』第2巻第10章336b30-32.
1286)　アリストテレス『形而上学』第3巻第4章1000a11-14.
1287)　アリストテレス『自然学』第2巻第8章199a33-b7.
1288)　『霊魂論』第4巻第1章.
1289)　アリストテレス『霊魂論』第3巻第9章432b5.
1290)　ヒエロニムス『ヘブライ語語義註解』65,18；70,16.
1291)　第681節.
1292)　マグダラのマリアはイエスの墓の外に立って泣いていたのである.
1293)　『福音書講話』第2巻第25講第5節（PL76, 1188-1196）.
1294)　偽オリゲネス，パリ版全集（1512）第2巻129r-131v.
1295)　『霊魂論』第5章.
1296)　『霊魂論註解』第2巻第9章421b11-13.
1297)　『詩法』9,10.

1298) 『スキピオの夢註解』第1巻第8章第11節.
1299) ベーダ『説教』第2巻23（PL94, 256).
1300) 第1章第1節.
1301) 偽オリゲネス前掲箇所 129va DE；131va B.
1302) 前掲箇所 129vb I.
1303) ヒエロニムス『ヘブライ語語義註解』78,4.
1304) 『説教』279第1章第1節（PL38, 1276).
1305) 第710節.
1306) 『ヨハネ福音書講解』第77講第3節（PL35, 1834).
1307) ディディモのトマスは十二使徒の一人.
1308) 『福音書講話』第2巻第24講第1節（PL76, 1184).
1309) 『ヨハネ福音書講解』第122講第2節（PL35, 1960).
1310) 第45章第79節（PL75, 725).
1311) キケロ『最高善と最高悪について』第5巻第25章第74節.
1312) トマス『神学大全』第2部の1第97問第3項参照．トマスによれば，きわめて多く繰り返された行為によって習慣が生じ，法が変えられ，解釈されることも可能である.
1313) キケロ『創案について』第2巻第53章第159節.
1314) アリストテレス『形而上学』第1巻第1章981a5.
1315) アリストテレス『ニコマコス倫理学』第7巻第15章1154b13；a27.
1316) 第717節.
1317) 第716節.
1318) 第17命題.
1319) アリストテレス『ニコマコス倫理学』第7巻第15章1154b13；a27.
1320) 『スキピオの夢註解』第1巻第20章第1,6,7節
1321) 第12章第32節.
1322) 第65問（PL40, 752).
1323) 前掲箇所.
1324) 実際は，ゲルベルトゥス『司教の教導について』(PL139,171BC).
1325) 第7章第14節.
1326) ホラティウス『詩法』304,305.
1327) 実際は，ソールズベリーのヨハネス『ポリクラティクス』第4巻第3章．ヴァレリウスは前1世紀前半のローマの歴史家.
1328) エックハルト『創世記註解』第125節参照．エックハルトによれば，情念に支配されている人は他の人々を支配するのに値しない.
1329) ヤコブの息子．エジプトの大宰相.
1330) 第18節（PL42, 1050).
1331) 第630節参照.
1332) 第724節参照.

1333）　第290節参照．
1334）　第３章第３節（PL40, 670）．
1335）　第728節．
1336）　第706節．
1337）　第162節参照．
1338）　第435,436節．
1339）『福音書講話』第２巻第30講第１節（PL76, 1220）．
1340）『三位一体論』第14巻第14章第18節（PL42, 1050）．
1341）『欄外註解』当該箇所．
1342）『欄外註解』「ヨハネ福音書（21,17）について」．
1343）　第731節参照．
1344）『ヨハネ福音書講話』第88講第１節（PG59, 479）．
1345）　実際は，セネカ『恩恵について』第４巻第１章第３節．
1346）『初心者教理教育』第４章第７節（PL40, 314）．
1347）『ヨハネ福音書連続註解』第21章15第17講694a．
1348）『欄外註解』当該箇所．
1349）　前掲箇所．
1350）　アウグスティヌス『ヨハネ福音書講解』第124講第５節（PL35, 1972）．
1351）　前掲箇所（PL35, 1974）．
1352）　前掲箇所．
1353）　エックハルト『創世記註解』第138節参照．エックハルトによれば，或る事物についての神の意志や意図が変わるならば，その事物は善の本質から落下する．
1354）　第226節．
1355）『ヨハネ福音書連続註解』第21章25第17講697b．
1356）『ヨハネ福音書講解』第124講第８節（PL35, 1976）．
1357）　前掲箇所．
1358）　前掲箇所．
1359）『ヨハネ福音書講話』第88講第２節（PG59, 481）．
1360）　プリスキアヌス『文法学綱要』第17巻第25章第187節．
1361）『三位一体論』第４巻第14章（PL10, 107）．
1362）　アレクサンデル・デ・ヴィラ・ディ『技芸』2525．
1363）『詩編講解』第104講第27節（PL37, 1400）．
1364）　ヒエロニムス『ガラテヤ書註解』第３巻（PL26, 427.428）参照．
1365）　第４節（PL42, 822）．
1366）　第１章第２節（PG3, 121B）．